■ 城市与社会译丛

刘易斯·芒福德传

LEWIS MUMFORD: A LIFE

[美] 唐纳德·L.米勒 著   宋俊岭 宋一然 译

商务印书馆
SINCE1897
The Commercial Press

LEWIS MUMFORD：A LIFE

by

DONALD L. MILLER

Copyright © 1989 by **DONALD L. MILLER**
This edition arranged with GINA MACCOBY LITERARY AGENCY
through Big Apple Agency, Inc., Labuan, Malaysia.
Simplified Chinese edition copyright：
2015 The Commercial Press
All rights reserved.

中文版依据格罗夫出版社(Grove Press)1989年版译出。
本书中文简体翻译版授权商务印书馆独家翻译、出版,并在中国大陆地区销售。
未经出版者书面许可,不得以任何方式复制或发行本书的任何部分。

本译丛为

教育部人文社科重点研究基地上海师范大学都市文化研究中心
　　　　　上海高校都市文化 E-研究院　规划项目

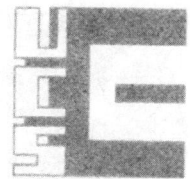

主编：孙　逊　陈　恒（执行）

编委：薛　毅　詹　丹　宋莉华　刘旭光　洪庆明

《城市与社会译丛》弁言

一、城市研究(Urban Studies)是一门新兴的前沿学科,主要研究城市的起源、发展、嬗变以及这一进程中出现的各类问题。目前已出现了众多与这一领域相关的学科,如城市社会学、城市历史学、城市政治学、城市人类学、城市地理学、城市生态学、城市气象学等。从广义上讲,上述学科都可以归入城市文化研究(Urban Culture Studies)这一范畴。可见城市文化研究的一个重要特点是跨学科性,它综合各门人文科学的优势,吸收不同的观念与方法,以独特的视角研究城市文化的历史、现状与未来。而当代中国正处于急剧转型时期,城市化的速度越来越快,伴随这一进程也出现了一系列问题,因此这一研究不但有着重要的学术价值,而且有着现实关怀的实际意义。因此,翻译一套城市文化研究丛书实属必要之举。

二、城市是一个个不断发展的文化载体,城市一经出现,其内涵也就在不断地发生变化,就这个意义而言,城市的诞生也就意味着城市文化的诞生,城市文化随着时代的嬗变也呈现出不同的面貌,流光四射,因而研究的方法也多种多样,切入的角度也各不相同。放眼城市研究,比较成熟的研究属于城市社会学、城市历史学、城市人类学这三大学科,三者自然也就成为城市研究的三大支柱,这也是我们这套丛书选题所特别关注的。

三、根据我国城市研究的现状,拟将本丛书分为两个系列,即大学教材和专题研究,便于实际教学和深入研究。为了给广大读者奉献一套国内一流的城市与社会译丛,我们既定的编辑出版方针是"定评的著作,最佳的译者",以期经受得住时间的检验。在此,我们恳请各位专家学者,为中国城市研究长远发展和学术进步计,能抽出宝贵的时间鼎力襄助。同时,我们也希望本译丛的刊行,能为推动我国的城市研究和学术薪火的绵延传承略尽微薄之力。

编　者
2009年10月30日

时代主题与巨匠——译者序言

刘易斯·芒福德是世界级文化名人,堪与列夫·托尔斯泰、莱昂纳多·达·芬奇等巨匠并列。他享有一个标志性评语:人类最后一位伟大的人文主义者。他被理解和热爱他的读者尊奉为"世界良心"。这一崇高评价他当之无愧,认真阅读他丰富作品了解其辛勤一生,都会认同这一点。

本书原著多条评语已准确、精练概括了该书许多特点和优点,此处只需补充两点:一是该传记作品变换多样、极为丰富的写作风格:平稳叙事,热情歌赞,哀伤叹惋,诙谐幽默,粗俗放浪,诗情画意,田园牧歌,深邃哲理,激烈抨击,沉郁独白,一泻千里,大气磅礴,应有尽有,交替出现。这种效果是一个多彩人生丰富经历所决定的,非如此不足以表达主人公多彩个性和曲折跌宕的命运,当然也映射出作者占有材料本身之广泛与丰富多彩。

另一点值得思考讨论的是:如果该书成功地将凡人芒福德和巨匠芒福德天衣无缝地编织在一部书中;那么生活当中何以能如此?换言之,若深究其所以然,凡人成长为伟人,道路何在?这问题最好借芒福德自己著作中一段话作为集中答案。芒福德所著《技术与人类发展》(*Technics and Human Development*)英文版第34页有这样两段话:

……虽说人类觉悟、悟性发挥着核心作用,并构成人类一切其他创造和建设活动的基础。然而,人,人类,终究不是神。因为人的精神光彩和自我发现能力都只是自然创造能力本身的延续和放大。人类理智如今告诉他,即使人在最富灵感、最成功最辉煌的时刻,也仍然只是更宏伟浩阔宇宙过程的参与者。这过程既不是他发动的，也不以他为开端，因而他也只能在最低限度上去控制这自然过程。扩大自身智能和觉悟才是他增长本领才干的唯一途径。舍此，他无法丝毫改变自己渺小和孤独。因此人类逐渐明白一个道理，虽然自己具有奇特智能水平，却一定要及时遏制其智能所发动起来的本我主义①的洋洋自得和痴心妄想。因为即使是顶级的人类行为能力，也只能在服从宇宙各种力量和生物和谐合作的大前提下才能顺利运行。因而宇宙体系各种力量的进程，连同各种生物的生命需求，人类都不能不予以充分尊重。

……一切生命形态都无法摆脱物质环境条件制约，人类岂能例外？人类体温之差最多不过上下几度，人类血液酸碱度平衡则更脆弱，连一天内不同时辰都会影响人使用能量的水平，继而就影响其综合体征共同抵御疾病能力。此外，月相、天气、气候变化都会给人带来生理和心理反应。而唯独在下面这唯一含义上人类能力虽不是神仙却胜似神仙，这就是人类创造的象征意义宇宙，这宇宙纯粹由意念和精神构成（a symbolic universe of meaning），它映照出人类自身本源的真性，也映出人类沿文化道路进化的漫长旅程。并且尤可贵的是，这意念与精神象征宇宙还在很大程度上让人类从精神思想上超越自身生物局限。人类全部日常生存活动，包括饮食、劳作、求偶、繁衍等，无不必需，缺一不可。而这全部基本生存活动，如果最终不能激活人类去参与宇宙最高的创造过程，如果离开了古今一切宗教都认为人类自身与生俱来同时又超然物外的伟大过程，就将丧失了全部意义。而这个伟大过程，宗教上称之为神性（divine）。

这段话可作为线索供读者阅读思考主人公一生成长历程，特别是选定毕生志向。它解答了凡人何以能完成超凡功业，成长为圣贤奇才。这其实也是本书最重要的内容。这段引文就较凝练地体现了芒福德的

---

① egoistic，只顾自己利益的。——译注

宇宙观、人类观和人生观。该传记的详尽叙述告诉你,芒福德不仅写书著文诠释这一真理,更在生活工作事业中毕生践行这一真理。所以这段话可看作他毕生路径的浓缩,可作为指南了解芒福德的思想与实践。

如果上述引文略显深奥,那么不妨再深入浅出解说芒福德:时势造英雄。特殊的时代背景规定了他的角色和命运:芒福德诞生在19世纪末,19世纪在整个人类历史上都要算最重要的拐点或者断裂。因为那连续几个世纪重大变迁的深义首先是颠倒了文明史中精神与物质的历来排序。19世纪前后产生了许多重要思想理论和代表人物,其中包括生物进化论,物种起源和人类起源,以及紧随太阳中心说确立的微观世界结构理论,其中元素周期表为典型代表;还有以物质第一性为特征的唯物辩证法,等等。这些科学发现最终颠覆了将近三千年宗教文明赖以存在的宇宙观和人类观。不仅终结了神创论,也开启了科学技术当家做主创造世界也创造新人类的现代文明。刘易斯·芒福德就诞生、活动在这大变革的门槛上。回望过去,他目睹了完整世界概念和人类观念的裂解,艺术与技术的裂解;向前看未来,他又见证了权力扩张、社会重组、科技发展、为利润和权威背弃传统价值、道德沦丧、环境破坏、人性抽空等恶果。他用一系列作品回溯、思考这浩大变迁过程,探索新途径,试图桥接、整合破碎的宇宙概念、文明概念和人类概念。他是从根本结构和方向上质疑当今人类现代文明,因而能高瞻远瞩提出真正的改革是价值观的改革与创新,是全社会首选物的改变。他主张教育全社会维护传统价值理念,人权、自由、平等、仁爱、真善美,懂得羞耻、堕落与罪恶……因而他特别注重文学艺术和大众传媒的教育功能。

可见在外国和中国,刘易斯·芒福德素被认为(主要)是城市理论家,其实是一种偏误。他的研究领域极为宽广,他着眼点极其深刻,涵盖了文学、史学、社会哲学、人类进化、技术史、文化史、时评政论、建筑评论、城市规划等诸多领域,他研究形而下,更探索形而上。他博大精深却决不深奥难懂。若一定要用一个词概括这位跨学科领域、著作等身大学者的一生修为,最适当词汇莫过于"人性"或"做人"。用最明白无误的中国话说就是"良心"。世界各地真正读懂他的读者不约而同用

"良心"一词表达了共同感受。只不过他这"人性""良知"概念,从个体人格逐次拓展至社会制度、意识形态、政治哲学等高大层面,涵盖了文明的全景。他最突出的贡献是文化整合,而且是在宇宙和人类都被严重分解割裂,专业细化分工日甚一日背景上对宇宙过程、社会文明和人类概念予以整合,提出新视角和主张:完整的城市概念、文明概念以及均衡完备的人生哲学,而且终生勤奋朴素、恬淡而有为。中文成语典故"炼石补天"就很贴切说明了芒福德的创作态度和贡献。

优秀人物不一定都有优秀的传记。芒福德很幸运,唐纳德·米勒(Donald L. Miller)为他撰写的这部传记作品成功列入传记名著之列。米勒是拉法耶学院荣誉冠名史学教授,学术主攻方向是第二次世界大战历史,主要代表作有 D-Days in the Pacific(2005);Masters of the Air:America's Bomber Boys Who Fought the Air War Against Nazi Germany(2006);以及 The Story of World War II(2001),还编辑出版了《刘易斯·芒福德著作精萃》(The Lewis Mumford Reader)。

本书英文原著起笔于1977年,成书于1989年,是作者十余年潜心研究刘易斯·芒福德的丰硕成果。外界好书很多,如此重要而精彩的作品非要过一个世代才得以与中国读者见面,真很遗憾而费解。望该传记的翻译出版,以及芒福德研究中心的建立有助推动启蒙和社会文明全方位的进步。

本书翻译过程中蒙多位好友和协作者鼎力相助,他们是李忠、崔曦、陈恒、杨宜音、王昱、周艳萍、苏健、王金珠、徐蓉、罗阳莎、黎云意、柯友会、李娜、胡婷、冯瑾等,谨表深挚谢忱。

译 者

2013 年 7 月 5 日

鸣　谢

写作这部传记始于1977年夏,那是我首次见到刘易斯·芒福德,是在他们纽约州里兹维尔的家中。后来的写作进程证明,若没有他本人的慷慨支持合作以及他夫人索菲亚的不懈援助,这本书是写不出来的。我同样也非常感谢爱丽森·芒福德·莫斯(Alison Mumford Morss),她帮我把她父亲生平琐事一一结集成册,而且在我绞尽脑汁也找不到恰当词汇描述这位领域宽广的旷世奇才时,她的援助总是最能解决难题。

还有几位朋友也鼓励我,提供了可贵建议:文森特·迪玛梯奥(Vincent DiMattio)、唐纳德·梅耶森(Donald Meyerson)、戴维·约翰逊(David Johnson)、理查德·夏普勒斯(Richard Sharpless)、雅各布·E.库克(Jacob E. Cooke)、罗伯特·雷特曼(Robert Leitman)、福里德·普罗温彻(Fred Provencher)、艾德温·克罗森(Edwin Clausen)、特里·苏曼斯(Terry Summons)……还有已故的彼得·罗瑞(Peter Lowry),首次造访里兹维尔就由他陪同我,撰写此书过程中他的身影常萦回眼前。

撰写此书最重要的资料来源,是宾州大学冯·佩尔特图书馆有关刘易斯·芒福德特藏图书资料馆,因而我特别感谢该馆诸位工作人员,特别是已退休的尼达·韦斯特莱克(Neda M. Westlake),丹尼尔·特莱斯特(Daniel Traister),凯瑟琳·里德(Kathleen Reed),南希·肖克劳斯(Nancy Shawcross)和艾伦·弗莱克(Ellen Flack)。他们让我在那座资料馆里度过十分愉快的几个月,还给我的研究提供了巨大支持和帮助。我还要感谢拉法耶学院精明干练的图书馆员,尤其是里查德·艾瓦里特(Richard Everett)和罗纳尔德·鲁宾斯(Ronald Robbins),本书的开始阶段也凝聚了他们的心血。

这个协作项目得以认真开始,是由于获得国家研究基金对人文学科的资助。没有这些支持,我难以访问欧洲许多城市去调查材料,因为这些城市是芒福德早期研究非常重视而且经常访问研究的地方。我还获得拉法耶学院对高级项目研究委员会的几笔资助。基督教学院的安东尼·格雷爵士(Sir Anthony Gray)帮助我访问了牛津大学,用数月时间在那里完成该书初稿校订,也让我在牛津大学的日日夜夜成为我毕生难忘的经历。

我也很感谢舍曼·保尔(Sherman Paul)、艾瑞克·约瑟夫森(Eric Josephson)、里克·考特(Rick Kott)等人,他们允许我查阅他们收藏的芒福德资料。尤其要感谢当代伟大的思想家亨利·慕瑞(Henry M. Murray),他索性对我开放同芒福德的大量往来书信,我每次造访马萨诸塞州坎布里奇市,他都一连数小时同我长谈,叙述同芒福德的密切交往,解答各种问题。还有凯瑟琳·博厄(Catherine Bauer)的女儿塞迪·沃斯特·苏珀(Sadie Wurster Super),对我讲述了她妈妈同芒福德的友谊,还允许我引用她母亲同芒福德往来通信中的内容。

为撰写此书,我采访的人士已不计其数。不过我特别记得要感谢的,有马丁·费勒(Martin Filler)、马尔科姆·考利(Malcolm Cowley)、沃尔夫·冯·爱卡特(Wolf Von Eckardt)、查尔斯·阿什彻(Charles Ascher)、马丁·米耶森(Martin Meyerson)、艾安·麦克哈格(Ian McHarg)、艾琳·麦克马洪·施坦因(Aline MacMahon Stein)、爱德华·斯皮冈(Edward Spingarn)、罗伯特·斯皮勒(Robert Spiller)、佩里·诺顿(Perry Norton)、艾瑞克·约瑟芬森。

我还要感谢许多图书馆,它们保存着芒福德及其交往范围人士的大量手稿,其中包括美国艺术与文学研究院、密歇根大学本特利历史图书馆、哥伦比亚大学巴特勒图书馆、史密斯学院图书馆、耶鲁大学图书馆、斯坦福大学图书馆、哈佛大学霍顿图书馆、美国国会图书馆、康奈尔大学图书馆、纽别里图书馆、阿肯色大学图书馆、俄勒冈大学图书馆、苏格兰爱丁堡国家大学档案馆、苏格兰格拉斯哥斯特拉奇德大学档案馆、明尼苏达历史学会、达特茅斯学院图书馆美国艺术档案室、纽约公共图书馆、凯斯西储大学福利伯格图书馆、雪域大学乔治·阿尔茨研究图书馆、布朗大学图书馆、英格兰韦林花园城赫特福德郡图书馆中部分馆、牛津大学基督教学院档案室。

此外，爱尔默·S.纽曼（Elmer S. Newman）编纂的芒福德著作书目简介，收录了1970年以前芒福德全部著作，这部书成为价值难以估量的资料源泉。简·默里（Jane Morley）也在编撰芒福德完整的著作目录准备出版。其中有芒福德档案资料的检索指南以及芒福德全部著作简介，备有注释。她无私地与我分享她的丰富研究成果，对我帮助很大，十分感谢。

此书出版过程中，许多朋友审读部分或全部书稿，并提供修订建议，也令我十分感激。他们是马丁·费勒（Martin Filler）、大卫·约翰逊（David Johnson）、里奥·马克斯（Leo Marx）、埃兰·塔什腾堡（Alan Trachtenberg）、萨姆·巴斯·沃纳（Sam Bass Warner）、约翰·托马斯（John Thomas）、马格里特·琳（Margaret Lynn）、海伦娜·富兰克林（Helena Franklin）、萨拉·博士特尔（Sara Bershtel）、麦克·扎克曼（Michael Zuckerman）、让·摩尔根（Jean Morgan）、马莎·瑟菲特（Marsha Siefert）、托马斯·休斯（Thomas Hughes）、詹姆斯·胡普斯（James Hoopes）、查尔斯·摩尔斯沃思（Charles Molesworth）、肯尼斯·斯特克尔（Kenneth Stunkel）。最后，还要感谢我的文字助理姬娜·麦考比（Gina Maccoby），她始终协助我整理文稿，鼓励我不要气馁。她负责将完备书稿交到非常严格认真的编辑手中，他是维登费尔德与尼科尔森联合出版社的威廉·斯特拉辰（William Strachan）。他让我领教了编辑工作同样是一门了不起的艺术。

我还特别感谢拉法耶大学的西尔姐·库伯（Hilda Cooper），她以专业精神将此书原稿打印成多种版式，并提供宝贵编辑建议，从头到尾保证了全书出版。

目　　录

前　言 …………………………………………………… 1
　就称呼我约拿吧! …………………………………… 1
　年表 ………………………………………………… 7
一株孤独的大树 ………………………………………… 13
纽约度过的童年 ………………………………………… 36
精神之父 ………………………………………………… 56
大任者之路 ……………………………………………… 71
曼哈顿之子 ……………………………………………… 85
文丐式学徒岁月 ………………………………………… 102
钻研索菲亚 ……………………………………………… 125
重返纽约 ………………………………………………… 144
超越理想国 ……………………………………………… 158
建筑：人类家园 ………………………………………… 181
美国的新城镇运动 ……………………………………… 206
天秤座照运 ……………………………………………… 226
黄金时代 ………………………………………………… 246
炼狱时期 ………………………………………………… 269
危险与机遇 ……………………………………………… 303
生命的更新 ……………………………………………… 315
爱情与事业 ……………………………………………… 330
又一场恋情 ……………………………………………… 348
城市文化 ………………………………………………… 360
从花花公子到苦行僧 …………………………………… 379

野性大爆发	393
人之至善	409
厄运时代	424
人间城镇	450
城镇危局	474
收获季节	495
破除机械论神话	513
阿米尼亚岁月	535
注　释	555
索　引	619

前　言

就称呼我约拿吧！[①]

> 生活永远好于空想。
> ——刘易斯·芒福德

1972年12月，刘易斯·芒福德荣膺国家文学奖，该奖表彰他一生对于文化界的杰出贡献。从一定意义上说，这意味着他这位特立独行的人获得了最高荣誉，他也是当时在世的美国思想界巨人之一。他当时已经出版了三十多部专著，一千多篇论文和评论。他毕生以写作为生，著作等身。在20世纪的美国，领域之宽广、思想之深邃，已无出其右者。他第一本书《乌托邦的故事》(The Story of Utopias)出版于1922年，因此这次颁奖可谓他的作家生涯五十年大庆。他的好友马克·冯·多伦(Mark Van Doren)撰文评价他的独特才华说："在写作和思想界，芒福德可谓建筑大师。他建造了城市、社会和文明，而且用人类特有的、最经久不朽的材料——思想和概念——真正建成了这些奇迹。他不仅告诉那些受窘建筑师他们错在何处，还告诉他们怎样浪子回头，歧路知反。这种精神特点在他书中比比皆是，这样的议论和忠告语重心长，入木三分。"那年12月芒福德已年满77岁了，而他感觉身上还有

[①] 这是芒福德1972年12月13日晚上接受颁奖时的答谢词的标题，演讲全文参见《芒福德著作精萃》第七章。——译注

2 刘易斯·芒福德传

重任尚未完成。[1]

前往纽约福特基金会总部接受颁奖的前一天,芒福德从他们全家居住了36年的上纽约州里兹维尔来到纽约曼哈顿岛——他在里兹维尔的木结构家居农舍,距当地小村阿米尼亚约两英里。阿米尼亚原是一个冶铁中心,同爱默生家的协和镇规模相仿。这种居家环境里,芒福德在布满书架书柜书籍的起居室近旁另辟斗室作书房。而且就在这僧人禅房般狭小隔间里,他那些最优秀著作绝大多数都在此写成。他熟知城市生活流光溢彩瞬息万变,却更钟情田园生活的宁和恬静。里兹维尔生活节奏缓慢,更合他秉性喜静。上午写作,下午外出散步、素描写生,或在自家小园收拾花木果蔬。

获悉荣膺国家最高文学奖章那天,他就直奔小书房开始准备答谢词,甚至直到授奖仪式当天上午还在动脑筋酝酿这篇短文。他觉得这篇演讲格调须定位准确恰当。因为,给他颁奖、观看他受奖的都是全美图书委员会(National Book Committee)的作家同仁。何况到他为止,二百多年来只有八位作家荣获此奖。演讲稿草拟了几个方案,都不满意,无一写成。直至下午到场就座颁奖仪式主席台,听着主持人勒内·杜博斯(René Dubos)波伊斯博士对他的连连赞誉,说他是一位 Utopian(空想家、理想主义者),专门做梦,做伟大的空梦……这时,他才灵感忽至,决定即兴演说,讲述心中早已酝酿的想法:用约拿书的视角回顾自己的写作人生。

待他举步上前去领受这古铜奖章时,他略感紧张,虽仍不露声色。看起来很轻松,异常沉着。从相貌看,他早已谢顶,健康矍铄,褐色眼睛敏锐灵活,短短髭须修剪整齐,面孔英俊有神。双肩结实宽阔,身板笔直,别人说他很像一名退伍英国军官。只见他开始讲话了,嗓音浑厚沉稳,双手仿佛有意识紧握讲坛两边儿顶角。

他首先感谢杜波伊斯博士比喻巧妙,随即说,他的自我描述与朋友们恭维的大相径庭。他转身向杜波伊斯致意,浅浅一笑,紧接着解释说,自己既非理想主义者,也算不上乐观主义者。虽然他坚持不懈探索当今世界主题和希望,却从未幻想任何完美社会和完美人格。即使是风华正茂的青年时代,他也充分意识到"现实生活总要胜过空想"。

同样原因,他也不愿意别人尊他为先知。因为有人根据他连珠炮般抨击滥用科学技术成果以及集权政治制度权力,就认为他料事如神。虽说自希特勒和广岛原子弹轰炸时代开始,他就坚持不懈奔走呼号,警告世人文明前进的方向不正确,但是他说,如果自己墓碑上镌刻这样的字样,他乐意这样安然死去:"这里葬着一位彻头彻尾的蠢才,他生前胆战心惊预言过那么多灾祸,却一件也未曾发生。"而他继续冒险,甘当这种"蠢才"角色,因为他认定,一个作家应该为天下担当道义。他那天下午的讲话就集中陈述了这种并非本意担当的角色:即他所说的约拿。①

芒福德说,后来他渐渐对圣经里那个约拿产生强烈同情。这个约拿被摆在"一个小先知位置上,与一些著名大先知人物,如阿摩司和以赛亚②都不可同日而语"。而这个约拿虽说还不是我人生道路上"一位典型人物,值得我蓄意模仿,却是我面前一位借镜式楷模,能及时指出我的错误失败,在我小有成绩得意忘形时及时提醒我注意收敛,还会嘲笑我一些过于尖锐激烈的预言"。

而此约拿非彼约拿,芒福德自己的约拿并非民间传说中的约拿,后者不断在你耳边吵吵,总对你讲你不愿意听的烦恼事儿,警告你不改邪归正必遭报应。芒福德坦白,他身上有些许"神秘主义的"约拿,而他最为认同的约拿则是作家赫尔维·梅尔维尔笔下《莫比·狄克》(Moby Dick)里神父梅珀尔布道讲的那个约拿。这位先知听到上帝说的话:"你们若不改邪归正,注定要毁灭。"这个约拿于是胆小如鼠,惊恐万状,非但不敢把上帝愤怒旨意传达给尼尼微民众,反而逃之夭夭,在惊涛骇浪的海面漂流三天三夜,险些葬身鱼腹。

梅珀尔神父在这里理所当然谴责了约拿作为先知有辱使命,这是

---

① 约拿,Jonah,根据《圣经·旧约·约拿书》,约拿是上帝的仆人,奉命去亚述帝国首都尼尼微传达上帝旨意;该城居民因罪孽深重,必遭灾难惩罚。约拿逃避职责,不愿前往尼尼微,途中逃跑,跌入大海,被大鱼吞噬,便祷告求救,大鱼将其喷吐到陆地。上帝令他继续前去赴命。尼尼微居民听到了告诫,立即悔悟,改恶从善…… ——译注

② 阿摩司(Amos),以赛亚(Isaiah),均为公元前8世纪希伯来人的大先知。——译注

一种背信弃义。也就是芒福德给我们留下的铮铮作响的教诲,也是他认为一切文学最不能违背的训诫:"这其中的教诲我们大家都不该遗忘:假如真理、真相召唤我们,我们应该怎么办? 道理很清楚:科学的宗旨是什么? 宗教的宗旨又是什么? 所以,无论什么时候,只要真理发出命令,我们就要听从它,要把真相大声喊出来,不管你的朋友、邻居、同胞兄弟们喜欢还是不喜欢。"

虽然芒福德本人不说,但事实上的确很少有作家能够像他那样坚贞不渝,毕生笃行这一箴言。这位独立思考的人,毕生以写作为职业。而只要形势要求他站出来,他从不含糊,立即满腔热忱投入社会活动。用爱默生的话说,这是个"有原则的人"……"他从不随波逐流"。20世纪30年代希特勒上台时,他著文强烈谴责舆论对这位暴君的姑息态度;紧接着,到40年代他又著文反对使用和继续发展原子弹。50年代反对当时约瑟夫·麦卡锡参议员的政见主张,继而著文反对美国军事入侵越南。这一次次行动中,他都为这种道德担当和作为付出了沉重代价:常因此遭受冷落,甚至令他的作家生涯也难以为继。

但颁奖这天傍晚,芒福德还是想同公众分享作家梅尔维尔通过约拿书传递的一个用意很深的思想。他说,后来的结局是上帝拯救了约拿,让他免于葬身鱼腹。而且,宽恕了尼尼微民众,因为他们用麻袋遮盖陋体,还表示愿意改邪归正。原文这样说,"这就让约拿感觉非常无地自容,因为上帝没有践行他的威严责罚",毁灭掉尼尼微城。"上帝最后耍弄了约拿,因为最终上帝表现得比约拿料想的更为慈悲为怀。而尼尼微的人民则让约拿更加出丑,因为他们一个个痛哭流涕,上至国王下至草民,表示懊悔罪过,灾难因而得以免除,这就让约拿更加无地自容。约拿的弥天大错就在于:他觉得已事先预料到尼尼微人民会怎样动作,以及,上帝必定会如何严厉惩罚他们……"

约拿书到最后一段,这故事结局就更清楚了:"尼尼微的人民是否能够永久地改恶从善呢? 无论是上帝或者是约拿都没有十分把握。但是,上帝毕竟被他们的行为感动了,因为他们公开悔过,忏悔暴力行为和各种邪门歪道。这样,上帝他们也就不枉费心机呀:将来,或许,垃圾可以定期打扫收拾了,官员不敢腐败了,不敢再收受贿赂了,贪赃枉法为非作歹至少也会脸红了。仿佛,上帝寄望于这座令他自豪的城中十二万人的全部最佳表现,似乎就这么多了。"芒福德的话到此为止,其中的道德蕴义则不言自明:悲夫,先知!连自己声音和上帝声音都区分不开,满以为自己未卜先知,料事如神,先知,悲夫!

答谢讲话的结尾处,芒福德说:"至此,大家也就明白我为什么对你们讲这故事了。""从某种意义上说,这故事就是我的人生。因为我感觉,我在每一个方面都更加接近、更加像个约拿,包括他面临的诱惑;对比而言,我并不像个乌托邦主义者,不像个空想家。更确切地说,我反对空想;因为我很清楚,祝福的话反复重复,会变成诅咒;诅咒,反复念诵,也会变成福音……

今天晚上你们眼前这位演讲者就是这么个人;他既不是乐观主义者,也不是悲观主义者,更不是空想家或者未来学家。现在,结束讲话之际,让我表达几乎无法表达的心意,让我以空前的诚挚,感谢你们各位今天所做的一切。我表达我的感谢之情,不仅对今天在座各位,不仅对称颂我的人,不仅仅感谢给我颁发奖章的人,更要感谢许许多多不知姓名的人,他们在我葬身鱼腹之际从遥远异邦,从大海深处,赶来援救我。他们回应我的呼喊,这让我有信心继续奋斗,挣脱黑暗,重新浮到阳光灿烂的海面。至此,让我——以约拿的名义,以圣经里约拿的名义,梅尔维尔笔下约拿的名义,以及我个人内心鲸鱼约拿的名义,尤其以上帝派遣的约拿的名义——深深地,深深地,谢谢诸位!"[2]

美国著名小说家、诗人、评论家和记者马尔科姆·考利(Malcolm Cowley,1898—1989)经过与芒福德夫妇十年密切交往,深入研究观察之后得出结论,说他是人类"最后一位伟大的人文主义思想家"。[3]为这样一位思想家芒福德立传,本书首开先河。本传记依据最多的资料,是宾州大学范培尔特图书馆收藏的大宗原始手稿以及私人文件、书信往来等等。这批档案材料绝大多数只对资深研究人员开放,我获芒福德特许,得以检索查阅该档案中不公开的那些部分。芒福德家人还对我开放他们家庭私人信件,这批资料目前收藏他们在纽约州里兹维尔郡住所内。这些信件、笔记、分类流水账,记载了大量私人信息,有些很隐秘,从中可窥见芒福德内心活动,更能看出芒福德作为作家和男子汉的成长历程。

虽然芒福德和索菲亚允许我使用这些资料,且不受任何限制,还经常轻松自如同我交谈他们家各种情况和趣闻轶事,但此书仍算不上一部正式传记。首先,我并未受托撰写此书,甚至无任何人鼓励我这样做。实际上芒福德多年来尽其所能让我打消这念头。他想亲自讲述自己人生历程;当然,还因为这非同寻常的主人公对斗胆撰写他传记的作家怀有理所当然的不信任。然而,年迈加上健康日下,他的自传始终未能如愿成稿。而与此同时,我们之间结成互信、互敬和深挚友情。于是他开始对我敞开他许多私人文件和信函;尤可贵的是,他开始对我敞开心扉,当然,是尽其所能敞开。因为这人极富个性,内心世界广袤而幽深。

芒福德本人 1982 年出版过一本自传,《岁月随笔》(*Sketches from Life*)。其中叙述截止于 1930 年代中期,书中引人入胜地回溯了他思想定型时代的基本历程,但对他个人生活仅偶见一瞥,更远未详尽讨论他的写作生涯。而若不谈写作,从中就见不到真正的芒福德。因此,本书就竭力全面展现一个完整的人格:他的工作事业以及岁月人生,他竭尽全力推动世界以及自己人生道路,使之尽量符合他理想的方向。

老冉冉将至了,芒福德一次闲谈中对我说,他一些最深邃的思想主张在过往这一百年里知音难觅,兑现不多。相反,这世道简直反其道而行之。不过,这局面反倒更加证实了这些思想主张的价值和意义……他说,没有理由怨天尤人。说罢,凄然一笑。爱默生生前曾挑战他同时代青年学者,后来的芒福德就勇敢应和这挑战,奋斗终生。他坚信,只要竭尽全力一往无前,一个人的声望就经得起时间检验:"真正的猛士会听从内心召唤勇往直前,决不旁骛。接着,全世界就会聚拢到他周围……一个猛士的国家和民族就会诞生于世界。"[4]

年　表

1895 年　10 月 19 日出生于纽约州符拉兴镇；

1909 年　进入司徒文森高中读预科，准备当土木工程师；

1912 年　决心当作家，考入纽约市城市学院；

1915 年　发现帕特里克·格迪斯的著作，由此拜为导师，从事城市科学研究，并对纽约地区进行徒步考察；选定自学成才之路，一劳永逸摆脱"体弱多病、不适学习"的状态；

1918 年　入伍，成为美国海军陆战队战斗员；

1919 年　调动离开海军，加入超越论者主办的杂志《刻度盘》(The Dial)，并且首次遇见索菲亚·维腾伯格(Sophia Wittenberg)，即后来他的妻子；

1920 年　搬迁到伦敦，在《社会学评论》(Sociological Review) 杂志社任职；同年回到纽约，开始为《自由人》(The Freeman) 杂志撰稿；

1921 年　与索菲亚·维腾伯格结婚；

1922 年　居住格灵威治村时出版第一部著作《乌托邦的故事》，随即搬迁到布鲁克林高地；

1923 年　与友人共同组建著名的 RPAA，亦即美国区域规划学会，并且协助 RPAA 规划皇后区的阳光花园(Sunnyside Gardens)；

1924 年　出版首部建筑评论集《棍棒与石头》(Sticks and Stones)；

1925 年　儿子格迪斯 7 月 5 日降生；在日内瓦任教，赴爱丁堡拜会格迪斯；归国后搬迁到阳光花园；

1926 年　在纽约州阿米尼亚度过的第一个夏天，同时出版《黄金岁月》(The Golden Days)，帮助建立《美国大篷车队》(The American Caravan) 杂志；

1927 年　参观芝加哥市，归来撰文讲述重新发现建筑业芝加哥学派的观感；

1928 年　协助 RPAA 规划新泽西州瑞德班(Radburn)和芳草地

（Fair Lawn）；

1929 年　出版《赫尔曼·梅尔维尔》(Herman Melville)；开始达特茅斯学院的客座教学；

1931 年　出版《黑褐色的三十年》(The Brown Decades)，加盟《纽约客》(The New Yorker)开始为《天际线》专栏，随后为《艺术画廊》栏目述评写作；

1932 年　赴欧洲从事研究，筹划写作"生命的更新"系列作品集；

1934 年　出版《技术与文明》(Technics and Civilization)；被委任为纽约市高等教育委员会成员；

1935 年　女儿爱丽森于 4 月 28 日诞生；

1936 年　举家迁移到纽约州阿米尼亚小村；

1938 年　出版《城市文化》(Culture of Cities)，为檀香山市以及太平洋西北地区城市规划委员会筹备城市规划论证报告；为"城市节目"撰写银幕剧，同时积极参与时政辩论，激烈抨击美国的中立主张；

1939 年　出版《人类必须行动起来》(Men Must Act)；同时配合纽约举办的世界博览会撰文编写纪录影片"城市"，并亲自执导；

1940 年　出版《生存的信念》(Faith for Living)；同时加盟"支援同盟国保卫美国"委员会；

1941 年　与弗兰克·劳埃德·赖特等人绝交，因为他们坚持美国在二战中采取中立立场；

1942 年　迁居加利福尼亚州，加盟斯坦福大学教师行列，协助制定人文学科新科目和教学大纲；

1944 年　辞去斯坦福大学任职回归阿米尼亚小村，出版《为人之道》(The Condition of Man)；同年 9 月 13 日爱子格迪斯在意大利作战阵亡；

1945 年　搬迁到新罕布什尔州汉诺威市，接近亲密朋友；

1946 年　访问英国并就战后城镇规划提供咨询意见，出版《生存的价值》(Values of Survival)；

1947 年　出版《常青的记忆》(Green Memories)，此书形同爱子格

迪斯的传记;同年开始游说活动,反对继续研制和使用原子弹;

1948年 举家搬回纽约城,并就斯图文森城镇规划与罗伯特·莫西展开激烈论战;

1951年 受聘任访问教授,开始了与宾州大学长达十年的合作,出版《生命的行动》(The Conduct of Life),即长卷"生命的更新"系列最后一部。

1952年 出版《艺术与技术》(Art and Technics);

1956年 出版《人类的改变》(The Transformations of Man);

1957年 开始旅欧研究巡访,思考城市发展的全部历史;始任麻省理工大学的访问教授;

1958年 主导群儒舌战,激评罗伯特·摩西制定的规划方案,坚决反对铁路穿越华盛顿广场;

1961年 出版《城市发展史》(The City in History),荣获国家图书奖;担任加州大学伯克利分校访问教授;

1962年 回归阿米尼亚小村,开始撰写自传,同时写成两卷本著作,回溯技术与人类的发展;

1963年 终结"天际线"栏目的写作;

1964年 为英国牛津地区起草规划方案,荣获总统自由勋章;

1965年 抗议美国卷入越南战争;

1967年 出席在美国参议院辩论议程,就都市更新主张出席规划委员会作证;出版两卷本《破除机械论神话》(The Myth of the Machine)第一卷《技术与人类发展》》(Technics and Human Development);

1968年 支持尤金·麦卡锡竞争总统竞选提名;出版《城市的未来》(The Urban Prospect);

1970年 出版《破除机械论神话》第二卷《权力五行》(The Pentagon of Power);

1972年 荣获国家文学奖章;同年出版自选的著作萃要第一卷《诠释与预测》(Interpretations and Forecasts);

1975年 荣膺大英帝国颁发的荣誉称号"第二级骑士";同年出版

自选的著作萃要第二卷《发现与保存》(Findings and Keepings);

1976 年　赴巴黎接受世界公爵奖,该奖表彰对人类文化事业杰出贡献;

1978 年　开始撰写未完成的人类进化史,也是他最后一项写作计划;

1979 年　出版《我的工作和岁月》(My Works and Days);与多年合作出版商哈科特·布瑞斯·伊万诺维奇(Harcourt Brace Jovanovich)断交;

1982 年　出版自传书籍《人生随笔》(Sketches from Life),该书被提名为美国国家图书奖候选作品;

1986 年　荣获国家艺术奖;

1990 年　1 月 26 日在纽约州阿米尼亚小村家中谢世。

许多人一生最重要时段都是童年。当初蹒跚学步,那些足迹仿佛已经模糊不清,却给以后每件事都留下深刻印记。

——刘易斯·芒福德

讲述的越多,掩藏的也越多。

——托马斯·莫顿

一株孤独的大树

> 孤独的树木，如能长大成材，常常茁壮无比。少小失去父爱的孩子，若逃过青春期险境，常常形成独立而强大的思想个性。早年遭受的苦难和损失，都会在后来人生中获得补偿。
>
> ——温斯顿·S. 丘吉尔

这孩子在曼哈顿岛长大，曼哈顿是他事业人生的发祥地。他的自传《岁月随笔》讲述他的多彩人生，开篇第一句话就说："我是这座城市的孩子，纽约对我影响之深刻超过我的家庭。"[1]芒福德童年时代的纽约城人口将近350万，一半以上出生在外国。就是这座城市，那些年代产生了美国第26届总统泰迪·罗斯福（Teddy Roosevelt）、汽车大王摩尔根（J. P. Morgan）、哈里·霍迪尼（Harry Houdini）以及随后形成的 The Great White Way①。1900年，全城已有六座高楼超过300英尺。新问世的钢骨架建筑结构和电梯设备开始让这座城市耸入云霄。当时全世界都难找到如此朝气蓬勃、气象万千的城市。

少小时代的芒福德，每个闲散周末都随德裔外祖父外出闲荡，几乎走遍曼哈顿每个角落。因而到20岁他已徒步完成这座城市的系统考察。还笔记实录邻里生活、观察建筑物、桥梁、街巷规划布局，还取样对曼哈顿地区做地质考察研究（虽属业余）。如此孤独闲荡漫游中，他偶或随意驻足，简单几笔勾勒铅笔素描，记录街景、楼顶水塔以及港口城

---

① 即纽约市中心地段百老汇一区段，系剧场影剧院集中地段。或译金光大道。——译注

市宽阔水域上那些往来穿梭的轮船、拖船、驳船,以及来自世界各地的超级客轮。

　　1916年一个晴朗夏日,这年他刚进21岁,您会看到这位身材修长的男青年,身穿卡其布衬衫,肩背工具包,像只大鸟栖踞在木栅上,面对哈得逊河聚精会神画水彩画。此时芒福德已决意退学,把整个曼哈顿当作自己的大学悉心研读。他感觉这座城市整个就是给他预备的,因此想仿效城市研究老鼻祖亚里士多德研究古代雅典的方法,也把纽约城钻研透彻。他早年笔记中有这样一段:"我当前人生的兴趣和追求就是考察、记录城市。"这时,"他对人类文化进化机理的研究兴趣""同达尔文当年对人类生物学退化机理的研究兴趣同样强烈。"[2] 而人类文化进化机理,通过城市发展进化历程可以得到证实。所以,芒福德研究城市就是研究人类文明本身。恢宏浩大、气象万千的纽约城,恰好为他提供最优良样本,去观察研究人类发展最新现状。

　　这里展现了芒福德思想成熟最初的曙色,也是他以建筑、城市研究、人类文明为主题作家生涯的开端。然而人生道路最终能踏上这一步,其间经历了多少挫折苦痛,几乎无人知晓,包括他的孩子。他的人生道路上,绝大多数年月都要克服重重困难。就像爱尔兰作家詹姆斯·乔伊斯(James Joyce),瑞典剧作家易卜生,名垂千古的英国诗人、散文家、文艺批评家、道德学家塞缪尔·约翰逊(Samuel Johnson)等著名学者一样,皆出身于地位卑微、眼界狭小的社会底层。

　　1982年芒福德87岁时,出版了自传作品《岁月随笔》。这本著作热忱,真挚,一如往常。书中首次透露一个大秘密,这秘密以往只有他自己、妻子和女儿以及很少几个人才知道:他其实是刘易斯·查尔斯·麦克(Lewis Charles Mack)的非婚生子,此人是个犹太商,来自新泽西州萨马维尔镇(Somerville)。芒福德的母亲,本名艾尔维娜·康拉蒂娜·拜伦(Elvina Conradina Baron),是个新教徒,来自打工阶层移民家庭,家人多做仆役、女佣、小职员。艾尔维娜给那犹太商的叔叔打工当管家时爱上了这位主人,却又与这青年有过一段短暂恋情。芒福德年幼时曾隐约觉得那位主人是他的生父。让人难以置信的是,芒福德虽已知道自己的非婚生子身世,同妈妈一起生活时却从不问妈妈自己出生的真情实况。直至47岁时,他才终于从妈妈口中套出了这个秘密。那是妻子索菲亚的要求。当儿子格迪斯入伍准备开赴前线时,芒福德将这真相告诉了儿子,但仍未告诉女儿爱丽森,直至25年之后。此前无论她怎么央求,也无从知晓亲祖父真相。他告诉爱丽森,只有等他去世之后,自传出版时,她才能了解此事真相。而芒福德始终未解释为什么偏要对她保密。爱丽森二十多岁时从另一家庭成员口中问出了这秘密,前来逼问父亲,芒福德才决定提前出版自传。此前,这钢铁意志的人从不让别人轻易进入自己内心窥探以往奥秘。我们后面将会看到,他这样做实在迫不得已。而且,全家为此付出了沉痛的情感代价,当然更包括芒福德自己。[3]

《岁月随笔》首次披露了他早年生活中一些鲜为人知的故事。熟悉芒福德的人都知道,他家本来很贫穷;母亲勉强养活自己和她唯一的孩子。该书有一章,标题是"褪色的相册",而其中披露的内容和含义,外人很少能理解。这章开头就用了dissipation(放浪、潦倒)这样的字眼儿。他解释,这词儿最能体现母亲家庭那个阶层的生活。[4]

艾尔维娜·芒福德的家属于侍奉纽约最富户人家的仆役阶层,因而久之也染上主人们常有的那些坏毛病。例如生活安排常入不敷出,休假日却无休止泡在牌桌上,闲言碎语;凡下午有车赛,一定不错过;不然就光顾股票经纪人……到芒福德上高中时,母亲已把她仅有的积蓄挥霍个精光,就为那些根本不可能赢的赌博!家庭因而跌入赤贫,且贫病交加,一筹莫展。虽然她口口声声告诉刘易斯,她活着就是为了他,她却极少花时间在他身上。刘易斯从小爱读书,她从未想过该常去公共图书馆,给孩子读书的事就更难得一见。刘易斯在文法学校读书成绩优异,她虽然也感到骄傲,不过她仅有的一次学校拜访却是接刘易斯提前回家,以便陪她去看赛马。已出版的这部传记中,有个段落被芒福德用墨水删除,可能因为其中叙述母亲只顾自己言辞过激。字里行间追忆那些"凄风苦雨的"向晚时分,孤自伫立街角,守在西区公寓自家房前,苦苦等候母亲观看赛马归来……这年他11岁。[5]

艾尔维娜·芒福德其实心地善良,很富爱心;不过她最大毛病是无主见,常常轻而易举随波逐流,潦倒放浪,不求进取。久之,难免在芒福德心中沉积一种半是悲悯半是轻蔑的情感和态度。对自家人这种看法和压抑,芒福德婚后有了自己家庭才逐渐讲出来。母亲这种毫无主见的态度,也激发他奋发图强,长大一定成才,要为自己人生找到核心内容。因而很年轻时,他已开始反叛母亲,以及那个他看不起的世界。[6]

芒福德升学进入纽约城市学院后,很快受到拉尔夫·瓦尔多·爱默生著作的强烈影响。后来女儿从瑞德克利夫学校毕业时,他作为毕业典礼演讲人提到爱默生的永恒价值:"你们心智健全,是最可贵最神圣的东西。"在芒福德看来,这就是爱默生学说的核心理念,也就是自立自强、自主成才的主张。他劝导毕业生说:"你们最重要的,是在自己认定人生目标和事业选择基础上在内心世界树立一个坚强核心。这是一种积极向上的自尊心,任何习惯势力、任何外部遭遇都不能摧垮它。这就是你们自己的是非对错判断。"[7]可见,芒福德很年轻时,就树立了自己的人格目标,进而从心理上同家庭开始切割开来,开始用爱默生式的超然培养自己,即使那时他甚至还没有认真阅读隐居康科德的那位高贤。大学毕业前读书中邂逅爱默生,让他进一步确认了自己已心向往之的人生选择,自主成才。

作家芒福德成熟之后则极力主张,积极入世的社会活动"还要用一季或数月的出世隐居、独处静修……来适当调剂"。他认为,无论自我训导或自主成才,其原动力都需这样重新充电。假如丧失这种自我训导的方向和能力,"我们将沦为当今贪得无厌文化的牺牲品。如今,这种文化正朝社会生活每个方向大举进攻,用他的势力和生产能力占领每个角落,唯独在你内心留下个可悲的大空洞"[8]。一个可悲的大空洞!《岁月随笔》中,作者芒福德就使用了这个措词来叙述他少年时代千方百计要摆脱的家庭,正陷入这样一种状态。

爱默生当然还在许多其他方面同样深深启发和激励了他。不过后来,他还承认是他的贫苦家境磨炼了他。度日艰辛,靠微薄收入而甘于清贫,一生笔耕不辍,正得益于爱默生教导的人生哲学:"handsome bareness and simplicity(清贫中悠然,简朴而雅致)"。爱默生这种教诲成全了他,把原以为羞耻的贫困窘迫化为一种健全的人生教益。[9]此后他一生恪守爱默生这种人生理念,坚守清苦简朴,从不铺张奢靡。即使后来登峰造极、大权在握,依然如此。

自我认知,自我克制,自我训导,直至自我超越,这是人类追求的理想目标。芒福德著作不厌其烦论证这些价值,论证这是文明希望之所系。因为,人类的希望不寄托于权力和财富的增多,而在于这些价值理念的普及和强化。看看他的人生是如何开始的,就不难理解为什么这些警示成了他终生的座右铭。

所以芒福德很早就养成一种强烈意识:人生在世要有个目的。因此他不仅清楚一生该追求什么,而且实现了这个人生追求。我们几乎可以说,他的意志决定了他的成功(he willed himself into being)。即使周围世界发生大变动,他也能有胆识不改分毫,依然故我,始终坚守最初著作中宣讲的那些价值原则,毫不动摇。《岁月随笔》展现给我们的芒福德,背景是那个精神文化贫瘠落后、物质生活挥霍无度的家庭……他就在这样一个背景上成长起来。而且,我们读的这些大作都是他写的,他成为20世纪最伟大的思想家之一,宣讲思想观点常露出传教士般的坚定信念……这一切不是很神奇吗?

刘易斯·查尔斯·芒福德,1895年10月19日出生于纽约市皇后区符拉兴镇亲善街10号一所小屋。给他接生的是母亲的医生,这医生闻讯从曼哈顿乘长岛火车匆匆赶来,刚好是临盆时刻。而新生的刘易斯·芒福德不仅一生见不到自己生父刘易斯·麦克(Lewis Mack),而且也永远见不到他随其姓氏的那个人约翰·芒福德(John Mumford)。此人系英国人,母亲于他出生前12年嫁给这人,那年她18岁。不过那是一次风暴闪电式婚姻,来得快,去得也快。那位约翰·芒福德迅即消失。因而从一定意义上说,艾尔维娜到30岁生芒福德时已两次"守寡"了。

那时她仍很漂亮,胸部丰满,两眼灵活有神,一头金发飘飘。虽很富幽默感,但内心多愁善感。有个可怕的、狄更斯经历般的童年。她怀孕后期与母亲和继父一起住在专门租赁的小屋里,以便平安而悄悄生下这孩子。她知道这孩子永远不会有父亲,且再无望结婚,因而心灰意冷,常想寻短见。麦克家人只留下很少补贴费用,她也不知道是怎么对付着养活了自己和这孩子。最难受的是,她感到孤独无助。由于她一方面离不开母亲,却又怪怨母亲给她带来一辈子横祸,所以临到自己为人之母,须给孩子应有关爱时,她常端起家长架子,首先关注自己。殊不知,自己早年就是这种恶劣态度的受害者。

艾尔维娜家里母亲这一方,娘家姓哈娃(Hewel),19世纪50年代从德国汉诺威移民到美国,全家大多居住纽约市。她的母亲安娜·玛丽亚·路易斯·哈娃,嫁给一位姓拜伦(Baron)的轮船乘务员,他们生有四个孩子,三女一男。这位丈夫在妻子生男孩儿之前抛弃了她们。艾尔维娜的母亲直至艾尔维娜离家之前始终没再结婚。她在东十街租赁一所老房子,开办寄宿出租为房客提供食宿,养活孩子勉强度日。这是一座红砖楼房,刘易斯·芒福德早年徒步穿行曼哈顿伯维区段时,常路过这里。

这个家族从未脱贫,而艾尔维娜的母亲又是个悭吝而古板的人,虚荣小气、自我中心,对待自己孩子也冷漠无情。她曾公开对孩子们说,孩子有责任帮她把日子过得好一点。证据就是,她虽然贫穷,却有很多华美衣装,总喜欢去派对、跳舞。所以,在安娜·玛丽亚·哈娃这一家人里,"年轻的往往要给年长的付出牺牲"[10]。

所以,艾尔维娜10岁或11岁时就被拉出学校,干起全日工,帮助艰难养家的母亲。15岁进酥油点心场当学徒,与女伙伴同睡阁楼宿舍。次年被派赴费城,协助一位姑妈,姑妈也叫艾尔维娜,也用自家房屋经营寄宿出租。这位艾尔维娜·伊伯灵(Ebeling),为人善良有礼,有贵族气质,有道德修养。她教孩子们言谈举止要有规矩,也把小艾尔维娜培训成多才多艺理家好手,还做得一手好菜。

艾尔维娜喜欢费城的日子,远远躲开了阴暗的家。记得当初,她一个姐姐真向警察局投诉母亲的暴虐。可是后来艾尔维娜不得不离开费城,因为她爱上了一位寄宿租客,詹姆斯·施莱彻(James Schleicher)。詹姆斯是个比利时出生的工程师,人很英俊,还是艾尔维娜·伊伯灵丈夫的朋友。一天晚上,当起居室只有艾尔维娜与詹姆斯两人时,他把她拉入怀中深吻起来。第二天,天真的艾尔维娜满心欢喜,把这件事讲给姑妈听,不料姑妈大怒,说她犯了家规,必须立即离开。艾尔维娜一头雾水,搞不懂姑妈何以如此愤怒,反应激烈。很久以后她才明白,原来姑妈也喜欢这个詹姆斯。不仅如此,她丈夫去世后不久索性嫁给了他。(不过,艾尔维娜自有维多利亚式的办法证明自己清白。詹姆斯妻子死后,待他从沉痛中恢复,开始给艾尔维娜写信,对她说他如何深爱她,从两人相见第一刻开始……开始给她写诗,艾尔维娜已人到中年,也时时过来看望他。只是为时已晚,命运之神已无力将这两颗破碎的心黏合到一起。)

就在艾尔维娜被逐离开费城之际,她还遭受了另外两样挫折打击:第一个是患牙痛,央求母亲带她看牙医。母亲得知,上牙摘除比修复要便宜,便将其摘除了。这对爱美的姑娘无疑是沉重打击。为此艾尔维娜永远也不原谅母亲,尽管只憋闷在心里没发作。

不久又患急腹症,医生诊断为溃疡出血,要她严格节制饮食。这更令她感到孤独无助,无人安慰,无人支持。小小年纪已经承受长期心理压抑,慢慢形成长期体弱多病,多愁善感个性。[11]

18岁时,比她年长一倍的约翰·芒福德(John Mumford)看中了她,让她心情、容貌为之一转。约翰租住她母亲的住房,但当他真向她求婚时,她觉得自己却未必喜欢这人,但又觉得非结婚不能改变命运,于是应允。婚后六个月,约翰为簿记账目与雇主发生纠纷,只身逃往加拿大。立住脚后便写信给艾尔维娜,要接她前往。而她迫于家庭压力,只能继续驻留纽约。不久家里安排他们退婚,理由就是虽订婚却难完婚。而此后艾尔维娜继续保留约翰·芒福德的姓氏,且依据当时社会习俗,理所当然属已婚女性。这才有芒福德后来所说"我自己这姓氏就从此人承袭而来,虽然我血管里没有他一滴血液"[12]。而杰克·芒福德①给他留的唯一遗产,是全套的狄更斯著作,虽是廉价的科利尔版本。这套书是母亲转赠给他的童年礼物,说是一位密友赠送给她的。因为扉页题签写着"杰克赠奉艾尔维娜"。

艾尔维娜·芒福德一生最钟爱的,只有雅各布·麦克(Jacob Mack)。艾尔维娜一家人称这人为 J. W.。此人是纽约一名律师,很富有。艾尔维娜20多岁时就到他家做家政服务员。此人从法兰克福移民缅因州,模样英俊,身材魁梧,却终生未娶;他黧黑面庞,言谈有度,举止拘谨,略显严苛。尽管两人年岁差异相当大,艾尔维娜一进他家就爱上了他。相册中她亲笔书写道:"意中人终于找到了。"这是两人相遇不久就写的文字:"美梦终于实现!"[13]

雅各布·麦克从未对艾尔维娜发起直接进攻。但她向他明确表示,她喜欢他。两人一度相处得令她感觉到,他很乐意让她做自己的情人。他安排她负责全家管理,还雇佣两名女佣由她差遣。得闲就带她去中央公园乘雪橇兜风观光,或者去滨河大道克莱芒饭店吃大餐。每次旅欧归来都给她买来贵重礼品,还在她相册中用五种语言抄写韵文和摘录。还一度让她陪同去波克诺斯(Poconos)度假,虽各睡各房,相安无事。艾尔维娜非常依恋他,她后来说,这是一场"失败的婚姻",她如此钟爱他,真心甘情愿让他引诱……过了一阵,她才逐步判断,这人不曾与她做爱,可能原来是个性无能。[14]

后来,还是雅各布·麦克的侄子刘易斯·麦克在艾尔维娜身上占了先。这位侄子每逢来纽约城吃饭、看戏剧,都要在宠他的叔(伯)父家过夜。眉来眼去,很快与艾尔维娜炽烈起来,1895年元月中旬,她怀孕了。她曾说,她清楚知道这是哪个晚上的事儿。当时她只觉一股热浪袭遍全身,那是一种从未有过的体验。后来她跟自己儿媳妇说:"后来人们才对我说,那就叫做性高潮。"照她的理解,怀孕全部奥秘原来如此。[15]

---

① 杰克·芒福德即约翰·芒福德,美语中 John 俗称 Jack。——译注

两家人同时发现,艾尔维娜怀孕了。当然也有所惊诧,虽然谁也不主张堕胎。事后,刘易斯·麦克确曾允诺迎娶艾尔维娜,虽然不曾向她家提出要明媒正娶。反倒是这女人很理智,有勇气说不。因为她觉得他决意娶她是出于名誉而非爱情,虽也承诺会很关爱她。何况,她自己也失悔迁就了一个小她五岁的男人,而且失身。再说,她还继续爱恋着他的叔(伯)父,还心存幻想嫁给他,至少享受十年婚姻生活。总之两家人都认为,他俩结婚,无论从宗教信仰或者身价地位来说都是无法考虑的事。男方是犹太人,出自制造业和金融业有名的大户;女方则是贫穷的新教徒,家里世代给富人做女佣。

艾尔维娜随同父母来到符拉兴居住,准备分娩。这期间,刘易斯·麦克经常借午餐时间乘火车出城来看望她。不过临近分娩时,他的家人劝他不要再来了,担心他会因依恋那孩子不愿意分离,乃至毅然成婚。于是他们家与艾尔维娜达成谅解,提供一笔小钱,大约每年600美元。艾尔维娜则允诺从此再不见刘易斯·麦克。事实上,刘易斯·麦克刚过了30岁不久就去世了。他死后很久艾尔维娜手包里还保存着那张讣告通知。刘易斯·芒福德首次见到这位刘易斯·麦克的照片时,已是40多岁的人了。照片同母亲私人物品珍存一起,他发现,自己与这人相貌相差甚远。"我真感觉……很难承认这人就是我的生父;我仿佛只是某位不知姓名捐精者经人工授精的产物而已。"[16]

艾尔维娜生完孩子仍希望能回到雅各布·麦克家里,一切重新开始,或许还能嫁给他,一劳永逸赢得他的爱情。可是,雅各布·麦克回答说,如果愿意回来,必须把孩子交托给孤儿院。这令她心碎,希望破灭了。这提议,她当然无法听从;虽然这样做能改善生活,也能贴近她所钟爱的男人。虽如此,这个雅各布·麦克并没有立即走出她的生活,而且当了很久这孩子父亲的替身。

艾尔维娜很久没告诉儿子他父亲是谁,原因则可能连她自己也不完全理解。她家本很爱闲言碎语,但在这件事情上却都对孩子守口如瓶。最终她也能对这事情保持沉默,因为孩子从不逼问她。刘易斯·芒福德后来解释说,他能感觉到这是个不可以谈的话题,大家谈话中也都回避它。[17]然而事情并不这么简单,可能从很小年纪起,他就觉得雅各布·麦克是自己的父亲。他能找到的一切证据都指向这一结论:这个雅各布·麦克每周六下午都来看望芒福德一家,直至芒福德五六岁时;每年圣诞节都会给他送来精美玩具作为节日礼品;母亲艾尔维娜也经常鼓励孩子好好读书,不要辜负麦克先生;雅各布·麦克先生还常查他的学习成绩。这前后母亲曾告诉他,此人就是他的法定监护人,同时也不掩饰她对这人的爱恋,书桌上方赫然挂着他的大照片,旁边又是他的油画作品……这一切至少表明,艾尔维娜就乐意让孩子以为此人就是他爸爸。

如果他曾怀疑他是自己的父亲,各种疑问也只能从自己心中寻找解答,那时候他才六岁。一天他在后院同一位小朋友吵架了,他气急败坏,满脸通红冲进屋内,母亲问他发生了什么事。他说:"我再也不跟那犹太臭小子玩儿了。"艾尔维娜立即正色警告他:"永远都不许说这种脏话,你爸爸就是犹太人!"[18]这件事情过后不久,艾尔维娜从相册和日记里删除了有关杰克·芒福德和刘易斯·麦克的全部内容,而有关雅各布·麦克的内容则一点儿没动。

芒福德回忆说,"随着岁月流逝,我和母亲之间在这个问题上的鸿沟变得无法回避,无法容忍。这只大铁锁原本在我童年时代很容易打开,如今已经生锈"。他跟朋友说,当时他觉得没必要跟母亲决绝搞个"摊牌"之类,因为他已经弄明白,自己是非婚生子,有部分犹太血统。至于父亲是谁,已经无关紧要。他的结论是,这个父亲与他无关,与他后来的成长更没有关系。所以何必为难母亲,去追问她呢?何况,这非婚生子身份,他根本不去深想。因而上中学的时候,他可以毫不在乎地同一位密友吵闹,戏谑他有犹太血统,是个"小杂种"。[19]

又过了很久,母亲对他解释说,他结婚生子之后,这件事情她仍继续对他们保守秘密,是她因害怕他和索菲亚一旦了解真相可能看不起她,甚至"抛弃她不管"。不过,1942年她终于向刘易斯吐露了真相,刘易斯和索菲亚都热情拥抱了她,宽慰,答允她,他们将永远爱她。刘易斯微笑着对她说:"别担心,妈妈,我们一家人很好。雷昂纳多·达·

芬奇,伊拉斯谟①——这些著名人物也都是非婚生子啊!"热情的语言让母亲深得安慰。不过后来母亲说,这伊拉斯马斯何许人也,其实她一无所知。[20]

刘易斯·芒福德最初的记忆,是西65街上一所四层红砂岩楼房。这是母亲租赁过来开办提供膳食的寄宿出租房,解决全家生计的。当然,她这大志从未成功过。芒福德生命初醒,就在三岁左右开始于这种环境中。他记得,早晨醒来,躺在原来做音乐教室的房间里。这是位于狭长前廊和后面会客厅之间的狭小空间,缺少空气流通。他回忆,那些房间摆满了胡桃木

刘易斯·芒福德(10岁)和母亲艾尔维娜

刘易斯·芒福德在纽约西65街的第一处住所,他母亲在此租办寄宿房。照片中前排左二为艾尔维娜·芒福德,小孩是刘易斯。

---

① Erasmus(1466—1536),文艺复兴时代荷兰鹿特丹的著名人文主义思想家。——译注

家具，厚重墙壁挂满油画，有边框石版画和木刻作品，让楼下空间显得更加狭小、压抑。厚重的窗帘永远遮着，挡住阳光。因而只在最晴朗日子他醒来时才知道是否天亮了。当他从被窝里偷偷向外望，能看到寄宿在此的叔父查理（他终身未娶），踢里垮啦在楼上来回走动忙碌。厨房里，母亲在忙早餐了。烤炉里飘出新烘的面包香味儿，夹杂咖啡香气。后门客厅住的是外祖母和她第二个丈夫查尔斯·格雷塞尔（Charles Graessel）。这时，外祖母正对着衣橱穿衣镜子，整理她的黑色无边软帽，帽子下面显出曾经的美丽。刘易斯·芒福德关于外祖母的第二个印象，是几个月后病卧在床，非常衰弱，苍老，甚至难得呼喊一声。他记得的外祖父对他说的第一句话就是："路易斯，玩耍时轻轻的。外祖母病得很重。"[21]几周后，她死于肾小球肾炎。

刘易斯的童年天地狭小而平淡无奇。他生性害羞、病弱，还颇有点不苟言笑。身体从未十分健壮，渴望体育运动，却始终不很擅长。很小年纪，常莫名其妙深惧死亡。他也喜爱托儿所唱的那些儿歌，如考克·罗宾（Cock Robin）的故事，但每读到考克葬礼图画那一页，他总是赶紧跳过不看。到七八岁了，没大人陪同还是不敢独自进卧室。从婴儿时期开始就不断做怪梦。直至自己单睡这梦才告终结。"总感觉身置一个巨大空间，周围空茫无边，从四面八方挤压过来。"他特别害怕那种无边际的"空茫"带来的巨大压力。这感觉自然就是弗洛伊德所说的海洋之梦，是生命对母胎时期羊水环境的记忆。多年之后，芒福德还回忆说："我永远难忘这种梦境。"[22]值得注意的不是这梦境本身，而是对这梦境超常清晰的记忆。他还记得童年时代诸如此类的琐事。很多聪

刘易斯·芒福德（1904 年）

颖而孤僻的孩子都有这种奇特的观察能力，像画家那样明察秋毫，而且过目不忘。这两样才能，他天生具备。

芒福德虽也是有妈的孩子，却常常终日独自在家。少小时代缺少玩伴，到12岁，他已随家搬迁了八次。入学后功课好，成为老师的乖孩子，却常遭同学嫉恨。直至进入文法学校，他唯一最稳固的伙伴就是表亲艾德文·尼德梅厄（Edwin Niedermeyer）。这表亲全家在母亲开办的寄宿楼住过一段时间。他俩有时候骑车出去观览，有时候同街面的孩子们一起玩纸牌或捉迷藏游戏，不过刘易斯大部分课外时间都独自在家玩玩具士兵、练习绘画。他画过城堡、马匹，一生的绘画爱好就是这时期养成的。他的世界就是母亲的全家人和他们的活动环境。那是成人的世界，很小年纪他就很想冲出这藩篱。这种激烈的内心冲突塑造了他的一生的个性特征。如他所说，他是"曼哈顿的孩子"，同时也是艾尔维娜·拜伦·芒福德唯一的爱子。因此，这个母亲同样对他影响深远，尽管他很久都不愿意承认。

刘易斯还很小时，母亲还是个容颜姣好、活泼开朗的女人，周围不乏追逐、求婚者。她穿衣讲究，丰满身段频添几分娇媚。一头金色美发盘成好看的大发辫。她文雅温婉，举止随和，嗓音好听。终日操持这寄宿楼房，楼上楼下快步不停，同时唱着她心爱的歌剧《蝴蝶夫人》里的咏叹调。到开饭时她一声嘹亮口哨，客人们就会集齐餐桌就座了。

艾尔维娜厨艺精良，这门绝技也传给了儿子。而经营寄宿房之道，却最终都没学会。她待住客如君王皇上，虽只是她的"付款宾客"。提供的菜肴远超出他们的支付水平，一些房客租金逾期不交，她也不催不问。[23]她根本不在乎钱，这心态可能源自长久在雅各布·麦克家担任管家。即使一文不名了，她仍去沃德维尔展销会和赛马会，每周一次从不错过。购物只选最豪华的商店，到奥尔特曼时装店开办消费赊销账号，给孩子买衣裳，刘易斯第一身男士晚礼服就是那里买的。春季夏季，她会去大西洋城、乔治湖，或者更时髦的萨拉托噶泉水城度假。寒冷冬季，她们家会轮班到嫡亲或者表亲家里每天打牌，举办咖啡茶话。此外，至少每月一次正式聚会，男士穿着传统燕尾服，女宾客着装华美。她儿子记得，有一次这样场合见到她的陪护，很觉怪异与嫉妒，"那后生样子志满意得，却满脑袋空空如也"，分明比她小了很多。[24]

纽约西 93 街艾尔维娜·芒福德住所中的牌局聚会（1904 年左右）

很久以后儿媳妇问艾尔维娜，她青春时代最后悔的事是什么。她略想之后叹了口气回答说，"舞没跳够，我永远都跳不够。照我心愿，我会跳舞更多"[25]。

作为母亲，艾尔维娜是个奇妙组合：一方面非常有爱心，另一方面又非常草率粗疏。她儿子评论说："一方面，她把我视为她生命的中心，把我娇惯坏了。"[26]刘易斯 25 岁生日这天，她写信对他这样说："我一生完全是为了你活的。除了你，其余任何事情都无所谓。"年迈苍苍时，她对家里人说，她就像圣母玛利亚，来到世上就为生个了不起的孩子。[27]后来芒福德成名了。她多么为他自豪，遗嘱中严格规定，墓碑只镌刻如下简单字样：

艾尔维娜
1865—1950
刘易斯·芒福德之母

芒福德在《岁月随笔》中深情地回忆过这一细节。不过,他母亲这一敕令仿佛还另有解读:母亲对他的童年很不经意,牙痛也没带他去看医生,以至牙齿慢性坏死最终不得不拔除。母亲在世时对早年这些荒疏已经很愧疚,因而担心死后儿子不常去墓地看她。母亲安葬后不久,芒福德自己也忽有感悟。意识到自己也可悲地重复了母亲对孩子的荒疏。他写道:"母亲一生中唯一最实际的宗教,可能就是家庭的祖神。要经常去供奉膜拜……这样的宗教只存在在墓园之中。"[28]因而她殷念的墓志铭嘱托,可以理解为生怕孩子疏忽怠慢了她。

其实,艾尔维娜很难明白她是个多么不称职的母亲(同她自己姐妹相比),证据就是,她是个溺爱孩子的典型,常令孩子透不过气来。若说终有所悟,意识到自己这一弱点,也是晚年她做祖母之后了。当她看到儿媳那么精心细致关爱孩子,你隐约可见她心中半是妒忌半是悔恨,甚至常对刘易斯唠叨抱怨,说索菲亚那么周详备至,会把孩子宠坏的。这样做女人"那不就为孩子当奴隶了吗?"她无疑认为,若儿媳妇带孩子方法正确,那她自己养儿子的方法岂不就错了吗?[29]艾尔维娜不是千方百计走进儿子的生活,而是拽儿子跟着她整日去浪荡,看赛马、光顾股票交易所、没完没了地逛豪华商厦、观看日本拍卖行,星期天则无休止地串亲戚,为此跑遍了纽约城。这种出行当中,刘易斯最喜爱的是去贝尔芒特公园或羊头湾看赛马。去看赛马要乘敞篷电车,一路之上湖水草田波光潋滟,管理有序的物物交易市场。迎面吹来和煦南风,吹来潮湿而微咸的海浪气息,那里新刈的草场飘来阵阵草香。赛马场上,马匹和驭手已各就各位。一个个锦服绸装,浑身亮闪闪的。看着他们飞驰而出,刘易斯心中不禁激浪涌起。看完赛马,便同母亲去当地饭店享用美馔,品尝软壳蟹。所以,这样的午后是他最企盼的,却恨透了那些没结没完的商场闲逛,以及,经纪人办公室里枯燥冗长的等候,母亲和那些姨妈们就坐在那些靠背直挺挺的长椅上,目瞪口呆观望大幕上的数码,每分钟都盼着命运之神抚摸额顶,从此财运亨通。

最不堪忍受的,是周日去拜望的那些姨妈、舅舅、表亲姐妹兄弟。妈妈家一大伙人,就整日玩纸牌,到晚上孩子们一个个疲累已极,有时候听大人们牌桌上不顾脸面大争大闹,又吓得魂不附体。这样的周末晚上,刘易斯经常被遗忘,独自在姨妈大号双人床上衣堆里昏昏睡去。直到年老他都清楚记得,且不无辛酸忆起,自己常昏昏然被母亲叫醒,拽起来胡乱穿上衣服就出门,一头扎进纽约冰冷的夜气里。[30]

刘易斯小时候常生病,常常是呼吸道疾病(此外还有点心动过速的毛病)。他很可能以此为借口引起母亲关注,但很少成功;此外,他一生未能彻底摆脱轻微的忧郁症,此乃其根源。即使请假不上学,在家里他也难得享受到母亲照顾,她依旧忙她自己的事。升入高校后,医生告诉他肺部有结状病变,此事他很久不告诉母亲,担心吓着她。后来医生通知母亲到校商谈,母亲处之泰然,并无关切之意。后来他长期体弱多病,也没引她十分关切。此时她也自身不保,健康不佳,自然也吞噬了对他人的关怀。

《岁月随笔》这部传记里,芒福德已经尽量淡化母亲的粗疏给他造成的伤害,还是按他老套路,将他人欠自己的债务释为他日之财(这其实是尽人皆知的老套路,作家总用此法重修生平故事,以便教育他人)。"总起来说,(母亲)这种高高在上对我反成一种幸运。我们已经够亲密了,若更亲密对我更关爱,我可能因此永无出头之日,永远无法挣脱这种家庭羁绊。"[31]芒福德这话当然不足为信。他终生感到同母亲亲密,却永远无法完全谅解她这种我行我素的人生态度。然而只要是与母亲同住,他就深埋这种情感,这样做并不为怪。有位作家评论说:"失亲的孩子更珍惜亲子之爱,不会轻易失掉它。"[32]

直至1952年,母亲去世两年后他开始写自传了,才逐渐意识到他对为人之母而如此行事是多么义愤。虽如此,最终刊发的自传里有关母亲的叙述,他仍把这些深藏的隐恨愠怒化为几段动人的回忆,讲述自己独自同母亲相处的日子。其中他最难忘的,是1907年他们在大西洋城租赁一所小房子,度过春夏两季。早晨,母亲总是对着报纸详细研究当日马场消息,不过下注之后,母亲就整日陪伴他了。他们焙烤点心、蛋糕,沿长长木板路散步。晚上盖好被子给他读书,经常是法国作家大仲马或者沃尔特·司各特爵士(Sir Walt Scott)的作品。[33]

只是这样的时光他享受的实在太少。艾尔维娜毕竟不是他期望的那种母亲。同时,他自己后来也没成为他自认为满意的父亲,这样说并非不公道,原因是他也有他自己的我行我素人生态度:完全沉迷在写作之中。"每当我分析母亲怎么那么沉迷于她们的成人世界,而完全置我于不顾……这时,我往往马上意识到自己身上也有同样的罪过。"他写过此类追忆母亲人生的文章,却从未出版,因为他感觉其中许多言语持论过于严苛。[34]

艾尔维娜忽略孩子心身需求,这状态一直延续到孩子进入青春期以后。她母亲去世后,继父查尔斯·格雷塞尔仍同他们一起居住。芒福德这位继外祖父原是德莫尼克饭店一位名厨,薪俸收入相当不错。1906年去世时,给艾尔维娜和刘易斯留下一笔可观遗产,大约3500美元。可是艾尔维娜不懂得储蓄起来,精打细算小心度日,而是在赛马赌博中把这笔遗产很快挥霍掉了。陷入赤贫时刘易斯12岁,他们只得搬到西94街100号一所破单元房住下,这一住又是12年。刘易斯的高中时代可以说食不果腹,衣不蔽体;每年买不到一件新衬衫。这种凄惨状态中,母亲老得很快。艰难时世,容颜憔悴;以往的求婚者不再光顾。眼前无希望,未来无前途,艾尔维娜终于长期萎靡不振,这又进一步加剧她的我行我素,儿子也就不得不自谋出路了。

刘易斯·芒福德笔记有这样的记载:20岁时,他收到母亲赠与的最大礼物就是不再管他了,这迫使他逐渐想办法自力更生。"许多大人物风烛残年撰写回忆录,总爱将把他们了不起的功业归功于幼年时慈母之爱与谆谆教诲。我则不然,假如我有幸也能做此推论,我则将我很有限的能力归功于我这慈母对我的荒疏冷落。她这种无为而治,功劳可谓大矣!"[35]至此时,芒福德已真正形成了自我。他学会了生活自立;他靠那么多独处时光养成了写作习惯,日后终成作家。他说母亲无为而治有助于他走向自力更生,如果这说法有一定道理,当然是指艾尔维娜那种我行我素,自顾自、只管自家姐妹,让芒福德不自力更生已别无出路。

至此芒福德已充分独立,已能直面母亲及其纽约亲戚们。这一家人,芒福德曾经对朋友说,"简直一群天生的赌徒、废品、廉价废物,有专业水平的奸夫"。即使童年时代,他就感觉同他们格格不入。他少年时代的密友杰瑞·拉亨布鲁克(Jerry Lachenbruch),在两人谈心时说:"所以我们常常取笑你的出身,认为你根本不是他们一伙。"他推论他因为有犹太血统,总跟他们说不来。"你我都不明白,怎么你会出自这么个家庭,跟你完全不对心路。"[36]

芒福德已长成为一个胸怀抱负、谦恭有礼的青年,若要不步母亲一家后尘,只能离家出走。可是母亲艾尔维娜不论到哪里都要带上他,这样他的反叛最初只能藏在内心。他在心中筑起一道高墙把自己和母亲一家彻底隔开,保护自己飞速发育的内心世界。这些人聊天、赌博依旧,却很少注意到近在身旁的刘易斯。但这些人已再不能走进他内心更不能在那里驻留。芒福德从此有了自己完全独立的王国。

这样看来,芒福德之所以成为芒福德,也就不足为怪了。上高中和大学,他都与同学融洽相处,虽然同学们觉得他有些异类:无论什么时候,他多少总是个局外人,在他一些最亲密同学眼中,他也过于拘谨。只对他钟爱的女同学,他才卸掉铁幕般的矜持,显现一个情感丰富的青年男子。日后他写信给女儿,解释为何对她保守了亲属真相的秘密,说:"我自己总很矜持,别人难于接近。原因之一并不在这秘密本身,而可能是因为我非常不喜欢母亲家里的许多成员……因而我这种孤高性格和自立态度,简直根深蒂固。"[37]

家庭贫寒而无法依靠父母,这种背景下,八九岁的刘易斯爱上以儿童故事写作著称的 19 世纪美国多产作家霍瑞修·爱尔杰(Horatio Alger,1832—1899)就不足为怪了。他书中那些青年英雄,无一个出身富豪,都早年受苦,有的还沦为孤儿或还得养家糊口。他们出身贫寒,却不绝望,不自怨自艾,奋发图强,一往无前争取成功和胜利;因而这些故事他读得津津有味。从这些英雄身上他懂得了,把握机会调动勇气就能无往而不胜。若社会质疑他们的身份,后来芒福德这样说,"这些无知少年则索性不把它当回事儿"[38]。

所以刘易斯·芒福德很早就打定主意,在精神思想上决不步母亲一家之后尘。母亲已沦落到随波逐流贫穷潦倒境地,他不能随她自暴自弃,要有自己路线图和进度表,办事有清楚记录,有钱不乱花,脚踏实地,抱定一个目标埋头苦干。不论选定律师还是诗人,艺术家还是政治改新者,或者电气工程师……这些都是他成年过程中思索过的人生道路,他相信,无论选哪一种,想成功就须早开始。

可见,他家庭的贫穷和难题并未把他推入沉沦绝望,反而在他心中激起巨大决心定志,这是他最终成为作家,大获成功的关键。十几岁时他就养成习惯,"制定学习计划"钉在寝室墙上:要阅读哪些书籍,要参观访问的地方,要写的论文和剧本……有一阵他如此专注自己的成才计划而非学校课业,以至于朋友们发现,周末也很难约他出来散步,即使他们知道他非常喜欢郊外野游。他一生都严格遵守计划,简直强迫症般保持有序,一只眼睛永远盯着前方,瞄准未来。刚刚成年他已养成习惯,如虔诚教徒般遵规守纪。每逢新年伊始他总独坐桌前,系统检查回顾这一年任务完成情况,然后制定新一年的目标和任务。还把这习惯同工作项目执行互相结合,检查某本书该何时完成,某项目该何时开始;作为作家或为人,本年度、本十年……该到达哪种高度。总这样策励自己,而且沿着精心选定的方向道路不懈地鞭策自己。

芒福德受过美国圣公会教派浸礼,却不是在正规宗教信仰环境中成长,也从未坚持每周去教堂参加礼拜仪式。虽如此,他从小就形成很强的伦理道德意识和行为操守。而且,他最崇信的价值理念恰是母亲人生中最不注重的品格:一是自持,二是自律。早年笔记证明,他坚持不懈的努力目标,首先是他说的"健全人格"。这种人生态度主张物质享受上质朴无华,人格修养上则注重均衡发展。年纪轻轻,已把人生看成道德修炼之路,这种安贫乐道的人生哲学引领了他的一生。所以,后来他终于读到讽刺作家托斯坦·范伯伦(Thorstein Veblen)辛辣地讥讽炫耀消费作风时,他不仅早有准备且一拍即合,立即加入这一行列,对这个"贪得无厌的社会(acquisitive society, E. H. 托尼的用语)"大加挞伐,成为美国 20 世纪最激烈的社会批评家之一。

刘易斯虽在精神思想上已走到母亲的对立面上,他对母亲仍旧恭敬有加。艾尔维娜三十多岁时尚未颓废潦倒,而韶华风韵表象之下隐约已有丝丝愁绪。儿子清楚记得,在她姐妹特丽萨家的琴房,她独坐琴前,"选了年轻时学的一支乐曲弹奏起来……那种轻柔和缓……那种沉思……仿佛在努力重温早已丢失的承诺"[39]。刘易斯自己人生也时不时被拖入这种消沉,有时还非常极端,以至长时间陷入天昏地暗的绝望。她和母亲艾尔维娜都"有种特殊能力,都那么热切地企盼未来。而且,总起来看,甚至还能给自己的忧惧找到理由"。这是母亲葬礼后不久刘易斯对朋友说的。[40]可见,从青年芒福德身上已能看出那种警世先知的性格根源,他同名人约翰·拉斯金(John Ruskin,1819—1900)一样,不仅都"看到远方地平线外有雷鸣电闪,还看到了破晓曙光"。

所以,刘易斯·芒福德通过切割家庭联系实现了自身解放,而且时间很早。他后来所说的"自新"和"觉醒"过程,是 16 岁初恋时候开始的。[41]

如此年轻就那么自信,坚信能做大事而且成功,这种内心信念是哪儿来的呢?自我成才的人,艰苦奋争攀上顶峰的人,一般都有这种自信;小获成功就会认为世上无难事。不过芒福德另有主张。68 岁他阅读厄尼斯特·琼斯(Ernest Jones)撰写的弗洛伊德传记,为写自传作准备时,有这样一段发人深省的记录:"一个深得母爱的孩子,会很早养成一种征服者心态,养成做事必成的信念。这心态往往真成大业。同样我也可以说,像弗洛伊德一样,我也吃母奶长大。"[42]

因为,他其实有两个"母亲",这母亲给了他安全感和爱抚,让他长大成人。懂事之后十年都是奶妈奈莉·阿亨(Nellie Ahearn),一位爱尔兰保姆,负责照料他,经常陪伴他。因而对刘易斯·芒福德比艾尔维娜更像个母亲。

这个奈莉全家人都称呼她娜娜,从刘易斯周岁时就来照管他了。此后很久一直在艾尔维娜家里帮厨、管家,直至女主人无力支付她的工资。离任后去给达科他宾馆的东家当了女佣,还常回来看望他们。逢年过节,或者哪个过生日,总要捎带很多精美礼品,圣诞蜡烛。更可贵的是,还常给这家人做连续九天的祷告(novena)祈求健康吉祥。艾尔维娜一度胃溃疡病重,难以料理家务,奈莉就常来帮忙,利用放假擦洗房间,整日操劳之后,唯一酬劳不过一杯威士忌,外加同小少爷喝喝咖啡,说说话。

刘易斯和他的娜娜:奈利·阿亨

奈莉算是个"非裔"爱尔兰人,一头黑发,圆眼睛大鼻子,下巴小得狠,牵扯了两个嘴角垮下来,仿佛一脸永久悲伤。面部很富表情,心中是乡村妇女永不怀疑的天主救世精神。16岁上被守寡的母亲送到北美来当女佣,挣钱贴补家用。给纽约一富人家帮工之后,来给艾尔维娜·芒福德当管家。此后一直在纽约独居生活。曾经对刘易斯说,她唯一的真朋友就是耶稣基督,以及她敬爱无比的圣贤安东尼。母亲将她流放北美,为此她永远难以原谅母亲;虽然也为她祷告,很尽职地给家里寄钱,却从来不回乡看望,连短促回乡看望也不曾有过。这种自尊和倔强,后来也多少传给了刘易斯·芒福德。

刘易斯少年时代就熟知的各种宗教礼节、仪式、规矩,就来自这位娴雅静淑的女性。每当她在厨房切削土豆洋葱,刘易斯就站她身旁听故事。那么多宗教圣徒贤者的动人事迹,最初就是这样学来的。奈莉还教会刘易斯绝不口吐污言秽语,决不骂人;告诉他,骂人犯罪,再说"绅士绝不骂人"。刘易斯从她那里学到举止规范。奈莉自己是个坚强女人，也教会刘易斯坚强不屈，无论环境是顺利还是险恶。[43]

她从不设法改变他的信仰，而刘易斯无疑在不知不觉中获得了真信仰。她也为确保刘易斯的救赎，经常带领他去哥伦布大街和59马路的保禄会①教堂，为他用圣水洁体，点燃祈祷蜡烛虔诚献上神坛。这无疑等于给他举行了洗礼，因为奈莉早听她最敬爱的牧师说过，普通人可以把迷途羊羔牵上正道。[44]

奈莉全心全意照料他，总是充满爱意叫他"我尊贵的殿下"，所以也真把他宠坏了。下雨天去学校接他回家的，一定是奈莉而不是母亲。她总是胳膊底下夹把黑伞，伫立在门廊内，笑容可掬地静候他走出来。随后领他去第五大道观赏游行表演，或者去中央公园散步。有时也去西四十几街看望她亲戚。刘易斯在那里首次看见，城市里居然还有那么贫穷的社区。奈莉同他"讨论人生"——她是他唯一的红颜知己——还帮他做功课，虽然她自己才勉强识字。孩童时代，奈莉唱歌哄他入睡，往往唱柔和轻缓的爱尔兰民谣。暴风骤雨电闪雷鸣的夜晚，奈莉会坐他床边护佑他。这朴实的女人，内心永远系挂着爱尔兰海岸边上的小渔村，口中不住祷告："仁慈的上帝啊，保佑海上渔民水手，这风雨交加的夜晚，平安无事！"

奈利·阿亨铅笔素描
（刘易斯·芒福德绘）

刘易斯一生都忘不了娜娜留给他的那些爱尔兰故事，他称之为Irishism（或可译爱尔兰章典），比如她就谆谆教导他说：踏上征途就义无反顾。这教导，他真的融入内心，一生不悔，虽自传中说这些言论

---

① Paulist Fathers，1858年由神甫梅克尔创立于纽约的教派，1934年传入中国。——译注

"多已灰飞烟灭"。[45]

奈莉同艾尔维娜之间偶或会有些摩擦,本在意料之中。奈莉却因疼爱刘易斯始终坚持没离开这家人,虽气头上也愤然出走过几次。而因为难舍难离刘易斯,最终还是折返回来。直至刘易斯有了孩子,接着照料这些孩子,且同样尽心尽职。临终留给每人 300 美元,那是她终生全部积蓄。不过,她最疼爱最引以自豪的,还是刘易斯。这个女人始终是刘易斯的第二母亲,直至 1940 年在养老院安静离世。住养老院后,刘易斯定期前去看望……直至永诀。

刘易斯同母亲一起参加了她的葬礼弥撒,仪式地点在西 42 街一家破败教堂。虽然奈莉毕生也未能让刘易斯追随她信仰天主教,但参加葬礼那天,刘易斯伫立这小教堂,又一次悟到奈莉在他心魂中播下的深刻种子:深深感念宗教仪式礼节产生的神奇效果。事后他叙述参加奈莉葬礼的经历和体验,说:"即使你并不赞同不相信宗教最终允诺升入天堂、救赎与重生之类,而彼时彼地,伴随庄严礼节仪式油然而生的充塞寰宇的庄严肃穆,真是俗民社会任何活动都无法比拟的。我不敢说,如今弥撒变为全民通晓的普通语言是否一定有更强烈效果,再加上爵士乐伴奏,就更不敢恭维了。"[46]

纽约度过的童年

> 纽约老城区点小地方,足够我们玩的了。
>
> ——欧·亨利

孩提时代,刘易斯·芒福德同外祖父的联系与同奈莉·阿亨的联系一样,已很牢固。查尔斯·格雷塞尔其实是他母亲的继父,不过他们的联系,"坚如磐石,完全胜过嫡亲"。正是这位外祖父引领着幼小的刘易斯,一点点检视了跨世纪时代的整个纽约城。[1]

芒福德的外祖父:
查尔斯·格雷塞尔(1900年)

查尔斯·格雷塞尔,德国黑森林地区一家磨坊主的儿子,最初作为餐厅学徒,游遍整个欧洲;随后于19世纪60年代来到美国。英语自始至终都讲不太好,有浓重德语口音。行事风格也是彻头彻尾的德国派,虽还不像刘易斯某些其他德国亲戚那样有种条顿日耳曼人特有的古板严肃,也没有德国民族优越之类的无端幻想。较之德国料理,他更爱法国菜;较之德国乐曲"保卫莱茵河"(Die Wacht am Rheim),他更喜欢法国国歌"马赛曲"。

外祖父和蔼亲善,生性好开玩笑,特爱逗弄小刘易斯。从德莫尼克餐厅下班回家,常给他带回蛋糕、松露巧克力、还有灯红酒绿化装舞会用的面具等等。他身材敦实,肩宽头大,两道浓眉,鬓发浓黑直至两腮,显得气宇轩昂,凛然无犯。他常穿一件款式优雅剪裁得体的阿尔伯特亲王背心和一双油光可鉴的乌黑高统皮靴,到下午也不脱下。那双皮靴他很珍爱,是在运河街上一家名店专门定制的。他吸的雪茄烟也是从恺撒店或克鲁格这些名店专门定制的。他没有讲究衣柜,但衣柜里样样精品。这派头也传给了外孙刘易斯,长大成人后学了他的榜样。青年作家芒福德,即使是贫寒书生,照样购买英国名牌毛料西装。宁可几年买一套好衣服,也不一年买几套廉价装。他还学来外祖父那套人生哲学"够用足矣",作为自己的座右铭。当然,外祖父许多讲究,尤其是每天上午于 10 点 45 分用高脚杯准时饮一杯鸡尾酒然后开始一天工作,这习惯他从没学会,即使退休以后。[2]

四岁以后,刘易斯几乎每天下午都陪同外祖父沿中央公园到河滨大道这一带闲逛,这两地就是芒福德童年世界的东西边界。若散步走得更远,外祖父会说出第五大道或者河滨大道沿街每座红砂岩豪宅的主人都是谁。外祖父会夸称,他在这些富户家中都干过司厨或领班,对他们的习俗嗜好了若指掌。碰到好天气他们常在中央公园里车道边找个长椅就座,观看每天下午的车水马龙。整个中央公园就像条传送带,只见车流依次前行,像自我炫耀而又有些装模作样。车流中,有布鲁厄姆车①、维多利亚车,还有外形大气的豪华出租马车,四匹挽马都是漂亮的栗色骟马,连马尾鬃都束修好的。外祖父能够根据通过的顺序一一说出主人姓氏,有时还加上他们一些个人经历。这些人包括阿斯特家(Astors)、范德比尔特家(Vanderbilts)、迪普尤家(Depews)以及施瓦勃家(Schwabs)。他还了解这个圈子以外的有钱人,比如拉塞尔·塞奇②,他常乘坐一辆旧式的有流苏顶篷的萨里马车。③ 见他的马过来,

---

① 一种驭者座在车厢外的四轮马车或驾驶座敞顶的轿车。——译注
② Russell Sage,1816—1906,美国金融家、众议员,曾参与建立美国铁路及电报系统,以经营股票和投资致富。——译注
③ 四轮、双座、通常有篷盖的马车。——译注

外祖父曾这么评价塞奇:"这家伙很吝啬,几乎一毛不拔。不过他老婆倒是个好人。"[3]

周末好天气,爷俩会去曼哈顿观光。去拜访外祖父的朋友和以前的老相好,或者,索性就为了出去"透透气"。也有时候,他们会一直走到布鲁克林地区,走过大桥,去看亲戚;或到先锋公园听下午音乐会。向晚时分会途经百老汇回家。当时的百老汇大街,两旁种植着榆树,西区的人称之为林荫大道。若遇雨天,这爷俩会一连数小时逗留在大都会艺术博物馆或全美自然史博物馆。刘易斯与这些重要场合和机构的终身结缘,就是这样开始的。外祖父一边看,一边说对他说:"这是你的城市,你得好好了解它。"两人散步时,外祖父会掏出金表看看,然后看着刘易斯,若他猜准了时间会获奖,一块糖果或一枚亮闪闪硬币。这些参观闲谈影响了刘易斯的一生。几年后他开始独自探索研究纽约城时回忆说:"阅览体察这些建筑物,仿佛打开一本大书逐页细读。这其实就是早年闲逛的继续,只不过是我独自进行了。"[4]

他的理想城市,应当就是他童年时代想象中的那个纽约城;或许应当说是他少小时在纽约见到的那个有限世界。是纽约上西区65街以远几乎清一色中产阶级住区,当时那里还有蔬菜早市,给城市带来乡村气息,还有德式啤酒馆,外祖父带他去听音乐,吃呛鼻子的芥末味香肠。童年时代的纽约城,他记得,处处安静祥和,邻里间亲善友好。想去公园绿地或水滨观景,简直举步就到。这座城市,杂货店老板早晨派小厮四处收回订单,然后逐一派送;奶站的白色墙垣里出售鲜奶、鸡蛋、奶油、奶酪。城里有电车、火车、渡轮,1905年之后又有了双层公共汽车,载大家去游乐园、跳舞厅、剧场或博物馆,当然有时候也去墓地……无论去哪里,对于少年芒福德,"这种旅途本身就是一种值得向往的消遣,去哪里则无所谓"[5]。

他还每月一次随母亲和舅舅以及和姨妈们,前往伍德隆墓园(Woodlawn Cemetery),去祭拜外祖母的坟茔,墓地有雇用的花匠照料。"这时候,我这些长辈们就开始议论纷纷,对墓园中的碑刻、花草纹样,评头品足;评论花匠工作是否合格,坟地是否照料整齐完好;还会讨论外祖父过世后该挑选哪种花纹碑刻更合适。他们居然会讨论这话题！还有,噢,天啊！——为什么墓园会这么快就被占满……"[6]祭拜结束,会去路边啤酒店饮酒吃三明治,孩子们则畅饮一杯杯姜汁汽水,然后一起回家。

芒福德很小时就爱看沃德维尔展销会里杂耍表演,第五大道的盛装游行以及露天音乐节,这些项目在跨世纪的纽约已很流行。他后来终身热衷戏剧表演、喜爱热闹场面,这些爱好就从这里培养出来的。还有他后来的见解,认为城市是个大剧场上演社会生活的大戏剧,这见解也从幼年这些活动中萌发。他清楚记得,一次在百老汇街靠近第七团军械库地段,奈莉抱着他随人群观看红的蓝的戎装士兵,荷枪实弹,步伐整齐开赴对西班牙作战前线。这记忆又同数年后第五大道上杜威将军部队的游行行列组合起来,戎装陆海士兵和着震耳欲聋的军乐,一个个英姿勃发健步走过灰白色大拱门。港湾里,刚启锚的战舰已缓缓漂移,这一幕幕都成为他难忘的城市印象。当然他更不会忘记中央公园南湖经常推出的歌舞节庆活动那些盛大场面。每逢这时节整座城市就成为一个巨大舞台,上演社会大戏给全体市民观看。而市民不仅是看客,更是演员和这些城市戏剧性大事件的参与者。

接近青春成熟期,芒福德常同邻家孩子去曼哈顿玩儿,尤爱观赏沃德维尔杂耍表演,当时正是这种表演的黄金时代。他很开眼,领略过著名丑角演员维斯塔·提莉(Vesta Tilley),安娜·劳埃德(Anna Lloyd),还有轻歌剧王后伊娃·唐圭(Eva Tanguay),她甜美歌喉唱着,"此事岁岁年年有,唯我这故事最不同……"[7]

15美分买张票入场沃德维尔表演厅,能观赏到世界上最精彩的表演节目。有阿拉伯巡回歌舞团和体操表演队,意大利杂技表演,伦敦喜剧团,西班牙流亡艺术家,法国民间女歌手,美国木屐舞,还有挪威来的口哨独奏。宫殿般的沃德维尔表演厅装修华贵,富丽堂皇,挤满观众,群情激昂,各种年龄段的人,各行各业的人,世界哪个角落来的都有。这景象本身恰是现代都市大舞台推出的现代戏剧,同舞台上演出的剧目互相映衬,天作之合。每逢一位歌星出场,台下便自发喝彩,随着合唱和钢琴曲,击掌、欢呼、跺脚,整个大厅随歌声震响微微摇撼,热闹非凡。节目一个赛一个,一场场演出持续不断,整个表演节奏折射出都市生活的欢快步伐。看完演出,芒福德同伙伴们走过百老汇大街,兴奋击掌评说:"好不快哉!"随即哼鸣刚学来的舞台音乐,那是走红歌星安娜·劳埃德刚唱过的乐段"我就在这儿,在教堂旁边等候你!"还有同样走红的托尼·佩斯特(Tony Pastor)演唱的"在深深矿洞的底层"。孩子们还会模仿一些最优秀独角戏演员和魔术师的滑稽动作。跨世纪时代沃德维尔的精彩表演,向这未定型青春期莽头小伙儿的内心,莫名注入一种强烈意识,让他"去找自己的风格!"那些演员,尤其佼佼者,个个都那么庄重沉稳、矜持自信,他好想有朝一日,自己同样也能那般光彩夺目! 直到老年,每回想起百老汇或者62街上老式剧场里这些难忘的精彩下午,他就激动得两眼放光,会对你说个没结没完。[8]

芒福德自传《岁月随笔》中详尽忆述的那个体面中产阶级的纽约城,第一次世界大战后便已消亡殆尽。继之而起的,是一座高楼林立、节奏加快的大都市,一座座冷面孔办公楼,层层耸立,很是压抑。芒福德对这种变迁毫不在意,20世纪50年代他在《纽约客》任建筑评论执笔时,下午常离开办公室独自走向都市外围,进入他熟悉的老街区,即使那里已经"消亡"。如今置身其中,已"形如陌路"。少年时代地理环境已一去不返,此情此景恰如他一句评论所说:"五十岁以上的纽约人,个个都是个文克尔(Rip Van Winkles①)。"[9]

芒福德热爱城市,同样也热爱农村和农村生活,且很早已然。孩提时代他就喜爱阅读英国小说中农村生活的描写,19岁后,每逢周末下午他长途跋涉去维彻斯特郡,独自进山下乡。8到13岁时,每年夏天常去佛蒙特州毕索尔农庄附近度假,那是他一位名叫约瑟芬·福冉(Josephine French)的寡居亲戚的住家。刘易斯初到农乡,如痴如醉,印象好极了。以至自传开头不写喧闹的曼哈顿,而描写他难以忘怀的佛

---

① 文克尔,Rip Van Winkle,该人名已成典故,出自作家华盛顿·欧文所著《见闻札记》(*Sketch Book*)中一短篇小说主人公,瑞普·冯·文克尔,此人为躲避悍妇妻子,避居新泽西州Catskill山麓,沉睡20年后醒来,归宅见房倒屋塌,举目无亲,恍如隔世。——译注

蒙特之夏。这章节文字他就是在里兹维尔一幢改装农舍中一字字写成。而且他作家生涯中大部分作品后来都在这安静角落里完成。

福冉太太的农庄坐落在白河流域的多石坡地。对面有一处大理石采石场，一条之字拐铁路与毕索尔镇连通。这种地方就是亨利·戴维·梭罗（Henry David Thoreay）钟爱的环境类型：虽已锈迹斑斑却不荒寂无人，有农庄、农田、溪流、树林和草场，距小镇和工厂都不远。这也是芒福德后来在《黄金时代》一书中赞扬备至的那种生存环境，那本书里他探讨了梭罗一生的艺术与创作活动。不过，比起梭罗，芒福德太内向、太书生气，他不敢独自探索这好环境。不过他表兄赫伯特曾教过他用那杆22毫米口径连发猎枪，后来他也确曾打过山鸡和松鼠。正是从这农庄环境中，他首次窥见到一种全新的生活，一种全然不同于他纽约亲戚们的更简约、更丰富、更深刻、更有意义因而也更满足的人生。也是在这里，他11岁萌发初恋，给当地一褐发女孩儿写过信，女孩儿名叫贝尔萨（Bertha）。那是一封"炽烈、充满激情的情书"；女孩儿虽未回信，却也始终未退信。[10]

《岁月随笔》中作者写道："佛蒙特夏季那种柔美宁静伴了我70多年，且毫不减损。在我心目中，它总是阳光明媚，纯洁无邪，芬芳气息沁人心脾。"[11]这庄园本身倒不十分昌盛，却管理得井然有序，福冉太太身材矮小，做事很有主见。她抽烟，常穿白色肥腿裤，待刘易斯宽和仁爱。

刘易斯在这里度假，读书、行猎、钓鱼、散步。此外，就在院内两颗元宝枫树间搭起吊床，长时间躺着听林风飒飒，凝思遐想。起初，正是这种离群索居，这种乡村生活的宁静祥和，而不是贴近自然，为他慢慢开启一个理想世界——最初为一个爱做白日梦的孩子，后来为一位作家和思想家。当时他才九岁，很可能已经悟到，农村这种生活食品丰富且新鲜，到处宽敞豁亮随你自由走动，有足够时间胡思乱想……这不正是理想生活必备的一切要素吗？何况还有福冉太太这样善理家主妇的精心料理，"她胸怀宽广，慈母般和善可亲，要求孩子要有严格教养，永远那么温和善良"[12]。

不过给他留下最深刻难忘印象的还不是福冉太太，而是福冉太太的兄弟塞姆·戴(Sam Day)。这位戴先生在刘易斯开始造访农庄之前已经去世。这农庄本是他的产业,所以,他的音容笑貌,精神灵魂仿佛仍在这里徘徊。戴先生一生务农,却是个走南闯北的人;还是乡村社会的知识分子,邻居们崇拜他,以他为英豪,因他不仅精通古典学识,还成功试验推广园艺、农学以及居家环境新技术(比如当地首个室内冲水马桶就是他家的,他称之为 turd machine 排便机)。他还有专用书房,藏书约三百册。芒福德来度假就如饥似渴读了其中大部分好书,特别感兴趣的有约翰·拉斯金的《当代画家》(*Modern Painters*)。芒福德是从这里开始接触到真正有品位的著作。戴先生还有个斗室用于写作,比后来芒福德在里兹维尔家中私人书房稍大一点。说戴先生是芒福德的精神教父,或许牵强;但是当芒福德稍年长,悟懂了这里暑假经历的真义之后,他眼中的戴先生和福冉太太就成为一种证据,证明人类能够照宗教原则立身行事,笃行一种信仰,视自己为浩大宇宙过程中一个小环节。[13]

1906年仲夏芒福德来佛蒙特州度假期间,收到纽约来信告知他外祖父病危,不久去世。他放下电文回自己房间,记起夏天早些时外祖父曾嘱咐他说:"记住,路易(刘易斯的昵称),我若去世了,你母亲终日对我的责备和唠叨字字句句都会掉转方向冲你而来……你且对她好些,替我关爱她。"[14]

外祖父去世之后,刘易斯在精神上同两个叔祖走得更近,当时他正值青春时代,开始从家庭以外更大世界寻找偶像,确立自己精神的发展方向。两个叔祖具有他崇拜羡慕的品格,期望有朝一日能以他们为楷模,建功立业。

刘易斯起初跟随母亲,随后自行上路,常去看望叔祖路易斯·斯布里希特(Louis Siebrecht)以及姨奶奶朵拉(great-aunt Dora),亦即外祖母的姐妹。他们住在布鲁克林坎伯兰街一所简朴住宅里,位于德卡布道与诺斯特兰街之间。刘易斯在这里发现一种与自家生活迥然相异的人生格调。这里鼓励学习,要求人要有最高的追求和行为标准。

这位叔祖路易斯·斯布里希特,同过世的外祖父一样,也在欧洲当过饭店学徒,离开家乡汉诺威赴哥本哈根,曾一度寄居拿破仑三世时代以宽阔林荫道自居的新都巴黎。在那里学得一口流利法语,养成文学嗜好,会品赏 19 世纪风情派女作家乔治·桑的小说;后在纽约结识朵拉·哈娃(Dora Hewel),并娶其为妻。后来在和谐俱乐部任领班,该组织专对犹太人开放。芒福德在给《纽约客》一篇略有杜撰的回忆文字中讲述自己纽约童年时代,把这位叔祖同外祖父合二为一,成为一个典型,就是他早年崇拜的行为举止偶像。[15]说他行动轻缓,举止高贵至极,一头银发,修剪仔细的髭须和山羊胡。这位叔祖就餐从来着装整齐,一定要穿 jacket(正式短上衣)落座餐桌,而且要求他人如法炮制。若不听从,他则拒绝就餐。后来刘易斯在自己家吃饭,他发现同样也会严格遵照这位家长的餐桌规矩,吃饭时他会小心翼翼不说话,除非应答他人。这就是他意识中的家规,特别是对孩子。

这位叔祖博览群书,也鼓励他钟爱的外孙努力读书。刘易斯 19 岁时还鼓励他考博士攻读哲学,认为研究哲学是最高贵的职业。后来刘易斯这条路未能坚持到底,令这位尊长颇为抱恨。他本人很节俭——据说他曾细筛炉灰一心想从无烟煤炉渣里回收金屑——却以拥有华贵物品为荣。他外孙回忆说,无论买什么东西,他最关心"品位、耐久、实用"三项,尤其是经久耐用。这眼光也悄悄影响到刘易斯,后来他也以此标准评判建筑的优劣。[16]

不过芒福德最佩服的是这位叔祖正直无私的做人准则。很年幼时,听母亲讲过一个故事:1893 年经济萧条,叔祖供职的和谐俱乐部老板一天招他进屋说,经济情况不好,全体员工都得降薪。不过你才干过人,东家决定你不在减薪之列。叔祖听后正色道:我的薪金与下属同样处理,分毫不多领。未曾想,故事中他这举动在小外孙心目中已经定格为人格的最高表率。

刘易斯逐渐明白,他叔祖詹姆斯·施莱彻也是同样的人。虽多年前这位詹姆斯·施莱彻寄居姑婆艾尔维娜家时,曾吻过他妈妈(当时她才 16 岁)。如今他已与艾尔维娜姑婆结婚,十几岁的刘易斯同他俩相处融洽。常去费城罗根广场附近红砖房家中探望。施莱彻是个工程师,做生意也小有成就。不过刘易斯记得,詹姆斯·施莱彻虽为工程师,却有诗人的心灵:精通古典文学,熟读拉丁和古希腊典籍,尤爱法国诗人拉·封丹(La Fontaine,1621—1695)的寓言诗。刘易斯·芒福德首次获得的《莎士比亚全集》即他们夫妇所赠。他俩都殷望刘易斯成为作家,但詹姆斯告诫他不要媚俗,不要去"迎合大众口味"。所以,刘易斯很早就从詹姆斯身上悟到一种"贵族理想范式"。打开他后来许多卷册,常感受到这种气息扑面而来,它集中体现为这位叔祖所教导的:"思想正派的人,为数不多的真正知识界,都关注民间疾苦。"[17]

这种角色示范对芒福德有加倍重要的作用,因为他年幼教育中从未接触过这种人文启蒙。他经历的小学教育,纯是枯燥无味消磨时间。后来西区一连串公立学校的老师们都是纽约教育体制下老化的男女,虽待人和蔼善良,个个都是好人,却毫无想象力。训练,守纪,是他们全部教育学原理。每堂课都要操演秩序:起立,立正! 放下书桌! 双手桌上放好! 就座! 芒福德清楚记得这些繁复操作,他坐狭小课桌后胸挺得笔直,感觉像个无罪而被囚的囚犯。[18]

一切有创造性的人都不喜欢这套死记硬背式教育,芒福德却毫无怨言接受全盘安排,按要求完成课业。在校无不良表现,成绩单上几乎门门优秀,尽管许多课程他毫不喜欢。一方面在校教师宠爱,一方面争强好胜不甘落后,他连跳三级,于1909年提前毕业,还代表毕业生上台演讲。只见这身材瘦小、貌不惊人、褐色眼睛、声音嘹亮的学生,上台照本宣科念颂老师执笔的演讲短稿。事后有位要好的老师对他说:"芒福德,你立志想干的事情,都能干好。"[19]

芒福德此时梦想成为电气工程师,他进纽约司徒文森学校就是慕名而来。因为该校培育了许多著名自然科学和工程技术人才。芒福德成长在美国科技发明的高峰时代,他很早就崇拜爱迪生、马可尼①、莱特弟兄,都是当时新闻中常报道的英雄。这时期他的阅读兴趣也从美

---

① Marconi,意大利物理学家。——译注

国 19 世纪青少年作家霍雷肖·阿尔及尔(Horatio Alger)转向英国著名学者和理想主义者 H. G. 威尔斯(H. G. Wells)的作品。威尔斯的理想国作品构想出种姓制组织,由武士和仁爱技术人员组成。这些人立志要以科技神圣权利造福人寰。这种思潮当时非常流行,芒福德也是成千上万这种青年人之一。当时的科学民主思潮仿佛即将揭幕一个永久和平和幸福安康的新世界。而新技术若应用得当——以发明飞机和汽车为例——能够给人类带来新天地、新能力。因此不论从什么意义上看,芒福德都是新世纪的孩子,尽管物理学新突破当时尚远。他清楚记得高中物理课上,老师拿一支铅笔对全班学生说:"你们若能释放这铅芯的潜能,那么几支铅笔就足够开动纽约城的全部地铁车辆。"[20]

芒福德 13 岁上也制作过一架双翼模型飞机,样式与莱特弟兄的诛魔山(Kill Devil Hill)沙丘工作室组装的完全一样,虽很蹩脚。不过他最热衷的领域还是广播通讯,当时叫做无线电。在他家庭医生介绍的一位工具制造者的帮助下,他装了一台粗糙的无电线发射机,与伙伴相隔一个街区试验通讯效果,大获成功,虽未用摩斯电码,而是最简单编目讯号。这小巧设计居然能穿越空间传递讯息,简直妙不可言!其收获在于奋斗成功带来的大快乐和兴奋心情。所以对于这年轻热忱的试验家来说,介质本身就是讯息,奋斗本身就是褒奖。[21]

司徒文森中学时代,芒福德喜爱阅读科普技术书籍。15 岁时给《现代电学》(*Modern Electrics*)杂志投稿,介绍他的无线电接收机技术新突破,虽只 8 行长,但文章刊发,且收到第一笔稿费 25 美分,大受鼓舞。学校里相关技术工艺课程教育,包括木工旋床、金工切削、铸造、锻造、模具制作、木工技术,都进一步培养了他的技术科学兴趣,让他善于使用工具,赞赏工具奇特的加工效果。这种爱好伴他一生,至终不败。当作家成

**司徒文森高中生
刘易斯·芒福德**

名后周游欧美各处,他到哪里都不放过机会参观工厂、电站、技术博物馆。还特别喜欢与建筑师、工程师探讨专业问题,喜欢随他们参观项目,包括尚未完工工程。[22]

不料他的技术科学兴趣引领他走入另一个不甚相关的方向。在司徒文森上学时,他常思想开小差,从当前科目漂到很远地方。他会猜想如何建造想象的机器,就是科幻作家 H. G. 威尔斯著作中描述的那种。而建造想象机器,与建造想象社会,两者差别并不大。所以,芒福德第一篇技术科学论文讲述如何建造无线电接收机,他第一部社会科学著作讲述如何建造理想社会。

对青年刘易斯·芒福德来说,在司徒文森上学远不止获得这些科技知识,还为他开启纽约城市的另一个侧面。学校坐落在东区迤南,地处移民最集中地带。这里有操控移民事务的坦慕尼大厅(Tammany Hall),有汤姆·斯塔基沙龙(Tom Starkey saloon),还有佛西斯街上的妖艳妓女;一切同芒福德熟悉的西区正派中产阶级社会景象大相径庭。他家附近同学多为爱尔兰或德国移民二代,讲的都是"纯正曼哈顿话"。而司徒文森这里,遇到的是语速飞快、饱经忧患却不懂世故的犹太移民第二代。他们的父辈来自波兰、俄罗斯、罗马尼亚。那些男孩子们一个个唧唧喳喳、张牙舞爪,让他觉得自己"像只病弱金丝雀落入饥饿麻雀阵,身陷重围,孤立无援"。学校午餐时这些孩子吃饭狼吞虎咽,课堂回答问题也特快,打篮球和其他运动也都拔得头筹。在芒福德眼中,这些孩子锐不可当。[23]

可是他自己弱不禁风,而且"处处注重仪容举止。"因而这些孩子经常取笑他。比如说,他的名字两个首字母分别是 L 和 C,代表刘易斯和查尔斯,这些孩子称他为艾儿媳(Elsie)。而一年级期末,他同他们已成好友,一同玩耍。他们也不再小看他,钦佩他大胆投入体育运动。他自己也在意展示豪情,赛跑时也故意后仰着头张大嘴,模仿宣传画中体育明星形象,却不知"明星后仰头的一刻,标志着比赛已经结束"[24]。

放学后刘易斯常省下车钱卖糖果,同其他西区伙伴一起步行回家。他们斜穿曼哈顿,一般他们走百老汇,有时候也穿越中央公园里一段无护栏铁路。当时正值纽约城经历大变迁。第五大道与百老汇交接口丹尼尔·伯哈姆(Daniel Burnham)设计的熨斗大厦就是1902年完工的,是当时世界唯一独自耸立的摩天大楼,宣告这座城市高层建筑时代的到来。接下来十至十五年里,建成全城地铁交通网。哈得逊河支流东河河面横跨四座桥梁。汽车,浅绿色双层公共汽车往来穿行在街道上。芒福德当时回家一路上前后目睹各种大工程开端和收尾,包括第五大道和42街的纽约公共图书馆,以及中央车站等等。

纽约很快变成一座高楼林立的都市,而芒福德心目中的纽约永远定格在当时中心区轩敞开阔的意境中。建筑物谦恭低矮,特别是派克大街一带广阔空地,有一条又宽又长的草地供行人漫步或穿行。[25]上高中时从学校回家沿街所见,一律是两三层砖砌或有钱人的红砂岩楼房,楼门口都有高高台阶。几乎每个街角都有衣衫褴褛的报童叫卖报纸:"号外啦,号外!特号的新闻~~啊!!"稚嫩尖锐的叫喊在下午空气中传得很远。

进入高中后,芒福德政治见解属彻头彻尾保守派。不过他的保守主义出自自身家世,而非政治学知识,因为认真说他并不懂政治,也不关心政治。而司徒文森学校教育让他产生了巨变。该校青年教师多毕业于康奈尔大学、威斯康星大学之类的名校,政治见解相当前卫,向学生介绍社会主义思想,劳资之间阶级斗争理论,有些教师索性自诩为社会主义者。虽然芒福德对于社会主义的抵触丝毫未改,而教师对资本主义的深刻批判,确也启发他开始思考社会公正等严肃问题。因而二年级曾一度想当政治家,成为西奥多·罗斯福、新泽西州长伍德罗·威尔逊那样的革新者。

司徒文森的教师个个敬业,他们激励了芒福德浓厚的学习兴趣,他平生首次对上学如此上心,而且不用旁人督促,开始如饥似渴看书学习。他感觉,教师当中最为循循善诱的,要算他一年级时英语教师托马斯·贝茨(Thomas Bates)。这位老师不苟言笑、一副专注神情、面有雀斑、一头火红头发。他对芒福德产生强烈好感,一次听他读过自己的作文,就预言他将来必定从事文学,成为小说家或剧作家;并且立即给他布置作业,开始诱导,对他说,他"有这方面天分"[26]。还鼓励芒福德和其他几位孩子多写作多练笔,同时多参加学校剧艺社的话剧演出。每天课后,还留校同他们讨论写作项目和作业。芒福德就是通过这位托马斯·贝茨结识了著名剧作家,在青春时代找到自己的文学领路人之一。

不过萧伯纳对芒福德的影响要予以具体分析说明。完全可能他长大后非常懊悔其中某些影响。特别是萧伯纳对性爱和家庭生活全然冷眼相看的所谓理性主义态度,对性愿望冷酷抑制。这种主张让芒福德一度低估性爱和家庭生活的积极作用。[27]芒福德的确一度对萧伯纳很着迷,读了他的全部剧作,最爱他的《人与超人》;写作风格也模仿萧伯纳,完全为其才气与文学智慧所倾倒。最糟糕的是,非常崇信萧伯纳对传统道德以及家庭生活的蔑视,对维多利亚时代的价值形态和行为标准,特别有关男女之间的行为标准持全盘否定态度。这就是那个否定性爱、视之为孩童游戏的萧伯纳,他还认为家庭生活妨碍青年的创造才能。也是这个过于超然冷漠的萧伯纳,写信给威尔斯,让他去看妻子火葬仪式,因为后者妻子刚刚去世,并对他说他自己就看过妻子的火葬仪式,而且非常好看。[28]萧伯纳写过很多机智的讽刺诗,嘲笑爱情和家庭生活。诗中男主人公往往是很有前途的作家,千方百计逃避女性令人窒息的影响和操控,不论是母亲还是爱侣……这类作品都进一步暗淡了芒福德眼中的家庭和情感生活,这状态一直维持了很久,直至他结婚,有了自己的孩子,方告结束。

芒福德通过阅读萧伯纳和他的剧本,成为司徒文森学校小剧艺社的最活跃分子,参加业余演出帮助他融入学校群体社会,交上新朋友,还热衷网球,到高年级又被提名为学校网球队队长。还组织学校月刊《卡尺》(*Caliper*),校际篮球赛他担任啦啦队队长。还做体育记者在校刊报道足球赛,到大二他已能独立写诗和短篇小说,业余时间做铅笔素描和画水彩画,而且自认为很有些艺术天才。但正是他开始专心上学锐意进取时,分数却下降了。原因是新兴趣很多,时间不够分配。同时他发现,他对数学很不在行;比如,基础课代数就不及格。实际上,他唯一长盛不衰的科目就是英语；所以，综合评分就不够他升入好学校了。而且，虽然写作很成功，但是究竟能成为哪个领域的作家，他并不甚清楚。因此司徒文森高中毕业前夕，确定无疑的事情只有一件，就是他已经不打算干工程师了。[29]

从芒福德早期文章和论文中看不出他有了不起的文学天才。那些文字读来滞重晦涩，仿佛拖带着作者全副自我意识的重负，甚至算不上简洁洗练。若说他身上很早有作家的苗头，或许就是他的强烈愿望，想当作家。

此外就是英语老师托马斯·贝茨以及其他老师的经常鼓励。他们都是头脑敏锐、诲人不倦的教育家，即使芒福德离开司徒文森后，仍继续关注他的成长进步。而芒福德走上作家生涯道路起关键作用的人却是个女孩儿，名叫贝瑞尔·摩斯（Beryl Morse），朋友们也叫她泰德（Ted），芒福德十五岁时爱上了她。后来芒福德说，为了讨好她，他一封封情书绞尽脑汁表现有才气、聪明过人、抱负远大……"所以寻章摘句、措词缜密，简直语不惊她死不休！"这个贝瑞尔是芒福德初恋情侣，对芒福德一生举足轻重，以至在芒福德自传中占了整整一章。该章中有段删节未印的文字，说遇见她就是自己"生命觉醒的开端"[30]。

贝瑞尔·摩斯与芒福德相识在他俩10岁的时候。她当时是游戏小伙伴中一员，跳绳、捉迷藏、赛跑，都是他们在中央公园泥土路上玩过的游戏。才十岁她就已美丽异常、身手矫健，而且是个童星，在百老汇推出的《彼得潘》剧中扮演文迪，身旁总围满了追随者。而那些男孩子背后却叫她啤酒瓶，因为她天生一双美腿。芒福德见她第一眼就被迷住了，

贝瑞尔·摩斯

可始终怯生生不敢上前。可她已成刘易斯青春梦想世界的核心,潜意识中蕴藏了对她真挚而强烈爱恋情感,虽然对男女之情是怎么回事还全然不懂。[31]

他们俩再次相逢时已是15岁了。当时她正在中央公园靠近96街原来网球场上同另一女孩儿打网球,芒福德当年也经常在这一带练习网球。芒福德描述这次重逢说,这时贝瑞尔"已变成个典型的野蛮女友,不同时把几个小伙子折磨得死去活来,决不善罢甘休"。她长高了,身段秀美,一头褐发自由飘飞,口唇饱满,一双灰绿色大眼睛非常动人。虽还有些野丫头假小子劲儿,但已有股矜持和"女士那种优雅"了。芒福德没见过她这样大胆的女孩儿,全校唯有她参加探戈比赛并获得奖金,也是公共海滨浴场第一个穿新式泳装的女生。此次重逢不久,她就成了封面女郎,为多家全国刊物招揽订户。[32]

待芒福德终于攒足勇气,敢走上前去搭话了,却发现她不为人知的另一侧面。原来这漂亮又大大咧咧的女孩儿,内心非常严肃。相信当时芒福德立即断定,机不可失时不再来,因为自己衣装平平,还一脸青春痘……接近之后,两人立即谈天说地,马上找到共同话题:文学写作、舞台戏剧、艺术和人生……很快,莫逆之交!而且,她也喜爱素描和油画写生,还对他吐露深闺秘密:她也写诗、韵文和论文,有些还在《圣尼古拉杂志》(*St. Nicholas*)(算一种高雅青年人读物)发表过,得过奖。还有,更让芒福德暗自吃惊的是,她阅读和涉猎范围已大大领先于他。他还读狄更斯和库珀时,她已阅读巴尔扎克和陀思妥耶夫斯基了。而且掌握拉丁文,措词用语纯正娴熟。而且,她家同他一样,也是个破产的穷人家庭。同样,又像他一样,她也住着破败凋零的单元房,也与寡居的母亲相依为命。

贝瑞尔网球打得还不太好,也照样来中央公园找朋友一起玩。然后流连于附近草地,同新伙伴路(Lew,刘易斯昵称)长时间密谈。不能见面时,两人互通书信,卿卿我我,过从甚密。有时当天刚见过面也立即写信,倾诉情感。那年夏天,她对他说"你是我的最爱";而这个刘易斯解读此话的方式和程度,可能大大已超出贝瑞尔的原意。他自己清楚他已深恋着她,即使如此自己也不确定如何以及何时才该对她表白。不过那个夏天他已经确信,她也爱他。[33]

芒福德自传中说,结识贝瑞尔·摩斯那年,是他人生中"最为兴奋热烈、最富感情色彩、因而最有成就的一年;虽然其中掺杂了各种痛楚:嫉妒、绝望、青春期狂躁"[34]。贝瑞尔住在毛宁塞德高地边缘,每天下午练球完毕,他会送她回家走一大程。那年夏天他几乎已开始去教堂参加礼拜了,就为了爱她。因为她感觉,去教堂是周日很好的安排之一。因而起初去教堂他只是很羞怯地随她而去参加弥撒,为的是继续延宕在她身边,不肯离去。贝瑞尔在他内心点燃了爱恋之火以及本能的性爱,他却不曾一次试图亲吻她,而她又过于腼腆,不肯先有相邀。后来他对她说,他们之间只是作家所说的那种柏拉图式友谊(刘易斯是靠一本世纪词典首次结识了柏拉图)。就这样一直延续到夏末,直至贝瑞尔一次度假归来带来消息说,她爱上了另一个小伙子,且比她的"路"岁数略大,情感上却成熟得多。[35]

"路"只好用自嘲来掩饰失望和痛苦,她也千方百计好言相劝,说他永远是她最真诚的朋友等等……两人友情又延续了五年,其间她不断更换男朋友和追随者。他虽不介意她把他安排在她生命外围位置,做她事业上的"同志"和精神知己,还可以定期见到她,谈论学问和思想,有时候她关系复杂陷入窘境还会找他来寻求解脱。刘易斯虽然抱怨,但仍圆满完成了这一角色。理由很简单,只要还想见她,就只能这样,别无选择。然而,一来二去的他也逐渐相信,她或许有朝一日会成为他的情人,甚至成他妻子。证据就是此后又有五六年,这个贝瑞尔仍然是他梦中偶像和理想选择。

司徒文森高中毕业,当年秋季进入纽约城市学院夜校班。这时他和贝瑞尔每周见面一次,到她家交谈一周来的读书心得以及新收获。每次去看她前,刘易斯往往用冰敷脸,让满脸雀斑不那么显眼,还拼命把脖子塞进高领衫,因为脖子里雀斑最令他难堪。然后,往往七点半准时抵达贝瑞尔家,十点整准时离开。此前一小时他那怀表简直每五分钟一看,如坐针毡。

可是小屋里面对"卧榻上美女横陈",他一个冷峻如冰者,纵使五内如焚,又能做些什么呢? 只见贝瑞尔美腿舒展沙发,美发披拂盖满靠枕,他只在她面前踱来踱去,重复当天听过的功课,或念诵自己刚完的小说。有时候,她会挑逗地望着他,拍拍身边靠枕,示意他就座。他就挨近她坐下,开始共同阅读。很久后他有了另一位情人时说起这情景,这新女友便帮他解脱他对女性这种不必要的自束。能放松了,他才开始描述当年那些夜晚:"恐怕有一百次,我真忍不住想去吻她,抱她,将她按在卧榻,衣服头发不管不顾,尽情揉搓个够。可是每一次,我都用一种足以打动上天圣贤的坚强自制克服了诱惑,把这念头抛开。"可是他照样每周都来,而每周都会这样"贼心十足,贼胆全无。"[36]

虽然事后他总感觉自卑,而又对贝瑞尔,对这样的夜晚会暗寄以厚望。又一次她写信告诉他,她决定终止与他的这种约会,因为感觉这样的夜晚让她很受罪。这会让他很难堪,非常嫉恨。还有几次,她取消了他们某次约会,或者他听说她有了新欢,他会非常生气,写信告诉她,永不想再见她了。可是呢,只要她写信来对他说,她多么崇拜他,多么看好他,她也离不开他这样的朋友,他就立即归来。他感觉,她似乎掌控了他的人生,他憎恶这一点。因为这使他那个夏季暂时丢弃了素描写生,因为她曾告诉他,他不是艺术家的材料。但他继续做她的朋友,梦想有朝一日借助她成熟女人的本能而擒获她。[37]他追得如此顽强执著,一度曾每天早上五点起来,到她家附近网球厂场陪她练网球。那时,她正给杂志社当封面模特。

其实,他永无希望赢得她的芳心。因为,一方面,无论生理心理,感情性欲,她都比他更成熟。(她曾对他说,他"顶好去合唱队交几个漂亮女孩儿,同她们好好亲热亲热。")[38]另一方面,他俩性格差异太大,甚至刚好相剋。她很外向,事事冒险;他却谨小慎微,处处严肃认真,因而两人很容易产生冲突。两人相处越是密切,他就越发严肃,内向,一本正经,有时竟一脸沉郁。还有,令贝瑞尔非常恼火的是,刘易斯还成了她挥之不去的超我(superego),事无巨细都要给她出主意,这角色他后来还扮演过多次,对象都是相识而崇拜的女性。比如,他会警告贝瑞尔说,把宝贵时间才干浪费在无聊透顶的社交活动,最终她会一事无成,最后落得个浅陋下场,还变得"冷酷无情"。[39]这种忠告说多了诚然不适当,可是他毕竟看出,这贝瑞尔同他母亲走着相同的路,一个不要命地追求社交,另一个不要命地打牌、访友、看赛马。他眼睁睁看到,如此虚掷人生正把他两个心爱女性都从身旁扯开,越走越远。由于贝瑞尔游戏人生的态度太像他母亲,因而他相信谁能拯救她出离贫困哪怕几个小时,她都会毫不迟疑跟他交朋友。

他把这想法一本正经地对贝瑞尔说了,而且出于劝恶归善的良心,贝瑞尔却马上顶撞说,我们都还小,有的是时间慢慢开始严肃正经的人生。至于眼前,她更乐意出名,"到处走走看看,随时更换喜欢自己的人"。当她的确有了新的追捧者,并让刘易斯很嫉妒时,她写信说:"可以教导我祖母16岁该找个合适的主儿好好过日子。不过我想,当今法律已不要求我如法炮制了。"可是芒福德,恰如中学一位老师评论说的,言行举止有时"很像个万念俱灰的60岁老头儿"[40]。

公道地说,贝瑞尔毕竟改变了芒福德,尽管很慢、很艰难。她教会他如何面对女孩子,待人接物要自信。崇拜萧伯纳已经扭曲了他心目中男子汉温良优雅的形象,她则软硬兼施教会他种种优雅举止,比如女士下车须赶忙伸手相扶,还教他跳舞。不过,同贝瑞尔牵手共舞刚几分钟,"我就很露怯求她赶紧放手,然后奔逃而去"。他回忆说,"因为连兴奋带激动,我那下边早已鼓胀得生疼……"她还帮他改进语法修辞,芒福德有篇散文讲他19岁时对她的爱恋,说"她微笑如阳光洒满心头,让我心花怒放,豪情满怀,信心百倍,却不知这就是她的功劳"[41]。

1916年贝瑞尔订婚,对象是个青年商人,此人支持共和党,订阅保守派的《周末晚邮报》;芒福德闻讯伤心透顶。起初他很自责,因为他曾多次与她谈婚论嫁,却从未斗胆求婚。其原因是——他深信——他害怕她真的答应他,而且接着要求他放弃写作和学业,找个稳定工作,踏实过日子。失去她,是因为胆怯;如今又用幻想来自我安慰(这要怪他读书太多)道,也许这样更好,因此躲过一劫,没落入婚姻"陷阱"。心想她就是萧伯纳戏剧里那种女人,总想擒获、操控自己的"猎物"。

"唯勇者方能逃脱这美人!"听闻贝瑞尔订婚,他就这样了结了他自己的萧伯纳式短剧。[42]

他当然清楚,贝瑞尔根本不想嫁给他。而且她之爱他与他之爱她,全然不是一码事。只是他没勇气面对这种结局,更何况他曾言真意切告诉她要"永远娶她为妻"。那是个夏夜,送她回毛宁塞德住家,到台阶前止步对她说的话。她听完,先让他去拐角买杯冰淇淋。买回后两人爬上她家马口铁和砂子灰混合屋顶,坐下一边吃冰淇淋才回答他说,他俩永远都是最好最好的朋友。他当然马上明白话中真意。走回西94街自家一路上他隐约感觉,这就是两人的永诀了,虽是象征性的。[43]

她结婚后,搬家到费城郊外。他给她写过几封很友好的信,她回信说,丈夫不高兴她同其他男人保持通讯联系。后来她生了两个孩子,终因不满"在这尽是无聊兄弟会的城市里"过家庭主妇式的日子,与这位丈夫离了婚。随后与一个电影导演格里高里·拉·嘉瓦(G. L. Cava)私奔他乡。她还介绍这导演与芒福德认识,此时芒福德已经结婚。两人见面前,她曾犹豫再三,是否该嫁给这导演。她领着未婚夫来看望芒福德和索菲亚,四人一起去纽约看该导演导的刚上映的电影。是个喜剧片,却无聊透顶,芒福德边看边庆幸未曾同这种人成婚,"哪怕仅只为此一项。"不过,他仍然交错手指,给贝瑞尔良好祝愿。[44]

可是,随后这次婚姻同样不成。芒福德再次遇到贝瑞尔是1931年了,当时她同她母亲一起重返纽约。两人在艺术展览会上不期然而遇,她热心邀请芒福德过中央公园西边来聊聊两人分别后的情况,共同度过了愉快的几小时。芒福德当时发现,她虽已36岁,妩媚却不减19岁当年。他甚至想到,如今自己已经足够成熟,足以成为她合格的爱侣。可偏巧此时他刚刚在他的出版商阔特·布瑞斯办公室邂逅另一美女……因而,此次相逢令他感叹造化弄人,阴差阳错,天不作美。不过临别相吻——那竟是他同她的初吻——使他忽生幻觉,仿佛自己与三个女人在同时恋爱。过后一连几周,他都给贝瑞尔打电话,邀她来看他。可每次都是女佣回答主人不在,但事后她也无回电。后来芒福德说,他感到轻松,全如先前与贝瑞尔交往经过一模一样,她坚定而明确地拒绝他。这次,他并未产生幻想,他清楚,"这种三角恋紧张关系很难维持,且必定给某一方面造成终生伤害"[45]。

又见到贝瑞尔已是 30 年代末,她已再次结婚,住在好莱坞。她与新婚丈夫两人都是马克思主义者,积极参与左派政治活动。她经过多年心理治疗分析,明白了生活中一些重要道理和目的,虽然芒福德感觉她的政治信仰很天真,又有浓厚教条主义特色。这次两人在查达姆餐厅(Chatham)共进午餐,他不再有被诱惑之感。自己也刚遭遇过婚姻危机,贝瑞尔也不再如先前那般美丽动人。

最后一次见她,是四年后在圣迭戈,当时他正给当地教师讲课。课程结束,一伙人围拢讲台继续交谈。陆续走散后他才发现,一位身材臃肿、容颜半老的女士,圆圆脸庞,面色潮红,数码之外早已伫立良久。她缓缓移步上前,只听迟疑不决轻声问道:"路,不认识我了?是我呀,泰德。"顷刻间他意识到,她最终还是变成了母亲那种样子!那个熟悉的、美丽动人的贝瑞尔,已经无影无踪。他那么长久地犹豫着,沉默着……这一切也对她讲述了同样的感觉。此后,两人就未再相见。[46]

而生命史上这一篇他永远都翻不过去。五十多岁了,一说起贝瑞尔就眉飞色舞,在屋里上下走动,激动不已,没少招老婆女儿的嘲笑,拿这事儿寻他开心。而他却坚信,他在她的人生中同样也扮演了重要角色。

《岁月随笔》里有个故事能证明他这印象:30 年代末他参加一次集会,遇见一位心理分析师;刚好,这位医生给贝瑞尔做过心理分析。此人刚巧多喝了酒,别人介绍他来认识芒福德,这醉汉高声叫嚷:"你才不是刘易斯·芒福德……我知道你,你就是那个刘易斯,常常窜入我病人梦中捣乱,那病人是嘉瓦太太,你们曾经相识,对吧?你在她心中的位置可是非同寻常。"芒福德暗自揣测,这地位大概还远赶不上她在他心目中的位置。直至暮色苍茫人生即将结束,芒福德还念念不忘,常说:行将就木焉,若有机会重返过去,与我 19 岁相恋的俏佳人重温那些明媚下午,该多么好啊!而且他会告诉她,她在他心中有多么重要。同时也要听她一句话:她究竟觉得他这个人……怎么样?[47]

精神之父

> 格迪斯作品和主张的特殊之处，来自他丰富的人生阅历。他兼有风神赫尔米斯，思想家阿波罗，以及作为丈夫和父亲的战神阿瑞斯，还有大力神赫丘利斯等等神灵的优点。扫除爱丁堡城市贫民窟后，又在人生峰顶担当主神朱庇特职务，为流落世界各地孩子指引心路，这些孩子在纽约、孟买、加尔各答、印多尔、耶路撒冷、爱丁堡、蒙比利埃、伦敦以及许多说不上名字的地方，比比皆是。
>
> ——刘易斯·芒福德

司徒文森高中毕业后，芒福德事业方向也明朗了，决心当作家。当时哥伦比亚大学的普利策新闻学院刚刚成立，课程新颖，很吸引他。经过一定的专业训练，他有希望成为思想独立的作家，甚或剧作家。问题在于，要入哥伦比亚大学，他既没学费，也没有足够分数。不过他很有信心，若能凑齐学费，他有望因天分和潜力被录取。这时候，母亲不跟他商量，就写信给雅各布·麦克，让他为她儿子的教育支付学费。母亲对他说，这个家族有义务帮助这个求知若渴的孩子，何况这孩子还是他家嫡亲。雅各布竟一口拒绝，理由是纽约城有很好的免费学院，若条件合格，完全可去那里求学。[1]

芒福德在司徒文森高中毕业前没打算申报纽约城市学院。如今决心试试看，先找个报馆工作攒钱，到该校读一年。打算靠夏季打工赚取学费，继续读完后三年。再说打工可增加阅历，还有助于写作技能改进。因为到这一步他才意识到，他的人生知识近乎完全来自书本。

最初他想在《黎明电讯报》(*Morning Telegraph*)谋个职务，该报城市版面编辑,舍普·弗里德曼(Shep Friedman),系家中好友。当时芒福德才17岁,但很积极,很顽强。多次在下午来报馆门口准时等候这位来上班(或来开始这天的酩酊大醉)的弗里德曼先生。有时他会邀刘易斯拐到街角酒店同饮几杯啤酒,虽从不介绍他到自己报馆工作,确也写便条荐他去其他报馆尝试。芒福德经过半年磨难,最终在《晚间电讯报》(Evening Telegram)找到一份勤务工工作,他调整心态,决心从低层做起,希望很快升为正式记者。同时半工半读,1912年秋季被录取,开始到纽约城市学院夜校读书。[2]

在《电讯报》工作期间,他常上早早班。四点报到,他得三点以前起床,自己做早饭,乘六马路的电车到先锋广场。城市还在沉睡,电车一路飞驰,车上他要抓时间读几页柏拉图或威廉·詹姆斯。

当时《电讯报》主持业务的还是《纽约先驱论坛报》的创始人和编辑詹姆斯·戈登·别尼特(James Gordon Bennett)的儿子小别尼特。不过此时的小别尼特风华已过,早已不是当年独家报道非洲探险经过之人。想当初他曾派斯坦利探险队开赴非洲,寻找探险家戴维·利文斯通[①],因此红极一时。如今早已风光不再,只偶尔来报馆看看,但只要他一来,许多事情都等着他呢。城市版办公室永备冰箱,冻好冰块供他冰镇香槟。他的私人办公室,因经久不用如今更像个神龛,他那套神气活现的羊驼尼外套,永远挂墙上,"常备不懈"。该办公室内无人敢提他政敌西奥多·罗斯福的名字,仿佛这老伙计英灵不散。因而他一来,大家索性称呼他"第三代(老总)"。

起初,芒福德觉得在这种都市大报馆熙来攘往的环境里工作很提神。早晨一到他就忙个不停,给改稿员取啤酒、准备咖啡、配制鸡蛋三明治,随即回到密不透风的都市编辑室将定稿排版,有时候改稿员迟到或不细心,他得自己改稿。偶或他还被派往现场采访本地社区的突发新闻,"轮到我采写的材料,大多为污水管道爆炸或哪家床垫着火之类

---

① David Livingstone,1813—1873,英国公理会医疗教士,探险非洲,发现了尼罗河源头,多次赴非洲探险,考察地质和生物及人文历史资源。失踪多日后被斯坦利营救队发现。——译注

的鸡毛蒜皮小事情。越感觉无聊,自尊心就越受伤害"。所以才干了两个月他就辞职了,而且此后再没重回报馆讨生活。[3]

城市学院夜校班非同寻常,它给芒福德增添许多新奇阅历。高中毕业当年9月,还在四处寻找报馆工作时,偶见城市学院秋季将开设夜校班,他即报了名。入学考试合格,被录取。晚间上学不误白天工作,且无必修课,他就选了最喜爱的课程——英语、文学、政治、心理学、哲学。他回忆说:"我的大觉醒就这样开始了,突然发现了一个非常浩大的精神世界,不仅从未探索过,而且根本未曾料到……而且,我很快感觉到,这超大奇伟的精神领域恰是我多年来梦寐以求的东西。"[4]

夜校班首期招生五百名,全部男生,绝大多数非全日制。报名者很多,经过考试择优录取。因而虽为夜校,在学生质量和学识水平上完全具备优良学院的资质。而且这座袖珍学院坐落在世界上最朝气蓬勃最富都市气息的新环境之中。

新校园建于20世纪初,选址优良,位于汉弥尔顿高地崖顶,刚好俯瞰整个曼哈顿地区。一眼望去空濛浩阔,烟霭中高楼林立,耸入云霄(原来校园位于列克星敦大街与23大街的交汇口)。用当时校长芬利(J. H. Finley)的话说,这简直就"形同城市之卫城啊……就仿佛古雅典顶端那座皇冠般的山丘,有种神圣气蕴"[5]。这种气蕴之下,毕业生要行毕业典礼,宣读成年誓词,仿效古代雅典做法,新生要军训,宣誓竭尽全力效忠自己的城邦。

小小校园面积相当于四个街区,但在五座主楼拱卫下,形成对称空间,环境优雅,令人联想起牛津大学风格。主楼是英国晚期哥特式建筑,用曼哈顿本地出产结晶片岩建造,石材就近取材,来自附近地铁隧道开凿工地,砌块之间有优雅白色陶土镶边。芒福德回忆说:"10月好天气中,每当暮色苍茫,登高走向山顶,绕过希伯来孤儿院老建筑到达山顶,俯瞰整个校园,这种强烈气蕴扑面而来,只见它深褐色楼宇,白色外角和优美装饰线,如同层峦叠嶂山丘上耸起的一丛璀璨的水晶石。"[6]

进入夜校班的学生也绝非等闲之辈,大多才思敏捷、好学上进,还有人贬损挖苦芒福德狗屁不如;而对于芒福德,这正是最好的教育。不仅向教授学习,学生之间也互相学习、鼓励、促进。有个同学在大都会博物馆工作,他就鼓励芒福德去研读爱默生,还有个同学,厄文·格兰尼奇(Irwin Granich),克里斯蒂街一位激进主义者,后来写出很有影响的普罗文学作品《没有钱的犹太人》(Jews Without Money),笔名麦克尔·高尔德(Michael Gold),让芒福德第一次接触到马克思主义和国际工人运动。芒福德最终都未追随他们的信仰和学说,只随高尔德去世界产业工人联合会总部义务劳动,给大量信封加盖图章。[7]

同学中不乏很有背景见多识广的人,比如,海事律师、南美洲国家领事、商人、工程师、医生、律师、记者。多年后,芒福德回忆说:"我们普通高中毕业生面对他们往往自惭形秽,觉得自己有点像变形虫。而真正的夜校学生不仅有见解有观点,更有立场有骨气。我们讨论的话题包括战争。尽管讨论辩论中谁都难免更变立场观点,而选定一种信仰或主张并不随随便便,迟疑不决。学界很流行的那种'漫无边际的清谈'毛病,当时我们没有。"[8]

每次下课学生们都围着教授继续请教、讨论。教授有时也邀请同学,包括芒福德到家里继续谈论问题,切磋学问。随后,这些意气风发的学生会蜂拥到滨河大街,一路上继续热烈讨论斯宾诺莎、康德、伯克利、柏拉图。周末下午,芒福德和文学小组同好者,会乘坐125街码头轮渡跨过哈得逊河,顺着木栅栏长途远行,有时长达15—20英里,穿过荒寂的小村小镇。一路上"谈笑风生,指点江山,各种笑话雅俗共赏。有时候唱情歌,色迷迷的,充满青春豪气"[9]。他们有时候也依据地质图来计划旅行路线。

这伙周末背包客中有几位成了芒福德第一批挚友,其中最密切的是杰罗姆·拉亨布鲁克(Jerome Lachenbruch),也是位作家,比他年长七岁。两人志趣相同,祖辈又都来自德国,周末经常联手造访约克维尔德国剧场。拉亨布鲁克回忆说:"学生时代的芒福德腼腆、好奇、爱探索……正寻找和确定真朋友。"[10]而对于芒福德来说,拉亨布鲁克不仅志同道合,还是位友爱兄长,经常鼓励芒福德选择写作生涯。芒福德这些年写的东西大多先给这位兄长阅读,他读后常有真知灼见的评论。[11]

城市学院为芒福德开启了一个新宇宙,这就是一系列经典作家和著作:柏拉图、亚里士多德、笛卡尔、威廉·詹姆斯(William James)。此后两年经常在教室或橡树绿荫掩映的图书馆里见芒福德如饥似渴研读这些著作。这期间有三位教授对他影响最大:讲授英国文学的厄尔·芬同·帕尔默教授(Earle Fenton Palmer)教会了他写诗;教政治的沙尔文·夏皮罗教授(J. Salwyn Shapiro)原系变革论史学家詹姆斯·哈维·罗宾逊(J. H. Robinson)得意门生,引领芒福德走上政治、社会学、社会历史研究方向;而教哲学的约翰·皮吉特·特纳教授(John Pickett Turner)向芒福德详尽介绍了柏拉图和威廉·詹姆斯。三位教师用各自方式为他奠定的学术根基,让他受益终生。他当时笔记里有这样的记述:"知识不仅包括你的所知,还意味着你须清楚你还不懂得哪些事情。"①[12]

良师自有良师魅力,他们都对芒福德影响深远。芒福德不仅记得他们的音容笑貌,更记得他们立身行事一举一动。他们在芒福德心灵留下如此深刻印记,即使当年笔记已经消淡发黄,这印象也难磨灭。芒福德年迈还常引惠特曼论述教学的名句来回忆自己学生时代:"我们教书不靠道理和辩论服人,要靠自己的立身行事。"[13]

这些教授对待知识和思想充满激情,还把这激情带入课堂教学,其中熔铸着他们的理解、信仰、热爱与忠贞。芒福德记忆中,帕尔默教授是个戴眼镜的瘦小老头儿,用潘克斯特诗文集(Pancoast's anthology)讲授英诗,讲起课来,绕着讲台手舞足蹈。而哲学教授特纳则高大魁梧,英俊雄健,眼窝深陷,一副专注神情,给芒福德印象最深。特纳信奉实用主义哲学,笃信威廉·詹姆斯学说,他相信一切思想观念源于经验,而且能将此领悟化为精彩故事,在课堂上展示给同学听。他讲授心理学,会从自身体验——包括性经验——提炼个案实例充实教学。接触特纳让芒福德一度想当哲学家。由于特纳信奉实用主义,也是威廉·詹姆斯和约翰·杜威(John Dewey)的高足,因此芒福德一度对此学说

---

① 类似孔夫子所说的"知之为知之,不知为不知,是知也"。——译注

也深信不疑。[14]

纽约城市学院夜校班师生关系非常融洽,该校模仿修道院传统做法,教师称学生不用"某先生",而以兄弟相称。芒福德交了几位教授朋友,离开该校后仍然保持联系,尤其是夏皮罗和特纳教授。50年代末芒福德见到夏皮罗教授(后来证明这是见最后一面),这位年迈苍苍桃李满天下的教授,对学生们人生价值的忠诚和贡献已经难以估计。此刻仍为芒福德刚发表的作品《生命的行动》(*The Conduct of Life*)发表了热情洋溢的两小时之久的长篇演说,评述介绍这本新书。

芒福德离开夜校班升入全日制后也遇到几位优秀教授。不过对他影响最直接最深远,且长期面对面交往的教授,是十年后才相逢的。此人就是苏格兰生物学家、社会学家以及城市规划科学创始人帕特里克·格迪斯(Patrick Geddes)。年轻芒福德遇见他,一旦相逢,终身为师。

芒福德初逢格迪斯著作是在城市学院的生物系图书馆里,从这天起,他的人生旅途发生了根本转变,因为这位学者成为芒福德人生道路上影响最深刻、最重要的导师,成为他的"精神严父(Jovian Father)",这是芒福德自己一度用来形容格迪斯的用语,说他"严厉而坚定,简直无所不能"[15]。

格迪斯本人的专业探索最初从生物学开始,而且是达尔文进化论的铁搭档、大名鼎鼎的托马斯·亨利·赫胥黎(Thomas Henry Huxley, 1825—1895)的学生。不过此人才思敏捷,兴趣广泛,最终跨入更宽广的学术领域,进入社会学、文化人类学、城市规划、宗教研究、人口统计分析以及古生物学、体质人类学、经济学,以及东方文化研究。格迪斯的治学很像是苏格拉底,基本上是述而不作,常口若悬河滔滔不绝,而他长胡子浓髭须,常令观众听不大清。加上此人讲话又极无章法,跳跃性思维,讲起话来如火球滚动,火星四溅,身后留下数百个未完成的题目和研究项目。他许多想法是后人重新拾起,继续钻研出的结果,因为格迪斯本人既无耐心又缺乏专业素养继续深钻这些问题。所以他曾经对芒福德说:"我就像只杜鹃,蛋总下到人家窝里,然后飞走。把版权和好处都让给孵化者……不过,最要紧的是这蛋须孵出幼雏来,要不要感谢杜鹃,倒并不重要。"[16]

如今流传在世的格迪斯理论主张,主要见于一些散乱文章、小册子、书籍、调查报告、规划方案说明,大多集中在一本文集里。是格迪斯口授给秘书或速记员,最后辑录成册。格迪斯从未将自己一生作品辑成专集,而凡是接触过他的人,都认为他是当时一位当之无愧的伟大思想家。

维多利亚时代巨子的特色之一是博览群书,而且,在向书本学习的同时也向环境学习。格迪斯的生物学兴趣源于他爱好动植物和周围环境。而这爱好又源于童年时代随父亲长途徒步行走于家乡帕斯郡(Perthshire)的原野和风景优美山水之间。这经历酷似芒福德幼小时随外祖父的纽约曼哈顿漫步。对室外自然环境的浓厚兴趣和爱好,令他在治学中非常强调直接体验,强调田野考察。这种精神和原则后来深刻融入了他的生物学和社会学研究方法。

帕特里克·格迪斯(1929 年)

格迪斯正式专业活动始于他在南克星敦皇家矿业学校时接受赫胥黎培训的时期。后来到巴黎在拉卡兹-达西亚(Lacaze-Duthier)手下供职,后又到了德国耶拿(Jena)在海克尔(Haeckel)手下供职。一度也曾到伦敦在约翰·波顿·桑德松研究所实验室供职,而且在这里遇见达尔文本人。达尔文对自然世界那种热忱、洞察力、深刻思考深深感染了格迪斯,令他受益终身。

格迪斯在英国生物研究领域很早就确立了显赫地位。却在 25 岁上不得不中断研究。原因是他在墨西哥田野考察期间患病视力严重下降,不能长时间看显微镜,因而改行从事经济和社会研究。不过他从未完全脱离生物界,

1888年到第一次世界大战爆发前夕,他选爱丁堡为基地,大多数时间在一廉租房地区对该城进行社会调查。以此发起改善贫民窟状况的革新;由此又开创了他的城镇规划和社会学研究新生涯。此期间他出版的文章小册子集中了他城市研究的基本思想和主张,特别是对都市更新的见解,对芒福德产生了极大影响。[17]

格迪斯是环境科学、城镇和区域规划,特别是生态学思维和学科领域的拓荒者、先锋斗士。在英语学术圈内,格迪斯作为社会学家,首先深刻解剖、领悟了城市根本功能,提醒学术界注意研究城市在文化进程中的成型作用①。他的大量书籍和研究报告,是在考察苏格兰、巴勒斯坦、印度、巴基斯坦等地的50多座城镇过程中撰写的,大量资料和新颖观点,点燃了芒福德研究城市科学的兴趣,并从中学会了观察研究城市的新路子,就是直接观察,实地记录,而且以生物学家特有的敏锐和细心,领悟有机世界特有的错综复杂关系。

格迪斯直接继承法国实证主义学派的社会学者比埃尔·弗里德里克·勒普拉②。他在索尔本(Sorbonne)从事生物学研究中曾发现并研读过这位前辈的著作,并从中发展出一门新学科——观察社会学,主张把人类社会看作各种有机势力互动的综合产物。这些势力包括地区场所(Lieu)、辛勤劳作(travail)、家族成员(famille)。因而格迪斯认为,名副其实的社会学应当从人类社会直接观察获得的第一手资料中抽引出理论和思想。这方法如同达尔文研究生物世界的经过,先对自然环境做透彻调查,穷其究竟,然后才可建立自己的解释和理论体系。

因此格迪斯总是首先做至少一周实地调查,且经常徒步走街串巷,反复"听取周围世界的讲述",从建筑物、街道肌理、地质构造、地形地貌、社会人文中详尽考察,领悟其中历史内涵、社会习俗、价值取向……然后,才开始思考实际规划方案。他认为,当代规划科学最大的问题就是无视城市的日常生活内容。他经常提醒说:"仅靠直尺图板,怎能做

---

① formative role,也译塑形功能。——译注
② 勒普拉(Pierre Guillaume Frédéric le Play,1806—1882),最初为采矿工程师,后成为传奇性法国学者,社会学家、经济学家、慈善事业家。——译注

好规划呢?"[18]

只要条件许可,格迪斯定会走到高处(山岳或丘陵),居高临下俯瞰全城,总览全貌。恰如亚里士多德从卫城坡顶俯瞰雅典全城。他确信当年亚里士多德很清楚,"large views in the abstract… depend upon large views in the concrete"①[19]。换言之,在简·斯马茨(Jan Smuts)尚未创制该词语之先,格迪斯早已在践行这个理念了,此法今称整体论②。它认为,要透彻认识任何生命或有机体,若脱离该生命体生存、活动的总体环境,则无从透彻了解,准确把握。这也是格迪斯传授给芒福德的最重要观点方法之一,它让芒福德成为美国整体论思维的最重要倡导者。

格迪斯也很注重城市与区域之间联系,他坚持认为城市问题若不着眼更广阔的区域大背景来思考,常找不到很好解决办法。因此他将整个城市地区视为一个错综复杂、有机联结的生态整体;操作这整体切勿草率从事,否则提出的方案常会颠覆它脆弱的生态平衡。这种态度和方法要求操作者十分熟悉大都市地区环境背景上每个方面和细节。格迪斯从爱丁城堡山峰建立的研究中心"瞭望塔"上详细观看这座城市,老城市区气象万千,延展融入山色空濛绵延起伏的洛锡安丘陵地(Lothian Hills),直至天际线。这种全面观察让他领悟,若想系统了解爱丁堡,你必须看到它的整个地区,包括环境特征和人文历史遗产。他认为,只有这样的调查研究方法——获得该地区自然和人文历史资源详尽的第一手调查分析——才能让区域或城市规划活动获得可靠基础。[20]

他还坚持认为,这种调查研究还会让考察者把一些细小问题放在更宽广的历史背景下来重审。因为一个地区发展的成败,至关重要的因素,是它的历史背景、发展现状,以及它对当今思想、习俗、制度探源和评价的深浅。以此观之,格迪斯完全不像当今美国某些对待考察态

---

① 此句可译为"欲得其神,必摄其形",或"欲神似,先形似",甚或直译为"全面抽象概括来自具体全貌描述"。——译注

② holism,不单纯是全面看问题,其精义为整体效应大于局部之总和。——译注

度粗劣的社会学家,他是个进化论者,他不把区域调查局限于眼前社会的空间形态。他做都市调查,往往从当前开始,而逐渐向后进入历史,查看以往岁月给当今城市形态和组织制度留下的印记。他的考察融汇着历史内容、田野调查专业分析,还有更可贵的整合效应。他深信,唯有这种"生态学分析"才能创造出可行的规划,真正促进区域社会发展更新。他曾说:"这种进化论式的调查研究本应是常识。"[21]

芒福德研读过格迪斯和亚瑟·汤姆森(J. Arthur Thomson)合著的《性进化》(*The Evolution of Sex*),按捺不住给"瞭望塔"写信求索相关文章和小册子。他说,记得"收到这些材料时,我的欣慰真像自己处女作获得出版时一样"[22]。1915年末他又写信给爱丁堡询问,若想去求学该如何办理入学申请。

格迪斯创立的"瞭望塔",既是座建筑又体现一种理念,其全部构造非常完美地融合了格迪斯的观点主张。关于这些内容,芒福德从陆续收到的瞭望塔资料中,逐渐有了透彻了解。瞭望塔是一座石材建筑,屋顶周围有刺状雉堞,四角是中世纪风味的角楼、炮塔。该建筑至今耸立在皇家坪(Royal Mile)城堡丘,俯看着城里半圆或方形居住区。[23]

该塔楼原属一位光学家,他在该塔楼顶又增建一角楼,还安装了一个暗箱,或可称之为"成影取象"。其实就是个旋转大镜片,可由镜头和反射效应将外界影像折射到下层暗室内白色圆形平台。格迪斯后来买下这塔楼产权,进行改装。通过这种精巧的装置(该装置至今作为旅游观光项目仍在使用),爱丁堡全城一览无余,包括周边地区,都一一连续不断映现在白色圆形台面上,而且黑暗室内环境反衬图像格外分明。格迪斯希望通过这些色彩亮丽鲜艳清晰的图像,唤醒观众内心沉睡的审美意识,感受到城市日常景观所含的瑰丽。所以这暗室能帮助普通看客唤醒自身的艺术家眼光,看到建筑和环境之美。

格迪斯就以这座建筑当教具来推广视觉和审美教育,启迪心灵。该光学映象设备还能将视觉体验整合为和谐统一的整体。该摄像室正下方是个露天阳台，可以三百六十度瞭望全城地区。观众常见心情激动的格迪斯，站在开阔屋顶，远眺索尔兹别里峭壁为观众热忱讲解，向他们证明这城市物质遗产以及人文遗产多么丰饶宝贵。而且近在咫尺，"只要善于观察，而且，就这么简单"。[24]

每次陪同观众参观，格迪斯都喜欢从顶层开始。他常快步如飞沿旋转扶梯攀上顶楼。飞快的攀登让心跳加快，血流增强，与观众一起心身做好准备，感受即将展开的瑰丽城市景色。看过阳台全景和回旋图像展示后，格迪斯会率领观众进入一间小暗室，小室内窗户被厚窗帘遮得严严实实，内无任何陈设，只有中央一把坐椅，四壁也毫无装饰。这个布置提供一种场合，供观众深思冥想。他们可在此回忆所看到的瑰丽城市景象，接着是窥视自己内心世界。这种布置既有象征意义又体现他的一种主张：人，人类，只有透彻了解自己，才有希望了解自身的环境。

观众在这黑暗小室内稍事停留，接着依次走下后面五层楼。这五层楼依次布置成索引式博物馆，沿循它管窥整个世界。顶层是爱丁堡美术馆，以下四层分别布置为苏格兰展示厅、大英帝国以及英语世界展示厅、欧洲展示厅，以及最后的东方文明展示厅。每个展示厅都陈列了丰富精美的展品，有油画、印刷品、照片、彩色历史图表，回溯当代文明发展的漫长过程；还有全球植物分布图，著名地理学家伊利希·瑞克勒斯（Elisée Reclus）、A. J. 赫伯森（A. J. Herberston）设计的全球立体地图，林林总总各种图表和格迪斯个人的全套行头，还有一帧巨幅立体地图，讲述他最著名的"大河流域"，意在形象展示大河流域古文明以及振兴当代文明的宏伟构想。这些地貌模型图总括了一个地区和及其主要产业的构成情况，是格迪斯最喜爱的教具之一。[25]

整座瞭望塔是个活样本，具体而生动地讲清了区域考察的方法和目的，以及整合思维的过程与产物。不过格迪斯认为最重要的还不在这里，而在于它为社会行动提供一种模型和实验室，它也是全世界第一所社会学实验室。格迪斯不断为它更新展品，丰富其思想理念，不断提出新构想，新配方，为文明的更新不懈探索新路径。与爱丁堡展览厅相邻的还有个市政管理室,瞭望塔所有重要实际管理活动都集中在这里进行。格迪斯在这里指导了历史名城爱丁堡城市的更新计划,是他毕生活动的开端,谋求全世界城市的重新规划和改进。为此,他在这里组织过一系列活动,包括化装舞会、节日庆典、参拜礼仪等,目的在于促进帮助人们重新发现自己本地城市的历史文化。[26]

1915年芒福德20岁时,发疯般想参加格迪斯的瞭望塔活动。给他的申请书写回信的是格迪斯的女婿,助理建筑师弗朗克·米尔斯(Frank Mears)。回信说,格迪斯已赴印度承担当地都市规划的长期计划。芒福德还得知,格迪斯不在瞭望塔,那里形同虚设。于是芒福德决定悉心研读米尔斯寄给他的全部文献,通过读书深入钻研格迪斯思想理论。直到1917年,他的一封信终于辗转交到远在印度的格迪斯手中,于是开始了两人长达十五年的书信来往,直至1932年格迪斯去世。最初通信中芒福德称呼格迪斯教授,过了不久就毕恭毕敬称呼导师了。

帕特里克·格迪斯的城市理论真正激活了芒福德生命中最重要的兴趣之一,而且成为他毕生城市和区域研究事业的重要指南。不过,芒福德最初走近格迪斯还不因为他是城市规划师或社会学家。而是因为芒福德发现,他是优秀教育家、社会活动家。竭力主张人要全面发展,开发各种才能,推理和运算、激情与诗意、智力活动与体力训练。阅读格迪斯的著作,特别是他个人实践楷模,帮助芒福德明确了人生的新航向。

芒福德首次接触格迪斯著作是在1914年,当时他正陷入人生的关键转折,包括情感生活。后来他将此阶段称为迟来的青春期危机。这时期,焦虑、自我怀疑、诸多疑问,都是心头重负。再加上开始一门心思反叛家庭的教育方式。他这种成长蜕壳和异化进程表现为造反,彻底抛弃传统教育,根本质疑自己生活态度和学习目的,进而弃旧图新,一切重新设计。

这"危机"在他一项取舍决定中到达顶点:他采纳特纳教授建议,1914年秋开始转入城市学院全日制,目标是攻读哲学学位。可是几乎学期刚开始,他就怀疑攻读哲学学位这决定是否正确。主要意见和怀疑都针对当时学校教育及方法,究竟是否值得。

首先,读全日制他就得从一年级开始,原因是夜校班课程他没全部读完。还有,他还得接受不喜欢的必修课,拉丁文、数学、化学。这些科目他都不擅长,夜校期间就躲得远远的。特纳教授说服他接受这种课程安排,目的是训练脑力,有利于哲学研究。但事与愿违,最终他连读完本科的兴趣和信心都丧失了。

全日制教育的当家做法就是课程设置,而芒福德感觉它较之夜校班教学互长的方法,简直无聊透顶。祸不单行,再次面对拉丁文课程,他一败涂地,成绩简直成灾,还没念完索性早早放弃了。加之他发现,这里的同学一个个嫩得像青瓜,毫无经验,特好调教,与夜校班哥们儿之成熟不可同日而语。芒福德后来描述说,他们心满意足于"填表、画钩、打叉的考试方法、机械记忆对答如流……满脑瓜儿没自己思想,生怕有了思想会干扰死记硬背的考试,分数不及格"[27]。此时的芒福德已尝过夜校班的美餐,哪容得了这般清淡素食。假如这玩意儿就叫学问,我宁可一点儿不要。

芒福德对全日制学校造反,就是索性不念书。[28]加上他已有几篇小文章发表,因而认为自己首先是作家,然后才是必须读学位才能毕业的学生。临近期末,他旷课越来越多,把时间腾出来写剧本和小说。就连图书馆,他也感觉索然无味了。因而常漫无目标游荡在书架间,对书籍杂志已了无兴趣。1915年笔记中他写道:"1914冬临近年末,我感觉心神俱疲,健康下降,因为已经很少锻炼,也很少呵护;心灰意冷,则因用脑过度。"[29]此时,他拼命想退学,却又缺乏胆量递交申请书。最终因病不得不出此策。

心身俱疲而且发烧,他去看了校医。医生发现他肺部有活动性瘢块,并据此诊断为肺结核一期,而且建议芒福德立即休学,一切放慢节奏休闲轻松一段。诊断结果着实让芒福德吓坏了,后来他坚持认为,后续治疗救他一命。倒不是因为他患了致命疾病(后来又看了几个医生,结果证明不是肺结核,而是甲状腺机能亢进)。当时的笔记这样记述说:"假如我继续留在学校,我会继续遵照执行特纳教授建议,最终沦为无以疗救的书蠹。"[30]

这样暂且离开正规教育,加上格迪斯的影响和诱导,芒福德逐渐重新审视自己全盘人生态度。当时写了出独幕剧,题目叫做"一群废物"(The Invalids),其中淋漓尽致表达了他的痛恨,因为看穿了家庭教养的保护过度,以及死读书教条主义。

这是一幕毫不掩饰的自传式独幕剧,场景设置在纽约西北部一幢有钱人的红砂岩房子的客厅里。主要人物有雷杰斯·斯托姆(Regius Storm),一个20岁左右的男青年,身材消瘦、溜肩膀、因发育不良而优柔寡断,却隐隐怀有梦想,想当作家。由于是独生子,随母亲、姨妈一起生活居住,此外还有个年老体衰多病的舅舅。这舅舅当然要算身体不健康,不过真正残废不健者却是这青年雷杰斯。他表面看起来非常健康,却患有另一种至残疾病。"所以然者,皆因母亲保护过度,姨妈太过关爱,保姆处处担心,以及老师们娇惯溺爱",一直让这青年完全接触不到真实世界。主人公自我诊断后承认,雷杰斯的问题,就是他"受管教太多了"。

但雷杰斯认为自己的问题不仅是成长环境过于狭小封闭,更在于他的情感世界发育滞后,更深层根源在于,他的环境使他只能接触到"当代文明中最邪恶、狠毒、有害的制度和习俗:那就是所谓的教育体制"。因而他在学校受到的"枯燥无味的知识培训,向他灌输一种习惯,去过二道手人生(second-handed living),事事步前人之后尘。最终结果是,尽管他学了大宗知识,包括艺术、工业、科学、爱情、友谊……却从未直接品尝过其中任何一种滋味。因而,尽管智识上可能相当丰富,而情感上始终是个饿汉"[31]。

透过雷杰斯这个人物,芒福德想表达内心愤懑,抵制这种所谓家庭教养和学校教育。或许,他母亲并非令人窒息的女人,但她不曾一次领他走出狭小亲友圈子去结识外部世界。为此他非常愤慨。不过吊诡的是,这雷杰斯的愤怒并不针对他妈妈,而针对着他自己。他没对自己说透,他不满意自己对这种屈辱生存方式逆来顺受。剧中透出些许自嘲,也有些许健康苗头。他写出这种自嘲的戏剧,就表明他已开始克服这种不健康,已经找到人生根本问题之所在,这时期笔记充满各种决定和方案,千方百计想克服这种局面。一次次提醒自己,无论如何都要结束这种二道手的人生。

这就折射出帕特里克·格迪斯对他影响何等重要:可以说,格迪斯提供的恰是芒福德人生和教育环境中所缺少的。格迪斯哲学主张的基本准则是古代雅典推崇的均衡人生理想。推理能力和想象能力,要均衡发展。思维与行动要联手而行。他以古训 *Vivendo discimus*(真知源于生活)为座右铭,认为教育,真正的教育,并非书本或者课堂知识,而是生活本身。真知来自人自身持续不断生长发展过程以及一切相关活动。

格迪斯的范例激励了芒福德,于是他决定无限期推迟读哲学学位的计划。而尤重要的是,做任何下一步决定前,首先要好好研究自己,研究社会生活。而最佳起点就是自己的城市,纽约。

于是,刚好20岁,他开始把自己的城市当作大学认真阅读起来。走街串巷,审阅高低楼宇,大小居住区,博物馆和图书馆,艺术画廊,多年后他在笔记中写道:"城市乃是人类社会权力和文化积累最高度集中的表现……从中可以看出人类文明全部问题都凝聚于此。"[32]这位曼哈顿大眼睛男孩儿的大学教育,就是从这里毕业的。

大任者之路

> 担大任者……大业之基常立于自选之苦行,修束自砺,息交绝游,动心忍性,戒除俗念,开通心路,滋心养神。
>
> ——埃瑞克·H.埃瑞克森

芒福德从格迪斯著作领悟某种解脱之道,学会从令人窒息的"二道手人生"习惯方式中解脱自己。以往似乎总是活在垂满百叶窗的斗室内,读书占据了一切。鉴于此,从此他决心"活个透彻、完整,活个欢蹦乱跳,让每个毛孔、每时每刻、每个层面都活跃起来"[1]。

1915年初离开城市学院后,他开始规划人生,遵循一种自我成才之路,首先彻底扭转自己"体弱多病"的状态。详细制定体育锻炼计划,严格执行,早晨体操,下午散步数小时。还通过研读地理学和地质学书籍扩大眼界,深入了解本城和本地区。同时锻炼观察能力,素描和绘画让他鉴赏建筑物、风景和艺术品,眼力大有长进。还写文章写论文,虽很少发表,却积累了大量这时期青年觉醒和城市改革的观察思考。经过1915到1919年的连续磨砺,芒福德已成为这座城市的全方位学者,有关这城市发展的一切问题,几乎都难不倒他。这就是他人生的耕耘播种期。后来,他用毕生精力深入研究探索的许多题目和思想主张,都是在这自学、自适、自我探索时期先后进入脑海的。这几年里,芒福德完全变了个人,更健康,更自信,也更活泼,全不像以往那个木呆呆的病弱青年。

而这四年内心世界的砺锻和准备,却不是没有代价的。新治疗方案加上写作计划,让他全然无暇从事一份有收入的完整工作(更何况他也不清楚自己体力能否胜任一份长时间工作)。这样他只好靠微薄遗产度日,节衣缩食之余,不看戏,不访友,禁绝一切放浪形骸之事。当然这让他更羞怯,特别对女性,因而无形中也过了段情感压抑的时期。[2]

皇天不负苦心,多年后他在自传中也承认,确乎相当艰苦。[3]然而那个成熟作家、成熟男人的芒福德,却仍迟迟未见。因为,还要再经过整整十年,他的不良习惯、不健康形象才能完全蜕尽。可是,毕竟,1915年后每一年都是芒福德弃旧图新的攀登台阶。就这样,他艰难顽强革旧鼎新,改造自己,包括观念、习俗以及体征和外貌。

芒福德从城市学院辍学后,医生嘱咐他不要过劳,不要对感冒、感染掉以轻心,否则活不到四十岁。这话自然让芒福德胆战心惊,医生的话他言听计从,可能太老实了。这时期的笔记本里尽是些有关健康的自警、提醒、嘱咐,简直有些神经质了。身体每种小毛病和症状,他都细致记录汇报,包括小毛病增添的心理忧郁,不厌其详。他的确经常感冒,嗓子疼,尤当工作不顺利,情感波动时,特别容易发生。而且往往因此一连几周或者几个月一蹶不振。所不同的是,1915年以后他能积极想办法克服这种状态。他能给自己的身体立规矩,增强抵抗力。

恢复过程中对他帮助很大的是母亲的地段责任医生斯奈德先生,向他提供了宝贵建议。因为斯奈德医生了解他从小成长的环境状态,芒福德辍学后就开始由他治疗。当时对肺结核最流行的治疗办法是送去疗养,这位医生没这么做,而是督促芒福德在生活中放慢节奏,定期体检。还建议他去看心理医生,接受心理辅导。显然认为芒福德许多机体病状其实有其心理根源。从笔记看,芒福德似乎未采纳这建议,理由也没说。但的确开始阅读弗洛伊德的几部心理治疗著作。不过他接受了斯奈德医生的建议,去缅因州欧根奎特农村疗养了。那里有斯奈德的朋友,一位年轻心理医生。而芒福德是否拜访了他,则无记载可考。不过没关系,因为离家出走本身就是治疗。他在那里海滨浴场晒日光浴,慢跑锻炼,阅读柏拉图和惠特曼的著作。"这些经历把我和扭曲昏暗的以往彻底分开,从而照亮生命其他部分。"[4]他这些回忆有浓浓的怀旧意味。

芒福德对自己早期成长过程有种看法,认为他还在受"操心无法保持健康抑郁症"的折磨。他说,这毛病直至中年才最终摆脱掉。[5]有证据表明,他从未彻底丢掉健康焦虑症(这其实反倒是他长寿秘诀之一)。因为从此之后,他的每一天都像末日,恨不得每个钟头都过得充实有意义。医生嘱咐,若不小心可能活不长,这建议还促使他养成习惯,直至临终都仔细记录生活经历,且把记录文件理得井然有序。晚年曾对好友说:"人生得时刻备好行装准备上路,像孕妇准备临盆那样。"[6]

1915—1919年这段,芒福德生活井然有序。早晨在家读书写作,锻炼身体一小时,然后洗个热水澡,好好吃顿开心午餐。天气许可,下午外出静静散步,在城市中到处转悠。逢下雨天,他就去博物馆、图书馆。或者在家绘画、素描。由于他经常造访纽约大都会博物馆,逐渐与那里一位特殊人物结缘,且一发而不可收:那是座古希腊运动员的造像,满脸胡须立在那里,身体优美矫健、肌肉块块饱绽,正用一块刮肤板刮下身上油腻物。芒福德很想像他那般优美矫健,虽然不喜欢他一脸胡须。

纽约博物馆虽很惬意,他的最爱还是要数第五大道和42街叉口的中央图书馆。因而,去博物馆只是"客串",而到图书馆才算"回家"。中央图书馆是托马斯·哈斯廷设计的新古典主义建筑,选址于克罗敦水库原点,1911年刚竣工。芒福德初去看书时感觉那里空旷无比,"那般寂静啊,简直摄人魂魄"。他在大阅览室一页页翻阅爱默生的《杂志》(*Journals*),充足阳光刚好从拱形大窗射进来照亮地面。他自觉仿佛置身一奇厦,"四周青冥浩荡,下临无地,外部城市万般庸碌熙攘,已彻底抛弃"。[7]

此刻,连这古典建筑万般华美装饰设计也置之度外了。仔细品赏叙述它们,是他后来第一部建筑评论书中的事。读书一小时许,他会后仰椅子靠背,抬头休息,随意选个天花板上的人物绘画细细观赏,有一次还给其中一个人物,一名裸女,写了情诗。此后一连数月这裸女便不断入梦,惹得他幻象迭起,想入非非。

若不去博物馆或者图书馆,他就满城乱窜。他把这种行走当作上课,此外还另有好处,它能医疗焦虑症。因而,与其留在令人恼恨的家中,毋宁外出游走。迟来的青春期,万般烦恼都在这游走中消解,正如他热爱的小说家查尔斯·狄更斯从伦敦游走中获得效果一样。狄更斯甚至夜间出游,就为了"镇静闹腾不止的心神"。塞缪尔·约翰逊的青年时代也同样如此,长时间游走市中心,力图通过独自行走"压住自己的心魔"。无论狄更斯或者约翰逊,或是芒福德,都属奇心奇志之人,也都从无数街巷孤独游走中摸清了城市的脉搏。[8]

芒福德人生一旦踏上正途,体重立即增加,筋骨肌肉也强健起来。[9] 1915 年笔记中有一段自吹自擂:"我的大胸肌非常发达,腹肌也硬了,两胁平展有力。"[10] 原先那瘦小干枯的雷杰斯·斯托姆已成长为敦实、宽肩膀、身高 5 英尺 10 英寸高的小伙子,体重达 170 磅。

芒福德原来患有严重的痤疮,多年为此困扰。体重增加后,此困扰大为消减,而且面部痤疮逐渐移到后背,令他颇为轻松。(婚后,特别初次性生活之后痤疮完全消失。)后来笔记中他回忆了此阶段自己完全进入成年之前的相貌,说他常穿拜伦式风流可笑的高领衫,海员式打扮,蓄曲卷大背头……还说他相貌特别风流潇洒,富有诗意。下面接着继续写道:"不过,外部这些柔软线条颇具欺骗性,其实内囊里,一个纹路清晰的钢铁骨架正在成型。"[11]

从 19 岁的照片和他铅笔自画素描来看,这一特点已经清晰可见。下颚微突,轮廓坚定,讲述内心砥炼,隐含自信与成熟。目光深邃,机智灵活而张弛有度。女性,多为稍年长些的女性,开始乐意接近他了。面对女人,他仍不很自信,因而常用一种超然拒人于千里外,以图自保,免得陷入被拒绝的窘境。不同的是,此时他已开始有强烈性冲动,因而他面对几位新女友时,已不那么腼腆。不过,这些联系仍属柏拉图式,或因他未敢贸然试水。

芒福德在自传中承认,这几年是他的多艰岁月,各种难题和困扰超乎想象。尤其数次努力难以突破壁垒进入出版界，更是雪上加霜。可取的是，单枪匹马，无外界催迫限制，独自作战，这习惯反而有利于成长为作家。

这时期芒福德深受古希腊文化影响，对古希腊人崇拜入迷。特纳教授和帕尔默教授引领他结识的，是《论共和》中的柏拉图；因而他第一部著作中介绍柏拉图说："此人描绘了一个健全、自制、爱运动、心明眼亮的社会生活。这样的社会，可以这样说，永远都有节制，有度。"[12] 青春期将尽时芒福德引以为师的，却是《对话录》中的柏拉图。这个柏拉图如此熟悉和热爱自己的城市，令芒福德受益匪浅，绝非书本知识可替代。

1916年芒福德如饥似渴阅读柏拉图和亚里士多德，而对他影响最深的却是一位爱尔兰作家和学者，教育家，托马斯·戴维德森（Thomas Davidson）。此人是英国亚里士多德学会创始人之一。他引领芒福德了解了古希腊价值观和生活方式，认为人生必须注重均衡发展。芒福德阅读他的著作，感觉其中一段文字特别引人瞩目：

"参加马拉松、萨拉米斯、普拉提亚战役的人都是苦行者，受过严格训练，敬畏神灵，遵守法律，尊敬同胞邻居和自己。注重从直接经验增长智慧，睥睨贪图享乐、好逸恶劳；看重诚实劳动，看不起沉湎酒色安逸，认为这些活动，包括抽象思维，都会导致精神萎顿，意志消沉。唯有专业训练才能磨砺意志。教育的目的是让他们成为合格男子、公民和朋友，而不是百无一用的思想家、批评家、军人和只认钱的势利小人。"[13]

读完戴维德森，芒福德接着上升钻研阿尔弗雷德·齐默恩爵士（Sir Alfred Zimmern）所著《古希腊联邦》（The Greek Commonwealth）。1915年笔记中说该书对他影响深刻，改变了他的人生态度。《古希腊联邦》精湛系统讲述古希腊雅典政治、哲学和思想史。而且在同类书中此书的独到之处，是它同时强调地理和气候的背景作用，大海、空气、土壤都参与文化之形成和发展，因而对人类习俗惯例乃至组织制度都有贡献。阅读齐默恩爵士的书，芒福德痛感自己"生不逢时，公元前6

世纪的雅典比公元后20世纪的纽约,要更对我口味。如今与苏格拉底相隔两千多年,虽然他生活在此后不久到来的不幸年代,那我也宁愿当个苏格拉底!"这是1915年笔记中实录之一。[14]

这一阶段进入芒福德生活的还有一位重要人物,那就是作家塞缪尔·巴特勒(Samuel Bulter)。芒福德1914年阅读巴特勒的《笔记》一书,而且模仿该书风格,开始随意记载所见所闻和自己感想,且几乎每天不漏。这些材料日后成为芒福德求知、觉醒以及走向文学创作过程的宝贵证据。这种笔记有助于他抓住稍纵即逝的想法,读书和观察建筑物的心得体会,以及交友、恋爱,乃至自身内心活动和成长状况。[15]因而最早笔记中有大量读书心得以及自我检视的内容。但不久,随着芒福德仿效柏拉图和亚里士多德那样观察世界钻研世界,眼界不断扩大,这些笔记就在我们眼前呈现出一个目光锐利、头脑明敏的芒福德。

这时期笔记中大量资料表明,芒福德学说特有的那些思想和主题,几乎都萌生于这时期,后来都成为芒福德毕生探索和充实的学术领域。举例来说,芒福德全部著作中一个一以贯之的要点和主题是环境意识。而从笔记看,他的环境意识早在青年时代就已觉醒。同样,人类文明某些重大问题,如物质构造发展必须有节制,经济成果必须公平分配,笔记中都有敏锐观察和议论。这些心得收益很可能来自阅读格迪斯和古希腊经典文献。"一切资源材料和能源蕴藏都是自然馈赠而非人类创造,不是任何人赚取的,也不是任何人'天生有资格享有的',因而不许任何人独霸肥私。因而人类的经济职能其实很简单:就是把这些自然馈赠打成方便包,广为分配……"[16]

芒福德记笔记的习惯持续一生,还为其最私密部分取名为"*Personalia*(私人趣闻轶事)"。这部分笔记包括他全部内心活动记录,感情生活,性发育和体验,且多以自检忏悔式语言写成,大多记录了人生低潮甚至最黑暗时期的内心活动。大量内容讲述婚姻状况,还有同婚外(索菲亚以外)异性的关系,检视自己的问题和弱点。

1915年以后,芒福德开始写年度总结,回顾过去一年成败得失。不过该时期书籍文章主要内容仍采自笔记中随心所欲的记载。自兹后,无论到哪里他总随身携带一个小本本和铅笔;即使居家读书写作,手边也不离开这些小物件。后来有些外衣索性请裁缝缝上专用小口袋,以便伸手就从侧兜掏出他那 4×6 英寸的小本本。[17]

1915 年春和初夏,芒福德全神贯注研读巴特勒著作,包括他的《笔记》《进化之旧与新》《众生之道》。他发现,这位巴特勒,原本是新西兰一名牧羊人,最后也像格迪斯一样,成长为多面手:能写小说、精通古典文学、能绘画、写讽刺诗文、编辑杂志、谱曲写歌,而且是当时最负盛名的科学评论家之一。此人极其喜爱生物学,他的作品非常强调人与各种生物共适共存。芒福德早期笔记记载着:巴特勒主张,万物间是一种互有取舍的关系(give-and-take),而非狗咬狗关系。[18]

芒福德经常参观位于中央公园西区的美国自然历史博物馆,此地距母亲家不远。在博物馆他发现,巴特勒、达尔文和格迪斯的思想主张在各种展品中体现得活灵活现。当时这座博物馆刚开始率先以生态系统原理来展现博物馆布展理念。当时各家自然博物馆仍沿用陈旧的所谓"搜集历代奖杯(精品)式"布展方式,无非依据发现的骨骼化石,以填充材料制成动物模型,在玻璃柜橱里杂乱摆放。而纽约的这家自然博物馆馆长则想法摆脱这陈旧方式,力图把发掘的新物种还原给自然,展示一个真实场景,力争同其他有关物种共同构成一个完整的发展序列。这种栩栩如生的展示方法,以生存在具体自然环境中的一个个群类代替了孤独站立在支架上的一个个单一物种模型;再衬以查尔斯·罗伯特·奈特(Charles Robert Knight)的写实主义壁画做背景,观众面对大自然无比震撼的场景,常常静息观看,叹为观止。

不过对芒福德来说,最为震撼的还是该博物馆的进化馆。馆长在这个部分,以宏大篇幅设计、展出了进化史从单细胞生物直至人类的整个历程;以出色的图解诠释了查尔斯·达尔文、格利高尔·孟德尔(Gregor Mendel)、奥古斯特·维斯曼(August Weismann)以及其他同时代科学家们发现的自然科学定律和遗传进化理论。这座博物馆不单单是个引人入胜的古生物展厅,更是普及进化思想的生物学和生态学教育场所。为芒福德阅读巴特勒著作做了必要补充,让他清楚意识到,自然世界是个巨大的互相依赖的大系统。[19]

巴特勒著作记载了许多生物学新发现,受此启发,芒福德进一步深入阅读了他的其他著作。在其《进化之旧与新》中,巴特勒绘出新拉马克理论对进化论的图解。此图把人类大脑放在物种进化上升过程的领军位置。而且巴特勒特别强调目的论的思想观点,认为目的论普遍存在于有机生命本身,而非至高无上的造物者。物种自身的变异来自其生存环境的改变,以及这些变化对物种本身生存提出的新要求和新改变。自然选择并非变异的根源。在这一点上,他的主张与达尔文不同。

可见,真正激起芒福德研究兴趣的,不是创作《乌有乡》①的辛辣嘲讽机械文化的专业作家巴特勒,而是业余生物学家巴特勒。这个巴特勒非常崇拜亨利·伯格森(Henri Bergson),追随其哲学主张和生物学理论,以"创造性进化理论"图景取代马尔萨斯描绘的生命世界永不止息的生存竞争、弱肉强食的残忍景象。他的创造性进化论认为,人类蕴含一种神秘生命力,总会发明生命新形态,永不止息推动人类前进,获得新知新悟。这思想恰是萧伯纳戏剧《人与超人》的主张,也是促使芒福德与巴特勒、萧伯纳、伯格森等人,若干年后还有怀特海,形成紧密联系的思想纽带。[20]当然,也是这个思想吸引芒福德去深入研读帕特里克·格迪斯的著作。

这里且容我犯写作之大忌,暂且跑题,简略介绍格迪斯进化论思想的形成过程。因为格迪斯的思想同巴特勒一样,都对芒福德精神思想和事业人生产生过极大影响。芒福德毕生热爱生物学,尤喜进化论。他的最后一项研究和写作计划始于85岁上,主题就是人类进化。他想在塞缪尔·巴特勒和帕特里克·格迪斯的新拉马克进化论观点基础上,更广泛深入探讨人类的进化成果。这部未竟之作气势宏伟,会给他人生事业一个完满结局。

格迪斯基于他对生命世界全过程的奇妙领悟,开创了一门新社会学,他称之为生物社会学。从流派看,格迪斯属新拉马克主义,或可称

---

① *Erewhon*,也译埃瑞璜,参见《芒福德著作精萃》第50页。——译注

vitalist（活力论者）。他们认为有机体天生具有积极、活跃的生命职能，还有目的明确的进化角色使命。而机械论者解释进化论则不承认这个内容。19世纪多数生物学家用自然界影响生物的视角来解释生物进化现象，而格迪斯则强调生物对自然变化的反作用能力，力图克服威胁自身生存的环境势力。格迪斯非常崇拜达尔文，但不因此墨守成规，永远满足于自然选择理论，相信这就是动植物进化的唯一解释。他相信，物种合作以及主观目的，在进化过程中发挥着同样重要功效；恰如锋牙与利爪需合作，若陷入竞争则胜算甚少。

青年生物学家格迪斯曾一度集中火力抨击奥古斯特·维斯曼的原生活质理论。该理论认为，任何有机生命细胞内部都有一种特殊的遗传物质，这种物质无法重新组合，不受外界环境影响。这等于在进化大潮中把人类置于一个消极被动的位置，丝毫不能左右自己的命运。格迪斯的《性进化》一书引领芒福德最初接近他的思想；该书两位作者格迪斯和亚瑟·汤姆森都认为，有机生命通过两种途径获得新的生命特征：首先是经过"受精细胞中某种固有的遗传特性"；另一个途径就是通过环境变迁的影响。在这一点上，他们与维斯曼论点不同。他们认为，"若依靠原生质有机体就能不受外界干扰，悠然陶然生存，传宗接代，那简直是名副其实的生理学奇迹"[21]。

格迪斯感觉，拉马克认为生物可以通过适应环境实现获得性遗传，这种进化论假说要比维斯曼的学说更能取信于人。拉马克在《动物哲学》一书中指出，有机生命通过自身努力，既改变自身又改变其生存环境。有机体这种克服环境条件局限的能力和特性，格迪斯称之为反叛（insurgency），这种反叛能力，待进化到人类，便登峰造极。格迪斯认为，这种有意识改变自身人格特征以及生存环境的能力，是我们人类最特殊、最光辉的天赋。持此论者已先后有萧伯纳、巴特勒，如今格迪斯也加入进来，他们在这种拉马克学说中构建了一种更好的途径，超越了某些人对达尔文进化论一成不变的机械论理解。后来，芒福德把格迪斯的反叛论思想推进到人类对机械社会的控制，认为既然机械长久控制人类，人类也就有能力去重新主宰自身生命和未来命运。芒福德后来有关技术文明和人类未来的著作都大量讨论了这类主题。

芒福德认为,格迪斯算是当时使用辩证法而不属于马克思主义派的少数学者;证据是:格迪斯所受的生物学教育基础决定了他能准确理解生命现象其实是一种有机体同外部环境之间一种持续不断的交互活动(ongoing interplay)。因而,自由与宿命、先天与后天(natureversus nurture)之类古老命题,在格迪斯看来就绝不是非此即彼那么简单的问题了。他认为,人类,既自由又天命。环境有时候会决定有机生命(机械论者正是这样说的);但有时候意想不到,生命体会逃脱,凭借自己狡猾、才干、能力,最终实现对环境的掌控,让生命升至与环境永不终结停息的辩证、互动过程。[22]芒福德后来有这样的观察评说:"荷兰造就了荷兰人;而同时荷兰人也通过选址、建坝、开垦农田、建造风车、种植庄稼,造就了荷兰。"[23]

《笔记》作者巴特勒在芒福德心目中同样是英雄,甚或是个楷模。此人写得一手好散文,文笔雄健,言之有物,不空洞无物,矫揉造作;论文持论精辟,逻辑分明。芒福德感受,如此文如其人者他未见过第二个。如巴特勒《笔记》中说:"倾注作者全部心血的作品,才是有生命的著作。"尤其该提到,巴特勒是个浑身芒刺的思想家,激烈反对维多利亚时代的主流意识形态老生常谈,包括各种习俗制度。"我无信仰,主啊,来帮我纠正我的无信仰吧!"[24]

芒福德尚年轻,反叛性格刚刚开始,而且首先针对当时中产阶级的各种一定之规。此刻遇见巴特勒当然一拍即合,简直找到个年长的灵魂伴侣。也难怪,请看巴特勒如何界定七宗罪:"钱迷心窍、漠视健康、脾气暴躁、贞洁、家庭纽带、自以为是、信仰基督教。"对于婚姻和意识形态,巴特勒是这样说的:"最好不要与任何事物结缘,包括理论。"对于上帝,他说:"上帝尽管可以宣布最后审判日开始,不过,不等这一天结束,他自己会先上被告席。"对于家庭,他说:"我深信各种不幸大多来自家庭而非其他事物。我是指企图不适当地维继家庭关系,将无法自然聚合的人勉强聚在一起。"[25]完全可以推定,芒福德阅读巴特勒这些论述时,会以为作者是针对他自己说的。

巴特勒《笔记》一书是一位独立的思想家之作,拒绝任何人操控和支配。如同梭罗和爱默生,只服从自己直觉引领。芒福德自己就想做巴特勒这种特立独行的思想家,因而誓以他为楷模。1915年夏天,他花数周撰文论述巴特勒,文章脱稿寄出后,曾两度被杂志社退稿。

芒福德心目中另一英雄是雷昂纳多·达·芬奇,也是他1917年撰写的剧本《女怪之首》(The Gorgon's Head)的主人公。他在剧中把达·芬奇描绘为新世代科学技术界的先驱,代表人类文明一个创造性的聚合时代。剧中人的达·芬奇告诉同伴尼科利特:"任何事物,分解后来认识它,那是科学。从总体去把握和感知它,那是艺术。前者是我解剖手术台上的方法,因而是死亡之道;后者是我画布上用的方法,因而是创造生命之道。"他还说,只有"傻瓜"才以为科学与艺术会互相对立冲突。"无骨架的躯体怎会有生命呢?同样,无器官的骨架一样无法生存!生命是一种妥协,是骨骼与肌肉、活力与机械、革新与传统……种种对偶关系之间一种妥协与共适。"[26]可见,活力与机械的对偶,芒福德毕生求知命运的最初音符,就由这一伟大主题奏响。此后,他穷其一生努力探索,想找到一个共同领域,让"主观与客观、艺术与科学……都能在这块平台上互相见面、互相联手,交流互换各自专长和优势"[27]。

芒福德塑造的这个雷昂纳多是位青年才俊,自命不凡,才情横溢,对新知识新思想炽烈如火,不懈地探索新领域,新关联,这些方面都很像他自己。多年后,他描述这个时期,说他自己"炽烈地吞咽新思想,几乎呛死,各种新潮想法都拿来尝试,就像试穿新衣,今年是实用主义者,明天就是斯宾诺莎的信徒,后天又变成了无政府主义者,再后来又成了社会主义者,忽而是信仰拉斯金的保守党党员,忽而又成为萧伯纳式的自由主义者,今天相信柏拉图,明天又追随塞缪尔·巴特勒,继而追随惠特曼,格迪斯,托尔斯泰……不一而足"[28]。当然没有一种学说能包容他追寻的这么多思想流派,也没有一个导师,无论巴特勒、格迪斯或者雷昂纳多,能全方位提供他想探求的理想和目标。只有一点确定无疑:他越是探索,兴趣就越广泛,同时,内心也就越茫然,反叛也就越激烈、彻底。

接近这一系列大师——雷昂纳多、巴特勒、格迪斯、希腊古典学者——徒增强他对传统教育的愤懑心情。不过临到同正规教育彻底决裂，可就不像自传中描述得那么轻巧了。今后一生到底想干什么，他当时还没把握。但觉得最好有个学位以备万一，以利于从事某种专业工作，比如哲学，那一定要求有学校的专业培训背景。

所以1915年9月，芒福德重归城市学院全日制班；而且浑身晒得黧黑，身心健康，信心百倍迎接学习任务。然而，全日制功课重压，包括上课、笔记、考试，不到一个月又把他压垮。拉丁文仍然不及格，而不及格就不能毕业，于是全部课程出勤率又一落千丈。而且同以往一样，与同学合不来。总感觉这里的学生大多"胸无大志，意志消沉，难见愤世嫉俗的旷世情怀……"[29]

就在这个时期他一连阅读了格迪斯的两部著作，《城市发展》和《城市进化》。这两本书为他铸就青年时期的梦想志向，送他走上事业征程。他从英国邮购了这本《城市进化》，收到后一口气阅读完毕。格迪斯在此书中写道：文明"并非个人产物，而是城市产品"。[30]这些论述箴言般在他心魂深处掀起一场革命。随后他激动无比地记录说："我当前生活的重要目标就是探索城市，记录城市。我对人类文化进化的兴趣如达尔文对人类生物学退化的兴趣，同样浓厚。"[31]他认识到，当时他还缺乏足够技能或知识储备，因而根本无法讲述结果。但他准备通过未来15年苦功写成同样的

1919年的刘易斯·芒福德

巨著。后来证明,他两部世界名著《城市文化》(1938)和《城市发展史》(1961),都利用格迪斯整体论观点和方法成功地剖析了人类社会,成为英语世界出色的学术典范作品。格迪斯本人曾多次想亲自撰写这种著作却从未能如愿,其中对城市文明历程有丰富的想象和描述,展现历史进程,为建筑学家和城市规划师提供了数以千计的经验和教训。这些写作计划中,芒福德以他的苏格兰老师格迪斯治学方法为榜样,出于蓝而胜于蓝,还在描绘众多历史名城的基础上树起未来城市的理想模式。

芒福德千锤百炼胸有成竹要撰写的书,只能是格迪斯《城市进化》那种类型的著作。仔细研究就发现,格迪斯著作令他印象最深的,是其强调只有原野考察和实地社会研究,才能支撑合格的城市研究。并且他认为,这不仅专业人员如此,对普通市民也同样重要。格迪斯通过《城市进化》现身说法,教会他如何"阅读"城市,逐一观察地理、建筑、城市规划,然后通过历史研究走向深入理解。迈开双脚深入地区,亲自体察城市方方面面,当开始了解它的问题和可能前景时,不要停歇,马上齐心协力一起动手改进它,建设成更好的居住场所。实地考察,是青年芒福德从恩师格迪斯那里学来的最主要功课和功夫。

因此,尽管芒福德对正规教育非常失望,但还不至于像他的剧本人物瑞格斯·斯托姆那样走极端。此次返回学校经历再次印证他的信念:要想成熟,无论为人或作家,他都必须继续学习。正如格迪斯所说,正规教育的失误在于,它把生活知识当作了生活的直接体验。

因此,到1916年初,芒福德再次退学,决心腾出时间从事写作和城市研究。此后数年中,他先后在纽约大学、哥伦比亚大学、社会研究新学院选修了几门专业课;尔后又在1917年重返城市学院夜校读书,但也只选修他选定的对自我成才有用课程,因为此时他已经成熟,立志要成为城市学者。所以,虽最终积累足够学分可以毕业,他从未去拿那个学位,且认为那毫无意义。他想当作家,而且,终身的写作主题——就是城市。在格迪斯奇异的影响下,他开始像个生物学家钻研大自然,于万物错综复杂谜团中寻找互相链接,他也同样学会了观察城市,把建筑物、桥梁、道路、社区、邻里群体、旷野……——重新放归更宽广的生态框架中重新排列组合。纽约徒步,每日必行。而当他努力将城市考察功夫一点点转化为城市更新的建设方案之后,这徒步行走从此被赋予新的意义;这转化曾是他青年时代的纽约梦幻。

曼哈顿之子

> 这座城市里,我是市民一分子。别人关注的事物我同样关注:政治、战争、市场、报刊、教育、市长和议会、银行、税费、汽船、工厂、股票、商店、房地产,以及个人资质。
>
> ——沃尔特·惠特曼

1916年最初几个月,芒福德走遍了曼哈顿整个地区,包括东区、西区、北区和南区。通常他独自行走,可以说,他是当时纽约城市景观面貌巨变时代的独特见证者。

他的徒步考察从东区开始,向北至63街一带。那里是东河沿岸密集的厂房和租住房。徒步巡游就从东区南部起步,这地带他非常熟悉。因为小时候常去克里斯蒂街拜访好友厄文·格兰尼奇,也就是后来大名鼎鼎的作家麦克尔·高尔德(笔名)。这里也是惠特曼笔下的"犹太人地区,也有珠宝和二手服装"[1]。芒福德的青年时代这里正是世界上规模最大的犹太人聚居贫民窟,全纽约找不到第二处。

走街串巷东拐西拐,他走向克里斯蒂街好友厄文·格兰尼奇的住处。一路走来他得穿过一条大峡谷般的街道,"街道两侧耸起低廉出租房,外墙曲折挂着火警楼梯,床单被褥……楼房窗后永远有脸孔向外张望,表情各异。而这条街也从不辜负他们,永远鲜活,从不睡去,整条街巷生活大海般咆哮,爆竹般炸响,简直一大奇观!"[2]

在纽约这段犹太人居住区他体验了臭气熏天杂乱无章拥挤不堪的公寓楼。这种居住状况他后来在著作中比喻为尤维纳利斯时代的古罗马城。但同样从这里,他首次领悟到活跃的街巷生活以及乡村式的亲睦社会联系；而且从此把这种要素定义为都市生活的血液和灵魂；他说，这里能找到"最丰富、最生动、最亲睦的生活"。这种生活氛围在楼宇间，街巷里，工会开会的地下室里以及犹太教堂的集会上到处可见。东区居民会应和街头小贩叫卖声走出门户，然后驻足流连，寒暄闲谈，插科打诨，顷刻便满街热闹非凡。芒福德随同巡游也开始仔细记录所见所闻，其中一段写道，"假若为犹太人规划一座田园城市，切不可忽略保留他们这种生活习俗。其原型可能源于古希腊集市（a Greek agora）"，开阔广场一端是寺庙，"寺庙周围则应留有空地供人们变换心神，还有一排整齐有序的集市货位以及足够顾客们摩肩接踵的市场通道。另外，还应有提供少数民族吃食的食品摊……"就像第五大道上他同高尔德经常光顾的斯特朗斯基餐厅。他俩经常到那里坐下来喝茶聊天直至夜晚。两人谈论无政府主义、文学，也同"当地精神贵族们辩论托洛茨基、克鲁泡特金和他们的思想主张"[3]。

芒福德有关建筑和城市研究的著作，都基于这时期对自己本乡本土纽约城的徒步考察。其中许多地方他外祖父都曾带领他参观浏览过，如今独自前往旧地重游，无疑也是一种重新发现之旅。只见他时不时驻足用铅笔素描写生，记录下纽约当时的公寓楼房、新建的摩天大楼和圆拱桥梁。然后回到西94街自己的住所，开始画水彩画，记录纽约的街景。他特喜欢用鲜艳的蔚蓝、朱红、鹅黄，这都是深受1916年在波士顿参观的法国画家莫奈绘画作品的影响，那次参访是他青年时代大觉醒的重要内容之一。

芒福德的早期绘画活动训练了他观察城市的能力，强化他对建筑和环境的感受，不把建筑看作单体元素而看作城市空间中整个生存环境的一个组成部分。后来他评论说，一座优良建筑不应当突出自身，而要融入环境。绘画和素描也锻炼了他"双视角观看能力，即用两只眼睛看世界。一只是科学观察的准确印象，另一只是靠想象和梦幻获得的启示和灵感"[4]。

因此芒福德的建筑评论中总有一种艺术家的敏锐，这就不足为怪了。不过他对建筑产生兴趣从根本上说还是因为"人以建筑为家园"，

水彩画《卧室窗景》(刘易斯·芒福德,1916年5月8日)

未名水彩和铅笔素描(刘易斯·芒福德,1916年)

布鲁克林大桥铅笔素描(刘易斯·芒福德,1917年)

维克多·布兰佛德铅笔素描像
（刘易斯·芒福德，1920年）

他是从住房困难的角度进入该领域的。有一次城市游走后回家他说,"纽约东区一路走来,过麦迪逊街后,那房屋、街区简直无不昏暗、阴沉、忧郁……呆板、可怜无助"[5]。这些地方狭窄龌龊、缺少阳光和新鲜空气,"人类生活必需的品质这里全都没有。这从反面告诉我每件人性化建筑项目必须具备的品质"[6]。

芒福德也意识到,拥挤也能造成意想不到的好处。比如,拥挤往往激活居民的街头精神交流和活动,包括犹太人、斯拉夫人、意大利人居住区。他确信这种自发聚合融汇只会发生在纽约的无危险居住地段。亚里士多德时代的雅典城似乎也证实了这一点。

不过,在这种狭窄拥挤地段居住的不仅限于贫苦阶层。公园街和第五大道上那些显贵人家"不是也把自己关在狭小高档公寓楼里吗？"如同超大型贫民窟,芒福德后来笔记中就这样称呼它。"这种住宅唯一能瞭望到的就是邻居家后墙,或者另一家人的豪华租赁房屋的院落。"[7]就连纽约北部那些有钱人的红砂岩楼房住宅区,芒福德也感觉房屋低矮压抑,丑陋狭窄,毫无生气。"就健康标准而言,缺乏必要设施和条件,不宜居住；就精神思想而言,这里呆滞、玩世不恭；就社会交往而言,这里为微不足道小事情耗费精力,如赛车、桥牌、扑克、台球赌博……之类的小玩意儿。"[8]这些就是这位青年城市学家的观察印象和说法,其实当时他正为自家种种同样难题操心不已呢。话说回来,建筑学同桥牌扑克之类的"消遣"会有任何干系吗？

这时期,芒福德刚好发现格迪斯,并且开始引以为导师,而且自命为"格迪斯式的乌托邦理想主义者"[9]。然而从精神气质上,他却很像他的苏格兰老师,仍属于色彩浓重的保守主义。他们面对城市前所未有的迅速发展,看到为了开发商的收益不吝将民众生活连根拔起。这状况正是惠特曼所说的"大拆大改推倒重来的精神",但这样做毁掉大量建筑和居民社会遗产。一百多年前,另一个独行侠也徒步行走考察城市,此人就是惠特曼,也曾抨击、谴责过这种发展模式"偏激、狂热、一心求变,简直心里发痒",他的评论也曾感染过当时的纽约居民。1842年,一位妇女荷枪实弹守候迪朗锡街边她丈夫和家人的墓地,不许开发商来拆毁墓园进行土地投机倒把。惠特曼曾经为这妇女的仗义所感动而持续关注此事,后来发现有伙暴徒行凶而拯救了墓园。但终因"圣事乏人后继",墓园最终被哈得逊火警保险公司刨掉,土地出售给了住宅开发商。据惠特曼报道,"该公司当时发动很多民众参与拆毁墓园,他们抡起铁锹和镐头,挖开坟墓掘出尸骨,随意丢弃。种种丑行,无恶不作"。[10]如此只求城市扩张和开发商利益,不惮采用最残忍疯狂的行径。21岁的芒福德把这看作是20世纪纽约城最严重的社会病态。

1916年春夏,芒福德的考察范围开始扩展到纽约外围以东的皇后区、布鲁克林以及西北部的布朗克斯区(Bronx)区。这些地区都在当时疯狂的都市开发建设狂潮中挣扎。皇后区历来很吸引他,他常乘渡轮去北岸,随即步行或乘电车穿越皇后区直至南部。渡轮沿暗褐色东河顺流而下,他就饱览两岸风光,特别是纽约城北半部壮美景色。开始两岸是大小码头、水运仓房、工厂、酿酒厂,然后就是四层或五层高,一连绵延数英里的有钱人的红砂岩楼房,密密匝匝布满沿岸地带。渡轮像只小乌龟在浓稠的河水上扑突突行驶,他却能乘风破浪,意气风发,感觉自己如此贴近大海蓝天,"贴近了这广袤无垠的大都市本身"。他笔记后来记述说:"轮渡很值得尝试,即使只能为诗人和情侣提供诗情画意。"却也颇眷顾他的独自城市探索苦旅。[11]

小轮渡顶层平坦开阔,是旅行者观光场所。芒福德就模仿格迪斯把这场合当作自己的瞭望塔,从这里观望自己的大城市。由于视野开阔,航程较长,更有利于他观察了解当时城市建设高潮的内容和顺序。同时也目睹了工业发展扩张带来的恐怖景象。从42街口的码头出发,向北行驶到李将军炮台,或者南行到新泽西州的霍伯肯市(Hoboken),一路上他看到绵延不断的工厂和炼油厂,污脏丑陋,油腻腻的土地,黑赘赘的低矮公寓房,同平底船和驳船挤在一起。[12]

不过在他对城市的调查过程中,最引他入胜的,是当时方兴未艾的郊区建设运动(suburban movement),因为这样的建设项目昭示了未来大都市的理想形式和希望。在这座大都市的周边,疯狂一时的都市扩张和土地投机暂且还没蚕食进来,虽只是暂时。

他经常穿行的这些地区,包括皇后区北部和中部当时大多还处于农村地带,零星有些机修厂、林坡和大片沼泽地,然而也处在巨变前夜。许多地方已划出道路和居住用地,已开始铺设输送管线,迎接即将到来的住户。实际上,又有一座桥梁刚刚竣工,就是皇后区高架桥,直通曼哈顿区59马路。一年后,一条穿越河底隧道也开通,就是长岛宾夕法尼亚车站隧道。开通当年皇后区人口刚好超过25万人,随后20年里人口激增四倍。

芒福德对这座大都市重新配置的最初阶段观察非常敏锐,而且预见到将要发生的后果。他担心皇后区居民会步布朗克斯之后尘,也沦为这种"发展病"(disease of growth)的牺牲品,像布鲁克林和霍伯肯市以及差不多大都市每个外围地带命运一样。当时他还找不到答案来解释诸多问题中的最核心问题:"我们如何才能制服城市的这种发展模式,让它臣服于人类控制,走上更健康、更健全的发展轨道?"[13]这问题后来在他城市研究中始终占据着核心地位。

当年这些都市漫步不仅引导芒福德对城市产生浓厚兴趣,还培养了他的观察和想象。他得出结论,纽约这种过分拥挤的大都市,"街道荒凉、住宅简陋、臭气熏天,这境况实在是文明的祸患"[14]。但是这些境况如何改变?1916年夏季,当他结束一段调研活动之后,逐步理出头绪,对这类问题开始找到了答案。

1916年6月他承担一家服装公司联合仲裁委员会的市场调研项目,目的是了解并确认劳资双方是否恪守双方签订过的协议。当事的双方,一方是行业公会,另一方是刚建立不久的女士服装从业工人联合会(ILGWU)。

当时制衣业中心设立在曼哈顿中心,纵横范围在六至九马路以及

30 至 42 街的区域内。这片不大的城区内几乎每间狭小阁楼都密密匝匝设立了服装加工车间,密如蜂窝。这些服装加工厂雇工约 30 人。狭窄街巷整天进进出出的都是装卸货卡车,送来布料,再运走服装。这些车间内外奔忙着推销员,拼命推着成衣架到处招揽生意。整个区域吵闹无比,卡车喇叭轰鸣、车间劳资双方的吵闹、买卖双方争执、加上缝纫机嗒嗒响个不停,这闹嚷噪音透过敞开窗户,响彻整条街巷。而对研究城市的年轻学者来说,这里提供了最好的条件,能透彻了解这座大都市的产业状况。

芒福德承担的这个考察项目,要求他全面调查该区所有阁楼车间和会计室。因此他给这四百多家制衣商制定了会晤访谈时间表,具体任务包括给工会首脑部门呈交调查结果、成文指令,走访商铺和车间,散发和收集调查问卷。其奔忙劳碌可想而知,加上正值暑热天气,所以在 7 月底他调查的第六个星期末尾,他辞职了,虽然再有一个星期全部任务就告结束。因为他已经力不从心,彻底累瘫了,因而告诉老板,须终结此项目。[15]

而要终结此调查项目,要求之一是调查者须陈述调查印象,并为改进业界提供改良以及决策建议。8 月底,芒福德草成 6000 字总结报告,取名为《制衣业的地理分布与分析》。该报告实际上是一份大胆(虽仍较粗糙)设想,提议通过劳资双方生产合作以及向邻近地区疏散生产,从根本上挽救该行业。芒福德在报告中提议,与其继续集中扎堆在高房租、高税收、高工资的纯市中心地带,不如疏散到周边地区,形成该产业的多中心格局,然后结盟。这样就能结束产业内的血汗工厂彼此竞争局面,而且能改进城市人口分布和就业资源配置。尽管该报告尚不成熟,却是芒福德形成区域性思路的重要证据之一。他认为,一个人口拥挤的大都市,其许多问题若离开区域视野,是无法看透内涵,找到解决良方的。[16]

这年稍晚,他又在格迪斯《城市发展》(*City Development*)一书影响下,以此报告为蓝本,将其发展为一本书,主题是讨论整个纽约大都市地区的发展前景。[17]要完成此书,他感觉须透彻了解是哪些自然力协同参与形成了这座大都市。为此,1916年秋他开始了地理学和地质学的独立研究项目。次年元月,他参加了美国地理协会(AGS),整个冬季每天下午都到那里的阅览室读书。接触到法国一系列地理学者的著述,特别是有关城市和区域的文章对他产生了深远影响。例如,法国首席区域研究理论家查尔斯·布朗(Charles Brun)的《论区域》一文就提出,要建立以地理区域单元为基础的规划概念,以便解决法国城市规划、行政管理、经济发展,以及文化生活诸多问题。这位布朗先生和创作《论法国区域》的布朗歇(Vidal de la Blanche)以及一系列法国区域主义论者的著作,都进入了他新拟定的读书目录。他当时已经相信,重大城市问题的解决离不开向区域疏散的概念,最终战略出路不外乎"在尊重土地、气候、植被、动物资源、产业分布以及历史传统的基础上结成非政治性的组团"[18]。

为深入钻研这一专业,1917年初,芒福德报名参加了哥伦比亚大学地理系一个夜校读书班,同年秋又考入城市学院的地理系。每周日上午他都要到纽约市郊从事业余地质考察,在地理教授指导下绘制了曼哈顿地区图、地形草图,还开始梳理地理和地质因素对该城市的塑造和影响,进行大量地理勘测并有详尽记载。回家之后打字成册,收入他厚厚的城市调研资料汇集。我们从他日后大量著作中能看出他这时期对地理学、地质学的深厚兴趣,及这些要素对人类社会的深刻影响。[19]

实际上,芒福德通过周围发生的进展变化,已开始觉察到大都市经济社会文化发展中各种要素都开始明确指向更广阔的区域概念。产业实体开始突破市中心逃到郊外,城市范围内逐步形成小型社区。举例来说,纽约城和新泽西州都觊觎港口发展委员会(PDC)这个机构,因为该机构跨两地政治边界,辖区广大,是个肥缺。经过1917—1918两年努力,芒福德扎实撰写该书,外加一系列有关区域发展主题的论文,试图将法国地理学者的区域理论融入美国社会发展的实际情况。但是他这些作品无一出版,也不值得出版,因为当时还未引起广泛注意。不过其核心价值就在于为他后来学术发展奠定了基础。他从此开始撰写了一系列尖锐著作,确立了他作为美国区域疏散主义主张的首席代表的地位。

1917年5月,芒福德中断学业,操持起另一份工作。这是朋友约翰·塔克(John Tucker)推荐给他的临时性工作:到匹兹堡标准局水泥标准试验室担任检测工作。一方面,他很缺钱;另一方面,阅读了保罗·科鲁格(Paul Kellogg)具有拓荒意义的著作《匹兹堡调查》后,该市已入他调查名录。因为在他看来,这座美国钢铁之都正是格迪斯所说的工业化时代创造的都市地狱(urban hell)的最好范例。

这位约翰·塔克,骨瘦嶙峋,一头红发,着迷科学事业,比芒福德年长几岁。原是土木工程师,毕业于新泽西州霍伯肯市斯蒂文斯学院。他俩相识于中央公园网球运动场。同时两人又都结识了贝瑞尔·摩斯。这位塔克是芒福德第一位密友,笔记描述说,塔克是个"不折不扣的教条主义者,有一副数学和物理等自然学科构成的刀枪不入头脑"[20]。可是塔克在许多方面更像他一个好兄弟,虽有些玩世不恭、超然物外,红尘世界俨然一个冷眼旁观者。他不相信他的社会改良计划,也毫无兴趣;且常嘲讽芒福德野心勃勃,想靠区域更新拯救世界。尽管如此,塔克历来像个兄长一样关心芒福德的健康和生计问题。

芒福德抵达匹兹堡后,暂住在松树坡下科雷戈北街塔克住处附近。每天早晨两人一起步行经过布鲁姆菲尔德铁路桥到劳伦斯威尔军械库公园上班。标准局办公处就设在那里。芒福德的工作是混合水泥铸成方块,干燥之后用来测试断点强度是否符合政府规定标准。他在这个岗位上坚持了两个月多一点,但匹兹堡的工作经历却给他留下了难以磨灭的印象。比如,这是第一次离家独自外出打工,抵达匹兹堡第一天,他日记就吹嘘说,我已迈出一大步,"超过我历来人生道路上任何一步"[21]。此外还有对匹兹堡城市的印象。这座城市并不像一个多世纪以前的曼彻斯特之于恩格斯那样深刻。

芒福德未能如设想那样透彻了解匹兹堡这座城市,因为晚上太忙,周末又要打印自己的书稿,还要按计划到卡内基大学图书馆完成月度计划。但是只要时间许可,他总会像考察纽约那样详细考察匹兹堡,并且很负责任地记录所见所闻。这些记录在他20多年后撰写《城市文化》的焦炭城章节时都引述在其中。[22]

芒福德始终没有机会同工人好好交谈,透彻了解当地社会以及工人家庭生活情况。这就揭示了一个现象,他笔记中的记录(他承认几乎就靠直觉)说,工人居住区内简直没有家庭生活和社会生活。这种误会是中产阶级观察家们肤浅观察的通病。(有个周六晚上偶然在一位斯拉夫钢铁工人家中作客,获得观感可能彻底改变了芒福德这种印象。)这使他认识到,他考察了解到的只是肤浅的物质构造和景观,这也是他后来众多城市研究著作中大量描叙的一大突出特色。实际上这些叙写仅仅体现了城市的视觉印象,还远未涉及城市内在的机能和效果。那时期他的考察笔记有工笔画的写实效果。

7月中旬,他辞去这里的工作返回纽约城。他不喜欢那里的实验室工作,加之这时两人各自都有了脾气。还有个原因就是他想抓紧时间回城市学院完成他的书稿。

夏末,他将未完成的书稿寄给两家出版社,两家都回信说对该书不感兴趣。他随后给阿普尔顿出版商写信,这家出版社已出了一系列美国城市书籍。他提议出版社考虑出版"四城纪实":包括波士顿、费城、匹兹堡、纽约。后来他承认,"到1922年,我方认识到这举动有多么荒诞可笑,一想到因为我仓促上阵可能酿成的悲惨结果,至今怕得发抖"[23]。不过他这提案也包含从兴趣出发的成分,证据就是W.W.阿普尔顿老板要请他到办公室长谈,尽管此前他已经表态说明自己目前尚无能力完成此书。

芒福德寄给阿普尔顿书商的提案很有文献价值,从中已可看出芒福德后来成熟作品的雏形。他后来研究城市的形态和起源,许多指导思想都已含在此文献中。从中也能看出独立研究已引领他敏锐观察城市,对城市形成的整个过程进行了全方位多层面研究。能在22岁写出这种文件,而且在城市研究文献还很稀少的背景下写出这种文件,实属难能可贵。

芒福德提议写一本论述美国城市的新书,一本全新视角的美国城市著作。美国自1893年芝加哥城市博览会之后就开始了都市文化复兴运动。同时产生了大量有关城市的文献著作,大多集注于都市考察纪实、城市历史、都市导游手册,从各种角度报道了城市问题,集中在房租、税收、预算以及租房执照、教育与住宅问题。但是芒福德发现其中"离奇地少了个重要主题",就是"无人具体描述城市与周围环境的联系",更无人涉及区域概念,虽然城市只是区域不可缺少的一环(芒福德称这种关联为人文生态史),更没有人从进化论的角度阐述城市的起源和发展,"无人从城市历史和人文遗产的视角来解释城市当今的成就和问题"。

于是芒福德就建议阿普尔顿图书出版商出一套从这种视角阐述城市的系列图书。而且斗胆自荐撰写其中主要的一部,讲述他自诩已透彻了解过的四座城市:纽约、费城、匹兹堡、波士顿。因为他曾去那里看望好友厄文·格兰尼奇和一位哈佛大学同学。芒福德模仿格迪斯,针对四座城市列出令人瞠目的目录表,涵盖了地理学、产业、交通、移民、公园绿地、建筑、邻里住区、社会生活、管理机构、城市规划、医疗条件、环境卫生、住宅,"以及社会改良所需的社会资源条件"。他还向书商阿普尔顿担保,这种方法和视角会收到百科全书式的效果。他的全部研究都遵从一个标准:"全部历史发展成果均须依照如今状况逐一回溯和解释。任何局部地位的重要性,均不得超越过其职能在全局中的合理地位。"[24]书为改良当今城市,我们必须回顾历史城市,深刻了解其健全特性和理由,以及以往的城市规划师对它们造成的错误。芒福德对未来城市的热切企盼,激活了他研究历史名城的浓厚兴趣。

及至动笔撰写该书,他发现,一个新的城市模式已经问世,那就是1898年出版的《明天的田园城市》(Garden Cities of Tomorrow)。作者埃比尼泽·霍华德(Ebenezer Howard)是英国一位城市理想主义者。他针对当时工业城市发展畸形膨胀毫无约束的现象,在书中勾勒出一个方案试图制止这一膨胀。具体做法是将都市过剩人口重新配置到中心城市周围中小型城市,这些中小城镇与农村地区联系密切,从而恢复

（社会、环境和经济的）的人文标准（human scale）。这是一种区域性的城市群，以绿地和公园用地或农用地彼此隔开，环形排列，可有效制止城市发展失控。其土地为社会共同所有，城镇与周边土地统一规划，构成互相交织的有机整体。这种区域性城市中心地带环境优美，条件良好，居民可以享受到城乡两种生活方式各种优点。邻里关系密切，友好往来，又不乏社会元素多样性，空气新鲜，绿地和公园空间丰富，便于造园、儿童游戏、老人休憩，甚至可以务农。霍华德在书中宣称："这就促成了城镇和乡村的联姻，进而生出可喜成果：新希望，新生活，新文明。"[25]

霍华德推出这一方案的目的，是拯救城市而不是像许多批评家所攻击的那样是要逃离城市。霍华德本人，无论从出生、居住地，还是气质嗜好来看，都是十足的城里人，而且是伦敦人。他很爱大都市丰富多彩的社会生活，喜欢交往。然而他看出，19世纪末期伦敦正在滑坡，越来越拥挤、肮脏、犯罪猖獗、敌视生命，简直就不是人待的地方。他认为这种滑坡主因是人口如潮水般涌入城市。他估算的结论说，伦敦因接纳过多人口已过分膨胀，导致都市社会碎片化（fragmented），丧失原有真正人类社区整体性能。芒福德1916年读到霍华德论述伦敦的这本书，感觉作者说的就是他的家乡纽约城。

霍华德不是仅仅梦想一座美妙无比的田园城市。他真枪实干，居然在伦敦北郊外建成两座这样的示范城镇，也是全世界最早两座田园城市：莱齐沃思（Letchworth）和韦林（Welwyn）。此举开启了英国著名的新城建设运动，二三十年内建成数十座田园城镇。然而霍华德最主要目的却未能实现。原来他的本意是想通过两座新城激发灵感，做个示范，用和平方式过渡到民主社会主义。可惜，愿意追随霍华德又理解其城市方案本意的人简直一个没有。正是这一原因促使青年芒福德走上这条道路，因为他当时就笃信社会主义。

霍华德的田园城市主张也触动芒福德个性的另一面，相反相成的矛盾一面：他赞同社会主义但害怕无产阶级革命。霍华德提出的天才战略是和平地、不经流血和阶级斗争暴乱实现社会主义。这是他主张的开明之处,因为许多激进主义者认为,唯有暴力革命才能实现社会合作。霍华德不像那些幻想家,他为社会改良找到一种功效模型,为满心疑虑的公众展示其实效。在评论田园城市的首篇论文中芒福德说:"原先看来如此高不可攀的乌托邦理想,如今降落在地上了。"[26]可见,芒福德从霍华德身上看出一种小心翼翼的造反,这种做法符合他自己谨小慎微的性格和柏拉图式的理想主义人生观:保持均衡、秩序、形态完美。

芒福德特别着迷、赞赏霍华德提出的城乡联姻。他每周日下午都出城去北郊西郊野游,因而自然希望美国迅速扩展的大都市周围能留住大量农用地和野性空间,留给娱乐和农事。他后来成熟作品描写理想城市常常是城乡结合的类型,既有都市的丰富与活力,又不缺少村庄的永恒价值——作息有序、邻里稳定、来往亲睦。因此,尽管他是彻头彻尾的城里人,却能一生多半时间住在纽约州达奇郡里兹维尔小村一间农舍里,辛勤笔耕完成事业。他之所以能编织自己多彩人生成就伟业,把人类生活的两种极端形式成功组合到一起,根源就在于他深刻理解这两种生活的最大优点。

芒福德很晚才有机会亲临霍华德的田园城市。不过他青年时代心目中最贴近田园城市概念的美国城市应是波士顿。1915年他曾参观过那里。当时波士顿还是旧式步行城市,好友厄文·格兰尼奇当时就住在波士顿灯塔山喜悦街10号。这城市有优美的小广场,邻里住区到处安详僻静,令人联想起以往僻远农乡小镇:教堂塔尖高高耸立,街巷自然弯曲,敦厚结实的有钱人的红砂岩房子随意组成老式街区,样样稳健,处处庄严。当时的波士顿还没有像纽约城那样沦丧给摩天大楼。

波士顿外围有一圈小型社区,虽为宿舍团块,却乡意盎然,有铁路和电车连通波士顿城区。这些小乡镇互不搭界,间隔着农田绿地。耕种者有私产,农人也有菜园承包商。更大范围则有弗里德里克·洛·奥姆斯特德(F. L. Olmsted)所说的"翡翠项链",即中心城市辐射出的公园绿地或绿色走廊。可见波士顿只消稍事"修缮",芒福德相信,"就能变成真正意义上的区域性组团城市。这种结构让周边卫星城保持自身特色,同时又能加入中心城市丰富社会生活。还不必为人口拥挤、环境恶化、都市膨胀扩张支付代价"[27]。

芒福德开始阅读霍华德的书籍,几乎同时也结识了爱尔兰诗人、经济学家、画家、宣传家布道者乔治·拉塞尔(George Russell)。此人协同威廉·巴特勒·叶芝(William Butler Yeats,1865—1939)掀起了爱尔兰的文艺复兴运动热潮。这个拉塞尔对芒福德影响非同小可,特别激发了他对区域性城市和乡村生活的向往。读过他的《合作与民族》(*Co-operation and Nationality*)(1912年)之后,芒福德竟然申请选修了哥伦比亚大学的农业经济学。

拉塞尔很早放弃大有希望的画家生涯。受好友叶芝影响也开始写诗,由诗学而政治,由政治而成为霍拉斯·普朗克特爵士组建的农业组织学会发起人之一。从此骑自行车穿越翡翠岛,随处散发传单,宣传农业合作的好处。此人虎背熊腰,十分健壮,身材硕大,满脸胡须,红脸庞。人称AE①;作为诗人,他很走红;而且是个传奇性对话者。但这些都不是他吸引芒福德之处。两人虽一见如故,很快通信往来,但却只见过一面:是在20年代纽约的拉塞尔招待会上。因此芒福德从未有机会深刻体验这位AE的真正风采。再说,芒福德也不大在意他的诗歌作品。应该说,是《合作与民族》一书作者拉塞尔,爱尔兰农业合作运动的倡导者和推行者拉塞尔,爱尔兰农业复兴运动奠基人之一,与格迪斯、霍华德,以及法国一系列地理学家并肩结盟的拉塞尔,最终把芒福德造就为热忱的区域主义者。

总括这一系列深刻影响,就不得不再加一位:沃尔特·惠特曼。芒福德在1917年描绘他说,惠特曼是"我读书以来发现的人格最为健全的人"[28]。这个惠特曼同拉塞尔一样,其作品中都将物质生活与精神生活等量齐观。

---

① 即拉塞尔(G. W. Russell)的笔名。——译注

> 我以诗文讴歌我的躯体,
> 我更以诗文讴歌我的灵魂。[29]

不过,是惠特曼的城市诗歌更为打动青年芒福德。同为"曼哈顿之子",惠特曼也走遍这城市大街小巷,融入街头"川流不息百万之众,"但纵有千种风情,纵使喜爱芸芸众生和民间生活,惠特曼却如芒福德一样,常孑然一身独行于纽约街头,观察,思索。"这么多人街头熙来攘往,渡轮穿梭不息,公共集会群情振奋,我都见到了。对他们我却从不吐露一言半语。"[30]

有这么多思想影响滋养,芒福德开始给人生定型:1917 年他很自信地写道:"从今以后,我不再作简单的读书人(literat,惠特曼语)。我要做用科学工具武装起来的书生,投身区域主义事业,这是件特殊事业。"[31]而且通过阅读惠特曼他认识到,他为之献身的新世界仅靠立法手段和经济调整是无法实现的。同时还须有价值理念和理想目标的彻底变革。有篇未发表的论文中说:"我们力促的变革不是资财的简单再分配;它涉及改变思想、习俗和行为模式。总之,涉及社会生活和行动的全部重塑……需要重新分配的不只是金钱,更有价值理念的重塑。必须重新构想天堂和地狱,此外的任何主张都是枉然。因为,天堂地狱难道不是历来的行动指南吗?"[32]更何况此时芒福德已在匹兹堡以及纽约下城东区领教过地域及天堂滋味……当然,他懂得,天下无理想境地。埃比尼泽·霍华德无非给了他一种眼界,学会识别怎样的安排更好些。

1917 年底,芒福德的人生找到了更清晰的方向。他不想当城市规划师,也不想当建筑师。他打定主意,要努力"为那些实实在在规划城市、建设城市的专业人士们扩大眼界"[33]。规定下这样一个目标,他就可以从心所欲应用已有的知识,包括文学、建筑、哲学、艺术以及生物科学等等。可以做专家同时又不失为通才,如格迪斯那样,将自己多方面才干兴趣投入城市研究、改造和建设事业。当时芒福德可能还没忘记塞缪尔·巴特勒的嘱咐:建议他选专业方向时务必让这专业能弥补自己所缺乏的支撑力:"悲夫,无博学意味的专家;同样,毫无专家气味的博学,不亦悲夫!"[34]

至此,芒福德人生路上首次确信,他已拥有了自我导航者必备的一项可贵要素:"自身天赋跃跃欲试要去迎接的某种召唤。"[35] 1917年他着手一部新戏剧《红岩立面》(The Brownstone Front),从这部喜剧清楚看出,他人生目的已经非常明确。剧中主人公是位青年才俊,城市改革家,又是个私生子,还以诗人和先知自诩,宣布城市复兴运动如天边云霞,即将临近。[36]不过,即使写此戏剧以前,他对城市的伟大潜力早已心驰神往,城市是他成就革新之伟大事业的舞台。

就自身状况而言,刘易斯·芒福德将体弱多病的青年时代化为养精蓄锐的准备阶段。到1918年他已从离群索居状态步入很具体的人生宏愿以及社会抱负。许多离群青年最缺乏的就是对世界的理想,不自信能够担当其中一份职责。而这最宝贵的信念,芒福德已经具备。

这个东西后来就称为自我意识(sense of identity)。这概念在威廉·詹姆斯给妻子信中有最好表述:"人的个性特征清楚体现在他的精神和道德态度中。时机成熟,他能深切感觉到自身生命特别活跃、特别积极。这时节,往往有个声音在内心同他对话,仿佛在说'这样才是我的本色啊!'"[37]

"只要你对人生真有见解,只要你真相信这种见解,相信上帝赐予你的灵魂之火。一旦你发觉这主张见解与人生产生抵触,你该以上帝赐予你的灵魂之火去搏击命运,而不要去改变自己的人生主张和见解。"[38]这些掷地有声的炽烈语句是芒福德1915年写下的。而且不久,这些豪言壮语开始化为具体的行动模式。

芒福德自传中述及自己定型这几年,他说有一次体验特别清晰特别突出,超过其余一切体验。就是某年三月天的下午,他步行穿过布鲁克林大桥,迎面呈现的奇观。他目光掠过大桥纤细的钢索遥望曼哈顿天际线,陡然感受到一种分外清晰明确的意识,相信自己人生的伟大前程和希望,相信眼前这座生机勃勃大都市的伟大前景和命运。"是的,这就是我的城市：雄奇浩大，蔚为壮观，万家灯火，生机勃勃！大桥下面，宁静的河流与海港里，水面正映出残阳返照的万点碎金……此时此刻，整个世界对我敞开胸怀，在挑战我，召唤我，期望着我穷毕生努力也难以实现的崇高奉献，同时又以其鲜活生动的启示提高我的能力至空前高度。眼前突然展现的瑰丽和壮美，瞬间帮我甩掉了青春期的迷惘和莽撞。随即，我感到心境高扬，信心百倍，高视阔步行走在大桥上，人行道的狭窄木条在脚下微颤，这信心并非来自渺小孤立的自我，而来自我曾与之对立、如今又已上升融入其中的社会集体力量。"[39]

他说，从惠特曼身上，他相信"我有理由成为最骄傲的儿子！"因为他是这世界之城的儿子。

豪情澎湃，热情洋溢的城市啊——
勇敢，豪迈，疯狂，而挥霍无度的
城市啊！[40]

文丐式学徒岁月

> 那些年月啊,我们强壮有力,意气风发!那时我们青春年少,蓄积力量,奔赴前程。
>
> ——沃尔特·惠特曼

1938年,刘易斯·芒福德已是纽约城的著名作家。四分之一个世纪过去了,他事业生涯曾经几起几伏。回顾往事,忆起为生计所迫,为一粥一饭,一碟泡菜,笔耕不辍……抚今思昔,感慨万端,提笔记下这些文字:"那么多人来纽约就为了写作,以写作为生。我生在纽约长在纽约,写作起来我常忘了时间,忘了自己。写作,文丐式写作,并非我青年人生的组成部分。"[1] 到1938年,芒福德终于能靠出版自己的专著支付全部生活花销了,从而一心一意投入写作新专著。再花较少时间为诸如《纽约客》之类的杂志撰写论文、评论。芒福德独立作家、自食其力的文人的地位已经牢固确立。而且要算当时存世为数不多的能自食其力的自由撰稿人之一。[2]

通向成功的道路布满荆棘。他的文学创作生涯始于1914到1917年,也是他最艰难的年代。当时尚在摸索定型过程中,他写的不少,刊载的却没有,不论是戏剧、小说、评论或者随笔。他是靠修束自身的巨大毅力,心甘情愿过节俭的物质生活,靠钢铁般坚韧的决心坚持下来了。而且这样的品质毕生陪伴着他的文学创作事业,不论阳光灿烂还是风雨交加。

前面我们介绍了,他的作品第一次获得发表是在15岁那年。《现代电学》杂志接受并刊载他那篇小文令他无比激动,欣慰之深要超过此后出版的任何大作。

对无线电的兴趣逐渐消淡之后,他又开始迷恋电影,1913 年就同贝瑞尔·摩斯一起开始写电影剧本。同年又开始尝试写短评、诗歌、讽刺诗、格言警句之类,并先后给《生活》(*Life*)、《潇洒一族》(*Smart Set*)、《夜莺》(*Puck*)等杂志投稿。此后不久又开始写长篇小说,虽然从未写完,题目叫做《爱米丽新版》,那是从威尔斯的《马其亚威利新版》得来的灵感。此外还有数量不少的独幕剧,但几乎没有产生过令他满意的作品。甚至 1916 年初重阅这些作品,仍觉呆板滞重、拖泥带水。于是,几乎全部投入字纸篓。

与此同时他也逐渐康复,摆脱体弱多病状态后文风亦随之一振,不再矫揉造作,开始彻底摆脱萧伯纳的阴影。从此不再刻意模仿萧伯纳或者威尔斯或者巴特勒,开始寻找属于自己的真正文风。真正振作他的,是这时终于有人开始赏识他,觉得他的作品值得出版。1914 年芒福德 18 岁时,米歇尔·肯耐利(Mitchell Kennerley)的《论坛》(*The Forum*)刊载了他的两篇文章。这是一份讨论艺术的杂志,风格活跃,意气风发。更早些时,他参加《大都会杂志》(*Metropolitan Magazine*)主办的写作竞赛,并获得亚军。竞赛主题是回应萧伯纳命题"均等之实例(The Case for Equality)"。冠军获得奖金 500 美元,芒福德的投稿获奖 87.50 美元,来稿并予刊载。这次勉强的雄鸡报晓,使他坚定决心一辈子当作家。尽管当时自己也不清楚,究竟是要写杂文、戏剧、小说,还是想当社会学家。[3]

随后四年他全身心投入写作,尽管困难重重,文章得不到赏识,他却有唐吉诃德式的素质,横冲直撞,集自信、盲动于一身,结果常意外取胜。这些年里,芒福德已养成了严肃作家必有的习惯:持之以恒、自律自检。他要求自己每日写作至少一千字,不论高兴不高兴。可是到后来,退稿单如雪片连续飘来,如同拳击场上暴雨般打来的恶拳,他有时候觉得这样的规律真难以为继。"瞧着这么多退稿单,我就想,不知下一个通知是否就该将我淘汰出局了。"[4]虽然如此,每天仍完成自定的写作定额。

杰瑞·拉亨布鲁克记述芒福德这些年代的文学写作学徒生涯,有这样的描述:"我和我的年轻朋友们访问刘易斯家的时候,我们印象最深的,是他那种说一不二的执著精神。不论做什么,总有那么种狂热的劲头。"靠住所狭窄墙壁就是他的床铺,紧连床铺就是一张很大的图表,写满了学习计划,未来数周或数月内要读完的书,要写完的文章和戏本,"这种计划执行很严格,以至于不做完本周项目周末就不出行,不去参加朋友们的野游活动"[5]。许多年后,芒福德见到拉亨布鲁克这些记述,矢口否认自己有如此自律,说他很注重生活均衡,不像他们描述的那么拼命读书不舍昼夜。不过,终究还是支持拉亨布鲁克论点的证据更多一些。

至此,还如此年轻时,写作已成为他的生活方式。但是,即使像他那样自律自检,那样充分自信的人,往往也需要鼓励和帮扶。而且从几个方面及时得到了这种援助。自传中芒福德回述一段偶遇,说那次交往为他作家生涯增添不少帮助。1915年他决心当哲学家,而且不是书本哲学家,而是懂得民众日常生活的哲学家,如同威廉·詹姆斯那种哲学家。但是要获得这种经验,最好的途径莫过于去报馆工作。带着这想法,他去见哥伦比亚大学新闻学院院长塔尔科特·威廉姆斯(Talcott Williams)。院长很耐心听取了他的陈述,得知他不惜投入剩余的4000美元积蓄,来学新闻专业和哲学。不料威廉姆斯院长对他说,这点钱,能不放手就不放手,虽然哥伦比亚大学对他的钱毫无成见,很乐于接受。院长说:"这钱是你自由的底线、边界!只要你握有这笔钱,你就不必迫不得已去干违背良心或自觉毫无意义的营生。所以依我之见,你能不花就不花它,别怕外人说你守财奴!……要你记住,这是你自由的底线!"[6]

芒福德立即领悟这一良言,并由此深铭五内。随即打消这念头,不再打算去报馆工作。因为,做过晚间邮报工作之后,他对毫无专业背景的报道工作已经毫无兴趣。节省的这笔钱,此后六年连续支持着他,直至最终有能力靠写作为生。更重要的是,他成功地选择了自己最喜爱的事业。

威廉姆斯良言一句三冬暖，而肯耐利给他出的主意则更为重要——就是自己能当职业作家的自信心。肯耐利是当时很著名的出版商，专门出版某些一流作家的作品，包括 D. H. 劳伦斯、艾德纳·文森特·米雷（Edna. St. V. Millay）、沃尔特·李普曼（Walter Lippmann）、麦克斯·伊斯特曼（Max Eastman），以及冯·维克·布鲁克斯（Van Wyck Brooks）。更主要的是，主流出版商中，他是唯一看好芒福德早期作品的人。芒福德的潜力旁人看不出来，他慧眼独具看出来了。因而虽然退回了芒福德给《论坛》杂志的三次投稿，却仍同他保持联系，并写信给李普曼推荐他去《新共和》杂志社工作。（得闻此消息时，芒福德已投稿这家杂志并遭退稿。肯耐利便向他解释说："恐怕你文章另有主张，而这杂志本身已有自己的主张了。他们不喜欢别人另立门户。"）[7]

1916年秋，芒福德的文运坏到极点。肯耐利便雇了他在杂志社当校对。芒福德到任不久就意识到这位气派十足、精明无比的老板，实在是太难对付。肯耐利有个不太好的名声，仿佛很健忘，丢三落四，这让他在行业里臭名远扬。芒福德恰好成为他这个坏习惯的受害者。具体说就是，他雇佣人从不讲清楚工资和发薪日期，而且无限期拖延，然后呢？以"忘了"了事，根本不支付！

芒福德在这个岗位上"受聘"一个月，几次要求支付工资并安排正式工作均遭拒绝之后，他辞了职。当年12月，很失望地离开了肯耐利。虽然两人此后再未见面，芒福德对这事情和他本人却不怀恶感。证据就是他笔记中说："肯耐利对我的信心，已经大大超越了那些退稿单的不良影响。"[8]他曾一度很接近有自己的办公室、接见著名编辑和作者、对文稿发表见解，甚至帮人改稿的生活。即使他很清楚这段经历很不可靠，但毕竟增添了阅历和信心。

经过肯耐利这件事情后，他更坚定了进入纽约文化界的决心。1917年初，他决定花大力气和时间写剧本。他相信写剧本，第一赚钱容易；第二能帮他很快出名。若当城市和区域研究作者，不知要等到何年何月。

当时纽约刚好有一些很有生气的"小剧场"社团，很受公众瞩目。

因此1917—1918年冬他就专心致志写他的剧本《红岩立面》，幻想其中哪家最优秀剧团，比如华盛顿广场剧艺社，能上演此戏，因为先前他们已经看好他的雷昂纳多那个剧本。

正在芒福德幻想《红岩立面》一炮走红之时，他还不知该剧仍有他写剧本由来已久的缺点：庞大思想性压盖了故事情节和人物对话，让戏剧故事在台上迟迟难以展开。认真说，他的剧作不论当时或者后来都缺乏戏剧性，因而鲜有成功者。1920年以前写的剧本可以说是个涉世不深的青年的习作，缺乏舞台必需的心理冲击力。因而要成功，就不能追随萧伯纳，而要跟从好友兼导师叶芝，那才是他真正的文学引路人。

这些年芒福德拜的师傅也不算少了：萧伯纳、格迪斯、爱默生，还有其他人。最终却还是与他同甘苦共命运的朋友和伙伴作家们，坚定支持他的决定，继续作家生涯，尽管遭遇接二连三的挫折打击。

对芒福德帮助最大，也令他最感谢的作家朋友要算爱德华·维克斯（Edward Wickes）。当时任《作家月刊》杂志编辑。这杂志其实是廉价散发品，刊登通讯和消息，报道出版业界讯息。芒福德初识此人是在城市学院一次上课，见到这位三十四五岁的文化经济人，相识之后两人就共同编辑了城市学院1914年年鉴的夜校部分。维克斯样子很像某个电影默片中的股票市场坏蛋：面有菜色，头发又黑又长很重修饰，溜肩，常穿一身黑衣服。咧嘴一笑就露出金门牙。

维克斯自己就是一路搏战而来，终成作家。他找来一系列标准教科书，开始自学语法、作文、修辞学。虽然他的文笔拙劣至极，言谈语吐勉强能遣词造句，却很成功。至少每年能挣钱8000美元，大多靠给当红影星捉刀编写自传赚得。

维克斯为文快而糙，是个苦力作家，不过他干得很内行。即使也算文丐，却颇成功，甚至让芒福德好生艳羡。约过了一年芒福德就与他联手，经常去维克斯在联邦广场的办公室请教写作经验以及如何发表作品之类。尤其后面这问题，维克斯特别内行。不过芒福德很快意识到，若跟此人继续混下去，不久就不知自己会跑偏到哪个夜叉国去了。

终于有家公司,爱迪生公司,愿意接受芒福德电影剧本《警铃声》(*The Bells*)。签字前他把合同书拿给维克斯审阅。逐字逐句看过后,维克斯抬起头,把合同交还他,面有尴尬和挖苦地笑着。然后说道,"他娘的啊!当然可以签字啦!我觉得蛮不错的!俺头次见他们这么些玩意儿!你也不是不知道,俺还没发表过自己的东西嗳,不过俺知道,俺如今也上道道儿了。"

就这样,芒福德仍对维克斯心怀感激。觉得他教了他最急需的功课:在写作"这个竞技场上(这是维克斯最爱用的字眼儿)",光有天分远远不够。作家还需要耐心和坚韧。比如维克斯,尽管他能力平平,却有着格兰特船长那种野狗般的顽强。这种精神强化了芒福德的决心:一定要坚持到底!再说,维克斯还审阅过他的早期小说。是在认识维克斯后不久,他才开始给杂志社邮寄作品。[9]

20岁时芒福德可以说已经正式进了作家及准作家圈子,其中成员多是城市学院夜校班上学时认识的。这些成员当中包括拉亨布鲁克,赫伯特·费思(Herbert Feis),亨利·海兹里特(Henry Hazlett),以及其他志同道合者。其中包括练习写作者和三流作家,以及周日背包客,包括厄文·格兰尼奇。因此,芒福德常随这几位好友到马科索里沙龙来,那是格兰尼奇最喜爱的活动场所。他们在那里吃着洋葱头和饼干之类的简单饭食品,用粗笨锡罐大口痛饮冰冷的苹果酒。辩论过文学诗歌,就听格兰尼奇谈论政治,因为他新近参加了激进的工会组织,世界产业工人联合会,虽然并非每个人都赞同他的主张或欣赏其表达方式。(待酒过三巡,格兰尼奇会腾地从座位上蹿起,用他浑厚的男低音吟唱工人歌曲。"哈利路亚,我是个流浪汉。")不过在芒福德看来,格兰尼奇很有才华,做事专一,精力旺盛。何况是他们当中第一个发表作品的人,因为麦克斯·伊斯特曼1915年就在《民众》杂志上发表了他一篇诗歌,至少此事令大家很羡慕。[10]

多少个下午晚上,这伙好友首先聚齐在芒福德最喜爱的地点之一,42街的图书馆一起学习,每个人都窃盼当天开架书目有自己想读的那本书。随后就步行或者乘车去市中心方向的格灵威治村,在第五大道无篷顶的公共汽车顶层,他们观览市容,谈笑风生。沿途有些街区是著名的通俗艺术家和革命者经常聚会的场所。他们也融入其中,小酒馆吃喝也都便宜。特别是保拉节日饭店的厨师兼跑堂,霍珀利特·哈维尔(Hoppolyte Havel),是个无政府主义者。模样很可怕,一嘴浓密髭须像鸟儿双翼般展到脸外。他还编辑着《风暴》(The Blast),格兰尼奇的作品就刊载在这家激进杂志上。因主张革命他已在国内外被监禁过多次,此人过于偏激,对资产阶级每个成员都投以公开鄙视眼光。他把一个个热气腾腾的餐盘甩给顾客,口中骂声不绝:"吃吧,你们这些资产阶级猪猡!"[11]

保拉饭店二楼上,是同样著名的自由派俱乐部。一些名流经常到这村来聚会:爱玛·高尔德曼(Emma Goldman)、约翰·理德(John Reed)、林肯·斯蒂芬斯、西奥多·德莱塞(Theodore Dreiser)、尤金·奥尼尔(Eugene O'Neill)、兰道夫·波恩(Randolph Bourne)[①]。烟熏火燎的保拉饭店有个很大的火塘,他们就在火塘前面大桌前聚会。三教九流五行八作都来这里聚会,因此芒福德他们偶或也碰见极左派在另一桌高谈阔论。有时候他们也上楼旁听自由派俱乐部的诗歌朗诵,观看立体派艺术家画展。该俱乐部还在那里举办著名的周五夜话饮酒座谈会。

当时正值日格灵威治村波希米亚思潮最为繁盛的时代,该流派对历史玩世不恭,对自己放浪形骸。格灵威治村一度被称为"美国的左岸"。芒福德正是通过格兰尼奇结交了这伙新朋友,首次体验到那里炙手可热的激进主义、女权运动等新思潮,开始投入炽烈的社会

[①] 刘易斯·芒福德生前住处常年谈笑有鸿儒,往来无白丁。而且许多朋友的联系开始于青年时代。他们这一群体和文化传统,看来也从青年时代就已经开始形成。林肯·斯蒂芬斯(Linchon Steffens,1866—1936),记者、作家,《城市的耻辱》文集作者。最著名行动是率先揭露了美国市政府的腐败和丑行。爱玛·高尔德曼(Emma Goldman,1869—1940),俄裔美国作家,以其作为无政府主义者的政治活动著称,留下大量无政府主义政治著作和演说。是无政府主义政治哲学的轴心人物,是20世纪上半叶北美和欧洲无政府主义运动的主要推动者。西奥尔·德莱塞(Theodore Herman Albert Dreiser,1871—1945),美国小说家、自然学派新闻记者。其作品主要有《嘉丽妹妹》、《美国悲剧》等等。约翰·理德(John Reed,1887—1920),美国著名记者、诗人、社会主义活动家。最著名事迹是就布尔什维克革命对美国的第一手报道,写下了"十天撼动了世界"等报道文。1920年在俄国去世,安葬在克里姆林宫墙下。尤金·奥尼尔(Eugene O'Neill,1888—1953),美国著名剧作家,表现主义作家,美国戏剧奠基人之一,诺贝尔文学奖得主。主要作品有《琼斯皇》、《毛猿》、《天边外》《悲悼》等。——译注

生活。[12]

　　接近格兰尼奇之初,芒福德很可能觉得很弱小很自卑。因为,格兰尼奇又粗壮又聪明,以其无产阶级出身而自豪。而芒福德出身于分租合住的经济公寓房,那是他的根脉他的血液。格兰尼奇很早就退学打工了,先是给亚当斯快递公司打工挣钱糊口,1916年作为特长生进入哈佛大学,学了几个月又退学,一心一意投入写作。从1914年在联邦广场参加一次群众集会最初接触激进思想理论开始,到1921年主编《自由人》(亦即《民众》杂志的后身),整整七年之中,格兰尼奇游遍美国,支持过许多左翼的运动和事业。他也写剧本,包括给外省人剧团演出的独幕短剧。并且常常随同剧团排练,在麦克道格尔大街一间改装的马厩内参加彩排。彩排结束后同尤金·奥尼尔以及其他无政府主义朋友们在附近肮脏的小酒馆"地狱之洞"里喝酒,奥尼尔常常端起威士忌酒杯,吟诵起"天堂的猎狗"(The Hound of Heaven)来。[13]

　　格兰尼奇和芒福德两人都喜爱惠特曼,但在气质上两人差异甚大。格兰尼奇曾一度承认,说他很难理解"这个身材消瘦、性格可爱、鼻子很大的小青年"[14]。不过很快就喜欢芒福德了,赞赏他决心继续作家生涯,也爱听他宣传新思想和理想。而且很快非常信任芒福德,1918年逃亡墨西哥期间,曾托芒福德把他留在国内的钱寄给他。

　　两人一度理想一致,志趣相投,都期望建立个合作性质的社会体制,至少芒福德觉得两人志向一致。芒福德初识格兰尼奇时,他是个无政府主义者、铁杆分散派,非常崇信俄国无政府主义老鼻祖彼得·克鲁泡特金的思想主张,后又介绍芒福德进入哈莱姆地区无政府主义组织佛瑞协会(Ferrer Society)。就是在这个地方,1917年芒福德平生第一次当众演讲,介绍克鲁泡特金思想主张和他本人的区域社会理论(regionalism)。不过后来两人开始分道扬镳,芒福德走向区域疏散理论新解,格兰尼奇则走向反面,主张采取革命性的集中道路。俄国布尔什维克革命成功后,格兰尼奇(当时已是知名作家,笔名麦克尔·高尔德)开始到处宣讲美国也该立即革命实行无产阶级专政。而芒福德在精神气质上较为保守,处世待人较为温和,主张最好选择和平的、渐进式发展道路,也就是霍华德和格迪斯倡导的和平过渡。他不信任格兰尼奇那种神秘主义不着边际的无产阶级理想化道路。

芒福德未曾系统读过马克思,但他上学时在街头,后来又同格兰尼奇一起在格灵威治村,都听过社会主义者的演讲。其中所见所闻,他都兴趣不大。他期望一种有人情味的经济主张和社会制度,就是柏拉图、莫里斯、拉斯金、托尔斯泰、克鲁泡特金等人所主张的,而非马克思、恩格斯所主张的道路。

第一次世界大战美国参战前夜,芒福德加入了纽约城校际社会主义联合会,到格灵威治村饭店后堂开会,格兰尼奇也在场。会后两人在该村曲曲折折小街道上边走边聊,最后到保拉饭店吃完饭分手。就是这期间一次会议上芒福德发表演说,与马克思主张有所商榷。却不料一石激起千层浪,遭与会群众激烈反对,说他是反动分子。就从这时期开始格兰尼奇已不再喜欢芒福德的政治立场和主张,并直言告诉了他。本来芒福德希望维系友谊,尽管两人政治主张不同;但格兰尼奇这种盛气凌人的态度惹恼了他,何况格兰尼奇也不稀罕他的友谊。因为他一心一意想让芒福德转变信仰,见不到成功,他索性放弃他。后来两人各自东西燕分飞,他逃亡墨西哥,芒福德去海军服役,两人就再很少见面,只偶有通信。[15]

纽约城再度重逢已是20年代初期了(是1918年分手后的重逢)。芒福德发现这位作家高尔德已经判若两人:他不再满意自己仅"属于"无产阶级,他要完全"像个"无产阶级。只见他一身污脏衣服,头戴宽边高顶黑毡帽,吸着意大利廉价雪茄,还添了个随地吐痰的坏毛病;且不论酒店、办公室,甚至造访同情支持他们政治理想和事业的富户人家,也照吐不误。芒福德记得他对他说:"我已不再是神秘的理想主义者,我是个共产主义者……想等待民众觉悟自觉行动起来,简直是痴心妄想。只能由少数人强制他们投入行动,依靠少数懂得道理,懂得政策策略的人去发动和强制他们。你们这些知识分子将来迟早都得被消灭。你们那些理想、梦幻、感情用事,只会一事无成。除非你放弃这些百无一用的思想主张。"[16]

两人就这样分手了。颇讽刺的是,彼此都认为对方是无可救药的理想主义者。后来芒福德怨恨高尔德,说"他除了把我贬为一钱不值的资产阶级自由主义者,不及其余"[17]。不过,此言也失之偏颇。因为从他们断断续续的通信来看,高尔德仍很敬重芒福德,只不过死不甘心他青年时代挚友未能皈依马克思主义,因而从不放弃努力。1954年他写信给芒福德说:"莫非你还处在你的雪莱时代,跟随你的格迪斯去规划空洞无物的理想主义城市,幻想有朝一日能说服温斯顿·丘吉尔及其同伙,批准规划建造这类城市,你就可以做美国的约翰·斯特拉奇(John Strachey)推行共产主义了?你们有资本,有设备,那就来吧,这里水正好呢!"可见还是那种这老套子。高尔德自己也承认,"总是对他老生常谈!"而且还总觉得,这次一定能成功![18]

一模一样,芒福德也总希望老朋友能认识错误,放弃信仰,放弃他那种宗教般说教疯狂推行俄国共产主义。1959年芒福德对丹尼尔·艾伦(Daniel Aaron)说,"这个高尔德身上有种炽烈、傲慢却很人性化的东西。因此他皈依共产主义,甘心情愿让自己大脑受控,这些都违背他的本性"[19]。正是这种独立人格,这种朝气蓬勃的人性,让芒福德不愿与高尔德彻底绝交。他出版《没有钱的犹太人》之际,芒福德写信真挚称赞,热忱道祝。高尔德也回信表示感谢。政治主张不一将他俩无可挽回地拆开了!这两个人,远近聚散,皆因思想意识。尽管信仰不尽相同,芒福德却常感到与这个高尔德,或者说与城市学院时代的格兰尼奇情同手足,有温馨兄弟情谊。

1917年,两人又因另一重要问题立场相左对立起来。芒福德支持威尔逊总统1917年4月的参战决定,抗击德国。高尔德却暴跳如雷,声嘶力竭地反对。分手后近一年某日晚,高尔德溜出艾尔巴索饭店,蹚水涉过里约格兰特界河进入墨西哥,逃避应征入伍,也可能为了躲避其反战活动惹来的人身迫害。参与这些反战活动的,还有约翰·理德、麦克斯·伊斯特曼、阿特·扬(Art Young)、弗洛伊德·戴尔(Floyd Dell)及其他激进主义盟友。1917年是两人都备受煎熬的一年,因为两人各有难题：高尔德在是否出国避难问题上绞尽脑汁；芒福德则在是否应征入伍投笔从戎问题上，辗转徘徊。

在匹兹堡给塔克的水泥实验室打工时期，芒福德就心怀侥幸，想把这暂时难题拖延、躲避过去。理由之一是健康不佳，他深信他征兵体检必定不合格。再者他也不急着去打仗，因为照他当时推测这场战争不会有任何好结果。

第一次世界大战在欧洲爆发的1914年，芒福德还是城市学院18岁学生。他当时心态很能代表那时候一般美国人的反应：非常震骇！因为当时世界本来好好的，经济水平蒸蒸日上，民主事业节节推进。所以他努力保持中立，常常颠来倒去，一会儿谴责德国野心勃勃，一会儿又说英法不该走上帝国主义道路。不过最终，他在内心支持同盟国阵营的事业，尽管他个人有德国后裔背景，尽管自己的亲叔叔詹姆斯振振有词发表檄文讨伐英国。檄文中斥骂英国佬为"野蛮人"，因他们"败坏（degrading）"古典文化，把拉丁文称谓"Titus Livius"①简化为"利未（Livy）"；又把大名鼎鼎的马尔库斯·图利乌斯·西塞罗（Marcus Tullius Cicero）简化为"图利（Tully）"。[20] 首先，芒福德明确拒绝叔叔那种对他狂轰滥炸式的亲德宣传。然后，他同一些冷静的爱国者相信，至少部分相信法国英国新闻报道中详细描述的情形："野蛮的德国鬼子（the Hun armies）"在比利时、法国北部犯下的滔天大罪。他们为这种暴行所震怒，他因此写下一篇独幕短剧《伟大的船长》（*The Great Captain*）。

不过他仍对战争本身持超然态度，声言"自己并不感觉非介入不可，因而冷眼旁观"。[21] 其实那时他主要怕战争断送自己的作家前程，尽管并不清楚结局究竟是什么。他虽不想参战却不是和平主义者，相信有些事业是值得奋不顾身的，只是还不清楚目前这场战争是否已属于这种事业。

1916年总统大选芒福德投了威尔逊一票，因为这位总统承诺不让美国卷入战争。可是六个月后美国就卷入战火，芒福德仍然同威尔逊

---

① 蒂托·李维，古罗马历史学家姓名，著有《古罗马史》、《罗马民族史》。——译注

站在一边,热忱支持美国各种战争动员。当时他的看法与《新共和》杂志编辑们完全一致,这些编辑们以约翰·杜威为首,批驳和平主义论调,说这种立场不攻自破;主张美国坚决参战,以其舆论和道义优势去争取体面的和平,以及战后全世界国际合作的新秩序。

而到1917年夏芒福德立场已经转变,因为此时威尔逊总统争取胜利的口号变成了"战争动员不遗余力",而且他的政府已开始镇压国内一切反战势力。[22] 1917年6月威尔逊总统签署反谍法案,紧接着政府立即行动,剥夺了邮寄社会主义出版物的优待条件。随即开始了约翰·理德所谓的"法庭暴政时代"。于是战争结束前几乎所有社会主义政党领袖都因反战活动遭受指控。[23] 当年夏天,芒福德致信高尔德说,如此对"和平主义者的野蛮调查"以及"对自由讨论如此歇斯底里的镇压行为",使威尔逊总统"按道德原则推动宣传活动"之类的承诺显得空乏无力。不过信中也对高尔德承认,他仍不能不支持威尔逊总统,因为自己毕竟是个爱国者。[24]

芒福德曾幻想因健康不良置身战争局外。1917年笔记中说,但若果真征兵入伍,"我会屈从,我会像个良民那样服从战争需要。会像苏格拉底那样,接过那杯毒鸩一饮而尽"[25]。

不过,待毒鸩真的送来,他并未吞下。1918年2月本地征兵委员会通知他去体检。体检结果令他大惊失色:健康合格,可以入伍。他马上要求重新体检。结果罗斯福军医院医生宣布,他健康状态符合一级军务活动要求,他知道除了入伍再无别的选择。不过他想,但凡有办法就不去前线战壕作战。于是效法赫伯特·费思和杰瑞·拉亨布鲁克的经验,在他的军人编号尚未正式转入"嗜杀成性的陆军(man hungry army)"之前,他到海军报到培训填表时说自己适合当无线电报务员。[26] 募兵军官告诉他,若他签字同意整个战争期间服役,纽珀特短期培训后就被派往哈佛大学无线电学院学习。这样一来,他就又有条件重新调查波士顿城及其周边地区了。反正这恰是他1918年计划中拟议的事项。

于是4月5日6点,刘易斯·芒福德宣誓加入美国海军。当天夜里登上瀑布河号轮船驶出纽约海港,向新泽西州纽珀特市方向航行,那地方俗称"宇宙的屁眼儿(arsehole of the universe)"。轮船慢吞吞夜里两点才抵达纽珀特。新兵们一个个睡眼惺忪,有些人晕船吐得一塌糊涂,仍然立即点名,收编,体检,分派吊床。然后排队去领早饭:香蕉和青豆。站在风里吃完,跌跌撞撞回到帐篷,潦草睡两三个钟头,就被刺耳军号声吹醒,紧接着开始海军第一天基本训练。

芒福德从一开始就"身在曹营心在汉",一心一意想着别的。他能挺过严酷的基本训练课程,可能与此有关。海军集训课程令他感到加倍繁难,一则身体并非足壮,加之他不愿受这份罪,训练体操,军容军纪,无聊之至。不过这倒是他当时奇缺的营养,舍此不足以强身健体,彻底丢弃那副病怏怏的样子。就此而言海军给了他这一切。经过集训体魄健强多了,不过他感觉整个训练组织杂乱无章,不成理路。[27]

然而他熬过来了,各项科目完成良好。因为就战时条件而言,海军准予他极大个人自由,满足了他一切希望和要求,甚至有时间读书学习,有时间写作。若干年后他吹嘘说,当年在兵营里身穿水兵服手不释卷,无论排队领饭或训练间歇,抽空就阅读爱默生文集。

他还交了新朋友,戴维·利伯维兹(David Liebovitz),一位很有抱负的小说家,也是纽约城里人。这种友谊也让人在枯燥沉重的海军训练生活中略感轻松。两人住同一幢营房,在装煤运输劳动中相识。军中业余生活枯燥,两人自然就聊起来,很快发现彼此兴趣相投,特别是文学和理想。[28]利伯维兹热爱戏剧,读过挪威戏剧家易卜生全套作品还有剧作家斯特林堡(Strindberg)的作品,且也新近刚失恋。每天训练完毕两人坐在铺位旁闲谈,时常朗诵起里尔克(Rilke)的诗歌,然后规划自己的文学生涯。

利伯维兹很善识人,眼光敏锐。他先看透芒福德有心事,说他不仅仅是讨厌战争不愿服兵役;还看出他那种铁石般冰冷不合群姿态与严格自我修束的背后藏有某种深根。1964年他去世前四年,利伯维兹写回忆录讲述同芒福德的友谊,字里行间准确描绘了他1918年结识的芒福德一言一行,还讲述他当时料定芒福德未来如何如何。说芒福德

"不大合群,活在自己内心"。究其原因,他分析可能因为"少小年纪艰难身世很早不得不自谋生路"。可是后来"他会因祸得福,因苦难修成美德,宁可孤自独立经受考验,这种自立超然保护了自己的独立人格,还有尤其重要的能独立判断是非善恶。这些优点永远成为芒福德独特的品格"。在周围朋友看来,"此人可能起初显得缺乏幽默感,不过他自有主张。通常他不随意下判断,迟迟不发表见解。这或许可以解释为幼年腼腆的遗痕。不过他内心世界终有许多内容我永远都解不开。他可不是问几个简单问题就能了解的人"[29]。这话无疑准确描绘了芒福德个性的一个方面,也是任何人都不难发现的。

不是说芒福德为人不友善。虽然说他生活在自己内心,他与其他战士很容易相处。可能有人认为此人是一只怪鸟,这位身材修长、内向的纽约客,走起路来脚下如有弹簧,看外表很难接近。即便在当时利伯维兹就已经知道,两人尽管非常友好,但要深刻了解并与之深交恐怕很难。这个戒备森严的灵魂,无人可以擅入。芒福德朋友中几乎无人做到这一点。

入伍前芒福德就得到杰瑞·拉亨布鲁克指点,尽一切努力逃避兵役。他关注他健康条件,因而警告芒福德说:"你被整垮可能性太大了。"他还进一步献策,说若万一未能幸免,"就想办法被辞退"[30]。最后这条妙计芒福德未予采纳,不过他确实成功逃脱了开赴前线参战。说来不易,因为他的训练科目许多都是摩斯电码,全部技能他又掌握得飞快。此类人员大西洋舰队奇缺。兵营里许多伙伴开赴大西洋前线,实战完成最后的训练。芒福德得以成功脱逃,是因为临到他随船开赴前线当天上午碰巧爆发麻疹。一位罗马天主教牧师帮助他争取到机会,派赴哈佛大学新成立的无线电学院受训。离开纽珀特当天他仿佛逃过一劫。抵达坎布里奇市在温斯若普会堂①的第一个晚上,他说"我知道,我来到了天堂"[31]。

---

① Winthrop House,以英国著名绅士温斯若普命名的会堂,此人是早期移民新大陆运动的最主要倡导者。此刻时间地点名称都符合了 The chosen city,上帝选择的城市,这一古老典故。——译注

位于坎布里奇的无线电培训学校非常拥挤,新兵越来越多,住房困难。因而军方开始在哈佛大学共同规范地区仓促建造木构兵营。建成之前,允许新兵暂住校外邻近地带的学生公寓房。抵达坎布里奇不久,芒福德就在柯克兰街33号租赁一处房屋,宽敞洁白,同时收到了纽约经铁路托运来的打字机,于是立即投身城市调查和写作。因为下午晚上都暂时有大量闲暇时间。

若不写作读书,一得闲空他就去调查波士顿城市以及周边小镇,采用徒步勘察纽约城一样的方式。仅只随身带上笔记本、素描本、一盒水彩颜料,还有当地军用地形图。就从这一次次漫游中他首次领略到亨利·霍布森·理查德森(Henry Hobson Richardson)建筑设计作品的魅力,这位建筑师最杰出作品就是波士顿考普雷广场上的三一教堂。原来他无须走很远,当时被埋没的建筑天才的杰作就他眼前:因为他们晨操就在法学院图书馆前面操场;抬眼就看见奥斯汀会堂,它就是理查德森几件石材建筑杰作之一。经年之后,芒福德的精彩论述匡扶了这位"大师级人物"的应有声望,因为他成功地开创了美国建筑新时代。[32]

那么是谁介绍芒福德注意了解波士顿建筑的呢?这就不得不提到他在柯克兰街寄宿时期的伙伴,威廉·比戈娄(William Bigelow)。此人原系建筑师,曾与他人(麦金、怀特)合伙开办过营建社。芒福德遇见他时,此人已是个事事好奇、略显古怪的老人;不过雄风犹在,睿智聪明,很乐意交谈。一来二去芒福德就同他畅谈起来,夏日黄昏正长,主要话题围绕建筑学和建筑师。芒福德当时的建筑知识甚至不足以提问,这位比戈娄就是芒福德接近建筑的第一位引路人。

在波士顿这个"水手的天堂",芒福德获得大量机会追寻自己的兴趣爱好,[33]甚至通过写作评论赚了些钱,还参加了《美国建筑师学合刊》主办的住宅创意写作竞赛。事先他自觉有把握赢得一千美元的头奖,因而这篇论文他下了大工夫!从6月一直写到10月。起初在柯克兰街宿舍后来被召回哈佛大学后,又在同一条街的40号,租赁小屋继续写作。结果并未得奖,收获却是这篇论文昭示了一种前途,他可能成为优秀的建筑和住宅评论家。特别就住宅群建造改进功能问题,他有独到见解。

当年秋天的流感猖獗,造成全世界数千万人死亡。芒福德的无线电培训毕业也因此延宕。瘟疫流行期间,坎布里奇的海军军官要求实行保护性隔离,课程取消数周。芒福德参加的无线电二级电气师培训直至11月底才结业。令他欣慰的是,到那时战争已结束。12月初,他随军开赴佩尔哈姆海湾,1919年2月退役,他称之为"凯旋"。[34]

芒福德曾认为海军服役多少耽搁了他的文学事业,实际上军旅生涯给了他不少自由和收益。比如说他获得第一手经验了解海军生活,有助于后来撰写作家赫尔曼·梅尔维尔传记。因为他服役的海军在很大程度上仍是梅尔维尔《白外套》(*White Jacket*)书中描述的海军状况。[35]就连纽珀特的经历也不再那么可怖。他痛恨基地那些严格规章纪律,上司们狼嚎般吼叫,不过他仍用短暂间歇,沿这海港城市僻静街巷独自散步,走过海湾地带长长的峭壁,静神平息梳理心绪。当时的海湾地带,钢铁大王和金融大王们的夏宫建设工程正在开始。

海军生活促使他走向成熟,也增强了体质。不过他终究过于自持,有其一定之规,因而海军生活并未带来转折性后果。何况他所参加的海军,也实在是名不副实。比如说,他唯一一次登船只是上捕鲸船协助摇桨。

他在纽珀特经历的"奇景"发生于某个周末,类似那次在纽约行经布鲁克林大桥。这次体验强化他的信念及未来方向。那天在彼得·哈里逊瑞乌老图书馆静静读书几个小时后,独自回住处,途经岛屿和大陆间的桥梁。走到一半停步观望,向晚时分红日西沉,这时全身一阵奇异的兴奋,仿佛看到未来在眼前完全展现。他想这可能就是信教的人所说与上帝神交沟通的体验。"对我而言,这次体验告诉我世界具有真义。生命,生活,即使最不如意,其美妙绝伦亦非人言可表……那短暂一瞬间呼吸都停了,过去与未来,我的过去以及世界的过去,我的未来以及世界的未来,都融汇到了一起……"[36]

带着这特殊内心体验,他回到纽约。那体验向他揭示,今生必有所托。而身无分文,食宿无着,24岁数的刘易斯·芒福德回到曼哈顿,打算再次品尝文丐人生的味道。他深知靠写作挣来吃喝维持生计并无把握,但他准备付出任何必要牺牲。此外对自身工作事业较前更有信心,因为海军入伍前已有几家杂志先后接受了他的稿件。连续四年遭受退稿及无休止坎坷的经历终告结束。《科学月刊》(*Scientific Monthly*)同意刊发他论述纽约博物馆的文章。另一较小杂志《共和》也同意发表他的论述俄国局势的评论文章。巴尔的摩市一家剧团接受了他的剧本《一群废物》,虽然并未上演。此外,《共和》杂志还邀请他定期撰写书评。

当时芒福德还不确定自己究竟想进哪个写作领域。他当时最迫切的任务是找个工作,任何工作都可以,只要确保能靠写作维生。1919年的纽约市,杂志已经多如牛毛。杰瑞·拉亨布鲁克就向他推荐过《刻度盘》。这杂志他在海军服役时期就读过。也给作家寄新书请他们写书评。3月初,他造访了位于格灵威治村西13街112号的该杂志社。好运来了,他当即被总编罗伯特·莫斯·罗维特(Robert Morss Lovett)聘用。刊出两期之后总编就问他是否愿意加盟,担任副总编。

芒福德正式接受该委任之前,被带去见该杂志老板马丁·约翰逊(Martyn Johnson)接受面试。看过芒福德的资历,约翰逊向他介绍了杂志的历史,同时厘定出今后的编辑方针。然后对他说,杂志的财政状况不佳,而且也在考虑选聘另一青年作家格洛伊德·罗宾逊(Geroid Robinson)担任此职。根据后来罗维特的回忆,这位董事长最终把两人都雇了下来。觉得如果船要沉,淹死一个或两个,并无大差别。于是,罗宾逊和芒福德就都被聘用了。芒福德喜出望外地挣到了每周25美元的工资。[37]

《刻度盘》杂志是个文学双周刊,1880年创立于芝加哥,名字取自爱默生的超验论旧作,编辑方针由其创始人弗朗西斯·F. 布朗(Francis F. Browne)决定,在本地区文化精英中享有美誉。布朗先生1913年去世后不久,该杂志由约翰逊接手。此人系中西部著名记者,同情左翼运动,该杂志编辑方针即随他转入政治领域和社会改造。为了成功实施这一转型，约翰逊雇用了哈罗德·斯特恩斯（Harold Stearns），哈佛大学毕业生，在现实主义知识分子发表的言辞犀利的战后宣言书《美国文明》中任编辑。1918年6月，约翰逊将杂志迁至纽约，随之带来一批中西部优秀人才，有维斯康星大学英语教授克拉伦斯·布利登（Clarence Britten），不久又有芝加哥大学的罗伯特·莫斯·罗维特。兰道夫·波恩（Randolph Bourne）成为定期投稿人，兼职编辑有约翰·杜威、托斯坦·范伯伦以及女权主义者和劳工运动作家海伦·麦若特。很年轻而富有的哈佛毕业生斯科菲尔德·塞耶（Scofield Thayer）刚结束在牛津大学莫德林学院的古典文学和哲学进修归来，到此担任杂志财经主管。塞耶本人愿意坚持杂志原来的文学方向，不过第一年他将编辑方针交由约翰逊决定。约翰逊想以伦敦《雅典娜神庙杂志》（Athenaeum）为样本如法炮制，办成关注政治兼文学的高品味刊物。[38]

于是在约翰逊领导下，《刻度盘》开始转入服务于社会改造的准备。这一方向符合战后广大编辑们的愿望，也得其支持。不论对于哪种色彩的激进主义者来说，当时都是充满期望的时代。芒福德热切盼望能够投身其中，推进美国的社会更新。他记得当时他曾多次对自己说："这是我人生中最欢悦的时日。"那几个月很令人激动，是"《刻度盘》的重建时代"，约翰逊正是这样说的。[39]

战前高尔德就曾介绍芒福德进入格灵威治村文化圈。不过当时他只是接近它，刚能闻到那里散发的强烈文化气息，已感觉垂涎欲滴。"如今进入位于文化村核心地带的《刻度盘》杂志，办公室豪华无比，自己也成为该不同政见者团队的一员，大家朝气蓬勃，友好相处。不论在华盛顿广场散步或者在老佛爷餐厅与作家和朋友们共进午餐，听他们高谈阔论，其中有格洛伊德·罗宾逊（Geroid Robinson）、克拉伦斯·布利登、海伦·麦若特……若在以往，自己只能站在远处观望，羡慕无比。如今与他们结成朋友。这些人好处之一就是毫不关心钱财、衣装、豪宅、香车。唯一津津乐道的，就是艺术、文学、思想以及社会改造。"[40]

芒福德很崇拜一位知识精英，任《刻度盘》杂志编辑人员之后，就有机会接触到他了。此人就是经济学家和社会学家托斯坦·范伯伦。

范伯伦偶尔来编辑部参加工作例会,会议期间始终静坐那里,如菩萨一言不发,清癯消瘦脸上满是厌烦。而眼光清澈,凝视远方。

加盟《刻度盘》前芒福德就曾见过范伯伦。那是海军退役后不久在社会研究新学院进修,来讲课的就有范伯伦、查尔斯·比尔德(Charles Beard)、詹姆斯·哈维·罗宾逊。芒福德感觉范伯伦讲课相当平淡,他课堂上声音弱如耳语,无力地倚着讲台;衬衫陈旧,裤子肥大松垮,枯瘦身形时时毕现。即使听清楚他说些什么,也很难弄懂其中曲折复杂古奥含义和前后关联。但芒福德称赞他势如破竹的剖析能力,因而全盘接受他的论点。所以在杂志社时期,范伯伦一度将芒福德收为羽翼。[41]

其实芒福德预先读过范伯伦全部著作,并认同他的论点,才拜他为师。理由之一是发觉他的思想主张很接近格迪斯,例如当时有些狭隘思想家往往在自己选择的专业领域周边插上牌子,写上旁人不得入内!对此,范伯伦一概不予承认。[42]范伯伦博学多才,一身多任:他同时是语言学家、社会学家、民族学者、人种学者、史学家、文化人类学家、哲学家、民俗学家、经济学家。而且芒福德评论他还是一位杰出作家,对自己研究领域了若指掌。他在《刻度盘》杂志社工作时期花大量时间细致加工付印稿,不放心其他编辑的马虎潦草。若有谁敢敷衍了事而且出了错——对不起,快找上帝帮忙,因为他脾气如同雷霆。

芒福德在城市学院就读时就曾读过他的《论有闲阶级》一文,并由此开始关注范伯伦。文中作者对于新兴富豪阶层一味追求物质享乐的消费观念和糜烂生活方式予以痛斥和挞伐。这种志趣很投合脚踏实地的青年作家芒福德的心态和主张,而且引以为豪,也就不足为怪了。芒福德还发现,范伯伦的经济思想,切合美国的特殊历史和文化,可以作为行之有效的方案取代马克思、恩格斯的政治经济学理论。

由于他这种思想符合战后复兴时代的美国社会状况,加之他的理论受到约翰·杜威等一些非马克思主义改革理论家们的认可,所以1919年是他思想走红的时代,范伯伦也因此很陶然自得。他相信美国的工业生产能力足以产出无限丰富的产品,然而人类自古以来普遍富裕的美梦,被资本主义商人破坏了,他们的贪欲不准许扩大生产以维护高额利润。范伯伦在其《工程师与和价格体系》一文中主张通过工程师和技术员罢工推行一场不流血的革命;而且有望成功,因为他相信这两种角色是工业生产中的主角。因而只要他们总罢工,就可以在不损毁当前技术资源的前提下颠覆整个资本主义体制。一旦掌握社会主动权,他们就可以继续行动,以经济专家组成的"苏维埃(代表大会)"取代不完全的所有制体系。从而顺利解放工业生产能力为全社会服务。

范伯伦抨击资本主义价格机制以及养尊处优阶层挥霍浪费的生活方式。虽然这些批评苍白无力,芒福德却能理解并予支持。他自己也感觉需要由公共规划部门牵头实行一种综合健全的经济规划,并共同管理工厂资源等。但对范伯伦的设想,特别是他想组织工程师造反实现社会改造的计划,毫无信心;尽管整个计划看起来很精英、很权威,但毕竟失之空虚。虽如此,这位庄严、不拘小节的挪威人范伯伦在他心中始终保有英雄地位。因此他俩1919年甚至曾一度共同设想过美国的重建计划。[43]

1919年,芒福德在这年进入纽约文学界和政治界。而且于1919年成功进入,无论对他或对于美国,简直都再好不过了!爱尔兰著名诗人威廉·巴特勒·叶芝①一首招魂诗,就以"一九一九年"为题!著名小说家约翰·多斯·帕索斯(John Dos Passos,1896—1970)更以"一九一九年"为其大作《美国三部曲》第二部的题目。因为不仅美国,甚至全世界,都在这年来到一个性命攸关的十字路口。当时温斯顿·丘吉尔忧心忡忡,写信给戴维·劳埃德·乔治首相,深忧世界秩序总崩溃的后果。信中说:"很可能我们距离世界秩序总崩溃只一步之遥,届时无政府主义将横行于欧洲和亚洲。"[44]不过芒福德发现,其余许多人看问题完全两样。在他们看来一个崭新世界马上就要出现。那年每个人都紧盯着俄国发生的大事件,眼睁睁看着布尔什维克一年多以前暴动夺

---

① William Butler Yeats,1865—1939,曾译叶慈,耶茨……爱尔兰诗人、剧作家、神秘主义者,爱尔兰文艺复兴运动领袖,其著名诗歌《当你老了》早已脍炙人口。——译注

取政权,随后大骚乱搅起的大变乱似乎无人能制止。就连芒福德也开始支持布尔什维克革命了,他为《刻度盘》撰写社论、述评,深信这将带来盼望已久的世界性大转折。

但是,"一切都来得太快了,美梦很快就幻灭了!"[45] 1919年初西雅图大罢工之后,紧接着全国各地警觉团体都开始激烈抨击激进主义者所作所为,且高举美国国旗组织大规模游行。亲眼目睹这种狂热爱国主义举动,让芒福德深受震骇;包括他的同事海伦·麦若特以及马丁·约翰逊也都被传唤到国会的非美活动调查委员会(Lusk Committee)接受秘密质询,被要求就其杂志种种所谓革命活动作出解释。数周后,最高法院大律师,A.米歇尔·帕尔默(Palmer)——人称"贵格会斗士(The Fighting Quaker)"——在华盛顿的住所于4月间被不择手段的无政府主义者炸毁,由此开始了对激进主义组织的第一轮非法大搜捕,反赤恐怖大行动就此揭开序幕,且就在《凡尔赛条约》签字墨迹未干之时。芒福德及其同事都认为该条约违反了威尔逊总统承诺过的争取公正而持久的和平。

芒福德早先曾支持约翰·杜威的立场,就美国当否参战问题与兰道夫·波恩展开辩论。此刻芒福德则公开认错,认同波恩在美国参战以及战争对于美国精神和灵魂造成后果上的各种论点。1919年4月芒福德写道:"战争的敌人……恰是战争制造的最重要副产品之一,心理损害。对于接受自由主张的人来说,这是最持久也最危险的事情。"[46] 如范伯伦一样,芒福德仍不赞同无条件的和平主义。不过如今他俩都反对威尔逊总统了。他们感觉这位总统背信弃义,出卖了他们,至少他们当时感觉如此。

所谓"信心时代"就这样终结了。随着11月总统大选以及沃伦·G.哈定总统当选,"拨乱反正时代(The Age of Normalcy)"正式开始。比较而言,芒福德虽不像他那些激进主义同事们那样彻底失望——那些人感情用事全盘抛弃原来主张整个转入这场运动,他却同他们一起经历了精神反省。他记得他很认同当时一位同事的感言:"可能我们即将开始一段新的黑暗时代。"[47]

《刻度盘》杂志也是1919年非常时期的受害者之一。其实自1918年12月杂志财东斯科菲尔德·塞耶一撤出，麻烦就已经开始。塞耶撤出，是因他不满编辑部公然支持布尔什维克革命。撤出后虽继续向杂志提供经费至1919年底，但仍不足挽狂澜于既倒。后来马丁·约翰逊整年拼命努力，包括从股票市场泣血抽资投入运营，挽救即将发刊的新杂志，终未能救其危亡。11月向全体员工宣布，经过全面权衡，决定将杂志出售给塞耶及其堂兄（弟），詹姆斯·斯布里·沃森（Dr. James Sibley Watson）博士。此人也是哈佛毕业生，且非常富有，正在纽约州立大学攻读医学博士。[48]

塞耶立即行动，着手将杂志改回到原来文学方向。后来根据马尔科姆·考利评价，该杂志在他领导之下成为"美国有史以来文学艺术类最优秀的杂志"，刊发了大量优秀作品，涉及文学、诗歌、杂文，以及优秀美术绘画和雕刻作品。[49]编辑部实行改组，芒福德、罗宾逊、罗维特、麦若特、斯特恩斯、杜威以及范伯伦都遭辞退，只留下从西部引进的英语教授克拉伦斯·布利登和他的年轻助手索菲亚·维腾伯格，而且他俩留下的任务就是协助杂志顺利转型过渡。塞耶本人从不关心"美国社会振兴中的社会学内涵"，因而同芒福德和罗宾逊等道不同不相为谋，便提前两周通知他们离职。当职首领约翰逊只好强忍热泪，于11月初告知他俩，他将自己解囊支付两人额外两星期工资。那天下午芒福德和罗宾逊两人一连数小时踱步格灵威治村小巷，直至水滨，"一路彷徨，不知下一步奔向何方，也不知哪里去寻找突破，以及如何共同制定新计划"。[50]然而，芒福德并不把这遭遇看作个人命运的毁灭打击。当年10月他写信给高尔德说："我将重新生活。以这20美元作资本，外加一句箴言：我右翼折损，而左翼犹健。情势大好，我，将继续进击！"[51]

随后的八年里，他反复努力，想在纽约某政治或艺术杂志社谋个职位，但始终无结果。这些年里，他自食其力还要支撑家庭，包括每月提供50美元赡养母亲。经济来源全靠他给《犹太人灯烛》（*Menorah Journal*）、《自由人》、《新共和》等杂志撰稿、写杂文和评论赚得的微薄收入。这些杂志社有朋友诸如罗伯特·莫斯·罗维特,能接受他的投稿。可以说直至 1942 年 2 月在斯坦福大学获得正式教员身份,他才再次获得正式工作,有了固定工资收入。

这漫长时期写作生涯,虽靠自己广泛兴趣和辛勤劳动,但如此宽泛的领域终究把战线拉得很长很薄。而且妨碍了 30 年代中期就已开始的持续研究题目。离开《刻度盘》之后的十年中,朋友们,包括罗宾逊,都不断敦促他缩小战线。自 30 年代中期他终于有了份可靠工作足以支撑家庭,衣食无忧,终于可以分出许多时间继续研究和写作了。回顾起来,他感觉涉猎广泛也有帮助,就是克服了他称之为写作领域过于专一的弊端。

到了 1920 年,芒福德彻入骨髓地知道自己能够成为作家,也知道自己的学徒时代已经结束。但目前一无工作,二无财产,甚至看不到切实可靠的职业未来。加之还经常辗转于情感危机和性生活困扰中,还有健康不佳的后遗症,也时常拖累他。纵有海军服役十个月的锻炼基础,他仍然为人做事处处谨小慎微,过分关注健康状况,例如从不加班开夜车,从不用力过劳。还有更糟的,见到女人就浑身紧张,这一关仍未突破。

这一年接连发生了几件事,这些事情虽未改变他的深层问题,却也改变了他的生活轨迹。其中最主要的,就是他深深爱上了索菲亚·维腾伯格。他与她初识于《刻度盘》杂志社,当他正煞费苦心要赢得她的芳心之际,偏巧获得两个难得的工作机会,两个都是专业性的合作。一个来自恩师帕特里克·格迪斯,另一个来自格迪斯的合作者维克多·布兰佛德(Victor Branford)。所以,就情感经历和事业生涯双重意义来看,1920 年——用他自己的话来说——"都是我整个人生经历中最为攸关的年代"。[52]

钻研索菲亚

> 我若像钻研索菲亚那般一心一意来研究社会学……一定会在一年之内大出风头!
>
> ——刘易斯·芒福德
> (1920年7月7日致索菲亚·维腾伯格书信)

听闻在《刻度盘》的工作即将丢失,芒福德赶忙写了两封信,力图挽救自己的文学生涯。一封信给正在印度作城市规划项目的帕特里克·格迪斯,另一封给格迪斯的助手维克多·布兰佛德,此人正在伦敦筹建社会学学会的新总部。该机构是格迪斯与他于与战前建立的,目的就是宣传他们的社会学思想。

芒福德正漂泊不定,工作职业都无着落。他于是写信给格迪斯,询问可否去"他足下暂且栖身",或可为他分担一两种工作职务。这无疑是了结自己文学写作学徒生涯的最好途径。一则可争取充裕时间在纽约找到更持久稳定的工作职位,二则通过与格迪斯的联系可以获得更好的出路。"在格迪斯车轮上作根辐条,当然便于远行。"[1]

等候格迪斯回信的同时,他也给布兰佛德写了封同样内容的信件。原先他在《刻度盘》杂志工作期间为布兰佛德著作写书评,已经与他建立了通讯联系。"文学青年在伦敦和曼彻斯特会有哪些前途?"[2]

先回信的是布兰佛德,邀他去伦敦给《社会学评论》做编辑,该杂志是社会学学会刚刚恢复的刊物。但只能答应第一年付他年薪75英镑。由于这一点点钱不够基本开销,于是建议他在熟悉伦敦文学界之后谋求其他额外工作,同时让他免费居住在勒普拉公寓,即该学会总部新址。[3]

　　布兰佛德提供工作的消息送达芒福德时,刚好在《自由人》杂志拒绝他工作申请之后。该杂志是刚刚开办的舆论性期刊,芒福德的好友罗宾逊就在那里任编辑。申请遭到拒绝令他愈加焦急,担心文学前途不保。因此,伦敦的工作机会简直如救命稻草,于是他便在元月初复电布兰佛德,接受了这工作;他相信额外工作,给《自由人》杂志撰稿,都能弥补收入不足,那里的朋友也会帮助他。[4]

　　于是初春时节,他已开始打理行装准备赴英了。而就在这时格迪斯回信了,邀请他去耶路撒冷与他汇合,共同参与当地城市规划和大学新校园设计。因为他受犹太复国主义联盟委托,承诺了这些任务。此外,巴勒斯坦工作完成之后,计划两人再一起去孟买,格迪斯担任着当地社会学和市政学学会的主席,两人可以合作完成几部书稿的设计和写作,主题都是格迪斯的社会学主张。并答应他年薪两百英镑,解决他的全部花销。

　　这对于芒福德当然是千载难逢的好机会,当即回信接受全部条件。他回忆录中写道:"然后,我就一直等候格迪斯教授回话,同时准备行装了。"他同时又回信向布兰佛德解释。可是数周后,格迪斯回信说事情又有变故,因为当地政治变乱,原定于耶路撒冷的汇合只得推迟。而且,格迪斯同时建议他接受布兰佛德的推荐,去伦敦边工作边等候他的进一步消息。[5]

　　芒福德只好再次调整计划,打算4月离开纽约去伦敦。当年稍晚再去耶路撒冷与格迪斯汇合。他当时四顾茫茫,前程未卜,急切焦虑心情确实不难想见。但是,纽约真正令他难分难舍的却只有一人,她的名字叫做索菲亚·维腾伯格。

　　索菲亚当时是《刻度盘》杂志社一个女秘书,黑头发,高鼻梁,大眼睛;她的办公室与芒福德的相邻。共事的几个月,天天见面,随后一年里这个女性逐渐占据了他整个心魂。他在私人笔记中这样记述说,索菲亚"对我产生了最深刻的影响,她从最根本处撼动了我的生命,彻底改造了我"。笔记还不厌其烦地讲述了两人炽烈、密切,同时分了合,合了又分的反复周折历程。[6]

其实加盟《刻度盘》之前他就曾见过几次索菲亚,且印象颇佳。那是格灵威治村附近东区15街兰德学校,她常常去那里做志愿者,为社会党人事业服务。记得她常穿拖鞋,飘逸长裙曳地,走路目不睨视……那样子令他常联想到"古希腊神话中萨莫雷瑟斯岛上的胜利女神(Nike of Samothrace),但是要更好看!她那头颅天设地造,有古希腊与东方古典美的交混特点,鼻梁耸直,

18岁的索菲亚·维腾伯格

下颚则纯希腊式雕刻,一双灵活闪动的黑褐色大眼睛"[7]。明亮阳光中,那头黑发闪烁着古铜色光芒。从见她第一面,芒福德就感觉这女性是他的最爱:优雅、自信,矜持有度。他真切感到,自己想爱恋的女子,想娶为妻子的女性,就要这个样子!

起初在《刻度盘》杂志共事,想建立密切关系,两人却都不容易。原因之一是索菲亚体态上还不吸引芒福德。加上她自己又较内向,周围一大堆作家编辑,常常侃侃而谈;他们一个个那么聪明、那么自信,她不过一个二十岁出头的女孩子,又没读过大学,很不确定自己的位置、方向和愿望。[8]不过索菲亚绝顶聪明又美丽动人,因而给那些年每个接近她的人都留下好印象。她之动人不在她的美丽,而是她很独特地将机敏细腻与含而不露的激情融于自身。外表看,这女性从容不迫,娴淑淡定。有时她仿佛毫不意识到自己那么美丽动人,举手投足间动作那么优雅、恭敬、得体,无可指摘,一个个男性于是就服服贴贴地安静下来。久而久之,他们一个个都认为,这女人既善解人意,又是自己的红颜知己。所以格灵威治村工作期间,她身后一度曾有好几位作家、艺术家同时紧追不放,也就不足为奇了!

在《刻度盘》杂志工作期间,索菲亚比较矜持、紧张、害羞,至少第一年如此。其实她安静外表下,是火般炽烈的情感世界。她曾不止一次同编辑,甚至主办人斯科菲尔德·塞耶,激烈辩论。当然随后休战,还会在周边小餐馆共同就餐时安静下来,和好如初。她后来的丈夫是这样记写她的:索菲亚"性情刚烈,桀骜不驯,敢爱敢恨。她能搅起周天乌云风暴,然后,一阵爽朗欢笑或一缕阳光,还你一片洁净蓝天……她就这么个人!"[9] 这两个人适成对照:他内敛、超然,她的喜怒哀乐全都在脸上,因而那张脸经常无比生动。所以许多情况下,两人既作云泥之对,却又珠联璧合。

芒福德当时见女性仍是浑身不自在,常怯生生走近索菲亚。起初,邀她以及同事们共进午餐,随后不久,就邀请她单独共进晚餐。由此两人才得以密切接触。但是起初她那种居高临下,那种淡然无欲令他暗自吃惊。不过,不好说究竟是谁的错儿。因为他那般僵硬死板、羞怯谨慎的样子令索菲亚猜想,此人其实对自己并无兴趣。包括最后他对她说,他很中意于她,愿同她"结伴"而行。她客气回答说,还不乐意把自己在一男人的战车上拴住,更没认真考虑结婚;说自己还太年轻;再说,刚找到一份可心事业和工作,父亲又是社会主义者,她自己上高中时就参加了社会主义派别组织的曼哈顿游行,为他们竞选拉选票。到《刻度盘》杂志工作是她投身事业的举动,目前还不想中止这条道路。[10]

不过,她很快就喜欢上了这并不讨人厌的青年作家,虽然他死缠自己不放。于是从1919年秋开始,两人约会便更勤了。那是芒福德失去杂志社工作前夕。他俩常沿滨海大道漫步,转弯顺着大木栅栏,一直走向布鲁克林她的住处。随后不久她开始邀请他到她家吃饭或晚间来访。芒福德接受这些邀请,满心欢喜,即使隐隐觉得同索菲亚的关系仿佛又在重复同贝瑞尔·摩斯的交往。他认为这索菲亚同贝瑞尔一样,都是想与他做朋友,而非情侣。

越了解索菲亚,他就越相信这才是他朝思暮想的女人,一情定终身的女人。所以然者其中恐还另有深意:这维腾伯格一家本是亲密无间的老派家族,非常看重族群团结聚合;这特点正是芒福德自身家系所渴慕的。

索菲亚的父母本是俄国的犹太移民,刚结婚就到了美国。19 世纪 90 年代初来时两人不名一文,时值犹太人逃难大举进入美国的高潮。不过威廉(即俄语的瓦洛加)离开俄国并非逃避宗教迫害,他是不愿去俄国沙皇军队里长期服役而丢掉自己美丽的伊丽莎白(伊丽莎维塔·米罗诺夫娜·普利谢斯卡娅)。

1942 年索菲亚写了段简短描述载入家谱,其中讲述她父母情况说,他们来到美国的经过,是个"真正的英雄史诗、传奇故事",当之无愧!

威廉 1869 年 3 月 20 日出生于克里茨基一个非犹太人小村落,至七八岁时,全家迁移到一个犹太人小村落,名叫斯洛蒂纳村,共八户人家,另外有一条非犹太人街巷。威廉从小安静、孤僻,很爱幻想。16 岁时被送到较有钱的,在彼得堡犹太人社区里也较有地位的外公家居住,受教育。他父母显然认为,这样安排无疑可以为他将来闯荡世界提供更好的基础条件。

在彼得堡他一度给叔父家打工,叔父是个皮货商。后来才在一家裁缝铺找到工作。两年后 21 岁时,在俄国南部伊丽莎白家乡小村里遇见了这姑娘,不久就结为连理。威廉模样英俊,家世优良,又是大都市来的。对于伊丽莎白来说,"这一网打到了好鱼"。

但是威廉面临长期服兵役,当时政府有新法令,规定犹太人的妻子不得越界追随丈夫。于是两人决定移民美国,尽管两人身无分文,异国他乡又举目无亲。后来得知还得找个担保人,否则不许入境。而他们两人唯一认识的,就是先他们到美国的本市皮匠的兄弟。只好给他写信托付此事,那人果然寄来了邀请信函。

东拼西凑了几个钱,行贿办好假护照,再托人护送至德国,再乘大篷马车抵达边境。又等候一周许,终于上了轮船,乘坐统舱前往美国。

这担保人虽然到港口迎接他们,却怨声载道。这人衣衫褴褛,满口粗话,还一肚子气,为自己耽搁一天工作来迎接他们抱怨不止。因为他若不来迎接,海关将不认可他们入境。他将他俩接到家中过夜,那个鬼地方黑暗潮湿,肮脏狭窄,密不透风。他咕哝说,仅留他们宿此一夜,明天就得离开。威廉一边铺床就寝,一边心想,"莫非这就是黄金般的美国吗?"

他们抵达美国时随身只有 50 美元,时值 1893 年美国的经济萧条时期,想找工作几乎不可能。干过各种苦工之后,威廉进入成衣铺。这一行是当时全城最大的行业,也是多少犹太人开创经济前途必须抢占的滩头阵地。此后每天工作 16 个小时,终于攒够钱买下了自己的缝纫机。按当时规矩习俗,每个犹太人都得拥有自家缝纫机。每天机器背在背上,出去到处招揽生计。[11]

逐渐的,威廉有了自家小型缝纫工制衣厂。他本人技术精良、不知疲倦,却无生意头脑,不会赚钱。他关心工人死活超过关注他们的生产能力。即使做老板,经营生意了,他仍是个忠实的社会主义者,从不雇用童工。经常有意大利妇女领着孩子央求他录用她们六七岁的孩子,他都一概拒绝。[12]

所以尽管拼命苦撑,终难成功。后来晚年寄居索菲亚和刘易斯家中,年老力衰,忆起当年独闯纽约打天下,同工匠们签订日工合同……他们多是俄国、波兰、意大利来的农民,他们都记得,这"威廉爹爹"(这也是索菲亚和刘易斯对他的称呼)非常慈悲。威廉很爱回忆往事,更喜欢讲述童年时光,在白俄罗斯,他常躺在克利茨基河岸,望着河里漂流而去的木筏,船夫们灵活拨动浮木,徐徐远去。冬季,他常在河面上溜冰。冰鞋是自己用根牛骨绑缚鞋底上自造的。[13]

威廉·维腾伯格与女婿刘易斯·芒福德能结成牢固友情,缘于两人都热爱大自然。芒福德自传中记录了这位难忘的人物,"他九十多岁了",其实写这些文字讲述威廉爹爹时,芒福德自己也已是耄耋老人,村夫野老了,"只见他长时间坐在林荫道尽头,我家园地田畴就豁亮亮敞在那里。他坐那儿,一连几个钟头凝望远方云彩,仿佛还在设想更美好未来,比见过的世界要更好……"[14] 这些文字有些预言性质了。因为临到芒福德自己也九十多岁,再无力写作时,也常坐在这里凝望。感觉现实世界并不理想,想要改变其方向却无能为力。因而常回首往事聊以自慰,独自追忆童年时代那个纽约城,那里曾是个光华灿烂的世界,是他事业开始寻梦的地方。

伊丽莎白也出身乡村小镇,但较丈夫有许多不同点。威廉爱梦幻,彬彬有礼,恭敬有加,她则总是高调、意志坚强、说一不二。这女人精力旺盛,抱负远大,永远让丈夫自愧弗如。到了索菲亚这里,她已不像母亲那般争强好胜,却继承了她大部分旺盛精力和坚强毅力。

伊丽莎白在俄罗斯从姑娘时代开始,就在本地一富裕乡绅家当缝纫工。也从中学到一些礼教和规矩,当然也萌生求进取闯世界的梦想,又天生一副难得的歌喉,有时也想当成功的歌剧演员。这美梦虽未实现,却从未淡忘。为给自己中低收入家庭引进些许文化气息,伊丽莎白从万般拮据中节衣缩食,给家里购得一台钢琴。此后一连数年全家经常围拢一齐唱歌,唱吉尔伯特和沙利文的轻歌剧,歌词都是自己记住的。尽管她自己拼命想当好母亲这角色,她毕竟——至少在芒福德看来——过于自我中心,过于自我欣赏。"某种很深的苦涩味道常挥之不去,一些无谓牺牲和难酬壮志不仅经常挥之不去,还在不断加深,特别在她的晚年。"他们关系常很紧张,芒福德自传中常告诫自己,对伊丽莎白的这种描述是否迟早会降临到他所熟悉的女人身上。"我从这家犹太人家庭中看到并立即感到一种温馨、团结的家庭氛围。这氛围即使因些许分歧或意见相左遭受影响,强大的家庭忠诚仍会维系这种团结。"[15]

这维腾伯格一家已不信奉犹太教了,但仍然尊奉这古老民族的习俗和信仰。在他们布鲁克林简朴居家环境中,芒福德就座一起进餐,饭食虽简单,却是典型的俄国菜。席间谈话常夹杂些意第绪语幽默笑话。芒福德第一次见索菲亚就为这种亲密氛围所感染,这是去国多年渴望还乡的遥念情感,是他久染萧伯纳式冷漠之后萌发的一种重新求生欲……须知,他曾那么长久徘徊歧路,曾那么忌恨、排斥中产阶级家庭习俗,至少他自视如此。

索菲亚妈妈本来不喜欢女儿同这位少爷派十足的青年来往,"何况还是个穷光蛋!"(她或她女儿都还丝毫不知刘易斯的犹太人父亲)。

但既然索菲亚对此人并非特别认真，也就随她去了。每次芒福德来家里，他和威廉总以礼相待，尽量让他感到舒适愉快。

芒福德收到布兰佛德第一次来信邀他去伦敦工作时，也正是他热恋索菲亚之际。但在索菲亚看来，他们不过是普通朋友，或如她所说的，只算"笔友"。殊不知这说法深深刺痛了他，令他想起贝瑞尔给他的难堪。那年冬天他也曾几度努力想克服这种被动，揽她入怀，可她就是不为所动。他因此备受挫折，心烦意乱。无心写作，甚至无心专心致志读书。他雷打不动的钢铁般严格工作秩序和习惯，都在她面前撞得粉碎。

那怎样才能赢她芳心呢？这是去伦敦前几个月他给自己定的"自我改造任务"。其实他未能改造自己也未能改变索菲亚，她却成功地改变了他。[16]

他自己的问题在于，面对女性总难摆脱那种萧伯纳式的腼腆拘束。总把自己束得牢牢，又自视清高。这姿态其实是一种薄而脆的铠甲，由虚假的不在乎心态构成；铠甲中包裹着更脆弱的自我世界，掩藏着更深层的虚弱和内心茫然。这层铠甲被索菲亚攻破了！由此，他对她开放了自己的世界，再不那么僵硬死板，再不那般一本正经。且有生以来首次对女性讲真话，告诉她自己的真情实感。而每到要害处，索菲亚总是拒绝他。最令他心痛的是：索菲亚搅乱了他的全副矜持，而他就是唤不出她的快乐反应。

12月某日曼哈顿晚餐过后，他首次对她说，很喜欢她……她则淡淡回问道："我们靠什么感知爱呢？"这话居然令他感到暂且的解脱（类似他早期独幕话剧中情节，面对女性，人物内心总想逃之夭夭）。不过紧接着，他就感到异常的压抑与羞辱，两种感觉交织在一起令他喘不过气来，觉得自己出了奇丑，活像一只光会空喊的大叫驴！[17]

幸好，他恢复神志，树立自信，不论她说什么，坚信终有一日他俩会"有情人终成眷属"。他无疑昼思夜想要成为著名作家，如今对索菲亚，他有同样殷切的期望。

他很想赴伦敦前得到她某种允诺，于是先邀请她随后也来伦敦共事，他会预先为她谋职。见她犹豫不决，马上继续进攻，说两人可以共赴前程，她反倒毫无反应了。

为赢得她的芳心，可以说他已用尽了浑身解数，竭尽全力克服以往不利于结婚的各种障碍：岌岌可危的经济状况、孜孜以求要当作家、忠心耿耿要赡养母亲和奶娘娜娜。他曾答应母亲许多年内都不会结婚，可如今对索菲亚动了真情。恋爱结婚会剥夺他许多时间，以致无法写作，无法攻读；因此1918年他曾经写信给母亲艾尔维娜说："我已与我的事业永结良缘，我将永不动别的念头，除非我在社会上为我的良人谋到一席之地。"不过同一封信里也说："何况我目前并未能结识一位足以让我动心、让我乐意订婚的女性。"[18]而现如今，这样一位女性，他结识到了！一切也就不能不随之改变。

可问题是，任你千条妙计她就是不为所动，这样的女人，你怎么娶她呢？都快要登船去英国了，他俩性交往始终未超出纯洁亲吻与抚爱。索菲亚照旧声言对他不来电，因而直至4月初登上那艘白星班轮老船"亚得里亚海号"(Adriatics)开赴英伦时，两人间的事情也就那个简单样子。及至推开舱房寝室门，意外见铺位有个小小压力锅，是索菲亚派的送行礼品，令他喜出望外！一丝希望心中暖暖升起，原来，她并非不在意他。[19]

登船去伦敦之前，《自由人》杂志编辑沃尔特·富勒(Walter Fuller)就曾提醒过芒福德，同英国人打交道要有精神准备。这位富勒先生原是曼彻斯特人，他建议芒福德每日就寝前不断重复一句话："这些英国人本无恶意，这些英国人本无恶意……"不断念诵，直至入睡。[20]芒福德抵达英国后，起初这并不是问题。他在亚得里亚海号上结识了作家约翰·库珀·鲍维斯(John Cowper Powys)，一位热忱、友善、很有教养的人。对于作家生涯，尤其如何在伦敦成为作家，他为芒福德提供了不少好建议。而芒福德的东道主，维克多·布兰佛德，原来是维多利亚时代好客传统的好样板。芒福德同他简直一拍即合，而且在他看来，英国整个国家都散发着一种好客友好的气氛。初来乍到，他就很开心。

可是勒普拉公寓却很糟糕,活像纽约那些有钱人的红砂岩楼房却涂满煤灰。这种建筑几十成百幢排列在贝尔格拉维亚地区周边的维多利亚街道两旁,勒普拉公寓即是其中之一。这些房屋用作外来务工人员宿舍,房屋顶和四壁无不烟熏火燎,漆黑一片,积满厚厚煤灰,称得上整个伦敦最凄凉败落的地区。尤有甚者,芒福德不久发现,周边没有一家像样子的饭店、茶寮或者商铺。

一进房门,一股刺鼻恶臭扑面而来,芒福德始终未能适应这种怪味儿。他住的小房间在二楼,原系仆人卧房。内墙几无装饰,但却"明亮、可人,台面还有瓶鲜花——五支水仙和一支郁金香。壁炉架上纸签写有留言"。代表布兰佛德表达这番礼貌的青年女子是他的秘书,多萝西·塞西莉娅·罗齐(Dorothy Cecilia Loch)。纸签留言还告知他布兰佛德住在乡间,邀请他"立即前往",他正恭候他的光临。[21]

却说这位布兰佛德已通过金融投资收入颇丰,如今在罕布什尔郡荒地南缘购得一幢大型砖结构农舍,率全家居住,过着安逸的乡绅生活。芒福德立即乘火车前往探访,到新密尔顿站下车,眼前展开很有趣的一幕。就像乔叟作品中描绘的景象:布兰佛德的女管家和孩子们都坐在一辆驴车上恭候他。他于是上车同行,行至一半,那头老驴突然停下,死活不肯继续前行。所有的人只好下车,沿着路两旁树篱一起艰步前行。

接近房舍芒福德看清,主人正伫立花园迎候。只见他身材修长,面容清瘦,蓄尖尖胡须,面带微笑,彬彬有礼。领客人一一看过房舍周边,然后才对他讲解厕所为何安排得如此原始:"我想,若换了你,很可能你也会如法炮制。你瞧,我们这里半英里内绝无邻家,我们这里金雀花树丛又浓又密,还非常好看。"主人微笑着说。[22]

布兰佛德的好客适度,让人舒适而不窒息。他给芒福德留出足够时间,任他闲步荒野或在农舍周边四处游逛,在房间休息或读书。所以,芒福德后来发现,这些特点同帕特里克·格迪斯个性刚好相反。因为格迪斯要求旁人无条件服从他的需要,而且说起话来像演独角戏,还决不容人插嘴。

布兰佛德则举止安静,言词优雅,略显内向。可是一旦面对难题、经受检验,他也会像他那位苏格兰合作者那样倔强、坚韧。而面对理解他的思想主张的同类人——诸如芒福德——他会很有耐心,俨然德高望重的尊长。比如说,他甚至关心芒福德的私事,到家第二天就曾过问他如何走上城市研究之路,又如何历尽艰辛学习写作……而这些事情格迪斯则从不过问。芒福德1922年写信给格迪斯说:"你是我遇见的最重要的导师之一,如果说你是我知识领域的严父,那么〔布兰佛德〕就是我在这域内的保姆。"[23]

芒福德认为布兰佛德是优秀思想家,而布兰佛德始终未得到公认;直至如今人们一评价他总与格迪斯相提并论,因而埋没了他独具的思想和远见。不过问题还在布兰佛德自己。身为弟子,他过于自谦,总是隐姓埋名,不彰显自己。他著书为文阐述社会问题,领域宽广,从历代战争到古代宗教无不涉及;旁征博引,周详备至,持论精辟,只在接近结尾地方约略述及自己的思想观点。但结论总要严格遵循格迪斯思想体系来收笔。所以,久而久之,读者会认为格迪斯是通过言听计从的维克多·布兰佛德来发表他的见解。就连芒福德后来介绍布兰佛德所说"他才思敏捷,慧眼独具"的文字,读来也令人感到似乎是不得已而为之。仿佛芒福德必须对读者澄清,他当然感谢格迪斯,但另一位杰出思想家布兰佛德同样是自己的恩师。

布兰佛德的成名作是《诠释与预测》,该书一战前夕在美国出版(芒福德后借该书名选编并出版了自己论述文化与技术的著作)。不过对芒福德影响最大的是布兰佛德的《科学与圣义》(*Science and Sanctity*)。该书将作者对科学、艺术、哲学、宗教以及社会生活的观察见解、思想理论融汇一炉;其中认为宗教担当一切人类社会的凝聚力量。这观点后被芒福德悉数继承,成为他学术研究的主要架构,他的几本重要著作都围绕这条主线展开。

芒福德理解布兰佛德的散文,就不那么容易了。就其古奥难懂而言,同格迪斯的散文如出一辙。格迪斯神秘,他则曲隐;格迪斯高古,他则华美。如此浓墨重彩的情感表达,就写作而论这本是缺点;芒福德却从中隐约看出思想家布兰佛德的力量所在。他评述说:"布兰佛德投入科学和社会观察的,不仅仅是他的眼光和分析判断,更是他整个的人,包括他的才干、知觉以及情感世界。"[24]

布兰佛德本来是学财经会计的,因而干本行,无论会计或投资,都很成功。但他始终认为自己首先是社会学家,并与格迪斯联手于1904年创建了社会学学会,目的是想仿照勒普拉①的思想理念改造社会学,使之成为"真正的观察社会的科学,而非仅只研究抽象事务,如竞争、合作、群牧本能(Herd Instinct)、统一意志等,还要研究区域社会的实际过程和职能表现⋯⋯"[25]城市考察就是其中之一,具体目的是对文化和社区做进一步实际调查获得第一手材料。

芒福德注重钻研布兰佛德著作,听他演讲,从中学到许多知识,尤其与他多次谈话则获益更多。尤喜随他步行考察伦敦城以及周边地区。一路上布兰佛德轻松愉快,平实亲切。芒福德自己能获得丰富建筑学知识就归功于他的教诲,他常于普通建筑物隐秘处,以及东畴西亩的曲折历史中看出奥妙,并细讲给他听。所以芒福德评论说,他有拉斯金的天才,能把石材、灰泥、崎岖田野和嶙峋农舍讲述得栩栩如生。芒福德第一次去英国期间最大的开心事,就是同布兰佛德一起散步聊天。

布兰佛德表面冷若冰霜,刀枪不入。实则内心深处"宣腾着伊丽莎白时代对旺盛情感的狂野渴望,渴求罗曼蒂克以及各种冒险"。他俩高视阔步行走在伦敦大街小巷,一次芒福德惊讶发现,对面款步走来一位妙龄女郎,风姿绰约,这时候布兰佛德完全变了个样儿,全身转着圈儿,再围着她打转儿,一直跟随她,不住地赞她美丽。就是这么个人,大约十年后,于66岁之际,即去世前一年在瑞士获奖,他与自己的绘画搭档,也是位妙龄女郎,并肩走向领奖台领取最佳人物素描奖状。[26]

如果布兰佛德来伦敦办事情,会暂居勒普拉公寓同芒福德为邻,他的房间比壁橱大不了多少。一天劳碌后常邀请芒福德过来把盏闲聊。进入斗室,芒福德常见他舒舒服服躺在坚硬便床上,闭着眼睛,一动不

---

① Pierre Guilaume Le Play,1806—1882,法国采矿工程师,社会学家。涉猎广泛,对社会进步有独特视角和主张。认为社会因家庭道德消长呈现周期性变化。反对孔德、斯宾塞和图尔干的社会进化思想。——译注

动。谈话常常就这样开始,若谈到兴头上他会猛然一跃而起,在小屋里来回走动,身后尾随着吸烟后的缕缕白烟。只见他双眼圆睁炯炯有神,一个话题有时候能激动地说上几个钟头。

这就是芒福德赞不绝口的维克多·布兰佛德,此人毕生"都因才思泉涌,不断创生新思想而烈焰腾腾"[27]。但两人初次相逢时布兰佛德非常矜持拘束。第一周两人在他乡间别墅讲述社会学学会建立历史以及重建和复兴计划。他对这位美国新同行详细说明,本来这学会开局良好,前程似锦,可是五年后因为他和格迪斯离开伦敦时间越来越多、越长,于是学会每况愈下。现在他决心重振旗鼓,再造往日辉煌。而且芒福德来得恰逢其时,因为英国整个天空都弥散着改革的气味……说到此他双眼放光。

可见,布兰佛德在英国也像他们在美国《刻度盘》杂志社工作时期一样,怀有同样理想,干着同样事业。他深信世界大战已经掀起一处处巨大变革板块,变革之势锐不可当,但这势头是可以适时适度掌控方向的。这就是他下定决心想干的事业,为此需要芒福德帮忙。

本来《刻度盘》的工作经历让芒福德对战后未来有些心灰意冷,不再那么乐观积极。如今听布兰佛德讲其战略构想和依据,其主旨与他几年前构想很类似,这就是所谓"第三种势力"的构想。

这种主张,布兰佛德曾经在小册子中宣讲过,称之为"渐进式革命"(*The Drift of Revolution*)。小册子详细讲述分析了全世界稳健派和革命派双方势力发展过程、目的以及成效。对此,芒福德有文字记载如下:"他解释说,这两者往往相辅相成,互相转化,调换位置,由此让世界局势在暴烈专政与死水一潭两种状态中来回激荡摇摆,耽搁了各种可行的改革计划。"因此他倡导一种可行的战略,把各种势力联合起来建成第三种势力(The Third Alternative)。它与前两者都不一样,首先它不注重抽象口号、党派宗旨之类,而是非常务实,追求可行的具体目标。诸如植树造林、城镇规划、改进住宅、合作化农业、社会保险、振兴学校教育等等。[28]

芒福德第一本著作《乌托邦的故事》,就想把这种设想扩展成一种社会计划来改造美国。当然这还仅仅是一种设想。当年他在勒普拉公寓居住时,他在布兰佛德的改造英国计划中几乎派不上用场。首先,他感觉自己似乎同英国毫无干系;再者,他也实在是不了解这个国家,无论其当前问题或潜在实力。何况还有更深层原因,就是他对于索菲亚的深深眷恋。他在这里小黑屋子里的漫长夜晚不是梦想未来新世界,而是梦想自己的新娘,那个"遗世独立,美貌超群"的姑娘。他可是把她一人孤独地留在了纽约。[29]

接下来几个月,尽管与索菲亚书信往来如常,两人关系却不断恶化。这就是一年后芒福德记述中所说之"我平生从未经历过的最严重困顿时期的开端"。如此措词透露出,他的苦恋简直到了闹剧程度。[30]

原来,6月初芒福德收到索菲亚来信,内容令他感到有失去她的危险。索菲亚在信中坦承,她新近遭遇了一位"非常热情的追求者",是个意大利雕塑家,名叫奥托洛。年轻,英俊,有才华;且祸不单行,此人政治上还非常激进,也是个无政府主义者。这简直就让索菲亚难以抵挡了。他俩在一次露天音乐会首次邂逅之后,他就不断想方设法引诱她,对她说爱她得很,要娶她做老婆。索菲亚抵挡了他的性引诱和进攻,但她坦白对刘易斯说,那人的确引动了她……因而每逢有他在场,她就心花怒放。

显然,这意大利坏蛋是第一个撬开索菲亚心欲的男人。芒福德担心,用不了多久,他恐怕就会"征服"她了。[31]

那个夏天索菲亚与这雕刻家保持来往,这关系有助于帮她开启情感世界,还能增强她自信。她在《刻度盘》杂志工作以及格灵威治村里新同事都能提高她自信心。因而她也萌动许多新志愿,结婚则暂不在其中。她在给芒福德的信件中,把这一点说得清清楚楚。

所以,芒福德简直看到自己即将成为败走的恋人,他马上一步步检视两人关系的历史,想找出自己究竟哪一步走错了。他不久就得出结论:他在索菲亚身上重复了贝瑞尔时期的错误:进攻女性不够积极主动!

其实在性问题上无论索菲亚或者他,两人都完全没有经验。他们一个处男,一个处女,都还没大胆约会过异性。芒福德甚至根本没见过裸体女人。及至真见到女人的真实,已是约一年后了:索菲亚为他玉体横陈,而他简直惊得发了呆:女人阴户竟不是横的,是竖着长的?!³²

索菲亚同样天真,芒福德至少还读过一些书,多少知道两性关系些许奥秘,她则连这一点点知识也没有。她不知男子阴茎为何物,她俩相识之初,她尚不懂女子怀孕基本经过。战时兰德学校一次舞会,一个黑种老男人邀她跳舞,旋舞间把她搂得紧紧,事后她担心自己因此怀孕,一连几个星期都惴惴不安。³³

如今她可是变了!这令芒福德妒恨交加,心烦意乱,无心写作无心读书,更无心做好振兴社会学学会的事。一心想的,就是必须把她夺回来,而且事不宜迟,越快越好。

因此他笨手笨脚出招的头一个战略,就是直截了当地告诉索菲亚,他多么想"要"她……若那意大利"公牛"扰乱了她,那么,他同样也能让她"神魂颠倒",诸如此类。"我表面纯洁无瑕不表明我内心不狂放,它只反映我始终生活在孤独寂寞中。虽然这矜持我已成习惯,甚至积习难改,它却也守护了我:我因此才不至为廉价取乐儿出卖它所象征的男子贞操。"接着他坚定地说,"但我非道学家,非正人君子,我有这年龄男子的一切冲动张狂,我时刻都能照这种心愿做人做事!"³⁴

不过,索菲亚照旧在纽约无忧无虑,愈加娇爽无邪;他则在英国伦敦附近勒普拉公寓里苦行僧般度日如年。无人可以约会,无人可以交往。出入见到唯一女性是布兰佛德的女秘书多萝西·塞西莉娅·罗齐。这是位瘦小、拘谨、好看的女子,即使严夏也身着厚重长裤和仿男式女长衫。他对她始终恭敬有加,彼此关系至终一尘不染(柏拉图式)。一年后芒福德离英,行前对她坦承,她是那种"少有的女孩儿,既不把我当兄弟看待,又让我(面对你)感到我只是个兄弟。这样的女孩子,你是唯一"³⁵。

他俩谈话很开放,话题广泛。不过谈得最多的还是索菲亚。但即使这最善解人意的女子,也难于慰藉他心灵的苦痛和情感挫折,更无法浇灭他的中烧妒火。

那是个多事之夏。唯一且短暂的快事，是同布兰佛德的青年助手一起度过的两周。他名叫亚历山大·法夸尔森（Alexander Farquharson），也是苏格兰人。当时芒福德给齐尔特斯（Chilterns）高中教课备课，主题是战后社会改良计划。对这段经历，从他笔记和回忆录可清楚看出，即使在很年轻时代，他对乡间生活已经多么心驰神往。还能看出他的节节成长上升，开始把自身成长中各种问题同城市状况——嘈杂喧闹、节奏飞快的大都市——联系起来看待和分析。

他从小镇海维康（High Wycombe）寄给老师齐布拉赫教授的信中说："我在这里感觉舒适清醒，做学问有成效。我清醒意识到，如遇心理危机、情感难题之类的严重关头，纽约或伦敦这样的大都市乃是地球上最无助于解脱危机的地方。我觉得这大都市本身就如心头重负，令我不得喘息……"[36]

当时海维康还是个乡间小镇，伦敦城所没有的，那里应有尽有。小镇坐落在山川河谷之间，区域不大，却紧连良田、牧场。小镇中心原是英格兰早期小村落，中世纪晚期的许多地方风貌仍清晰可见。街巷蜿蜒，屋舍俨然，建筑结实朴素。高高台地尖顶，耸立着一所教堂，是本教区中心教堂。

虽然19世纪末工业浪潮让这里也大大改观，变得繁忙吵嚷，且以出产温莎城堡贵族桌椅著称。这海维康小镇仍然千方百计保存了许多传统手工业遗产。芒福德跟随法夸尔森走街串巷，绕过小镇周围丘陵山坡，山毛榉树林内外，一幢幢乡村房舍，一处处民间故事里的小村落，到处镌刻着厚重的历史记忆。他亲见工匠用老式木工镟床制作椅子腿的全过程。

读克鲁泡特金和威廉·莫里斯（William Morris）论述劳动和生活的著作时，知道他们倡导乡镇企业。如今在这里得见其繁荣昌盛的真实样本；芒福德进而联想，既然这些小企业不像大工业那样气势汹汹要断送人类和自然，何不以这种制造业为轴枢建成一种区域性文明呢？他后来著作中推荐给美国的田园城镇概念（Garden Town），就来自他观察到的海维康这类小流域文明那种均衡的生产生活方式，并在此基础上加以改进并专门为美国移植过来。

海维康地区高中讲课结束之后,他重回伦敦勒普拉公寓。第二天就写信给索菲亚,对她说:"伦敦诚然比纽约更像一座宜居的大城,而它仍然逃脱不掉大都市的坏名声:一个肮脏透顶、鼠害横行、有害健康、令人沮丧的大黑洞。此行唯一收获就是坚定了我的决心,让我对大都市的分析批评更无所顾忌,更加果断。一种文明若能缔造出伦敦这样的大都市,那它就有本事把任何地点都改造成无人区!"[37]

当然,后来芒福德再次访英居住伦敦时,他开始逐渐喜欢这座城市了。不过首度访英,他对该城印象顶多是一种爱恨交织。他出生富裕人家,对于仆役、管家、服务生前促后拥的生活方式太熟悉不过,因而对于阶级偏见和谄上欺下的作风特别敏感,而这些现象在伦敦却比比皆是。何况他阅读过萧伯纳戏剧《皮格马利翁》,如今亲见英国人如何人前一面,人后一面。当面恭顺,背地里,或谦卑或睥睨,暗自将他们划分三六九等,分别归类到上等人和下等人。[38]

维克多·布兰佛德介绍芒福德进入伦敦上层社会的核心场面。布兰佛德本人则依靠那些出身名门的勋爵伯爵男爵们在那里进退自如。他的女秘书罗齐同样如此,此人经历过漫长秘书生涯,侍应过各种达官显贵,尽管出身爱丁堡一普通人家,做姑娘时曾喜欢嘲讽英国南方人这种势利小人作风。结识芒福德后,她耐心帮他适应伦敦各种社会习俗,叮咛他注意各种必要礼节仪式和社交规矩。吃饭、进茶,种种场合都要衣装得体,言谈举止要恰到好处。某些圈子特别避忌什么话题,等等。甚至还训练他习惯了"绝不能没有的"四点钟下午茶。这种英国派头,芒福德归国回到纽约多年后一直沿袭下来。尽管经历了这种艰难培训而且合格,他仍感觉活在这些高层社会的英国佬当中远不如自家舒适惬意。此期间寄回家的信件写满了愤怒的诅咒,他无法忍受"英国有闲阶级那种令人窒息的挑三拣四、吹毛求疵、媚上欺下"。于是开始对罗齐小姐以"妖妇"相称。因为,为了让他适应伦敦习俗方式,她出言吐语酷似个 Delilah(妖妇),从而"把这位美国青年大力士身上绑缚的大铁锁剪断了!"[39]

芒福德痛恨英国社会制度,这愤怒因眼见英国社会特别是伦敦城丢人的贫困现象益发难于忍耐。虽然伦敦有种种豪华舒适宽敞的文明地带,但芒福德却见过这座城市许多令人沮丧可怕的污脏地区。

芒福德偶尔也会穿过维多利亚时代伦敦城的穷乡僻壤,这正是查尔斯·狄更斯小说中描绘的可怕贫民窟景象。他因而更坚信,必须推广埃比尼泽·霍华德当时在伦敦周边兴建的两座田园城市,进而将其取而代之。但因种种原因芒福德始终没得到机会前往参观学习他的第一座田园城市试验莱齐沃思和后来的韦林田园城市。

8月,芒福德已归心似箭。思念家人又陷入苦恋,他开始感到荒废生命。整个夏季只给《自由人》杂志写过几个短篇。为《社会学评论》贡献的作品更少得可怜,只去那里干过三四个工作日。[40]

再说,同布兰佛德的合作也越来越困难,他已看清楚,布兰佛德决心建立的社会学学会,不是社会学经典意义上的专业组织:活跃、做实验、对新思想和困难问题采取开放态度。他是想建立一个忠实于他们(他与格迪斯)理想的学会,传播他们的社会学理念,因而不会支持意见相左的派别。芒福德因此写信给在印度的格迪斯说,该学会的弱点"很类似亚里士多德身后的亚里士多德学派。该学派创建者的著作思想博大精深,表面已无任何东西让后代可以继续深入钻研,除了写些批注、诠释及改编和简化大师的思想"[41]。

芒福德很愿意向布兰佛德继续学习,但是不愿意沦为他或格迪斯的"办公室小伙计"[42]。当初来伦敦讲好的条件也并非如此,再说布兰佛德那种屈尊俯就的勉强态度更令他生火,所以常巴不得马上回纽约。给家人和朋友写信说:"我已经发现英国的弱点和美国的强势,以往有些看重、夸大了美国的弱点以及英国的优势。如今我不再看弱、唱衰我自己的国家……这样我就心明眼亮,懂得该做些什么才能维护美国真正宝贵的价值理念。"[43]那个夏天他刚好在阅读《自由人》杂志刊载的冯·维克·布鲁克斯的论文,讨论美国文化的希望何在。这些思想都强化了他同祖国的情感纽带。从此他按捺不住要撰写美国题材、美国主题、美国文化。他终于开始看清,美国纵有诸多问题,但比起英国和欧洲其他地区,美国则"更开放,更愿意、更容易接受压力和人类的优良计划,因而美国也更容易被锻造"[44]。

当然他还得操心自己的事业,如果想继续追求作家生涯,他就得"固守文学方向,纯文学的方向。并且果断闪避任何来得容易又有利可图的工作"。于是写信给索菲亚,说明自己决心离开勒普拉公寓的理由和打算;还继续说:"我并不愿意鬼影般回归原来那种节衣缩食的生活习惯,虽然那是我学徒时代自己锻造出来的。但是,舍此我看不出哪条路能摆脱编辑——爬格子——文化苦工这几环构成的死板套路,虽然我清楚我面临继续深造的大好光阴。"[45]想清楚这些,当布兰佛德再次表示已经无力支付芒福德延长伦敦工作的薪俸时,他反倒暗自高兴。

8月,正在打理行装准备启程返国之际,他收到格迪斯邀请,要他前往孟买会合,担任他的助手一年。格迪斯央求他同意,因为城市研究尚有许多任务有待共同完成,"我指望你来帮我完成许多方面的工作设想。"格迪斯还答应解决他来印度的旅费外加一份不太高的薪俸。请马上来,"我们还得互相提醒,都不要因为高兴干得过度疲劳!"[46]

约一个星期左右芒福德快乐无比,很乐意接受这邀请。其实他几乎主意已定,并且去轮船公司询问船票日期和价格了。他在那里彳亍,"犹豫不决有半小时许,售票窗口里全无一人搭理他。我突然明白,命运的骰子已经投出,天堂在召唤!**我不去印度了!**"[47]

其实这决定并非来自命运,而来自索菲亚·维腾伯格。索菲亚曾劝他做决定时不必考虑到她,他又怎能做到呢?他写信对她说:"本来去印度是人生大好机会,但我不能确定,回美国是否同样是人生千载难逢的良机?此刻权衡利弊,我感觉你对于我要比印度重要百倍!"[48]

10月中旬芒福德登船返航纽约,心中只存一念:说服索菲亚嫁给他!

重返纽约

> 毫无性体验的人往往不适应婚姻,恰如全然没摸过钱的人,就不懂得如何操持一笔大遗产。
> ——1922年1月15日刘易斯·芒福德给格迪斯的信函

"亚得里亚海号"班轮拐个大弯绕过金沙角,徐徐驶入纽约港。芒福德站在船首,心潮澎湃,浑身阵阵热浪。纽约啊,以往从五分钱渡轮甲板上无数次见过,那么熟悉的纽约啊,我又回来了。

接近泊湾,豪华班轮停了机器,再由船身被煤烟熏得漆黑的驳船轻轻推向泊岸。这时芒福德从人群中看到索菲亚。她正立在码头边,激动地挥动手帕。芒福德一个翻身越过栏杆跳到斜道,索菲亚跑过来热情亲吻,欢迎他,看样子非常兴奋。但当他们取到行李,走出港口找地方坐下准备吃午餐时,却激烈吵了起来。原来芒福德要她当晚过来看他,而她无法接受,因为数周前就答应过奥托洛,跟他去听歌剧音乐会。此外芒福德还得知,敢来横刀夺爱者,还不止一个。

他和索菲亚曾计划好,等他伦敦归来两人就去个乡间小镇好好团聚一周。一路上满心盼望的就是这事情,坚信他俩单独呆在一起有助于弥合两人情感沟壑。而如今她却变了卦,还解释说她有了太大变化。过去数月间她很见过几个男子,而且很喜欢这种众星捧月大出风头的感觉。说她很喜欢《刻度盘》同事中那种轻松、快乐、无忧无虑的相处方式,如今已经"很讨厌那种口口声声说良心道德、社会原则的人"。不错,去年我曾经想往成家,相夫教子,服侍夫君事业成功。而如今"我向往完全不一样的东西"[1]。

那年秋天索菲亚同时与两位男性交往,一个是奥托洛,另一个就是她的《刻度盘》新老板,斯科菲尔德·塞耶。而且到11月,芒福德有理由担心,这位老板要比那意大利竞争者更具杀伤力。

塞耶身材修长,文静白皙,面容古典,一双黑眼睛炯炯有神。可以说芒福德所缺少的,他则有应有尽有:有钱、光鲜、睿智、游历广泛。父亲是百万富翁,因而有钱受最精致的教育。而且在哈佛读书时还是乔治·桑塔亚那(George Santayana)的得意门生。随后,1921年到维也纳师从西格蒙德·弗洛伊德研究心理分析,并与这位"伟大的魔术师"结为至交。[2]

这当中还有位女性,爱丽丝·格利高里(Alyse Gregory),后来担任《刻度盘》执行编辑,是塞耶的情人。她在回忆录中描述塞耶说,此人半是僧侣,半是唯美主义者。他着装简朴随意,不在意长时间穿一套西装领带(甚至从上大学以后),不在意旁人议论。一旦进入写作却十分专注,往往独自找个僻静角落,如同中世纪抄写员一般专心致志干起来。他喜欢交往和款待作家、艺术家宾客。地点就在杂志社顶楼专设的大餐厅,或在华盛顿广场他家住宅里,虽然那里狭小空寂如僧人禅房。顶楼餐厅布置豪华,墙壁上有贵重的油画与绘画。他本人书柜也满当当各家藏书珍本卷册。他还雇了个行为乖张古怪的日本仆人。据格利高里描述,此人"系保守派刊物《民族》杂志赞助商之一,为掩饰膨胀的虚荣心,常常故意避开众人从后门进入房间"。[3]

索菲亚和塞耶并无性关系,从不曾有;但却互相吸引,喜与对方为伴。所以常常出双入对,一起吃饭,一起乘游艇游长岛海面。索菲亚对他以及他网罗到《刻度盘》来的精致朋友们,很有些着迷。她从他身上领教了一种新的生活方式,对轮番不断的文学聚会、出去看戏、出席艺术展览开幕式,很生艳羡。

索菲亚很尊重作为总编辑的塞耶,尽管此人主观武断,高高在上发号施令声色俱厉。每逢他一声嘶力竭喊叫,同事们马上肃立,"活像罗马皇帝提彼留(Tiberius)驾到"[4],若不是理解他心怀大抱负,想让这杂志称雄美国文艺界,他们对这种欺侮不会如此逆来顺受。

杂志在他和詹姆斯·斯布里·沃森博士治理下发表了许多作家的

好作品,有新秀也有早已雄踞文坛的老作家,如埃兹拉·庞德(Ezra Pound)、马利安·摩尔(Marianne Moore)、威廉·巴特勒·叶芝(William Butler Yeats)、华莱士·史蒂文斯(Wallace Stevens)、卡尔·桑德堡(Carl Sanburg)、亨利·米勒(Henry Miller)、D. H. 劳伦斯(D. H. Lawrence)、卡明斯(e. e. cummings)、埃德蒙·威尔逊(Edmund Wilson)、约瑟夫·康拉德(Joseph Conrad)、詹姆斯·乔伊斯、艾略特(T. S. Eliot)、约翰·多斯·帕索斯等等。此外杂志还配精美插图,大约是美国当时最美观的文学杂志。沃森还喜欢艺术收藏,他与塞耶共同策划,再版重印了许多名作绘画,诸如奥古斯都·雷诺阿(Auguste Renoir T)、派布洛·毕加索、乔治·布喇格(G. Braque)、马可·查加尔(Marc Chagall)、亨利·马蒂斯(Henri Matisse)、乔治亚·奥基佛(Georgia O'Keeffe)等人的成名作。这一系列努力都靠塞耶坚持不懈的领导策划。他有一个坚定不移的信条,就是对大家所谓"还算将就凑合"的作品决不容忍。[5][①]

塞耶还将自己财产大部用来支撑文化基金会,因而赞助过许多有前途的青年作家和艺术家。他是编辑,时刻注意发现有写作天才的好苗子。芒福德深谙这一点,因而给《刻度盘》杂志贡献过一系列作品。只是编辑部觉得他的作品偏于社会学,不适合刊物的文学性质。他们从不发表政治类、建筑学以及人文社会科学之类的文章。这种情况下索菲亚还得宠于塞耶,就令芒福德愈加难以接受。因而对她一再声称,自己也是个"文人(man of letters)"而非塞耶鄙视地称呼的"社会学家"。他还听说,在塞耶影响下,索菲亚也开始认为他过于忧心忡忡、严厉刻板(somber and serious)。[6]

到12月,芒福德已感到他会永远失去索菲亚。因而对她说,他再也不愿意见她了,包括很随便的接触。因为他感觉若走近她是一种折

---

① 1925年索菲亚·维腾伯格辞掉《刻度盘》杂志社工作,同年爱丽丝·格利高里也离开该杂志社与丈夫勒维林·鲍维斯(Llewelyn Powys)返回英国。爱伦·赛耶,斯科菲尔德·赛耶的表姐(妹),接替她的职位。同年马利安·莫斯接任了执行主编职位。此后不久,赛耶也离开《刻度盘》杂志,将更多时间投入写作。此后《刻度盘》杂志于1929年7月停刊。——原注。

磨,无法倾诉衷肠,只能绕着她幽灵般上下翻飞,那岂不又要重蹈贝瑞尔时代的覆辙?所以他索性给她留下最后通牒,然后抽身出局:请你想清楚,若愿意做我的至爱而非"战友"之类,就来找我正式表态。这些话,当然,与其说表达他的真意不如说表明他有多么痛苦和愤怒。[7]

他感觉那年冬天纽约的孤独阴郁远胜过他在伦敦的孤独时光。不久健康恶化(心身病复发),再次陷入消极困顿,几乎不读不写。转而开始阅读当时英国美国出版的弗洛伊德精神分析通俗出版物,同时一心搜索成长历史,拷问自己究竟哪里错了,无法给女子当个称心如意的恋人。读物引导他开始怀疑:在贝瑞尔、索菲亚面前连连受挫是否因为自己聚积了"亲情固着(parental fixation)"的心疾?这种对母亲的牢固依赖让他多少还处于婴儿调试状态,总想从自己心仪的女人身上获得类似慈母般的对待。凡与女性交往,总想照这标准改变她们,而不是想改变自身。[8]

这自我诊断恐怕有些道理。但这人有个毛病,碰到事情总是先从自身开始检查。他觉得,如果贝瑞尔和索菲亚都离他而去,其中他自己必有过失。

他开始设想回到英国或去印度加入格迪斯团队,障碍在于他还没打算放弃索菲亚。元月底,他又开始约会她,说服她答应嫁给他。笔记中他说:"又是躁动不安的一周,工作时断时续。真不知这状态还要延续多久……健康每况愈下,工作事业一塌糊涂。"[9]

随后将近一个月,索菲亚对他热情了许多,也因为她不再约会斯科菲尔德·塞耶了。还告诉他说,她开始真正爱上了他,并考虑出嫁结婚。因此那年春季他俩说好先"试婚"。他本想立即结婚,可索菲亚说见那么多人离婚,其中必有缘故。因而两人决定至少同居六个月。若无障碍,可能就结婚。[10]

对这种安排,他俩谁心中也不存道德疑虑。芒福德后来回忆录中说,他们是"一对糊涂虫,想问题办事情纯是老于世故与年幼无知的奇妙组合。道理上说,他们对性问题很开放。但于真实的性活动却一无所知"[11]。索菲亚自认为属于格灵威治村里的开放女性,但当芒福德提议考虑避孕措施,她简直震骇得不得了!芒福德后来对朋友讲,这令他也很惊讶!微妙的是,为什么提议索菲亚而不是他自己去找避孕措施呢?[12] 当然因为他更害羞,不敢露面。

意向已定,决计入秋后建个安乐窝。实际上夏季已开始同居,一个处男一个处女,首次同房没经验。初次幽会,找到的地方环境绝佳,在新罕布什尔州南部某丘陵地带一所宽敞大农庄。那里远眺莫纳诺克山峰,芒福德偶然来此工作中获知该地。那工作系他新友保罗·罗森菲尔德(Paul Rosenfeld)推荐,此人曾任《刻度盘》杂志的音乐评论员。他推荐芒福德来此接替帕德里克·考勒姆(Padraic Colum),给暑假班学生讲授文学课。教学期间就居住在这附近。该地名彼得伯洛,农庄房舍主人夫妇名亚瑟·约翰逊和乔安娜·约翰逊。芒福德从彼得伯洛写信向罗齐介绍说,据这对夫妇讲,这学校校舍是一位公主的捐赠。公主是个时尚女子。其父亲有文艺复兴时代的鉴赏眼光,很会选择建筑物和装饰品。公主为安排两个孩子假期在此度假读书,捐钱建校。让孩子在校期间有附近伙伴陪读。[13]

保罗·罗森菲尔德

在此教书是个美差,薪俸虽不高,却有充裕时间读书、写作、闲逛。每天清晨芒福德与其他三位教员到校教课,间或安排课堂游戏和排练演戏。学生大多是附近村落的孩子。教师宿舍在小山坡脚下一所大白房子里。一条小径穿过密密树林蜿蜒连通两地。教师们常应邀赴会参加约翰逊夫妇组织的晚宴。客厅是幢木结构大房子,一名古板英国厨师长琼斯应侍客人。住所附近有网球场、游泳池、梯田园田、露天体育场,房前一泓池水,流泉汩汩。每天下午就没事儿了,芒福德会随其他教师到湖边读书或晒太阳。

忧愁沉闷一年来,这算首次轻松愉快。万事俱备,就缺索菲亚。一到这里他就开始密谋一件事:如何邀她来新罕布什尔州度假。索菲亚也很喜欢这主意。他只担心约翰逊太太有看法,会认为他们一对未婚青年共住一室,伤风败俗。煞费脑筋,他索性询问约翰逊太太,能否邀他新婚妻子来此小憩,就算学校客人暂住他的小房间?房东太太高兴地同意了。为保险起见,他致信索菲亚,要她买一对廉价戒指,索菲亚都照办了。行前还请妇科医生为自己安装 Y 字形避孕子宫帽。那是当时最常见的装入阴道避孕措施。对此事,芒福德也有回忆记录:"我们俩谁也没经验没本事想到,这种冰冷坚硬的外科保护支架,第二天我们首次开足马力疯狂做爱谱写篇章时,令我们有多么尴尬!"[14]

他用了"首次开足马力"的措词,可见先前已曾"马力不足"偷尝过禁果。那是五月天一个温暖下午,在弗赖特布什区索菲亚家里。房后有间空屋,俩人进屋,她就脱光衣服让他从上到下尽情饱览。他当然拥抱了她,却未想到该当即宽衣欢娱,让她这领先举动有些扫兴。她赤身露体无拘无束立他眼前,说道:"浑身一丝不挂,我好自在啊!这身体我骄傲自信,喜欢让你看!"可惜小伙子年轻害羞,不懂该继续跟进,趁热打铁。[15]

他们的新罕布什尔梦幻安排,结局是灾难性的。索菲亚抵达彼得伯洛当天就险些溺毙池塘。芒福德大义凛然下水救人,无奈力不从心自己也差点儿沉底。幸好学校体育教师经过这里,见二人深水挣扎,当即窜入水中把索菲亚搭救上岸。芒福德摆脱她惊恐万状紧抓不放之后才随着游到岸边。

当晚,以及索菲亚逗留彼得伯洛的全部时间内,他俩都未能完成预订任务,做爱成功,尽管——或正因为——索菲亚为此在外科手术中损坏了处女膜。总之,周末他送她离开彼得伯洛时两人精疲力尽却如败阵之将。[16]

一回纽约索菲亚就向格灵威治村的同事们宣布,她俩结婚了,同时亮出指环以示证明。尽管索菲亚为这新关系显示骄矜,芒福德内心却颇黯淡。他总感觉彼得伯洛一周频添她几分疑惑,两人的永久关系恐难维持。后来书信往来也证实她的确犹豫不定:"我感觉没把握。我做事就做我最喜爱的事,从不做没把握的事,除非不再当女人。做女人一天我就不会放弃女人之所以为女人:女人爱美,有魅力。这是她生命的全部目的。这两种前途,一个我不爱,另一个我无能为力。如今我站在魔鬼和大海之间,这就是我不能如你那般自信的根源。你有你的事业,你相信我不会搅扰你……你的工作事业是为你量身定做的,而我呢?我当如何?"

不过,索菲亚诚心诚意愿为"婚姻"再试一次。她信中写道:"我总放不下这念想,我们迟早能堂而皇之屹立于人世!"[17]

芒福德自传里也忠实记录这一切。唯独遗漏一点:索菲亚提议两人正式一起生活时,他正对婚姻本身产生深深怀疑。这次动摇怀疑虽历时只几个月,却提供了瞭望窗,让我们透视芒福德的性格人品。这动摇还昭示两人未来关系中潜藏着许多严重问题。

他爽快地告诉索菲亚,他的心理障碍在于难以忘怀伦敦归来后遭她冷遇;还有,她是不再喜欢塞耶之后才回转向他。过去种种表现令他担心:如此动摇不定,婚后岂不要移情别恋?[18]

这种惴惴不安还以其他方式浮出表面,无一例外都表明他不乐意迎娶一位在婚姻当中事事主控的女子。他相信索菲亚比他更强势。索菲亚深知他深爱她。至于她是否也深爱着他,他却心中没底。"爱浪袭来,你仿佛很爱我。可是风头过后波平浪静了,留在风中瑟缩,那感觉能好受吗?"[19]

此外,他还担心无故错过学术事业良机,未能"随格迪斯到远方合作一年"。而丢掉这大好机会的原因,"到头来证明就为了一桩既不浪漫又不值得冒险的恋情"[20]。他还担心,他是受性的引诱踏入婚姻殿堂。以往数年形单影只,很少交游。如此赤条条来去无牵挂的生活方式越发强化了他性活动挫败的坏心情,令内心平衡更难恢复。尤其担忧婚后生活对他写作和事业产生影响。因为索菲亚若辞去工作生小孩儿,他就得找个全日制工作,否则无法养家糊口。以往阅读萧伯纳戏剧他就知道,婚姻对胸怀大志的艺术家是致命之伤。他不同样面临挣钱养家的结局吗?

但是,若冒险踏入婚姻殿堂,虽舍自由却换来丰富情感生活,给人生注入大量绚丽内容,恰好纠正了杰瑞·拉亨布鲁克从他作品中察觉到的个性缺点。因为杰瑞曾经告诫过他,性体验和情感生活的空白很可能严重影响他的创作风格。无巧不成书,就在他准备同索菲亚迁入新居时,这位拉亨布鲁克又来信旧话重提,再次提醒他。来信用心良苦,表面上称赞芒福德新作小说《小人物》(*Scantling*),却借题发挥指出要害。那年夏天拉亨布鲁克写来许多信件,针针见血指出芒福德作品的致命败笔,嘱咐他下大功夫去克服。就文学创作风格而言,这大约是芒福德收到的最为英明的指教了。

信中说:"小说作品最忌的毛病恐怕就是,写来写去就一种很笼统、超脱、空泛的东西而缺乏真情实感。你自身可能有许多体验:愤怒、炽烈的爱等,但从你作品中人们完全感受不到。"拉亨布鲁克感觉他的作品过于客观冷漠,完全是冷眼旁观式的传达。拉亨布鲁克认为,这反映出芒福德"看待生活的基本态度"。它并非刻意反映到作品中,是他个人气质指使下悄悄流入作品的。拉亨布鲁克还承认,他本人也曾饱受这种"情感残障","咱俩都对生活持冷眼旁观和批判态度。同胞们的情感,我们应有尽有;但我们却缺乏他们的实际生活体验。"[21]须知这年轻人几年前就决计再也不过"二手人生"了。可以想见当他听到拉亨布鲁克这话,有多么震骇。

此外芒福德还收到拉亨布鲁克另一个忠告:有一件事情对他同索菲亚的关系,以及对他未来事业的发展,都构成威胁:就是他自身由来已久的恋母情结,亦即他同母亲近乎获罪感的密切联系。拉亨布鲁克在一封信中隐晦地提到他对母亲的依赖太强。此信刺痛了芒福德,于是辩白解释,他"同贝瑞尔恋爱不成功"可能因为"某种俄狄浦斯式恋母情结",而这些年来走南闯北的经验——匹兹堡、海军服役、伦敦工作……"早已帮助他突破了这一重心理障碍"[22]。他这话当然不够坦率,因为我们已经看到,他自检中已隐约感到"亲情固着"妨碍了同贝瑞尔,以及索菲亚早期的关系。查他私人日记就更印证了他的担忧:恐怕拉亨布鲁克的忠告字字句句都是对的。[23]

这当口他该去求助心理医生,数年后向一位朋友坦承这一点。[24]他却没去,反而自己进行心理分析寻求诊断。于是进行痛苦的精神自我解剖,为严重的神经症寻找病根儿。一封致友人的信中揭示了他同母亲关系的核心内容:应当说,"对比同时代孩子的家长,母亲对我并不甚尽职。但是,我在一定意义上成了她生命的核心,她为了我未能再婚。这种关系久而久之成为一种非同寻常的联系纽带。"[25]

于是原因清楚了:1921年他开始考虑婚姻的时候,内心深处有种焦虑,担心母亲为他结婚怪罪他背叛。因为她不仅年老力衰且无收入,要他给予经济支持。这就是他的心理负担,而且他婚后数年内果然始终挥之不去。

后来通过与母亲交谈逐渐明白,是他自己过虑了。母亲从来不认为他结婚娶媳妇就是背叛她,对她构成威胁。于是索性向他说明,绝不干预他同索菲亚之间的事情,无论婚前婚后。[26]而后来种种迹象都表明,是他难以摆脱母亲,而不是母亲更难摆脱他。而且,他从心理上巴不得母亲很计较他结婚——虽非如此——表明她非常爱他。

芒福德还有个"母亲"也心存惦记。就是他的奶娘奈莉·阿亨,他喊她娜娜。这位奶娘曾同母亲一起住过四年,但两人始终未能处好。奈莉之所以留下没离开他家,全因她对刘易斯割舍不下。所以那年9月芒福德致多萝西·罗齐小姐信中说:"所以,我一离开家,我们就不得不为娜娜另寻住处。因为原来家里是母亲和我住,现在来了索菲亚,根本不够住的。"信中还说及"与娜娜分别,情颇戚戚。本来她想伴我至终,现在还没等到我结婚,就……"而且他承认,最终在西15街天主教养老院给娜娜找了住处,"自己颇觉得铁石心肠,不义不忠"[27]。

这种心态如同他牵挂母亲艾尔维娜一样,与其就事论事,不如更多映出他自身缺点,包括安全忧虑。结果证明奈莉根本不会计较他同索菲亚的婚事。只不过刘易斯离家后她就不便继续留住了,也从不想同刘易斯和索菲亚同住。她只盼望刘易斯今后不论干什么,都事业有成,身体健康。

刘易斯和索菲亚决计"试婚"后，真正的难题来自索菲亚的母亲伊丽莎白·维腾伯格。当索菲亚将他的安排告知母亲，这妇人闻讯火冒三丈坚决反对。不准女儿同任何男子未婚同居；当然更反对她嫁给非犹太人，何况还不信教。言罢竟一时昏迷不省人事。醒来后继续发怒，歇斯底里大发作。索菲亚当晚写信给刘易斯："真后悔没听父亲劝告，索性不该告诉她。"[28]

刘易斯便趁机对索菲亚说，他怀疑自己有犹太血统。索菲亚马上告诉了她全家。就在这前后，艾尔维娜·芒福德自作主张，避开刘易斯和索菲亚，悄悄前往布鲁克林去访晤了索菲亚的母亲。她感觉自己有责任告诉维腾伯格太太，她未来的女婿是个非婚生子，而且孩子爸爸是犹太人。而且，她感觉这样行事正大光明。良苦用心苍天可鉴，显然希图此举能软化维腾伯格的坚拒，不要再反对孩子们这门婚事。（两位母亲这次秘密会晤，索菲亚和刘易斯婚后二十多年竟一无所知。）

可是，伊丽莎白仍拒不祝福他们结婚，即使她丈夫已不再反对。她对女儿说："每逢想到你们所作所为，我就无法尊敬你们。"[29]后因索菲亚的长兄菲利普站在母亲一边，又给这桩婚姻添了新障碍。他是律师，从法律角度向索菲亚提供意见：你这种同居安排在法律上视同事实结婚，具有同等约束力，当然也同样难以解除。所以最终是这位律师哥哥的惊叫失声起了作用，索菲亚最后同意履行法律手续，缔结良缘。

于是9月底某日迁入西4街一所房屋后不久，他俩去布鲁克林教区管理部门，由一位冷漠的民事办事员经手，办完法律手续。

他们的新房在西142街，是一所陈旧破败、蟑螂横行的租赁楼房的顶层。有间公用大厅，却臭气熏天。艾尔维娜首次来访，进得门来便惊叫失声，几乎昏厥。待惊魂稍定，又泣泣啜啜地说："天哪，看看，我还没闭眼，却眼睁睁见我儿子落到这步田地！"[30]房间内外各种管道年久失修，没有冰箱，浴缸是老式洋铁皮制造，脏且不说，早已碰得坑坑洼洼不堪使用。祸不单行，楼房隔壁是一间马厩，还养着马。散出熏天臭气，他俩只好将面对马厩的一间辟为储藏室或作临时客房。租金也贵，月租60美元。不过当时战后纽约住房奇缺，他们觉得有房住已属幸运。更重要的是，格灵威治村近在咫尺，这才是两人之所求。[31]

两人婚事开局不利。搬进新家后，刘易斯就对索菲亚宣布，为健康起见，希望两人分开睡觉；这对索菲亚当然如晴天霹雳。他解释说，他仍未摆脱结核病后遗症，必须预防感冒和感染。所以，他占用书房睡眠，索菲亚睡相邻的主卧。这种安排为他俩生活基本格局定了终身。

日常生活中，他负担大部分家务包括买菜做饭，打扫房间。这方面他较有经验，也有较多闲暇时间，索菲亚则继续她的全日制工作。这种安排起初是他同意了的，不久却显露很多问题。渐渐他开始妒忌索菲亚有那么多闲暇和自由，可以随意与《刻度盘》的同事们消磨时光。何况他对情敌斯科菲尔德·塞耶还心存芥蒂。此外，身陷其中才不甘心为家务油盐酱醋琐事荒废那么多宝贵光阴。

更不堪的是，邻近五点钟下班时分索菲亚常常打电话来，说晚上要与同事们或作家们共进晚餐，就不回家吃饭了之类……于是不久，两人爆发争吵！原来婚后不久，他就打定主意决不轻易接受这种"宅男"角色安排。一天傍晚，他伫立门口，抹布搭肩，腰系围裙，迎接刚下班回家的索菲亚。待她盈步走来，他即宣布从今以后"我不再当厨房小厮"，旋即抹布围裙地下一摔，咱们也到外面吃饭去！两人都喷口大笑，就这样一直连续多年在外面吃饭。直至索菲亚怀孕以前，他们一直在外用餐。[32]

最难对付的婚姻困难和痛苦是两人的性生活。至少婚后第一年他常常焦虑，因而绝非女性之合格爱侣。当然部分原因是他俩都初涉爱河，全无经验。据他分析，他属于那种"阴毛激活型敏感处男"，而偏巧索菲亚又属慢热型处女，要很长时间才激活兴奋灶。[33]但他悟性强，学东西快。这年冬他给帕特里克·格迪斯信中吐露秘密说："毫无性体验的人往往不适应婚姻，恰如全然没摸过钱的人，就不懂得如何操持一笔大遗产。"[34]

当然，俩人也不乏婚后各种甜美经历。述及这种早期婚姻体验，芒福德有文字记录为证："常有这种时光，清晨醒来，轻松愉快，风情万种,柔情蜜意……那时《良辰美景切莫滥情》之类音乐轻歌剧的劝诫尚未进入公共道德。"[35]不过仍难免这种情形,索菲亚下班归来很晚,因不得不赴朋友聚会共进晚餐,令芒福德妒火中烧。而芒福德呢,则决不提高嗓门儿,而是轻声慢语地说话问答,却全然不看她,无视她的存在,这种所谓教养却最令她恼恨。她觉得这所谓礼节只能激化矛盾加剧紧张,还不如痛痛快快吵一架更痛快!

多次吵架的确都因为这个斯科菲尔德·塞耶,但是芒福德最担忧而计较的,却是索菲亚对他倾诉的怪梦,而且她反复总是这种梦境:总梦见其他男子成为她潜在的性爱伴侣。还梦见落入陷阱,挣扎逃命。而他的梦境往往是"焦虑梦",梦见她离他而去。可见按类型划分,她的梦属于"愿望梦"。这类梦幻常以争吵开始,离散开去另觅新欢为结局。他分析后笔记中有结论说:"若我无法搞定索菲亚,必有人能搞定她。"[36]

芒福德表面矜持收敛,俨然"柳下惠",内心则狂情暗涌。婚后生活不顺利令他开始担忧,不仅危及他婚姻家庭还危及工作事业,因为他越来越难以保持心绪平衡,而这恰是他生命的核心主张。

照他自己分析,同索菲亚相处困难源于她根本不乐意嫁他,而他也的确不是她的"如意郎君"。[37]但实际上索菲亚真实情况并不这么简单:她决意嫁他,虽非全身心地爱上了他,却因她相信芒福德生活目的明确,清楚一生追求什么。她愿意同这样的人共度终生。[38]

可是呢,最初她并不清楚自己究竟爱不爱他,至少不如刘易斯更清楚。但她拼命希望这桩婚姻存继。她无法接受的,是他顽固要求她在两性交往上保持忠贞,不许她同其他男人独自外出。婚后不久她爽快告诉刘易斯,她想同别的人共同探索性奥秘,然后决定"与他定终身";她说至少你得允许我继续与其他男性有社会交往,包括塞耶。但这一点恰是他不许可的。数年后,她写信对朋友说:"生活中这么重要的事情,我从未好好试验过。既然是我觉醒了的事,就不喜欢从始至终交给一个人来掌控。"[39]她是个心高气傲的女性,不会轻易缴械投降。但却常为对婚姻的开放态度备尝苦果,常常是她随男性外出后很晚归来,虽然来去一身洁净,秋毫无犯,也会招徕刘易斯的焦躁盘问、冷峻凝视、发不出的怒火和无法宣泄的嫉妒。

他不愿索菲亚照她自己的意愿去生活,而这正是她最不能忍受的,问题就发生在这里。婚前她写信清楚对他说过:"我不愿意沦为任何人的附庸,即使这人有明确完整的事业领域。你有你的事业王国,找到了你人生之路。我却还没有,我还在摸爬滚打上下求索,而至今未上路。就此而言,我也羡慕你。"她告诉他,她喜爱社交场面,但是灯红酒绿转瞬消失,"所以你的道路正是我要选择走的道路,虽然起初我难以上路"[40]。

婚姻不利,加上刘易斯又不许她自己慢慢摸索求得答案,更加剧了索菲亚的难题。他不断想方设法要"成功掌控她","掌控"是这时期他笔记中出现频率最高的语汇。而且这措词主要还不是性生活含义,而是想让索菲亚在生活方式和人生观上完全顺服他。当然他认识到,他永不会成为塞耶那种社交型人才。他不喜欢闲言碎语说三道四,在纽约社交场上也不大合群。不过这就是他,是他的风格和为人;而且不想改变,即使为了索菲亚。[41]

就这样,两人别别扭扭磕磕碰碰多少年,索菲亚最后向朋友坦承:"最终是我被征服。我的怯懦,我的随顺慢慢将我推入他的轨道,此外一点也不剩……我如此全面彻底倒向了他,接受他的观点作为我的观点,此外不再有任何自己的东西。"[42]

然而索菲亚这么快就放弃自己后来却给他们婚姻关系带来更严重难题。因为后来局面是,刘易斯逐渐转到对立面索菲亚原来的位置上,开始约会一连串的女人,风流韵事层出不穷。这些罗曼蒂克关系,这些巨大变化,深深伤害了索菲亚,因而令她懊悔自己后来在婚姻关系中不该违心担当这种角色。当时她还弱小,不能也不愿意违背他的意志或有意伤害他。[43]

这些问题非同小可,需要他俩花多年苦功,婚姻几度濒临破碎,历尽艰辛,最终才转危为安……这是后话。但是,最终之所以没有劳燕分飞,是因为维系两人的纽带比扯散两人的因素更有价值意义。他们毕竟年轻,纵有千万离愁别恨,终究义无反顾投入到爱之洪流,如刘易斯后来所说,"一来二去的,靠耐心、狂热以及爱恋的奇妙结合,我们就这么都熬过去了"[44]。

超越理想国

> 市政学或城市学(civics)就像一门艺术。它不是要设想一个面面俱到却全然无法实现的理想国,它的使命是把每个地方尽最大努力建设得最好,尤其是人类居住和生活的城市。
>
> ——帕特里克·格迪斯

如果说他俩婚后生活最初几年历尽矛盾挫折,那么至少获得一个重要补偿,就是能住在格灵威治村附近。因为当时格灵威治村要算最热闹繁华的城市环境了。20世纪20年代格灵威治村仍是死水一潭,面对纽约疯狂的大开发,它奇迹般逃脱了棋盘格规划到处肆虐的魔爪以及其通衢大道引来的车水马龙。借用一位作家话说,"当时该村成为躲避城镇化的一处避难所。它能把人保护起来免受喧嚣热闹快捷城市生活的干扰"[1]。但是芒福德不这么看问题。在他看来,正因城市和城市特有的生活方式,才值得人们去居住。

格灵威治村坐落在纽约很早就有的第九地块。从任何意义上看,都算不上规划精良的花园式小区。但正是在这里,芒福德领悟了"城市妙在何处,以及城市该当如何"[2]。

芒福德在通信中对从未到过美国的罗齐女士说:"格灵威治村有一点像伦敦所辖的自治村切尔西亚或布鲁姆斯别里。这里聚集了艺术家、作家、富人、乞丐、意大利来的工厂打工仔等等,都混杂居住在一个狭小地段上。因而让这个地段与纽约其他地方迥异。"[3]无须出村,生活所需一切都应有尽有。所以他和索菲亚经常步行过来享受城市便捷生活。下午穿行于世纪气蕴的街道时,芒福德感觉仿佛随时可以邂逅名作家赫尔曼·梅尔维尔或艾德迦·艾伦·蒲(Edgar Allan Poe)。

还有,他俩的好朋友大多也住西4街这一带,走几个街口就到。而《自由人》杂志编辑部就在13街,也仅一箭之遥。芒福德顺路常进去小坐,与新朋旧友聊天,探望新来纽约赞助人冯·维克·布鲁克斯,此人同时兼任杂志著名文学编辑。芒福德常常同他在保利餐馆共进午餐,夏季,那里罩棚底下有一张寄宿学校样式的餐桌,两人就座那里,边吃边聊。他们终身不辍的友谊就是从这里开始的。

村里没有的东西乘车不远就能到城边地带买到。有时去卡内基或百老汇之后,两人索性乐意步行回家。沿途还随意停留喝咖啡吃茶点,向晚时分邂逅朋友也会畅谈一阵。周末坚持郊游远行,常沿大栅栏直走到西切斯特山麓。

乡村景象令芒福德流连忘返,幽室深读则同样令他如痴如醉。所以他的日子大多自禁卧室深度阅读,读书领域则越来越宽广,阅读之余还写文章和书评,投稿给纽约几家杂志,主要给《自由人》杂志。1920年春他就同这家杂志结了缘,感觉它开风气之先。那是他登船赴伦敦工作前夕,友人沃尔特·富勒介绍他认识了布鲁克斯。布鲁克斯旋即请他任书评兼撰稿。布鲁克斯比芒福德年长十岁,是美国公认的首席文学评论家。他刚完成《马克·吐温的人生历练》(The Ordeal of Mark Twain),便从加利福尼亚卡麦尔来东部赴任,担任《自由人》杂志文学部主任。[4]

冯·维克·布鲁克斯铅笔素描像
(刘易斯·芒福德,1921年)

两人初次交往只是个简单仓促的午餐谈话,随后布鲁克斯就给芒福德邮寄大量读物。秋天芒福德伦敦归来后,布鲁克斯就把他收入旗下，而且还联合富勒、罗宾逊一起荐言杂志总编阿尔伯特·杰·诺克（Albert Jay Nock），聘用芒福德任编辑部成员。可是这个诺克却如当年《刻度盘》杂志见解一样，认为芒福德作品"社会学"气息太浓，而且他也不喜欢他那种"学问深似大海般辽阔"的写作风格。[5]加之那些年芒福德另外又找不到喜欢的编辑工作，只得暂安于自由撰稿人这种不大牢靠的生计状态。有活干就写作，没活干就读书。至于经济收入，勉强还不至衣食无着。

《刻度盘》关闭，《自由人》成为第一家接受并刊载芒福德规律性投稿的杂志，而且不吝篇幅，这令他大受鼓舞。虽然时常同脾气暴躁的诺克争吵不休，这状态总算持续了相当年头。原来，该杂志创始人是诺克和弗朗西斯·奈尔逊（Francis Neilson）。这个奈尔逊原系一位英国富商，曾任职业演员、剧作家、小说家、歌词作家、考文特田园歌剧院经理人、国会中自由派成员。他们创办该杂志的初衷是为了推行亨利·乔治（Henry George）的经济福音书。而这亨利·乔治又是美国土改运动创始人。他俩赞同他税收治国之道，相信税收改良是一剂万应灵药，能解决一切社会问题。这两位还都是统计学外行，不注重精确资料积累分析。他们追随德国政治分析理论家弗兰茨·奥本海默（Franz Oppenheimer）的思想，构想出一种很粗略的无政府主义结构模式来指导社会实践。奥本海默的主张是建立无剥削无压迫的社会，劳动者在其中享有"自由人的公民权利"。诺克和奈尔逊认为，这些要求都可不经暴力革命途径来实现。无怪乎他们周刊几乎从不探讨应用政治学问题。他们的方案是一种无须政治过渡的社会过渡。虽然如此，该杂志仍自诩激进派论坛，殊不知后台赞助商是两个传奇资本家家族企业，一个是斯威福特家族，另一个是芝加哥肉食加工企业的莫里斯家族。这宗渊源来自奈尔逊的姻亲关系，他迎娶了海伦·斯威福特·莫里斯——即古斯塔夫·斯威福特和爱德华·莫里斯遗孀的共同女儿——其原老丈人，就是芝加哥肉食加工产业的创始人。

奈尔逊太太感觉办杂志是个好主意，可以让丈夫打发那么多无聊时光。可是这位奈尔逊很快厌倦了无休止的征稿—审阅—出版的周期轮回。便将杂志刊发一古脑儿交给了诺克一人承担。诺克因此不久就成了《自由人》里里外外唯一决策人。奈尔逊则乐得满世界转悠打高尔夫、钓鱼……久之，《自由人》杂志成了诺克一人的杂志。[6]

这位诺克神秘兮兮，深藏不露，常故作高深；即使最贴近他的人对他过去也一无所知。其实他的历史很花哨，毫不亚于奈尔逊。一度曾任美国圣公会牧师，且受戒当众公布过，又是职业棒球队员，还担任过《美国杂志》揭丑新闻编辑，也干过托莱多（Toledo）市市长布朗德·维特洛克（Brand Whitlock）的助理，甚至还干过国务卿威廉·杰尼斯·布瑞恩（William Jennings Bryan）的非公开信使。所以，他由来已久的包打听私密的习惯，就延展成为《自由人》杂志一个领域，成为许多逗乐故事的核心内容。杂志社谁也不知他住哪里，大家说假如下班碰巧在门口遇见他，问他走哪条路，他永远都回答："与您不同路（the other way）！"[7]

诺克唯独在经济学主张上自认激进，其余问题无例外取死硬派保守态度。此人古怪、暴躁、执拗、无以疗救得守旧，伙同其盟友门肯（H. L. Mencken）不遗余力诋毁美国大众文化泛滥成灾、改革家们周末学校的乐观主义，以及简·亚当斯那样的"诈骗犯"。对艺术新实验完全排斥，毫不容情。约翰·霍尔·惠洛克（John Hall Wheelock）回忆说，他修改他投稿，把他的诗歌每个韵脚都变为很难听的抑扬长短格。从此他就再也不给《自由人》投稿了。[8]

杂志还是在诺克领导下逐渐成长为美国首屈一指纸媒评论刊物，在许多方面赶上了当年的《刻度盘》。平心而论，诺克虽一肚子鬼主意和歪理邪说，做决定却很理智，他容许下属自由发表见解，自由选题，只要你干得漂亮、有品位就行。他做编辑的格言是"无为而治，爱干啥就干啥"。[9]

因而布鲁克斯可以全权治理他的文学部，并把当时美国、英国和爱尔兰最优秀文学新秀逐渐吸引到杂志周围。最初他只相信成熟作家，总向岁数大些、地位确定的作家朋友约稿，如托斯坦·范伯伦、查尔斯·比尔德、卡尔·桑德堡（Carl Sandburg）、林肯·斯蒂芬斯（Lincoln

Steffens)、伯特兰·罗素（Bertrand Russell）、康拉德·艾金（Conrad Aiken）。后来他最注重发表新秀作家的作品,鼓励他们多创作,如马尔科姆·考利、约翰·多斯·帕索斯、哈罗德·斯特恩斯、马修·约瑟夫森（Matthew Josephson）,因为他深信,"一个崭新的美国"只能从这些人身上逐步显现。

布鲁克斯每周来编辑部工作两天。他同妻子埃列娜住在康涅狄格州滨海的西港山坡地带一所木结构住宅中,毗邻而居的还有好朋友保罗·罗森菲尔德。每周坐班日会乘火车准时赶来上班,其余时间就在宁静居家环境中写作。若进城上班他总满负荷工作,紧锣密鼓完成各种编辑加工。杂志社为他派了个助手,这助手曾说:"每逢他来上班,仿佛纽约全城青年作家就都来了,整日价上下来往,几乎踢破了他门槛。"[10]这些作家一进门先被秘书引到他办公室,办公室排满书柜。他接见来客往往撇开文人客套,如同精明干练的部门经理,总让来人直奔主题,直接谈他评论的书。

其实会见布鲁克斯以前,芒福德就深受他思想影响。在青年一代作家心目中,布鲁克斯是当代美国文学的旗手和领军人物。罗森菲尔德就直呼他"上校"。[11]在芒福德心目中布鲁克斯是"文人的真正典型",将毕生献给文学和创作事业。布鲁克斯通过研究前一辈作家,亨利·詹姆斯、马克·吐温、沃尔特·惠特曼——那个19世纪40年代在布鲁克林创办编辑报纸《自由人》的惠特曼,从他们身上发现了美国本土文学的真正渊源。于是他呼吁建立美国自己的新文学,脱离对欧洲或任何文化的依赖,独树一帜。这种主张强烈地感召、吸引着芒福德。[12]

伦敦工作时期,芒福德就曾密切关注、系统阅读了《自由人》发表的布鲁克斯论文,仿佛听见他高声呼唤,回来吧,回自己的祖国肩起重担！这就是布鲁克斯为青年一代作家开创的光荣任务。布鲁克斯认为,文学的使命主要是对社会负责,甚至其自身就是一种理想社会（utopian）,它要为实现一个"可爱的社会"贡献力量。多次文学论战中布鲁克斯直面驳斥新批判主义论调,认为文学创作中,"形式"从属于目的和职能。如路易斯·沙利文（Louis Sullivan）所说建筑要"形式服从功能"一样,上述概括也就是沙利文对建筑概括的文学版。这精炼的思想语言,芒福德感觉特别经典,很受启发。芒福德在伦敦就从杂志上读到布鲁克斯的各种著名论点:"我们美国对文学创作技巧已经讨论得太多了。而真正最需要的,却是重新定义作家的社会责任。就此而言,除了作家还有谁能提出最完美的形象,来表达理想社会状况和秩序呢?"所以,让作家着手"用美国方式和语言"开始塑造一个英雄的艺术家形象。布鲁克斯套用爱默生的话,这样呼吁。[13]

所以芒福德后来著作讲述美国文学的历史,总要反复回到布鲁克斯当年在他心魂中栽植的这些主题和关注。而随着耕耘垦殖美国文学遗产,他本人也逐渐成为布鲁克斯的合作者和战友。而他俩第一次合作的产品却不是积极肯定美国文明,却是对"美国文明"一个严肃认真的悲观主义评价。

他俩形成合作,是另一个作家哈罗德·斯特恩斯出的主意。此人涉猎广泛,曾短期就职于《刻度盘》,任编辑,其时芒福德尚未加盟。1913年毕业于哈佛大学,旋即慕名进入格灵威治村,先后在几家文学部门工作,包括保利剧团、自由派俱乐部以及俱乐部隔壁华盛顿广场邦尼兄弟书店。因年轻好胜精力无穷以及粗枝大叶,村里作家诸如约翰·理德还用诗歌讴歌或者调侃过这种精神品格。哈佛上学时他就曾组织领导学生的激烈辩论,讨论科学的使命和出路问题。他坚持认为现代科学的万有引力定律,不过是个抽象概念,根本不算数。为证实自己观点正确,说着就走上窗台,跨到三楼窗外。接着,从容不迫踏入夜空。结果,不仅跌断了腿还输掉了论点。从此成了村里有名的文字补丁,随便填补空白。他很少换衣服,每周难得刮次脸,仿佛故作紧张繁忙且不拘小节。靠写文章投稿给几家报纸杂志——包括《自由人》——维持生计。因为布鲁克斯知道他的情况也认可其潜力,对他作品常网开一面。

一天晚上斯特恩斯同一伙朋友喝着劣质私酒神聊,大家抱怨刚刚通过的宪法第十八条补充条款。越说越生气,质问世界上哪个国家会宣布酒宴聚会为非法。这时,他突发奇想欲发动一场猛烈进攻,全面抨击美国文化。并于1921年元月来到编辑部,同布鲁克斯、芒福德、克拉伦斯·布利登介绍了这个设想。几周后召集多人到他拜娄大街肮脏潮湿的地下室驻地开会,讨论实施方案。

与会者起初想出版一个类似丹尼斯·狄德罗百科全书的美国版大型出版物。但不久就明白,这计划异想天开,根本无法实施。于是退而求其次,回到斯特恩斯原来的想法,组织全力揭露、批驳美国当代生活方式的平庸、陈旧和道德伪善。从此,每两周一次周日到斯特恩斯住所开会,商讨出版事宜。照样边饮边聊,商讨大小事情。

芒福德回忆说:"我记得,那年冬天的神聊,是我见过的最长而最有价值的谈话和讨论,在美国是很少有过的。"[14]参加讨论的人包括文艺界巨擘,诸如克拉伦斯·布利登、保罗·罗森菲尔德、焦耳·斯平格(Joel Spingarn)、冯·维克·布鲁克斯,还有爱尔兰美髯公恩尼斯特·博伊德(Ernest Boyd)。多次聚会最终也产生出一个包罗万象的文章荟萃,其中叙述和剖析美国社会现状,多数言辞激烈,揭露批判不可调和;因为编此书的目的就是为了唤醒民众。斯特恩斯撰写"美国知识界",瑞恩·拉德纳(Ring Lardner)撰写体育运动,门肯撰写"无以疗救的苟且偷安并贪赃枉法的美国政治",布鲁克斯撰文题目是"美国文学",爱尔茜·克鲁斯·帕森斯(Elsie Clews Parsons)撰写"美国两性问题",凯瑟琳·安东尼(Catherine Anthony)为美国家庭问题提出诊断和医方。芒福德则对美国大都市文明提出一针见血的剖析。最后,该文集以《美国文明》为题出版。评论家马尔科姆·考利说它简直就像"大家给一个人人憎恶的讨厌鬼开列的尸体检查报告"[15]。

虽然后来美国社会以挖苦此书为时尚,而1921年该书出版却曾一时轰动,至少在纽约。斯特恩斯还为此传奇增添一笔,他交稿付梓后就只身去了巴黎,欲借此证明至少他言必信。随后十三年他一直在欧洲,又回到他原来的文学流浪汉状态。常窘迫得衣食无着,租不起一所廉价房,难以自保。"一文不名,形容枯槁,举目无亲……不知可投靠谁,也没有女人容留他。"偶尔给《芝加哥论坛报》巴黎版的赛马栏目撰写消息赚点小钱糊口。厄尼斯特·海明威小说《迷失的一代》以及《太阳照常升起》当中的人物哈维·斯通(Harvey Ston),就以他为蓝本塑造而成:困顿潦倒,一筹莫展,爬在最喜爱酒馆的桌子上,烂醉如泥,面前杯盘狼藉。酒馆字号刚好就叫"选择(The Select)"! 知根知底的游客见到酒馆里烂醉如泥昏睡不醒的作者,常常慨叹,"瞧啊,美国文明就在这里桌子上趴着呢!"[16]

不过《美国文明》一书其他作家却对这个国家满怀希望。多年后芒福德强调指出,无论我们各自有什么保留,"我们毕竟热爱这块乡土"[17]。

与斯特恩斯团队合作撰写文集以及为《自由人》杂志供稿时期,芒福德每周作息开始形成全新的规律。首先是生活态度更积极、丰富多彩、再不那么作茧自缚般孤独自闭了。《自由人》为他设立了专栏,加盟斯特恩斯团队,这些都让他声望大增。于是,外出活动也增加了:参加派对、餐会、文学午餐沙龙,他还学会了跳舞,当然大多为了取悦索菲亚。但总觉得这种新生活终非自己所求。他理想中的人生,要紧张有为、目的明确;期盼投身一种伟大事业,施展出全副心身拳脚。[18]以往,他常抱怨朋友太少,如今仅纽约城里新朋旧友应接不暇,主要难题是如何躲闪,为自家留出足够时间。

然而令他心烦意乱的还不是社会应酬,而是他难以摆脱工作的性质。诚然,美国数家顶级刊物已开始认可他的文章和书评,可问题是,他并不想靠新闻终身为业。他忖度,假如须靠文章书评赚稿费支持日常开销,那他至少也得逐渐着手写个大部头著作。这个建议来自一些地位显赫的好友,诸如布鲁克斯、焦耳·斯平格、格洛伊德·罗宾逊。他懂得他们所言正中鹄的,却又自我解脱说:"难题在于万事开头难,偌大事业,如何开始呢?"[19]

他的问题在于想法太多,一时很难集中精力对准一个重点。在这关键时刻三位好友帮他打开了局面:他们当中一个是老朋友,两个新朋友。

1921年,芒福德当年的大学老师杰瑞·拉亨布鲁克正在德国为美国电影优选题材和范本。他给芒福德一封长信中,帮他分析了他从事写作的巨大潜力并为他的未来设计出谋划策。后来芒福德将此信评价为他获得的最重要人生指南。此前,芒福德曾经写信向老师陈述过当作家的理想,而且是当反映"大主题大事件"的作家,并附上自己新近写的小说样本。不料,如以往一样,拉亨布鲁克并不看好这些作品和想法,他评述说:"你坐下来开始叙写[人的生活与活动]这一瞬间,你就忘却了他们是活生生的人,而仅只关注他们的抽象品格。因此你很难脱开社会学家的思维范式。"此外,他写的小说还有个问题:其中人物都是他自己钟爱的社会理想的图注,因而缺乏自身的生命特征。

可是呢,若说他不是纯粹的小说家,那同样,他也不是纯粹的社会学家。因为他思想灵活跳跃,想象丰富,同时不乏作家特有的强大描绘和写作能力。因此拉亨布鲁克建议他,何不写一部或者多部著作,既探讨理想世界又描述现实生活,撰写的对象既是应然又是实然,岂不最好?这就巧妙将芒福德两极端的志趣融于一炉,将文学和社会学集中起来又互相融合。"我此处推荐的,是一桩巨大工程。邀请你为未来一代撰写一部'应然世界(A world ought to be)'百科全书,供他们持续努力奋斗,促其实现。"[20]这些指导帮助芒福德的创作活动拨正航向,驶向新目标。因此如果说他放弃靠想象写作、当作家的途径和方向,那并不是他放弃了想象本身,而是将想象力应用到另一种非文学的领域。如我们从他第一部著作中所见,应用到"应然世界"的领域。[21]

就在收到拉亨布鲁克此信前后,冯·维克·布鲁克斯刚好也敦促芒福德撰写一部同样性质的著作。就连格洛伊德·罗宾逊也有同样的建议,而且明确告诉他,他的著作假如只说病情病症而不开药方,将几乎无用,"除非能为治疗社会痼疾提供良方"。为此,一两篇文章根本无济于事,"需要一部鸿篇巨著"[22]。可见芒福德成功背后,首先是这些良师益友的指导、鼓励和帮助。这年12月,芒福德决意开始撰写一部新书,《新耶路撒冷的基础》,其目标是让读者不要去幻想并不存在的乌托邦,而是去设想一种理想国度,一个尽善尽美的地方。该书最初想定名为"超越乌托邦(Beyond Utopia)",虽然最终并未采用它,但这样的设想毕竟反映了该书的创作初衷。他对朋友说:"该书开始叙写柏拉图,结尾就是刘易斯·芒福德。"[23]

其实,芒福德自《美国文明》一书出版之日就打定主意写这样一部书了。那本书的出版,给美国社会生活的"一切假冒伪劣一个当头棒喝"。但是芒福德认为,斯特恩斯以及其余愤青作家们弃国而去举动不对。他同布鲁克斯都认为,作家责任在于对国家命运负责,弃国而去"又何能为传播新文化播撒种子?"[24]

斯特恩斯组建的团队那年秋天散伙,与此同时芒福德、布鲁克斯以及沃尔特·富勒则开始制订计划,准备征订刊发一种新的、短小精悍简装本序列,连续出版,每月一册;议题广阔,仍主要集注原来斯特恩斯书籍讨论过的一系列社会问题,包括两性问题、体育赛事、音乐、哲学等等。不同的是这套出版物坚持乐观、自信、向前看的基调。富勒深谙古罗马史,因而借用西庇阿(Scipio Africanus)典故建议这套书命名为"西庇小型丛刊"①(Scipian Pamphlets),同当时盛行的费边主义②唱对台戏,他套用了古代故事以及当时英国的当代费边主义思潮。以这种思想为指南,他们要求提供稿件的作家除了激烈抨击批判美国社会现实,更要高瞻远瞩,探索如何建设新的美国社会文明。芒福德可谓临阵受命,担任该系列丛书编辑。本来一战前格灵威治村曾经点燃了文化复兴的火焰。此时他感到机会来了,正可借此机会重燃全社会的热情,继续社会文明实验和政治复兴。[25]

这套西庇小型丛刊其实并未能出版。三位创意人中谁也抽不出时间和资金实施这项大胆而宏伟的出版计划,但是该创意却并未就此终结。此后,他们虽各奔前程,但芒福德和布鲁克斯不改初衷,继续为点燃美国文明复兴烈火积累薪炭。1922年芒福德给罗齐的信中说:"如果说我们无力出版这部丛书,那么我将坚持这一主题,为当代青年一代

---

① Scipian Pamphlets,西庇概念来自古罗马战将非洲征服者小西庇阿,这个西庇阿家族代有人杰,不乏战死疆场者,以其直面来敌骁勇善战著称。——译注
② 费边,Fabius 一译法比乌斯,贵族出身,公元前217年罗马军团与迦太基军队在特拉斯梅诺湖战役中失利,被推举为独裁指挥官,全权指挥军队作战。他利用敌军远离本土孤军深入,给养无能,人困马乏,因而采取迂回躲闪、避开正面交锋与敌人长期周旋的策略,拖垮敌方实力,最后出奇制胜。后来就把这种避开正面冲突迂回取胜的策略称为费边主义。——译注

写一本小书。"因为，在他看来，这一代青年对改革或革命都已心灰意冷。因此，芒福德对布鲁克斯说，俄国已不再是"灯塔"，此外再无社会变革的实例和希望能启发教育青年人，这个当口，"我们需要向天上投射一道彩虹"。[26]

1922年元月，芒福德拜访出版商霍拉斯·里福赖特（Horace Liveright），概述自己出书创意："不讲现实人类的实际需求，而深入讨论人类潜在的理想和梦幻。"[27]一个月后，里福赖特邀他来办公室细谈，随后签订合同，并预付300美元。双方一拍即合，握手言欢。芒福德经过深度阅读后，3月开始撰文，6月初截稿，一本约三百页的书成功付梓。随后一个月审阅校改清样，然后同索菲亚一起漂洋过海旅欧度假。

这时期恐怕是他们婚姻的最低谷，那年春天两人几乎各自东西。芒福德几乎整日蹲在西4街家中伏案打字，紧锣密鼓撰写他的第一部专著《乌托邦的故事》，索菲亚则沉浸在《刻度盘》杂志社的工作中，同塞耶及其追随者作家们藕断丝连。芒福德后来回忆这段伤心和嫉妒，"他们是艺术家、文人，我则是社会学家。他们可以轻狂放浪、不负责任、口无遮拦。我则常常郁郁寡欢，没有精神，常生嫉妒心，当然也不无原因"。[28]可见，《乌托邦的故事》一书是在极其不利的环境中写完的。而正是写作这桩事业帮助芒福德保护自身的心身均衡的。

7月他俩乘坐亚得里亚海号东渡，离开纽约前往欧洲。去欧洲旅行是索菲亚好久的梦想。芒福德也巴不得立即把自己的英国朋友一一引介给索菲亚，然后领她周游伦敦和英国乡村。而两人内心深处都盼此行能慰藉互相关系，抚平以往伤痕。

这次旅行果然收效。而且，那年夏季始于奥地利和英国旅行的这种情感疗效后来一直持续到1925年初。1925年，芒福德的研究和写作事业方向已确定，并开始酝酿一部鸿篇巨著，讨论美国文化发展进程以及衰落原因。

7月骄阳中两人登船的霎那间，都感到前所未有的轻松愉快，尤其是刘易斯，因为《刻度盘》作家们与自己老婆的勾连总让他感觉如芒在背。

而此刻他能将她全部揽入心怀了。他深信两人即将开始的共同时光对婚姻会极有好处。而索菲亚一想到即将出发旅欧逃离此地,简直就神采奕奕。她还是个未见过世界的布鲁克林女孩儿,从未出过国,而这是她首度离家出远门。航行到法国十天路途上,她始终精神百倍,甲板上晒太阳,结交新朋友,时不时还被餐后甜酒微染醉意。航行途中芒福德在单间小仓房写信给母亲讲述这些情形:"……周围闲言碎语也特多,不少人猜测我俩还没结婚。因为我俩相处如胶似漆,亲密得间不容发,简直令别人无法正常加入进来沟通交谈,因而猜想我们是来度蜜月的。"[29]

可是,正当他觉得已经深深爱着索菲亚时,他遭遇的另一女性,几乎把他整个掀翻倒地。这女孩儿名叫多萝茜·思维恩·托马斯(Dorothy Swaine Thomas),是个美国硕士研究生,学社会学的,也途经巴黎前往英国名校 LSE(伦敦经济学院)深造。结识她起因其实是索菲亚。一天下午,她正在甲板上阅读斯特恩斯汇编的《美国文明》中芒福德论城市的章节,这位多萝茜走来,与她相识了。随后就把她介绍给了刘易斯。乐莫乐兮新相知,轮船接近法国时,他俩已认多萝茜为新婚密友,连许多卧室私事都与她分享了。再说,他俩也急切想对人倾诉由来已久的问题和压力,而多萝茜不仅善解人意,还助人为乐,针对问题提供不少善意良方。不过,他们不久就看出来,多萝茜的兴趣,主要还是针对着刘易斯·芒福德。

1928 年芒福德写过一篇名为"伯纳德·马丁三十岁订立的小圣约"自传体散文诗,这多萝茜就假托其中人物玻丝塔出现在文中:"一个瘦高个北欧女子,大手大脚,躯干竦峙直通一双巨乳,加上个坚毅下巴,令其人如船首刻像迎风接浪。"[30] 其实这并非多萝茜真貌,她本人要苗条瘦弱许多,是 22 岁金发碧眼的可爱美女,双唇秀美而性感。头脑机敏,行动敏捷,性格率真,襟怀坦荡。凡此种种,令刘易斯感到马上被她吸引过去了。这是刘易斯婚后遭遇的第一个令他想入非非的女性。芒福德有记录回忆说,他俩在甲板上看着一本练习簿学法语,朗读翻译这句法语"给这位先生看看你有什么",念完两人就喷口大笑,又都心照不宣。[31]

甲板上发生了什么,索菲亚心知肚明;可她既不说,也不问。刘易斯猜想，索菲亚是故意纵他，最好与多萝茜有染，这样，她就能换得自己行动自由。其实不然，她觉得区区一点调笑不会伤害她俩婚姻。再说，她那谨小慎微、热情奔放却大醋坛子的丈夫，绝不会缠上另外女人，这一点她很自信。可是，多萝茜对她丈夫的诱惑力，她可是小看了。

第二天就抵达法国西北部的瑟堡港（Cherbourg），登岸后乘火车赴巴黎，又是多萝茜一路随行。巴黎令人大失所望，仍然沉浸在战后忧郁沉闷之中，战争夺去那么多年轻生命，许多丧亲者行走大街上衣着仍佩戴服丧标记。

巴黎令人孤独寂寞。除了多萝茜，他俩不认识其他任何人。此外就还有哈罗德·斯特恩斯了。只好拜访了他，闲扯一天。他俩法语又不好，去饭店或者商店无法顺利沟通交流。东游西逛游览观光数周后，便乘火车去了奥地利提洛尔市（Tyrol）。那里有刘易斯一伙英国朋友正等候他们一起登山远足。舟车劳顿一天一夜，终于抵达梅霍芬市，然后攀爬六英里山路，到达朋友们安营扎寨地点。离开喧闹都市，两人都感觉异常轻松。而野外夜宿帐篷，四野茫茫寒冷彻骨，周围怪石嶙峋的阿尔卑斯山，最初令他俩很不适应。于是就近另外租房居住，房舍是一间松木小屋，温暖舒适。小窗俯瞰冰瀑流泉，碎冰随飞流砰响如乐。

索菲亚和他早已习惯周末远足旅行，刚抵达就巴不得立即出发登山。后来才明白这可不是老练的英国团队理解的那种登山活动。向导梅玻尔·巴克（Mabel Barker），是个健硕女人，当年是坎伯兰当地出名的登山家。她设定的登山路线图相当艰险。出发第一天要登到高山林地边沿，再向上就不见乔木灌木林地了。脚下石块尖利，每一步都走在狭窄、冻冰、凶险山间小径。大家闷声不响，朝海拔一万英尺目的地进发。准备到那里勘察一处冰积岩洞。及至抵达，索菲亚和刘易斯已筋疲力尽。他俩只好独自下山，准备第二天再去参观温暖如春的加斯图特小镇（Gasthütte）①。

---

① 德国南部撒克逊自治区首府，是钟表制造业的诞生地。文献中首次记载出现在1445年，2008年与邻接地区合并。——译注

数日后,两人奔赴奥地利因斯布鲁克。这座小城市光彩夺目,那么多桥梁、廊道,条条街市安详静谧。小城四周,阿尔卑斯青色冰川在山顶,阳光照耀仪态非凡。山下串串翠蓝色湖泊,宛若项链。两人轻松愉快浏览小城,这座城市里奥地利皇家建筑荟萃,他俩一饱眼福。然后乘火车返回巴黎,感觉焕然一新。随即准备开赴伦敦。接下来几个月要在那里度过。

要回伦敦,让芒福德感觉即将回家了。抵达后最初几天他俩还住在老地方,勒普拉公寓。因为恰逢8月学校放假,房舍空无一人,只有苏格兰人管家,老诚敦厚的朗太太,笑容可掬地迎接他们。起初他们暂住亚历山大·法夸尔森的房间,待他回来后,又搬到临街找个破房子暂住,最终在上彼得福地区找到宽大的好房子安顿下来。不过他们大多数时间还是寄居在多萝茜·托马斯腾出的她自己在米柯兰堡广场的大房间里。因为她自己整日价忙碌在伦敦经济学院,索性将钥匙交他们,房间供他俩白住。[32]

多萝茜在伦敦很快打开局面,交游甚广。而且很便利就把刘易斯和索菲亚引进了她的社交圈。刘易斯也把索菲亚和多萝茜引介给当年"悍妇"罗齐女士。她俩则很快就喜欢上了这个罗齐。就这样,他俩婚后首次有了共同的朋友,不仅如此还感觉彼此相处也更融洽了。刘易斯一到伦敦就觉得信心大增,因为这里是他的优势地盘。这座都城浩大而迷离,同纽约或其他城市反差强烈,也就是狄更斯笔下的维多利亚时代城市,而他熟知这里一切,拿腔拿调的伦敦人,谄媚者等等,因此引以为豪地向索菲亚一一介绍。

再一个原因,远离《刻度盘》的斯科菲尔德·塞耶及其同伙,刘易斯再与索菲亚周旋就信心大增。而且他发现索菲亚也有变化。她样子更可亲可爱了,他一见她就感觉很吸引。或许因为她嫉妒多萝茜,不管为何,反正两人性关系大为改善。他感觉自己正一步步"征服着"她,"我终于摸到了做爱的奥秘",他笔记中不无骄矜地说。[33]

这次伦敦体验要百倍强于1920年那个夏天,当时每天傍晚他都独自一人枯坐勒普拉公寓斗室,想家,尤其担忧同索菲亚关系能否持久。

然而,他们有一种莫名其妙的紧张、焦虑、不安定,反正他感觉不幸福。这些症状他早就熟悉,也知其根源:他还没有找到一桩值得献身的伟大事业。诚然,他很爱美女索菲亚;而男子生命的全副热忱,终须由事业当家做主。

所以,每天早晨他都急步匆匆去大英博物馆,先胡乱翻阅最新消息,希望从某些新潮思想中获得启发,却总一无所获。后来曾一度后悔未能充分徒步考察伦敦,也未尝试邂逅青年时代崇拜的偶像——名家萧伯纳和威尔斯。不过,伦敦时光至少修补了他俩的婚姻关系。[34]

两人携手长距离徒步考察英格兰农乡,翻越考茨沃尔丘陵,深入观览体察一个个小村落,是那年秋季最难忘怀的体验。他俩10月初到牛津大学参加了维克多·布兰佛德召集的社会学研讨会,随后从牛津出发下乡考察。行前得到警告防备绵绵秋雨,因而带足衣物。然而运气真好,出发之日云开雾散。一路晴空万里,苍天下一处处古老水塘,不知已几度春秋。

芒福德对历史名城早有定见。这年10月艰步跋涉考察一路所见,更验证了他这一概念:这里有条塞汶河(Severn River),小河迤东一连串乡村,屋舍皆以金黄色石料建造。他发现这些小村落完好保留着本土格式风味。从中能再次看出并且证实人类社区设计的基本原则与格式,因而此后他就将其作为忠贞不渝的指导理念之一。

这个考茨沃尔丘陵地带曾是英国的毛纺织产业中心,它保留了欧洲最著名的农乡地带,清水河蜿蜒流淌,串联一个个村落。一个个乡村集市再由公路逶迤相连,草地牛羊,炊烟袅袅,浓浓画意。他俩跋涉弯弯曲曲乡间小道,恍然时光倒流,回到数百年前的英国……原来,几百年前英格兰这块美丽的土地上,生产生活方式就已经孕育发展得如此极致美好了。

出发第一晚,夜宿波佛德镇(Burford)。这是出入考茨沃尔丘陵地带的咽喉要冲。清晨出门一幅图景:牛津迤西中世纪小镇风情画,几乎原封原样呈现眼前。第二天他俩继续漫步考察白伯瑞村(Bybury),路经惠特尼和明斯特罗维尔。这个白伯瑞村是英国远近闻名"最美古村落",这是威廉·莫里斯的看法。夜宿村民家中,一座座农舍都有很高山墙。第二天,继续考察塞瑞谢斯特镇(Cirencester),一座古罗马遗留的古镇,仍保留诸多名胜古迹和趣闻轶事。而这天晚下榻煤烟熏熏的工业城市斯陶德(Stroud),住进破败不堪的"温馨酒店",第二天看过察齐平柴普顿(Chipping Campden)即返伦敦。

这次观览英国这一带给芒福德留下的印象,与威廉·莫里斯考察观感大同小异。首先,芒福德发现考茨沃尔丘陵地人类社区的设计建造,都依从自然轮廓地形地貌,尺度体量适合人类行为模式和生活需求。俨然就是他先前阅读帕特里克·格迪斯规划理论中所言之"有机规划"概念的活样本。这些历史名城名镇代代流传,尊贵庄严,富含极多历史经验教训。芒福德后来论述城市的经典著作——《城市文化》和《城市发展史》——就详尽论述总结了它们留给当代城市规划和设计师们的宝贵遗产。然而,最吸引芒福德的还不是这些村舍的物质形态,而是这些小村落培植的安谧恬静社会生活情趣,以及这些小村落的建造者人物自身。芒福德从中得出结论,认为这些小村落建造者,白伯瑞村以及察齐平柴普顿镇的建造者们,比当今资本主义城市建造师们更懂得人类生活需求的实际内容。在他们看来,经济动机不是——也不该是——建筑事业中统管一切的指导思想。他们建造社区包含有他们特殊的考虑:如何让先古人文精神继续流传,同时又如何赋予它当代表现形式,这就是芒福德伦敦归来后着手第二本书《棍棒与石头》中立即提出的核心问题。其实,早在涉足察齐平柴普顿之前,这问题已出现在脑海中了。不过这次考察所见英格兰优美石头房屋村落给他留下了奇妙印象,影响深刻;让他更接近探索结果,后来他中年大部时光都奉献给了这一探索任务。

11月离英前,他和索菲亚拜访布兰佛德,过了个温馨周末。此时布兰佛德已从罕布什尔郡迁到哈斯廷,选海边一所木屋定居下来。对说服芒福德回归社会学评论刊物,他已不抱希望;但仍力促芒福德去找格迪斯,帮他把他那些优秀的社会学思想理论撰写成明白晓畅的著作(格迪斯的英文比较艰涩难懂。——译者按)。但对此事芒福德也未同意。不过他答应,若可能他宁愿为格迪斯立传,也不乐意陷入某种合作框架。此事,两人就暂且放下不提。

布兰佛德夫妇很会待客,总是给刘易斯和索菲亚留出充裕时间,任他们自己考察萨塞克斯郡东部农村地区。所以每天早餐后,总是女主人斯贝拉首先起身,并宣布:"想看乡村,右转弯;想看海滩,你就左转弯。午饭一点半开饭,到时候再见。"[35] 每天下午大家准时聚会用下午茶,随后吃晚饭。芒福德感觉这次与布兰佛德相处比1920年时更轻松随意,因而离哈斯廷之日他已恋恋不舍。

两人欧洲之旅好处无穷,当然不是说他俩全部问题都解决了。但的确双方都感觉他们婚姻开始找到了牢固得多的共同基础。

刘易斯的事业同样如此,及至他俩秋季回到纽约,《乌托邦的故事》刚刚出版,而且好评如潮,大量溢美之词足以让作者冲昏头脑。评论家和有识之士认为,这本书已不是单纯诠释其他作家的理想国理念,它提出一个严肃问题,唤醒人们检视第一次世界大战对整个一代人精神和道德观念造成多么毁灭性的破坏,这就是与作者同龄的整个青年一代。[36]

《乌托邦的故事》这本书是专门写给青年人的,书中充满作者磅礴激情和新奇思想。它不是一部构思严谨致密的学术著作,因为作者把他学习中感到引人入胜的一切题目几乎都塞进书中了。不少地方也不乏空话套话,夸夸其谈之类;当然更主要内容还是作者的独到见解。虽然如此,诸君若想透彻理解芒福德事业、人生以及建树,恐怕《乌托邦的故事》是唯一最重要路径。冯·维克·布鲁克斯曾经说:"史上不乏这种奇才,他们并无很多思想主张,却不仅有独特想法还不吝毕生精力去实现它;刘易斯就属此少有之人。"[37]

芒福德在该书中首先提出一个时代主题:机械文明和机械论的宇宙观在西方世界兴起。同时提出另一个与之密切相关的主题:创造性文学艺术家和思想家首先是先知和革命者,这些专才该有什么样的精神思想?这一主题贯穿了芒福德此后终生的研究和创作活动。在这本论述清晰的著作中,作者设想了一种新型革命。这种革命运动的起源和主导力量既非好事谋反的政客,也不是躁动的无产阶级。而是从爱默生、惠特曼、梭罗等人思想范式中铸就的"创新者和思想家"。作为一个年轻的理想主义者,芒福德想给这场运动赋予形态、能动性和方向。瓦尔特·惠特曼说过这样的话:"艺术家肩负这样的使命:他要融入整个世界,向全世界宣讲美的福音书。这就是他们的使命。完人,就是完美的艺术家。"[38]芒福德从中深受启发,并以这种精神开始了他领域宽广的职业生涯:作家,以及一个自命的革命家。

《乌托邦的故事》并不直接讨论第一次世界大战,虽然它是芒福德青年时代经历的重要全球事件,战争对他们那一代人的影响是个重大话题。但战争对于芒福德个人命运的影响终究不像对海明威、多斯·帕索斯等曾经亲历过战争场景的青年作家那样直接而深刻。而战争以及战后发生种种,诸如惩罚性的《凡尔赛条约》、同盟国军队进攻俄国革命政权、红色恐怖、美国社会主义运动的破产,都深刻影响了他的思想,成为他早期作品的核心主题。他为《自由人》撰写的一篇社论中解释说,当时青年一代普遍追求"活在当下",只关注自身自由和享乐,就是这种时代背景的产物。他们感到刚结束的历史事件如同噩梦,"而未来也不一定会比当下好多少"。[39]

在《自由人》杂志另一篇文章中他说,"困扰当今一代青年的特殊问题,是他们失掉了明天……文明是一种奇妙介质,人类靠这种介质生存在三维的时间世界里:这三维就是历史、现今以及未来……若'当代,现今'这维度还能够按照一定方向继续运动前行,那全靠它能接受'历史'和'将来'这两种维度双管齐下的协同作用。而若'历史'太惨不忍睹,人们因此不愿意记住它,或者'将来'又云苦雾罩十分迷茫,无法想象预断。这种情况下,'现今'就无法朝任何确定方向继续前进。而会左右摇摆,东摇西晃。"

当今时代问题的症结也就在此。他这一代人宁愿活在当下,"就反映出这种既无过去也无未来的'现在'"。因此,有作为的青年作家,要实现自身潜力和使命就必须找到两件东西:一个是自己能够认同的文化传统,另一个就是能够吸引大众的更光明的未来的理想目标。[40]

上述内容是理解芒福德人生观最重要的线索和视角,包括当时以及后来。他全部事业可以说就是连续不断地努力,要实现《自由人》杂志中号召的历史任务:提供活生生的文化传统,以及更新社会文明。他为此目标奋斗了一生。

就在这前后,他读到法国哲学家、史学家丹纳(Taine)一段著名论述,针对当代历史主题一针见血提出见解:"每部文学名著背后都有一套哲学或治世主张。每件艺术品背后都诠释一种自然观、生命世界观。可见形式与内涵互为表里,作家、艺术家或思想家栽种其一,亦必培植其二……所以,任何时代的民众,若能启蒙开悟,以宏大理念灌其心田,教会他们用宏远视角理解宇宙自然和生命世界,并感知它、全身心表达、体现它,那么你迟早会看到他们将不遗余力实践这种理念,并在其引领下创造各种艺术形式以及人才辈出的世界。"[41] 可见,战后岌岌可危形势中芒福德阅读这些教诲,他会相信,与其针对某种具体的社会弊病横刀立马,莫如潜心耕耘创立一种崭新的社会哲学。[42]

《乌托邦的故事》就是这种大胆尝试。它试图诠释现代政治意识形态为何最终土崩瓦解。世界大战以及随后的政治镇压,让芒福德看到所谓自由主义或者社会主义作为解决方案,都多么残缺不全;尽管这两种理想都认为人类靠科技进步和社会规划就能实现源源不断的物质财富和文明进步,并以此作为其政治号召的道德基础。所以只能另寻出路,设法找到一种新的社会哲学;这种哲学首先必须诠释当代科学技术文明固有的破坏性,说清社会规划作为人类自身发展进步的手段有何局限性。

可见《乌托邦的故事》无疑是一本展望未来的书,为青年一代提出一个值得为之献身的社会理想。但此书从头至尾却大反乌托邦,从立论到重点,无不将古往今来乌托邦论述批驳得体无完肤。原因在于芒福德通过阅读和思索,感觉其中多数经典都虚与委蛇、软弱无力、无可救药。其中尤以培根和爱德华·贝拉米(Edward Bellamy)为代表的现代乌托邦传动最为虚妄,这传统以培根的亚特兰蒂斯为开端,贯穿至贝拉米梦想的科技乐园,都是机械文明时代的乌托邦代表。其规划设想极为死板刚硬,过于迁就和依赖科技能力,寄望科技给人类带来福祉。乌托邦作家们害怕革命暴力,惧怕阶级斗争破坏后果,却拿不出切实可行的解决方案,只好编造和谐有序的未来世界,以至排斥一切可能的个性发展和真正的人性进化提升,而且决不容忍"要自己生存,也须让别人能生存"这条根本的道德守则。[43]

多数现代乌托邦作家还有个严重问题:他们重建社会的计划方案只包含经济重建和社会改造,而这才是要害所在。就此而言,他们同自由主义和社会主义"学说"——这些其实是以往数百年产生的跛足乌托邦——如出一辙!正是这种缺胳膊少腿的乌托邦理想最激起芒福德来激烈抨击!

芒福德认为,无论自由主义或者社会主义都指望靠技术手段、社会工程、大批量生产实现产品大丰富和机会均等,社会合作的新时代。其依据和出发点,是现代工业文明拥有各种技术手段和资源条件,能够建立充分公正的社会,只消略微改变政权和社会控制,即对原来资产阶级享有的便利和舒适予以重新组织和再分配,就足够了。自由主义和社会主义都认为经济增长是人类进步的 *Coup de grace*(先决条件),两者唯一区别在于扩大再生产的成果如何实行再分配。芒福德紧抓不放激烈抨击的,正是这种主张中所谓"物质生产不断扩大"这一思想。他们将物质财富激增等同于人类当代社会进步的核心概念。芒福德主张,真正的进步反倒应该坚持古希腊人关于人生的理想标准:适度、均衡,外加经济充裕;而非追求无节制的经济增长。

不仅如此,像柏拉图和爱默生一样,芒福德也坚定认为,理想社会生活的标准不仅限于经济生活和政治制度的改造,虽然这二者也很重要,但首先须对机械论的生活理念和方式进行彻底改造。因为,(工业社会人类)如今已经从心理上将自身交托给了机器生产过程以及极权国家,不论是资本主义或社会主义体制框架内,尽皆如此。为此芒福德呼唤对工业文明制度下人类思想意识实行全盘改造,呼吁创造一种"新人文主义",一种有机思维和行为方式,承认"人生既有躯体需求也有内心精神,既有客观世界也有主观世界。唯这种世界概念才对话人的直觉灵感,亦即科学所讲的完整齐备的人生体验(single experience)"。在当时的美国,许多激进论者都主张通过革命实现价值观的改变。而芒福德认为,价值观改变,本身就是一场革命。44

而且芒福德还宣布,这种文化变革过程无须非从国家层面开始,何况国家本身就是政客组成的非自然形式。它可以从某地理单元开始,选定一个气候、自然环境以及文化传统都大体相同的地区,着手进行试验。他号召志同道合的同胞们不好大喜功,小处着眼,小处做起。不要动辄兴师动众席卷全国。他号召人们从自己所在地区立即开始,为更新社会生活奠定基础,如格迪斯在爱丁堡的表率那样。

帕特里克·格迪斯的城市学治学方法,首先对一个区域内自然和人文资源进行详尽细致的调查分析,针对问题得出第一手诊断结论。芒福德思想体系就以格迪斯理论和方法作为起点和基础,展开区域社会的改造和重建。在他看来,格迪斯社会学理论突出优点就在于"深入具体与高度综合"二者巧妙结合。以往芒福德阅读激进主义和乌托邦的方案,大多数都是"改造世界,纸上谈兵"①,总感觉其中缺少一个坚实基础。如今格迪斯城市学调查研究中逐渐显现、逐渐定型的,正是这个坚实基础45。格迪斯城市学与区域调查研究也综合许多学科和领域的调查研究成果。其可贵在于,他克服了多学科分门别类互不沟通的壁垒,避免单一学科特有的狭隘片面。所以,格迪斯独创了一门社会学,能够将理论与行动互相结合,将详尽深入的田野调查与大胆综合研究互相结合。因而可以说,格迪斯以其独特治学方式,超越了马克思。

而芒福德又超越了格迪斯。他强调创造性文学艺术家在社会改造进程中能发挥独特作用。他本人喜爱、熟悉文学和社会学,就体现了这种离经叛道知识分子该担当的特殊角色,其中特别是完好地融汇这两种学科的能力和兴趣。格迪斯曾教他,完整系统的社会学不能不考虑

---

① paper programs for the reconstruction of a paper world,很类似中国规划界口头禅"规划规划,纸上画画,墙上挂挂"。——译注

未来社会生活的美好理想。他索性在《乌托邦的故事》中宣布,研究、发现这种美好理想,就是文学艺术家的职责。任何通盘的社会改革,第一步也是最重要的一步——即人心的改造或人类内心世界的重建——必须由文学艺术家来负责。他们必须创造出全新的人物形象:更完备、更均衡、精神内容更丰富的个性和人生。这些东西作为基础和要素,细致编织融入区域考察者规划方案,推荐给国家不同地区的区域作为社会发展长远纲领。[46]

芒福德的理想不同于他剖析的那些乌托邦设想,他并不孜孜以求完美社会之梦。整个人类世界,奸诈邪恶永远不可能彻底铲除。所以,与其梦想一个尽善尽美却永不可实现的"乌有乡(utopia, no-place)",当代改革家不如专心致志,切实努力建设理想国(Eutopia),亦即尽可能理想的人居环境。

芒福德不具备政治家的天赋或才干,也不认为政治在当下有多么重要。"我们当下的首要任务,就是建造空中楼阁。"[47]

这话本身就表明他有坚定信念,深信精神思想对改造世界能发挥伟大动力。此后一生活动中他始终认为,人类变革和进步的催化剂,不是机器,不是按经济标准划分的阶级,也不是政治派别,而是人类自身的认知水平和精神力量。以此看来,作家、文人,就绝非无足轻重了。所以,他以改造世界、改进人类为己任;但无须他去冲锋陷阵,而要他提出更好的思想主张。

但事不宜迟,必须说干就干,价值观更新过程须立即开始,而且首先从美国开始,因为美国是个拥有无尽希望的国度。20年代初他就提出这种论点。因而他和其他青年作家和艺术家的使命,就是为这个新大陆的 risorgimento(复兴)准备觉醒的土壤。为此目的,他们需要找到一种生生不息的文化传统作为这种复兴的摹本和支撑。但这传统须是美国自己的、本土的;芒福德认为,处在这样一个时代,美国知识分子须把目光从欧洲转向自身,不要继续向欧洲寻求指南,要用新眼光审视自己国家文化,从中发现尚未被充分认识的强劲生命力,发现具有创新意义的光辉前途。他从20年代开始就与冯·维克·布鲁克斯、瓦尔多·

弗兰克(Waldo Frank)、保罗·罗森菲尔德、康斯坦斯·梅斐尔德·鲁尔克(Constance Mayfield Rourke)及其他"童子军和观察家"等人共事,投身这场运动去揭示他称之为被埋没的美国文化史。在《乌托邦的故事》一书结尾,他号召创立一种新的人文主义综合理念,以上活动就是他对此任务做出的第一批贡献。

芒福德论美国文化第一本书就讨论建筑,他认为建筑是社会艺术最重要的组成部分。《棍棒与石头》一书出版于1924年,收录了他同年在《自由人》杂志发表的全部评论文章。写这批论文之前,他协助建立了美国区域规划学会(RPAA)。这个组织集中了一批青年才俊建筑师和规划师,他们想效法埃比尼泽·霍华德田园城镇运动,在美国尝试建设美国版的田园城市。通观芒福德学术活动,他始终关注三个方面:建筑评论、区域规划和美国文化史的挖掘探索。而研究芒福德的许多人将这三类割裂开来看待。其实这三个领域是一个更宏伟研究计划的不可分割的有机组成部分。这个宏伟计划的题目就是人类文化更新。这项研究从20世纪20年代就确立了芒福德在美国左翼思想界独树一帜的道德领袖地位。

建筑:人类家园

> 建筑忠实照出我们自身形象,如镜子般不会说谎。
> ——路易斯·沙利文

刘易斯·芒福德早年的城市徒步考察,培育了他对城市建筑的浓厚兴趣。而且不到 25 岁,他已经开始对美国东北部沿海地区广大城乡地带进行考察了,其严肃认真不逊于当年考察本乡本土的曼哈顿。他像考古学者那样认真仔细研究化石,学会把建筑物当作"文本"仔细阅读。[1]功夫不负有心人,无数辛苦徒步考察的产物,是发表一大批观察和评论文章。加上 1924 年《棍棒与石头:美国建筑与文明研究》一书出版,就确立了芒福德作为美国最有希望的青年建筑评论家地位。对此,弗兰克·劳埃德·赖特(Frank Lloyd Wright)写信对他说:"我相信你资质超群,更相信你大有作为。"[2]

芒福德如新星醒目上升,原因之一是当时该领域缺乏强劲对手。不仅建筑学在 20 世纪 20 年代初期还不算公众热门话题,就连建筑师们自己也仅谈谈建筑风格变迁史之类,此外就了无专业兴味了。而美国唯一有名望的建筑评论家蒙哥马利·舒勒(Montgomery Schuyler),早在 1914 年就已过世。此后该领域专业人士更寥若晨星,包括几位年高德昭者,如克劳德·布拉格顿(Claude Bragdon)、赫伯特·克罗利(Herbert Croly)、厄文·邦德(Irving Pond)[3]。

其实,建筑师比小说家更在意别人评论自家作品,生怕一句恶评毁掉自己一生前程甚而砸了饭碗。芒福德的前辈,《纽约客》杂志著名建筑评论家乔治·舍帕德·柴帕尔(George Sheppard Chappell),就曾官司缠身。起因是他尖锐批评了第五大道上的建筑设计,而且还被迫公开道歉。从此,因害怕法律诉讼费用昂贵,专业杂志往往躲躲闪闪,不直接发表有关建筑质量和风格效果的批评文章。久之,建筑师听惯了阿谀奉承和好听的。如同医生有严格行规,建筑师也一样,只要其设计作品不塌不倒,就不会遭到专业质量检查和审计评估。[4]

芒福德不听这一套,他发誓把严格审慎的态度归还给建筑评论界,让后世评论家永远延续这种连贯一致的评价标准。此外他的评价文章还有一种强烈的、传统的道德观念。他要让建筑师和城市规划师们永不忘记,自己不仅有创造美的职责,更担当着社会职责,有义务协助全体居民创造大家向往的"美好生活",而不仅只为一小撮权贵效劳。1931年,芒福德接过《纽约客》杂志的"天际线"建筑评论专栏,他就不惮对阵纽约最强大开发商和最显赫建筑师。一串串辛辣激烈抨击,常令编辑哈罗德·罗斯(Harold Ross)心惊胆战。不过,编辑知道他曾从两位姨兄那里学到足够的文字诉讼法律知识,懂得把握技巧和分寸,便放手允许他自由评论。

认识罗斯之前数年,他曾有幸结识一位很有影响的朋友和赞助商,查尔斯·哈里斯·惠特克(Charles Harris Whitaker),此人很赞同他的建筑评论思想观点,支持他继续写评论文章。惠特克曾任编辑,负责很有影响的《美国建筑师学会会刊》(Journal of the American Institute of Architects)。一战期间,惠特克将该杂志从原来温和稳健风格,主要发表图文并茂的欧洲纪念性建筑介绍和评论,转向介绍当时席卷欧陆的新潮运动,涵盖住宅民居以及公共建筑,也包括德国、法国现代主义建筑学,还有埃比尼泽·霍华德的新城镇运动。因而杂志发表了一系列文章,讨论住宅与社区的关系,建筑师的角色地位和培训要求,还有建筑学的社会责任等等。这杂志一下子成了美国建筑学和城市规划界群英荟萃的大舞台,一些显赫人物,如克拉伦斯·斯坦因(Clarence Stein)、本顿·麦克凯耶(Benton MacKaye)、弗里德里克·李·阿克曼(Frederick Lee Ackerman)、亨利·莱特(Henry Wright)等都聚拢到这面旗帜下,这些人后来就参加了芒福德倡导建立的美国区域规划学会

(RPAA)。

战争期间,这些文章和辩论帮芒福德学到了社区建筑学知识,因此1919年他一离开海军就在惠特克的杂志上发表了一篇有关城市设计的文章。后来他承认,这篇短文在方法论上实际"模仿了"格迪斯和布兰佛德,却标志着他写建筑评论的开端。[5]芒福德与惠特克很快成为好友,1923年芒福德已开始给惠特克杂志定期供稿,同时给《自由人》、《新共和》两家杂志不定期供稿。

这还不算他一流的评论文章,因为这时期他边干边学,可谓当学徒的偷偷学艺,又无名师指导。可是他已经形成一种很独特的评论风格,论点鲜明,坚定维护一个信念:建筑要服务于其使用者民众。

芒福德从不认为,建筑纯然是——或首先是——形式艺术。建筑不像绘画或诗歌,它的成型过程和结果都要服务于人类生活目的。所以建筑首要责任是社会责任,帮助社会提高日常生活的品质。这道理如今已经成为常识,而在20世纪20年代,芒福德论文和评论让他的读者耳目一新,振聋发聩。

芒福德第一批评论文章就引起爱尔文·约翰逊(Alvin Johnson)注意,此人时任社会研究新学院(NSSR)院长。1923年他邀请芒福德来校教课,讲授建筑史。芒福德还担心自己评论不够成熟,支离破碎,因而花六个月深度阅读,将知识系统化,突出重点,认真备课撰写教材。虽然后来该课程不得不取消,因为第一天申请来试听的只有六名学生,但芒福德将准备的教材都逐一发表在杂志上,并未让这些功夫付诸东流。

秋季学年开始,约翰逊再度邀请芒福德开此课程。这次准备充足,招生人数大增,要感谢纽约公共图书馆一位负责图书流通的馆员大力帮忙。他很欣赏芒福德这种研究领域,奉献慈母般爱心,说服自己许多同事都来报名听课。这恐怕是美国大学教育史上首次开设的建筑通史课程,其教案及先前杂志文章就是《棍棒与石头》一书的初稿。

芒福德本来试图撰写一部美国建筑通史。不过,从《棍棒与石头》

一书初稿前几章获得的反馈中,尤其从《新共和》杂志赫伯特·克罗利的批评意见中,他认识到"自己这种设想有些好高骛远"[6]。因而,《棍棒与石头》并非美国建筑包罗万象的总揽作品,不过它首次纵深切入新领域中,又大胆又创新。当然,芒福德自己后来承认,他为此书仓促潦草、故作浪漫感到脸红。但它终不失为美国建筑评论界最早一本小小杰作。

这本小书"属于想象的黎明时分",这说法借用了芒福德对梅尔维尔青年时期小说《泰比》(Typee)评论文章的用语。《泰比》这本书是引导读者去观览热带海岛,芒福德的《棍棒与石头》则把建筑物说活了,并引导读者去观察体验,同建筑交流、沟通。1926年他在一本建筑学指南中说,"讲建筑学的书若不能引导读者与建筑形成交流互动,这种书就不值得查阅"[7]。

《棍棒与石头》这本书宣示芒福德建筑研究的一个崭新理论基础和研究视角:"若妥善、正确理解,建筑就是文明本身,二者密不可分。"而"文明又是什么呢?文明就是人类通过社会的人化过程。这样一种信条和基础,此后他终生不渝。这结论综合了两个人的研究成果,李瑟比(W. R. Lethaby)和马修·阿诺尔德(Mathew Arnold)①,并且集中体现了芒福德的建筑观。《棍棒与石头》副标题表明这本书不仅仅研究建筑,而是"研究建筑与文明的互相关联"。

芒福德从英国散文家、批评家和社会改革者约翰·拉斯金那里学到一个著名论点,即:每一块石头都长着舌头,而且每个舌头都会讲故事。因而每一幢建筑、楼房屋宇都保存着当地社区诸多民众生活的记录和精神财富。芒福德曾说:"每个世代的人都在他们建造的建筑物里留下了自己的传记故事。"[8]《棍棒与石头》开篇第一章就以启蒙开悟的格调讲述中世纪文化如何塑造了清教徒的城镇建筑。芒福德想借此告诉历史学家,要透过文字记载看到建筑物乃至城镇建设的形态和风

---

① Matthew Arnold,1828—1888,英国诗人,兄弟三人都是著名文化人。他有诗人、文化评论家、学监、校长等职。后写小说推进民之教化,有圣贤作家之美誉。——译注

格,从中获得线索去解读社会生活中潜藏的精神价值。

拉斯金仅论述了那些出名的地标性大建筑,那些建筑杰作;而芒福德则推而广之,把同样的观察、思索拓展延伸到那些最简单、普通的建筑物和构筑物,如民居、谷仓、工场、桥梁、邮局,甚至包括街角的食品摊。他认为,这些东西最能体现人们生活的各种目的和愿望。

对于建筑教育他主张:"我们毕竟首先得学懂音乐曲谱的基本规矩和普遍规律,否则我们无法演奏贝多芬或肖邦,是不是?我们大家住房子,都去商店购物,到工厂或者办公室或者学校上班,或者去打谷场干活儿,因此我们是生息居住在开阔景观环境或城市之中的。所以我们要评价我们置身其中的直接环境哪些好哪些坏,哪些饶有兴味哪些枯燥无味。假如我们把这件事情做好做细,我们再面对它们时,就能强化自身的心灵感受,完全听懂石头建筑谱成的交响乐、史诗和戏剧。"[9]

但在另一论点上芒福德则与拉斯金坚决切割了断:拉斯金认为,楼房屋宇是一回事,而建筑作品是另一回事。建筑之所以称为建筑,因为它须超越单纯世俗功能和目的的要求约束,而具有美观、优雅的特点,而且往往具有特殊纪念意义。芒福德斥之为虚假理论。他坚持认为,事情简单又明白,好房子就是好建筑;建筑是一种技艺,能把每幢房屋、工厂、邻里单元设计建造得精良、整齐、美观,让抽象的文明具有实在的物质表现形式。因此,芒福德是最早粉碎建筑与楼房两者间坚固壁垒的评论家之一。这些评论家为我们打开眼界,看到乡土建筑(vernacular forms of architecture)——也常被称为无建筑师的建筑——的魅力和价值。

芒福德早期建筑评论文章还有个突出特点:极为尊重历史。他一再援引良好的历史建筑作为准绳,来反衬他那个时代建筑设计突出典型的误判和胡作非为。然而他也警告建筑师,不要抄袭历史名作为设计标准或者范式。优秀建筑作品无不有机体现着当时的社会文化,出色诠释彼时彼地的价值理念和审美情趣。我们尽可像亨利·亚当斯(Henry Adams)那样为法国圣米歇尔山(Mont-Saint-Michel)美轮美奂的建筑群所倾倒,你却永远都无法复制它,因为它体现的是中世纪早期的韵味和精神思想。[10]

这里芒福德影射的是 20 世纪早期纽约的摩天大楼套用历史建筑设计风格。随着风格简约线条朴素的国际风格淡出视野,各种新产品,包括所谓新古典主义、新哥特式以及稀奇古怪说不出名称的东西,一时大行其道非常时髦。对此芒福德评论说,我相信"与沃尔沃斯大楼那种哥特式生日蛋糕相比,布鲁克林大桥刚健隽永的线条要优美许多倍!你仿佛见到两张脸孔,一张质朴诚恳,另一张戴着廉价面具,虚情假意"。折中主义风格倡导者卡斯·吉尔伯特(Gass Gilbert)就始终都弄不明白,为何世间根本不可能有什么现代哥特式建筑。因而他们设计的摩天楼"一诞生就已经苍老"[11]。

这倒不是劝建筑师背弃历史,而是要求他们准确把握历史,避免误打误撞以假乱真,胡乱复制些东西,却早已敲不响原来调子。

进入 20 世纪以来,有几位评论家鼓动大家创造美国独特的现代艺术风格,芒福德即其中之一。既然机械时代已创造特有的材料和技术,他就号召建筑师和艺术家将它们应用到建筑作品中,正像 19 世纪的前辈大师们那样,例如亨利·霍布森·理查德森、路易斯·沙利文以及卢布林父子(约翰·A.卢布林和华盛顿·卢布林),他们父子两人创造的布鲁克林大桥,芒福德礼赞为现代的沙特尔大教堂①,钢铁和蒸汽时代的一阕凯歌。而且芒福德还花大力气把建筑界这些被埋没的名流重新介绍给美国公众。他们之所以出名,在于他们能接受工业时代的思想和材料创造出绝佳美学作品,而且是本土佳作,因而具有永恒意义。芒福德建言青年艺术家去学习前辈这种精神,创造出同样属于自己国度的现代作品。

芒福德热忱追求现代表现形式,但他从不容许他这种热忱侵犯、影响他视建筑为社会艺术的严谨态度。他维护人类基本需求的态度和立场可谓矢志不移。因此他对典型的美国建筑发明——摩天大楼——批评特别尖锐,笔锋犀利,这让他从业伊始就在建筑评论界独树一帜。

---

① Chartres Cathedral,法国著名大教堂,哥特式建筑风格,被誉为最完美的几何形体设计。——译注

仅从视觉效果看,恐怕全世界任何地方也找不到纽约城特有的那种雄奇宏伟的天际线了。1913年英国诗人鲁伯特·布鲁克(Rupert Brooke)记述他旅游观感写道:"纽约港最可爱的景色大约在夜间。搭乘斯塔顿岛轮渡缓缓离岸,便逐渐驶离摩天楼林立的城市巨大暗影。驶入开阔水面会看到一座座摩天楼渐行渐远,互相挤压、重叠、覆盖,最终融为很均匀的一片,宛若守望黑色水面的防火带,此时水面确已被灯火通明的城市燃起道道金光。"[12]芒福德青年时代也曾多次目睹过这种场景。那时他下午打网球常从斯塔顿岛回家,只不过那时纽约已随大发展浪潮开始喧嚣躁动了。芒福德童年时代的纽约曼哈顿还是个居民稠密的城区,楼房高度很少超过六层。及至他发表第一批建筑评论时,纽约已成为全世界第一座窜入高空的立体城市。他也目睹了一幢幢摩天大楼拔地而起,组成雄伟军阵,自海岛顶尖开始雄赳赳一路行进,直至新城的中心地带。这种建设高潮到20年代初已经汇成一派连贯雄威的城市天际线。从布鲁克林高地远远望去(刘易斯和索菲亚1922年在那里设立新居),整个纽约城隐没在云雾中,如一堵高墙直插云天。当时许多人欢呼,说这景象象征美国进入新世纪的巨大实力。座座高楼被其推销者誉为"商业帝国的圣殿"①。而在芒福德眼中,它不过昭示了大都市文明衰败的开端。到20年代中期,他眼睁睁看着纽约城沦为"一场疯狂败落的核心地带:全部内容只有增长、扩展、办企业、增大、再增大"[13]。

芒福德并无力完全排斥摩天大楼的物质诱惑。立在斯塔顿轮渡船头远远望去,"曼哈顿中心那些最高的大楼,如同开放岩洞里一簇钟乳石"。但是,他在一篇文章中告诫,从这里去评价摩天大楼对城市真正有何影响,是很不适宜的。因为曼哈顿大街小巷常不见天日,路两旁钢铁和石材,道中央经常狂风横卷。这样的通道可不像看起来那样舒适。

---

① 圣殿,这里原文是Chartres Cathedral,沙特尔大教堂,该建筑在巴黎西南的沙特尔市内,也称沙特尔圣母大教堂,主建筑双塔结构,宏伟壮丽。13世纪用了三十年建成,建筑多装饰画和雕塑,其生气勃勃的风格开文艺复兴开放思想的先河,已成为极其优美建筑的同义语。——译注

这种建筑环境不适合公务人员办公也不适合行人通行。只适合"长翅膀的天使和飞行员"[14]。

第一批摩天大楼出现时，还勉强符合纽约原有的建筑环境特点：虽然耸立，却还不遮挡自然光线，也不遮蔽城市景色。问题是后来越来越高，越来越疯狂。

到了20年代，纽约的建筑师和财大气粗的商业客户，简直得了强迫症一般，不仅把楼房越盖越高，而且越盖越多。芒福德少小时就目睹了600英尺高的盛嘉大楼（Singer Building）以及792英尺高的沃尔沃斯大楼竣工，大大超过也遮盖了丹尼尔·伯哈姆设计的百老汇和第五大道之间的熨斗大厦，本来这座三角形21层大厦曾开创纽约跨世纪建筑高度纪录。到20年代末，更高建筑出现了，例如77层高的克莱斯勒柱形大厦，尖顶是亮闪闪尖塔托起一对大写意飞鹰。30年代初期竣工的帝国大厦结束了这场攀比高度的疯狂竞赛。

大多数纽约人满怀欢欣拥抱这建筑界新事物，许多人认为摩天大楼体现了美国的进步，象征着国家和城市无法阻挡的上升前进势头，而纽约已经成为全世界最强经济体的中心，摩天大楼就是这一事实的宣言书。借用一位作家的话来说："摩天大楼就是曼哈顿的山岳，它举世公认就是这座城市的袖标。"[15]

而在芒福德看来，摩天大楼则是许多误谬的主源。沃尔特·惠特曼笔下的曼纳哈塔（Mannahatta）①，如此优美曼妙之地，如今则太大、太拥挤、太吵闹、节奏太快而令人晕眩，不要命的折腾撒欢、追求金钱无止境，当然会走向反面。芒福德认为这摩天大楼正是罪魁祸首，也是诸多

---

① 曼纳哈塔，Mannahata，就是曼哈顿的同义语，系原住民自己的地名，意思是群丘之岛。1609年9月12日，英国探险家亨利·哈德逊驾驶着"半月号"木帆船，无意间发现一片新岛屿。欧洲人首次探访了曼哈顿——"曼纳哈塔"，原住民语言中的"群丘之岛"。历经400年的沧桑巨变，昔日的蛮荒之地广盖高楼大厦，昔日的土著之民普着西装革履，如今，"曼纳哈塔"的身影早已淡化，代之以曼哈顿的雄姿。除了中央公园那仅有的几棵尚幸存的百年古树，当年"曼纳哈塔"那种"鸟语花香、水天一色"的原生态已不复存在。400年的历程，曼哈顿从"树木森林"走入"水泥森林"，看似战胜了自然，实为自毁了家园。雷曼兄弟破产引发的金融危机，让美国人深悟全球金融的生态链效应，于是乎，一项"曼纳哈塔工程"环保计划应运而生。（转引自《上海法治报》文章"灯下漫笔"，作者沈栖。）——译注

弊端的大总汇。惠特曼笔下那"低沉、舒缓、乐感般的、几乎从不间断的鸣唱奏响",曾是19世纪60年代纽约的基调。而到20世纪30年代已经上升成为摧残神经的喧嚣,重要原因之一是汽车进入街市,来为已经吵闹拥挤不堪的城市生活添乱[16]。共和党当政那十年带来的经济繁荣,几乎人人喜闻乐见。但这繁荣却毁坏了芒福德最喜爱的纽约城。可见,摩天大楼这问题早在几十年前就严肃提出了,当时芒福德就激烈反对,认为它对城市发展有害,会危及城市社会生活质量。

不过芒福德并不反对一切形式的高楼,他承认高楼是现代城市生活无法避免的现象。作为评论家,他也品评过高楼作为建筑风格的是非曲直、功过得失。早期作品批判曼哈顿最新式摩天楼彰显历史主义可能失之太过,而后来面对芝加哥学派建筑师们刻意追求现代风格的高大建筑,从约翰·韦尔伯恩·茹特(John Wellborn Root)、路易斯·沙利文设计的结实高大的建筑结构中看到他们踏踏实实回应当地城市扩展,为当地大型机车厂、火车站、钢铁厂、锻造厂提供空间,他感觉这才是美国特有的现代建筑的开端。

现代摩天大楼建筑诞生于草原牧场地区商业和工业活动开始兴盛的时期和中心地带。这一点我们如今看得很清楚了,但在20年代芝加哥学派建筑师的作用和贡献都须得重新挖掘、发现和重新评价,这项重任又是芒福德一马当先。当时他给《建筑学》(Architecture)杂志写评论向国人介绍说,这个朴实、雄健的建筑学派,甚至已经启迪了欧洲现代主义建筑师来追随它,诸如埃瑞许·孟德尔松(Erich Mendelsohn)、沃尔特·克特·贝伦特(Walter Curt Behrendt),两人都是芒福德的朋友。

1927年,芒福德首次访问芝加哥城。当时,德高望重的建筑历史专家菲斯克·金波尔(Fiske Kimball),属于老派专家,仍然对芝加哥建筑师的作品持否定态度,认为他们是"野蛮人"。芒福德虽然从不认同这种古板评语,但后来他承认,"当时建筑界芝加哥学派著名的先锋建筑师,除了沙利文和赖特,我还一个都不认识,他们的建筑作品在我意识中也未留深刻印象"。[17]陪同他观览芝加哥城市环路的是一位青年建筑师巴瑞·拜恩(Barry Byrne),此人事业从当赖特办公室助理开始起步。芒福德随他首次看到了19世纪八九十年代芝加哥学派复兴建筑艺术令人瞠目结舌的成就。丹克玛·埃德勒与沙利文设计的会堂酒店和剧场(Auditorium Hotel and Theatre),约翰·韦尔伯恩·茹特设计的蒙纳德诺克大厦,还有沙利文的施莱辛格与梅厄百货大楼。随后,周末又去看了芝加哥郊区滨河地带和橡树公园,弗兰克·劳埃德·赖特设计的草原小屋。回到纽约立即着手一系列评论。如今得到社会普遍承认的现代建筑的经典之作,就从这里首开先河确立地位。[18]

这些文字同芒福德早期建筑评论一样,其核心意图都在于为即将到来的时代确定一个建筑文化风格并鼓励它发扬光大。芒福德从工程技术和设计事业突飞猛进的成就中大受鼓舞,包括汽车飞机光润圆滑的流线型造型,到美国现代化厨房、卫生间用具和设备。他从中获得启发,认识到应用技术可以进一步上升艺术的高度。尤其看到艺术家,主要是欧洲艺术家,从美国成就中获得启发,这就更令他大受鼓舞。例如,雕塑界的布兰萃斯和杜昌-维隆,绘画界的布拉克和杜昌,摄影界的斯蒂格里兹和斯特兰德,"都向观众介绍了一个崭新世界;这世界中,机械成就不光要有用,也该能玩赏"[19]。

芒福德从新现代派建筑艺术和城市设计作品看出这流派最有希望的内涵,他称之为"大师艺术",他早期作品大量篇幅都讨论了美国文化在这些方面的发展成就。从亨利·霍布森·理查德森和约翰·韦尔伯恩·茹特,路易斯·沙利文,尤其是弗兰克·劳埃德·赖特等人作品中看到的,不只是建筑业的新希望,更看出美国大有希望建成一种有机的新型社会文明。

芒福德1931年出版了一本书,《黑褐色的三十年:美国艺术研究,1865—1895》。在这本书里他高度赞扬了美国芝加哥城市的伟大建设者们,同时向自己的同胞清清楚楚介绍,真正的现代建筑应该是什么样子。在《棍棒与石头》这本书中,芒福德虽然敬重理查德森,认为他浪漫多情爱幻想,却总想在现代建筑设计中体现出罗曼风(Romanesque)的变体。而在《黑褐色的三十年》一书中,芒福德仔细考察了理查德森1880年的建筑作品,包括小火车站、货栈、仓库、办公楼,随即作结论:

理查德森是现代建筑学"独一无二的优秀代表"。[20]

芒福德也喜欢他设计的民居建筑。这类小屋他在美国东北部沿海地带考察中随处可见,虽然当时还根本未涉足建筑评论。理查德森设计的这类民居,木瓦大斜面屋顶,窗户宽大,窗洞很深,这种建筑风格能很好融入地形环境和气候特点,是区域型民居建筑的优秀代表。[21]芒福德希望,有朝一日区域建设运动开展起来,建筑师应当从理查德森这种成功模式中汲取营养和设计灵感。

理查德森无愧石材建筑设计大师。他去世之后,钢铁结构建筑逐渐取代了石材建筑。虽然如此,同时代建筑师沙利文和茹特,仍继承了他开创的传统,继续完成了他开创的建筑事业的革命。这些建筑师赶上了1871年芝加哥城大火创造的机遇,趁机大胆创新,探索真正属于美国的建筑风格。约翰·韦尔伯恩·茹特设计的16层高的蒙纳德诺克大厦,仍然沿用石材,内部结构用钢铁框架,就代表了这种继承。芒福德首次参观芝加哥市感受最深的就是这些大型建筑:这是一种"直上直下的垂直结构,极其简洁明快,心怀坦荡全无遮掩。刚直垂线上一个个凸窗有节律敲打着垂直上升气势。这些大窗不仅引进大量阳光,还能增添室内空间。

其实首次参观芝加哥城市之前,芒福德心中早有定见,因为他阅读过《冲模》(Die Form)杂志中德国现代主义建筑师的作品和评论。因而他评价美国20年代晚期的大部分建筑,基本上都沿用德国建筑师沃尔特·格罗皮乌斯(Walter Gropius)以及"德意志工艺联盟"(Deutscher Werkbund)①的反历史主义标准。以这种标准为指南,蒙纳德诺克大厦的设计建造大获成功!它是个不折不扣的"砖头盒子",毫不含糊地宣示自己问世的目的就是经商,在商当然言商。建成之后纽约建筑师们纷纷跑去向这"坍塌的文明取经问道,获取灵感。而志满意得的芝加哥就是它自己的灵感"。

---

① 德国艺术家、建筑师、设计师、工业家组成的专业工作者学会,建于1907年,其座右铭是"从沙发靠垫到城市建筑,一切关心"。——译注

路易斯·沙利文则巧用新一代材质，钢铁，以其最优秀建筑设计同样成功展现了形式与功能的完美组合。他设计的钢铁结构摩天大楼，外立面如轻盈细薄的帘幕，或更准确说，就像一层肌肤蒙覆着骨架，而非支撑要素。他以坚强而轻盈的钢结构替换了墙体的支撑功能。所以沙利文有现代摩天大楼之父的美誉。在沙利文引领下，建筑师就能轻装前进，跃上蓝天。

沙利文说，摩天大楼应该"豪情满怀，奋发向上"。而且交给它一项历史任务：要它体现一个真正自信的民主国家的强大实力。这任务既有精神象征意义又有实际运用功能。沙利文设计的办公大楼都格外突显纵向线条挺拔向上。在此基础上再想方设法给它们增添花样，使之具有"个性"特征：于是我们看到许多摩天楼有了雕刻纹样，或造型如乔木、灌木、花草……

芒福德初到芝加哥观览了沙利文建筑设计，就感觉他这两种设计思想都大错特错。首先，沙利文强调装饰显然违背了他自己倡导的设计思想：形式要严格服从功能。芒福德相信这是错的；而且，沙利文把道德担当交给摩天大楼去完成，"而实际上，摩天大楼本身的高度所体现的，要么是想拼命集中统治权限，增加地租水准以及广告宣传作用，要么就是这三者的综合。但不论哪一种，反正都与沙利文所说的'豪情满怀，奋发向上'一点不沾边。"

可是，芒福德仍不否认沙利文的伟大。他相信，在整个美国沙利文是第一个建筑师，能透彻理解自身与本土文化的关系、与时代的关系，以及自身与美国文明的关联。因此芒福德赞誉他是"美国建筑界的惠特曼！"而且芒福德看出，在美国建筑史上沙利文是承前启后的现代人物，衔接着"两代大师"，前人亨利·霍布森·理查德森，以及后继者弗兰克·劳埃德·赖特——就是1889年进入沙利文芝加哥设计办公室当绘图员的小伙子。及至赖特也出了名，美国现代建筑就真正诞生了。那是芒福德看过他设计的草原小屋住宅之后所作的评论。

但在赖特成熟、成名之前，美国建筑却经历一段低沉退步。这至少代表芒福德个人的看法。20世纪20年代芒福德曾观察评论各种思潮凑集成为简短的美国建筑史。因他的论史向来偏激,这看法就至今仍难免争议。无论如何这是他终生坚持的论点。当时美国建筑师没有,也来不及充分吸收理查德森、茹特和沙利文的建筑思想,"就忙不迭超越了这些大师的高度,因过度奔忙,高处不胜寒,一阵晕眩后便跌下深渊,陷入肤浅简单,以机械手段草率复制以往建筑形式,这就是1893年芝加哥世界博览会上匆忙宣扬的东西……继而迅速产生出一系列拙劣品,包括模仿古罗马寺庙和浴池,佛罗伦萨的别墅,法国的巴洛克宫殿,以及哥特式教堂和大学建筑"[22]。

弗兰克·劳埃德·赖特

所以芒福德青年时代与时代青年站在一起坚决反对抄袭模仿维多利亚时代建筑风格。但是他在许多问题上却不认同当时公认的领袖人物勒·柯布西耶的新潮艺术观点。柯布西耶原名夏尔-爱铎·尚内黑,是瑞士日内瓦以北法语地区小村庄中一户钟表匠人家的孩子。青年时代这个柯布西耶就办了个杂志《新时代精神》(L'Esprit nouveau)。创刊号上他同画家同事阿麦迪·奥森芳特(Amédée Ozenfant)就宣布,建筑和艺术的新时代已经到来。并且大胆预言,机械模式以其简单、质朴、优美、形式完好的特征,将成为社会和谐秩序的基础。

其实比柯布西耶正式出版其《反对建筑学》(Vers une architecture)宣布这些论点早两年,芒福德也通过他的论文《机械与现代风格》独立发表了与柯布西耶基本一致的见解。而当时这两位青年反叛者,谁也不会料到,他们后来会成为不可调和的死对头。

芒福德和柯布西耶实际上在许多问题上,见解相同。人格类似:两人都自学成才,都在青年时代如饥似渴读过莫里斯和拉斯金的理论,都为工业时代破坏的农村社会大唱挽歌,为它一去不返的优良传统和手工业痛惜不已（柯布西耶还亲眼目睹过自家村庄拉雪代枫村被蚕食的整个经过）。但他俩都不愿意追随、效法拉斯金和莫里斯返回中古时代去寻求思想灵感，试图恢复社会秩序和整体性，健康完整的工艺生产以及社会生活方式。他俩相信，那样的世道已经一去不返。机械时代的到来无法避免，任何势力都不能阻挡。

　　有一点，他俩很早就看法相同：建筑界须能鼓动社会奋起去争取良好生活。这种信念让两人投入事业初期就能挺身而出，站在时代前列号召建筑师设计出物美价廉的工人宿舍。他俩都认为，建筑与社会规划是互不可分的综合体，彼此交织密切。虽然，两人对于社区的设计方案主张完全不同，这一点我们后来可以看到。柯布西耶年轻时代就号召建筑师主动承担使命，关注人居环境的日常需求。他本人早期设计方案许多都是结构简单的工人宿舍或者住宅，例如多米诺住宅，大多为标准构件大批量生产的标准房间的组合房屋，可就地迅速装配、投入使用。二三十年代芒福德也同样关注这种大批量生产的工人宿舍。

　　柯布西耶设计的这种简单朴素工人宿舍或者住宅，都是无装饰、标准尺度的单元房屋。他本人认为，这种房屋虽然简单枯燥，但大批量生产出来放在布局良好的地段，有机搭配，也能增添总体的秩序和韵律。芒福德后来也是这样为克拉伦斯·斯坦因和亨利·赖特的类似设计做辩护的。他两见解相同实际上是深受罕普斯特德田园城镇郊区设计的启发，其设计者是巴里·帕克（Barry Parker）和雷蒙·昂温（Raymond Unwin）。受其启发，芒福德和柯布西耶都在继续为工人社区寻找适宜合作生活和居住的模式。柯布西耶甚至为家乡小村设计出低密度住宅区，与他的堂皇规整的巴黎方案迥然不同。他们都认为，建筑这门技艺不仅仅为了建造漂亮房屋住宅，它更要设计创造出整个人工生存环境。[23]可见尽管这二位在城市规划理论和主张上大相径庭，但两人毕生都在不遗余力为人类未来探索合理的城市理念。他俩谁也未能建成自己理想的城市，但是20世纪再找不出更有影响的城市规划师了。

　　不难看出，芒福德青年时代很受柯布西耶以及德国建筑师包豪斯等人思想吸引。这些人当时都站在时代潮头，强烈反对维多利亚时代建筑中那种积重难返的复古主义虚伪主张；同样也反对倡导该主张的布尔乔亚沉闷文化。总之，这些现代先锋派人士所反对的，都是芒福德曾经置身其中极为熟悉而且非常讨厌的生活方式和建筑环境。

芒福德后来描述自己成长历程曾说，只要未曾居住领略过狭窄、龌龊的维多利亚上流社会红砂岩楼房的人，无论如何也不懂得现代先锋派主张的优越性。那种红砂岩房子拥挤不堪，起居室塞满一辈子的收藏——大瓷瓶、日本人俑、廉价雕塑，有鳄鱼、大象、跳舞的沼泽女神；若像艾尔维娜·芒福德那样人家的客厅里，则更有大吊灯和灯罩，各种装饰，不一而足；如丽莲·拉塞尔(Lillian Russell)极尽豪华之能事。芒福德家里各种陈设就堆满了，长幔委地的窗帘、罩布，雷丝垂幕，多褶、镶边、粉红色调，让整个房间密不透风，难见阳光，刘易斯因此从小患了狭小空间恐惧症。所以，芒福德以及如他那样在镀金时代布尔乔亚家庭"华美得不得了的厅堂"里长大的孩子，一见到现代主义风格的建筑环境，即感到春风拂面，无比清馨，相信它代表建筑和其他艺术新的前景。[24]但是他又无法全盘接受现代主义的建筑主张。比如他感觉柯布西耶设计的纯白色平顶房屋就格外刺眼，仿佛就是个供人类居住的机械构造，完全违反人文特征。但这其实就是柯布西耶追求的效果。

芒福德深受帕特里克·格迪斯有机论思想影响，坚决反对把功能效果与机械效果混为一谈。同时他也不赞同柯布西耶把机械看作现代新文明的最佳代表。机械无疑是当今工业社会无可否认的表现方式，但它只是该文明的一部而非全部。你可以说人类是制造工具的动物，但他同时还能梦幻、能探索、能展望未来理想。因此他认为，合格的功能主义思想理论应当包含人类的全部需求和目的：除了物质的、生物的需求，也要包含精神心理的、超验主义的、形而上的东西；人类对社会和个人生存的需求和目的，如需要健康和营养，需要舒适、阳光充足的居住环境，工作和休憩空间。这些需求，有时简单的盒子就能满足，但更多情况下的需求机械式的盒子是无法满足的。更何况还有些场合，象征意义和效果完全超越严格的实用功能和目的，占据绝对主导地位，如中世纪建造的大教堂。[25]

所以，从芒福德早期全部著作中可以看出，他在努力为有机建筑进行辩护。他称之为有机建筑，因为它体现了功能与情感这两种人类需求的合理妥协。而且他认为，赖特设计的建筑就成功体现了这种综合。

能充分欣赏赖特的有机建筑设计，且能卓有见地和想象力地透彻评述其建筑思想价值的评论家，在美国芒福德属第一人。芒福德还相信，赖特深刻影响了后来一系列人物，包括阿道尔夫·鲁斯（Adolf Loos）、埃瑞许·门德尔松、彼得·贝瑞斯（Peter Behrens），以及欧洲其他许多现代派建筑师。芒福德还确信，赖特的"现代建筑"设计，完全像这些后人的作品一样纯熟。但是菲利普·约翰逊（Philip Johnson）不这么看，他与同时代史学家和建筑评论家亨利-拉塞尔·希区柯克（Henry-Russell Hitchcock），后来于1932年在纽约博物馆和艺术馆举办了著名的国际建筑博览会，向美国人介绍了欧洲现代主义建筑师的作品。1931年约翰逊致信芒福德，说"赖特无疑是一位开路先锋，而在如今的建筑界已无事可做了"。而此时赖特刚好要进入他建筑设计最为纯熟的黄金时代。[26]

赖特后来的回忆录中提及此事，说当许多评论家认为他的事业已经终结时，芒福德坚定支持他，并且说："有人说是刘易斯发现了我，假如是他发现的，我很高兴有他为伴。"[27]的确，芒福德认为赖特是当时美国存世的最伟大的建筑师，而赖特认为芒福德"是我国最有眼力最有价值的评论家。他真正具有创造性鉴赏力，才思堪与爱默生媲美"[28]。

芒福德初识赖特于1927年，那天赖特邀他到自己最喜爱的Plaza酒店吃饭。芒福德在《棍棒与石头》一书中曾经称赞赖特设计的低姿态草原小屋非常关注人文标准，关注环境要素的特点，诸如地形地貌、气候特征等等。因而这本书给赖特留下深刻印象。他读后致信芒福德表示感谢。他俩那种炽烈澎湃彼此却又三分提防的友情关系就这样开始了。

那天到酒店与这位"建筑界白头富士"共进午餐，就座的片刻，芒福德略有忐忑，"不知道这位既是令人景仰的高山又是国宝级的人物，会谈些什么话"[29]。对赖特传奇性人生经历芒福德大体了解，包括他愈挫愈奋竟至令人生怜不懈努力要控制周围一切人……其实赖特曾经对芒福德自白说："我很早就清楚自己的地位和命运之星,所以很快就不得不在两种态度中作艰难选择:是坦坦荡荡高视阔步,还是装腔作势卑躬屈节……当然全世界都看到了,我选择了前者。"[30]但那天下午芒福德走向酒店一路上已基本确定,他要面对的这人大半已一蹶不振:大约佝偻着腰、债务缠身,加上无数剪不断理还乱的私人纠葛。事实上,赖特的确已近破产,唯独还没放下建筑设计,刚从一连串公之于众大肆渲染的私生活危机中解脱出来。而一见面芒福德第一印象竟然是,此人自信力非同寻常。他举止很友好,谈话轻松自如,"脸上全无皱纹,头发梳得很妥帖,可谓容光焕发"。但他承认财务上已破产,并爽快告诉芒福德这次来纽约就为了出售他珍藏的日本画册,以便提前还债解除债务。对自己其他难题他也口无遮拦,毫无城府。[31]

交谈不到半小时,赖特就滔滔不绝说起自己家庭婚姻问题。而且从 1909 年说起,他不仅离开第一任妻子凯瑟琳和六个孩子,也撇下橡树园回报颇丰的建筑设计事业。随同麻玛·波斯维克·陈妮(M. B. Cheney)私奔欧洲,这女人原是他客户的老婆。但由于凯瑟琳不同意离婚,1911 年赖特不得不再回美国,到维斯康星州乡下为陈妮和自家另建住所,这地方是他童年时代与祖父生活过的农庄。家园建成,命名 *Taliesin*,威尔士语是"彩虹弯弓"之意。这地方兼住宅、工作室、农场各种职能于一处,还有自备水源和电力供应,确也抛开世界,自成一统。结构和外观看,它坐落丘陵一侧,丘陵前是优美如画的河谷。他们的石头房子形体、色泽、尺度都与周围自然天衣无缝融为一体。[32]

到 1914 年,赖特一家仆发疯,先纵火烧毁这幢 *Taliesin*,待女主人和两个孩子逃出火海之际,又举斧将其一个个砍杀。赖特处理完后事,重修房屋,却早已没了当年豪兴。1916 年又跑到日本兑现承诺,到东京设计建造天皇酒店。六年后返回美国带回来雕塑家米里亚姆·诺埃尔(Miriam Noel),也就是东京时期与他同居的女人。回到美国他的建筑作品已淡出公众视野。

凯瑟琳终于同意离婚,赖特便于 1923 年与诺埃尔成婚,也在

Taliesin 的廊桥举行了婚礼,但一年后也劳燕分飞。然后赖特就遇见他最后这位伴侣奥尔吉瓦娜·米兰诺夫(Oligvanna Milanoff)。此女系大法官的女儿,其父蒙迪纳格罗也是哲学家古尔迪耶夫的追随者。相识之后赖特也偕同这女人回到"彩虹弯弓",但不幸已经十分破败的 Taliesin 又遇火灾严重损毁,所幸这次无人伤亡。百折不挠的赖特,又以按揭方式抵押旧居,贷款来修缮旧居。同时筹款偿付诺埃尔的赡养费。两人分歧和财产争议久拖不决,引发不小的社会新闻。1926 年,诺埃尔听闻年轻貌美且刚与赖特生子的奥尔吉瓦娜,再次醋意大发,愤怒加嫉妒,授权法庭以通奸罪逮捕其前夫。赖特只好携奥尔吉瓦娜潜逃马里兰州明尼阿波利斯城暂且安身,不幸一月后便遭警察逮捕;被判处通奸罪以及违反曼恩法案①入狱,所幸不久获释。

　　因为诺埃尔不久同意离婚,也不再坚持诉讼控告赖特。又等待一年,符合州法律要求后,赖特与奥尔吉瓦娜最终成婚。同时,赖特经朋友保释,暂时解除债务,得以重新回归 Taliesin,打算与奥尔吉瓦娜安居下来,重操旧业,继续建筑设计。

　　一连串悲剧式经历后,赖特雄风不倒。芒福德回忆他俩那天酒店首次会面印象,也完全证实这一点。芒福德写道:"这人浑身披挂厚重铠甲,枪林弹雨,刀枪不入。历尽千艰胆未寒,诸多悲剧不伤其内。活在世上从头至尾如一尊神灵:我行我素,决不容人支使!"[33]

　　芒福德与赖特两人惺惺相惜,却始终未成挚友。究其原因,我们从芒福德上述回忆即可窥见一斑。30 年代两人在纽约经常晤面,赖特还几次邀芒福德前往维斯康星观览他的"彩虹弯弓",芒福德都婉谢了。30 年代初期赖特甚而邀芒福德去维斯康星居住,并帮他管理建筑师培训学校(该校已由他在当地建成)。后来,赖特恰如先前的帕特里克·格迪斯一样,也受不了芒福德矢志不移想当独立作家的顽固劲儿。这两人,一个执意相邀,而且说来马上就得来;另一个则放不下自己事情,

---

① Mann Act,美国国会 1910 年通过的法案,禁止跨越州界贩运妇女,特别是以不道德目的的拐带妇女。——译注

断不接受这种"马上过来"的无理通知！即便赖特30年代在亚利桑那沙漠地区深处建成的新据点，集居家环境、工作间、学校多重功能于一身。所以赖特曾写信调侃芒福德："你是美国最优秀的建筑评论家，怎能拒绝邀请不来（亚利桑那）朝觐（我这）当代建筑界的圣城呢？"[34]

而芒福德呢，却感觉若去亚利桑那观览他的"彩虹弯弓"，就意味着必须接受他训导或调教。而作为同行，他尽可赞赏他、喜欢他，却不想欠他的人情，更不想屈从他的颐指气使和操纵。

两人直接密切交往的时间总共也不很长。即使如此，芒福德也能感觉到赖特那种趾高气扬的傲慢态度，这态度其实已经毁了他不知多少私人间亲密友情。仅举一小例：某夏，天气闷热，两人纽约相约酒吧聚谈。芒福德出于好意给赖特的爱尔兰威士忌加了冰块，而未照他习惯加白水，赖特为此就大为光火。还有一次，他责怪芒福德走路不照他自己的军事化样子脚尖外撇，这也惹得他喋喋不休。更有甚者，赖特要求对方在交往和通信中要以崇拜心情全盘接受他政治观点和艺术主张。稍有不慎，小有微词，任何批评，无论措词多富有建设性，他都视为大逆不道。所以芒福德同赖特交往很快学会保持距离；否则也就无法继续称赞他了。其实，对帕特里克·格迪斯，芒福德不是同样如此吗？

但芒福德却从赖特身上看清自己身上的可贵品格。赖特像他一样，也自学成才，也自食其力成长为专才艺术家。他走到世界舞台前沿，简直可以说被逼无奈。作为建筑师，他一无正规教育背景，二无任何人指引，走向成功一靠坚持不懈事业心，二靠自身超常努力。芒福德自忖，自己不也蓄积了深不见底的自信？这自信——如弗洛伊德所说——来自作为妈妈唯一爱子的童年。依照芒福德很留情的自我评价，他对批评岂不同样敏感，同样不易接受而固步自封吗？同病相怜，芒福德才比旁人更理解和接受了赖特个性中皇室般的尊贵派头。

可是芒福德却在赖特建筑设计中找到了真正的知音。赖特在其建筑事业伊始就宣布，建筑本无须外部设计形式披挂加身，它只需从所在地（建筑地点）自然环境中有机生长出来就足够了。但须符合舒适生活居住使用的各种要求，而无须去迎合某种历史风格的尺度规范。而最重要的是,赖特"想造出属于本乡本土本民族的建筑",在这一点上它与路易斯·沙利文观点一致。[35]正是这一点令他的建筑设计非常吸引芒福德。也正是这一点让芒福德把赖特作为同盟军,联合推动美国的文化复兴。

赖特从业初期主要从事民居建筑设计,而且大多在芝加哥橡树园或其他郊区为富商们建造住房。这类民居建筑并不很高,类似早期的草原小屋,而占地颇大,多用石材和玻璃。因而让橡树园不久成为"现代建筑的朝觐圣地,Ile-de-France(一处法兰西岛)",这是援引亨利·拉塞尔·希区柯克评论文章的原话。[36]赖特建筑设计果断打破当时追求精美华丽的历史样式,就用本地简单材料大胆建造土生土长的(earthbound)、质朴无华的民居住宅。只要可能他就大胆省略墙壁,不用墙壁做分隔,而大量采用玻璃,在坡面屋顶横向设计一系列大窗,给房间引进光照和新鲜空气。所以若说奥姆斯特德和霍华德把田园概念带给城市,赖特则把田园概念引进了居住环境,给居住环境引进生意盎然的植物花草。他设计的住宅内部各种斗室互相贯通,环绕壁炉构成一个更大的组合空间,也是他津津乐道的火塘周围大空间(the cavernous fireplaces)。

芒福德从赖特早期建筑作品中归纳出良好建筑必备的两大品格:"一是地域意识,二是丰富的材质感。"[37]赖特特别喜欢就地取材,包括石材、砖块、木料,都取自本地或周边。而且往往夸张凸显这些材料的原生特点,木梁不覆盖,木材不刨光,甚至故意留下原来褶缝、曲翘……不用任何雕琢修饰去迎合某一种设计要求,因而他的设计实际上探索了范围和内涵都很广阔的区域形式。

这就不见容于喜爱独特风格——或称为国际流行风格——的评论家,如希区柯克和菲利普·约翰逊等人。虽然他们也承认,赖特的试验大有希望,代表新时代的新走向。然而有一点却使他俩深为不安,那就是赖特不倦的美学探索主张。而这一点恰是芒福德最称道的赖特建筑作品中的成功因素。[38]

芒福德欣赏赖特,不是因为他创造了一种普适的风格,而是他能因地制宜，提出各种方案适应案例特点：包括场所环境、使用者的不同需要。正因如此，芒福德和赖特都不能无条件无保留认同当时国际流行风格。芒福德认为赖特建筑设计保全了生命世界最重要的元素和特质：均衡、丰富、朝气蓬勃的原生状态。

芒福德早期论文中就呼吁建筑要实现功能与形式的和谐统一。而赖特建筑设计就完好实现了这一目标。他保留了立体派①尊重功能要求与整齐规矩的几何学构图，又结合了新艺术运动②极富表现力的特点。赖特的贡献不仅如此。芒福德认为赖特最突出的贡献是他成功地将自然、人类、机器三者融合为一。赖特建筑设计所表达的绝非柯布西耶所说之机器时代，而体现了日益临近的有机生态文明时代。这个新时代要求建筑要根据人类不同需求和环境条件的具体特点，来量身定做。

芒福德并未对赖特建筑设计进行过全面研究考察，但只要去外地考察，他就不放过机会也观看赖特作品。因而直至1953年才对赖特作品形成了最充分的评价，尽管此时两人友谊已近断绝。这是一场思想论战的后果，争论题目是美国当否卷入那场反希特勒之战。当时赖特是孤立主义者，主张坐山观虎斗，芒福德热忱地主张进行干预。赖特的态度是，政治观点彼此无法调和，仍可维系友谊。因而每年都给芒福德一家邮寄贺年卡以及圣诞贺礼，芒福德则不这样做。二战结束后赖特再次努力，力图修复关系，重归旧好。把一次国际博览会上自己展出作品的总目，寄给了芒福德，题签中简单写道："纵有千种纠葛，（我）仍是你老友 F. Ll. W."对这封来信芒福德回忆说，他见信即对索菲亚说："我刚写完的书中说，若无宽宏大量仁爱之心，何以拯救人类免于更大灭顶之灾？如此，我若不以同样仁爱之心面对赖特，那最好把这本扔出窗外。"所以，他写了回信，而且援引了上面的话。赖特再次回信，寄来

---

① Cubism，20世纪初期法国首先出现的一种艺术流派，把物体或者人物绘成几何形或者方块的组合。代表人物有毕加索、普拉克等人。——译注

② Art Nouveau，大约1890年至1910年流行于欧洲和北美的一种装饰艺术风格，以曲折有序的线条为特色，主要用于建筑装饰、室内装修和书刊插图艺术。——译注

签过名的日本明信片。从此,以往纠纷失和两人谁都未再重提。[39]

但两人终未重修旧好,因为很难。首先,赖特是建筑师,而芒福德是建筑评论家,且都很有个性。一个作品不容批评,另一个又绝不讳言揭露。所以,1953年芒福德在《纽约客》发表两篇文章称道赖特从业经历,其中不乏尖刻评论,赖特又火冒三丈。[40]

第一篇文章赖特是在飞机上读到,怒不可遏,旋即致信芒福德,下飞机就投出信笺。信中以第三人称提及芒福德,称之为"冒失鬼",更有甚者,还呼之为"不学无术之人(ignoramus)"[41]。

芒福德当即回信解释,说他对赖特地位满怀景仰,"因而不会在中肯评论中掺入甜言蜜语来损毁我对你这种诚挚的尊敬和不折不扣的赞颂"。还解释说,他撰写和介绍赖特可谓不遗余力,宛如他在《常青的记忆》中撰写二战中阵亡的爱子格迪斯(芒福德给儿子亦取名格迪斯。——译者按),同样"纯粹出于挚爱和称赞"。信末签名题写:"谨致尊敬与赞颂,恰如一位大师面对另一位大师。"[42]

赖特对此解释未置可否,也未继续评论芒福德第二篇文章,他料定比第一篇更无法接受。1956年两人曾有最后机会重修旧好,时赖特邀芒福德赴芝加哥代替罗伯特·摩西(Robert Moses)参加一次餐会,餐会论题由赖特定调。芒福德原打算违心接受邀请前往赴会,待细阅邀请函才发现,餐会意图原来是为推销赖特设计的一幢摩天大楼,其"高度达一英里"!这样一来,芒福德出席必很被动,因为这概念完全歪曲、嘲弄了赖特本人以及他自己一再讲述的有机建筑基本理念。

事情过了两年,赖特给他写信说:"别死硬派老倔驴了,来我的亚利桑那新住所看看,来轻快几天,看看我们这里的 auld lang syne(古老乡野景象)。"[43]他甚至表示愿意给芒福德和索菲亚提供旅费,抵达后再提供一辆克莱斯勒卧车,配备司机,供他们远行观览亚利桑那深部沙漠地带。芒福德只说工作太忙难以脱身。赖特最后一次通信哀伤地写道:"我明白一个人迷恋工作而拒绝朋友邀宴,坚决不赏光,不留任何情面……这种缺席背后究竟何意,我完全明白。但是我谨守规则,不予深究。"赖特的猜测当然完全正确,这就是他俩关系的终结。

"顶礼致敬啊，亲人们！……自由派的刘易斯，看着吧，特殊人物即将成长为真正的天才！"[44]

一年后芒福德同意到宾州大学任教，准备赴任给建筑系学生开公开课讲授建筑史。此前来来去去到该校任访问客座教授已十年有余。这天开课前最后一分钟，他都没确定当天讲题。犹豫不决间突闻噩耗，赖特过世。走近设计学院门廊，见国旗下半旗致哀，旗杆缀黑色丧礼缎带。顷刻间他决定，当天最适合题目就是：弗兰克·劳埃德·赖特：生平与事业。

这天授课讲义已无法寻获，因芒福德这天无讲稿，无疑即题发挥，挥洒自如。据后来回忆，他公正评价了建筑师赖特以及男子汉赖特的功过是非，他的伟大光荣和他的挫折缺憾。最后芒福德说，赖特纵有种种奇勋，未兑现庄严承诺终不算大功告成！这种功败垂成让他的严格评价者往往难以宽宥。这是指赖特违反了芒福德奉为建筑界圣典的金科玉律：建筑首先是社会的艺术！因此芒福德即使在这次碰巧赶上的悼念演讲中也直言不讳，对这一评断并无保留。而且，后来文章中这一要点仍一次次重提，语言一次比一次尖锐。其实，当赖特在世仍从事建筑设计时，芒福德在1953年《纽约客》上刊发大量文章论述和抨击他时，始终就没离开这一主题。

芒福德这些精辟评价论述说，赖特奉献了那么多作品，件件光彩夺目，但终归是个"孤家寡人"。这词语芒福德借自《莫比·狄克》里作者梅尔维尔给伊兹麦伊尔的称号。赖特作品一个个孤自独在，纪念碑般耸立、礼赞着他一个人的伟岸。可见他煞费苦心千方百计要取悦的最重要客户，到头来只是他自己。[45]照赖特的逻辑，建筑师不单是要做设计造房子，还要发明新施工法，设计新家具、挑选地毯、瓷器、绘画、雕塑陈列装饰品等等，不一而足。[46]许多情况下建筑师还要操心置办全套艺术品，顾及每个细节，有时还要包办客户全套衣装。依芒福德评断，这种主张和态度与柯布西耶如出一辙。

如何为全民提供优良居住环境，这是困扰全社会的重大问题。对这紧迫问题，赖特提供了一个单独、孤立的解决方案。他设计的这种自成一统郊区住房,芒福德认为生不逢时。首先,大多数美国人根本买不起。负责任的建筑业必须是面对全社会的建筑事业。赖特相信"每个美国人都享有不可剥夺的权利,照自己方式过自己想过的日子"[47]。而这个赖特却一门心思钻进他的梦想,孜孜研求融入自然、自成一统的郊区住宅。到头来,他撇开了建筑最重要的使命:即芒福德所说之"建筑要把它营造的一个个单项成果编织、集成全社会的宏远设计,满足全美国人民的住房需求"。

芒福德连篇累牍撰写了那么多建筑评论,他与众不同的一点何在?就在上述这一论点:他非常强调建筑这门事业必须扎根整个人类社会的改造大业。在他看来,一幢好建筑不该是个孤自独在、自成一统的构造,等着别人对它的美感品头论足;它是更宏阔城市设计方案中的一元。因此芒福德认为,花园、公园、街巷、院落都应作为不可或缺的部件,与建筑本身同时设计、同时处理、同时操作;而不能作为马后炮想起来再临时找补。城市吸引人,城市环境宜人可居,不是因为一栋栋孤立住宅,而是一组组建筑连成片,构成街巷、邻里、社区……城镇才成其为喜闻乐见的宜居环境。就当时学术背景而言,能把环境意识融入建筑学理念成为指导原则,这一学术贡献的殊荣非芒福德莫属。

他学术生涯伊始就看出美国建筑业正受困于一大难题:美国并不乏优秀建筑,但优秀建筑功亏一篑,不见有更优良、合理的社区规划设计紧跟上来凑出一幅完整图景。结果大家看到,不少宏伟优美一流建筑一个个孤零零鹤立鸡群,伫立在不断扩展杂乱无章的城乡地段。所以芒福德评论说,仅有单独孤立优秀建筑作品还远远不够,我们的设计理念必须逐步包容总体社会规划方案,把整齐有序、优美动人以及人文标准等要求归还给广大城乡,否则美国将永无望产生优秀的建筑业。[48]有灵性的建筑要求有灵性的城市规划。心怀这一信念,芒福德逐步接近青年一代建筑师、规划师和环保主义者,团结这些人在纽约于1923年建立美国区域规划学会(RPAA),是年他刚好开始撰写《棍棒与石头》。

不过芒福德此书陈述的道路以及美国建筑的未来,既不依赖建筑师也不能靠规划师。因为建筑形式取之不尽用之不竭的源泉是社会本身。文明总框架的真正改进取决于人类自身能否在价值理念上,在心理结构上,发生一场根本性改变。换句话说,建筑不可能比其母体社会更好,或者更坏。归根结蒂,《棍棒与石头》一书讲述的不单是美国建筑史,它是为美国社会探索一种新道德秩序。

要么建设,要么革命,
而革命并非不可避免。

这是勒·柯布西耶的行动号召。而芒福德看来,抛开一场革命不可能有伟大的建筑事业,因为需要一场革命对社会价值体系实行彻底改造。从埃比尼泽·霍华德田园城市方案中,芒福德首次看到这种全新的社会愿景。此后他全部著述和工作以美国区域规划学会为正式开端,始终一往无前贯彻着霍华德田园城市运动的精神、理念和方向。

美国的新城镇运动

> 许多事情,人非看见无法理解。
> 未来究竟有什么,人们看不见。
> 如此,谁说得清未来究竟如何?
>
> ——索福克勒斯

一战期间和战后,有一批建筑师和规划师受托为联邦政府建造公众住宅,解决参战人员居住问题。他们当时就采用了世界上最先进的城市规划和建筑设计理念。美国区域规划学会(RPAA)就依靠这批人组建而成。其首脑人物当中,有三位已是当时20世纪美国城市规划界赫赫有名的才俊:克拉伦斯·斯坦因、亨利·莱特、本顿·麦克凯耶。芒福德是通过查尔斯·哈里斯·惠特克(Charles Harris Whitaker)认识了斯坦因和麦克凯耶,并于1923年被委任担任该学会秘书长。且不到一年即成为该学会首席发言人和理论家。芒福德在该组织与一群年轻却受过历练的建筑师和规划家共事,首次有机会推行格迪斯和霍华德的思想理念。学会的岁月成为他一生中难以忘怀的奋斗经历。他在学会的大量工作把他雏形中的区域发展理论,城镇规划、生态保护和文化保护思想,逐步凸现为核心主张,与此同时,他也逐渐成长为一流的城市理论家。[1]

---

[1] RPAA 其他名流宿将还包括查尔斯·哈里斯·惠特克(Charles Harris Witaker),匹兹堡的规划师弗里德里克·比格(Frederick Bigger),斯坦因的建筑学助手罗伯特·科恩(Robert D. Kohn),托斯坦·范伯伦的门徒、建筑师弗里德里克·李·阿克曼(Frederick Lee Arkerman),公共住宅事业著名斗士艾迪斯·埃尔玛·伍德(Edith Elmer Wood),建筑师亨利·克雷伯(Henry Klaber),《勘察图》(*The Survey Graphic*)杂志编辑罗伯特·布鲁厄里(Robert Bruère),还有亚历山大·M.秉(Alexander M. Bing),一位半退休的富有房地产大鳄,热衷于工人社区住宅开发;后来还加入了住宅专家凯瑟琳·鲍厄(Catherine Bauer)。——原注

克拉伦斯·斯坦因是该学会最重要的天才组建者,也是学会最主要行政首脑。主要负责制定学会组织章程和政策,并负责协调日常活动。一度是芒福德在该组织中最亲密的好友,最能理解芒福德的城市思想主张。

斯坦因是稀贵人才,兼有艺术家和组织者双重才干。出身良好世家,父亲开办全国联营的殡葬公司发了大财[2]。他本人哥伦比亚大学建筑学院和巴黎艺术学院毕业后,回纽约加入伯特伦建筑事务所,后来成长为首席设计师。

一战期间斯坦因入伍在军队工兵服役,联邦政府建造军务人员住宅的果断决定令他很振奋。他因参与此建造项目结识了亨利·莱特等专业人员。这为他此后毕生从事住宅开发和社区规划事业开创了良好的基础。[3]

或许可以说斯坦因貌不惊人,还多少掩盖了他的领导才干:他个子瘦小,苍白,书生面容,且终生受心原性疾患困扰。仿佛为弥补外貌羸弱,常叼着粗大雪茄烟用另一嘴角讲话。该学会是梦想家和建筑师的组合,斯坦因个性恰适合统帅这种结构松散的组织。比如,作为行政主管他机敏果断,能把整个团队实力对准一项定义清晰的改革进度表。他果断坚定,说一不二,但却决不死板教条。生性谦和、内敛,又很合群很好相处。过人之处是他慧眼识才知人善任,以及凡新创意总不妨一试的开放心态。因此芒福德极其欣赏他,还向他学到不少政治技能。斯坦因比他大十三岁,却也是个梦想家,十足的理想主义者。不同之处是他懂得正视政治现实,这一能力学会里无人能及。由于身兼纽约州政府住宅建设官员,他便将学会与改革派州府和州长奥尔·史密斯(Smith Al)形成组合,学会开始有机会对社区建设以及纽约州开发建设项目施加影响。

1923年史密斯州长组建专门委员会解决战后住宅短缺问题,并任命斯坦因为该委员会主席。当时纽约州住宅情势始终处于紧张状态,原因是以劳伦斯·维勒(Laurence Veiller)为首的领导机构全靠法规及区划(zoning)提升住宅存量。对真正增加新住宅,政府完全无所作为。

1923—1926年,斯坦因作为该住宅与区域规划委员会(CHRP)的主席,大胆推出一项计划,由政府资助低收入家庭住宅建设。其中参照芒福德采自欧洲各国政府资助住宅建设的各种形式和经验。虽然斯坦因这项计划未能如期实施,其意义在于帮助纽约州乃至全国进入了政府负责住宅建设的新时代。[4]

在此前后芒福德作为研究人员协助斯坦因参与了一系列州政府赞助项目,从中获得了研究生水平的住宅开发专业知识。同时与斯坦因和他妻子爱莲·麦科马洪缔结了终身友谊。他妻子原是百老汇歌剧演员。在学会里,芒福德结交最深、相处也最惬意的,却是出色的建筑师和景观规划师亨利·莱特。圣路易斯城美丽的郊区大部是他早期的设计作品。芒福德爱同莱特共事,原因之一是此人点子多,思维开阔,极富创意。居住纽约皇后区阳光花园时,这两家人还是邻居。这个社区就是RPAA自己的第一个试验性作品。当时他俩经常对坐莱特家餐桌前,一笔一画绘制他们梦想的美国新城镇。

亨利·莱特

莱特最爱下棋。他说他当规划师成功的秘诀是棋艺:你总得先想一步,总得思维超前,不排斥各种新途径。莱特认为难题永无唯一最终答案。他一生都在探索,为新规划难题探索新途径。有一次他对斯坦因说:"有朝一日我得机会定镌刻个大问号,送给每所大学,都装在他们大门门楼上!"[5]

他这些强项又让他很难共事:独立性强,兴趣广泛,暴雷脾气。如此,得有个人罩住他,斯坦因即此人也!每逢讨论项目莱特眉飞色舞想起一出又一出眼看快跑题时,斯坦因坚定果断简洁明确,总能将他收回笼中。斯坦因是娴熟的建筑师兼敦厚的当家人,莱特是极富创意的场地规划师。所以无论个人气质或专业特长,他俩真是珠联璧合。

RPAA从来都不是个结构严密的专业组织,更没有一个大家公认的区域改进战略构想。它更像一伙志趣相投的朋友组成的松散联盟。芒福德回忆说:"大家相处最好的时期甚至相互代签文件和备忘录,那些烦琐的征询商议,一概没有。共商大计时,也几乎从无投票表决一说。"[6]RPAA 存在全过程中始终是个小组织,成员很少超过 25 人。最积极成员集齐,刚好舒舒服服坐满斯坦因家的客厅。斯坦因时住纽约城内一所豪华单元房,大窗俯瞰中央公园。RPAA 成立之初常在他家会商大计,每周聚会大约两三次。

　　RPAA 团队的思想观点可谓五花八门,但其核心层——斯坦因、莱特、麦克凯耶、芒福德——对区域发展战略主张则见解一致。因此这四人主导着 RPAA 精神灵魂的航向。RPAA 在他们引领下发挥了异乎寻常的作用,影响力大大超出其组织规模。当时现代工业文明刚在美国创造出新的社会秩序,包括大批量交通运输形式,芒福德将其统称为"超级大都市现象(metropolitanism)"。而能以批判眼光冷静思考并大胆评断这种所谓新秩序者,RPAA 首开先河。不过 RPAA 始终把批判放在第二位,而更注重如何研发新方案矫正全国城乡聚落的发展现状,他们提出的方案至今新颖中肯、切中要害。

　　RPAA 成员不仅质疑城镇化进程中的主导趋向——建造的都市越来越大,而且质疑都市规划的普遍做法。当时许多都市规划方案都鼓励集中,为此不惜血本开路搭桥,研发新交通手段,把民众引入城市中心上班或购物,然后返回郊区家中居住休憩。就连当时一些较开明的规划方案,如拉塞尔·塞琪基金会(Russell Sage Foundation)资助纽约城制定的方案,也都认为高密度城镇化不可避免,因而建议开发范围更大的交通网来顺应配合这种发展趋势。

　　而 RPAA 认为,城市日益集中、稠密的趋向并非命里注定。在这个问题上芒福德成为整个 RPAA 团队思维方式的主心骨,他汲取帕特里克·格迪斯和俄国无政府主义者彼得·克鲁泡特金的思想主张,提出如下见解:工业时代旧式煤炭和蒸汽机技术,注定要将大量人口集中在铁路沿线或终点港口码头或大型交通枢纽。随着技术和生产力发展,汽车、电话、无线电通讯、远程输电网日益普及,这些新时代条件完全有办法疏散过于集中的人口和生产力分布。电力网普及后广阔范围内都能用上电力,工厂就不必靠近煤矿坑口、海港、大河谷地。汽车和公路网普及会进一步疏散交通,降低新开发区经济成本,为疏散人口和商业活动创造条件。芒福德指出,这些突破会把"发展重心"归还给原来小型社区,重振原来乡镇工厂企业,熟练工匠、技师操办的住户型工业。这景象正是克鲁泡特金1899年所著《农田、工厂与作坊》书中预言过的。[7]

对新时期应有的城镇规划,克拉伦斯·斯坦因,亨利·莱特也都有想法有抱负,但他们与芒福德交谈后决定拓宽视野,把规划领域扩展至整个区域,提出更宏伟更大胆的设想和解决方案。这些思想诚然倚重埃比尼泽·霍华德,不过,芒福德将田园城镇概念予以发展创新,依据美国国情制定新的城乡聚落发展构想。这一突破应直接归功于芒福德的社会学家老师,苏格兰人帕特里克·格迪斯。因为此人在思想创新方面要大大超过埃比尼泽·霍华德。

芒福德对城市的许多新构想都围绕这一大宏伟主题,这主题来源于他同格迪斯的密切交往;而且,不是城市规划师格迪斯或生物学家格迪斯,而是戏剧家的格迪斯。因为格迪斯1911年就曾经撰写过一部舞台剧《学界假面舞会》(*Masque of Learning*),并亲自导演在爱丁堡和伦敦公演。[8]这部戏很能代表他俩的城市理念,认为城市首先是个大戏台,或者物质环境背景,这里展开社会生活一幕幕复杂戏剧。城市人物类型丰富,社会活力张弛律动,把人类社会生活一步步推向戏剧化高峰。在此过程中,城市的物质环境背景——包括其建筑及规划模式——要么推动剧情故事起伏跌宕,要么阻碍剧情发展。芒福德对摩天大楼大加挞伐,原因就在于此。因为摩天楼把人们凝固在玻璃、水泥、钢铁的空调房间里无法交往走动。所以若想激活城市中人类戏剧有效开展,必须裁剪城市使之符合人文标准。城市设计也须最大限度满足人们会面、邂逅与戏剧性冲突。[9]

时至今日仍有一种观念流传甚广,认为城市地盘扩大,地价上涨,必定标志着城市的巨大进步。芒福德在现代作家行列中率先批驳了这种谬见。1926年他在其极富创见的论文《难以忍受的城市》中说,纽约城当今疯狂扩张的真正输家是普通居民。因为,非常荒唐的是,城市繁荣往往与城市文化直接冲突:城市规模越大、财富越扩充,城市越难维护城市生活最关键的元素。而丢失这些元素城市生活会日益枯燥无味,丧失意义和价值。地价上涨导致公园、博物馆、文化活动中心、体育场、美术馆以及其他种种非盈利文化设施,根本无法同金融、房地产等暴利产业争夺地盘。它们的萎缩只是个时间问题。[10]

芒福德同样关注城市发展失控带来的生态环境后果,他为RPAA撰写的第一批论文核心内容之一就是这个主题:反对城市扩张,维护环境质量,也成为城市学文献的经典内容之一。他把城市比作活体生物,认为发展过大必将破坏与周邻地区的共生联系,最终破坏生态平衡。而在城镇化起始以来漫长进程中这种生态平衡曾始终主导着城乡之间的均衡联系。如今城市扩展已经超限度抽取本地资源,如再继续发展,势必跨出区界,越来越远去调水、燃料、能源、粮食、建材,以及处理废物废水。最终酿成本地与周边乃至远方的寄生关系,从此开始了生态失衡环境质量每况愈下的周期性恶化。事实上,大都市常蚕食吞并周边社区,消耗宝贵农田森林资源,制造出一望无边的密集聚落——所谓城市连绵区(megalopolis),实乃生态灾难地带。RPAA早期开会的时候,芒福德常苦口婆心地向同事们强调,解救大都市出危局,唯一方法是从源头上抵拒酿成大都市拥挤现状的各种推手,具体做法是在周边乡村建造新城,把人口和产业从膨胀拥挤过度的大都市吸引出来。[11]

芒福德认同霍华德田园城镇人口规模在2—3万,此外绿化带再容约2千人居住。但他认为这一构想不必太教条,某些情况下人口可以更多。例如美国东北部沿海的狭长产业地带,新城镇人口可以高达30万。他认为关键不是新城镇人口的强制规模,而在于新城镇的规模、形态以及边界,能否符合社会学标准。[12]

而且他设想的疏散过程远超出上述内容,他反复提醒斯坦因和莱特,我们设想的区域城市要分解为更小的细胞单元(cellular units),每个细胞,或邻里,规模和密度都有严格规定。理论上讲,当一座城市发展过头已无法顺利履行其基本社会职能时,换言之,当它不再是有效的社会邻里,它须像细胞那样分裂生殖形成新细胞——另一个新城镇。这种裂变能够防止城市机体癌变性膨大。为此,芒福德从美国新英格兰地区早期清教徒城镇实践中找到成功的先例。他们的老城若逐渐膨大无法容纳,就会另建新城,继续奉行城市文化和宗教的各种职能。[13]

可不论霍华德或芒福德,都有批评家出来指责,说他们错把绿化带当作了城镇;或者说他们"把区区一点点郊区特征和小城镇社会特色定义为完美居住环境"[14]。不必讳言,他们方案中确有浓郁的怀旧乡情,掩抑不住想往农村小城镇纯朴无华的生活情调,但如此评价他俩却失之不公。因为他们设想的田园城镇是真正的城市聚落:结构紧凑、边界明确,而不是郊区卧城、宿舍区,或者穷乡僻壤的小镇店。实际上,芒福德所说的田园城镇以内涵丰富的产业作基础,为各种收入水平的群体提供住房,来合理取代大都市郊区。因为20世纪20年代城镇化飞速发展时期,美国大都市周边正依照收入水平划分区段、文化构成均一化原则迅速形成的郊区地带。正因如此,芒福德更喜欢使用"区域城市"而不使用"田园城镇"这一术语。因为在多数人心中,田园城镇意味着林木繁盛的城市郊外飞地,而不是他设想而且钟爱的生动活泼,内涵丰富的小城市。

但是,田园城镇就无法成为"生动活泼"的场所吗?《纽约客》的作家 E. B. 怀特(E. B. White)就怀疑这一点。因为照他理解,芒福德喜爱纽约城首先着眼于城里的剧场、影剧院、博物馆、艺术馆之类能舒展心胸的场所。而这些东西"恰恰是人口拥挤的副产品",他还曾说:"……若我容许心怀仁爱的政府把我的家业移植到新泽西海茨市,在四野茫茫寂然无声的乡下,我定会想念遥远都市的喧闹声音,而一切都遥不可及了。"[15]至于说拥挤,许多纽约人根本不在意。举例来说,艺术评论家亨利·麦克里基的话就很有代表性,"我得很不要脸地承认……我就特喜欢现在这样子……生活在纽约,芒福德先生受不了这里拥挤,而每个普通纽约人却很受用。人就喜欢扎堆,前往大家都爱去的地方。如有人因为观看某球星比赛被挤身亡,那更表明这天下午城市生活是异乎寻常的成功!说到城市景观,我看也没啥不合适。凌乱当然凌乱……但这是一种狂野而离奇的美。"[16]

芒福德意识到,要想让区域城市不仅能吸引人还能留住大宗人口,光保障就业还远远不够。还得建设足够的剧院、图书馆、书店、博物馆、体育场和球队。大城市才具备的文化设施和组织,很难出现在3万人的小城市里。因而他提议规划建造城镇网络,以快速便捷交通体系互相连接,有区域政府负责组织协调。如此一个区域中心,周围若干中小城镇的格局,就能够确保全体居民享有百万人大都市才有的各种文化生活需求,还免除拥挤之苦。该城镇网络中各有分工,每个单元提供各自特长专门文化活动,不管是歌剧院或大图书馆,这样结构成网络之后,就实现了互通有无,把文化以及人类资源,如书籍、艺术品、交响乐队、舞蹈团、医疗服务、教育机构等等,都合理配置到整个区域。原来芒福德是从美国各地图书馆联网服务系统中找到原型,用到区域城市实现其互通有无协调合作。[17]

那么,原来中心位置上拥挤不堪大都市又将如何呢?一些理论家,如RPAA团队里大小托马斯,就持怀疑态度,认为这种方案过于理想化,不足以解救大城市危机。芒福德的论点是,区域性新城镇规划会给纽约这样的大都市提供机遇,通过虹吸效应吸出、疏散过剩人口,同时降低拥挤造成的高昂地价。芒福德规划中,郊区会将其多余绿地空间改造为社会服务空间,诸如自发集会和社会联谊组合的场所;而老城区则发生相反的变化,将拥挤的社会空间改为绿地,引入更多光照,建设私家花园、公共广场、步行街与购物中心。他还建议,规模大的城市还可用绿带贯穿各个社区,形成自己连贯的花园公园体系。20世纪50年代在宾州大学教书时,针对当地城市规划献策,他建议费城把背后的狭长通道改建成绿色林荫路走廊,每隔一段距离适当放宽,形成林荫广场,周边建造商铺、茶馆、咖啡厅。所以芒福德的计划中,每件小项目,"如旧城改造,拥挤市中心的疏散、营建新的城镇中心",都是"同一社会进程的不同组成部分,它们互相配合,目标都指向区域社会的改造和康复"[18]。

这是一项浩大的社会改造工程,其成本和困难自不必说;对此芒福德不存幻想。试想,许多商业集团都在拥挤市中心投入了血本赌注,市政官员则生怕破产失业,会群起反对实施该计划。因而启动这一计划,特别是新城建设和旧城改造的启动步骤,都需要联邦政府和州政府掏出巨额补贴。[19] 对于这一点,霍华德相信并依赖私人慈善事业,而芒福德相信如此大规模城镇改造建设项目,离开政府共识和出力根本无法实施。对此,斯坦因和莱特也完全站在芒福德的立场。

三人进一步形成共识,新城镇规划若想取得长期效应,规划专业本身就必须改造,走上区域城市这一理想轨道。所以1927年著名城市规划师约翰·诺伦(John Nolen)邀请芒福德出席华盛顿举行的美国城市规划学会第19届年会发表演讲,芒福德欣然接受了邀请。

演讲一开始,芒福德就给城市规划师出难题:能不能抛弃城市规划专业原有陈腐观念,即所谓"规划本身就是为不断扩张拥挤的都市发展提供物质手段",这一浅陋观念能否彻底丢弃?并且转向用自己专业知识、影响和技能,"一个区域一个区域地建造人性化的生活环境,让城乡协同发展,共同实现美好生活质量和目标"[20]。但如规划史学家梅尔·斯格特(Mel Scott)所说,如此热情洋溢的呼吁"怕会深受大多数规划家喜爱,像久陷世俗泥淖的宗教会众突然听到精彩的布道演讲,会深为振奋"。当时多数专业城镇规划师都习以为常按照现行市政规则和惯例开展专业活动,认为芒福德提出的"设想很大胆,但对都市地区改造只是纸上谈兵,华而不实"。因而即使芒福德思想的同情者也不敢贸然行动,不敢密切追随民意,更不敢贸然挑战商界政治圈的既得利益。综合权衡后,他们认为最稳妥方案还是继续拓展都市圈,这样对自己也比另行规划新城更有利可图。[21] 因而又过了将近十年,RPAA更先进的思想主张才真正赢得青年一代规划师的理解和支持。

这样,RPAA一面继续同史密斯州政府密切合作推进住房改善计划,同时芒福德、斯坦因、莱特协同学会内志同道合者,开始探索私人企业领域。他们效法霍华德，也游说有公益心的投资商支持小额度住宅建设项目，以检测小范围田园城镇项目能否有效实施。而这样做真实目的还在于用示范项目向政府展示实效，说服政府部门扩大投资公共领域，以星星之火点燃燎原烈焰，让新城镇建设蔚成风气传播开去。

  1923年克拉伦斯·斯坦因结束了新城镇旅英考察，回来就说服朋友亚历山大·M.秉，此人系纽约房地产大鳄巨富，出资赞助在美国建造一座田园城镇。第二年RPAA组成"城市住宅开发集团（City Housing Corporation）"，这是一家利润封顶的股份有限公司。而且在纽约城周边购置一块一英里见方地面，开始规划建造田园城镇，计划容纳2.5万人！但因无力筹措足够启动资金，RPAA领导人便退而求其次，缩减规模，先尝试在更小地块上推行新城规划设计，并以小心谨慎原则先投资皇后区（Queens）。他们选购的地块即宾夕法尼亚火车站至曼哈顿商业区之间一块待开发场地，并于1924年开工，目标是为工人和中低等收入家庭建造新的住宅区，名称定为阳光花园。

芒福德帮忙规划并携全家于1926—1936年
在此居住的皇后区阳光花园

当时是美国广大城乡经济好转的年代。阳光花园工程盖好一栋马上就住满,至1928年全部完工,"城市住宅开发集团"也实现盈利。当然,这阳光花园住宅区绝非完整的田园城镇概念。但RPAA从中取得的知识和经验却成为下一步行动的基础。接着,他们用刚赚的钱投资新泽西州美草地,建造了一座名副其实的新型田园城镇瑞德班。

设计阳光花园时,斯坦因和莱特想避开沿用已久的棋盘格规划方案,采用同心圆围绕中心花园或庭院,构成整个布局。这样就能避免过境交通切割社区居住功能机理。但可惜,该用地先前已被当地工程师按照传统格网式分割规划成街坊与教区(boroughs),进一步更动已不可能。

既然无法突破纽约原有的标准棋盘格布局,他俩就退而求其次,尽量按照日常居家过日子的要求和规律性来规划设计新住区。以窄而长的房子和单元楼房紧凑组团,且大多构成向心格局,中心为公用花坛绿地,"该开放空间专门设计用于休闲集会或做舒适游戏场所"[22]。斯坦因和莱特也相信,从私密性和经济价值考虑,住宅楼高三层最为理想。他们同意芒福德的观点,单家独户自成一统量身定做的楼房造价昂贵,多数美国人承受不起,何况浪费用地,不宜推广。这种模式若普及开来会导致建筑密集,地面拥挤,而且难以保障私密性和花园空间,大量建造势必制造出新的郊区贫民窟。

莱特和斯坦因的阳光花园房屋规格虽小,但院落轩敞,花明树荫,草坪整齐,一排排高大杨树,这一切就大大补偿了居住空间狭小的不足。房屋本身只两间进深,但莱特的设计最大限度引入日照,夏季凉风习习。房屋后面有私家通道连接外部路网。外部路网较宽,东西错落四通八达,像护城河一样构成这半封闭街区的边界,使之从外部看有明确清晰边界。

阳光花园建成,刘易斯和索菲亚都很喜欢这地方的乡村韵味,1925年他俩索性从布鲁克林搬了进来,在此整整住了11年。项目全部完工时,树木也长起来了,鲜花盛开,每天下午刘易斯常沿庭院曲径散步,还在这里爱上了园艺活动,养花种菜收拾果木,成了一生爱好。

阳光花园一度似将成为知识分子和艺术家们的专属住区。莱特和RPAA其他几位成员也都搬迁过来,热闹聚会也就多起来,常在莱特狭小地下室里发展成大派对。接着纽约一些即将为人父母的年轻作家也跟风加入,于是有人就称之为"格灵威治村家长培训中心"。[23]不过作家艺术家数量始终未超过普通中下层住户:如机械师、办公室职员、小商人。这就保障阳光花园是个真正的社区,五行八作,天南海北,各方人士都能来参与交流互动,户主们天然形成积极的联合体。芒福德住过的社区中,这是他体验到城市环境中邻里关系最为丰富而生动的住所。

1928年初,"城市住宅开发集团"刚刚完成阳光花园小区即转入新项目。首先在新泽西州的美草地选购一块未开发的农田,距纽约城16英里。开始建造另一处试验型住宅瑞德班小区,预计容纳2.5万居民。实际上瑞德班项目未能全部完成,原因是遭遇大萧条,集团本身也破产了。但到1931年,已完工的两个小区已入住了1千居民。而且体现了城市住宅区的新概念,后被规划界称为"瑞德班概念"。[24]

瑞德班的有利条件是不受棋盘格模式限制,RPAA专家们就给它引进了20世纪各种新成果,其中大多是芒福德推荐的。他曾满怀骄矜地说:"瑞德班是继威尼斯城之后城市规划界最重大的标新立异。"[25]

瑞德班也是座田园式城镇社区,专门为小汽车时代需求设计建造。1908年,亨利·福特引入总装配生产线,开启大众汽车消费时代。1923年,底特律年产汽车2300万辆车。或喜或忧,RPAA规划师们注意到了这是未来社会的巨大推动力。他们开始密切关注这一趋向。

芒福德一辈子不开车,同时也激烈抨击他所谓的"美国汽车宗教"。但进入20年代无论他或RPAA任何专家都不再坚决反对汽车了。他们看清楚,小汽车已成为整个交通体系不可或缺的要素,少了它铁路和电车网络就难以持续发展和改进。他们关注的不是小汽车本身,而是它给环境带来的不良后果。小汽车一方面加剧城市拥堵、噪声、污染，城市本身则因棋盘格规划模式，道路宽度一致，同等吸引车流量，更助长汽车为害，特别对居住区。

20年代多数规划师不注重纠正这一趋势；城市规划原则甚至向汽车倾斜，注重改造旧街道为这些燃油机器大开方便之门，行人和居民则自生自灭。瑞德班则是美国首个专为行人设计建造的城市社区，在汽车时代大背景上为居民提供"安全的城市居住生活环境"[26]。

瑞德班居民区不准汽车入内。斯坦因和莱特在棋盘格大背景上巧妙变通，设计了两处类似校园的大型街区，居民住房、住宅楼和其他建筑都面朝里，合围一花园，背靠街道把汽车交通屏蔽在外。街区内有景色优美的花园，花园两侧有步行小路连通整个社区，直通购物商区、学校、运动场。这就让住区具备了英国与世隔绝的乡村那种安宁与静谧的韵味。

这两处大型街区只是瑞德班一系列拟议方案中的一小部分。它的基本原则，诸如步行街与车辆严格分开，包括在必要路口设地下通道或过街天桥，也就是弗里德里克·洛·奥姆斯特德和卡尔沃特·沃克斯（Calvert Vaux）设计中央公园采用过的方法。RPAA设计瑞德班的时候，芒福德就积极向同事们推荐这类做法，即保证安全又提高效率。特别是有老人和孩子上学的社区，这种方式能确保交通安全。瑞德班不存在汽车入侵问题，因为住房卧室面对内院背靠街道，厨房面对本区小街，便于居民停车和收发人员递送货物。为保障就近上班，斯坦因和莱特原来准备另辟空间安置产业，并用绿色带与居住区隔开。但瑞德班难以吸引生产项目，加之土地紧张更无法设立绿地，这种设想也就落了空。

所以瑞德班是座无高速路的城镇，继而它又在规划师本顿·麦克凯耶极富创见的头脑中引发一个新概念：一种全新的交通干线网。他从瑞德班把步行与车辆、道路与住宅彼此成功分隔中看出，公路发展完全可以突破城市的局限。于是1931年，他与芒福德合写的论文《开车族的无城镇公路》（"Townless Highways for the Motorist"）倡导一种新概念公路：双向四车道，两侧周边土地完全公有，严格限制私商开发，唯可设加油站和餐厅,且占地标准、外形设计均须达标。[27]此倡议一出,公路工程师和规划师立即响应,着手建造公路网,但却忽略、偏离了该创意的核心部分:即公路网必须躲开城镇。所以,倘若瑞德班示范田园城镇能全方位建成完工,芒福德的无城镇公路网设想也就实现了,瑞德班路网就可联通纽约城了。然后大都市周边设有停车场,通勤者或驾车族随即可换乘铁路或者公交车进入曼哈顿。[28]

所以,芒福德并不排斥汽车及其他突破性新技术和产品。但他的着眼点,也就是威廉·莫里斯和约翰·拉斯金坚持的理想,仍然是14世纪的模式:形制与完整(form and unity)。依他看,瑞德班仅仅局部实现了他设想的田园城镇。照他设想,田园城镇要重构中世纪的乡村生活,从规模到社会丰富性入手去营造城镇,其建筑环境和社会邻里要亲睦团结,整体形制讲求章法、符合人文标准。这些特征都是芒福德从中世纪城镇生活中提炼的至纯至正的本色(quintessence)。

芒福德认为,瑞德班作为城镇社区规划试验探索,成功的要诀不是建筑——他认为建筑是次要的,而在于它提供了一个文明核心,即使这核心仅体现为商铺、学校、公园,但足以聚集人群。此外它还有个共同边界,即使这边界仅以绿地、路网构成,也足以让居民有归属感。换言之,瑞德班的成功体现在它挽回了大都市随无节制扩张丧失的城镇形制及完整。斯坦因和莱特千方百计靠最新规划技术手段延缓都市的巨变,约束其疯狂的向外扩展,"大力在邻里社区重搭戏台,让社会生活的精彩场面还能在这里重新上演"。[29]

这种新型都市社区诚然便于在人口密度较低的郊外全套实施规划建设,芒福德却相信这概念稍加变通,照样适用于纽约城人口稠密的老市区。只要某些街道设法屏蔽车辆交通,将学校、图书分馆、诊疗所、商铺、电影院、公园等文化设施按照大型街区要求重新布局,就可以缓解城市路网的沉重负担,进而为儿童成长、老人安度晚年提供安全生活环境。这些论点成为芒福德20年代后著作中几乎从不放弃的论题之一。[30]

芒福德理解的花园城镇不是个只针对大都市发展失控的简单变通办法。花园城镇从一兴起就是一项蓬勃的大众行动,它针对西方世界一味追求增长的错误意识形态。因而芒福德希望这场运动能为新型城乡发展打开新路,实现有节制的增长以及生态平衡。所以芒福德主张的改进不是仅针对生活环境,更涉及生活习惯的改进。他1927年发表的文章中说,若无价值观的全面调整更新,这种城镇社区,若置身追求利润和物质扩张双重压力下的文化环境中,即使规划良好也断难存活。[31]

这就是芒福德希望RPAA追求的方向。所以阳光花园项目刚一开工,他就给格迪斯写信说:"斯坦因和莱特近来有个新发现,他俩信心百倍要建造一种美丽的新贝壳,虽然还处于零起点状态,而且似乎全然不知(贝壳内)将培育什么样的民众。"他还告诉格迪斯说,他已经向他俩引用过维克多·布兰佛德的原话:城镇规划师最需要诗人来援助。他俩居然同意此说,而且索性委任他担当这个诗人角色。在斯坦因住处的规划工作聚会上,芒福德向他们介绍欧洲区域主义发展新趋势,法国的普罗旺斯、加泰罗尼亚,以及爱尔兰等地的新成就,并提议RPAA将区域主义(Regionalism)作为这场运动的文化目标。[32]

芒福德所说的区域主义,或称区域性社会综合规划,说到底,就是千方百计保存地方文献、文学、语言、生活方式,保存本地共享的生活经验和文化遗产;其所以重要,是因为这比其他任何社会制度或意识形态都更能团结民众。他目睹过美国均一化的大都市文化浪潮吞没了美国丰富多彩的地方文化特色,像个滚烫的大熨斗一样烙平各地差异,断送了各地基于乡土特色的地方文化。他能找到并坚持这一方向,诚然得益于他早年阅读过格迪斯和克鲁泡特金的著作,同样也得益于阅读爱默生和霍桑著作。其中霍桑一句话他印象极深:新英格兰这片宏伟沃土配得上我的全副忠贞。

还有,芒福德认为区域综合规划能够抑制民族国家权力。这一思想来自他战后阅读的哈罗德·拉斯基(Harold Laski)《现代国家权威》(*Authority in the Modern State*)一书。作者认为国家权力将持续存在,但其权力将逐步分解为地方和区域自治集群,包括城镇、产联工会、大学、生产者和/或消费者合作社。届时国家只是诸多权力组织中的一种形式,其主要职能是"在治宪框架下维护各城镇、地区、团体的法律正义和自由权利"[33]。芒福德还有为区域综合规划更激进的辩护词,有些听起来仿佛主张复活中世纪自治城邦经济,主张建立强大的行业公会和半自治的法人团体。

他常向 RPAA 成员游说这种较为激进的区域性分权自治路线,并且在本顿·麦克凯耶那里找到坚强同盟军。这位本顿·麦克凯耶出生于新英格兰地区,身材颀长,目光锐利,被称为"没有络腮胡子的山姆大叔"。他住在马萨诸塞州舍利中心。九岁随家人从曼哈顿迁入此地后已在那里居住多年。[34]其父原来是维多利亚时代的演员兼剧作家,斯蒂尔·麦克凯耶。他继承了家族的睿智与口才。不过,虽不乏与生俱来的英俊以及待人接物轻松随和,这麦克凯耶仍令人感到深不可测。自1920年起就独居舍利中心一破败农舍,房屋满是古旧书籍以及褪色的陈年家族肖像画。

芒福德与他相遇刚好是 RPAA 组建前夕,因志向禀赋相投,两人简直一拍即合,终生为友。虽不经常走动,晤谈基本都在学会工作场合,两人书信往来却维持至麦克凯耶1975年去世,时年96岁。芒福德结交他不久就发现,麦克凯耶天生具有他自己特别缺乏又十分渴慕的全面发展均衡美德。麦克凯耶浑身肌肉发达强健,酷爱户外运动,却又熟悉城市生活。身为哈佛背景的知识分子,他志存高远,性格外向,心胸豁达而彬彬有礼,却宁可独居荒村,过着梭罗式的自给自足人生,且距康科德的确只有20英里,而且同梭罗就守着同一条铁路。[35]因此,芒福德将他视

本顿·麦克凯耶(1924年)

为自己同爱默生和奥杜邦(Audubon)的古典美国之间的活体联系。麦克凯耶92岁生日时,芒福德写信对他说:"我晚生无缘结识梭罗,但很高兴至少能有幸与你同时代。"[36]

麦克凯耶在哈佛大学师从两位前卫学者研习环境保护,纳森尼尔·S.沙勒(Nathaniel S. Shaler)和威廉·莫里斯·戴维斯(William Morris Davis),1905年获得林学硕士学位。随即在西奥多·罗斯福总统时期供职于美国政府林业部门,在吉佛德·宾查特(Gifford Pinchot)治下工作至1916年。其间大部分时间都工作在野外,垦荒种树、改进公有林地。一战期间到劳动部工作,听从唯一上司路易斯·珀斯特指挥,承担住房开发项目,解决战后荣归老兵居住紧张问题。这期间并无业绩,但他在华盛顿偶遇司徒华特·查斯(Stuart Chase),此人也热爱徒步旅行和农村考察,随后又结识了查尔斯·哈里斯·惠特克,并由此走入一个新团体,都是青年建筑师和规划师。一战结束,尤其妻子1921年去世之后,他贫穷潦倒心灰意冷,回归马萨诸塞州舍利中心,开始真正意义的解甲归田,靠微薄年金度日,直至1930年。虽贫寒窘迫,却矢志不移,坚守理想,不愿意出来另谋职位。他毕生追求的理想是构想一个通盘计划,拯救、保护美国自然景观。其第一步就是设想一条阿巴拉契亚山麓的旅行通道(Appalachian Trail)。

有一次他去新泽西州橄榄山靠近奈特岗的家族农庄访友惠特克。谈话间兴奋地说起自己有个设想,开发一条跨区域旅游休闲路线,以缅因州为起点向南直至佐治亚州。惠特克很喜欢这主意,立即把他介绍给克拉伦斯·斯坦因。刚好斯坦因正在该地区给哈得逊公会农庄设计奶牛场和畜栏。交谈后斯坦因意识到,麦克凯耶的理念可以扩充田园城镇概念,使其有一种广阔的区域性视角,还能把环境保护与社区规划融于一炉,因而非常宝贵。于是斯坦因和惠特克一起说服麦克凯耶立即行动,就在惠特克家中撰文,介绍他的休闲旅游通道工程设想,并投稿给《美国建筑师学会会刊》。

麦克凯耶担心美国人生活中正在失掉同浩阔乡村及旷野自然的亲密联系。城市生活日复一日缺乏变化,易生焦虑。作为补救措施,他建议开辟阿巴拉契亚山脊①徒步旅行路线,因为该山麓地属低矮山地丘陵,且尚处于自然原始状态。几乎美国人口半数可于一日内乘车抵达这里,来享受荒野自然浩大气魄。该旅游路线作为骨干,可以串联一系列自然保护区和公园,加上各地志愿者参与建设的配套支线就成完整体系。麦克凯耶坚信大自然有特殊疗效,包括对心身病和精神心理病症,"他们需要旷阔天地而非药物"。周末野营族或背包客一旦接触大自然,很可能决计搬来永久定居,从而引发地质原因的人口重新分布。届时,该旅行线路可拓展为更宏伟的社区规划和建设项目。紧接着,城市生态难民会合伙创办各种粮食种植和畜产合作生产,组成合作农场。这一设想虽未实现,麦克凯耶的创意却已激发了许多地方团体率先行动,在各地一段段做规划,插标记、栽界桩。所以该线路实际上已经启动,这类努力一直延续了三十年。这条阿巴拉契亚山路至今已标定为美国最伟大自然遗产之一。[37]

麦克凯耶的阿巴拉契亚山路旅行线路创意可把 RPAA 的大多数项目串联起来,包括环境保护、疏散人口、景观改善、区域规划等。RPAA 成员还常携妻挈子周末聚会,齐聚新泽西州奈特岗哈得逊公会农庄共商大计。终于有一天,他们决计把麦克凯耶的阿巴拉契亚山路旅行线路创意扩大成全方位的区域规划,还决定委任麦克凯耶和芒福德担当领军人物。

不久,麦克凯耶着手写书,题目是《新的探险》(*The New Exploration*),中心内容就是讲述他的区域规划理念和实践。但是他行文古怪,似散文而不守章法,艰涩难懂,很难找到出版商愿意出版。芒福德因深谙其义,于是说服大出版商阿尔弗雷德·哈科特(Alfred Harcourt)出版该书,前提是芒福德任编辑,负责全文校改。这样,芒福

---

① 阿巴拉契亚山脉,从纽芬兰西部开始纵贯加拿大,直至美国南部亚拉巴马州。全长约 2600 公里,宽 300—600 公里。由中山、低山、台地以及纵谷构成,系大西洋海岸平原与北美内陆平原的分界线,有丰富的第四纪冰川刻削溶蚀遗迹。主要山脉有白山、青山以及著名的蓝岭山脉。其最高峰米切尔峰只有 2037 米,完全适合徒步旅游。译者曾从纽约州府奥尔巴尼乘车向东去波士顿,不久途经该山麓,但见蓝山白雾,危岩翘耸,却不很高,景色优美,交通方便。——译注

德就有机会首次品赏到原汁原味的麦克凯耶思想理念。麦克凯耶的历史经典也就给他刻印下永志不忘的印象。1939年纽约举办博览会,首映纪录电影经典片《城市》。芒福德曾参与该片制作,并亲率摄制组赶赴新泽西州麦克凯耶居住的舍利中心,拍摄记录了新英格兰地区殖民时代这一古老村落。

1924—1929年间芒福德与麦克凯耶协作,完成麦克凯耶著作以及RPAA的其他项目。这四五年是两人友情最笃的时期。芒福德的确很难将《新的探险》一书修改为紧凑通顺的论著,但他确信,此书是区域规划科学的开山之作(seminal study),因而极力推荐该书出版。这不仅出于他对作者忠贞,更因他坚信此书精湛体现了RPAA学会孜孜以求的每一个社会目标。后来他有句话最清楚地概括了该书价值,他说:"在你藏书架上,此书可同亨利·戴维·梭罗的《瓦尔登湖》、乔治·帕金斯·马什(George Perkins Marsh)的《人类与自然》等经典名著排列一起,并驾齐驱,它当之无愧!"[38]

麦克凯耶和芒福德建议美国区域规划学会(RPAA)开展宽广的区域调查以及气势宏伟的区域规划。而可惜RPAA从未掌握充沛资源条件,因而难以充分践行这些好建议。但1926年斯坦因领导的"住宅开发与区域规划委员会"发表纽约州调研报告,融入了芒福德许多有关区域发展战略的见解。亨利·莱特任该报告主笔,起草过程中大量吸收芒福德和麦克凯耶的思想论点,因为这两人本来就负责该委员会专题研究。虽然该报告还算不上纽约州全面总体规划,但已对其历史发展做了系统回顾和精湛总结。其中分别考察了物质资源环境、经济发展、社会状况等,并评估这些新因素对当今发展产生何种影响。因此,它不是个单纯的考察报告,更针对疏解纽约大都市人口拥挤,以及纽约州低密度新区如何规划建设新的社区等问题,提出了长远战略建议。莱特强调,该报告的宗旨是改进生活环境和生活质量,"而不是创造盈利机会"。而这话可能正是该计划走向政治坟墓的原因。[39]回想起来,芒福德曾编辑过1925年版《勘测汇总》(The Survey Graphic),并参与其中几篇论文的撰写,主题也是美国区域社会总体规划。若把这两个报告结合起来考虑和评价,莱特这篇报告真是绝妙体现出,RPAA 早年那些思想巨匠多有先见之明。大都市发展失控造成的诸多问题,如今令我们捉襟见肘穷于应对。而这些问题他们当年早就预料到,并且提醒过了。[40]

芒福德与麦克凯耶、莱特、斯坦因等人共事的这些年代里,共同规划了瑞德班示范城镇,撰写了纽约州勘察研究报告,还为《勘测汇总》编辑了区域规划专集……总之这是他一生中最繁忙最快乐也最有成效和收获的时期之一。这期间他有机会塑造 RPAA 的基本走向,使之对准并致力于他青年时代就曾设想过的光辉未来。而他设想的这个未来,又源于帕特里克·格迪斯的启发。1925 年他写信告诉格迪斯,"美国终于上路了,正向着你所代表的前途迈进"[41]。似乎,一场波澜壮阔的区域发展改造浪潮已经蓄势待发。但自己在其中角色是什么?岗位在哪里?都不甚清楚。自 1920 年伦敦勒普拉归来,这始终是困扰他的核心问题:一桩正当事业,志在何方? 在寻找答案的过程中,刘易斯·芒福德给自己树起了明确方向,迈向他青年时代最富创造性的人生。

天秤座照运

> 开创性时代最理想的人格是全面发展(balanced)的人,不是专家,而是完备(whole)的人。
>
> ——刘易斯·芒福德

1924 年末,芒福德在 RPAA 开始进入他最活跃也最富成果的时期。但是他虽预言过社会即将发生重大变迁,而在这场大变迁中究竟扮演何种角色促其实现……对此他仍茫然。《棍棒与石头》一书的出版让他蜚声全国,被尊为最有希望的建筑评论家。但实际上他对这门科学兴味索然,建筑评论远非他所瞩望的博大精深。写完《棍棒与石头》,他曾对索菲亚讲:"对于建筑我已有点儿厌了。"并开始观望,"对新领域,跃跃欲试"[1]。

他最想做的还是有创新能力的作家,比如,小说家、剧作家。但在这些领域费尽九牛二虎之力能拿出手的东西,只有一本未完成的小说和一大堆稿纸戏剧,一部都没出版过。哪怕只一出戏搬上舞台,也足以向戏剧界证明他有志且勤奋,但这种事儿压根儿不曾有过。而他就是放不下一个念头:我有天赋,我不缺历练,"完全能当凑凑合合的二流作家或剧作家,但非一流。但这种不费劲的二三流作家,我还真看不上!"这是他曾对朋友剖白过的心态。[2]

评论工作机会很多,而且他朋友都认为这领域是他的过人之处。而他认为这工作测不出他的才学潜力。他说他同新闻界那伙子诡辩派嚼舌根子,无非为了挣点儿钱。[3]写书评和批评短论也能打发时间,虽也是他看家本领,他只适可而止,给自己留下至少三分之一时间来连续读书写作。所以,即使已有两部著作令他出了名,他仍脱不开焦虑发愁、紧张不满。他渴望沉潜到一种更宏伟的项目中去,而且隐隐感到,除非弄清自己这块天造之材为何而来,适合写什么题材,哪个领域能发挥最大影响……否则,没有答案,一切空想。

1920年到1924年是他操心职业方向最煎熬、最困顿的岁月。当时他外表已很雄健,实际却常犯病。芒福德自创话剧《一群废物》中自我假托的主人公,雷杰斯·斯托姆,那个溜肩膀,瘦弱不堪的青年,如今已成长为结实健壮、英俊潇洒的小伙子。虽仍清瘦,而曲卷黑发,雕像般的五官,配上放浪上髭,俨然自信神态。经常,他身披那件伦敦选购的潇洒外套,大步流星走在纽约街上,非常显眼,大家一眼能认出他。风流潇洒的刘易斯,皮肤微褐色秀丽的索菲亚,两人天作之合。冯·维克·布鲁克斯回忆录中记述他们20年代初期相处印象说:"我一看到刘易斯和索菲亚这对夫妇就想,这岂不又是一对亚当、夏娃吗?人类又能一代代重新繁育了。因为,哪儿有更漂亮的一对了呢?我常感到这俩人刚从乌托邦下凡,正在甄别物色自己的同类呢!"[4]殊不知就在这些年,芒福德经常陷入几近瘫痪的疲惫和绝望中,尤其在拼命工作或遭遇情感挫折之后。他仍病态般担忧健康,轻易不肯接受严肃工作项目,生怕可怜的体力和精神储备承受不起。

杰瑞·拉亨布鲁克1924年自维也纳写信对他说:"我不喜欢你这样动不动就撂挑子的做法。"当时拉亨布鲁克正在奥地利接受心理分析治疗,感觉他这位朋友同样需要治疗。"凡能透彻融入环境、融入终身伴侣的人,都不会有紧张的攻击行为。我知道婚姻已释放了你内心很大压力,让你成熟多了,自闭症也改善多了。但望你能来看看心理医生,找出原因,为什么你做事情往往不能持之以恒。"拉亨布鲁克就经弗洛伊德本人推荐,找到他的心理医生治疗,而且感觉收效明显。因而信中建议他"也来看看医生。因为我确信,世间独生子没一个不出毛病的!"而芒福德则有其一定之规,他按自己方式进行调整,主要靠记录人格发育轶事(Personalia notes),进行自我分析和治疗。[5]

经过婚姻最初几年尝试挫折,他俩到1924年相处已融洽多了。却仍有些难题,包括性爱以及其他,都令他内心很难平静安宁,遑论全身心投入大项目。新近,有想法进入脑海,他很想写大题目。想写一本关于美国文化的书,围绕惠特曼、爱默生、梅尔维尔那个时代讲述时代变迁。

这时期他写作全部收入,勉强凑合,平均只每周 15 美元;其中一部分还得供养体弱的母亲。一笔小遗产早已花光,若非索菲亚在《刻度盘》杂志的薪俸(她已晋升为助理编辑),他俩已交不起居住布鲁克林的房租了。这些艰难岁月,索菲亚的坚贞忠诚,真无可挑剔。她从不干扰他工作计划和日程安排。只要他写作,她总客客气气辞却一切来访,无论朋友还是亲戚,甚至一次母亲来访,也婉谢了。她从不用没钱花了来难为他。她自己过惯了穷日子,苦,根本不往心里去。这一点,她早就让他放宽心。

于是,两人想方设法精简度日,装饰房屋也用别人要丢弃的材料。为省钱不坐车,节衣缩食,缩减社交往来。周末就去城里看亲戚或去农村远足。工作日的晚间两人尽量不远行,大多就近在老黑周餐馆用餐。冬季餐后几乎立即回家,夏日酷暑难耐,小屋密不透风,城市到处施工噪音很大难以停留,只好去蒙塔娇广场乘凉。广场俯瞰海湾,他们眺望曼哈顿的天际线,空气中有海的腥咸味儿,很晚才回家。[6]

这种清苦拮据更贴近刘易斯·芒福德个人的理想人生,却非索菲亚所望,但她不拒绝调整自我。假如为帮丈夫实现伟大理想当个优秀作家,这一切无可避免,那么这一切她都心甘情愿。更何况她从不怀疑丈夫始终在朝这一目标艰步迈进。

索菲亚为维持度日已想尽办法,包括学会开源节流精打细算。例如她又找了份工作,上午到瓦尔登学校当见习教师教书,下午再去《刻度盘》上班。她衣服大多自己动手剪裁,巧为安排紧缩开支,还让全家吃好喝好。比如早晨把家中仅有一瓶牛奶撇出奶油用于咖啡,然后制成酸奶,然后把凝乳倒立让它慢慢滴入托盘,第二天全家面包片就有了乳酪而不必费心奶油。

艰难时日似乎更能凝聚两人友情,虽然其中也因索菲亚屈服让步,逐渐接受了他的婚姻理念。总之到 1923 年,索菲亚已不再惦记其他男人,而且考虑从《刻度盘》辞职,准备生儿育女。而是否要孩子,刘易斯尚犹豫不决,生怕有了孩子他就得找个全日制工作养活全家,何况还不确定自己为人之父是否称职。因为,他自己身边从来就不曾有过父亲。幸好索菲亚对婚姻的新态度让他很宽心。于是渐渐地,他不再那么妒忌,那么沉郁,也不那么吵闹了。他信中对杰瑞·拉亨布鲁克说:"我们的难处部分在于索菲亚很爱别人的才干,比如羡慕斯科菲尔德·塞耶那才子。所以,征服她难就难在才干上我得比别人强。说来也怪,婚姻要求(我)征服(她),而婚姻含义本来就是征服(她)。话说回来了,根本不该把自己配偶撂单。否则,岂不娶她到家活受罪?"[7]

然而,如何赢得索菲亚的芳心?芒福德感觉生活在城市环境让这问题难上加难。虽然他后来回顾人生时强调自己同纽约等大都市联系非常紧密,但他私人笔记中有关这些年的记载却并不完全引证这种联系。相反,自从爱上了索菲亚,他就觉得纽约这大都市对他俩关系时刻构成威胁。因为,索菲亚总对《刻度盘》那些作家和编辑们优哉游哉的社交生活心驰神往,他则厌弃他们,感觉这些人空虚无聊。无休的派对和文人茶会,不仅耽误宝贵工作时间,还把索菲亚引逗得越来越远,远离开他的世界和生活方式。致伦敦罗齐的信中他坦承,他在大都市环境中从不感觉很健康,精神不能放松。

这更让他感到,作为知识分子,对区域理论和农村生活价值,自己有义不容辞的责任。给罗齐信中说:"索菲亚喜爱我设想的世界。但是……这世界根本不存在。眼前现实世界是大都会构成的社会文明,它压抑人类自然属性创造激情活力的每一种表现,想方设法消耗它、败坏它,使之走入各种歧途:奢靡、显摆、炫耀、挥霍无度、寻求性刺激冒险。"从这段论述不难看出,城市联系着他心中童年时期的酸楚记忆,联系着他那些纽约亲戚们游手好闲、无所事事的生活方式。这种生活方式已经让他母亲几乎没时间关顾他。如今他有理由担心,索菲亚也正走上同样的城市之路。

信中继续对罗齐说："索菲亚会睥睨这种破落的大都市生活,她会不屑屈尊俯就这样同我苟活下去,会去寻求大都市生活的一切'乐趣'。那当然意味着婚姻已走到尽头。除非我们能共同实现我所设想过的理想世界,哪怕程度非常有限。"因此以他看,他们的婚姻难题实质上是"区域与大都会的较量(Regionalism vs. Metropolitanism)"。所以索菲亚和他"从未融为一体,直至后来两人共同进入开阔的乡村天地"[8]。

假如还不能生活在真正的区域城市环境中,变通之一就是一年中可抽一部分时间去乡村居住生活。其实首次共同旅行欧洲之后,索菲亚也开始喜欢乡村生活了。而且,次年2月两人就真正体验到了乡村生活的滋味。那是惠特克夫妇赴欧洲度假三个月,愿把自家新泽西橄榄山的乡村房舍交他们免费居住使用。唯一要求就是替他们照看煤炉,喂好十几只产蛋母鸡。索菲亚向杂志社请好假,两人就决计往农村暂住了。及至身临其境,农村荒野首次独居,他俩还真有点紧张。

该农庄英文名是 The Twelve Opossums Farm(十二负鼠农场),坐落于低矮山坡,面对谷地,景色优美。最近的邻居在半英里以外,需要日用品刘易斯得走六英里去巴特雷村杂货店购置。来到这里,索菲亚结婚以来首次做饭洗衣打扫房间,还试验了自己烤面包。前不着村后不着店很不方便,但她并不计较,其余一切她都喜欢。尤其这种乡村生活能让他俩空前亲密,这是他俩都最开心的。

橄榄山归来回到布鲁克林,他们马上得找新房子搬迁,"因为楼下住进了一伙很吵闹的人。一个西班牙制烟商又唱歌又砸钢琴,还冷面铁青一脸凶相",让人实在忍受不了。[9]这年9月他们在附近找到住处,位于布鲁克林高地靠海湾一侧的西克斯街135号,房子也是战前富户人家产业。只是面积比先前(一间半)还要小,不过有壁炉还有个可爱的后院,正对一所砂岩建的哥特式教堂。

布鲁克林高地四面分别有东河、富尔顿大街、大洋街、法院街。一簇簇维多利亚时代建筑聚落成邑,铺满高低起伏的海岬,几乎与布鲁克林其他部分完全隔绝。这里曾是——至今仍然是——一个很可爱的地方。直至19世纪末,它始终是下曼哈顿外来富商暂且栖身的地方。他们的货船就停泊在不远的海湾。后来 IRT 地铁开通打破了高地的与世隔绝,富商们拉家带口纷纷外迁逃离。他们的大宅子就被分割成许多小隔间,有单元房也有画室,便于出租。所以最先进来的是艺术家、作家和画家,大多从格灵威治村迁移过来的。当时这地方很清静很干净,而且靠近曼哈顿核心区,跨过布鲁克林大桥几乎举步就到。从这里眺望哥伦比亚高地,但见街道蜿蜒穿凿于陡峭石岸,就是那举世著名的壮丽美景了。抬眼望去,远近海波闪光,码头仓房连绵不断,一直融入纽约城市天际线。极远处,每当晨雾消散,自由女神高高的巨影便凸现眼前。偶或还能看见远洋货轮慢慢驶来,缓缓绕过曼哈顿的岬湾驶入内河锚泊地。这就是厄尼斯特·普尔著名小说《港湾》中的场景。此书芒福德少年时代就曾摄入心魂。附近的哥伦比亚大街 110 号,就是著名瘸腿工程师,华盛顿·卢布林曾经居住过的地方。他从这里用望远镜指挥工程,督导东河大桥最后竣工。这年刘易斯和索菲亚也搬进高地,他们不知道,与此同时,哈特·克莱因(Hart Crane)也搬进了卢布林居住过的卧室,他因工程负伤,罹患沉箱综合征,卧床不起,便从这里用望远镜详察细看,一步步督导工程完工。24 岁的克莱因从克利夫兰来到纽约,用诗歌礼赞"这座全世界最壮美的桥梁"[10]。

这布鲁克林大桥就连着刘易斯和索菲亚·芒福德工作的地方曼哈顿中心区。不过他们凭借布鲁克林高地绿树掩映的住所可以躲避曼哈顿疯狂的快节奏。因为这地里有开阔优雅的绿地、活跃的市井生活、饭店、商铺、露天市场,几乎是都市法度(urbanity)与社区情趣(community)近乎完美的组合。迁入西克斯大街住所不久索菲亚就怀孕了。随后数年是他俩最甜蜜的日子,"仿佛突然间样样事情都走入正轨!"[11]他俩不仅住进环境优良的地方,芒福德的事业也起飞了。1924 年春写完《棍棒与石头》之后,"一桩桩工作项目成堆地压将过来。以往那些冷面孔编辑,如今一个个殷勤备至,邀我供稿或审稿"[12]。他给杰瑞·拉亨布鲁克的信中就流露了这种愉快。

这类编辑中一个典型代表就是芒福德在《自由人》杂志时的死对头,阿尔伯特·杰·诺克。此人起初坚决反对芒福德使用"新义社会学(sociological neologism)"这字眼,大约因它来自格迪斯、布兰佛德和范伯伦学说。但是文字编辑冯·维克·布鲁克斯很欣赏芒福德作品的风格,敦促他常给杂志供稿。由此才有了1923年后半年芒福德发表的一系列建筑评论文章(就是后来《棍棒与石头》一书前几章)。这些评论文字优美,构思巧妙,章法严谨,令诺克刮目相看,接着他也开始欣赏芒福德的才华。甚而一度写信给青年芒福德,邀他"便中前来办公室一叙,商谈写作要事"。两人会面了,交谈融洽。诺克开门见山问他是否还记得他曾建议他专门撰写一部美国文明史。随后,以慈父般口吻说:"你很有天才,芒福德先生,而且是了不起的文学才俊。我真希望你完成这部巨著。假如你有意,我们或许可以为你想办法提供资助。"[13]

芒福德已开始考虑接受诺克这一邀请了,可是1924年2月《自由人》杂志突然宣布停刊。先前《刻度盘》杂志垮台时,芒福德几乎走投无路,这次与以往不同了。许多杂志前来约稿,纷纷表示愿意刊登出版他的作品。而且,这次帕特里克·格迪斯也前来邀他合作新项目,芒福德甚至无意考虑。

* * *

事情是这样,芒福德比格迪斯小几乎四十岁。格迪斯发现这位后生门徒是个青年才俊,而且似乎是能为他著书立传的不二人选。他估量芒福德有能力模仿奥古斯特·孔德(Auguste Comte)和赫伯特·斯宾塞,撰写他梦寐以求的博大精深传世巨著。其实格迪斯当年邀他去伦敦,居住勒普莱宿舍时,芒福德已有类似设想。只是后来发现格迪斯只想找个秘书而非志同道合者。就是说,他要像个奴隶般听他差使,无尽无休干杂活,最终把他一辈子零碎积累集成一部巨著。[14]

不过,芒福德当时仍不拒绝给格迪斯写传记,因为他感觉这种工作暂且比所谓合作要更适合他。就在他认真考虑给他写传记,同时抵拒格迪斯要求进一步密切合作之际,这位师傅决定来美国亲自面见这位门徒,重温旧好,同时最后商谈今后合作事。

格迪斯计划于1923年5月初抵达纽约,准备在美国度夏。还计划安排一系列讲课,以补贴此次旅行开销,并将一干事项交托芒福德安排。并给他汇款 200 美元,以免芒福德靠写作赚钱来为他支付这些费用。

芒福德后来给罗齐女士信中说:"HE(祂:专门用于神灵上帝的第三人称。——译者按)上周抵达这里。我用大写字母 HE 来指代此人,因为就近观察的结果,我比以往更确信此人真是奥林匹亚山林众神之一。而难就难在这里,谁不知道主神朱庇特外出随便一走,必定有人遭殃……他是个古怪而倔强的老头儿,而这次他已决心实施他的计划,决计要把我榨干。"[15]

罗齐女士曾以姐姐般的口吻告诉芒福德做好准备,这老头儿如今已 69 岁,刚完结印度和巴勒斯坦多项规划任务,身心疲惫,他的要求会无休无止。罗齐说:"你得像个天主教徒接受厄运那样接受他的要求,若你想让他造福大众,就敞开心扉,无任何保留。……别忘了,他人已老,而且孤独。若让他伤心、生气、不顺利,他会像岩穴野人般狰狞可怖。"[16]罗齐女士所言毫不夸张,格迪斯自己的儿子阿拉斯戴尔(Alasdair)评说父亲时曾说:"谁同他生活、工作久了,都会命丧黄泉。"[17]

其实格迪斯抵达之前,布兰佛德曾经告诫格迪斯,说他缺少美国学校习惯的平常心,因而讲课很难成功。虽如此,芒福德还是为他安排好巡游讲学。但芒福德没有足够余暇东奔西跑为他串联一系列学校,只好邀请格迪斯先到社会研究新学院做个小型演讲,沿途再去拜访朋友和同仁。芒福德本人并不一路陪他前往,再说那年整个夏季格迪斯对芒福德确也很少关顾。所以,不论先前两人曾有多大合作可能,都被这苏格兰人到美国后全副自我中心的姿态给彻底毁掉了。

格迪斯起初只觉得芒福德过于矜持,言行拘禁。但很快喜欢上了这年轻人,加之早知道他才学过人,写作风格新颖独特。可是,不论这两人多么互恭互敬,也不论他们学术领域多么密切,相互之间从未形成真友情。诚然碍于年龄差异之类,但无疑还有性格原因:两人都那么孤傲不群,怎能合得来? 不过,还是格迪斯近乎冷峻的我行我素,他那种奥林匹亚山神般的自信自持,最终阻断了彼此接近之路。芒福德当时很年轻,很优秀;虽也自信自持,但绝不像他老师那般不可一世。

面对老师的君临一切,各种活动片刻不停,谨小慎微、毕恭毕敬的门徒哪有机会表达思想。搭乘"亚得里亚海号"抵达纽约港那天走下海轮的一刻,格迪斯可能无意中泄露了他来美国的真意。初一见面,他双手紧紧抓住芒福德双肩,目不转睛仔细察看他,同时眼中涌出热泪。然后出人意料地说芒福德酷似他阵亡的儿子阿拉斯戴尔,他这孩子一战中牺牲在法国。然后,就对惶然无措的芒福德激动地说,"你定是上苍安排给我的另一个儿子。好哇,我们相聚了,还要共事呢!"芒福德当然曾听说过他儿子的事,也清楚自己根本一点儿也不像他儿子。如今,面对格迪斯情感潮奔浪涌,芒福德很尴尬。他对格迪斯崇敬已久。不幸,首次相遇竟让他暗自压抑真情实感,因为他断不能接受格迪斯把自己看做他的亲儿子。

接下来几周,格迪斯对芒福德如老沙弥对待小侍僧,而非老师对待学生。总是打发他东奔西跑,如同使唤文法学校的学生。或者让他到黑板前冥思苦索一些繁难图表,或如他所说,那里所绘是架会思想的机器。芒福德原本通过爱尔文·约翰逊安排格迪斯在其主管的社会研究学院讲课期间暂住西24街,待找到更好的地方再搬迁。不料这格迪斯一住下来就不想搬动了。不仅整个夏天住在这里,还占用了整座学术活动大楼。每个房间都摆满他的用具、桌椅、图表、文件等,都是他提前从英国海运过来的。

芒福德只得照老师要求重排夏季日程。格迪斯习惯早起,常四五点钟起床,继续他的参悟思考。芒福德便早饭后去接他到社会研究新学院讲学,随班听课,并详细记录。后再陪同巡游城市,下午把他送回家,然后匆忙去会晤索菲亚一起吃饭。而此时他往往被这马不停蹄的"老古董"弄得疲惫已极,同索菲亚谈话早已答非所问。

此外芒福德还发现,给他写传记很难整理资料。比如,他采访格迪斯有关出生年月、事业成就等基本经过,不料老师很不耐烦,不乐意回顾他事业经过,总是回答说:"那些事情以后再说。"而芒福德则明白,所谓以后,是指他入土之后。[18]

这两人确也有难以忘怀的快乐时光。芒福德通信中对格迪斯兴奋讲述过克拉伦斯·斯坦因、亨利·莱特、新近建立的学术团体"美国区域规划学会",还告诉格迪斯该团体很景仰他的理论著述。在格迪斯抵达纽约前夕芒福德写信告诉他:"你会发现,这里至少有二十多位建筑师规划师拜倒在你面前,聆听你讲授。"[19]这年夏天他带领格迪斯参加了 RPAA 在哈得逊公会农庄举行的集会。格迪斯盘腿坐在大橡树下,活像个黄发垂髫的古印度教长,滔滔不绝讲述着他在印度做过的城镇规划项目。

哈得逊公会农庄,1923 年 5 月。照片中有帕特里克·格迪斯（靠树而坐者)、刘易斯·芒福德、本顿·麦克凯耶、索菲亚·芒福德、克拉伦斯·斯坦因、艾琳·麦克马洪以及其他未知名者。

格迪斯与麦克凯耶两人很投合,因而学术研讨结束后同意在他那里继续驻留两天。临行那天,麦克凯耶步行六英里送他到火车站,这一路上格迪斯不断跨出小路到野地采集植物标本,车站眼看就到了,而最后一百英尺不得不飞奔,不然赶不上火车了。

这才是芒福德乐见的格迪斯:神采奕奕,生龙活虎,又千变万化难以预料。就是这个格迪斯,四年后在 73 岁高龄上娶了第二个媳妇,比他小得多。言外之意是告诉芒福德,我要的不是仅仅照顾我陪护我……所以芒福德渐渐明白,这格迪斯也能很有意趣。有拉伯雷式的机智幽默,还时不时撇开学者风范捉弄你一把。比如,请他看曼哈顿一超大规模建筑物构想图,高端是个大穹顶,看后他对芒福德说:"这样子仿佛魔鬼下界,对准圣保罗大教堂放个大臭屁,把教堂圆顶凌空吹起300英尺高!"[20]

这位老师还特热心,只要有主意,从不犹豫吞吐。甚至单刀直入质询起芒福德的婚姻状态。特立独行的索菲亚婚后直至1923年还保留着姑娘时代名字,也不戴婚戒。对于前者,格迪斯尚无异议;而"她不戴结婚戒指,别人怎么知道她结婚了呢?"而且,是他初见索菲亚转头就质问芒福德的。索菲亚满脸通红,连声说道:"啊,啊,戒指在呀!"同时忙把手藏到背后。第二天他俩就去提佛尼大街芒福德舅舅——一位珠宝商——那里打造了一对婚戒。格迪斯见后表示赞许,并对芒福德说,男子戴婚戒就是告诫单身女性无须试探他的忠贞。[21]

芒福德心心向往的是与格迪斯作为朋友、至交、同事平等相见。可是格迪斯却不给机会。当然另外一个问题就是芒福德总撇不开一个敬神心态,总觉得格迪斯特别神奇:"我对您的尊敬至诚至尊,以至于当您的面我就六神无主,仿佛回到我十二岁时,面对老师我就手足无措,简直瘫痪了!"那年夏天他写信很费劲地对格迪斯解释,为什么两人未能结成深厚友谊,很希望消解双方隔阂。[22]

芒福德这信写得诚恳而坦白,这因为发生了一件不愉快的事:他和索菲亚邀格迪斯周日下午来布鲁克林他家作客。这是首次招待老师来他自己家里。不知何故,这约定格迪斯仿佛全忘了,而且事后也未打来电话道歉。

第二天清晨芒福德未照例准时到校恭候格迪斯,他留在家里写了前面那封长信。信中不掩怪怨之情:"我感觉我们必须开诚相见……您来这里心中有个理想化的我:少年壮志、意气风发,甘愿与您共同奋斗……及至相见才发觉我不过一介书生,著文为业,您当然大失所望。其实,不论先天资质或后天培养,我都更接近古希腊悲剧作家欧里庇得斯或喜剧作家阿里斯多芬;而毫不像数学家毕达哥拉斯或大学者亚里士多德……如今您见到真实的我,当然竭尽全力要改造我,想让我符合您理想的偶像,让我具备与您一模一样的人生目标、兴趣以及行动规划。这些要求劈面而来,我理所当然会本能地抵拒它……"

此信并不像芒福德担心的那么尖刻,因为他口下留情,未提两人相处障碍真因在于格迪斯的冷酷无情我行我素。信的结尾,芒福德请他"针对讲学和交流制订严格计划",仿佛问题在于格迪斯做事缺个章法。还在信的最后写下"我随时候命!"[23]格迪斯收到这信,当然顺水推舟豪爽大度简单致歉,然后说他乐见芒福德成长为彻底独立的思想家。

两人再次相见,共同度过愉快的一天。但随后格迪斯又回归老路,依然故我。对芒福德出口就是教训,而非交流商量。经常无端占用芒福德时间,或请求或命令,让芒福德帮他把各种思想写进一本受众广泛的大部头著作。

快离美返回英国了。一天上午他命芒福德到教室把他讲过的图表和数据以及方案,在黑板上一一默写出来。芒福德自尊受伤,感到非常屈辱。虽如此仍毕恭毕敬履行了每一道指令,同时内心却已远远离开了这位尊师。这还不算最要命的,临行前夜晚,格迪斯又命芒福德独自一人给他收拾行李,打理行装,包裹衣服、书籍、文件、笔记、图表、本册……他自己则扬长而去同两位女士赴筵取乐(丽莲·瓦尔德和鲁伊森姐妹)。那么多东西要打点,是桩苦差事啊,芒福德常将其喻为"把维苏威火山喷发过后的碎屑统统再装回火山口"[24]。

格迪斯喜筵归来,芒福德已把他的行装大小行李口袋装上了等候的出租车。但是,并未陪他同去码头登船送行。芒福德悲愤至极,已无法履行这些礼节。学院门前路旁,两个男人匆忙握手道别。可能彼此心中都清楚:格迪斯访美给互相关系造成的鸿沟可能永无希望弥合了。

芒福德最后见到格迪斯是 1925 年夏末,在访问日内瓦讲学归途中。当时老师因前一年在孟买工作期间肠道感染身体很弱,暂居他著名的瞭望塔。面对几麻袋的手稿、札记正在犯愁,不知如何处置。专门邀芒福德来此地见他,就是窃望芒福德能自告奋勇帮他整理这堆烂摊子。芒福德自然没咬这鱼饵。他停留爱丁堡的五天,就是格迪斯访问纽约那一夏的凝缩版。芒福德有信件记载了这五天的情形:"约定的事儿,随意违约;宝贵时间浪费在区区小事上,闲扯些没完没结的鸡零狗碎,随后各种轶闻八卦、建议、制图绘表上长时间独自演说……"[25]

　　本来芒福德来到爱丁堡,心中难免忆起纽约时期种种不快,因而对最糟的事也有所准备。不料第一天居然很顺利很愉快。他走出车站隧道来到阳光下顿感轻松,很喜爱爱丁堡这座城市。这就是罗伯特·鲁伊斯·史蒂文森笔下那崎岖不平却美丽无比"会说话的石头城"[26],格迪斯则赞誉它为"北方的雅典"!中世纪特色的住宅群宛若秀美的雅典卫城,雄踞于冰川溶蚀的山巅。格迪斯著名的瞭望塔研究中心就建在其中一处叫做城堡山的台地上。芒福德抵达当天就同格迪斯登临塔顶,从圆周形阳台瞭望四周。掠过绿茵茵草场极目眺望,远方是罗伯特·克雷格(Robert Craig)规划的新城,形制整齐优美,有正规的公园、林荫路、还有乔治王时代住宅群,呈环形排列又互相连通。距离瞭望塔不远,越过高街就是詹姆斯王宫,都是些高大石材建筑。格迪斯最先从这里开始探索恢复古旧建筑。芒福德观察发现,从格迪斯瞭望塔顶能将著名皇家一英里大道尽收眼底。这条街道从一箭之遥的爱丁堡城堡开始,逐级抬升直至斯图亚特王朝大本营的荷里路德宫,曾经是欧洲最著名的御道之一,两旁建筑就是苏格兰民族生动的文化记录。但当1889年格迪斯携新娘迁入此地租房居住(靠近詹姆斯宫殿),该地已沦落为破败不堪的贫民窟。年轻的格迪斯立志要改变这一切。如今,站在瞭望塔的圆环形阳台上,他对芒福德讲起当年的艰苦奋斗。

　　为除旧布新,新婚夫妇两人先刮油腻,再新油漆、粉白,硬把这破败不堪的詹姆斯宫殿街六号住宅打造成出租房的样板。随即说服左邻右舍如法炮制,也把各家陈旧房屋住所修缮一新。身材矮小的格迪斯,穿着破旧睡衣站在街道上,指导各处改造工程,他被当地居民尊称为"教授"。他们把许多死胡同推倒重新布局,给破房子打造新窗框,大厅绘制壁画,废弃不用的空地上植树造园美化环境。他还是集资能手,出谋划策筹集资金办企业,整街区购置房地产,兴建改建后租给工人和爱丁堡大学师生当宿舍。

百闻莫如一见。芒福德从书中早就读过格迪斯的城市规划,如今爱丁堡亲眼所见活化了书中理论。格迪斯早年崇奉文物保护,把旧城区建筑遗产尽数保留。但遇到缺乏采光通风的死角,他也力促改造更新,包括推倒重来。这种做法他称为"保守性手术"(conservative surgery):保留原有宝贵建筑和人文环境遗产,同时适当增添人们喜闻乐见的新内容。这是格迪斯对当代城市规划的突出贡献,芒福德著作也极力宣讲这一主张。对爱丁堡以及他规划过的城镇旧城改造,他都主张只拆非拆不可的,即革除旧城肌理要有限度,让"城镇有机体"今后能继续生长发育。这种手法完全不同于当时非常流行却大而无当的做法,包括当代巴黎规划师巴龙·冯·豪斯曼(Baron von Haussmann)和芝加哥规划师丹尼尔·伯哈姆。

格迪斯对于中央集权体制以及官僚主义大城市政府组织都不放心。他宁可把旧城改造的规划建设内容尽可能都交给当地社区民众去组织实施。他号召"把政府职能归还给社会的肌体",直接建议"让城市、集镇、村庄、团体、社团自行制定自己的区域复兴规划"。[27]

芒福德一抵达爱丁堡,就急不可耐想看格迪斯最早的规划项目,而且也要格迪斯亲自陪同。两人登上瞭望塔瞭望爱丁堡全城后,格迪斯领他走进粗卵石铺路的古镇,把改造或创新的建筑物、空间构造一件件给他细讲。芒福德感觉这古镇到处弥散着格迪斯的功力。连当地乞丐都知晓他的贡献,证据之一是他俩行走间,街头一衣衫褴褛的小泥孩儿,抓住芒福德衣袖,一只手指着大门拱顶一尊半身塑像叫嚷道:"瞧啊,瞧,那就是教授的作品!"那里耸立着格迪斯塑造的苏格拉底。[28]

当晚芒福德睡在瞭望塔图书室。躺在临时搭建的小床上,卧拥书城,思绪万千。回忆起青少年时代独自睡在自己书房里,陪伴他的只有思想大师。

第二天以及此后三四天,格迪斯不再担任向导,陪伴他是格迪斯的教女①梅珀尔·巴克,就是数年前阿尔卑斯山上那个健步如飞的女向导。格迪斯本人又全神贯注投入新项目了。他在给法国南部规划设计一座居民学院(residential college),忙得不可开交。芒福德只能在早餐片刻,或晚间就寝前饮威士忌酒的片刻见到他。除此外就难得一见了。

但只要两人有机会单独谈话,格迪斯总会提出合作请求,而且情真意切。这时,他就话语清晰语速很慢,双眼潮润。其实,芒福德抵达不久格迪斯就陪他穿过古旧石塔遗址,观览这往昔岁月和战前诸多设计项目的陈旧记忆;两人边走边谈,走进塔里,格迪斯指着堆成山的零乱手稿、札记、笔记,那是他三十年的心血积累。"呜呼哀哉"一声浩叹,双手绝望伸向天空!"这么多资料,我怎么整理得完啊?一辈子心血积累,从未好好整理过。我需要你的援助啊,芒福德……明年,等我蒙彼利埃事情结束,把你妻女都接过来,我离不开你。随我工作你能获得大学特许博士学位(Doctorat Etranger),相当高的地位,你还能当教授。笔耕苦营生啊,当教授生活容易,寿命也长。你只需提交一份漂亮论文,要用法文。"[29]

而芒福德事先已打定主意不再接受格迪斯相邀,而且毫不犹豫。否则,他离英前不久那天下午随格迪斯到瞭望塔顶环形阳台共同观览爱丁堡城之后,任何犹豫不决都会烟消云散。格迪斯也不会煞费苦心让他尽情参观了解爱丁堡历史和改造工程,而且是随他自己一起参观。芒福德很想通过格迪斯的视角观察爱丁堡,因而一路上格迪斯常抓紧他肩膀对准某视点,让他能全方位看到自己视野中的城市全景。

随后分手时刻到来,格迪斯陪芒福德走向维洛里车站。一路上格迪斯仍不断劝他加盟规划和设计项目,再度劝芒福德选择教授职业生涯,或许最终还能当校长,甚至像詹姆斯·拉塞尔·罗维尔那样成为美国驻英大使。总之,该说的都说了,唯独不说芒福德孜孜以求的人生志向。车站到了,芒福德劝格迪斯打道回府,无须恭候至开车时刻。随后自己进入车厢落座,拿出笔记本简略记下这段纠缠已久的事,评述如

---

① goddaughter,宗教体系中辈分称谓的教友。——译注

下:"这人非常可爱,那是他非常人性化的一面。老实说,这人确有魅力,宛若三十几岁的人,黑胡子,圆脸庞,面颊红润。热情洋溢,关爱有加,令你承受不起;俨然一个能共事的人,能融合为一的人。但是……一旦他暴君般肆虐、病态般狂野,我又当如何?那时,他会大声咆哮,让你要努力,不要抗辩,要忍气吞声,至少要默许他暴虐……而且我至少还得陪他细谈一小时。"

然而芒福德热爱、崇敬格迪斯,仍然认为"他是当代世界最罕见的思想家。若这就是我们的永诀,我宁愿心中留存相见恨晚老战友的印象,而不愿记住这是个乖戾倔强、愁容满面、絮絮叨叨的老人"[30]。

每想到竟永不可能更走近格迪斯,他心中难免生痛。幸好这痛楚不久被一种新体验有所消解,就是他蓦然发现,自己马上三十岁了,学徒时代已正式结束。若说同老师最后会面的唯一价值,或许是从中意识到自己已经多么成熟自立了。

芒福德是解脱了,而"畜群中这头老公牛"却仍旧不依不饶。芒福德回国后,格迪斯信件随即追来,继续围追堵截死乞白赖要求合作,声称"不是随便什么人都能给我当助手,我就要你所说有资格无偿使用我这些宝贵资料的人"[31]。格迪斯当时暂居他新建的苏格兰学院过冬,该地在法国南部蒙彼利埃附近一荒凉山坡,坡前一段荒地外就是地中海。他希望芒福德携妻子索菲亚和儿子格迪斯过来同住,同时帮他创建一门综合型社会学。

格迪斯这所"学院"是个临时机构,无正规课程,也无资质授予学位。几幢破败石材建筑,学生人数也很少,大多是居住当地又在蒙彼利埃读大学的外国人。唯一教师当然是他本人。讲课完全即兴演讲,听众随意,谁爱听就听。可以沿着他设计的梯田台地花园小径边走边说,花园模式据说模拟他的思维机器。课余时间住宿学生就帮老师做无尽无休的建筑设计项目。格迪斯还请了朋友帮他经管该学院,不过这些朋友们大多坚决反对他这种漫无边际的做法,这样做已把第二任妻子财产挥霍过半。

格迪斯七十五六岁了还是那么爱幻想,梦想学生从世界各地涌向他的山坡居民学院来求学；甚至幻想各国政府因此会投资兴建学院会堂、分院、宿舍……当然，什么也没盼来。垂暮之年，这位科学家、社会学家格迪斯，成了个大牌建筑商，且气势汹汹、非常挑剔、怨天尤人。这一变化令芒福德深为担忧，便写信劝他回归写作正途。所幸，他已同亚瑟·汤姆森(Arthur Thomson)合作完成了两卷本巨著《生命：生物学概论》(*Life*：*Outline of General Biology*)，并于 1931 年 6 月出版。同年芒福德致信对他说："感谢上苍和汤姆森锲而不舍，扣住你合作完成这一生物学巨著。回顾往昔，我真希望 1923 年我们初遇时我再年长五岁，那就不会那么动摇不定、浑身难题，更谈不上牢固的学术根基了。总之，那时我真帮不上你。当初为避免卷入你的事情，我总站得远远。如今我理解，这对我们俩都是莫大损失……现在再议具体合作为时已晚，我俩工作习惯差异太大了。所以，你雇个好秘书会大有裨益。我则帮不上忙，即使我很理解你的精神和事业。"[32]

1932 年冬，格迪斯赴伦敦接受皇室颁发骑士勋章。这一殊荣二十多年前就曾降临，却被他回绝。这次他又不听医生劝告，前往伦敦参加颁奖仪式。医生的理由是伦敦冬天潮湿寒冷，他可能承受不住。颁奖仪式结束，3 月回到蒙彼利埃已经病重；但仍奋力恢复以往活动项目，三周之后一病不起。而且病情迅速恶化，医生未能及时赶到蒙彼利埃，4 月 17 日晚，辞别人世。当芒福德从纽约报纸上看到此噩耗时，正要启程赴欧洲。蒙彼利埃已列入行程计划，原准备同帕特里克·格迪斯共度一周……

后来在通信中芒福德得知，格迪斯的朋友和学生在山坡学院集会，举行悼念和遗体告别仪式。集会场所就安排在格迪斯在乱石荒坡上亲自开垦并用驴车运水浇灌的花园苗圃间。学生们演唱他喜爱的民歌民谣，念诵赞美词表达崇敬。随后一行执绋送遗体下坡，小径两旁地中海的鲜花灌木春意盎然。遗体送到马塞火化。"无棺木，清瘦躯体送入燃烧室，胡须头发瞬时腾起烈焰，整个躯体迅即浴满火花。"[33]

差不多又过了三十年，芒福德也开始自忖："阔别多年，天上若能重逢，格迪斯老人对我会说什么呢？"此时，芒福德心中活灵活现的记忆仍是那"生生不息、片刻不停、火焰般炽烈、热情紧张凶猛暴烈的格迪斯……每根胡须飞翘着，头顶中分头如一双翅膀，天庭饱满仪态非凡"。种种特征都在讲述此人品格超凡。就是这个人，他相信，思维才是人真正的高潮。[34]

这就是全部内情，也是芒福德最难回报格迪斯的恩德：老师教会了他人的一生该怎样度过。

格迪斯遗嘱里指名道姓让芒福德执笔为他立传，芒福德却从未完成此任。他本人也自信是此事的不二人选，为难之处在于：若撰写他的传记，公允评价其一生，势必要指出其缺点不足，无论作为思想家或普通人。而这样做有违芒福德一贯作风。何况他担心，有可能被人曲解为一种背叛，而遭背叛者又曾对自己如此厚爱。[35]当然其中也另有隐忧：若是批评议论自己的老师，他作为老师的门徒岂不是自毁长城吗？

芒福德一生不断从格迪斯思想和著作中汲取营养，但从来照自己的标准，服务于自己的目的。他曾这样评说自己同格迪斯的关系："唯圣徒犹大才会不折不扣忠于导师遗训，言听计从，一丝不苟。而唯有违越导师才能忠实于生命世界，同时却又忠于导师全部教诲。因为唯他的整体理论才最忠实体现生命世界的要求。"[36]

他曾对抗格迪斯，回避格迪斯，因为他不仅有自己事情要做，还有自己人生要关照。说到底，这才是导师给他的最宝贵遗产：能鼓起勇气与自己尊奉为慈父般的人一刀两断！

帕特里克·格迪斯还给他这位美国门徒留下一笔珍贵遗产：真正自信能成为博学家。早在 20 年代初，当芒福德非常勤勉自励，且小有成绩，而事业却徘徊歧路不知所终之际，是格迪斯而非别人，从遥远处引导他度过危机，找到方向。

至 1924 年夏，他同索菲亚的关系已缓和，决计要孩子了。而芒福德仍为事业找不到正确方向深陷愁苦。当作家，诚然；而哪种作家？他不断问自己："我真正的事业是什么？"[37]

"我是谁？我算个记者吗？小说家？文学批评家？艺术评论家？

学者？社会学家？……我果真需要一条明确路线吗？"[38]他私人笔记中这些年的记录表明,他不在意任何单一专业。兴趣极广,好奇心太强。他曾写信对一位研究区域理论的同仁说:"假如我选择社会学,我早就成为城市形态(morphology)和城市生理学专家了。"我要研究城市的起源和演变,研究建筑环境与人文特征的联系。"这爱好至今不泯灭。"[39]而他同样又酷爱文学,能写文学作品也能做文学研究。于是,想成功,文学或社会学,只能任选其一！那么,能否两者兼顾呢？

正是在这个问题上,1925年帕特里克·格迪斯的多层面人生实践启发了他。原来,他不必眼睛只盯着一种专业。相反,可以继承导师丰富多彩的衣钵,做个博学家(generalist)。"即更注重合零为整,更注重把一大堆零碎、凌乱东西拼凑成完整有序的整体;而不是津津乐道局部事物调查和细节分析。"[40]

这一事业抉择还很契合他一个天赋本领:即奇特的综合能力。虽然他说直至1947年他接受了罗查克心理测验(Rorschach test),才充分了解自己这一特长,但其实早年母亲就曾请占星术士进家扶乩占卦,说他"本领超群",能把相距遥远的事物凑成和谐统一整体。还说他"天秤星(Libra)照运,象征物就是天平。天秤星命有很好的和谐能力,善于实现综合均衡,虽然这都是些自然象征",却象征着高超的综合能力。"天秤星命者会成为出色的法官、银行家、外交家、建筑师、工程师。其最成功的事业领域是艺术门类。"[41]

芒福德事业定向经历了缓慢、复杂、曲折的历程,终于迎来最关键的1925年。这年他满三十岁,终于确立了博学家毕生志向。他"要理清中世纪社会综合体溃散后西欧思想文化经历的变迁及其对美国的影响"[42]。从约翰·拉斯金、威廉·莫里斯、亨利·亚当斯等人著作中他发现,人类中世纪史曾经实现了情感与理性的最佳均衡;精神追求与物质关注均衡并重。而他发现,自从进入科学理性时代,人类文明这种均衡关系就逐步消亡了。

1925年夏,他在瑞士日内瓦一边讲课一边开始构思一本书,题目定为《黄金时代》。而他所说的黄金时代并非欧洲石头城散布各地、大教堂高耸的时代,而是美国以爱默生、惠特曼和梅尔维尔为思想旗帜的时代。这三位代表作家作品中有条历久不灭的文化长线,从中世纪一直贯通到他代的社会主题。早年的老师冯·维克·布鲁克斯就曾指导他重新评价美国这些本土作家。当时他不甚理解,及至到欧洲这块旧大陆短暂访问后,才学会用新眼光观察、评价美国文化。由此连续写成三部著作:《黄金时代》、《赫尔曼·梅尔维尔》(1929)、《黑褐色的三十年》(1931)。在这些著作中,他认为美国自身丰富的文化艺术传统,都植根于19世纪中叶这些文化巨匠的作品之中。他希望把这种开创性清泉灵感引入他们的区域改造运动,让RPAA事业节节胜利。

  致伦敦罗齐女士信中他说:"我们缺少一个理想作为生活指南。"这是再次强调他第一本书《乌托邦的故事》的主题。那本书中他曾呼吁创造一种新生活形象,却因缺乏资源无法充分完成。如今有黄金时代巨匠们作品为基础,这项大业他就能胜任了。[43]

黄金时代

> 我敢说,我用文学体味了人生百态,而且用美国的、绝非狭隘的标准和观点予以评判。因为我心中的美国包含全人类,因而具有普遍意义。
>
> ——沃尔特·惠特曼

赴日内瓦的邀请信来自阿尔弗雷德·齐默恩(Alfrede Zimmern),即《古希腊联邦》一书作者。此人早就是芒福德心目中的"大英雄",因为此书是刘易斯早年读书时推崇备至的顶级著作之一。但刘易斯与这位异国英雄从未谋面,甚至未曾书信往来。所以收到邀请"无异天降之福",这是他收到邀请后欣喜若狂致格迪斯信中原话。[1]可见,仿佛行至半途意外碰到似曾相识的大天使!

这位齐默恩是牛津大学新学院资深研究员,一战前在伦敦时曾与冯·维克·布鲁克斯教授为友。当时为给日内瓦新组建的夏季国际学员班募求教师,便写信给布鲁克斯,请他推荐人选。齐默恩毫不恭维客套,因为数年前《乌托邦的故事》早让芒福德大名如雷贯耳,当即写信邀请他8月来教书,讲授"美国文化发展",并许诺丰厚报酬。

这工作机会在芒福德人生中来得简直再适时不过了!比如,当时他急需一笔钱:索菲亚刚从《刻度盘》离职,7月份将临产。更重要的是,日内瓦这课程可以巩固他立足未稳的事业方向,使之进一步对准崭新的、内涵丰富的未来。

自从写完《棍棒与石头》,芒福德就考虑撰写一部美国文学姐妹篇,堪与哈罗德·斯特恩斯的《美国文明》媲美,而且调子更昂扬向上。

1923年他致信焦耳·斯平格说:"我越熟悉美国乡土文化就越感觉到,至少那个环境里留有未萌的文化籽种,新文化很可能从那里萌生。当今诸多社会病态本源于内战的灾祸。"[2]于是他决定,日内瓦课程内容就对准这一主题,然后可扩展为一部著作,专门探讨美国文学的未来。

这种全方位的文学研究项目,早就是他求之不得的。再说唯这种项目才最匹配他的才干与雄心。潜心著述,又有齐默恩提供资金解决生活杂项后顾之忧,他就可暂避开新闻写作的重复劳动。这局面就像以往老新闻记者塞缪尔·约翰逊总觉得手头工作与自己抱负和禀赋两不对路;即使那样,其最好著作还是由他出版过的杂文、短论等集束而成。

此前一年芒福德工作如牛负重:编辑、写作、打零工教书讲学,主要讲授建筑评论和区域规划。因而 RPAA 开会时莱特也曾揶揄他说:"你这人本来让我特羡慕,因为你有时间想问题。如今你也落得跟我们一样悲惨!"如今这情境即将结束了,他满怀信心告诉莱特,明年他可以放心大胆撂下重负,回归"文学"怀抱了。[3]

其实,收到齐默恩邀请函之前他已开始探索这一方向了。给 RPAA 编辑完《勘测汇总》之后,他腾出两周工夫重新整理八年前的剧作《红岩立面》。此剧故事原来跨整个 19 世纪。如今他想将其凝缩为内战时期,题目改成《埃斯特和金棍:美国牧歌》(Asters and Goldenrod: an American Idyll)"。

疯狂连续工作九天,新戏完稿。他以为佳作大功告成,立即寻找买家准备上演。这次他有个热心赏识他的人,百老汇的女演员爱莲·麦科马洪,此人已同克拉伦斯·斯坦因订婚。芒福德只在斯坦因家一次酒会上见过她。见面当晚谈话中就告诉她,他钟爱戏剧,更悄声说他特别想写剧本。第二天,他收到这女士一便简,只有几个字:"给我写个剧本吧!"

这女演员读完芒福德新剧本很兴奋,当即写信告诉他:"剧本写得简直比我梦境还要美!"但是很可惜,其中两幕关键戏剧只是"堆砌词藻,无法表演",因为缺乏戏剧冲突和舞台效果。[4]芒福德很失望,虽感觉酸楚,却不得不认同她的评断一针见血;他准备把这剧本至少放一年再说。

然而花在这剧本上的苦功并不白费。经过一年多艰苦努力,撰写大量建筑评论和区域规划之后心窍渐开,逐渐才思泉涌。释放出创造才能,写成《黄金时代》。此书基本上以话剧《埃斯特和金棍:美国牧歌》主题和结构为基础,节奏也大体相同。而且撰写《埃斯特和金棍:美国牧歌》的同时,芒福德还构思了其他文学项目。还曾打算写本小说,再继续写几个剧本,包括布鲁克林大桥建设者史诗般奋斗故事。就在此时收到齐默恩邀请去日内瓦讲学,这些计划只好暂且收存,开始谋划自己向往已久的成名作了。从此,他不该仅仅是个撰写城市的"作家",而是个"文化界人士"。10月份就满三十岁了。按照柏拉图所言,这个岁数为成年,并可为人父母了。他自己暗下决心,"到时候了,该操起男子汉的事业了!"日记中更进一步提醒自己,这一事业要求更强悍、艰辛的努力,"要藏锋潜行,息交绝游"。[5] 才下定决心,日内瓦邀请来了,继而孩子降生。

他俩商议好决定要孩子,索菲亚几乎马上就怀孕了。因为这决定让两人互相接近变得自然而然,没有别别扭扭、大煞风景的避孕麻烦。起初索菲亚患不孕症,及至发现真怀孕了,他俩一时竟很害怕。索菲亚是焦虑女人初次分娩,芒福德则担忧事业可能因此中断。1925年7月5日,爱子在布鲁克林医院顺利出生。他们为他取名格迪斯,芒福德心绪为之一转。

芒福德最初并不大关注索菲亚即将临产,直至那天早晨匆忙于最后时刻送她进医院,把索菲亚安顿到病房,此时宫缩已三两分钟一次,而他来不及等候孩子降生,自己从容走到附近他母亲家狼吞虎咽吃了早餐,"过后不久,直到我见到这小家伙满身褶皱,黑黢黢甜菜头般小脸儿,丑陋无比,我才意识到,哦,世界完全不一样了。不只我自己身份地位发生巨变,就连我内心情感,生命意识……也都全都变了"[6]。为人之父含义竟如此丰富,真始料未及。

初为父母，最初几周他俩紧张繁忙又错误百出。无经验（比如他俩谁都没给孩子换过尿布），而这新生的格迪斯又极难侍弄还早产几周，又是难产，便如同名字的格迪斯一样，也是"吵闹着突然降临人世"，刘易斯写信告诉罗齐女士。[7]出生后最初几天这孩子不衔妈妈奶头，即使睁眼只几秒钟就闭上，一个劲吵闹，仿佛还要钻回子宫去。待放入育婴箱用导管饲喂数日，迅速改善。但后来养成了习惯性胚乳过敏，三年不吃乳品。祸不单行，偏巧索菲亚带他出院回家后自己患了黄疸。浑身虚弱无力，连洗尿布的力气都没有。"那副惨样真怪可怜，当时又没尿不湿或公用洗衣机之类便利条件。幸好出院后几周内我们有个好看护尽心尽责，否则索菲亚会更凄惨。"芒福德后来的回忆录中说。[8]而其中仿佛看不出这刘易斯曾想到家中如此紧急，他自己该伸手帮个忙；显然索菲亚也不指望他帮忙。当时他正紧张准备日内瓦讲学，她不愿意打扰他聚精会神，甚而为孩子降生不合时宜很感愧疚，后来她写信给瑞士的刘易斯正是这样说的。

其中有封信特别代表她这态度，信中说："总的说格迪斯表现不错。虽有时候啼哭嚎叫，所以我常祈祷你房间要足够隔音［指她新近在皇后区阳光花园为全家找的单元房］，你工作不受打扰，不至对我想要孩子而火冒三丈。早晨我推婴儿车带他到花园散步以免打扰你。"[9]这些话虽只口头说说，内心情感溢于言表。而且此后数年索菲亚始终如此，想方设法不让小格迪斯搅扰爸爸工作。因为刘易斯有言在先，写作第一，工作第一。这条原则索菲亚完全认同。

不过，有时候刘易斯也做得太过分了。比如，他们刚迁入皇后区阳光花园入住单元小房间时，他把两个小卧室合并为一，自己有了宽敞工作环境和个人卧室。索菲亚只得睡客厅，且无一句怨言。晚间若有客人来访谈话，索菲亚只好拉块帘幕隔帘而卧。她要喂奶，不能缺少睡眠。

要前往日内瓦了，刘易斯安排索菲亚和孩子去布鲁克林与她父母同住。离别并不轻松，索菲亚一时感觉无依无靠，刘易斯则因孩子刚出生自己就不得不离开而感到愧疚。但当他登上"阿奎塔尼亚号"

(*Aquitania*)船出港不久便忘掉一切忧虑轻松而愉快,表明这人也颇我行我素。航船一路波平浪静,大海丝绸般光滑平坦,他在船上聚精会神工作。索菲亚虽不在身边,思念之情却更强烈。

日内瓦生活很快让他健壮起来,体质空前。古老城镇本身就增益健康,改善心绪。下午无事他常穿行大街小巷,沿陡峻狭窄石砌小路长时间漫步。或者坐在高高湖岸边观望水鸟长长的喙梳理羽毛,一边阅读索菲亚来信对他讲述各种新消息和儿子的新成绩。

刘易斯心目中,日内瓦这座城市自鸣得意又枯燥无味。宗教改革之父约翰·加尔文阴魂仍盘踞在这座新教都城上空。尽管如此,他的日子很有收获,始料未及。每天简单早餐后先去清澈见底的冰冷的日内瓦湖游泳,随后写作一个时辰,然后饮些葡萄酒,同齐默恩一家和朋友客人们到俄国饭店共进午餐。晚上用英语上课,听众约八十人,来自世界各地。第二天上午授课内容再由让·德·蒙内斯用法语重复一遍。这是个清瘦的青年,彬彬有礼,举止古典。授课后课堂问答,他也担任芒福德的口译。

后来主要通过通信往来,芒福德与这位让·德·蒙内斯结成厚谊。让·德·蒙内斯去世,芒福德写文章称他为"我迄今见过的最光彩、最优雅的灵魂"。日内瓦职务完结,让·德·蒙内斯成为波斯宗教研究的世界权威,到巴黎大学索邦神学院(Sorbonne)任教。二战后芒福德夫妇旅欧赴巴黎总要前往拜会他。此时他已是让·德·蒙内斯神甫,多明我会僧侣。在巴黎郊区纳伊(Neuilly)修道院读经参悟度过余生。芒福德回忆录说:"面对让·德·蒙内斯神甫,我常感觉似乎面对罗马教皇约翰二十三世。若见过两位这样的教皇,我会成为天主教徒,若三位会把我转变为基督徒。"[10]

芒福德在日内瓦还见过一位特殊人物,也成为他生命的驱动力:约瑟芬·斯特龙金(Josephine Strongin)。当时是齐默恩学院的美国旁听生,才16岁,原系俄裔犹太人,一个娇柔小仙女。肌肤光滑白皙,一头光润黑发。"约"(他们简称她"约")喜爱音乐,极擅诗文。一天下午芒福德初听她诗朗诵,当时俩人坐在长廊,感觉这女孩子浓浓诗意韵味独特。第二年,芒福德说服《美国商旅》杂志同事刊发了两三首她的十四行诗。

约·斯特龙金生性桀骜不驯,这性格本可诱其几度出入不幸姻缘。其中之一便是这年冬天与法国小说家塞利纳(Céline)的浪漫史。刘易斯初见则未曾受其色相影响,虽这小女子很中意他才华人品。后来两人几乎双坠爱河,那是十年后的事情。日内瓦这次相识,芒福德在她面前始终未超越叔叔和老师角色。[11]

约瑟芬·斯特龙金

芒福德在日内瓦的社交圈基本不超出齐默恩一家、阿尔弗雷德和他的性格如火的法国太太露西。而且,正是这位争强好胜的露西鼓励芒福德用不落俗套的新奇思想征服课堂听众。这也正是芒福德第一堂课想达到的效果。芒福德讲课守礼而扼要,他对同学说,欧洲人眼光中典型的美国作风和品质,其实根子都在欧洲旧大陆:比如崇拜金钱和物质享乐,实用主义鼠目寸光,盲目相信技术文明包治百病,就连无休止的先锋探索精神,也无非"18—19世纪浪漫主义思想运动的继续",这是芒福德原措辞。美国被认为卑俗粗陋,却未曾腐蚀欧洲;反倒是欧洲从一开始就腐蚀了美国。[12]

我们几乎可以想见,他这尖锐挑战来的有些生猛,因为当时芒福德还不成熟,还不会从容老练驾驭自己和听众。但听众颇能接受他,后来的讲课也就如履平地。唯一一次例外:第二次上课走近讲台才发现忘了带讲稿。起初一切还好,中间一度忘了词儿,脑袋一片空白。呆立半晌,尴尬约一分钟后才回到正题继续讲解。事后,他去齐默恩校长处登门道歉。齐默恩听了笑笑,说今后最好撇开讲稿,这样才能成为出色教师。

他写信对索菲亚说:"我讲课有时候也乱了阵脚,但从不空洞,总有实际内容。且常让这帮妄自尊大虚伪客套的外国佬佩服得五体投地。"[13]特别倾倒听众的是他对美国文学激昂慷慨的辩护。连同每天下午在齐默恩校长家与客人们谈话，以及日内瓦拥挤的咖啡厅中讨论美国文化，这些场合，芒福德往往奋起为美国文化辩护。他的观点与20年代流行的流亡作家大相径庭。这些流亡作家跑到欧洲背弃美国，因为欧洲成了他们心目中的新大陆，那里有原来美国象征的一切——希望和新开端。伦敦、巴黎、柏林，以及乔伊斯、毕加索、勒·柯布西耶各种反叛性试验作品，都在叙述一个新时代正在萌生。仿佛，对照而言，红色恐怖或哈丁总统任人唯亲丑闻所代表的美国，则粗鄙不堪，腐败透顶，反映其政治和道德及整个艺术观，都陈腐守旧，令人昏昏欲睡。

这当然是欧洲人对美国文化的看法。"你们国家没有自己的文化，因为你们没有自己的历史。"自从芒福德抵达日内瓦，这议论就不绝于耳，"美国人没自己的历史，因而他们文学艺术找不到可靠的文化传统"。面对这种评论芒福德常挺身而出严辞辩护，说美国有自己伟大的作家、艺术家，只是需要重新发现重新确立，"而且这就是我们正在做的事情"。这些话他对让·德·蒙内斯、齐默恩等等说过多遍，还列举冯·维克·布鲁克斯、瓦尔多·弗兰克、保罗·罗森菲尔德、兰道夫·波恩等人的作品，说他们都号召要首先"重新发现"美国历史。《七种艺术》(Seven Arts)一书就是见证，虽然此书好景不长。[14]

一战前格灵威治村思想启蒙运动中芒福德有一席之地，虽只间接参与。他与《七种艺术》其他编辑和青年作家都能感觉到，他们生活在美国文化复兴的开创时期，但这并非新议题。就他所知，创立美国新文化的最强大最清晰号召来自美国早期历史，来自更边远地方。来自沃尔特·惠特曼及其《草叶集》描绘的世界。这本诗集是芒福德青年时代塑造心魂定向人生启蒙读物之一。就是这个惠特曼，他号召美国艺术家联合起来，"组成强大军阵，奋勇热忱一往无前，去开创一种高尚、真正的本土艺术"。[15]芒福德置身日内瓦异国环境更能体察到这一号召的紧迫以及自己使命。从《棍棒与石头》开始他已参与这一文化启蒙。这场运动将从文学艺术开始逐步波及社会生活各个领域。

芒福德不久离开日内瓦赶赴爱丁堡去拜会格迪斯。不料此次拜访竟成永诀。他途经伦敦首先拜望友人罗齐女士。罗齐仔细打量他说他大不一样了,"你更成熟更健壮更自信了。"他回答说:"我感觉也是,我不再那么害怕杂货店老板,面对青年女士也不再心头乱跳,忸怩不安了。"[16]

他乘"阿奎塔尼亚号"轮船返回纽约,在船上打定主意写好这本书。从齐默恩邀他讲课,他就开始打腹稿了。这可是从未有过的豪迈任务,他感觉已摩拳擦掌跃跃欲试了。

一回到纽约他同索菲亚就从布鲁克林高地搬回皇后区阳光花园自家新居。房屋四周是牧场草地,还有排很长的农舍。可是周围这片土地已划归开发区,且已分好街区和道路,只是尚未施工。因而即使秋天这里向日葵金黄一片,仍显萧索。不远处有个破破烂烂铁路机修厂和工业垃圾堆。新镇小河开外有个化工厂,散发出阵阵鸡粪般的臭气。

虽然如此,阳光花园新村逐渐有了生气,因为这里大多是首次拥有家园的年轻人,随时光流逝逐渐有了家园自豪感和自信心。社区周围内外,花园花圃,一排排树木,逐渐成形。住宅背面宽敞围苑,芳草茵茵,造园设景渐趋成型。格迪斯能走路了,父母送他穿过矮篱笆间的小径走去幼儿园。这地方安静而便利,特别对于养老育幼。他们就为这个特意搬迁到这里居住。

这里或许还有种种不足,但他俩在阳光花园从不孤独寂寞,索菲亚的两个姐妹,刘易斯的几位 RPAA 同事,都相继都搬迁过来。包括查尔斯·阿斯彻(Charles Ascher)和他妻子海伦。芒福德夫妇很喜欢同他俩去马萨诸塞州著名的鳕鱼角(Cape Cod)度假。不过阳光花园里他们最要好的朋友要算阿弗伦·阿莫棱茨基(Avrahm Yarmolinsky)和他夫人巴比特·达赤(Babette Deutsch),丈夫在纽约公共图书馆任斯拉夫语部门主任,妻子则是个诗人。由于芒福德苦行僧般的作息时间(早起晚睡),又有小孩子要照顾,他们当时社交圈子很有限。家务分工是,早饭和晚餐刘易斯负责,其他家务都是索菲亚的。所以一天忙到晚,最终已无精力款待自己了。

阳光花园的第一年,他俩居住高斯曼街一处合租单元房。1927年春季,才搬到有五个房间的排房子,地处草坪高台,门前一排杨树。房子有点狭小,即使对三口之家。不过刘易斯终于有紧凑便利的书房了。用浅色油饰一新,便于保持整洁。地下室还建了木工房,抽空就来干点手工活。纽约长岛的都市生活有时也很恼人,他俩就经常提醒自己,乘地铁二十分钟就远离曼哈顿。晴朗天气可眺望克莱斯勒中心高楼金光闪闪的尖顶。进城只为公务,日常生活所需都无须依赖城市。

阳光花园最初几个月,芒福德一头扎进书房开始新书写作,很快完成。事前查阅了相关著作,了解背景知识,秋末冬初厘定提纲,春末就完成初稿,结构紧凑脉络清晰。入夏,带领索菲亚和格迪斯去里兹维尔租房居住。这一代属纽约达其郡,芒福德一家年复一年都来度夏,直至1936年搬来定居。住房靠近公路,维巴塔克河在不远处蜿蜒流过。

他们应焦耳·斯平格之邀来里兹维尔小住。这里距纽约城两小时火车,距秀美小村阿米尼亚只几英里。焦耳·斯平格在这一带有所花园式田产,还模仿英国湖区取名巢佩克(Troutbeck),每年邀请自己文学界朋友来此度假,就住在近旁一长排农舍中,这也是他家产业。芒福德初见斯平格时,他在哈科特-布瑞斯出版社(Harcourt Brace and Company)任高级编辑。该社是他1919年协助成立的。此前曾在哥伦比亚大学担任比较文学研究教授,很早发表《文艺复兴时期的文学批评》一举成名,时年24岁。1911年还在《新评论》杂志发

焦耳·斯平格在其巢佩克庄园

表锋芒毕露的美学评论。但就在这年,因参与朋友亨利·托尔顿·佩克的法庭辩护,被哥伦比亚大学除名。这位佩克是被校长尼古拉斯·

莫瑞·巴特勒(Nicholas Murray Butler)革除的,原因是他涉嫌卷入审判混战。

按资质斯平格再找个教书职位轻而易举,但他被除名前因后果——在他维护学术自由与巴特勒激战过程中只有很少教授同仁站出来支持他——令他对大学生活圈子从此不抱任何希望。他崇拜西奥多·罗斯福,认为他是最杰出的美国人之一,并在学术活动中践行他的作法。结果哥伦比亚大学的遭遇令他相信,光靠学术环境无法造就他最推崇的人格:讲道德、敢作敢当、勇敢应对现代社会生活挑战(芒福德赞同他这主张)。[17]离开哥伦比亚大学后,斯平格将自己心得体会套用海洛伊斯(Heloise)典故写成韵文《一位现代学者致中世纪修女》:

啊,热情奔放的海洛伊斯,
　我也曾身陷逆境哦,
　身后七百多名教授,
无一挺身来支援我![18]

离开哥伦比亚大学,斯平格回归他巢佩克宅第索居,从此过着隐居般乡绅生活,至1939年去世。每日照看园艺,收拾花木和田产,阅读古籍经典,写诗歌与评论文章。还买下当地一家报纸,亲自过问改进版面和流通办法扩大销路,始终与国内大事保持密切联系。[19]

芒福德同他相差了二十多岁,两人政治观点和文学艺术主张也有云泥之别,却能逐渐走近,并终成为挚友。他们初见于瓦里克街哈罗德·斯特恩斯家肮脏的地下室内,此后芒福德不断去他哈科特出版社办公室交流情况,听取意见。斯平格也邀他几次到巢佩克住所参加他主持的小型研讨会。会议就在他家木梁结构棚顶的藏书室举行,他的整个宅第有28间房屋。[20]

芒福德从未体验过巢佩克那种连续度假数月的美好时光,那是1926年夏,他携索菲亚和格迪斯来到这处"巢佩克王国"。应邀住进其中的枫树园后,写信对斯平格说,"我们简直逃进了天堂!"这枫树园远离里兹维尔大道,是一处风光别致绿树掩映的幽谧去处。[21]田园牧歌般的村舍,益气养元的乡村生活,每天上午在巢佩克湖中游泳,下午在低矮小山坡散步,这种幽静闲散而丰富的时光让他体味到爱默生的康科德和梭罗的瓦尔登湖般隐士幽居生活的意趣。他简直觉得自己就生活在他书中倡导的生活方式之中。

所以经过这年夏天,索菲亚和他都决定,一旦有能力定到乡间购房居住。离开城市两人关系特别亲密,一旦离开惠特曼所说的"荨麻般恼人、疯狂、大而无当的都市",刘易斯写作都觉文思泉涌,不仅更出活,离开书桌也顿觉轻松愉快。而且如同多数作家一样,写作顺利连呼吸都觉舒畅。焦耳·斯平格很惊讶,芒福德怎能结束上午写作后,马上完全撂下根本不想。即使下午在他家花园谈话,开阔天空无所不谈,芒福德很少提及写作事情,不远处可爱小溪在静静流淌。[22]

有时下午斯平格会乘坐他的加长豪华车来到他们枫树园前,便带上芒福德一家到周边游览兜风,甚至到稍远地区观看历史陈迹,一摊摊废旧工厂,废弃的炼铁炉,表明该地区曾是钢铁生产中心。这类观览让芒福德大开眼界,增添了他对地方历史的兴趣和信心。

他工作状态简直空前良好。那年夏他几乎每天黎明即起,写作三四小时,随后穿起短裤跑一英里到巢佩克庄园的池塘游泳,随即静思默想。若天气晴好,微风习习,他会流连忘返一小时。然后平躺在湖畔跳水木台上静息。随后回家与索菲亚共进午餐,他们的午餐常常是草地野餐,就地坐在门前草地上,饭后就在巢佩克庄园附近浏览观光。该地田产占地约八百英亩,相当于纽约中央公园的面积,那是刘易斯少小时去探险的最大绿地。刘易斯面对庄园里这种纯朴恬淡而有为生活,心想此生若能如此则于愿足矣。

里兹维尔地区大部分都是斯平格家的产业,而巢佩克庄园则在该村域东畔,有一石拱桥连通域外。房子很大,一扇扇大窗都配厚重帷幕。楼顶是威廉·莫里斯钟爱的厚石板瓦顶。整幢建筑坐落一处山洼,三面低坡环绕,形成合围。门前草坪宽广。辛克莱·路易斯(Sinclair Lewis)一度称赞说:"那不该叫做草坪,简直是座长满青草的大教堂！"因这斜坡缓降至前方溪流，溪中有泉源源注入，水中更有鳟鱼游弋。流泉荡漾之不远处，汇入维巴塔克河。[23]庄园宅第前有一排高大的美国梧桐，四周是异国情调的灌木丛，还有多处温室、下沉式花圃、错层台田，以及蜿蜒流转的小溪。到处更有凉廊棚架，爬满了斯平格喜爱的各色攀蔓花枝，香气四溢。

里兹维尔和巢佩克湖的家（铅笔素描，刘易斯·芒福德绘）

稍近是网球场，再向外是池塘，池水缓流。更远是圆顶山峦，山顶石灰岩峰峦就是巢佩克西部边界。再向回望，山峦与白桦、红椿之间，就是巢佩克湖，湖岸有长长斜坡。斯平格一家，连同他邀的客人们，夏日下午常来此游泳晒太阳。这片产业周长大约三英里半，是一处非常优雅的私家花园。斯平格一家和他的贵宾们，可以随意在其中徘徊漫游。

斯平格夫妇（焦耳和艾米），曾给人古板不随和印象。其实待人热忱豪爽。此后数十年，刘易斯和索菲亚不知来巢佩克共同度过了多少快乐的下午和晚上。打网球，草地野餐，共进午餐，晚间正餐；甚至傍晚乘坐装运干草的大马车出游，任由车轮碾过高地车辙，摇摇晃晃行进在土路上。初来里兹维尔度夏，他们人生首次窜入一种高峰状态。芒福德后来写信告诉斯平格："《黄金时代》一书就在你那里写完，恰如法国百科全书首创者狄德罗所说,好书就该这样去写。"不紧不慢,从容不迫,"如同与女人倾心交谈,又要开导她,还得让她高兴"[24]。此书一写完芒福德就有把握,此书定很成功,很有成就感。

芒福德和儿子格迪斯在里兹维尔(1926年)

芒福德在《黄金时代》一书中说,殖民北美标志着一个时代的终结,即中世纪经济社会综合体溃散过程的终结;同时又标志着一个新时代开始:即机械计时、科学研究、新教精神与资本主义的新时代。欧洲移民定居北美同时也带来这种新文化的种子;其中原本就有注重实用、改进物质产品和手段、征服自然等要素。这些思想理念也在新大陆土壤扎了根,随后逐渐孕育出典型的美国人:注重个性自由、辛勤劳动、发明创造、科学研究,当然,还要赚钱。因此,困扰美国作家的问题,从一开始就是在这块非常注重实用主义的片面性社会文化中,如何复活、如何创造出一种新文化。在这一任务面前,多数美国作家因各种原因不是受挫便是跛行,祸首就是这种快速发财与不求甚解的社会文化。[25]

芒福德该书立论大量汲取他老师冯·维克·布鲁克斯的思想观

点,但《黄金时代》一书终究殊异于这位老师早年撰写的马克·吐温、亨利·詹姆斯(Henry James)等名人传记。因为那些书籍唱衰美国文化,认为美国无法产生世界级作家。布鲁克斯只看到这个国家文化史失败的一面,其天才人物甚至也发育不全。芒福德则相反,他看出两个重要的成功与文化整合时代:一个表现为一系列优良艺术和建筑设计作品;另一个体现为新格调文学艺术及其催生的几位健全、均衡、优秀的代表人物。他认为,美国这两个阶段已很接近中世纪社会文明才有的整合状态,而文化整合和谐才是教堂遍地的中世纪历史的标志性成就。

  美国历史上,在西进移民开拓先锋潇洒走四方之前,曾有个短暂的安居乐业时期。当时东北部沿海地区零散村镇农舍的"乡土生活"就曾完好保存着中世纪文化精华,可惜为时很短。比如清教徒的村落,他们的礼俗社会传统,农民工匠商贩组成的均衡经济,有共同精神价值目标和行为准则共识,就是美国提供的最典范中世纪传统文化实例。在芒福德看来,这时期新英格兰地区村落和城镇可以作为范本供美国实现田园城镇。因为新英格兰这种城镇规划良好,规模有度,不贪图扩张,土地分配原则是社会需求,而非盈利。[26]

  其实《棍棒与石头》一书中勾勒的就是这种社会理想。《黄金时代》一书继而论证,这种恰到好处的村落模式不仅出现在17世纪的新英格兰,而且从大西洋沿岸直至内陆大河流域都曾先后出现这种规划良好的城乡社区,并延至19世纪。到1850年这类农乡社会已成功建立了均衡完备的制造业和农业生产体系,营造出繁荣发达的区域文化。这种文化在赫尔曼·梅尔维尔青年时代就进入"黄金时代"。最能体现这文化繁荣复兴的是五位才俊:爱默生、梭罗、惠特曼、霍桑、梅尔维尔。因为他们代表美国一种新型人格:融合知性远见与情感外放。他们每个人都具备芒福德所说的完备理想,也是他最推崇的中世纪思想文化品格。他们师古而不泥古,注重汲取欧洲中世纪文化优秀遗产,但不主张回归历史。他们欢迎新兴探索、科学、蒸汽动力、民主制度。其作品大力吸收、展现这些要素,目的就是要创造一种崭新的观念和发展方向。

这就是爱默生推崇的新人类,爱默生又是黄金时代大作家中对芒福德思想影响最深最持久的一位。芒福德显然已把爱默生作为偶像顶礼膜拜。他也想当那样的道德革新者,注重价值理念更新,而非仅钻入政治经济琐碎事务的操作调整。他要成为先知、鼓动者,而非单纯的规划师和政治家,要学爱默生敢说敢做批判当代社会不公。但他从未加入过任何政党运动派别,这或许短期内局限了他的作用,却保证了他言行一致正直无私,思想主张连贯一致,为改造世界奋斗终生。

《黄金时代》一书写完,芒福德意识到他实际上完成了两本著作:一本大胆积极评价了美国文化的实力和潜力;另一本则深刻剖析了美国文化的缺点。在他著作中内战是一条分界线,分割了美国社会发展两个不同时期。战后美国随制造业、金融业、文化休闲业逐步被吸引到日益膨胀的大都市,原来很有希望的区域文化发展趋势悉被破坏。社会生活方式堕落继而引发自然环境衰退,罪魁祸首往往是西进先锋、木材商、矿产商以及工业家。

这对新大陆理想都产生了毁灭性后果。内战后的小说家、哲学家,除少数优秀者外,面对这一社会趋势或保持沉默,接受工业时代价值观和行为模式;或消极引退,回归坚守精神价值的古代文化。代表人物便是亨利·亚当斯和乔治·桑塔亚那,选择在乱世中洁身自好的退避隐居。即使敢大胆抨击资本主义的人,如爱德华·贝拉米、亨利·乔治、威廉·迪恩·豪威尔斯(William Dean Howells)等,"能提供的全部思想方案,无非资本主义社会秩序,让每个人享受中产阶级的安逸生活"[27]。

这一时期就是所谓"黑褐色的三十年(The Brown Decades)",形象地表述为"夏日雷暴扫荡了春花,将春色一扫而光之后随即到来的阴沉深秋"。整个社会蒙上一层物质外壳,昏暗、肮脏、邋遢。"这种色调很适合工业化早期阶段那种满目疮痍的格调。"[28]

《黄金时代》刚出版,芒福德就开始酝酿新篇,准备叙写镀金时代的美国了。他感觉前书意犹未尽,未能充分挖掘这一时期蕴藏的巨大创新潜能。特别是1927年参观芝加哥城令他眼界大开,见识了当时杰出的建筑设计成就。加之阅读爱米丽·狄更生和哲学家查尔斯·桑德斯·珀斯(Charles Sanders Peirce)著作,首度观看阿尔伯特·平克汉姆·瑞德(Albert Pinkham Ryder)以及托马斯·伊金斯(Thomas Eakins)画作,令他浮想联翩。两年后应邀到达特茅斯学院讲学,他正式修正了对这一时代的评价。认为黄金时代无疑是美国最富文学成果的时代,而随后三十年在艺术领域同样万花盛开,特别是建筑设计和风景园林,还有绘画。这时期演讲稿就是《黑褐色的三十年》一书底稿,也是他针对美国文化最后一部专著。这本书很薄,发表时间也比《黄金时代》晚五年,却光彩夺目,是前书重要补充。两本书探索的重大主题都是美国文化遗产,且颇有创见。

通过重新评价镀金时代一系列艺术家、作家、建筑师的成就,芒福德发掘出一个"被埋葬掉的文艺复兴"。例如弗里德里克·洛·奥姆斯特德、路易斯·沙利文、建筑师卢布林父子、环保主义者乔治·帕金斯·马什等等。这些人生前曾光彩夺目,随后便默默无闻。若无他挖掘重现,其中许多杰出人才和成就可能永无出头之日。芒福德因而开创一种好传统,重新评价前人作品,为美国未来作家健康成长开启美国文化遗产的全部领域。

芒福德感觉自身在精神上也同黑褐色三十年这些作家、建筑师和规划师们一脉相承。他们也曾面临战争恶果,一个充满希望的文化时代悉数断送。但他们能够知难而上,顽强努力,硬是在浪涌般金融投机、官场腐败、精神失落环境中,用自己作品顽强促进景观人性化,创造极富表现力的现代艺术和建筑设计。芒福德号召同时代人学习他们,从这些前驱者作品中汲取灵感,通过他们的创造和发现,继续推进他们开创的事业。[29]

芒福德相信,种种迹象表明区域文化复兴已迫在眉睫。一些中西部作家作品中,诸如舍伍德·安德森(Sherwood Anderson)、维拉·凯瑟

(Willa Cather)、卡尔·桑伯格(Carl Sandburg)以及南部作家作品,诸如霍华德·奥顿(Howard Odum)、约翰·可罗·兰瑟姆(John Crowe Ransom)以及约翰·古德·弗莱彻(John Gould Fletcher),还有弗兰克·劳埃德·赖特的建筑艺术作品,连同 RPAA 的社区规划,都显现出对社区和区域发展的浓厚兴趣。这种呼之欲出的区域文化的经济基础,正是技术革命带来的各种成就,如私家汽车、长途通讯、长途输电线等技术手段。芒福德在 RPAA 项目的阐述中说,这些发展成就宣告了蒸汽和煤炭创造的集中经济模式和集权时代的终结,也宣告了人口和产业将开始疏散到广阔的区域地带。芒福德这样预断美国的未来发展,当然直接引发了有关区域城市的一场大讨论。在他看来,这种区域城市正是美国在其黄金时代曾有过的那种完备、均衡、植根沃土生活方式的复活与更新,并将拓展到整个国土。

对于美国未来,芒福德描述显然非常理想化。而在他和冯·维克·布鲁克斯那样的文学预言家看来,历史本来无所谓"客观现实"。[30] 因而每一代知识精英的责任就是发现和重写历史,使之符合自己目的,为一个更美好未来重塑历史。所以,这些人在芒福德区域运动中担任旗手的创造性艺术家,往往又是叙写美国文化发展史的巨擘,就不是偶然了。他们的著作和人生(其中当然包括芒福德自己)本身就现身说法,体现着当今专业化机械化时代背景上正在消亡的历史文化。

但如何让区域文化理念在美国大地上生根发芽?芒福德的早期研究让他相信,不论区域发展在哪里对集权国家形成挑战,例如法国、爱尔兰、苏格兰或加泰罗尼亚,首先都是艺术家,像他那样的艺术家,来充当前卫。往往是诗人、画家、小说家、史学家、哲学家等等,首先创造新生活的理想和呼吁。而且往往向往安居乐业、分散自由、回归传统生活理想。随后才是改革家和区域规划师的任务,将这种理想转化为具体方案和建设项目。芒福德主张,这就是 RPAA(美国区域规划学会)自身至高无上的使命。[31]

因而,芒福德这位道德论史学家,先知人物,并非如一些人攻击的那样,没有给人留下"明确无误的预言","什么都说了,却令人无所适从"。这所谓预言,亦即理想目标,周详备至尽在书中,无论《黄金时代》,或者他就 RPAA 区域思想理论发表的论文,应有尽有。当然,他从未把有关区域理论和文化史的补充意见整理集中到一部书中予以综述。但这些文章构成一个前后连贯的整体,并且由"艺术家",包括他自己,负责打前锋。[32]

芒福德撰写的美国文化著作叙写了他理解的新历史。这种历史包含任何充分挖掘的文化遗产和现实理应包含的潜能和可能。芒福德早期阅读过亨利·伯格森的历史研究,他理解过去、现在和将来,三者是个互相连通、从不间断的序列。因而他治史的原则,史料的取舍,每一步都要用他的"good life(理想人生,理想人类)"理念重新审视。他从新文化应有的理想标准入手对历史遗产逐一检视,作出自己判断和结论。这不是为历史而历史,而是让历史为我所用,因而他叙写的历史,每个篇章都有教训和佳音。

一些批评芒福德的人对这种巨大努力充耳不闻,不懂为开创未来挖掘历史。不懂得芒福德著作包含一种信念,坚信历史可作利器缔造文明人类(a humanizing instrument)。这种史观和卓见在当今大多数充满学究气的史书中难得一见。当今作家中,还有谁像他那样勤苦鼓励我们倍加珍惜自己的历史遗产的?

芒福德是格迪斯的学生,格迪斯是新拉马克学派生物学家。所以,芒福德理解历史记载了生物世界与其生存环境的持续互动。人类有时候不得不屈从外部压力,失去对自身命运的掌控。但有时候,虽很罕见,人类也会"造反",美国的黄金时代即其一例。这时候人类实现超越,他来创造自己的历史,作为艺术家、建筑师,一种全面完备的人格。我们面对许多这种造反成功的历史记录,而能否看到并理解这一点,非常重要。否则就不可能从历史汲取灵感,同当今机械文明邪恶势力继续搏斗。这关键时刻,芒福德如爱默生转世,告诉我们历史提供的最宝贵教训,就是我们可以自由选择 yes or no(赞同与反对),若你真愿意选择。

芒福德治史其实是一种强有力的文化批判,但却是很另类的文化批判。他研究美国史很少关注政治和阶级斗争,然而他的历史观却有浓重的社会和政治意识,不过是用很富审美情趣的语言表述的。还有一批现代理论评论家,声名更显赫,如赫伯特·马尔库塞(Herbert Marcuse)、马克斯·霍克海默(Max Horkheimer),以及荷兰史学家约翰·赫伊津哈(Johan Huizinga),他们排斥一切经验形态,认为经验无法测度、无法察验因而无法解释。芒福德坚决反对这种机械行为主义态度。还有心理学家约翰·沃森(John Watson),芒福德撰写《黄金时代》之际,沃森的书正在走红,书中认为文明史中至关重要的是行为而非觉悟或意念。连赫伊津哈也反对这种绝对论,1926年他访问美国时说,如此将一切文化范畴都贬低到行为,"会打开一条危险道路,向机械化社会妥协,把社会的生产能力从活生生人手渡让给固定的无生命工具"。赫伊津哈进而发现,实用主义和行为主义哲学包藏着"对抗精神领域中形而上学的思想和态度",而且它"自然而然含有反历史的思想态度"[33]。因而,准确重现历史要比生动延续历史更显重要。芒福德撰写《黄金时代》之际尚未阅读赫伊津哈这一著述,而上述论点恰是他撰著的目标。

而芒福德并不主张搜遍历史空间去寻找道德标准,他的史论也不陶醉于怀旧。他从历史中淘洗出的成功反叛、有机均衡等实例,都是为了提醒人们注意现代文明缺少和丢失的要素。不过他主张每一代都有特殊的环境和任务,创造自己的文化须有效利用历史遗产,如公元前五世纪古希腊人善于从荷马、赫西俄德简单纯朴的文化要素中推陈出新。芒福德以古代雅典人为例,说明每一代健康文明都须实现力量均衡,让传统和创新找到最佳契合点。若打破这种平衡,必定两败俱伤。

芒福德的美国研究著述或许有些流于说教,有的地方仿佛歪曲了历史,虽非有意而为。原因之一是这不是冷静学术著作,他也不想跻身此途。但其特点是大胆想象,总设法以全新视角观察早已熟知的世象。芒福德对赫伯特·梅尔维尔的评述也适用于他自己:三十岁,"他已掌握全部要领……能把一百种零散材料组合成一个新的整体"[34]。因而他的美国研究著述才能被列入英语世界最杰出的综合性历史著作。

重新发现美国被埋没的文化遗产当然并非芒福德一人所为,与他并肩奋斗的有许多好朋友,包括冯·维克·布鲁克斯、保罗·罗森菲尔德、瓦尔多·弗兰克、康士坦斯·梅斐尔德·鲁克(C. M. Rourke)、还有评论家约翰·梅西(John Macy),他是《美国文学精神》(*The Spirit of American Literature* 1913年出版)一书的作者;而且,重评美国历史此书首开先河。而瓦尔多·弗兰克的著作《重新发现美国》(*The Re-Discovery of America*)则给他们共同的事业定了个好名头。而芒福德和布鲁克斯是这一美国文化复兴运动当之无愧的领军人物。该运动还包括一些独立贡献,诸如马修·约瑟夫森(Matthew Josephson)的《美国艺术家肖像画》(*A Portrait of the Artist as American*)(1930),门肯所著《美国语言》(1919),劳伦斯(D. H. Lawrence)的《美国经典文学研究》(1923),托马斯·比尔(Thomas Beer)的《淡紫色的十年》(*Mauve Decade*)(1926),马克·冯·多伦的《梭罗传》(1916),威廉·卡洛斯·威廉姆斯的《秉承美国精神》(*In the American Grain*)(1925),沃南·帕林顿(Vernon Parrington)的《美国主要思潮》(1930),康士坦斯·梅斐尔德·鲁尔克的《美国情趣与诙谐幽默》(1931),布鲁克斯的五卷本杰作《创造与发现:美国作家历史》。

在所有这些先锋派历史探索著作中,刘易斯·芒福德著作独占鳌头,且影响最广。《黄金时代》刚一出版,布鲁克斯就写信表彰该书意义,对好友这一贡献表示钦佩:"《黄金时代》这本书,我看是美国思想评论界十年来登峰之作,也是该运动迄今为止奉献出的最佳作品,它对美国主流思想作了精湛总结。你对黄金时代的理解和分析是个积极贡献,许久以来这项重要任务几乎被我们完全忽略掉了。"[35]

布鲁克斯虽然这样写,他对美国社会文化其实也独自得出了同样结论。这一见解变化发生于1925年,当时他为撰写爱默生传记正苦读群书。还认为爱默生无非就是个"品德高尚、有灵感的诡辩派哲人"[36]。1925年9月他写信对芒福德说:"撰写爱默生一生经历,四个月来我几乎完全沉醉梦中,很类似宗教情感体验。"这桩工作让他每天伏案疾书14个小时,且恰刚遭到严重的情感挫折。幸好阅读爱默生思想和事迹有助于他精神恢复。(一位给布鲁克斯写传记的人叙述这段经历说,布鲁克斯这时其实是从抑郁症转入狂躁症。)他此前始终在探索我们月球的黑暗面,爱默生的思想最终引导他走进光明。他的研究结论说,爱默生在美国文学最杰出的时代占有一席之地。[37]

布鲁克斯和芒福德各自探索各自发现,目标一致而殊途同归,个中欣喜不言而喻;两人因之结下牢固友情。有位史学家罗伯特·斯皮勒(Robert Spiller)说,他俩的研究直接贯通,互有影响。实则不然,布鲁克斯对他这位青年朋友的兴趣已远超出事业和友情。自从他的盟友兰道夫·波恩英年早逝,布鲁克斯就殷望芒福德能成为文化复兴事业的领军人,成为他和波恩在《七种艺术》一书中期望出现的先知人物,"chosen man(大业选定之人)",成为"美国文化三名人(爱默生、惠特曼、威廉·詹姆斯)之后的第四位"。后来布鲁克斯也曾对阿齐巴尔德·麦克利什(Archibald Macleish)说:"等这个历史时期结束,人们就会更清楚看出,这个时代的伟人是刘易斯·芒福德。任何有眼光的人都会同意这一结论。"[38]

正是《黄金时代》一书让布鲁克斯看出这位青年朋友的才情与锐气。而且如此赞赏芒福德此书的,也绝非布鲁克斯一人。乔治·桑塔亚那也写信对芒福德说:"这是美国研究的最优秀著作,若还不敢说是我读过的美国最优秀图书。"[39]

芒福德并未因新书发财,然而这书比他前一本销售得好,共发行了四千册。稿费总额虽也有限,连同发行成功的副产品,如到处讲课、邀请演说、著名杂志约稿(如《周六期刊》、《大西洋月刊》、《出版社杂志》等)。这些收益加在一起,也空前改善了他和索菲亚财政状况。他年收入升至大约5000美元。以往写作收获的好年成,以1926年为例,岁入也仅2900美元(其中600美元还要供养母亲)。

更重要的是,《黄金时代》一书给他的声望盖了个玉玺,确立了文学艺术和思想界一流作家的地位,成为文化界公认的全面作家。随该书出版,索菲亚原来在《刻度盘》杂志的老同事,对她也另眼相看了。因而从心理上说这也是芒福德的巨大成功,而且至关重要。

不过芒福德仍希望此书能对世界掀些波澜,最好能多少改变人的精神状态。他自认为这是本相当激进的书籍,甚至在宣讲革命。它与战前社会主义者和"我们这些留下冷静思考的人"之间的主要区别在于,"前者只满足于起义造反,殊不知这样只能改朝换代,政权在阶级间不断更迭,而我们要的是……翻转整个社会秩序,用一种完全不同的生活方式取代渺小、卑微的社会生存。起义充其量是重开一局,而革命意味着换一种游戏"。[40]

在这场奋斗中,芒福德认为布鲁克斯是他终生的战友。并肩战斗,两人能完成大业。布鲁克斯写信对他说:"爱默生说得好,两三个人就足以改变社会思潮的走向。"[41]《黄金时代》每一页都是他的坚定信念,相信少数人的良知灵感能给世界带来重要变化。

可是芒福德与布鲁克斯在"促进社会革命性改变"运动中的结盟并不长久。进入30年代之后,两位朋友的志趣和方向简直分道扬镳,各奔前程了。布鲁克斯以爱默生传记为契机,终生投入美国历史研究。1931年他奇迹般克服了历时五年之久的精神疾患(这场精神危机几乎从事业到身体彻底断送他),开始5000册图书阅读计划的第一本。这些书包罗万象,囊括各流派风格,都是他撰写这部多卷本的美国文化巨匠研究专著需要咨询的参考书。芒福德很小心,始终拒绝着笔公开评述友人这项目,他担心影响布鲁克斯刚康复的脆弱神经。但私下里,芒福德感觉他的书已大不如前,失掉了布鲁克斯原有的锐气和社会热忱。

1936年布鲁克斯《新英格兰万花盛开的时代》(*The Flowering of New England*)正式出版,以此为契机他笔锋娴熟继续分析撰写一系列美国作家和艺术家的生活和创作环境。但却从此不去剖析、评判他们的重要作品和主题思想。芒福德感觉,这种全景式的历史作品很像作家、画家或者诗人惟妙惟肖的肖像画,却不能鞭辟入里剖析时代。布鲁克斯自从解脱缠身已久的精神疾患,便立誓再不探索历史黑暗面,否则宁可不当评论家。他宁愿煞费苦心拼凑芒福德曾比喻过的"新品种历史,诗人的历史,都用真人真事真实场景组成。花里胡哨,宛若碎布片拼成的花床单"。芒福德私人笔记和通信中说话则很随便,评论说,布鲁克斯描绘的历史场面缺少了很多重要元素,就是人类征程的负面景象,全部消失不见。芒福德懂得,布鲁克斯岌岌可危的脑神经,再也承受不住这种主题。[42]

1931年芒福德本人的事业也经历了关键性转折。当时他刚刚完成美国研究的最后一部著作(后来出版的南方建筑论丛可以算个例外),他准备尝试一个新鲜主题,想回顾和总览西方文明全部历程。当布鲁克斯远眺历史,孜孜寻求他最缺乏的慰藉感和稳定态时,芒福德也出征了。他要去寻猎迄今尚未涉足的文化领域,打算撰写四卷本专著《生命的更新》系列,这项目比布鲁克斯的美国文学史要更为博大宏伟。然而,尚未动笔,他就经历了一场严酷考验,几乎令他精神崩溃。即他的朋友布鲁克斯命运遭遇了最倒霉的炼狱期。想方设法协助朋友恢复健康后,他自己也陷入几乎同样艰难的炼狱岁月。

炼狱时期

> 人生如大海游泳。海底到处沉船残体,谁人穿过无不遍体鳞伤。仿佛入国会从政,出来就不再一身清白。
>
> ——拉尔夫·瓦尔多·爱默生

《黄金时代》一书呼吁美国新文学,鼓动富于想象力的理想主义作品,想酿成美国第二次文学艺术大觉醒。该书出版当年芒福德即被邀入此类项目,培植他认为有希望的作家和作品,促进美国文化复兴。

The American Caravan(《美国文化大篷车》,又有美国文化探险之旅的含义。——译者按)就是在这种背景下成立的。这点子是保罗·罗森菲尔德想到的。此人是芒福德这些年结识的朋友,原是《刻度盘》杂志音乐评论家。芒福德20年代初在纽约就见过他,两人真正走近是1926—1936年文化探险队共事的十年,交往频繁,友情日笃。

保罗·罗森菲尔德原是阿尔弗雷德·斯蒂格利泽(Alfred Stieglitz)的门徒,这位斯蒂格利泽是美国摄影业界的元老。忠实于艺术是他毕生为人处世的神圣准则。罗森菲尔德正秉承老师教导,同样豪爽大度千方百计鼓励青年作家和艺术家。1925年夏,随老师斯蒂格利泽去乔治湖区度假,某晚谈话同一位诗人阿尔弗雷德·克雷伯格(Alfred Kreymborg)聊起美国杂志出版业界奄奄一息,一系列优良杂志先后倒闭,包括《七项艺术》、《自由人》以及克雷伯格本人在欧洲开办的杂志《金雀花》(*Broom*),都相继退出历史,《小小丛刊》(*The Little Review*)也每况愈下,新秀作家作品找不到途径发表,此类惨相令罗森菲尔德很不安。可是,要为数不多的读者群体提供高品位杂志,就难免这种风险和惨痛代价。因而只能寄望于《小小丛刊》这类名不见经传的期刊,因为《大西洋月刊》、《哈勃》、《出版家》这类大牌杂志,一般不接受新的尚无地位的作家。就连《刻度盘》杂志有时候竟也退稿,曾拒绝一些很有前途的美国作家,诸如厄尼斯特·海明威,而更中意一些欧洲名家作品。于是,罗森菲尔德想很快创办一种文学期刊,而克雷伯格则较有经验,他曾经办过几种试验性杂志,遭遇过三次经济惨败,因而说服罗森菲尔德换个主意,出版一些较低廉的综合丛刊,类似19世纪美国和俄国都曾刊行的年鉴。这样,在离开乔治湖前夕,罗森菲尔德已说服克雷伯格帮他实现这种丛刊。

即使如此也需可观投资。刚好运气不错,他们在乔治湖公司征募到一位赞助人,麦考雷公司的文学编辑塞缪尔·奥尼兹（Samuel Ornitz）他是克雷伯格一位密友,当时也携全家在乔治湖与斯蒂格利泽一起度假。听说出版年鉴的事,慷慨相助。答应提供他的出版公司给这些作家自由撰稿,条件是全部计划设想须秘而不宣。这年秋季在纽约签约,新项目编辑可到四马路麦考利公司大楼的专用办公室上班。

罗森菲尔德和克雷伯格曾经邀请芒福德和布鲁克斯参与此项目,共同编辑出版此书。芒福德当即同意,但布鲁克斯因病重未能答允（探险队丛刊首期出版,扉页上仍印出他的大名,因为他毕竟是众望所归）。The American Caravan 这名称是罗森菲尔德想出的,发刊宣言由芒福德执笔,以罗森菲尔德名义发表,邀请"知名或不知名作家"踊跃投稿。首刊计划于1927年秋季刊行。[1]

该项目为期不很长,却光彩夺目。三位编辑都很出力,而主要策划和推动者是保罗·罗森菲尔德,因这件事恰好对准他的才干、兴趣和抱负。此人出身纽约一富有德裔犹太人家庭,爱好古典音乐,在《七种艺术》杂志发表文章赢得声誉。他的耶鲁大学同窗瓦尔多·弗兰克曾任该杂志执行副主编。1921年他因在《刻度盘》发表作曲家和乐队评论已声名鹊起,成为美国公认的最优秀音乐评论家。

罗森菲尔德评论过欧洲全部主要作曲家,却以美国作曲家的坚定捍卫者著称,他认为美国作曲家是音乐界后起之秀,风格雄健、豪迈,如雷欧·奥因斯坦(Leo Ornstein)、厄尼斯特·布劳赫、爱伦·考普兰(Aaron Copland)、罗杰·西森斯以及随后的查尔斯·伊文斯。1924年他发表的《纽约港》一文,以爱默生式口吻号召美国画家和作曲家拥抱这个新兴国家,用自己的作品让她更美丽。此文一发表芒福德就读到了,且印象极深。

罗森菲尔德写评论完全可以锋芒毕露针针见血,而他最喜爱的外衣却是慈心守护者,更愿意激励美国优秀艺术品、文学作品、音乐作品迅速成长。其箴言是"鞭笞丑恶方能策励优良"。好友爱伦·克普兰曾评论说:"保罗·罗森菲尔德首先是音乐爱好者,然后才是评论家。"[2]

罗森菲尔德靠祖传遗产幸福度日,把大笔钱财都花在艺术家朋友身上,特别是青年艺术家。为他们出钱租房子、买书籍和乐器,还给舍伍德·安德森和他第二个妻子雕刻家田纳西·密歇尔提供路费去巴黎度假,那是安德森夫妇的首次出国旅行。罗森菲尔德认为他们应当出去开拓眼界,并答应赞助路费,条件竟然是他俩得同意让他随行当导游。

这样,《美国文化大篷车》这个出版项目就有了自己的三人领导小组:罗森菲尔德、芒福德和克雷伯格。他们工作会议常于周六在罗森菲尔德厄文路77号的住所举行,这地方靠近格拉摩西公园。爱丽丝·格利高里描述这住所说:"我不记得美国还有哪处住所像他这地方如此强烈巧妙传达出主人家的品位和志趣:可谓顶级华贵同时又如此珍爱艺术和文化。"[3]芒福德是从阳光花园家中走来参加一整天会议。公文包鼓鼓囊囊塞满事前审读过的来稿,有论文、剧本、小说、诗歌。他们三人就在主人家客厅席地而坐,围着几堆来稿逐一审核发表意见。争论文稿优劣高下和真正价值,然后决定是否选用发表。

审核中激烈争论时有发生。但他们自己也颇惊讶,重大问题上三人常常意见一致,包括主要文章选用与否。这时期周六工作会议竟成难忘事件,原因之一是这些人非常投合,因而有罗森菲尔德后来的记述,说当年这些工作会议"就像几个婆婆聚会喝咖啡乐呵呵闲聊"。[4]

芒福德与克雷伯格始终未成挚友,却很尊重他的文学鉴赏力。在罗森菲尔德西4街家中编辑会商时,这两位纽约本地人常随意玩笑调侃。两人又都是德裔犹太美国人,你来我往对话中常模仿伯和菲尔茨口吻用德语对话。克雷伯格身材矮小瘦弱还有点儿内向,内心世界却烈火一团,坚强如钢。他住西14街一阴湿低矮斗室,有八年多基本靠下棋赚取收入度日,且接二连三联赛胜出,还几乎击败西部冠军查易斯(Chajes)。多年后终因体力不支退出棋艺界。随后以钻研棋艺的决心和干劲进军文学艺术界,并且出版了四十本诗集。

这三人小组不大接近当时青年作家,因为那十年青年作家普遍丧失理想信心。但不拒绝他们作品,适当摘要发表并与鼓励。他们推出作品的青年作家,有威廉·福克纳(William Faulkner)、罗伯特·本·沃伦(Robert Penn Warren)、厄斯金·卡德威尔(Erskine Caldewell)、迪尔莫·施瓦茨(Delmore Schwartz)、凯瑟琳·安娜·波特(Katherine Anne Porter)、哈里·克罗斯比(Harry Crosby)、罗伯特·坎特威尔(Robert Cantwell)、让·图莫(Jean Toomer)、哈特·克莱因、理查德·莱特(Richard Wright)。编辑部也收到过老一辈较有名作家来稿,包括尤金·奥尼尔、罗伯特·福罗斯特(Robert Frost),而他们并不因作者久负盛名就另眼相看,若来稿不适合发刊意图也会割爱裁撤。有一次他们拒绝了格楚德·斯坦因(Gertrude Stein)来稿。还有一次裁撤了诗人埃兹拉·邦德(Ezra Pound)来稿。这位名家闻讯火冒三丈,芒福德回忆说:"他写信甩来一大堆恶言毒语,我们看都不看,丢进了火炉。不然不足以维护人类尊严。"[5]

有时他们也得四处奔走邀名家供稿为项目增辉,因为自身毕竟羽翼未丰。克雷伯格回忆录讲过他们设法让名家罗伯特·福罗斯特上套的经过。这位诗人是个完美主义者,语不惊人死不休,作品从不轻易发表。得知他刚到纽约,克雷伯格便邀他到芦潮福餐厅参加圣诞节晚宴与编辑部会面,还在靠近餐厅巨大圣诞树位置订好席位。尽人皆知福罗斯特以即兴演说见长,且伶牙俐齿特会挖苦人。随后,那天"只见这美国佬端坐树下不住地眨眼睛,四下观望,形若失魂落魄。晚宴隆重,全套火鸡宴,高脚杯里满满的皮尔森高级啤酒。整个晚餐他却一语不发。芒福德和罗森菲尔德两人适时出场,都是艺术对话的大家,只见他俩口若悬河,随意讲述古往今来文艺界趣闻轶事,唯独对邀他撰稿之事只字不提。这两人你来我往,娴熟征引古今名家名句,随后几句点评恰到好处,全场喝彩……至此,福罗斯特似有触动,却仍未软化。"克雷伯格说,此时他已觉出福罗斯特这个晚上很开心。宴毕,福罗斯特仍矜持刻板,起身告辞,感谢罗森菲尔德和芒福德的邀请。随后由克雷伯格陪同走向最近的地铁车站。一路上仍什么话都不说。直至入口处了,才回转身说:"天啊,阿尔弗雷德,你们这些家伙还真读过不少书啊!"这时克雷伯格方见他满是皱纹的脸上已笑逐颜开。几周后编辑部收到一大包邮件,都是他的来稿,就是后来脍炙人口的福罗斯特诗集《旅途》(*The Walker*)!"[6]

《大篷车》编辑成书期间,罗森菲尔德常邀芒福德一家周末来他家作客吃家常便饭,且经常自己下厨房做菜。刘易斯很喜欢这种聚会。他虽然并不习惯经常出入派对,却乐意参加友人组织的文学精英聚会。典型法国沙龙气派,男男女女锦衣美服,鱼贯而入。罗森菲尔德崇拜艺术家,他常对芒福德说:"与艺术家同在,不亦乐乎! 被他们崇拜,胜似帝王!"每逢这种聚会,宾客总少不了阿尔弗雷德·斯蒂格利泽和他的妻子乔治亚·奥基佛,约翰·玛琳,舍伍德·安德森,马利安·摩尔,哈特·克莱因,卡尔·桑德堡,华莱士·斯蒂文斯,马克·冯·多伦,厄尼斯特·海明威,埃德蒙·威尔逊,以及沃尔特·李普曼。而且每次都有娱乐活动,且由客人助兴演出。爱伦·考普兰和雷欧·奥因斯坦演奏钢琴曲,克雷伯格和卡明斯朗诵诗歌。整晚,罗森菲尔德身着燕尾服,壮硕身躯包裹得紧绷,明显比平常灵巧,穿行华堂随意加入各桌宾客谈话。排场如此华贵,常令宾客们想象自己生活在巴尔扎克小说场景里。一次,芒福德结束宴会走在街上不禁慨叹:"全城各处若有十几场这种集会,整个社会风气岂不要为之一振啊!"[7]

首卷《美国文化大篷车》一经刊发,大获全胜。文学会(The Literary Guild)包揽其全部营销,该组织自己会员多达三万人。好评如潮加上各种综合效应,让麦考利公司决心连续出刊四期(1928,1929,1931)。五年后,《大篷车》最后一期由学术性出版社 W. W. 诺顿出版社出版,但经济收益已大不如前。

　　如此重大的文化实验行动方兴未艾之时遭遇大萧条,真可谓生不逢时。而且,经济萧条的 30 年代罗森菲尔德日子同样不好过。家族遗产早在 1929 年暴跌中损失大半。西四街厄文广场的房子早已出让,以往挥金如土的做派也大为收敛。他自己虽有最佳著作,却难以问世,因为以往的发表渠道,包括《刻度盘》,都接连倒闭。此外就是他在精神气质上如此钟爱灯红酒绿热闹喧闹的 20 年代,此时全不适应 30 年代全新的社会热点。以往自由派朋友早已同他息交绝游,芒福德则一如既往,照旧把自己作品交他审阅。他认为,罗森菲尔德文字文学鉴赏力无人能及。因而后来他聘请罗森菲尔德任自己主要作品的执行人之一。此外,一有机会他就极力推荐罗的作品,他辞去《纽约客》艺术评论人职位,便推荐罗森菲尔德来当继任。只不过罗那华美孤傲个性难容于该杂志编辑,如哈罗德·罗斯,此人接连两期拒绝刊发罗森菲尔德评论文章,由此双方非正式合同即告终止。这对罗正迅疾跌落的事业是致命一击,因为很伤害他脆弱的自尊心和分寸感。遭遇这种非礼待遇,1937 年他愤怒写信质问芒福德,"你给我介绍的是什么鬼地方?尽是些土匪野兽?从没见过如此的荒唐无理背信弃义!"[8]

　　30 年代末罗森菲尔德患糖尿病。祸不单行,更损耗他生命力的不只是健康每况愈下。他以往豪爽大度、丰富多彩的生活方式得靠钱支撑:想去哪儿就去哪儿,华美画卷说买下就买下,还要首发版;想款待谁就款待谁,恣纵得很。如今只有芒福德继续同他保持联系,有时间就来拜访。罗森菲尔德也亲自下厨做饭招待他们。住家已搬到西 11 街一幢小单元房。而招待朋友照就"带着原先的大气,虽然餐具边沿已见残破,酒杯也高低不齐不成套了"。芒福德心目中的保罗·罗森菲尔德,依旧是《大篷车》初创时代那个豪情满怀、意气风发的怪杰人物,仍对他充满敬爱。他感觉,此人代言了一个呼之欲出的新美国,这文化复兴的大好势头他俩都预见到了。他心目中罗森菲尔德永远是 20 年代优良文化和社会生活的典型代表,美国式的"伟大希望(Great Expectation)。"[9]

参与编辑《美国文化大篷车》让芒福德踏入纽约文化界核心。刚结识的朋友 H. L. 门肯和其他编辑也都希望出版他的著作。他自己历经多年磨难,终于等来第一个最光彩编辑职位:沃尔特·李普曼邀他加盟《世界》(The World)杂志。若在先前事业起步之初,他会毫不犹豫答应。如今则坚决推掉了,因怕占用他太多时间。他对李普曼说,如今他的安排是"先精细苦读半年,随即奋笔疾书半年。这样每天自由支配时间较多,日常工作压力较小。若允诺做专职编辑,这设想就会落空"[10]。

还有另外几项同样优厚的工作机会,他也都推辞了,包括两项编辑职位和杜邦公司的非全职艺术顾问。杜邦公司这邀请是 1928 年的事,正值他们很缺钱用,因此他家为这事很费了些脑筋。索菲亚希望他至少问问人家能支付多少钱,但他不愿这样做。他一本正经告诉索菲亚,据他估计他们会支付三倍于他现在的收入,届时就无力抵挡这优厚诱惑了。再说两人还有巢中金蛋——邮政储蓄还有两千美元定期存款。这笔钱是刘易斯前一年给沃尔特·汤普逊广告公司曼哈顿办公室筹办图书馆的酬金,足够他俩支付日常开销,直至新稿费到来。而新的这本书就是他对美国作家赫尔曼·梅尔维尔的评述。

1927 年春,双日-多兰出版社的约翰·法瑞(John Farrar)邀请刘易斯为赫尔曼·梅尔维尔撰写述评,当时他们出版社打算出版名家小传系列丛书。此前刘易斯刚好推掉几家出版社请他专门撰写建筑述评书籍的邀请,包括一本著名建筑师弗兰克·劳埃德·赖特的传记。而文学创作从来是芒福德的首选,他的文学兴趣要远超过热爱建筑主题,梅尔维尔又是很引人入胜的题目。因此爽快接受法瑞邀请,当年夏天就开始准备。带索菲亚和格迪斯去马莎葡萄园,一面度假,一面读书。该度假地靠近海滨,距他们在阳光花园的家最贴近的邻居查尔斯和海伦·阿斯彻大约一英里。

索菲亚和格迪斯在
马莎葡萄园（1927年）

那年夏天除了梅尔维尔，还有另外的事。芒福德无疑要重读梅尔维尔一些小说，但大部工作用来改旧稿。其中一个便是自嘲式传记体散文诗《伯纳德·马丁三十岁订立的小圣约》，另一个就是那部尚未完工的剧本《埃斯特和金棍：美国牧歌》。这两篇东西7月份都完成了，随即开始撰写另一部话剧初稿，反映建造布鲁克林大桥的英雄故事。他在孩童时代首次跨过卢布林父子这一杰作，这主题便已彻入心魂。

"小圣约"曾在《美国文化大篷车》上发表过，而《大桥建设者》则始终找不到合适出版商愿意出版。这部诗剧场面宏大（他撰写该剧时正在阅读《战争与和平》）很难搬上舞台。而布鲁克林大桥一书则更适合拍成电影。哈罗德·克勒曼（Harold Clurman）还劝他，剧本核心部分还要融入更多表演动作，才适合舞台演出或做电影脚本。不过芒福德理解，科勒曼这话不过出于情面，很客气委婉。他笔记沉痛记述："照目前这样子，这剧本非常非常糟糕。"[11]而他这话千真万确。剧本《大桥建设者》缺乏戏剧张力，没有快捷、紧张、令人屏息关注的剧情发展。芒福德不善于稳操全部对话走向，因而剧中人物散漫零乱，无集中主题。尽管大篇幅宣讲观点看法，虽一本正经讲述政治、劳工、文明、工程技术、婚内与婚外恋情、人类文明状况等等，却都祈祷文般庄严肃穆枯燥无趣。其中的蹩脚爱情场面尤其显露作者缺乏想象，就连高潮场景也干巴巴平铺直叙，毫无张力。

芒福德曾声称，他作品哪一部都来之不易。足见其伤感之深。但《大桥建设者》剧本主要问题在于，该剧并非讲述建造桥梁的人，它其实是芒福德自身当时心态的写照。这种作品更适合传记作家视角，而非舞台导演或者电影脚本。

该剧着笔之前,芒福德就给自己规定了严格方向:

> 继续下工夫。构思剧本,围绕布鲁克林大桥建造。表现男人和女人之间冲突、争斗:男人关注完成事业,女人关注幸福体验,千方百计要从一天各种体验见闻中提炼幸福和归属;而她情况与他一样。他同样贪得无厌,欲罢不能。女人生命消耗在桥梁建筑活动中。一切故事的大背景是19世纪那利欲熏心的70年代。[12]

若把剧中男女替换为芒福德和索菲亚,若把"布鲁克林大桥"替换为"成名著作",再把"利欲熏心的70年代"替换为"利欲熏心的20年代",那么芒福德写此剧时心中在想什么,就昭然若揭了。

该剧写于他人生事业发展关键时刻,刚届而立之年,情感较前更成熟。体魄空前壮硕,事业发展顺利。他与索菲亚又刚有了孩子,夫妻关系也更牢靠。然而内心深处他仍惶惑茫然,综其根本仍源于情感与性爱。青春后期受性活动、个性心理受困扰时,曾倾全副心血写出一幕幕戏剧,虽不甚成熟,却都倾诉内心苦衷。其最突出者即《一群废物》。如今情不自禁再返此道重写戏剧,欲将内心无人解语的痛楚全部付诸文学艺术,此真意自己竟也不知不觉。

多年后芒福德回忆,这剧本几乎在田园牧歌般环境中写完。[13]每天清晨,黎明即起。走进我们居住平房边一小棚舍,开始写作。房门敞着,惊涛拍岸之声阵阵传来,背后吹来咸味儿的海风。写至11点多搁笔起身,此时若海面轻雾消散,天空晴好,就缓步走上半英里斜坡,穿过黄褐沙滩。常恰好看到索菲亚忙完家务琐事,带着格迪斯迎面走来。下午我们才一起活动。

这无疑是他期望的最理想日常状态了,但对索菲亚却未必如此。那个夏天索菲亚心绪不宁,而这情形她丈夫后来笔记只字未提。其实这时节正是他们双方的考验期,昭示今后更严重的家庭难题。年前冬天索菲亚曾流产,来度假前他们刚买下了阳光花园的住房。俩人不仅精疲力竭还被推到破产边缘。刘易斯可以躲到工作中暂避现实,索菲亚则不能。她得照看格迪斯,这两岁大还离不开尿布的孩子。仅此一项就够累的了,偏巧7月初格迪斯又被烫伤(一杯热茶翻倒在身上),整整一个月得不断换药,一天数次。这些家务责任都落到她肩上,因为刘易斯有事情要做,他的大事她从不扰乱。不过如今他撇开其他一切不管不问,就让索菲亚很不舒服。为成家她放弃了自己的事业,如今她感觉丈夫不够关注她,也不够关注孩子。

此外,两人关系中还有一处微痕,就是恰在这时出现的海伦·阿斯彻,一个低矮、暗皮肤的漂亮女人,很崇拜刘易斯。索菲亚恼恨这海伦公开追逐别的男人。那个夏天海伦就公开挑逗刘易斯,索菲亚于是视之为情敌。而刘易斯自己也喜欢这套眉来眼去,对海伦毫无掩饰的挑逗不加制止,便让局面有恶化之势。虽然索菲亚心中有数,相信丈夫不会出轨离弃她们。那个夏季她的问题主要还不是海伦·阿斯彻,而是丈夫不给她和孩子留一点点时间。芒福德也意识到这样已开始危害两人关系。这便是《大桥建设者》戏剧核心的由来:家庭婚姻与事业责任两者的尖锐冲突。

该剧假托杰佛逊·邦加敦描绘了杰出桥梁工程师,华盛顿·卢布林。剧中杰佛逊对尽忠尽职但并不幸福的妻子马格丽特吼叫:"我工作就是娱乐……架桥是我生命的全部,是世界上最开心的事!"这样的语言毫无保留地泄漏了作者的自传创作意图。架桥已成了他的命,不容任何事情——包括自家情感需要——阻碍这件事情完成。马格丽特知道自己改变不了他,也不愿意阻碍他求取功名。只不过希望他能分一些时间给她和孩子。

他们夫妻关系还有个日益凸现的难题,也反映她丈夫个性的另一面,而马格丽特对此还不甚了然。这事情一天晚上终于浮出水面:杰佛逊领着马格丽特的妹妹劳拉登上桥墩顶部,观赏未完工大桥工地壮丽景色。劳拉性格活泼,他心情激荡便紧握劳拉双手,拥她入怀深吻起来。这姑娘羞赧却逗他鼓劲继续,他因顾虑重重,终于罢手……这幕戏向我们展现另一个杰佛逊·邦加敦,一个尽人皆知的桥梁工程师,忠实于事业,也忠实于家庭的好丈夫。他只知一丝不苟履行程序要求,然而，冷静可控的外表背后，仍有如火的热烈情感。他还是个幻想家、艺术家，有强烈性欲求和性冲动，不过平素都圈在笼子里。高高桥墩上，他对劳拉倾诉，妻子早已不像当年攀登奥地利阿尔卑斯山那般火辣热烈，那时他们新婚燕尔。如今连这桥墩都不稀罕爬上来，观赏他的伟大追求。他承认，他们互相间虽有性吸引，及至真要亲热，最后时刻她总打岔说起孩子……因此面对她，他总觉得情感约束，像只驯好的小兽。此刻，高高桥墩上与劳拉独在，情感世界释放开了，哪怕仅一小会儿。

芒福德后来说，这幕爱情戏昭示未来一场艳遇。即使从未点破我们也能猜到，可能是约瑟芬·斯特龙金。剧中人劳拉，热情洋溢，活泼欢快，才思敏捷，这些特点无不符合1925年芒福德在日内瓦见到的约瑟芬，且年龄也与1927年的她完全一样，刚过十八岁。这约瑟芬·斯特龙金当时就住在皇后区里士满山坡。还同刘易斯经常双双外出到中央公园散步。1928年春，两人曾同去舍利中心拜访本顿·麦克凯耶。当天究竟发生了什么，至今神不知鬼不觉。但从两人通信看，他们已难免暧昧。这姑娘羞涩却很挑逗，不难点燃他烈焰熊熊。不过终究他同杰佛逊·邦加敦一样，也知难而退，还没有胆量突破内心底线。再说，面对她，主要觉得自己是个叔叔……这情景恰似剧本里高高桥墩上，夜色酿造的神秘温馨终于散尽，杰佛逊清醒过来对劳拉说：真不能失迷太远，你毕竟是我妻妹，"你只看到我一个侧面，这一面马格丽特也看到了，我一百个其他侧面她也见过……想品尝婚姻全部真实，除了自己结婚没有其他途径。结婚就意味着风暴降临，泰然处之；你有夏日炎炎，我有深秋霜雪……"所以，不论此后岁月中刘易斯·芒福德背离家庭婚姻轨道浪荡多远多久，终究，是他对婚姻家庭这一坚贞态度，以及他对索菲亚深挚的爱，一次又一次把他拽回索菲亚身边。可见，他这剧本是一种自我宣泄，一种试探，一种预言。[14]

假如剧中人杰佛逊·邦加敦代表芒福德人格一个侧面，其中另一人物，罗伯特-欧文·彭斯（Robert-Owen Benns），就代表了他另一面，两者对照而互补。这彭斯是位学究气的艺术家，在剧中充当芒福德艺术见解以及社会问题代言人。剧中高潮场面，是他向杰佛逊·邦加敦慷慨宣讲该戏的核心台词。大桥建成,竣工典礼揭幕在即。杰佛逊·邦加敦从布鲁克林高地遥望品赏自己的杰作横空出世,一种怅然袭上心头,却不懂何义。后来是彭斯开导他,说这问题在于这目标已经实现;"下次尝个无法达到的目标。"[15]

永无止境,天外有天。永远高悬一个目标,设想更宏伟愿景。1927年8月底芒福德在马莎葡萄园写下这些词句,无疑是自励,要求自己迎接新难题。既写赫尔曼·梅尔维尔,为何写个不温不火的中庸之作?何不扩展主题全方位阐述这位巨匠的艺术观与社会理想?于是打定主意一定写一部超越自己以往著作的大作品。梅尔维尔这题目来得恰逢其时。更重要的是,透过梅尔维尔作品,他隐约洞察人间百态有某种自己作品始终无力展现的东西,就是后来他所说的生命世界的悲剧含义(the tragic sense of life)。"那种情境若飞得很高,永远翱翔深涧上空,而这深涧却从未被征服,或许永远都无法征服。"[16]

这里,芒福德自己也陷入自传情愫。急不可耐欲检视自身历程,评说当下人生是非曲直。于是在探索梅尔维尔过程中仿佛逐步洞悉一位嫡亲同类,这位同类的难题与关注同自己的竟如出一辙。于是他写这部传记兴味愈加强烈,未结稿已把自己掺入其中,且越掺越多;这在以往写作过程中从未有过。其实,有情有性的传记作家,谁都难免跌入这个陷阱(这陷阱早已恭候他们):他们自己最终往往与所撰写主人公融合为一。有时简直很难区分芒福德是在撰写赫尔曼·梅尔维尔还是在写他自己,因为两人已不分彼此。这恰是芒福德所著《赫尔曼·梅尔维尔》一书的真价值。这本书是他最富自我宣泄特色的作品,同时又最清晰诠释了他业已成熟的道德治世主张。

芒福德的梅尔维尔传记简直一挥而就,研究探索开始约一年后全书告成。如此顺利也因靠了雷蒙·M. 维沃(Raymond M. Weaver)撰写的首部梅尔维尔传记《赫尔曼·梅尔维尔:海员与神秘主义者》,该书1921年出版;当然也大量依靠了梅尔维尔自己的小说,特别是早期航海故事。芒福德曾错将这部分内容认作梅尔维尔自传体著作。写至一半,二稿修改时他停笔做了两周调查旅行,目的是挖掘新材料,同时检验已有材料(以及他的引用和解释)述其生平事迹的真确性。首先去了纽约公共图书馆,查阅梅尔维尔与其文学朋友厄沃特·杜金克(Evert Duyckinck)的通信,然后去爱德伽镇采访梅尔维尔的孙女,埃列娜·梅尔维尔·美加福(Eleanor Melville Metcalf),小住数日。其间读了这位孙女提供的梅尔维尔记事录。归途,又到马莎葡萄园小憩数日,拜会阿斯彻夫妇。就是这次几与海伦有染,那时这女人"温润的深褐色肌肤,兴致勃勃,跃跃欲试"[17]。

以上即芒福德此次调查巡游大致涉猎范围;另有维沃提供给他的未公开发表资料,以及探访梅尔维尔在伯克郡的故乡。按他本意,他希望巡游调查更多。无奈,写作不仅是爱好更是生计。手中这书须于1930年年初出版,因为他和索菲亚又要有第二个孩子了。"我得靠写书挣钱养家,不能等到狼群上门嗷嗷叫,不管完备与否,牢靠或不牢靠,这书都得赶紧出版。"致信一位研究梅尔维尔学者时他坦白承认。[18]

孤立看此书密集的写作过程,梅尔维尔传记堪称书林奇勋!芒福德1928年夏天在阳光花园住所起笔,不到一个月完成三万字(words)。随即停笔编辑《美国文化大篷车》第二期,为该刊写完区域理论上中下整篇。还帮本顿·麦克凯耶整理其《新探索》杂志。春末再回头来继续写梅尔维尔传记,夏末全书即在里兹维尔脱稿,当时他和索菲亚向焦耳·斯平格另外租用了一间小房子暂住。

达其郡农乡地带让芒福德回归最佳状态,不论体力还是精神。每天清晨八点许开始伏案,打字机上写作至中午前后,收获两千至四千字(words)。午餐后稍事歇息,便游泳、远足、读书,或溜达到巢佩克庄园与邻居焦耳·斯平格、沃尔特·派克(Walter Pach)闲扯。晚间回归到他们的轮班用书房,准备第二天笔记和工作计划。他写信给杰瑞·拉亨布鲁克说:"我全身机器都发动起来了,像一辆劳斯莱斯汽车平稳运行,状态良好。"[19]

接近写完,芒福德觉得该书已不适合放入双日-多兰出版社的文学研究系列丛书了,似应考虑新出版商。以前出过芒福德前三本书的邦尼和里福莱特出版社(Boni and Liveright)当是首选,但霍拉斯·里福莱特对此书又不太有兴趣。

　　里福莱特是纽约当时最热门出版商之一。自1917年他与阿尔伯特·邦尼合伙建立出版社以来,先后出版过许多名家著作,包括弗洛伊德、福克纳、海明威、邦德、卡明斯①、艾略特、奥尼尔、德莱塞等,可谓贡献卓著。但他生活粗疏而炫耀;而且很不幸,这作风也被他拿来经营出版社。1924年一桩股票生意投下百万多美元竟血本无归。他原先的合伙人本尼特·瑟夫(Cerf Bennett)讲述以往合作经历说:"该组织中七人掌管财权,肯为'消遣'下大赌注。接待室里作家数量不多,投机取巧者则大有人在。一位执行主管其文件柜每个抽屉都是威士忌酒,柜顶上则堆满紧急文件,多达数英寸厚。其中许多都已过期数周。"[20]

　　尤不堪者,里福莱特在证券市场损失大宗钱财,一系列戏剧出版物多数回报不佳,而他特别喜欢戏剧。芒福德最初来找他,就为推出自己一个早期剧本。此刻芒福德又来商谈梅尔维尔这本传记,却得到个不冷不热的答复。仿佛若芒福德紧催,里福莱特也可能出版此书。令芒福德不放心的是,此人耽于美酒女人,舞台娱乐,可能忽略他的托付。所以能否以此做避风港安排他未来的书籍,尚不得而知。于是他迅速草拟三份写作纲目说明未来创作计划,加上梅尔维尔传记成稿,一起交给另外四家出版商。这四家都愿意出版他这书,且都答应他任何合理要求。最后,他选定与哈科特-布瑞斯出版社合作(都是焦耳·斯平格出资开办的公司)。这是纽约当时较新的、也敢冒风险的出版商。阿尔弗雷德·哈科特同意支付第一版发行总码洋的15%作撰稿劳酬。此项优厚待遇一言为定,且一直持续到70年代末期。[21]

　　1929年初芒福德的梅尔维尔传记出版发行,立即受到热评好评,

---

　　① cummings,1894—1962,美国反主流派的诗人、画家,为嘲弄传统特意改写自己名字,首字母不大写,诗作奇特,语法与遣词造句别出心裁。代表作有《郁金香与烟囱》等诗集12部。——译注

其中不乏专门研究梅尔维尔的著名学者。颇有影响的评论家托马斯·比尔认为它"是美国人撰写的文化名人传记中的最佳作品"。虽然也有评论者责怪芒福德生拉硬扯把梅尔维尔定位成作家(认为梅尔维尔的《莫比·狄克》堪与《哈姆雷特》、《神曲》、《战争与和平》相提并论)。若非一致也是普遍认为,芒福德贡献了迄今为止最令人满意的梅尔维尔评传。[22]

梅尔维尔研究评论在当时还处于婴儿期,的确从20年代梅尔维尔才开始获得世界著名作家的地位,芒福德的评论巩固了这一地位;这已是这位作家在其曼哈顿东26街住所不明不白死去四十年之后了。此前教科书中一直介绍他是个擅长写航海小故事的小作家,一个"曾生活在吃人生番当中的人",归来后写了许多冒险故事。他的《莫比·狄克》被普遍认为是个发人深省的捕鲸故事,"因一个劲儿劝善说教倒人胃口"。此外梅尔维尔还写过什么,几乎就无人记得了。梅尔维尔晚年被少数几个评论家说成是离经叛道的反人类作家。[23]

1917年,距梅尔维尔百年诞辰还差两年,卡尔·冯·多伦(Carl Van Doren)在《剑桥美国文学史》中发表了四页平实无华的评论。同年多伦又说服雷蒙·维沃撰写梅尔维尔的研究论文在《民族》杂志上发表。上述一切荒疏偏见至此才有了根本转变。紧接着维沃撰写了梅尔维尔传记。随后几年先后有弗朗克·朱维特·马瑟(Frank Jewett Mather)、约翰·弗里曼(John Freeman)、D. H. 劳伦斯和冯·维克·布鲁克斯,还有珀西·H. 波伊敦(Percy H. Boynton)各自献力推动梅尔维尔恢复名誉。[24]

芒福德的梅尔维尔传记刚好在这事业方兴未艾之际发表,若无维沃等人的基础性工作,比如理清了他生平事迹等,芒福德无法在这么短时间内写完它。但芒福德不大注重编年史,他更注重从个人角度撰写一部赫尔曼·梅尔维尔传记,把梅尔维尔当成作家,更还原为人,淋漓尽致加以评述。因为他着迷的本来就是梅尔维尔个人成长经历与人格特征。这一点以及芒福德自己的理想,都更接近清教徒理解的人生黑暗以及与生俱来的局限。芒福德这部传记作品把梅尔维尔界说为道德治世论者,如同但丁一样,用诗的语言表达自己的思想主张。赫尔曼·梅尔维尔"生在世界是为大众……证据就是他同人类精神领域各种大难题短兵相接厮杀肉搏,不见高下誓不罢休。就此而言,确乎死而后已"[25]。

传记尚未动笔,芒福德就对约·斯特龙金说过,梅尔维尔是个 diver(潜水鸟,很能深钻,刨根问底的人。——译者按)。这种人潜入水面,左右开弓,探索人心深处最黑暗的底层。为此当然付出了巨大代价,把自己搞得遍体鳞伤,险些发疯。但不变成这种"潜水鸟",不向人生沉潜一定深度,"你永远浮于表面,除了表面东西任何深刻一点的永远都不懂"。芒福德这里所说的显然是他自己。他自己就曾太过"怯生生,胆小如鼠",不论在其作品中还是情感生活中。[26]撰写梅尔维尔传记让他有机会全盘思索道德问题和个人情感。这些事情,他在以往作品中都处理得太过简单浅显,平淡无奇。如今懂得,唯有无限接近这个赫尔曼·梅尔维尔,才有希望避免梅尔维尔式的"命运"(照他自己说法)。事实上,他几乎未能避免。

芒福德这部梅尔维尔评传,点睛之笔是其中对《莫比·狄克》的分析,真可谓强劲有力入木三分。芒福德无疑向这部史诗般巨作中倾注了自己思想,甚至超过原作者创作初衷。这恰是该作品潜藏的传记作家的自我分析,可贵正在这里。芒福德通过提炼梅尔维尔的人生理想,也首次在自己内心世界确立了道德信仰。《莫比·狄克》这一章是小说家和传记作家的绝妙融合佳作,为现代传记作品首开先河。阅读这章仿佛芒福德成为赫尔曼·梅尔维尔化身从墓地归来,对现代听众讲解其创作意图和方法。这芒福德甚至大胆操起梅尔维尔语汇和风格,大讲特讲作品主人公"人生经历和精神状态",且不带引号。让你真假莫辨,究竟是赫尔曼·梅尔维尔在自述,还是他语重心长的诠释者在评说?

照芒福德解说,《莫比·狄克》一书把思想家梅尔维尔之伟大精彩展现得淋漓尽致,特别是他直面邪恶毫不含糊誓不两立,死都不被邪恶吞没。梅尔维尔与那个同样伟大的爱默生不一样：爱默生喜庆、乐观（至少外面看），梅尔维尔则"始终不忘宇宙中还有潮湿冰冷阴暗，还有腐朽和神秘莫测的歹毒。他不想当日晷，只记录白昼生命的光芒和笑脸"。这个作家很清楚，死亡和虚无等候着我们每一个。他知道大家都孤注一掷绝望挣扎，力图挣脱这一无法抗拒的宇宙趋势。因此他竭尽全力用他的艺术作品为我们的抗争增添些许目的性和道德价值。芒福德认为，这就是梅尔维尔真价值所在。说到底，他向我们证明了人生为什么值得珍惜。还给我们上了一课，教导我们怎样有意义地度过一生。

芒福德认为，《莫比·狄克》的核心人物既不是亚哈（Ahab）也不是伊斯麦尔（Eshmael），而是大白鲨。此问题答案读者当然各有所见，总之他们眼中大白鲨更贴近自己的理想与个性，而不甚符合作者原来设想。芒福德认为这大白鲨象征宇宙，代表宇宙中一种无法驯服的邪恶："自然与宿命"。小说由此讲述一个寓言，诠释宇宙神秘邪恶势力和随时爆发的歹毒敌意。若大白鲨代表大自然盲目而凶悍的破坏势力，亚哈则代表"人类精神世界，虽渺小脆弱但有目的性，因而敢于螳臂挡车。在这场力量对比悬殊的角斗中亚哈最终惨败。问题不是他失败，失败未必悲惨，因为失败是必然的。问题在于他反被自己本要出征讨伐制胜的邪恶势力消蚀殆尽。他带着复仇烈火上阵讨伐怪兽，搏战中自己反沦为自己鄙视的形象。英雄主义义无反顾——比如，不卑躬屈节，不向邪恶妥协——最终堕落为疯狂。在宣称自己实现人性之最后一刻，悲惨地丧失了人性。

芒福德认为，产生这结局是因亚哈出战邪恶是"凭借强权而非仁爱"。亚哈疯狂追逐大白鲨，一路上丢弃了"仁爱之心，忠诚操守，心中的妻子孩子，航海观测六分仪，科学知识，内心宁和……这些无价之宝让这场肤浅争斗相形见绌。殊不知唯这些宝物才能救赎他，才能让他立于不败之地"。可见，与大白鲨这场斗争他败局已定，不这样败就那样败。而且说不定败了反倒多少能保全自身。

芒福德用自己的立论诠释亚哈失败结局：宇宙本空虚、无意义。而权势并不能赋予它任何自律和价值。"生长发育、培养熏陶、规律秩序、文学艺术,这些才是正当手段,能够改换、驯服宇宙空虚的外在势力。所谓生长发育,并不是变得更强大而是更富有人性。"芒福德从梅尔维尔著作中看出,全部人类史犹如一场同大白鲨未见分晓的搏斗,他想"创造个人性目的去制衡莫比·狄克毫无意义的歹毒空虚"。芒福德认为,无目的的人生既无法忍耐也毫无意义。梅尔维尔,以及写书出书的一切作家,他们都懂这道理。唯独梅尔维尔超越了亚哈,以其特殊方式搏战宇宙,宣示人类特殊属性,这方法就是文学艺术的方法。这里芒福德将art(文学艺术统称)诠释为"一切人性化手段(all humanizing effort)",包括诗歌、神话、科学、城市建筑、朴素信仰等等。唯有靠这些手段"人类才能绕开或推迟毁灭",迎着自己的悲剧宿命走上前去。人类真正的幸福终局不是吉祥平安天赐之福而是灾祸,但应以从容勇敢应之。这些话说清了芒福德"生存的信念"探索的全部结论,虽然当时尚未发表。这些话也昭示了他后来一系列著作的核心主题。

亚哈这人物在芒福德心中依然圣洁。再者,恐怕永不可把人类精神与物质实力等量齐观。亚哈(连同梅尔维尔)敢于造反,敢同宇宙力量搏战,终究体现了人类生存的理由,尽管面临诸多失败。陀思妥耶夫斯基笔下英雄人物说:若无神灵我们可能会自杀。而芒福德则把神灵看作"人生目的和意义之总和",这一观点最能体现帕特里克·格迪斯所说之社会人文遗产——思想意识与优秀实践的综合范畴,"不受宇宙邪恶势力支配,面对猛烈攻击不为所动"。

芒福德认为,梅尔维尔塑造莫比·狄克这形象的意图并不只是号召我们创建以人为本的文化。他这史诗般作品像弗兰克·劳埃德·赖特的建筑作品一样,还为我们指明方向开创整个有机生命世界均衡发展的新时代。莫比·狄克其实是多种要素的综合:神话的无定与科学的确定,形而上学与航海探险,动人心弦的冒险故事与捕鲸活动准确细致描写,包括解剖学与生态学许多细节。就此而言这是一部真正多学科综合创作,把"被割裂开来的两半重新合拢:一个现代世界,一个现代人类自我——即这世界的实在、实践、科学、外化的人类自我(这一半处心积虑追求征服自然和科学知识);另一半则是想象、理想、梦幻;这一半处心积虑想化冲突为文艺,化权能为人性"[27]。这样解读梅尔维尔的特殊贡献,芒福德就把这黑色精灵转化为新时代的先知。爱默生哲学主张虽与他相反,两人却都是伟大理想家和鼓动家。可是,梅尔维尔或爱默生,是否愿意接受我们这样的对比呢?那就不大好说了。

芒福德这部传记作品实际上包括两部分,一是对梅尔维尔作品的大胆猜想和评价,另一个是对其人生经历的精辟解析,而且是对梅尔维尔破天荒第一次全方位的"灵魂解剖"。因而芒福德这部传记与早年间冯·维克·布鲁克斯著作《马克·吐温的苦难历程》(*The Ordeal of Mark Twain*)并列为美国文坛上心理学传记的开山之作。爱默生名言说,告诉我你做什么梦,我就知道你是什么人。[28]赫尔曼·梅尔维尔做过什么梦,芒福德当然无从知晓。但他自信同样可靠线索窥视其内心世界。这就是梅尔维尔毕生留下的著作,这就是他内心情感世界最忠实可靠的记录。

错在芒福德对这些证据推论过宽,他不仅把这些著作当作作者主观精神的记录,还当作线索来考察作者一生实际经历和遭遇。比如,他依据其航海故事展现梅尔维尔二三十岁情况,《泰比》、《奥穆》(*Omoo*)、《雷德伯恩》(*Redbury*)、《白外套》(*White Jacket*)等等。后来许多研究梅尔维尔的学者指出,这些自传体作品对研究梅尔维尔生活经历并不足为据。比如梅尔维尔描写白夹克从桅杆上掉下以及几乎逃脱鞭笞等场景,芒福德认为这都是亲身经历。后来研究表明这纯粹是作者的想象。[29]

这倒无可厚非,因为梅尔维尔研究当时还很不发达。可有时资料完整也不难找,芒福德却未去查或钻研不够,因为他急于出书。这种匆忙以及错将杜撰材料当作作者自传作品,导致芒福德一些灾难性失误;而且一出版就被明眼人抓住了。[30]

不过也有相当多权威人士认为该书是优秀评传,"它如此有穿透力,准确再现了赫尔曼·梅尔维尔的内心世界,几乎不容怀疑"[31]。如今问题不是为什么芒福德的书中有这么多错误,而是他对赫尔曼·梅尔维尔的介说怎能如此令人信服？尤其考虑到资料很少，写作时间又短，不奇特吗？答案恐怕我们已经知道了，就是他主要不是在写梅尔维尔，而是在写他自己。芒福德一位密友读完该书后对他说："从头到尾通篇都是你自己啊（from cover to cover, it is YOU）！"[32]

芒福德向梅尔维尔早期生活注入许多自身成长与成长为作家的基本套路。若一一引述出来未免太乏味，却不能忽略其中两人经历中某些横截面。这些场面最能宣示他对自身生命的见解，更何况此后不久他便跌入严重的情感危机。

梅尔维尔并不是非婚生子，但刚过十岁便丧父。从十三岁开始由一位远亲收养，这女人郁郁寡欢，文化很浅，原属家道中落富商家庭。梅尔维尔的母亲也像是芒福德的母亲一样，给不了他内心渴望的关爱。有位给他立传的作家说："这孩子不久便逐渐养成孤儿心态。"[33]

梅尔维尔从小矜持、守礼，是个可爱的孩子，内心却是滚沸的情感世界；因始终无法彻底掌控精神紧张备受煎熬。有时很想女人，却为性封闭所苦。芒福德推测他"未成年便成了个禁欲论者"。此外还在自由和责任之间艰难平衡取舍。一方面家里令人窒息，拼命想逃出去，体验自己的世界；另一方面又为义务所累，不能不照顾贫苦的母亲和妹妹。这景况令人想起芒福德少小时代与母亲和奶娘的关系。

为他立传的作家都认为，梅尔维尔从未宣泄内心焦虑，包括性困扰、经济拮据。而恰是这艰难时世玉成其才，因为许多因素从情感世界掣肘他、制约他。这种相反相成的经历不仅表现赫尔曼·梅尔维尔的特点，同样也是芒福德的基本成长历程。我们有不少线索证明芒福德很清楚这种经历，他把赫尔曼·梅尔维尔超群的写作才干归功于童年狭小天地压迫出来的"自我反思"；芒福德将此阶段称为梅尔维尔的"孱弱"。"这种沉闷寂然狭小空间会逐步压迫出一个思索的灵魂"。这里又可看出，芒福德是依据自身经历揣想赫尔曼·梅尔维尔的成长历程。继而结论就是（虽然芒福德没有这样说）赫尔曼·梅尔维尔早年形成的这种才干和习惯，成为后来作家谋求解放的手段，摆脱母亲和家庭其他成员那种无目的人生状态。从他笔下这个梅尔维尔身上，我们仿佛看到芒福德自己的影像。

赫尔曼·梅尔维尔终于离家出走首次出海航行,途中长时间停泊英伦。芒福德对这段经历的描述,话里话外令人怀疑他影射自己英国之行和伦敦勒普拉住所经历,同样也是首次离家长时间在外。"对于一个有抱负有准备的青年来说,最好命运莫过只身在外流落异国他乡,距本乡习俗文化并不遥远,可以长时间悠闲探索、体验、思考。"芒福德认为,这些经历成全了赫尔曼·梅尔维尔作家生涯:对人生有第一手体验,"乘坐捕鲸船,到过利物浦这样的著名城市"[34]。我们当然知道纽约生活给青年芒福德提供了一切必要滋养,那是他的耶鲁,他的哈佛。这些经历成全了芒福德,一如南海冒险经历成全了赫尔曼·梅尔维尔小说家之路。芒福德就这样每一步都循他自己生活史来描述、诠释梅尔维尔的成长经历。

当芒福德笔下的赫尔曼·梅尔维尔1844年结束南海冒险回到波士顿时,已经全副武装准备上阵了。一如芒福德自己在20年代完全准备好,跃跃欲试,想一举成名。其实赫尔曼·梅尔维尔曾经说过,直至25岁他始终没有发育完全,25岁才开始自己有效生命。芒福德后来也说:"我的一生也可以这么说。"[35]

梅尔维尔写完《莫比·狄克》之后的人生历程,在芒福德这部传记中足足占有三分之一篇幅。四十岁后这段人生在维沃所著传记中被称为寂灭,因为梅尔维尔经过19世纪50年代以写书为业赚取生活费的密集创作高峰后,突然隐姓埋名不见踪影。芒福德认为维沃对这段经历挖掘不够,因为梅尔维尔老年既不反人类也不疯狂,不像维沃所说那样。《莫比·狄克》写作用了一年多一点的时间,历尽艰难耗尽心血,完成之后作者几近崩溃。随后恢复体力,虽大不如前,却也完成几部别具匠心的著作,包括《比利·巴德》(*Billy Budd*),足见他并未疯狂。垂暮之年他不再紧张、悲苦、穷愁潦倒,与妻子伊丽莎白和儿孙们一起生活得很幸福温暖。[36]

这一事实几个评论家都发现了。因而所谓"梅尔维尔消失的那些年代,他陷入反人类、疯狂"之说便不攻自破。这是芒福德所撰传记的功德之一。[37]当然也有人持不同意见,最有代表性的是评论家约瑟夫·伍德·克鲁奇(Joseph Wood Krutch),他说:"芒福德先生懂得梅尔维尔需要和谐,但却受不和谐音长期困扰,构成其人生乐曲中很突出一部分。……他称梅尔维尔为'鬼怪',而这鬼怪生物却在他眼皮底下逃掉……他提及日光难以穿透的深海以及星际空间的黑暗,说他笔下的英雄从这黑暗中找回生命悲剧意识,却把目光转开不愿看到这深沉黑暗,缘何? 或因芒福德发誓要把梅尔维尔塞进新英格兰黄金时代,虽本无涉。"[38]

芒福德怎么会给梅尔维尔事业人生罩上粉红光彩,这是一种解释,但并不仅仅如此。该书刚出版芒福德本人即承认,他曾对朋友亨利·莫瑞博士(Dr. Henry Murray),哈佛大学心理医疗中心主任,也是位梅尔维尔研究同仁坦承过。莫瑞在《新英格兰季刊》发表评论,认为芒福德的梅尔维尔研究直至《莫比·狄克》创作之前都很中肯,都忠实反映了梅尔维尔精神本质。"但是,梅尔维尔恰在莫比·狄克这关键点上发现了无意识(the Unconscious),并开始追踪、探索它。同时日益丧失自我,这就很危险了。若追踪梅尔维尔同他一起进入这种'无底深渊'会很危险。因为如此'共同在黑暗与乱象中徘徊摸索'虽能揭示梅尔维尔心理困局的本质,却或多或少违背了芒福德前文理智的范式。"[39]

芒福德一辈子怕批评,尤怕白纸黑字印出来的批评。因而一辈子对克鲁奇耿耿于怀,首先因为他不喜欢这人;而对莫瑞的批评却豪爽大度,处之泰然。其实这两人评论都切中要害,但一个是友人另一是陌路。恰逢芒福德人生路上此刻很缺个知己,他读到莫瑞评论时已出现严重抑郁症先兆。对莫瑞他觉得可以敞开心扉说清楚他为何无法更接近这个赫尔曼·梅尔维尔内心的黑暗世界。

或许帕特里克·格迪斯是个例外,此外谁对芒福德的影响也超不过这亨利·莫瑞博士。实际上,芒福德觉得莫瑞也是个格迪斯式人物,光彩夺目、兴趣广泛:其身份总计有外科医师、心理学家、生理化学科研人员,还曾先后专攻文学、图书馆学、中世纪哲学。更有趣的是,芒福德觉得此人英俊,一双明亮眼睛很有神采,比格迪斯要好相处得多。同他谈话很愉快,他不仅健谈,而且耐心听别人说话,善解人意。芒福德没有告解神甫,如今亨利·莫瑞在极大程度上填补这情感空白。芒福德与他相见不久就致信说:"我觉得爱上一个人并不难,结交真朋友要难得多。我算很有几个半知己了,我想我将体验一次完整友情,包括兴趣和态度的高度一致。"[40]

芒福德初识莫瑞时,莫瑞刚好也在经历人生转折点。他刚决定放弃医学和生物学,改行从事心理学。同样,也是赫尔曼·梅尔维尔对他转行决定起了大作用。

莫瑞比芒福德大两岁,出身纽约一富户家庭。在哈佛大学学历史,曾是走红运动员,著名花花公子。本可成为美国现代心理学奠基人之一,但因读本科时对心理学完全没兴趣。他只上过一堂心理学课程,感觉乏味便离开课堂。

哈佛毕业继续学医,后在纽约一长老会医院当了两年外科医生,不久发现自己真正兴趣是做研究,便进入胚胎化学研究,供职于洛克菲勒医学研究所。他在这里完成了一些拓荒性专业工作,为后来者扫清障碍。1927年在牛津大学获得生理化学博士学位,又过一年便与芒福德相识。而且这时他的兴趣重新回到心理学和赫尔曼·梅尔维尔研究;这两个领域并非风马牛不相及。

20年代初莫瑞刚从医,青春年少读了《莫比·狄克》。当时每年乘船赴英伦,一次航行中读完此书,毕生道路由此改变。梅尔维尔的小说为他揭开无意识这一神秘王国的面纱,展现了这黑精灵的"全部神秘莫测"。[41]与赫尔曼·梅尔维尔这次神秘结缘不久,又阅读了卡尔·荣格的《心理类型》(*Psychological Types*),随即到苏黎世接受荣格亲自心理分析三周,从此与心理学结下不解之缘。1926年友人莫顿·普林斯博士建立哈佛心理诊所,从事治疗兼做研究,邀他出手相助,且不计较他当时并无专业心理学教育背景。莫瑞此后事业便固定在哈佛,1929

年升任诊所主任。约十年后(1938)出版《人格探索》(*Exploration of Personality*),系美国心理学有数几本经典论著之一。还与其同事和情人克里斯蒂安娜·摩尔根(Christiana D. Morgan)合作,研发出 TAT(Thematic Apperception Test 主题统觉投射测验)检测方法。这方法至今广泛用于人格检测临床实践。主要通过讲故事探索发现病患者最深层自我认知及处世担当。

20 年代末,在洛克菲勒研究中心做外科大夫和研究工作时,他每周几个晚上都去纽约公共图书馆查阅资料,准备撰写赫尔曼·梅尔维尔传记。他感觉梅尔维尔比弗洛伊德更早发现了几个突破性心理学规律。这项工作终没能做完,发表的一系列论文促成赫尔曼·梅尔维尔研究领域重新构建。莫瑞是个完美主义者,不愿随便公开发表这些论文,总想留待以后。不过 1928 年结识芒福德后主动与之分享他积累的这些资料。芒福德发现,他的赫尔曼·梅尔维尔研究视角与以往所见传记作品有很大区别。

莫瑞和芒福德都是思想家,两人许多方面所见略同。莫瑞同样是个饱学之士、博学家,认为任何学科都不可能孤立存在。坚决反对靠一种学科或理念包打天下,更反对用一整套公式揭示自然现象。莫瑞推崇弗洛伊德,但他更注重社会文化和生理过程对人格的塑造效应。他毕生努力为现代心理学领域内作出了最多的贡献;特别在介绍和推广用整体论方法评价人格心理方面,他的贡献无人能及。梅尔维尔曾写过:"我就像一艘护卫舰一样,承载着一千条性命。"莫瑞因而主张人的个性、心理类型是由上千种影响塑造的。而且只要是有生之年,该过程就会继续。也只有靠这种整体论的方法才能透彻分析它把握它。他主张,活的生命体必须作为活的整体来分析研究。[42]

首先,莫瑞与这位新朋友都对行为主义之说深表怀疑。他俩都同意乔治·桑塔亚那的观点:"就人而言,想象比理解有更根本意义。"这一论点深深影响他们的梅尔维尔研究,两人都将梅尔维尔看作神话创造者,看作诗人来解析研究。于是看出,梅尔维尔通过自己想象力、艺术创造力,照亮人类处境和道路;同时通过作品展现自己内心世界。虽然后来莫瑞认为现代心理学最大的失误在于未能提出一种理论说清、把握健康、创造性人格发育进程。而他更感兴趣的题目是揭示梅尔维尔有关人类状况那种凛然冷峻观点态度是怎么形成的,以及他自身神经官能症根源何在。在《莫比·狄克》问题上,他同意芒福德论点:该作品完整且健康。但芒福德认为作者完成该作品时已不是完整、健康的人,莫瑞则不赞同他这结论。芒福德后来重新思考莫瑞对他传记的批评,开始看到自己下笔写此书时也已不是自认为那样健康快乐的人了。只因不愿正视这一现实,才不愿也不敢进一步深入探查赫尔曼·梅尔维尔黑暗内心世界的核心。[43]

后来他告诉莫瑞,可能因写此书时条件太顺利,几乎在一种"euphoria(兴高采烈)"状态。[44]其实不止如此。他未深究梅尔维尔精神危机,可能因为意识到自己与他同病相怜,受过同样情感伤害。若剖开梅尔维尔难免引发痛苦的自检。那样,原先兴高采烈心情就被彻底破坏,还如何写完此书?

所以撰写《赫尔曼·梅尔维尔》整个过程中他心境高扬,如履平地,自信在撰写从未有过的佳作。及至稿写完几乎累瘫且心情抑郁,与梅尔维尔写完《莫比·狄克》后出现严重抑郁症一模一样。"感觉自己仿佛卷入大漩涡,无力自拔;难以挣脱这无意识大手,由它把我拽向无底深渊。梅尔维尔曾有言在先:这就是灵魂世界的哈特勒斯海岬①。"而且这期间梅尔维尔的话几次在耳畔响起:

> 可是,我们也有我们的合恩角啊,水手们,同胞们,小伙子,注意啦! 及时做好准备,老兄们啊! 感谢上帝,我们过来了!

传记收笔,芒福德趁势给梅尔维尔写了篇韵文,以先见之明陈述自己与他这种特殊关系:若一名护士看护一位沉疴患者,后者已奄奄一息。通夜守护后,护士筋疲力尽。"这时候,护士反而成了病人,眼看

---

① Cape Hatteras,位于美国东南沿海,濒临大西洋,突入海洋最远的地角。——译注

这瘟热啮蚀着我的骨头……"而芒福德终于摆脱了这瘟热,随后又在这种梅尔维尔式抑郁中感悟,更看清了梅尔维尔以及自己。这光景恰如《道德经》中所言,他忽地没病了,"因他已学会视病为病①"。[45]

芒福德的危机与梅尔维尔危机一样,都由一连串灾祸厄运串联着走向高峰;他虽还不像梅尔维尔那样从根儿上危及其作家生涯,却也岌岌可危足以将其推入精神崩溃的深渊。经过阿米尼亚(Amenia)农乡小镇一个安谧夏天写完《赫尔曼·梅尔维尔》后,他和索菲亚便不得不提前回纽约,因为索菲亚出现流产先兆。由此开始芒福德所说的"我们人生最凄凉的岁月,直至1944年爱子格迪斯阵亡"。[46]

10月,流产终未幸免,继之而来的是数周疼痛难忍的刮宫治疗。这期间全部家务负担自然落到刘易斯肩上,虽刚写完难熬的传记作品,也极需休息。"心中萦绕着梅尔维尔鬼影,加上索菲亚的煎熬,简直让我承受不住了……"笔记中这样记录着,随即阴郁记述他一连几周走在大街上,口中念念有词,在起草自己的讣告和追悼文。[47]

元月,索菲亚体力刚有恢复,爱子格迪斯却患重病,重感冒延及耳道,形成脓肿。刘易斯也因急性扁桃体炎,终止西行讲学当即折返。回到纽约家中即发现索菲亚病重(也是扁桃体炎),爱子格迪斯卧病在床,由护士照看。后来才弄明白,格迪斯病情原来非常严重,系乳突炎,却被医生误诊。待请来别的医生,才告知须立即手术。幸好入院及时,否则再过六七小时乳突炎会严重侵蚀脑部。

而灾祸还远未结束。手术后并发感染,爱子格迪斯一连三周命悬一线。母亲连轴转守候病床旁,困了,就地睡在小折叠床上。连续住院治疗七周,出院后还天天回医院换药,又是一连数周。

这种煎熬几乎把他俩吸干了,精力,财力,体力。刘易斯更是一个字写不成。致信杰瑞·拉亨布鲁克时,芒福德写道:"我们可能早就被

---

① 老子《道德经》这节全文为:"知不知,上;不知知,病。圣人不病,以其病病。夫唯病病,是以不病。"——译注

彻底拖垮完蛋了,幸好文学学会包揽了梅尔维尔传记的整个第一版。"[48]学会支付了6700美元,足解燃眉之急,未来几年又有垫底儿的了。但对改善精神心情似乎作用不大。

他们本计划夏天去欧洲度假。此前刘易斯接齐默恩邀请,请他回日内瓦继续讲学。讲学后他打算赴英伦看望帕特里克·格迪斯。如今他俩商定他最好独行,她则去马莎葡萄园海滩,同海伦·阿斯彻一起休养度假。芒福德确也感筋疲力尽需要休整,相信旅途有助调整心态,闲暇中或能想出好点子,决定下一部书写什么(当时他想撰写英国版的黄金时代,从莎士比亚写起,回顾英国文化发展旅程)。

却不知这一路之上尽是灾难。本来扁桃体炎一冬未愈,上船不久又肿大,引发抑郁症,直至抵达日内瓦数日才消除。嗓子恢复了才开始讲课。此时突然放弃写英国文化旅程的设想,赴英伦就在两可之间。按当时心绪,他也不愿周旋于喋喋不休的格迪斯身边。于是写信道歉,取消此次拜访,搭乘下一班轮船回国。到里兹维尔与索菲亚和爱子会合,夏末就在准备向焦耳·斯平格购买的海滩小平房里度过,购房款就出自梅尔维尔传记稿费。

数周后,刘易斯体力恢复。但笔记中写道,当时"内心状态简直糟透了"。他正经历一种"梅尔维尔式的抑郁:浩茫,空寂,却无缘无故绝望透顶。(梅尔维尔)这形象简直是一剂苦药。情绪低落时不禁后悔,我平白无故惹他干啥?"[49]

这次抑郁症历时很长,把少小时代便纠结于心的沉疴都翻卷上来,有情感问题也有性困扰。难怪说他写梅尔维尔困境其实是检视自己的纠结。赫尔曼·梅尔维尔在别人眼里可能确乎如他传记所描述:"一介白面书生,终日沉潜思考,不问世事。"而实际生活中,却是一幅多么怪诞、可怕的讽刺画!那幅矜持严正、不苟言笑脸孔背后有个疯狂热烈、情感丰富的灵魂。"此人结婚时发誓信守诺言同时内心却争斗不已,同自己精神灵魂不断拼争,终至瘫痪……他倘能重生,倘能逃脱纷扰,逃脱这支离破碎人生,若能结束这阴错阳差梦生醉死的所谓生存……该多好啊!"[50]而芒福德感觉,性封闭是他深刻情感危机的一部分。

芒福德各种作品,尤其论述黄金时代各名家的作品,总大讲特讲人生均衡,很注重个性全面发展,脑力活动与情感生活并重。他的赫尔曼·梅尔维尔传记刻画的早期梅尔维尔就是这么个典型:诗人、水手、冒险家……而同样,该书又把梅尔维尔从心理个体上割裂开来,这便与前面论点直接冲突。可见传记中的梅尔维尔备受自我裂解之苦。这情状似乎也是芒福德的自述,尽管他从未这样说。

梅尔维尔还是青年水手时曾受伤被俘,那是在泰比山谷。因祸得福艳遇一波利尼西亚姑娘法雅维(Fayaway)。这女子是他的护士,常陪护左右。他不禁想亲近她,但终能洁身自好。婚后乃至整个余生,他都压抑这女子逗引起的情欲记忆,将其深藏于潜意识中。但在其他作品中,如在紧随《莫比·狄克》之后写成的心理学情景剧《比埃尔》(Pierre)里,这种情感却鲜活生猛浮出水面。所以芒福德在其梅尔维尔传记中说,这部小说和他以后诗作都显露作者"性封闭倾向"。但是直至写完这传记,芒福德才直接点明梅尔维尔与法雅维姑娘这一情愫牵连。[51]

芒福德从梅尔维尔与法雅维姑娘感情纠葛中总结出一条经验,并为我所用,告诫自己及时释放性压抑和情感冲动。此前,他庄重自持外貌始终妨碍他为所欲为。也曾试图突破这障碍,但许多好友仍说他难脱空泛知识分子形象,头脑多心性少,恰如他早期剧作刻画的人物。日内瓦归来后的几周简直可怕得悲苦凄凉,令他终于看到"人外表与其内心反差居然如此之大",便决心想办法调理克服之。[52]

这次危机从头到尾,威廉·布莱克诗句常萦耳畔:"Sooner throttle a babe in its cradle than nurse an unacted desire."①[53]实施心理调节他不仅可借鉴梅尔维尔悲惨经验,不断自励弃旧图新。还有好朋友冯·维克·布鲁克斯为他树立了良好范例。

芒福德撰写赫尔曼·梅尔维尔传记时,布鲁克斯正患严重精神病,并经历最要命的阶段。芒福德1928年夏曾在巢佩克庄园与他简短会

---

① 大意:光立志不行动,无异婴死摇篮。——译注

面。当时布鲁克斯精神就已经破碎,非常压抑,有危险自杀倾向,几次试图结果自己。芒福德虽泥菩萨过江浑身难题,却兄弟般仁爱关顾他的安全幸福,费尽唇舌良言相劝他妻子埃列娜送他就医,甚至表示愿意集资支付医疗费用。埃列娜原先不信任心理医生,后被说服送冯·维克去就诊了。芒福德随即联合麦克斯韦尔·珀金斯(Maxwell Perkins)说服文学学会编辑卡尔·冯·多伦接受布鲁克斯尚未最终脱稿的新作《爱默生的一生》(The Life of Emerson)。布鲁克斯病情恶化原因之一即他感觉该书一无是处。经芒福德和许多朋友耐心劝解,他逐渐看到该书许多优点,最终同意提交出版社,而且果然于 1932 年出版。就这一念之差,奇迹般打开了康复之路。[54]

布鲁克斯生病原因复杂,一言难尽。但有一点不可不提,也即芒福德从朋友生病过程中悟出的一个道理:其病因至少有一个是性根源。另一点就是,他自己的问题与梅尔维尔遭受的苦难有多种相似性。[55]

芒福德从罗森菲尔德口中得知,布鲁克斯爱上了爱尔兰作家茉莉·考勒姆(Mollie Colum),即帕德里克·考勒姆心高气傲的妻子。而这帕德里克又是他们的好友。考勒姆夫妇住纽坎南,距离西港(Westport)12 英里。茉莉认为布鲁克斯情感生活欠缺浓度,便轻率介入诱导治疗,问题是诱导过度。1926 年埃列娜离家在外时,这两人一度过界,发生了后来布鲁克斯心中纠缠不清的所谓茉莉恋情。其实两人从未发生性关系,而这布鲁克斯却愧疚不已,对妻子坦白了一切。埃列娜原谅了他,可他精神从此一蹶不振,对医生说自己永远洗刷不掉这一耻辱。若问他为什么,他说我亲吻了茉莉。[56]

这一切越发证实了芒福德的猜想:冯·维克·布鲁克斯是个内心非常压抑纠结的人,不会用健康方式宣泄内心强烈情感冲动。他们几家在乡下非正式聚会场合,芒福德就感觉布鲁克斯拘谨、疏远、别扭。好像只会在通信中顺利表达情感,且即使书信往来他也很节制。虽说芒福德自己不像布鲁克斯那般内敛,却也从朋友身上看到自身某些特征。于是决心以他们为借鉴,避免沦落到布鲁克斯和梅尔维尔的结局。"部分原因就是他们压抑力比多(libido,指性冲动、性欲——译者按)。"[57]

而芒福德的问题并非一味努力超越自我（his superego）。有机会接近别的女人——如海伦·阿斯彻以及新近的伊娃·高尔德别克（Eva Goldbeck）（《刻度盘》时期一位女同事，日内瓦期间他曾赴巴黎拜访她）——他会像梅尔维尔一样"也需要家庭温暖"：家居环境、家庭成员、儿女亲情。婚姻离不开责任、负担，甚至还有经济债务，这些东西时而把他拽进闲杂琐事，耽搁"真正"事业，"打断他最为重视且努力已久的内心发展驯化"。在梅尔维尔传记中他就这样评说他的家庭责任后果。[58]而这些所谓家庭琐事却让他人生有了不可缺少的情感中心，何况他依旧眷恋索菲亚。

他内心愧疚比别人多个内容：全部时间奉献给工作事业，让他无法关照妻子孩子。爱默生《自力更生》一文中说："每当灵感忽至，我会六亲不认，管它是父亲母亲、妻儿老小、兄弟姐妹……"这些话也道出芒福德内心。他就像他这康科德祖师爷一样，也有个不无傲慢的信条："做就做我自己。让我迁就你，一时可以，长了不行。若你爱我的真我，我幸福备至！"

这要求索菲亚都做到了，这是刘易斯看似客套实则威严的要求啊。因此，他深知他欠她太多，深忧自己这般我行我素会有不良后果。所以非常重视梅尔维尔前车之鉴，常警示自己。他看出，梅尔维尔煞费苦心创作亚哈形象，描绘他与鲸鱼搏斗过程中自己也像他创造的人物亚哈一样斩断一切人类根脉，内心均衡难以为继。终至沦为孤家寡人，自身成了自己生命的负担。他对一切都冷漠，包括妻子四个儿女，"以至他一露面，他们就诅咒他"。芒福德写信要求采访梅尔维尔女儿，这女士同意采访，但有个不容商量的条件：不准以任何形式提及她父亲名字。[59]

因而对芒福德来说，问题不单是获得更大自由和释放情感压力。此外还有其他内容，同样是他需要深入思考的事项。

欧洲归来发现索菲亚明显变了，他心理危机逐渐升至顶点。索菲亚似较先前更茫远，闷闷不乐，对他似有不满。他认为都怪她去过葡萄园与海伦·阿斯彻共度了几周。他推测是索菲亚暗自妒忌海伦享有更多性自主。其实这也是她曾主张过的婚姻状态，可他非要她忠实于他。

如今有了孩子,没了自己事业,令她感到空前困守而失落。他也感觉这一切后果都怪他。他本该懂得索菲亚无非要他给予稍多一点时间和关爱。不论怎么说,他自己也郁郁寡欢,情感封闭,也拼命要"找回先前的热情奔放,生命的活力和希望"。这些宝贵的东西首次从生活中消失得干干净净。他寡欢,除了声言为辜负的妻子索菲亚感到"可怜"外,笔记中还写道,他"在寻求决裂"[60]。并非决裂婚姻,我们只能猜测,他要决裂婚姻忠贞。

那年夏天他与海伦·阿斯彻上了床,还将过失怪罪索菲亚的冷淡。待内心醒悟悔恨万分,惭愧得要死,以至面对海伦不能勃起。最终两人只得作罢。很久后回顾此失贞,他对约·斯特龙金坦承,他当初将其解读为走向感情成熟的决定性第一步:敢于直面真正的我。索菲亚只敢真想,我则敢真干。"[61]。他属意的海伦却也给了他婚姻暂缺的东西:同情,理解,温情脉脉……然都短如骤雨,两人终因他难以克服的心理紧张型阳痿,1930年初中断来往。[62]

但此前一年的秋季,与海伦暧昧尚未终结时,他终于遇见了改变他终身的女性。

那是在哈科特-布瑞斯出版社,他首次见到凯瑟琳·博厄(Catherine Bauer)。当时这姑娘负责公司广告宣传。24岁,身材秀美匀称,双目流盼,短短金发下天庭饱满,轮廓分明的北欧脸型;而且,似乎她很快喜欢上了他。当时芒福德英俊潇洒,皮肤晒得黝黑,筋腱饱满。言谈举止流露出自信、成熟、从容不迫。给人印象这人不仅清楚自己目标,而且知道如何实现它。

这年晚秋他俩开始经常共进午餐。刘易斯承认,令他分外动情的,与其说是"紧身绒毛衫下滚圆的双乳"[63],毋宁

凯瑟琳·博厄

说是她性格活泼才思敏捷。她专业学建筑和城市规划,还在瓦萨学院(Vassar)学习美术,前程看好,两人因而很谈得来。这姑娘嘴甜,很会奉承人,相见不久就告诉他,她读过《黄金时代》,是赴法参加环法自行车赛旅途中读完的。她对这本书印象深刻,让她下决心回美国长期发展。

他俩初次相见时,芒福德正准备给达特茅斯大学的美国艺术讲稿,凯瑟琳下午常陪他观览曼哈顿建筑,两人边走边品赏评说建筑设计风格高下成败,其中许多材料后来都收入他的《黑褐色的三十年》。他俩品位气质各不一样,但相识最初几个月这种差异"反倒能激发我们各陈观点,交流碰撞。两人的精神思想已经像两条海豚在海浪中翻腾嬉戏……只是身体还没参与更激情的游戏"[64]。几个月后芒福德介绍凯瑟琳认识了克拉伦斯·斯坦因,斯坦因立即引领凯瑟琳进入RPAA的核心圈。

那年冬,凯瑟琳在约会另一男子,而芒福德同海伦·阿斯彻的罗曼史也未正式结束。牙痛和扁桃体炎未愈,都妨害了他推进任何更深切往来。刘易斯后来在致约瑟芬·斯特龙金的信中推测,若他同海伦的恋情已经深刻完整,或许根本不会与凯瑟琳发生性关系。"可是,沉船总得打捞出水,我就在这种心绪中向凯瑟琳进攻了。"[65]起初也遭遇勃起困难,但两人很快进入热恋两性的情感交流,火热而强烈,一直延续五年之久。这段恋情,后来索菲亚是从丈夫口中得知的,几乎断送了他俩的婚姻。但据他说,无论对他的创作还是情感健康都产生了解放的大效果。同凯瑟琳性交有极大快慰,封闭的感情闸门最终开启,为未来事业释放出巨大能量。博厄从此成为他事业最可靠的助手和同盟军。此后很久能最先读到芒福德初稿者——包括任何书面材料——非博厄莫属。她理解并欣赏芒福德作品和才华,热情洋溢鼓励他撰写更宏华章。芒福德把这种鼓动效果比拟为易卜生戏剧中人希尔达·汪格尔(Hilda Wangel)鼓励著名建筑师放弃平庸之作,"你去设计建造更高大雄伟的高楼吧",不论冒多大风险。[66]凯瑟琳是否对他事业发展产生过同样决定性影响,尚不好说(芒福德遇见博厄之前已开始酝酿鸿篇巨制了),但是结识凯瑟琳的确让他情感奔放。似乎从此,他才空前接近他最推崇且向往已久的知性与情感均衡交融的最佳人生。如此全身心投入自我实现的兴奋喜悦,如此投入与博厄忘情欢娱,刘易斯对这一切深深伤害索菲亚已视而不见。乐极生悲,男欢女悦开始的危险游戏,几乎酿成他们家庭破裂婚姻惨剧。

据说,但丁35岁在一黑暗丛林产生幻象开始觉醒,从中发现天堂之路。1930年10月芒福德也将35岁,"人生升至穹顶之最高处"。确乎如此,他感到空前成熟。产生这信念和感觉,与刚读完但丁著作《神曲》有关,更与通过卡尔·沃斯勒(Karl Vossler)①杰出的但丁研究真正浸没到但丁境界有关。说到底,但丁哲学思想对善恶是非的精湛审断像梅尔维尔一样犀利,都助他找到回归之路,帮他走出踉跄慌忙撞入的"剪不断、理还乱"的黑暗丛林。[67]

芒福德很年轻时,曾给自己也给社会提出过崇高得难以实现的道德标准。若他的止于至善探索之路透彻而有效,如今面对凯瑟琳·博厄,他会"因过于执著美德贞操"窒息而死。如今发现"自己既不那么贞洁,也不自以为是地禁闭,他相信自己因此获救了。结论呢?乌托邦,扯淡!要生命生活,不要乌托邦!"[68]

这里芒福德显然把问题极端化了。其实他自己从未那么天真,相信人类可以止于至善,连他那本乌托邦著作也公然反对乌托邦主张。但从梅尔维尔传记之后,他著作越来越多的内容都在讲述人类不可能止于至善,各种社会问题不可能完全彻底解决,人类悲剧因而不可避免。"我不相信人类本质天真无邪,不相信把事情全部交他独自处理,他就能照最理想方式行事,根本不可能!"[69]

人类文明每况愈下,非常时代开始来临,标志是经济大萧条、法西斯、全面惨烈的战争、核武器灭绝种族……凡此种种无不深刻影响他原

---

① Karl Vossler, 1872—1949,德国语言学家,学者,浪漫主义文学流派的主要代表。——译注

来观点和设想。这局面与他对峙赫尔曼·梅尔维尔同样意义攸关。记得写完梅尔维尔传记不久,他在信中对凯瑟琳·博厄就说过:"人类在乌托邦里会挨饿,因为完善的精神食粮要包括一定数量的磷、硫、碘、砷,尽管这些元素多了会有毒性,要诀是用量适当。"[70]

撰写赫尔曼·梅尔维尔传记前后经历的一连串精神危机,日内瓦、巢佩克、《黄金时代》的巨大成功,以及继之而来跌入自身的地狱,凡此种种无不向他证明,但丁诗剧描绘的 Inferno, Purgatoriao, Paradiso(地狱、净界、天堂)其实就是"人类历史进程的真实写照,也是人生的真实写照"。的确,"天堂、地狱,以及其间一切,或多或少不就是每个人从摇篮到坟墓每天每夜的际遇吗?"想通了这一点,他就能直面自身问题了:困难、挫折、忠诚等等,虽荨麻般恼恨难缠,终究都是人生无法避免的。他也终于能够接受自己同凯瑟琳·博厄的恋情,以及紧接其后与博厄一朋友的恋情,都是"人生中飞来之福"。而如他当时写的赫尔曼·梅尔维尔一样(这似乎也在辩护他自己未来的拣选抉择),"比较而言,饱汉子作乐逍遥要比饿汉子煎熬苦撑更能洁净灵魂"。而他写梅尔维尔传记时还不懂这道理。[71]

新态度看世事如此消极伤感,是否表明以往性欲、争强、超越等欲念支配下种种所作所为,已逐渐归结为一种精神、理性升华呢?个中复杂关联,一言难尽。但有一点很清楚:是自己内心强烈愿望招徕这么多麻烦危险,从这些麻烦危险里他又提炼经验得出新的世界观和人生观。一旦到达如此境界,任什么力量也再难将他折返。索菲亚曾说他:"可以说,你就是个冤家(exasperating man)!这么可爱——折磨人可真够狠啊!"[72]

危险与机遇

> 理论家们还在争吵辩论,饥饿联合性欲求已把世界难题一个个解决得差不多了。
>
> ——席勒

1928年残冬,加尔文·库利基①总统入主白宫,开始推行共和党新近抛出的社会繁荣计划。刘易斯·芒福德致信维克多·布兰佛德讨论,改革或革命,美国何去何从:"种种迹象表明我们过去五年提供的抨击批评和建设性建议都快有结果了。美国开始进入经济衰退期,大城市失业浪潮已开始涌动。"当美国脆弱的信誉体系愈发岌岌可危,"我们思想该更大胆更有效一点。民众会倒霉,而思想却会走红"[1]。

后来事态发展确如所料。一年后经济几乎瘫痪,数以百万计的民众吃苦受难,而社会研究和理论空前繁荣。1929年10月股票市场崩盘,为各种激进派和改良主义者开创连续十年的活跃期。他们认为美国国家已经来到十字路口,芒福德30年代撰写的全部论著都来源于当时广大民众关注的焦点:美国,乃至全人类,面临空前危难,也面临大好机遇。

大萧条是美国自内战至当时最为严重的社会危机,其中最初几年后果最为惨烈。至1933年初冬FDR罗斯福继任总统,全国失业人口已超过1300万。十数万农户面对法院大规模拍卖运动最终丧失抵押品赎回权,死抱住家屋田产不忍离去。底特律、费城、芝加哥、纽约,整

---

① Calvin Coolidge(1872—1933),美国第三十届总统,1923—1929年在任。——译注

个美国大小城镇,长长队伍排列在救济处门口。无精打采的饥民等候数小时喝一小碗稀饭汤。衣衫褴褛的失业大军疲疲沓沓走在大街小巷,漫无目标寻找工作。宾夕法尼亚一名矿工说:"五十年前,我们每年出工六个月,整年就舒舒服服过日子……就连克利夫兰当政时代,考克席(Coxey)组织大进军的时候,我们的日子也不曾这么糟糕。"[2]

在大萧条进入最糟糕的第三年,《星期六邮报》采访英国经济学家约翰·梅纳德·凯恩斯,问他人类历史上可曾有过这么严重的局面,他回答说:"有过。即所谓中世纪黑暗时代(Dark Ages),历时四百余年。"[3]

伴随经济衰退并加剧其严重性的,是一种越来越深重的惶惑不安,忧虑美国未来。连续三年经济瘫痪开始严重侵蚀千百万美国民众的信念,能否很快复苏,公众已开始怀疑。虽有人愤怒指责资本主义制度酿成这场危机,但多数民众仍顽固地不要革命(nonrevolutionary),他们是恐惧、惶惑、不理解、沉闷与不满诸多情绪的复杂混合体。总而言之,经历这场长期经济衰退困苦的人们,大多迷茫多于愤怒。

刘易斯·芒福德想方设法家里日子总算过得不错。1931年开始,他受雇于《纽约客》杂志,担任建筑评论专栏"天际线"主笔,不久又担任该杂志艺术评论员。这就有了固定工资收入,随即出版的两部著作《技术与文明》和《城市文化》销路很好,也带来可观收入。但是只要是有心人,那艰难岁月这么多人遭受苦难,他们形容枯槁终日抑郁,只要不是视而不见,心头总留下挥不去的阴影。这前后的一件事,让刘易斯刻骨铭心。大萧条初期某冬日傍晚,他独行在麦迪逊大街去吃晚饭。一位体面男子跟了上来,此人身着整齐黑色职业装,谦恭有礼请他给几个角子(dime,十美分硬币)。刘易斯一愣,没大犹豫马上给他一把硬币,足够他晚餐。谢过后,这并不像乞丐的人,陪他身边继续前行……刘易斯后来回忆:"他还要什么呢?他缺少每个愁苦灵魂都会渴求的东西:想找个人听他说话。"[4]

这样的人不会去闹革命。芒福德认为,无论怎样,这个国家不久都会发生社会巨变。这场经济危机不会很快过去,或迟或早民众中会酿成缓慢而持久的失望情绪,厌腻资本主义。这情势一旦爆发,他将为这无阵容的造反提供明确方向。他与其他激进派知识分子一起,以积极态度迎接这场经济萧条,相信其中包孕着社会变革的机遇。这场危险有可能把他们推向前台,指引前进方向。

当时最相信社会主义有前途的组织,非共产党和社会党莫属,两个都是美国最大的马克思主义组织。整个马克思主义运动经历十年宗派内斗、政府钳制、发而不动的民众效应之后,此刻重振活力。尤其共产党,似乎有志于解决弱势民众福祉。这种很有谋反味道的断然主张立即吸引几十名知识分子聚集到他们旗下。

芒福德不参加任何党派团体(直至现在他都很少投票选举总统),不过在情绪上他同激进派一样不看好罗斯福新政。他从开始就认为这新政措施苍白无力,远不能回应当今困局要求的彻底变革。新总统继任不久,他致信本顿·麦克凯耶:"总体上讲我对罗斯福不抱信心,我们无非又有了个政治领域的玛丽·贝克·爱迪①。就振兴民众信心而言,他无可指摘。而作为解决问题的医生,他百无一用,因为他不相信手术。"[5]

经济萧条初期芒福德似乎已经准备投身激进派思想运动,至少参与推动乐见其成。1932年他与瓦尔多·弗朗克、埃德蒙·威尔逊以及马尔科姆·考利共同草拟一份宣言,纲领性阐述美国特色的共产主义(用威尔逊话说,他们掠人之美,把共产主义从共产党人手中夺过来)。芒福德回顾十年来为 RPAA 撰写的大量文章,都给这场大变革奠定了思想基础。他相信如今时机成熟,"该把这些设想和方案用严明纪律和策略手法束成一股绳"[6]。问题是现有政治组织中没有适合他结盟的活动家团体。

他观察对比,认为全美国只有共产党主张暴力革命,他也推崇他们忘我献身精神,赞赏他们促进公平正义及此后在西班牙支持与共和派结盟的灵活策略。十年来他支持过他们主办的几届"人民阵线",还曾

---

① Mary Baker Eddy(1821—1910),基督教科学思想运动倡导者。——译注

短期担任美国艺术家大会组织理事会成员，这是共产党外围组织。但他本人从未与任何组织建立联盟合作关系，感觉这会丧失独立，扼杀思想，且有机会主义之嫌，况且该运动早被指有苏联背后捣鬼。[7]

芒福德认为美国急需一场翻天覆地大变革，但这变革须出自美国自身理想，符合美国国家民主思想传统。此外经过全面审视，他仍然坚决认为，所谓马克思主义者的革命，就其社会变革根本目标来看，几乎算不上革命。他曾对威尔逊和考利说："我愿投身他们的共产主义事业，且引以为荣；只要他们宗旨和思维习惯能确保走向共产主义社会。"[8]

其实芒福德青年时代读过柏拉图《论共和》之后就开始自称"共产党人"了。因而他颇鄙弃当今美国这种入教般投奔共产主义的跟风"时髦"。致信英国作家勒维林·鲍维斯（Llewelyn Powys）时说："这种风头会改变，虽然风头过后我依然故我，还是共产主义者之我。届时改信共产主义的青年人待风向一变，多半又要去勾引别的歪神了。"[9]

芒福德所谓的共产主义是他自身生命的创造物。宽泛理解概要表达，它指一种新经济制度，社会生产的目的不是私人牟利而是全民福利；此外，它还把土地合法所有权从私人房地产主手中度让给全社会。实际上就是埃比尼泽·霍华德田园城市运动最初的主张。还有，他所说的共产主义体制下，政府要为每一个公民提供最低生活保障，而且是公民权利的最基本含义。这一步实现后，他推动政府立即放缓工业化进程，同时"转变全社会目标，从关注发财、牟利、赚钱，为此狂热地投资、发明、制造、销售……花大力量转变到更人性化的生活轨道上来"。他主张以此为全社会的目标和推动力，并称之为"绿色共和国，而非赤色共和国"。[10]

芒福德同意当时许多自由派和激进派作家意见，振兴经济要通过全国规划行动。30年代他的全部著述都认为，需要集中统一规划管理的经济领域，仅限于提供生活基本必需品的经济部门。因而资本主义市场体系，将让位于全社会分配体系，分配依据是其生活需要而非支付能力。还有一点芒福德与大多数共产党和技术官僚体制规划思想不同,他主张严格限制国家规划的领域和范围,限制规划师的权限。凡是可行的地方,规划方案要交由地方社区最终审定,亦即由该规划产品、效果的最直接受用者,来选择和决定他们需要的生活方式。

技术发展对于社区脱贫功不可没,这效应芒福德并非不知道。而他认为贫穷比任何机器(生产和管理)都更能戕害人性。虽然如此,他继续依照非物质的标准来规划理想生活的质量,因而主张限定经济增长,即使五分之一劳动力会失业也在所不惜。[11]

芒福德倡导的模式较保守,也挑战标准美国思维理解的社会公正。这种思维更注重经济扩展而非分配公正。为满足中低收入阶层生活需求,美国通常做法是增加生产总量(GDP),从而提高各阶层收入水平,上层社会财富状况不受扰动。而在"原始共产主义经济(basic communisim)"(他的叫法)中,通过降低上层群体收入水平,就可以满足低收入阶层要求提高生活水平的要求。全民均须接受"标准消费水平";而该术语确切含义芒福德从未澄清。他希望通过限制经济增长来促进全社会互相帮助、和衷共济以及节俭消费的良好氛围和习惯。新时代的座右铭是"稳定,而非扩展"[12]。

芒福德也不认同马克思主义对所谓革命的具体界定。他认为美国工人阶级不会引领一场消减生产的变革(scale-down movement),更不会选择减少消费的社会文明。他认为大多数工人满脑子资产阶级社会的攫取意识,就连较进步的劳联产联,也满足于讨价还价赢得最低生活权利,根本不关注工厂管理实权和责任,而芒福德设想(并以身作则)的讲道德、自律、淡泊宁静生活,则想都不想。

芒福德意识到,工业生产力是社会改造成功不可或缺的要素。但"革命"具体实施他更希望通过他自己的同类来领导,即与他有同种教育、素养的人,诸如有社会担当的作家、建筑师、规划师、经济学家、教育家、科学家、实业家;他常说,教育界的杜威,开发住宅的克拉伦斯·斯坦因,高区域规划的本顿·麦克凯耶,这些专业人士具有技能、素养和操守。要建设芒福德设想的区域性先进社会,就得依赖这样的人。其实他的老师托斯坦·范伯伦早在《工程师与价格体系》中就提出过该主张,此书30年代初重印,很受重视。

1931年芒福德预言,美国资本主义不会因金融改革和州议会调整迅速改观。"它只有通过经济集团针对具体目标持续施压,诸如要求工业生产控制、市政公共品社会化、资源国有化、大型公共工程公开招标规划,才会逐步促成改观。"[13]这就是他整个30年代为之奋斗的战略目标,以及不谏言献策的内容:包括一切激进人士不要空喊口号再鼓吹"革命",要从自家社区开始逐步推进具体的社会改革进步,直至推广到全国。而且这些事情他本人还躬行其中,还联合RPAA同事们敦促联邦政府推行更大规模住宅改进计划,新城镇建设项目,设想之宏伟连国会和总统都不敢支持。

同时他认识到,唯千百个类似RPAA的小型院外游说团体不断给国会施加压力,才能逐步推动公共决策彻底转变。要推行这种根本变革,就要联合经济团体和政治团体组成统一阵线。那么,能否说服中产阶级专业人士参与这种努力呢?范伯伦的意见是不能,芒福德也不得不承认,美国千百万中产阶级人士在大萧条初期尚徘徊歧路,对美国资本主义制度恋恋不舍。不少人还"硬着头皮给这愚蠢、贪婪的资本主义制度当奴仆"。芒福德在其未正式发表的宣言中说,他们对"实施新政(new deal)还没有精神准备"。该宣言撰写之际罗斯福"新政"之说还远不见踪影,直至一年后才出台。[14]

在他设想的政治运动中中产阶级发挥什么作用,这一点芒福德从未清晰界定。对如何争取知识分子、技术人员、工人群众接受革命思想,也从未予以解释。实际上他一生对政治或者政治战略之类毫无兴趣。这类问题在他的著作中大多不予讨论解答。动荡这十年,乃至毕生,他都保持一种伊拉斯谟①追随者般傲然独立,毕生与任何有组织的政治运动无涉。并非轻视政治,只因他仍认为仅靠政治运动远远不够,还须佐以"道德和精神的再造"。因而有远见有担当的作家当前的任

---

① Erasmus(1466—1536),荷兰人道主义者、神学家,北欧文艺复兴时代的思想领袖之一。他批评罗马天主教导致后来宗教改革运动,但他本人反对暴力,谴责马丁·路德。——译注

务首先是自身保持这种价值理想,以身作则体现他倡导的生活目标——做20世纪的梭罗。然后非常纯真地强调,一旦时机成熟"他们这种思想就能转为浩浩荡荡的进军,党派、思潮、竞选等紧随其后迎刃而解"[15]。

芒福德虽整个30年代不接近任何推动进步的团体,却非自己选择。首先现有思想库中找不到任何改革主张完全符合他的理论观点,他便开始编定自己的理论框架,还联手好友瓦尔多·弗兰克,创造一种"新思想的集大成,而非新的政党,政党并非我们所长。有了新思想,不愁未来没有政党行动"[16]。

"我们要创造超越现在美国共产党的、更好的东西,即使须我俩脱下衬衫赤臂上阵,也在所不辞。"大萧条之初他致信威尔逊如是说。[17]这正是他打腹稿的一部著作的主旨,全面总结人类史,从中发现新的社会形态。

自从1929年阅读完卡尔·沃斯勒论述但丁及其时代的辉煌著作,他就开始酝酿自己怎么写这样一部著作了。在该书读后感中,他写道,阿理盖利·但丁这样的诗人或许"过于茫远,但并非因为我们把他撇在后面,而是他已经远远超越了我们",而且时刻在启发我们当代人。当今与但丁时代很不一样,他们那个时代思想联盟,艺术家联盟都是现成的。好作品标准、品位、生活理想,大多已取得广泛共识。芒福德认为,当今时代难题是缺少一种"form(型制)"。第一次世界大战败坏了各种自由主义、极端主义信条之后,始终没有一种哲学思想能够整合全社会精神和道德。依他看,需要一种非常接近社会现实又很类似但丁《神曲》那种深邃灵魂的哲学思想,而《神曲》是中世纪思想的巅峰之作,足以作为楷模。此时芒福德就有这样的雄心壮志,他挺身而出,要担当但丁那样的诗人角色,出来整合文明史。[18]

芒福德胸中壮志始终在殷燃,读了沃斯勒著作之后这壮志才开始冒出熊熊烈焰,他也开始写笔记构思大项目。1931年任达特茅斯学院访问讲师期间,他出席会议听了查尔斯·比尔德演讲,论述国家规划的必要性。比尔德呼唤美国应该有"新的亚里士多德",对这种规划目标予以清晰具体描述。这席话让芒福德"心潮澎湃,前所未有"。这天晚上归来笔记上说:"需要一种 Form(形制),我有责任投身其中全力以赴。"[19]

Form 即后来《形制与人格》(Form and Personality)一书的简称,它开笔于 1930 年夏。其中总括了他论述建筑、城市、区域发展的思想主张、机械时代文明,以及人格发展各种论文,甚至还包括论述恋爱和家庭婚姻的文章。一稿写完他突然开始构思另一新著,想把 20 年代全部作品也集成册,取名《行动的序言》(A Preface of Action),并将初稿交给哈科特-布瑞斯出版社。出版商阿尔弗雷德·哈科特回信虽然未干脆拒绝此选题,却建议他"下一部书一定要更实际、更具体、更能整合各种问题和思想"[20]。芒福德将此信视作他收到的最有价值的谏言。因为这让他意识到他正在偏离自己设想的大作品。因而立即返回《形制与人格》一书,而且越是深入钻研就越意识到,他得写三四部著作,而非一部简单的书。二十年后,四卷本巨著《生命的更新》(Renewal of Life)系列问世,成就当今人类世界知识领域一桩大业。

他早就一腔热血要去影响、启蒙公众。这些著作便一泻千里撰写出来。此外他内心另有所图,想探底自身才干的极限。青少年时代生命中就深深镌刻了成就大业的雄心壮志,尼采构想的超人形象,最突出品格就是纯粹用自己意志力拯救世界。他早年大量未发表作品始终没离开这个主题。到 35 岁,他已具备古罗马人所说的全副 superbia(意气风发),就是他一度觉得若在餐桌场合会"很可怕的"派头,这劲头"若从事艺术则光彩夺目"[21]。

青少年时代体弱多病,让芒福德备受其苦,当时人生抱负甚至不敢设想 40 岁以上的事。1931 年他对布鲁克斯说:"所以我每部著作都不敢设想太大,见好就收,一气呵成。总觉得这就是我的最后作品了。"[22] 如今则感觉仿佛能肩起知识总集成之大任,即帕特里克·格迪斯曾梦寐以求的大业。

他的赫尔曼·梅尔维尔传记中有如下文字:"撰写巨著要有宏大主题。"[23] 他要担纲的宏大主题就是塑造现代世界历史进程。此时芒福德心中设想的书可比奥斯瓦尔德·斯宾格勒的巨著《西方的没落》(*The Decline of the West*)。该书预言西方文明注定要陨落,深深影响了欧美整整一代厌战的作家文人。这部标新立异巨著的作者是德国一位避世隐居的历史教师。芒福德自 1926 年就开始关注此书。其第一卷翻译成英文刊载在《新共和》杂志上,翻译质量很差,有许多删节省略,走板歪曲。尽管如此仍能感受其中尼采神秘主义与趾高气扬的德国贵族精神的奇妙融合,"立论大胆,思想深刻……激动人心,光彩夺目"。"自奥古斯特·孔德以来,还没有一个人梳理归纳历史事件如此成功,堪称近代最为伟大的著作。"就连斯宾格勒后来支持纳粹掌权也没有改变芒福德最初对该书的评价意见。1939 年他撰稿投给马尔科姆·考利和伯纳德·史密斯编订的《改变人类思想的大著作》,专门介绍该书。[24]

芒福德特别欣赏斯宾格勒的治史风格及其处理材料的独特视角。他大胆摒弃史实有客观标准的所谓治史通则,重审历史,体味历史,批判,对比。因而他笔下史册比谁都更接近芒福德决意要撰写的那种美国文明史著作。斯宾格勒不大侧重主要史实的罗列铺陈,而更注重发现其中蕴义和价值。他首先注重挖掘一种文化的独特风格,破解其内在思想本质,这些内容常蕴涵在艺术作品、文学遗产、建筑物、哲学、音乐以及治国术之中。

还有个更根本内容令芒福德觉得斯宾格勒引人入胜:他的治史可谓一部道德预断箴言。而芒福德对未来看法则殊异于这位鞭辟入里的普鲁士柏拉图主义者。

《西方的没落》的宏大主题,人类社会生活从有机形态走向无机形态的历程,从生物模式向机械模式的大转变,这些都是芒福德酝酿中的美国文化研究主题。阅读斯宾格勒帮他拓展眼界,想到可将该主旨拓展至整个西方文明。斯宾格勒回顾了西方文化三种主要模式的变迁历程和发展周期,着眼其 form(形制)予以论述。这三种主要文化模式,包括古代希腊罗马的古典文化,犹太人袄教僧侣文化、基督教文化以及阿拉伯文化,还有起源于北欧的现代文化或索性称之为浮士德文化

(Faustian culture)。这最后一种文化,芒福德认为起源于公元900年前后,随同罗马式(Romanesque)建筑一起诞生。这三种文化各有其有机生命周期,类似春夏秋冬循环往复。恰好是芒福德在其《黄金时代》一书中用过的比喻。这些文化的春夏阶段会产生新艺术流派,有世俗生活与有机生命应有的愉悦亲密。生活贴近乡土形成小社区,即使有城市规模也不大,如雅典或中世纪佛罗伦萨。然而最终每一种文化难免跌入秋冬阶段,届时艺术创新能力渐遭蚕食衰退,并逐渐踏上抽象、机械发展时期。届时人类生存游荡不定,进入城镇化,形成大都市,丧失生命各种情趣,即原来农夫和城镇匠人都钟爱的文化生活。这种丧失活力、非传统的文明,逐渐凝固于大都市或世界性大城市之中,代价是原有区域文化中心损失殆尽。浮士德文化最推崇大,什么都要很大,然后是理性、稳定秩序、官僚组织以及物质扩张。建筑上,他们追求特大体量无比恢宏的建筑形式。斯宾格勒认为,当今摩天大楼就是古希腊罗德岛巨像的再现。这种文化结束时期不大可能再产生优良诗歌和艺术作品。这新的世界是兵士、工程师、大商人主宰的天下。

芒福德同意斯宾格勒关于浮士德文化发展已经入冬的论断,所不同的是,斯宾格勒窥测前方只见黑暗和疮痍,芒福德却透过黑暗看见光彩夺目的后浮士德世界一派大好景象,以区域为中心的有机生态文明。《生命的更新》系列集开笔之时他已清楚看出,浮士德文化已经穷途末路,即将分道扬镳。若现代社会能遵循区域发展主张就有可能经历短暂严冬进入春暖花开。[25]

如我们所知,芒福德寄望于一个特殊阶级,即知识阶级,也是斯宾格勒在其伟大道德设想剧目中没给安排角色的阶级。实际上,这阶级是思想、理想、理念的生产者。芒福德系列集就是为他们起草宣言书,为他们描摹路线图。他不是象牙塔思想家,因而他既注重记载历史,更注重塑造历史。

四卷本《生命的更新》成稿于美国社会迅速分崩离析的时代,起因是经济大萧条、极权主义大肆扩张以及世界大战。该书四卷《技术与文明》、《城市文化》、《何为人类》、《生命的行动》以芒福德的社会观记载文明的深刻嬗变,书中弥散出对人类文明复兴逐渐浓重的悲观主义,但尚非绝望。前两卷成书于二战开始前,最能代表芒福德社会信念坚定乐观,且因经历梅尔维尔的插曲愈显浓缩纯化。这两卷书见解独到,振奋人心。1938年W. H. 奥顿(Auden)致信芒福德:"在我看来,这两本书是我们当代最有趣味的著作。"[26]

30年代有不少作家强调,技术手段与人文主义、集体主义与个人自由,两者风马牛不相及。芒福德在此背景上提出一种主张,把民主制度与区域规划,把机械化生产与人文主义精神,融于一炉,以此理念整合个人行为品德与社会制度惯例,促进文明更新换代。从这些著作中不仅能看到他生态文明的思想萌芽,还能看到他还为人类行为找到的形而上学的根源和依据(non-rational sources,亦可译为非理性根源)。这些都是30年代社会研究中极为缺乏的东西。芒福德还看出,如此不严肃不慎重的经济扩张和城市发展将带来巨大危险。这在30年代作家和思想家中,还没有第二个。

《技术与文明》是系列集第一卷,它论述机械与机械论思维在西方世界兴盛的前因后果。芒福德在司徒文森高中时代就着迷机械发明和技术发展。但写此书的直接激情冲动源于1930年罗伯特·麦克尔沃教授(Prof. R. MacIver)邀他给哥伦比亚大学分校演讲,讲述美国机械时代的来龙去脉。论题在当时是个创举,此前尚无人涉猎此领域。备课期间芒福德系统探索了技术领域全程变迁,由此诞生一个全新的研究领域。然后他以新发现为认识工具把研究重点从美国扩展到整个西方现代文明,着重阐述20世纪催生的技术变迁。第一次讲课还未开始,他就意识到已有足够材料成书。为稳妥起见,他得先访问欧洲,参观那里各大城市博物馆,维也纳、巴黎、伦敦,首先是慕尼黑。亲自看看在德国、法国、荷兰进行的各种最新实验,包括建筑、住宅、城镇规划。

当时还有两个人积极赞成他旅欧参观学习,这两人跟他都很亲近。一个是维克多·布兰佛德,他读完《黄金时代》后便写信嘱咐芒福德:"该书结语提到前景和希望,你下一本书就要让读者看到这个前景,以及哪条道路通向这'新世界'的前景和希望。要写好这部著作,你还得再来欧洲好好看看。"²⁷后来又有一人力荐他访欧，就是凯瑟琳·博厄。而且自他俩过从甚密后一直敦促他访欧，写信对他说："你40岁以前一定得去 wanderjahr（见习巡游）一趟，权且告诉索菲亚和我，你要去地狱转一圈，然后就直奔欧洲。你是天赋之才，你能在想象中观察，善于发现新关联，形成新理念，善于精准评价，唯你有能力将西方文明缕缕松散线索串联编结起步。不完成这使命你愧对自己和社会。"

然后，她以她所说的"更柔媚又更实际的女人的"方式建议，索菲亚和博厄两人"分别在不同地点等候他，共度一段时光"。凯瑟琳还表示这几个月愿意替他照顾爱子格迪斯。旅欧经费，她提议向古根海姆基金会申请赞助，或请友人暂付将来归还。总之无论如何，都得斩钉截铁，割断一切牵连，把这部书写好。"因为只有你最具才气形成这种新的综合理念（synthesis）"²⁸。

数月后，经过申请，芒福德获得古根海姆基金赞助。1932年4月乘船去不来梅。凯瑟琳将在慕尼黑迎候，帮助他完成旅欧寻访前一半，做完答应给《财富》杂志撰写关于欧洲住宅的文章。然后索菲亚会在英伦等候他。如此安排停当，一个春日清晨他登"欧罗巴"号远洋轮船开赴德国。登船后心中忐忑，未知此行各项计划是否周详。他素来行动审慎，三思后行。而近年来，博厄显然已在悄然改变着他。

生命的更新

　　有家室的男人要约束自己，勿心猿意马，勿另觅新欢，勿让别的女人窃走你的心。

——《阿尼训诲》

古埃及王国，前11—前8世纪

　　《人与超人》是萧伯纳的戏剧作品，这剧本芒福德青年时代就读了又读。作者通过剧中人宣称："真正的艺术家……就该同女人死缠烂打，爱个死去活来。跟女人在一起才会懂得，女人天生有种魔力能唤醒他们最深层的创造潜能；能解救他们出离冷静的理性状态，产生幻想、美梦与激情……从而演好英雄角色，绘制精美图画，写出深刻诗文，不朽戏剧，创造出深刻哲学思想！……在这种创造狂情中，男人也能像女人一样狂放，彼此同样危险，又离奇得令人陶醉！"[1]

　　芒福德乘船赴日内瓦之际已把凯瑟琳·博厄看作人生与工作事业中同等重要而珍贵的财富了。① 博厄以其年轻、妩媚、外向、魅力四射，

---

① 读者请留意：本书描写刘易斯·芒福德和凯瑟琳·博厄间的恋情，主要基于两人之间的往来通信、笔记，以及其他个人物品，这些资料都收存在宾夕法尼亚大学冯·佩尔特图书馆。1970年，芒福德曾有留言，他与凯瑟琳·博厄之间的通信，"哎呀，我有生之年绝对不能出版，或许……永远都不该出版"。原因很简单，这些通信内容"太私密"，因而当时他认为，这些材料在他和他妻子有生之年不宜出版。虽然后来刊发了两部自传性著作选辑《发现与保存》(1975)、《我的工作与岁月》(1979)。1982年，芒福德将他与凯瑟琳·博厄的全部往来信札，连同毕生笔记和私人通信中最私密部分，一并交托冯·佩尔特图书馆收藏，并且规定这些材料在可以预见的将来将永远封存。1983年，我获准接近查考阅读这部分资料，以及先前密封的其余全部材料，并且后来得到凯瑟琳·博厄的女儿塞迪·苏玻允许，可以摘录她母亲给芒福德信件中的文句。这样本书以下四章讲述芒福德与博厄和其他两位女性的恋情故事才得以完成。这些女性都对芒福德一生有重大影响，其余两位是爱丽丝·德克·萨默斯，以及约瑟芬·斯特龙金。——原注

彻底重塑了芒福德。结交博厄,令他感官愉悦大胆开放,对自己身强力壮更自信,特别对内心创造力更有信心和激情。与博厄一起,他首次感到浑身充满活力——情感、才智以及性能力。她仿佛激活、照亮了他生命的每个角落。

他青睐女性其实从来集注于两大件:赏心悦目,聪颖过人。海伦·阿斯彻,这"大地的女儿",具备两者中的一种;约瑟芬·斯特龙金,"天空的女儿",具备另一种。而这凯瑟琳,两者兼备。[2]

凯瑟琳令他如此动心原因之一是这女人在他婚姻最脆弱危险时刻进入了他的人生。当时他与索菲亚相爱依旧,但两情相悦越来越少了。芒福德在自传某些未出版篇章中写道,仿佛每对夫妻"迟早都绕不过这段杂草丛生寸步难行的海域(Sargasso Sea)。这时节若有个第三者自天外适时降临,事情会像海面上陷入静风状态停滞不动的航船遇到离岸风徐徐吹拂风帆,打破昏昏欲睡死气沉沉状态,让这船重振精神驶向外海。瞬间狂喜会让主人公重燃希望,重新体验曾经缔结过婚姻的欣悦与激情。身边突然出现个潜在爱侣,生命中诸多细小才智,各种躲藏本领,都奇幻地展现出来!当还没弄懂什么回事情,压抑已久的热情、春心都已开始大放异彩。"[3]

他俩首次亲密接触是1930年4月,当时是性格外向、调皮而悍莽的凯瑟琳首先进攻。而芒福德同海伦·阿斯彻的恋情也刚完结,正茫然无措,担心新一次性放纵,到头来岂不又多一重"束缚",那要比一闪而过的诱惑更具杀伤力。毫无疑问,与海伦做爱时的自己的性无能仍记忆犹新。假如与凯瑟琳上床,又将如何?须知这凯瑟琳生性活泼,对性问题可什么都不在乎。

所以那年冬天两人开始在曼哈顿定期下午相会,他常常心事重重,对会面也半推半就若即若离,显然在试水。他话题总围绕同海伦和索菲亚间的关系。刘易斯从不乏自艾自怜,凯瑟琳很快就抓住这弱点而且明白表态,这题目她已经听够。凭他看她的那副神态她就能断定,他渴望同她上床。虽然他口口声声说他是喜欢她的才能而非躯体。而且,当他告诉她因为生疮不能同她做爱,她也全然不信。一天下午紧张而热烈情感交流后,她写信对他坦率说:"我只想告诉你,假如你愿意同我上床,我希望你就找机会。因为目前我只想跟你而不愿意考虑别人……假如你不愿意就趁早滚开,躲我远点儿。因为一靠近你,我就觉得抵挡不住,浑身发热……听懂了吗?"[4]

这讯息收到意料效果。一周后两人成了爱侣,虽然起初他仍经历些许躯体困扰。交欢第一个下午在凯瑟琳家她卧室,起初他不能勃起。但她告诉他别担心,这并不稀奇,尤其首次与某女上床,是常有的事。他心里也想:"这些我太熟悉了。"

这天过后餐桌上她乐呵呵对他说:"若有故障的是我,我无法应对你。你会很受伤害,对不对?这不是很有趣吗?"他回答说:"那你最好祈祷让我继续阳痿吧!"[5]接下来一个月,他果真继续发生问题,无法正常性生活。但两人谁都不再当回子事儿,还会为此开玩笑。这年6月刘易斯写信对凯瑟琳说:"酒神节的刘易斯简直就百无一用,你却不这么看;这表明你对他怀有颠扑不破的信心。"凯瑟琳丢掉哈科特出版社工作后,这年夏天赴德学习住宅与建筑。刘易斯此时却已疯狂爱上她了,如今,悲莫悲兮,喜爱别离![6]

笔记中他坦承:"凯瑟琳能满足我周身一切愿望,精神、智慧、身体,这奇效他人无可企及。她是索菲亚第一个真正的情敌,若让我在她俩中选择,比分如何?我敢说吗?恐怕不利于索菲亚,虽然索菲亚长得更漂亮。"[7]

自从他对索菲亚说过这个凯瑟琳两人矛盾就开始了,此刻关系恶化已升至顶点。假如决意背弃婚姻,那么为名誉考虑他就得对妻子实话实说。但是他把名誉看得太重了,或因愧疚?家中谈话,他走来走去,三句话不离这个凯瑟琳。每逢要去会她,他也决不躲闪,毫不掩饰。这样做给索菲亚带来多么深重的伤害,是他不愿意承认的。若说他并非故意要伤害她,那就是他的"诚实、信誉"做虐。这个男人在社会责任方面可谓铁肩担道义,但对待妻子他却冷酷地我行我素,而且从来振振有词。能找出一大堆理由为自己行为开脱辩护。身为作家,他不乏才思设身处地体恤作品中主人公的境遇情感;而身为丈夫,他却毫不体恤妻子此时此刻的境遇和感受。

　　他在给约瑟芬·斯特龙金的信中说,他同凯瑟琳的关系并未对索菲亚造成很大伤害。婚姻不忠有多种表现,青睐第三者仅只其一。"我写起书来简直如同野兽。我料定,我对索菲亚内心的伤害恐怕也这般深重。因为唯我的思想如此牢固抓紧我的人生,此外谁都不曾擒获过我,至少很久都如此。"实际上直至最近他已拒斥了好几个心仪女性,就因为害怕婚姻承受不起这种紧张。他信中对约瑟芬坦白,这种诚实背后其实是不成熟的青春期胆怯,对索菲亚的忠诚倒还在其次。他还辩解近来几段对索菲亚的不忠,觉得自己"这种孩儿般胆怯而非敢作敢当"才更严重伤害了索菲亚。这种胆怯让他原本孩子般的嫉妒心愈加混不讲理,对索菲亚百般限制,限制交友,限制社交。但这些都用来规范、要求索菲亚守节,却不许索菲亚同样来要求他。[8]

　　不过,他决定对索菲亚公开他同凯瑟琳的事,却也带来积极效果。这就促使索菲亚决心同他摊牌:倾吐婚姻问题上多年来的心头恨。

　　的确是他咎由自取,他放纵、不忠,同凯瑟琳交往无节制,激起索菲亚满腔愤怒。最初他告诉索菲亚他要去见见这个凯瑟琳,请求她给他几周时间,那时候,他还举棋不定。索菲亚虽然埋怨,却也同意了。后来见事情发展不妙,就觉得最好写信说明想法:"我刚刚想到,当初你让我暂且原谅你的做法",因为你说凯瑟琳马上要去欧洲了,届时凯瑟琳就会退出局面,"你会重新回到我身边。可是,我亲爱的,这件事情本来可以完全不必让我知道的。否则我一定要知道事情每一刻的状态。如此将我置于你们俩之间,无异于虐杀我!"

　　随即话锋直奔要害,把多年牢骚、恼恨、积怨一古脑儿倾吐出来,诉说婚后两人关系走到这一步,全因他把她人生完全绑在他战车上服务于他的事业、他的生活、他的最高宗旨。"直至最近我都还以为这是美德,如今我深表怀疑!"

　　最令她气愤的是,实际上他背叛了她!俩人结婚不久,起初是她想越出婚姻门槛,享受自由到外面去尝试体验一番。而他激烈反对这种自由,要求她完全彻底忠实于婚姻关系。她听从了,直至此刻都做到了。起初她对此并不反感,因为她愿意当个全职太太相夫教子。她的不满始于刘易斯随事业有成越来越不顾家,成天价外面厮混,包括开始物色别的女人,她就怒不可遏了。

此外,索菲亚新近还遭遇自身新的危机,而他这做丈夫的却不管不问。她眼看就三十岁了,尚无自身事业,也没几个要好朋友可以倾诉。他倒是每天在成长,她却不是。再加上担心自己人老珠黄,而年轻貌美曾是她非常依仗的资本,"全靠了这点点资本,我熬到了现在"。[9]

就在她心力交瘁当口,听说丈夫与两个女性有染。其中一个是他的邻居和朋友,另一个则年轻貌美,灵动活泼,令她完全不敢抗衡。她索性同刘易斯把话说开:"今年你要的这两个女人都是自由撰稿人,她们能取代我。海伦家里没有孩子吵闹,不像我们这里;凯瑟琳才貌双全,还能提供她掌握的全部文学出版界社会资源,这些我都无可企及。你阻断了我事业前程,如今我简直没有自己的领域。沦为你的仆佣。"她没有几个朋友,因为她愿意接近的人大多更乐意结伴外出。刘易斯在这伙人中感到乏味,而且毫不掩饰这一点。他同索菲亚外出游乐唯一一次超过午夜的是一次派对,因为有凯瑟琳在场。

索菲亚也跟刘易斯挑明,不断有男人向她示爱,但只要他们认了真,她就会恭敬而明确了断他们种种妄念:"看见了吧,亲爱的,我恪守了你1922年要求的操守,你呢? 却把它撇开不管!"

夫妻关系不能仅靠床笫之欢来维持,她也对他说明了这个观点。他做爱本事强多了,可索菲亚却非常沮丧地发现,他们最深切的快乐只有在床上。"床笫之欢可以丰富人生,却不能取代人生。"而她感觉她"越来越像个被囚的女奴"。这些劝告后来成了刘易斯经常用的道德戒律之一。

索菲亚拼命要他看到她很爱他,但是非常困惑、痛苦。"而你经常不能理解我,要么就是一本正经神气十足、巧言善辩地把问题搪塞过去","我再不能这样完全被忽视了,完全忍受不了了"。她也不希望他把她仅仅看作这样婚姻危机中"一个善解人意、任人蹂躏的玩物","假如你不懂得我是个活生生的人,我就真的绝望了"。[10]

索菲亚在这场漫长煎熬中始终有种大难临头的感觉,仿佛正经历一场前所未有的历练,若表现不达标就会被淘汰出局。此外索菲亚还因不自信、经常自责而备受折磨。丈夫显然更喜欢才貌双全、更富性挑逗的女人。她害怕失掉他,因为这些年来她因家务琐事缠身变得很絮叨。她很少外出也很少读新书,对新潮流一窍不通。但她希望刘易斯理解这结局都是他一手造成的,他嫉妒因而要她全部投入家庭,献身丈夫和孩子。[11]

很久以后当索菲亚能冷眼旁观平和看待婚姻关系中这风暴潮般的时期,她承认,此外还有几件事情让她很不顺心,一是她想再生几个孩子,也有她自己家庭移民初期那种人丁兴旺的状态。而刘易斯一心想奔事业前程不愿家里再增添人口。第二件是她不满足于对外称道"仅仅"是个"刘易斯·芒福德太太"。可话说回来,若不称呼"刘易斯的太太",此外她又没有什么资本好彰显自己。最令人恼恨的是她丈夫刘易斯少不更事,很不体谅她这种心理,"他的对策就是索性到外面去寻欢作乐"。[12]

那么,在丈夫拒绝停止与凯瑟琳会面之后,她为什么还不放弃他呢?首先,有个孩子格迪斯得照管,她不愿意家庭崩解,可见索菲亚在许多方面还是个很传统的女人,从不把离婚当作很光彩的事情。她自家人就没有一个离过婚。但是不放弃刘易斯这还不最深层原因,这当中最关紧要的是,她深信刘易斯从未不爱她,包括他与凯瑟琳爱得死去活来时。他与凯瑟琳交往期间他俩婚姻内的关系仍然和谐美满,就足以证明。

假如刘易斯提出离婚另同凯瑟琳结婚,那她会成全他;但刘易斯从未提出过。为此,即使为自己尊严,她毕生中都认为,刘易斯与凯瑟琳相爱,"不是因为他寻求欢乐,而是因为这事情降临到他头上了。我除了等候事情自然结束,又能如何呢?"[13]

最艰难岁月是1930年5月到8月这段时期,当时他俩回首看到"梁歪柱斜大厦之将倾",其实是每个表面非常坚实婚姻关系都有的局面。当时两人刚搬进自己的夏季家园,初步实现美好梦想,那是一幢宽敞木结构房屋,面朝枫树浓荫如盖的里兹维尔大路。后房朝南,面对片片树林,芳草野花,农田起伏延展,恬静优美。而当初两人接手这片产业时是一片荒败,屋舍和谷仓周围连同农田,皆荒草丛生。他俩如同暴风雨后一对麻雀努力修缮破碎的爱巢,索菲亚和刘易斯,从头开始一步步努力,除草平地,垒砖补泥,更换朽木,刷白油饰,打造书橱,修剪丁香花丛,设计栽植花圃菜园,"从杂乱中理出头绪,每件细小成功无不带来巨大成就感,令我们感到面对厄运和杂乱,我们内心神性在觉醒!"[14]

这屋舍挽救了他俩这桩婚姻。同样重要的还有一个月两人分离度假。索菲亚确定她需要独自过一段时间,以便适应刘易斯和凯瑟琳这种暧昧关系,同时弄清自己"真正的内心需要"。于是打定主意去德国和奥地利徒步旅行。先独自出发,然后由一名德国女青年陪同上路,这女孩儿原在阳光花园管理幼儿园。当晚刘易斯帮她打点行李时心中惶然,不晓得索菲亚归来时这桩婚姻还继续与否。其实心中惶然者岂止他一个,索菲亚岂不同样如此?[15]

"我感觉自己仿佛是单独囚禁的囚犯,"索菲亚离开不久,他给凯瑟琳写信诉说,"陪伴我的只有蟑螂和小儿子格迪斯。"他在里兹维尔宽敞的住宅里,上午写作,下午也写作。因太孤独,简直无法潜心读书。写信,记录谈话,每天两小节,然后伫立在路旁眼巴巴等候邮递员带来凯瑟琳从海德堡、斯图加特、法兰克福寄来信息。他把这些信件比喻为"大地腾起团团橡树林和枫树林,色彩艳丽,令人心醉"[16]。

这时期以及此后稍晚与凯瑟琳的通信可以说最能揭示刘易斯·芒福德的内心世界。两人相识第一年夏天,他写信告诉她说:"你我的通信给子孙后代准备了一场多么丰盛的精神盛宴啊!"凯瑟琳的回信则话题广泛,从目的论①到厕所马桶无所不谈,令他首次看出这女人精神世界之浩瀚深邃,深信她天生是个作家。他从未收到过一封信如此"睿智、激越、透澈而强烈,综合了知性与灵性,对性爱快乐又如此开放

---

① teleology,神创论宇宙观的另一表现形式,认为漫长浩大的宇宙进化过程和产物有个原初目的。——译注

坦率"。这些信件是他俩牢固友情密不可分的一部分。[17]他视此为珍宝小心翼翼收存在精制的菲律宾文件夹内,心绪低落时会抽出来仔细阅读直至深夜,重温淋漓尽致人生体验中苦中又甜的滋味。两人分手后很久,一页笔记用笺上他草率笔迹写着:"那些共享的时光我仍觉珍贵。有时我走在我们曾常一起走过的某街道,想起当时情景,音容笑貌……我常情不自禁,笑逐颜开。"[18]

凯瑟琳去了欧洲,离别令他爱意更深切。她重燃起他原以为早已永逝的热情,又开始写诗了,写给她说,你让"我明白,原来我仍然年轻,姜在口中仍然很辣"[19]。

他难以舍弃凯瑟琳,原因之一是这女人恰与索菲亚相反而互补。多年后他也说过:"每个男子三十五六岁都会爱上与妻子相反的女性。"[20]索菲亚一头黑发,肌肤暗色,褐色眼睛;凯瑟琳一头浅色亮发,眉眼分明鼻梁翘耸,典型的阿尔卑斯山麓脸型,深绿色眼睛,炯炯有神。索菲亚慢性子,做事情不慌不忙的,唯知性上略显不自信。而凯瑟琳则非常进取,攻无不克,高调,自信。索菲亚情感丰富却深沉内敛,凯瑟琳多情而善表露。刘易斯与妻子性生活改善后,他发觉她不如凯瑟琳更容易动情进入状态。他曾对自己的密友亨利·莫瑞博士坦承,他与索菲亚并非"生理性绝配佳偶"(莫瑞本人也有情妇,而且也正经历婚姻危机)。他们结婚之初,他以为是因为他"缺乏性经验",很难让索菲亚进入性高潮。如今他有理由认为,要么是她生理问题,要么就是她"实际上更适合另一种男性伴侣"[21]。

刘易斯这人做事不留记录就觉得仿佛未曾体验。于是动笔记录分析了凯瑟琳和索菲亚之间的毫发之别,细致准确描述了——甚至配有铅笔素描草图——她俩身体的最隐秘部分。还详尽描述了与她们做爱的过程和体验。

这些记录有些不免成为性活动流水账,其中他将凯瑟琳在恋爱中的体征与索菲亚欠缺互做对比,或者反过来比照。看起来仿佛是在她俩之中作高低选择,实际上他两者都要,因为她俩各能满足他不同需求。凯瑟琳剿灭了他最后一点青年时代的一本正经,让他最终成为充满自信的男子汉。他俩相爱之初他不无羞惭地对她宣布:"我终于有了精神自由,不是吗? 亲爱的? 唉,天晓得,可真来之不易啊!"。[22]

　　此前还不曾有谁曾如此强烈直接改变过他,包括情感发育和事业成长,无论母亲、妻子或者是帕特里克·格迪斯,都未能达到这种深度。以往他始终认为自己在作家生涯中努力即能成功,只要一心一意坚持不懈,就能充分发挥自身才干(因他自忖尚非天赋之才)。如今则更相信仅靠专注、苦干还不足以充分调动潜在能力。还需要外在激励,这种激励如今由凯瑟琳·博厄带来了! 这个女人热情洋溢,浑身活力,拓展了他历来认为自身很欠缺的方面,即他素常所说之诗性和想象力。这些东西都被这青年女子离奇地动员出来了。

　　他也发觉,他对凯瑟琳说的话与当初他热恋追求索菲亚时说的话一模一样,都对女方说如此两性结合能激活他的才智。虽然到目前为止,他只出版了几个小册子,但却感觉胸中涌动壮志,已开始酝酿一部巨著。他急不可耐等不到她回美国,便于1930年夏写信给她,因为只有她能提供灵感催生这本规模空前、内容健康,组织精良的巨著。到此为止,他仍认为自己无非是一个小有成就的平庸作者,若得到个"真天才、贤内助,我也能……成为雷昂纳多·达·芬奇!"[23]其实没有凯瑟琳他或许也能不太费力写出这部著作,此刻他力图让自己相信没她不成,无非找个理由延续两人这种关系。

　　他虽迫不及待需要凯瑟琳,同样也不愿意丢弃索菲亚。他视工作为生命,为顺利而有效工作他宁愿锁闭自己与世隔绝。每写一本书,他不仅起居有时,计划周密,而且居家环境极其整洁。索菲亚早已熟悉并适应这一规律,而且视之为一种积极进取的生活目的。她相信丈夫的事业,并甘于为之奉献牺牲,尽一切所能确保尘世杂务不干扰他活动进程。因而包揽了一切苦活儿,接电话、哄好孩子不吵不闹,以及几十种大小杂项,包括在打字机上打印文稿、编订索引、千方百计为他腾出时间用于写作。所以刘易斯很清楚,凯瑟琳无此美德,永远做不到这些。他也从不希图她做这些事情。就此而言,有索菲亚——妻子——足够了。然而他另外还需要一个精神自由、不负任何责任的女人,来做生活中一种陪衬。这就是凯瑟琳。后来回顾这处境,他对亨利·莫瑞坦白说,当时局面中自己就像中世纪学术经典中那一只陷入被动的蠢驴,这驴子发觉自己刚好位于两堆干草正中间,两端远近一样,因而不知如何取舍。[24]

所以,他俩相爱那年夏他写信给在德国的凯瑟琳说,他仍然爱着索菲亚。而且刚写完给凯瑟琳的信,马上又给索菲亚写封长信,对她说他多么想念她。后来他对凯瑟琳承认,他的问题在于他碰巧是那种"求知欲极强的心理反规则典型(psychological anomaly),在恋爱中从一而终(one-girl man)。但是你出现了,又如此可爱,如此提神,以至十年来我首次动念想离开索菲亚。的确从3月以来我脑子里简直就没想别的"。但是实际上他完全可以再添一句话,说他并非从一而终的男子,却很重视婚姻和家庭(marrying kind of man)。"白头偕老不离不弃是我特别重视的准则,可是为什么我这 one-girl man(从一而终的男子)非把凯瑟琳也变成个 one-man girl(从一而终的女人)呢?何苦把她大好春光全耗费在这种纯生物学的目的之中?"于是,他解决困局的"英雄豪迈"心态和决定后来竟成了她的"大灾难",因为凯瑟琳是个热情狂放、毫不拘泥的女性。后来刘易斯对这结局有一针见血的总结说:恐怕这才是我们两人"真正不相配的地方!"[25]

假如那年夏天索菲亚从欧洲归来不是兴高采烈和悦如初,刘易斯(与她离散)的决心可能就确定了。索菲亚离美赴德之初心身俱疲,总觉得自己"已入中年,庸庸碌碌"。刘易斯向凯瑟琳通报:"欧洲归来她神采奕奕,容光焕发,仿佛从别人眼中重新找回自己青春活力。而早先春季时她曾惆怅潦倒,战战兢兢,苦不堪言。那副样子,我是既不能跟她好好过又无法离弃她(除非恶闹一场)。如今她焕然一新,很有自持力,告别过去一切,连面颊都修饰一新,非常精致。"[26]

索菲亚欧洲归来不久同刘易斯就凯瑟琳问题达成一个心照不宣的休战协议:索菲亚准许他继续与凯瑟琳交往,同时自信(至少她告诉自己)有能力让刘易斯迷途知返,适时归来。她把刘易斯的下午让给凯瑟琳,其余时间由自己安排。至此她已看出这是最好的办法。她是在拼全力挽救这场婚姻,而且几经风雨周折远非平顺。比如,一次刘易斯一病数日卧床不起,她索性邀凯瑟琳来家探望,让他开心。来年夏,索性又不同丈夫商议,允许凯瑟琳使用他们在阳光花园的住宅(当时她们一家在乡村度假)。至此她与凯瑟琳已互相喜爱了。一次在克拉伦斯·斯坦因家里她见到凯瑟琳,事后脱口而出对刘易斯说:"瞧瞧你那凯瑟琳,我真恼恨她,因为我喜爱这女人,所以我理解为什么你这么喜欢她。"[27]

1930年夏刘易斯心中也理清了一个问题。首先,这位坚称自己"从一而终"的男人,如今开始向事实妥协:同时爱上两个女人,这样做"虽然很痛苦,但还算可行"[28]。

刘易斯还相信,他因与凯瑟琳交往也改进了与索菲亚的性爱,并有助于将她牢牢绑缚于他。他认为,这种关系格局离奇地拯救了他们岌岌可危的婚姻。只要他同凯瑟琳一度紧张的关系化解之后,他同索菲亚的关系也就随之达到"新的深度","她从她不忠实的刘易斯怀抱中获得的感受,远非一个耐心、乖巧但内心压抑的性爱伴侣所能提供的",这是他同凯瑟琳分手多年之后写信对约·斯特龙金说的。[29]

而索菲亚也在发生变化,她有了新气象,做爱中也能放浪形骸。比如在里兹维尔居住时,他俩性爱就在露天环境,维布鲁克河边草坡上,或者自家后房外草坪上。刘易斯私人笔记中记录说:"性高潮仍然来的太少,不过已经无关紧要了。"[30]

可见索菲亚仍然牢牢抓紧着他,尽管他时不时对凯瑟琳说想要娶她。最终是凯瑟琳的所谓"不忠",才让他彻底打消了这些荒唐念头。

事发于这年9月。凯瑟琳给他写了封信,这封信永远改变了他俩关系。信中告诉他说,她觉得他有权知道她新近有了新欢,是在德国认识的一个建筑师。说来奇特,刘易斯是著名的醋坛子,闻此却平静回信安慰她说,他宁愿她选择乐意的事儿,也比"苦熬守节,保护贞操之类"更有意义,因为那样违反她内心渴求。这样写完他很得意,深信会惹她极端恼恨,因为他同索菲亚婚姻早期就有过类似情境。因此,信的最后还补充一句:"招惹招惹你,真好玩,真过瘾!"最后更自鸣得意写道:"好啦,这样既免了我良心重负又无须老惦记着你全部节操,我便一身轻松,没了体能发泄时心理障碍,何乐不为,爽啊!"[31]

事情并不那么简单,正如一位朋友告诉他,首次失节足以改变一切。凯瑟琳这一刀攮得他很深,这事件悄无声响却已毒化着他俩关系。刘易斯可以故作豪爽不计前嫌,可他是决不会健忘的。两人分手之际,刘易斯对她说,若她始终忠贞不渝,他可能会离开索菲亚娶她为妻。凯瑟琳当然不信这一套,尽管早就很想嫁给他。但说起他离开索菲亚,这话凯瑟琳连一分钟都不会相信。因为他们俩简直天作之合,太相配了;况且他也不是那种草莽随便无情无义之人,会如此决绝。考虑离开索菲亚是一件事,真正远走高飞是另一件事。就此而言,凯瑟琳比他本人更了解他,他因为虚荣和内心奇特,往往想入非非。[32]

11月凯瑟琳德国归来第一夜,这两人就吵开了,而且一吵就几个星期不和好,因为他无法掩饰自己的伤痛和愤怒。但没过一个月便又和好如初,且情谊愈笃。凯瑟琳重又爱上了他,他也向她开启了自己人生中从未开放的领域。把《形制与人格》的手稿拿给她看,私人笔记许多细节也为她敞开,让她阅读,评论。更要紧的是,他还采纳了她许多修改建议。

有了凯瑟琳,他便逐渐化解了情感和智识方面各种障碍。比如,他甚至对她剖白了自身最深的秘密(Meredithian secret)①,诸如十几岁时就猜到自己是"某神秘犹太绅士"的非婚生子。此人时常拜访他家,还给他带来贵重礼品。他想特别优待地对她敞开心扉,谁都不曾受到这种优惠。于是两人逐渐重归旧好,甜蜜如初。性交起初并非他俩关系中的要件,如今成了核心内容,早已大大超过了知识交流的快乐。[33]

芒福德自传中写道,因为凯瑟琳自欧洲刚刚返回,他俩关系中,是她(而非索菲亚)更处于被动地位。而且,索菲亚和他的关系"较任何时期都更牢固"。[34]但不幸这状态令他误解了凯瑟琳的情感。见面时他对她说,他无需"再找个女人来补足自身的性快乐"。言外之意,若光

---

① 此处用典源于英国小说家、诗人乔治·梅雷迪斯(George Meredith,1828—1909)。梅雷迪斯长于内心刻画,善于挖掘深邃的精神活动,想象丰富,表达完整,他的作品常有长段落内心独白,成为后世内心意识流写作方法的先导。——译注

为取乐儿,有个索菲亚足够了。于是到年末简直一切都变了。他俩性关系逐渐变得"如此完美、深切,以至颠覆了索菲亚原来在我人生中完全无法取代的地位",这是第二年夏季他信中对凯瑟琳说的。[35]

在凯瑟琳看来,这心高气傲还有点超然物外的男子汉,竟是个狂放的风流鬼。他教她做爱也教她如何生活。德国归来不久她信中对他说:"假若你想为社会担当重任,你先得教会当今男人如何爱女人。"这话当然正中下怀,因为他面对爱情正彷徨无措,发愁自己没能力。凯瑟琳若不遇到他可能终生以为自己乃"娇羞女子,不会从做爱中体会多多。我从来很随意,因为这无所谓。按我们规矩本不该把这种事儿搞得很闹腾,或特别在意其中奥妙。所以,以前你说做爱乃人生核心、极端重要之类,我从不以为然",如今她都心服口服了。[36]

从此他俩通信便记录了两人爱恋体验和快乐。这些信件用清楚语言淋漓尽致记载两人做爱细节,为我们展露了刘易斯的另外一面,一个热情狂放甚至放浪不羁的芒福德。他还将这些通信珍存起来束之高阁,足以表明内心对做爱成功颇为豪迈,如写作成功同样骄傲自豪。他的确写信告诉凯瑟琳:"至于你的性高潮,我将它与我作品《黄金时代》相提并论,算做迄今为止我生产出的两大杰作。"[37]凯瑟琳回答说,遇见他以前她从未曾有过快感体验,全然没有过高潮。而与他做爱,她很少不出高潮。她甚至写信揶揄说,若他还想保留"体面知识分子友谊关系最后一点残余",就得想方设法别总是让她畅快得忘了自己。[38]

居住阳光花园时,下午他常一周几次去曼哈顿同她共度下午一段春光。然后,刘易斯从来准时离开,赶回家五点整与索菲亚共进晚餐。(您看,这位坐拥书城忘我写作严格守时的作家,连做爱也如此严格守时。)夏季他与索菲亚居住在里兹维尔,每隔几周就乘火车下纽约城,与凯瑟琳在列克星敦酒店开房共住几天。这几昼夜,照刘易斯描述,这俩"简直如胶似漆了……"[39]但是,即使是对凯瑟琳,他也是工作第一,为此有时候两人关系紧张。比如1932年夏,他就拒绝中断写作与她去新英格兰海岸度假数日,令她甚为不快。

两人闹别扭时他刚好正阅读卡尔·荣格,有感于荣格一些开悟警言,便写信与凯瑟琳分享,他一些话"让我清楚联想到我们关系,以及我们的小小困难"。

荣格的观点是,男人"在自己作品中会尽量避免述及自己秘密相好,否则将是个 Faux pas(低级错误)……正如女人在做爱时也会严密防守,从不轻易泄漏她的弱点和秘密。可见男子的雄健表露在思维,面对社会,特别面对同性强敌,他会严防死守这道思想防线"。荣格认为,男子更易与女性共享自己思维奥秘,尤爱与所谓"交际花女人"分享自己独特思想主张。而这些女人则认为,他这些思想是"虽还处于胚胎状态,却是她们帮他形成的。所以,吊诡的是,一些荡妇对某些男人精神思想成长过程了若指掌,远超过这男子的妻子所知道的"。

刘易斯接着向凯瑟琳解释,这"(让我)看清你我之间关系……我捉住你,把你定位在这种关系中。你接受了我,不再挣脱,为什么?因为这格局符合你的为人也符合你的设想。因为这并非全是胡闹,这是胡闹吗?为此,你才接受了女学生口中所谓'情妇'这个符号"。[40]

可是新近他俩关系正发生变化。凯瑟琳,这位偶然间的情妇正在变成妻子,这就让刘易斯看出其中危险。虽然妻子可以容忍一个情妇,而妻子绝不容忍再有一个妻子。凯瑟琳要他全归她所有,不愿与别人分享。夏季时他曾考虑娶她为妻,不过最近他对她坦言,他看出由此引起的严重后果自己承担不了。且不说"原先牢固的友情纽带土崩瓦解",以及几乎无法解决的"离婚带来的财产分割难题。"

凯瑟琳在德国的举动令他看清,她最终也不会放弃自身独立,这与索菲亚起初一模一样。这样他就不再考虑抛弃索菲亚了。他娶任何女人,都会提出这种要求:完全彻底忠实于我。因此无论从哪方面衡量他都不敢确保凯瑟琳会对他缴械投降,百依百顺。

他还担心凯瑟琳会给他未来写作带来不利影响[41]。两人相好之初,做爱能给他写作提神。后来他担心两人若永久相好,恐怕这种效应也会变。凯瑟琳会排斥他工作,让他服务于她的兴味。他对凯瑟琳说,离开索菲亚出去跟她另过,要比让他放弃写作事业"更容易",因为"我的事业是我自信、自尊的基石"。所以,时不时,仿佛只向自己证明必须工作第一,他会借口有工作要做推掉与凯瑟琳的约定。他曾对凯瑟琳说,每个作家内心都有忧患,害怕过分耽于情感忘却使命。因为男子汉的阳刚雄健看他担当使命的精神智慧,而不靠他那鸡巴!"

想就此罢休又难舍难分,便心乱如麻。这就是他俩关系的悖论特征。"咱俩关系如此美好,怎么做我才能既不离开你又不让你变成妻子?同样,即使你成为妻子,又如何能不失掉以往红颜知己那种效应?"[42]这些难题想必他已暗自忖度过多次,而且很清楚,若找不出解决方案,这关系就只好告吹。

哪场耗时长久的爱恋不是磕磕绊绊?他们俩也一样。而且他们每次闹架,刘易斯总很悲观,心想这场姻缘要到头了。这时期的笔记和信笺便充满这类自警。他外表沉着,内里脆弱。自信外表下面是一层惶惑不安,唯恐哪里一不小心,就把她搞丢了。但很显然,他俩谁都不留心避孕,结果1932年初,正是两人闹别扭时期,凯瑟琳怀孕了。刘易斯又刚好外出在达特茅斯学院教书,她只好自己去医院堕胎。刘易斯知道她先前已经堕胎两次,且断送了两场爱情。所以刘易斯做了最坏准备。但是当他从新罕布什尔州汉诺威教学归来,刚好她也身体恢复,两人几乎立即又"热络得不得了,百般缱绻"。他笔记中记述道:"人生如此完美,凯瑟琳又不那么非嫁我不可了。"[43]

这是1932年春刘易斯准备赴德国时两人关系的实际状态。索菲亚也知道,凯瑟琳会在德国等候他,凯瑟琳也知道,她一回美国,索菲亚就会在英国迎候他。这两个女人谁都不喜欢这种安排,但都心照不宣,尽力而为。

此后刘易斯将这几个月描述为一生中"最好又最坏"的时期。四个月的旅行经历,对于他学养、情感都是重要转折。慕尼黑参观德意志博物馆大受启发,欧洲见闻丰富了思想,看了很多城市规划新样式新规则,以及新建筑,回纽约海轮上漫长时光中他便草拟出《生命的更新》系列著作第一部的总框架。数年后他记述道:"这是我人生中最具决定意义的时刻,我看出一整套系列集正在逐步成型。"[44]就在旅欧期间,他同凯瑟琳·博厄的关系也发生了重大转折。

爱情与事业

> 我死后,大约谁也想不到,棺材里这老家伙原来是这么能折腾的风流鬼!
>
> ——卡尔·古斯塔夫·荣格

1932年夏,芒福德最惬意的时光是在慕尼黑德意志博物馆那宽敞图书馆的小书房里。馆长奥斯卡·冯·米勒帮他查到一系列德文法文技术史研究专著,都是美国学者未曾涉猎过的。他还探访了许多历史城镇,例如吕贝克就让他一见倾心。不过他是来研究新欧洲而非古欧洲的,想观看欧洲进行的各种新试验,建筑、住宅、城市规划,都是他兴趣盎然从沃尔特·克特·贝伦持主办的《钢模》(*Die Form*)杂志中知晓的。在柏林、法兰克福、苏黎世参观的工厂、学校、社区住房,一处比一处设计优美建造精良,一边看他确信"一种新的世界文明正在欧洲破晓","机器将用来造福人类"。欧洲在技术、建筑、城市规划各方面都超前于美国,就连人家的汽车设计得也比美国精巧美观,街头电话亭、邮亭"气蕴与美国也大不相同"。经过毁灭性战争之后,德国重建成"一个清洁、强盛、发达的国家"[1]。

那年夏季一连串旅行访问,他拜访了数十位著名建筑师、作家、城市规划师,包括勒·科布西耶,埃瑞许·门德尔森、马丁·瓦格纳、恩斯特·梅(Ernst May),以及瑞士著名艺术史学家齐格弗里德·吉迪翁(Siegfried Giedion),当时他正准备撰写一部重要的技术历史著作。令他最难忘怀的是拜访了但丁传记的作者卡尔·沃斯勒(Karl Vossler)。他俩一次下午闲谈过程中,沃斯勒偶然问他是否见过托马斯·曼

(Thomas Mann),刘易斯·芒福德回答没见过,但其作品《魔山》(*The Magic Mountain*)他已读过三遍。沃斯勒听罢慢慢站起来,拿起电话便安排会面。随后翘起食指着重说道,"作家岂能不见你这样的读者呢!"[2]

慕尼黑数日把他访欧之行推向顶峰。如今仅一个线索就能看出当时他多么专注于专业活动,即他旅途笔记全然忽略了在当时的欧洲法西斯正跃跃欲试要夺取政权。如访问吕贝克见满街褐衫党(Brownshirts),三三两两列队正步走,气势汹汹。虽然他并非完全掉以轻心,一年后法西斯不费大力就夺取政权,仍让他很震惊。后来笔记中记录说,看来,欧洲所见的"新文明的破晓原是个假象,新文明之类,原来是个幻影"[3]。

到巴黎又与凯瑟琳·博尼重聚,他俩先前在慕尼黑已曾会面,她随即独往研究欧洲住宅开发,也是为刘易斯要给《财富》杂志撰稿作准备。早在刘易斯启航赴欧时,索菲亚就曾留言,嘱咐他"有伙伴的时候"别忘了"索菲亚也正翘首以待呢!"[4]其实,索菲亚真不必担忧。他与凯瑟琳在欧洲相处的日子更令他确信,虽然爱凯瑟琳,但绝不会为她离弃索菲亚。就在很快要到伦敦见到索菲亚之前不久,他的笔记中记说:"索菲亚身上有种细腻而高贵的东西,这种无私往往意味伟大的奉献。"相形之下,与凯瑟琳联姻"会断送我的前程,或许我俩前程都会断送,因为精神活动层面已难分你我,完全相通"。两人若相处时间长了,他们发现彼此消耗都太大,不论性活动或精神智能,都伤耗太大。[5]

比如他们在慕尼黑相遇之初,刘易斯很想工作,而凯瑟琳很想做爱,让他全副时间都来陪她。[6]到巴黎,他想做爱了,她却一个劲儿聊专业收获。结果巴黎酒店第一夜整晚上都谈住宅改革。[7]接下来就吵开了,一连几天都吵闹。于是他才意识到,带她来欧洲真是个天大的错误。独处的片刻,他才得以消停,"恢复元气"。住宅研究要大量搜集事实材料和数据,枯燥无味,也让他大生闷气。揽下这件事本来就为让凯瑟琳有理由陪他来欧洲。及至该赴伦敦了,俩人都紧张而烦乱。[8]

至此他已完全清楚,自己不会为凯瑟琳离开索菲亚。对此,凯瑟琳也心知肚明。从此，两人关系的紧张就难以消除了。刘易斯看来，如此特殊的两性关系至少是因"可能的永恒"①使然。[9]而同凯瑟琳的这种侥幸已从此不再。

旅欧整个过程对他是一种解脱，写信对亨利·莫瑞说："一天天安排很紧凑，我从未如此目的明确做过调查研究，也从未活得这么紧张。"[10]

回到纽约，《财富》杂志的文章交稿之后，马上开始干一桩"苦活"，就是为给儿子格迪斯另一只耳朵的手术支付医疗费，他全副精力投入新书写作。他还准时看望凯瑟琳，一如往常，而凯瑟琳对他写书已不像原先那么重视了，虽然这创作是她启发他下决心干的。她也颇善解人意，向他保证说"我更关注你这事业和作品，而非你我情感问题"。还对他说，像他那样有才情的人是无法应对很多需求压力的，无法"首先当个好丈夫，然后还得满足情侣需求"，"若以往事情能延续，全因你和你的女人们有福气，但这都无关紧要……女人爱上你这样的人并非因为你们心疼女人，关心体贴……"[11]

欧洲归来不久她写信告诉他，他有能力写出大部头作品，而且那是他的首要任务和职责。而对凯瑟琳来说，(与他相处)并非全然为了工作，"除了写书，我们还能过个愉悦、消魂、(还很)解馋的下午。不是吗？干嘛非得工作？干嘛非撰稿写住宅问题，赚了稿费再去干更多事情，然后再去写大部头著作？扯淡！快脱，扒光！"[12]这就是凯瑟琳！有时在她攒掇下，他刚酝酿好情绪要腾飞认真大干了，她却又把他拽回大地，拽回她身边。刘易斯一生中几乎还无人有本事如此操控他！

这年秋，刘易斯感到恢复到了1926年以前心情最为平静的状态，是平生过的最佳年华。他已同凯瑟琳达成谅解，至少他感觉如此，索菲亚平静如初，遇事沉稳持重，因而对他更有帮助。到12月他已几乎恢复工作的最佳状态，"世俗生活对我已无足轻重，根本也不能真正满足

---

① possibility of permanence，或可译为"侥幸心理"。——译注

我"，1933年元月他笔记中这样写道。这种语言更像新年决心，而非坦言自己的思想观点。过去四年学到不少东西，该回归工作了，找回自己"真正的人生"[13]。

而他一旦开始写作便进入禁闭状态，作息严格有序，不接电话，告诉密友们谢绝来访只保持通信。此人素喜自我陶醉，一写书便认为天生我材必有用，此生乃为大任而来，新作要求空前创造才能。他对好友约翰·古尔德·弗莱彻(John Gould Fletcher)说，以往他写书大多诠释大家熟知的人物和事件，如今新书主题"要求的素材全未曾搜集、综合。绝非先前诠释作品那样简单易行"。这包含很多实际困难，组织材料，确定风格，因为该书包罗万象，其中许多论述要求高度集中，否则无法展开，无法深入。[14]虽从未写过这种艰难主题，此书进展却颇顺利，一开笔便欲罢不能，他感觉仿佛"耶和华在发令"。它令此前他撰写的一切作品相形见绌，他对布鲁克斯吹嘘说，这部著作"将超越边沁主义者中的边沁，马克思主义者中的马克思；总之，它将把所有论述过机械和现代工业文明，论述人类未来的作家，一一各归其位"。此书预定1934年4月19日出版，恰好是他写作生涯开始一周年，因此他称之为"一个吉日，是我革命事业的列克星敦战役！"[15]

为撰写这部新作，芒福德可谓博览群书，越读就越相信，当代文明难以摆脱的难题在于，西方社会一头扎进了物质进步目的，这种根固观念还导致(西方人类)几乎全然拜倒给机械和机器生产过程。在《技术与文明》这部著作中，芒福德回溯了西方文化中机器崇拜思想的缘起和得势过程。历数其各种消极影响和后果，诸如削弱人类想象能力、剥夺自由选择机会以及和创造性生活方式。(芒福德向奥斯瓦尔德·斯宾格勒借用Technics这个语汇，指代一切工业生产工艺的统称；有别于原先的系统的技术研究词语Technology)。

芒福德将现代工业社会划分为互有重叠(overlapping)的三阶段：原始技术阶段(eotechnic)、老旧技术阶段(paleotechnic)、新兴技术阶段(neotechnic)，其中后两个词语是向格迪斯理论借用的。格迪斯用以指称新能源煤炭、蒸汽,以及新阶段中清洁能源发电和新金属,诸如铝和钢材。不过芒福德相信,他的这位苏格兰老师忽略了至为重要的"准备阶段";就是说,全球普及技术所必备的关键性的现代机械,要么早已发明好了,要么早有预断;这准备阶段他称之为原始技术时代。他认为,美国同欧洲一样,也有这种准备时期,他称之为黄金时代。①

芒福德所说的原始技术时期,始于中世纪直至 18 世纪工业革命破晓的时代。以往这一时期被错误地判断为技术落后的时代,而它却提供了工业革命和技术大发展所必需的革新和发现,其中主要是机械钟表、望远镜、印刷机、磁性指南针、顶吹高炉。这时期不仅技术发明众多,文化内涵也十分丰富。这时代特有勋绩之一,是将机械和工艺成就综合于人类感官功能和精神世界的发展,机械系于魔法、神话,以及各种礼仪活动。社会文明的价值标准,并非唯独权力和经济成就,"还要看它有多大能力强化生命活动水平:感知颜色、香味、形象、创造音乐、享受性快乐"。中世纪晚期文化趋近完熟,那时候机械技术已直接"效命生活质量",技术用于城镇建设、教堂兴建,产生出一系列杰出艺术作品和实用项目。

它是一种精神物质互相均衡的文明,最终却为(照芒福德的道德至上论)老旧技术时代让路了。后来这个时代里,当家作主的是科学、技术、资本主义。原始技术时代的人类,本来对科学技术就很有兴趣。老旧技术时代却将这一高尚追求化为顽强努力,将全人类全部生命体验交付给科学和机器。在此基础上资本主义进一步推进文化滑坡,具体途径就是让人类一切价值形态臣服于牟利和提高 GDP。如新科学一样,资本主义也美化权力以及"抽象化、度量统计、增加数量"。[16] 对此,芒福德另有评语说:"大物理学家牛顿最后做了铸币厂老板,绝非偶然!"[17]

---

① 1959 年,芒福德放弃了原始技术、老旧技术、新兴技术三阶段的划分方法,他认为这种划分方法,恐怕是全书中最没有把握的论点。参见"评述刘易斯·芒福德新作《技术与文明》(1934 年)"[An Appraisal of Lewis Mumford's Tehnics and Civilization (1934), Daedalus, LXXXVIII, (Summer 1959), pp. 527 - 36]。——原注

从头至尾该时段核心特征是缺乏限度意识——增长成了最高目的,必须完成。商人再富不嫌富,国土再广也不嫌广,城市扩展再大不嫌大。商品生产量成了度量社会进步的唯一指征。生产劳动工作职业原是"生存的要件之一",如今却成了"生存唯一重要的目的"。

如奥斯瓦尔德·斯宾格勒所说,当今就是个"浮士德时代(Faustian Age)①;但并不表明文明时代就此开始终结!芒福德就曾见证了新时代破晓的最初几十年,这新时代有望重新调整科学和机械文明的发展方向,使之符合自由精神和社会福祉的基本要求。著作论及这一点,缜密分析常会给喷涌的情感、思绪让路,引述多年积累的新材料,诸如建筑、工程、城市建设、交通运输、工业、科技,这些进步有望实现一种区域性文明,或者称为"新技术文化"。这美好前景,他孜孜以求不倦努力已十年有余。他还引用马修·阿诺尔德的说法这样比喻美国的地位,这个国家"正处于……两个时代夹缝里,一个已经死亡,另一个无力新生"。他辩驳说,美国有无尽资源任其支配,技术、知识、技能,足以塑造一个新世界。但它墨守成规,死抱住过时旧技术不放手,尤其抱住资本主义,令它无法充分利用人类积累的这些丰富技术资源。[18]

《技术与文明》是技术研究一部很前卫的作品。从该书开始,芒福德逐步成为 20 世纪技术评论领域最重要的评论家。这部著作,连同后来齐格弗里德·吉迪翁 1948 年在美国出版的《机械化挂帅》(*Mechanization Takes Command*),阿伯特·佩森·乌舍尔(Abott Payson Usher)1929 年出版的较小范围的研究著作《机械发明史》(*A History of Mechanical Inventions*),共同开创了一个新领域。[19]在英语文献中该著作首次全方位研究了机械在现代世界兴盛的过程,它也首开先河着重研究机械与其周邻文化的交互作用。它不是简单描述发明家和科学家的

---

① 浮士德时代,作者借用斯宾格勒的用语,原典故为中世纪传奇人物浮士德(Faust、Faustus)。浮士德原很著名,其原型可能是巫师或者占星术士,他学识渊博,神通广大,但为了追求知识和法力向魔鬼出卖灵魂。许多文学、音乐、歌剧、电影、动漫都以该故事为蓝本改编而成,最著名的当属德国大诗人歌德的同名作品《浮士德》,作曲家勃辽兹的《浮士德的天谴》、古诺的《浮士德》,文艺复兴时期英国剧作家克里斯多芬·马娄(Christopher Marlowe)的《浮士德博士的悲剧》(*The Tragical History of Doctor Faustus*),等等。这典故要义在于警醒人类,价值误判、取舍失宜可能带来长期、严重的恶果。——译注

活动,而是着重考察发明活动的根源,以及科学进步技术突破所带来的道德后果。作者把人类技术活动恰如其分放回它原来的环境予以全面考察,这个环境作者称为社会生态。

该研究项目中芒福德吸收德国最新学术成果,分析机械化得以全面实现的意识形态背景和酝酿过程。这部著作问世之前,英语世界多数学者都认为工业革命萌于18世纪,即瓦特发明蒸汽机,机械动力应用于纺织工业生产那个时代。芒福德在慕尼黑发现许多文献都从全新角度讲述技术史。让他看到当今这机械时代可远溯至中世纪,中世纪的一系列文化变革都为大规模机械生产革命备好了舞台,最终彻底改变了西方文化。用芒福德的话说:"是人类自身首先机械化,然后才有可能去改进、完善复杂机器设备,令其服务于自身的爱好和利益。"如此刻意追求井然有序、规范守时、按部就班,包括自身严密组织,这些禀赋最早出现在中世纪修道院里,表现为修道院高度程式化作息方式。随后流传入军队、会计部门,最终进入工厂。它其实是一种心理和精神驯化过程,钟表对此转变功不可没。可见工业革命时代最伟大的机械是钟表而非蒸汽机;如今这一解释已被科技史家普遍接受。机械钟表给社会生活带来了新特征:不仅守时而且同步,人类活动步调一致,遵守共同节奏。最初的钟表用于校正修道院钟声,钟声则规范寺院僧侣日常活动节奏。最终,"钟表一样准确"竟然成了"资本主义的理想追求"。守时已成为有效生产和交通管理的重要条件。[20]

新的时间观念又催生精准度量,精准计时与精准计量联手推出了芒福德所说的"新科技时代"。芒福德认为,新科学观急于求成,想一下子理解并操控整个物质世界。于是迫不及待把人类经验中那些外部的、能重复研究并验证的部分定义为"real(真)";反之,不能验证的就是"unreal(不真、假)"。芒福德认为,如此简单草率,全然排斥了有机生命世界许多重要内容。就让西方世界完全拜倒在机器脚下,把其他文化(如中华古文化)中包孕丰富的发明成绩和机械构想统统归类于所谓的"机械(the machine)"。这里他所说"机械"一语,不单指各种机械装置,也包括被绑缚于机器,并随技术手段高速运转的生命体及其生存方式。他们无法摆脱技术手段、专业分工和既定目标,无法摆脱自动化和所谓的"合理性(rationality)"。

芒福德认为,机器的出现,本质上是一场思想变革;是从有机态(organic)的思维方式转变为机械论思维方式。他这论断直接顶撞卡尔·马克思的思想。马克思认为技术决定价值观,技术塑造人类理想目标,而不是相反。芒福德认为机器不可以超越人类意志和目的独断独行,因此他《技术与文明》一书才那么丰富那么乐观。他摈弃任何形式的技术决定论和经济决定论,坚信人类活动、人类意志、人类理想,最终能左右当代发明活动走向,恰如发明成果足以影响当代人类理智。当今的机械文明首先是人类自身活动和意志的产物。任何彻底的变革都会首先引发价值观的改变,引发社会首选物的改变。这一论断虽然芒福德以前也说过,但从此开始,这论点成了指导他毕生生活和事业矢志不移的主题。[21]

"你的大作是昨天中午寄到,"1934年初冯·维克·布鲁克斯回信告诉芒福德,"我坐下来一气读了七个钟头……绝对大获成功……或许可以说,你写出了当代最伟大的著作。"[22]该书出版后好评如潮,作者能期望的,已经应有尽有了。销售也很好,第一年就售出五千册。如此成功,连书商阿尔弗雷德·哈科特也惊讶不已,先前他不看好此书因而不敢经营。这年春夏刘易斯在外可谓风光无限,内心却惨兮兮。书籍刚脱稿付梓,两人关系即告终结。至此他终于如愿以偿获得自由,无须再"为爱冒险却又难舍难分"。因为,他已永远失去了她。[23]

其实裂痕早已存在了,早在德国两人关系就产生了裂隙。最终散裂仍令两人都撕心裂肺,尤其刘易斯。不仅因为他仍然爱她,更因两人最终分手的原因。她爱上了另一男人,且分分合合已一年多。此人还是刘易斯新近结交的朋友。数年前他让索菲亚品尝的苦果,如今又从凯瑟琳这里遭了报应。

这男人名叫奥斯卡·斯东诺罗夫(Oscar Stonorov),是个年轻建筑师和雕塑家,1929年在纽约经克拉伦斯·斯坦因介绍,与刘易斯相识。

当时这个雕塑家刚刚移民美国不久。1932年春,刘易斯在欧罗巴号轮船上又偶遇此人,当时这意气风发的小伙子刚27岁,待刘易斯若与"老大哥久别重逢",带领他观览吕贝克城,介绍刘易斯进入他的朋友圈子。[24]

回到美国,刘易斯便开始撰写《技术与文明》第一稿了。此时凯瑟琳经斯坦因认识了斯东诺罗夫,还随他在费城找到个激励就业的住宅开发项目。两人又都年轻互相吸引,一来二去1933年初春两人便同床了。这事情起初凯瑟琳未对刘易斯说过,但确承认曾与斯东诺罗夫调情(也可能因为刘易斯迟早会发现这事),承认她很受他吸引,至少还有另一个男人喜欢她。

刘易斯以为她越轨全因他自己全然沉浸到写作中。一个作家进入写作状态,"外界任何事情也无所谓",他曾对她讲过这话。"任什么事情也奈何他不得,不论你如何放浪消魂,你这作家情侣也不会发现"。所以,凯瑟琳启发的这桩事业,最终却拉大了他与凯瑟琳的距离。难题却在于,虽然他相信是写作毁了他俩关系,却无法让她也相信这原因。他便屡次三番催迫凯瑟琳,顽固要挖出"真相"。而且气势汹汹颐指气使,以至自己都担心凯瑟琳会把他当作"心理分析师和地区律师两者的可怕结合体"。凯瑟琳则反复保证,她和斯东诺罗夫无任何事情,以及,她比先前更爱他之类的好话;但他就是不信。他从她被斯东诺罗夫吸引这一确凿证据看出她对他已开始失去兴趣。他猜想,其中更隐藏了她的愤懑,不满意他一心写作。他就要求她承认,是这个原因导致两人离散。这样两人就能"面对这件事,了结这件事"。他想要真相,但当她拿出真相,却不是他希望看到、听到,也不是他所预料的。[25]

这最后摊牌信中,凯瑟琳平静解释,她并不反感他沉迷工作,却不能坦然面对他沉迷索菲亚。还告诉他,照他发明的以往当下将来三者互通的奇想,我们的问题"(在于)我只能生活在当下,而没有未来"。两人相好之初,双方都认为会有个美好未来。从德国归来后她终于看清楚,他们并没有什么未来。从此她开始"留意别的男人",因为永不能真正拥有他,便决意不再牢羁于他一人,因为他是索菲亚的男人。

"所以,听听清楚,傻瓜!一切与你工作事业毫无干系。你的事业也是我生命一部分,我爱情一部分,不管你信不信。"

对与斯东诺罗夫的事她并不道歉,甚至也不承诺今后决不再发生。还有,她也想追求些"临时关系,不放过一些我能驾驭的局面,我拿得起放得下,得乐且乐,也会沾沾这种露水……"他得学会生活中面对这种事情。但他俩都知道,这一点他绝对做不到。凯瑟琳也无法让他承认,是他忠实索菲亚的婚姻才导致了她与他分裂。他抗议她不公,给他设限,她的确希望他采取措施(割舍婚姻),还说她爱他不减当初。但为了自保,今后她不会献身如前,因为知道他永远不会离开索菲亚。

最后,她央告他不要与她决裂,中断联系。但是,如果他一定要这样做,她希望他看清楚,她决不痛苦。因为他已为她做了很多,为她"开启一个无尽可能的新世界,让我敢立志,敢尝试自身潜质……把我这浅薄可笑(却聪颖敏学)之辈转化为一个严肃、负责的专业工作者,至少相差弗远矣"。他甚至启发她考虑婚姻问题,此前她从来决定"孤独一生"。她知道他永不会娶她为妻,却愿意有他这种"情人兼老师"的友人。[26]

两人却又心知肚明,他舍不得她。因此不久再次走拢。但是,毕竟已经摊过牌了,事情就不再有原来那种味道。他能隐约品味出,在她态度中有种谨慎和冷静。所以作为情人,两人虽仍不懈不怠,面面俱到,却早已没了先前的柔情蜜意。[27]

他俩初识互相来往时,对社会问题简直还不沾边儿。还曾说不喜欢"改良派",一提政治或城镇规划她就头疼。[28]而这些特点反让刘易斯特别喜欢她,觉得碰上个有趣难题:这女人他得一点点改造、征服。

而一旦凯瑟琳融入刘易斯生活,她人生立即发生重大转折。阅读兴趣广泛了,政治问题、劳工运动、城镇规划,无所不看,还日益参与了RPAA的专业活动,1932年成为该组织执行秘书。克拉伦斯还聘她任自己研究助理,从此工作中兴趣逐渐拓展到社区建设、低收入群体住宅等问题。[29]

凯瑟琳聪慧敏学。1932年与刘易斯结束德国之行后,感觉对住宅新趋向了解很多,准备自己撰写著作。给刘易斯信中说:"重读你的《黄金时代》,感到我也可能可以写本不错的小书。"[30]同年便与书商休敦·米夫林(Houghton Mifflin)签约,着手准备。

就在此前后她涉入罗斯福新政有关公共住宅计划项目,与奥斯卡·斯东诺罗夫发生了恋情。在刘易斯鼓励下,她曾任费城某校校长顾问以及劳工住宅大会执行秘书。当时该组织正与针织业职工全国联盟共同推进住房建设,实施卡尔·麦克雷(Carl Mackley)住宅计划,该计划是罗斯福新政的一部分。斯东诺罗夫担任首席设计师,约翰·爱德尔曼(John Edelman),当时工会组织著名领导人之一,作为针织业工联组织代表介入监理该项目开发。他们与"凯西(Casy,凯瑟琳简称)"一起组成强大智囊团和院外游说团①,曾经组织领导劳工游行,进军市政厅。凯瑟琳是在工人运动中结识他们的,很愿意与之共事,他们有担当、很务实。因而她全身心投入工作,常常每天工作十六小时。投入劳工运动前她忙于写书,如今又一头扎进了住宅项目。紧张的工作影响了她同刘易斯的关系。首先是不常回纽约了,通信也大多叙说住宅开发和工会运动之类。就连偶尔回纽约酒店开房,她也疲劳已极,与他做爱也心不在焉,早已不是原先味道。

终于她越来越像情人刘易斯了,却越来越没时间陪他了。对此刘易斯怨不得别人,只怪自己。一面称赞她热心社会改良,一面暗自叫苦,惋惜原来那不谙世事、风情万种、万事不操心、我行我素的凯瑟琳;他原为这些特点爱上她的。他寄信费城对她讲:"我下手了,抓到什么呢?到手的是个住宅专家。我暗夜呼唤你,听到什么呢?唯听到美国民居与德国劳奔冈(Laubengang)单元楼住宅开发容积律对比的百分比率……"[31]

他喜欢她的长进,但不喜欢她事业心的选向。原以为她的天才是

---

① lobbying team,美国政治生活的产物,代表一定利益群体,积极活动造舆论,影响国会决策过程,维护本群体利益。——译注

写作,足以成长为又一个弗吉尼亚·伍尔夫(Virginia Woolf)①,刘易斯最崇拜的作家之一。这么好的人才,如今一头扎进社会活动。她却觉得更喜欢直接投入公共事业,享受奋斗激情,这比描写生活更来得爽快。刘易斯把这些都看作她对自己的叛离。

实际上这首先在宣示她自身的独立性。刘易斯扶助她找到新领域和新兴趣。但如今她开始质疑他俩共同设想的社会改革方法。第一个表现就是她质疑RPAA一些领导人提出的总体战略,包括克拉伦斯·斯坦因以及亨利·莱特。这些建筑师认为,改造社会很大程度上意味着培训"合格的专家",再由这些专家"为人民"建造更好社区。她在费城参与卡尔·麦克雷住宅项目同时给刘易斯来信,论述了这些想法。同时与斯东诺罗夫共事更坚定她的信念,认为工人阶级和普通民众应当在创建新社会过程中发挥主导作用。良好社区一旦建成,居民要积极参与管理。她还说,RPAA大部分建设项目"总是追求'完美'、都由高级技术设备构成的住宅类型,而不愿退而求其次,建造一些体现民意、民权和民生的住宅类型,真正满足民众居住需求"[32]。

她某些话锋还直接对准刘易斯:"任何社会都未曾见到,知识分子单枪匹马面对大众,无论用言论或写作教育普通民众,这样就能够直接领导社会,直接干预决策过程和社会行动……这样的知识分子根本就没有。"领导人只能"通过各种组织手段赢得掌控权"。当然她并不否认,长远来看,"间接影响可能发挥更大作用",不然组织活动"便徒费时间和精力,挫伤锐气,消残壮志,甚至走向消极腐败"。但她希望他明白,她已经理解,还有另一条道路,同样也能实现社会改良。[33]

刘易斯想高姿态看待、了结此事,便告诉她,他始终以慈母般的心态欣慰地注视着她的新长进。但他揣测,只是锐意求独立还不足以解释新进变化,直至她真要离开他了。其实两人相好后不久刘易斯就曾

---

① 弗吉尼亚·伍尔夫(Virginia Woolf,或译弗吉尼亚·伍尔芙,1882—1941),英国女作家,被誉为20世纪现代主义和女性主义作品的创作先锋。两次世界大战期间,她是伦敦文学界核心人物,同时也是布鲁姆兹别里团队(Bloomsbury Group)成员之一。著有小说《戴洛维夫人》(*Mrs. Dalloway*)、《灯塔行》(*To the Lighthouse*)、《雅各的房间》(*Jakob's Room*)等。——译注

预断,除非另外有个男人吸引,否则她不会离他而去。因此,不论凯瑟琳在他这里陷得多深,这种"外遇"都足以了断他俩的联系。[34]

这种结局刘易斯看得非常清楚,1934年初春,凯瑟琳一次来纽约,他来迎接她。当时他刚写完《技术与文明》,她谈话中除了费城住宅项目,就无别的内容。刘易斯猜测,如此深陷必另有原因,这原因只能是奥斯卡·斯东诺罗夫,便问她是否与斯东诺罗夫同床共枕了。她说还没有,但他能隐约看出她在防他。随后全部话题就是他们一起工作的内容,直至那天下午脱衣跟他上床的一刻,喋喋不休还是费城住宅。这很伤他自尊,便拒绝与她做爱。两人便大吵起来,她一怒之下当晚就回了费城。一对鸳鸯就这样了断了鸳鸯恩爱。

当月稍晚《技术与文明》一书出版,他寄她一本样书。但她忙于其他,甚至未及读完一章。这就再次向他证实,两人关系已到尽头。因为在他看来,他新书中有凯瑟琳的生命,是他俩精神和肉体交融的产物。[35]他写此书时,两人方新相知。此后耽于缠绵,此书写作竟搁置了两年。欧洲共同度夏后两人暂且分手,他才得以凑集材料完成准备。及至开写,她又和斯东诺罗夫缠上了。如今他猜想,在他完成此书最后润饰之际,她正投向斯东诺罗夫的怀抱。数周后得知,这判断完全正确。因为她写信来坦诚告诉他,新近已同斯东诺罗夫共眠了,很可能会爱上此人。尽管她说依然爱他,不减当年。[36]

伤刘易斯之最,莫若凯瑟琳此举。他写信诘问,难道事情非如此了断不可?数周前,他曾"体面地"安排自己"出局",以便同她继续做朋友。因此指责她背信弃义,不仁不义,且从不中止这种不仁不义。[37]

还有件事情让他接受这局面难上加难,就是同凯瑟琳分手后越发认清楚,以往四年能与索菲亚"情谊牢固、平安度日"全靠"凯瑟琳持续作为配重取得平衡",这是他对亨利·莫瑞坦白相告的。如今凯瑟琳走了,自身婚姻这弱点便再次暴露无遗。[38] "本来他内心早有定论,他同索菲亚生理构造"不配对儿……不宜性交"。她适合"另外阴茎更大、更坚久的男人",他则更喜欢更容易启动发春的女人。就此而言,而他同凯瑟琳乃天作之合。[39]

失去凯瑟琳意味着丢失最亲密红颜知己。如他曾对朋友说过,心理学最大奥秘莫过给病患者提供个倾诉机会和场合,有个善解人意、富同情心的人听他倾诉。"光记笔记没用,我试过,我知道。"[40]

假如他同意她与斯东诺罗夫保持联系,凯瑟琳或许会继续留在他身边。问题是,他不会同与任何人分享凯瑟琳。当凯瑟琳完全看明白这道理,便毅然决然离开了他;他却无法如此干脆。信件一封接一封,说服凯瑟琳至少同他继续保持"精神友情"关系,若不能继续享有"肉体凯瑟琳",至少愿意享有"精神凯瑟琳",而且即使这话,也不全是实话,即使对他自己。因他两个凯瑟琳都想要,窃计想通过精神联系逐步重获情人凯瑟琳。他很清楚他不可能与她保持纯精神关系。他俩相处,做爱和思维从来珠联璧合,相得益彰,难分彼此。[41]

他求她"重修旧好",表明他这人思维习惯如此。他写信建议,唯有把事情全部说开,否则俩人无法重新相见。为此得有某种洗心革面的心理过程。解决感情纠葛,从来如此。面对问题才能放下问题,是他的口头禅。而凯瑟琳不听他那一套,她认为那只会进一步恶化关系。他为了赎回她,想聘她为(与保罗·罗森菲尔德)共有执行秘书,负责文案加工处理;而这一招也未能奏效。[42]后来给他写信便越来越少,而且不乐意见他。

他难以接受这分离远甚于她,独自为此煎熬很久。早已习惯清晨四点半醒来,醒来辗转反侧难以再睡,脑海中便反复跟凯瑟琳大吵大闹。此外还在笔记中、通信中,随意记载、重温两人关系前前后后。那么多快乐、悲痛,两人都曾同担共享。笔记中一次次央求她回来,一起弄清楚两人分手的"真正"原因。[43]

他也不接受她的解释,真正原因此后不久她曾清楚对他讲过。其中说他很眼瞎,对她内心郁积的"嫉恨挫折"视而不见,因为他自己"有家室有事业,没遇过严重挫折,过得很美很乐"。"这就是我对你最大的怨恨!"[44]每次幽会都得听你事先安排,都得适合你的时间表,非此不成。对此她已抱怨两年了!而他对她抗议置若罔闻。不独此,居然还要求她为他全守贞洁!在他无法阻止她见斯东诺罗夫时,竟然要求她检讨、致歉。这也是芒福德的一面,是她很不喜欢的一面。"我噩梦中,你和我妈常混在一起,难分伯仲。"[45]

她告诉他,这一切"绝非我们之间可随意'一笔勾销'的。没完没了的掰持只会彼此加害更深。咱能不能把它就此撂下不管?"刘易斯读完此信内心清楚,她永远回不来了。[46]

凯瑟琳有充分理由拒绝恢复这所谓精神联谊,她深知刘易斯会得寸进尺,那是她不愿看到的。分手后最初几周她或许还乐意见见他,但不久得知索菲亚夏末又怀孕了,"你的索菲亚怀孕或许可以说是最后判决",1934年她写信对她说。[47]

在与凯瑟琳保持恋情的全部过程中,刘易斯始终抵制索菲亚还想要个孩子的想法。他担心索菲亚一怀孕,凯瑟琳就会离他而去。此刻他感觉特别对不起索菲亚。尽管如此,心中却仍念念不忘凯瑟琳。即使已经知道她永远不会再回来。这种情况下,他情感良心经常互不合拍。

他俩继续保持通信联系,凯瑟琳偶或来纽约也会见面聊聊。刘易斯即使放弃继续私情的希望后,也不放弃影响她思想指导她生活。其实凯瑟琳找到了比写作更适合自己天份的事业,但却不被他看好。尤其当凯瑟琳的著作《当代住宅》(Modern Housing)1934年正式出版,赢得举国喝彩,并由此进入联邦政府改造住宅运动核心圈子后,刘易斯更屡次提醒她方向不对。凯瑟琳却继续深入探索,并成为住宅进步的重要推动力量之一,连续担当美国总统的住宅问题顾问,包括罗斯福总统、约翰逊总统。后来到南加州大学伯克利分校环境设计学院担当城市与区域规划教授和副院长。如此迅速获得全国赞誉,芒福德却不以为然。作为情人,她最初是不忠实于他;如今又不忠实于她自己,"那么小个模子"就会屈尊就范!不当他的情人可以,但能否继续当个好学生,忠实于他的精神和榜样?"你天资过人,何苦荒废于日常俗务?"然后语重心长劝告,去追求你自己事业,"趁牢狱黑影尚未完全遮盖这飞速成长大有希望的小姑娘。"[48]而她认为那才是条错路,她历来不喜欢刘易斯这种自命清高、一贯正确的作风。不管怎么说,她自己的路自己选定了。

　　这两人再未成为好友,尽管刘易斯继续修补裂隙,甚至在凯瑟琳1940年嫁给建筑师威廉·W.沃斯特(William W. Wurster)后依然如此。刘易斯生活中不能没有凯瑟琳,写信对她说:"我们水兵很懂得,即使……随便一声问候,也能打破浩瀚海洋里可怕的孤独沉寂。"[49]但两人通信如今适得其反,越通越疏远。因为谈话难免涉及社会改造,但人各有志,已经分道扬镳。而一说起这个两人谁都不让步,哪怕稍微让步。

　　1961年芒福德新作《城市发展史》出版,凯瑟琳读后写信喝彩,说该书"资料丰富得让人难以置信,挑战了历来的观念和方法"。但仍对他笔调有所担忧。说他对城市未来过于悲观,对世界形势判断太过"天塌地陷",对城市发展决策者又太过藐视。以往数十年住宅问题不是大大改观了吗?而且这些进步大多是实干家而非空谈家(philosophers)努力的结果。她伶牙俐齿提醒说,她的事业若不比他的更重要,至少同等重要。她特别不满意他非要她回到狭小天地。说她自有主见,可以自作主张;而"不是刘易斯·芒福德的一张薄薄复写纸(thin carbon)"[50]。

　　三年后,凯瑟琳·博尼·沃斯特在山区徒步疾走中失事死亡,出事地点距离她加利福尼亚滨海住宅不远。那天她说想自己独处,沿陡峻山路下山显然先是碰撞了头部,大约随后昏厥。三十六小时后,亲友学生们日夜搜寻终于找到她。只见她靠一棵树斜倚着,静息如眠,面有笑意。显然因冻馁昏厥,未再醒来。

　　初闻她死讯,刘易斯难以承受。但从数月后与朋友通信看,话里话外似对凯瑟琳有生之年两人间发生的事,心仍耿耿焉。

　　1962年,刘易斯重拾搁荒了几年的自传。他写自传想不遗分毫,全面记录人生。他很清楚,若淋漓尽致描述两人私情,势必伤害凯瑟琳及其家人。为此他杜撰了个假想人物,当然是凯瑟琳的绝妙替身。此外,事业、相貌均不一样。他相信了解实情的人会一目了然;而凯瑟琳也不会反对他这样做,他相信。"豁见自己早年形象,知书达理举止优雅,她或许心花怒放呢!"不管如何,都必须考虑她丈夫和女儿的感受。所以,1963年完成第一稿,他安排凯瑟琳来纽约相见,把涉及两人私情这章文稿交凯瑟琳过目,并向她担保:她只消说不成,无需做任何解释。他书中就删掉这章文字。

数周过去了,不见只言片语。后来收到一封信告知他,她不愿意他发表这些章节。她丈夫并不反对,虽不希望毫发毕现地描写这些陈年往事。但他们很在意女儿的感受,因为她才19岁,她会感到伤害。尽管假托其他身份来描写,但事情本身太露骨了。对此,刘易斯说,凯瑟琳下决心"并非难事",而她那封找理由的陈述信,就不那么简单了。[51]

她信中说,她个人对他所描写内容持反对态度。对于他作品中的"自我分析部分",她从不在意,即使与己无关。"不过你写的东西似乎总是意在言外,话里有话。不全为了避免全部写真:有自怜,自惩,甚或还有刻意的坦白。"

接下来她的话就更伤人了。说他俩"本来就是师生关系,而非永久性夫妻式情感纽带"。她说,她和索菲亚这么久从不相互忌恨,其根源大抵在此。她还承认,两人交往中她确曾几次设法想"独占"他。"但后来我想我多半认识到,这就是这种私通关系中所谓小女人迟早会醋意大发的表露。"[52]

这已够刻薄了,不曾想更厉害的是她随信寄来私人笔记,连同刘易斯那章文稿,一起寄给了他。笔记整齐清楚,是她返回加利福尼亚飞机上写成的。还有附言警告说,笔记并非专为给他看,而既然收到,他怎能不阅读?可谓先前她那解释信"原汁原味的稿本",其中声言她根本就未曾爱过他!而且,他对她的影响,也并非如他想的那样了不起![53]

笔记中详细内容皆如此蛰人生痛,刘易斯多年不敢重新翻阅。那年夏他出现心脏病征兆,他相信是此事引发。如此忘恩负义,令他心痛欲绝。致亨利·莫瑞信中他说,这经历让他联想起阿尔弗雷德·斯蒂格利泽跟他说过的话:"荡妇无记忆(the cunt has no memory)。"[54]①

那么多曲折后,刘易斯能满怀爱恋追忆这场友情,复它至初纯美,这一切美意都被凯瑟琳彻底摧毁!刘易斯常说他记忆力超强,甚至超过存世年头最长的大象,甚至年迈之后,脑际还经常重演"他俩一次次奇思妙想,一次次忘情欢愉,以及一次次陷入危机"。她那么多来信帮他保持了这些鲜活记忆,心绪不振时常去抚摸这些信件,追忆往事,重振精神。如今一切都毁掉了。笔记以忧郁的笔调记述:"不仅是毁掉了,还撕扯得粉碎,是故意狠心撕扯碎的!"[55]

收到凯瑟琳退回的书稿,对随信寄来的她的笔记,他只字未提。他只道歉说,没料到这些章节如此伤害了她。此后两人便未有任何文字来往。"的确也没什么可说的了。"[56]

---

① 芒福德后来删除了这段假托人物描述他与凯瑟琳私情的内容。自传中有更简略的相关记述。——原注

又一场恋情

> 墓穴已挖好,你哟,大地,你哟,掘墓人,待我睡入其中不再喘息,就可以覆盖土石、瓦砾、草皮了。
>
> ——刘易斯·芒福德

1934年夏,刘易斯与凯瑟琳分手后,他和索菲亚去康涅狄格州韦斯特波特市(Westport)布鲁克斯夫妇家乡间住所过了几天快乐假期。当时布鲁克斯正埋头写作《美国文学史》的第一部分,很想听朋友们的初步反馈。每天上午布鲁克斯在后屋斗室书房写作,刘易斯在前厅读文稿。下午两位作家便加入夫人们行列一起游泳或沿乡间小道散步聊天。室外晚餐后,几个人围餐桌久坐大苹果树下,呷着酒畅谈各种题目。轻松愉快的日子,让刘易斯又想写作了。

当时他已开始酝酿另一部大作,城市的发展历史。决意不让与凯瑟琳的决裂干扰这决心。回到里兹维尔他写信告诉布鲁克斯:"你那些章节也引发我的创作欲,让跃跃欲试了。"可是韦斯特波特短暂经历却转移了他的注意力,影响了这新计划。[1]

暂住布鲁克斯家时,一天傍晚,埃列娜·布鲁克斯拉刘易斯到一边,让他伸出手掌为他看相。详查右手(据说反映人的天份)后,她说:"你这手乃常才之手,照这命相,能安度一辈子。"随后拿起他左手看过说:"照这手看,你一生追求太多,耽搁人生幸福。虽说追求多幸福多,但也够你忙够你辛苦的!到中年早期你会遭遇波折……命中女人出现。不好说,不过,仿佛过后就过去了。这条线表明你婚外有恋情,看来,你命中女人还不少啊!从掌纹看,你对她们真还很认真很上心呢。

还好,没耽误了你的正事儿!"[2]

刘易斯听得目瞪口呆!因为他确信,无论埃列娜或她丈夫冯·维克,对他私生活皆一无所知。两天后他写信告诉凯瑟琳:"这当然都是迷信,可作为传记材料或者个性分析,多准确啊!"他确确乎就是这种人,从来工作第一!同年夏另一次通信中,他说:"假如我性生活范围狭窄,我精神生活却因此更专注而强烈。"随即引歌德的话说,他要以"狂放而快乐的心态面对未来,朋友们,'我们必须工作,唯工作能救赎我们'"[3]。

虽然下定决心写书,工作却迟迟未动。这年余下时间里他很难进入最佳工作状态写作,而且心里愈发关注自己体表容貌。这年他开始发胖,接着很快秃顶,容颜不再清爽。行动呆滞迟缓,焦躁易怒;常消化不良,还不断给健康衰败找心理根源,最终把这些体征归咎于自己"性愿望极度压抑"。[4]就连谈话也不像当初有凯瑟琳时那么伶俐,因为无人激励,这正是与凯瑟琳分手后他的生活状态。信中对她说:"由于活得很太节制,我原先那种男性自然美不见了,人像个无风吹动的旗幡无精打采耷拉着。"[5]

工作提不起精神,凯瑟琳是其中一个原因。另一原因就是爱丽丝·德克(Alice Decker)。这爱丽丝本是有夫之妇,且是凯瑟琳一密友。刘易斯很清楚自己同这女人甚相宜,加上索菲亚春季即将临盆,从时间上说也很不适宜他再恋爱。可是,他却欲罢不能。"溺水者明知危险,本能地想避免这结局。而这倒霉鬼终难逃溺毙!"这年冬天,赫尔曼·梅尔维尔这一警语不断回响在耳畔。[6]

这个爱丽丝·德克是刘易斯·芒福德人生经历中一个深藏不露的恋人。有关刘易斯生平的任何文字材料中都找不到此人,任何自传作品中不见蛛丝马迹。出版的通信集中也仅间接、隐晦提及此人,且从不称名道姓。芒福德保留文书资料非常周全,甚至存有青春期恋爱信笺,而全部私人文档中只有一薄薄暗褐色信封里装了几封与爱丽丝往来书简。分手前一年许,两人决计烧毁关系密切时期全部通信。双方都不愿配偶发现这些材料。时隔多年,阅读这些信札仍感觉很伤人;他们感觉,这些信札内容太过炽烈,不宜外流。刘易斯曾以杜撰人物叙写与凯瑟琳·博厄恋情时,也只字未提与爱丽丝这层关系。这也是让凯瑟琳读他书稿时感到很受伤原因之一,当时他给她看初稿,还解释说他叙写大量细节,因为他不愿意交付一部类似亨利·亚当斯撰写的那种半真半假自传,将自身婚姻私生活大量要事都抹干净。"而省略爱丽丝,是因为那不属于纯粹情感生活领域",这是令凯瑟琳最无法接受的。[7]

爱丽丝·德克

自传中这块内容让刘易斯很难处理,后来他对友人剖白:"每个人都有……拿不出手来见人的故事。这种故事若'讲出来',唯独是精神崩溃或心理垮台时。所以,写自传我就为难了,一些有意思有故事又悲怆的经历,怎么处理呢?须知其中简直涉嫌……私通!这故事我可以讲出来,但会伤害索菲亚更会伤害女儿爱丽森(Alison)……照我看,亨利·詹姆斯的办法,销毁一切证据,不鼓励任何刨根问底的传记探索,大约是唯一答案。即使那样也不是最终办法,利昂·艾德勒①大量传记作品就是个例子。[8]

刘易斯对爱丽丝萌发私情时,索菲亚正怀孕。经过两次流产,她切盼有孩子已经八年了。他们女儿爱丽森出生后,他与爱丽丝分分合合又有两年之久。他心内惶恐,害怕索菲亚或爱丽森对此永不会完全谅解。[9]他与爱丽丝私情中还有些内幕令他永远不敢彻底公开。比如他为爱丽丝几乎离弃索菲亚,及至他无法离开索菲亚,又令爱丽丝痛不欲生,几次精神崩溃;这些结局他都难辞其咎。两人分手又很潦草,陷爱

---

① Leon Edel,1907—1997,北美文学评论家,传记作家。——译注

丽丝于窘迫境地,对他数年怀恨。若干年后他整理自传,发觉根本无法再现当年情状。他是很敏锐的感性作家,回述即往常常栩栩如生,因此作为作家,处理这类材料,必定面临这种困境。

与爱丽丝交往不同于当年与凯瑟琳,从没有那种性感知性兼备的高压电般体验。可是后来承认,同爱丽丝短暂却暴风雨般强烈的共处,是他"截至那时为止人生最深刻强烈的精神体验",此前从来没有。这种私情,如与凯瑟琳相处一样,同样伴随了他又一名著问世,尽管爱丽丝并未如同凯瑟琳那样深切调动启发他的思维。他开始见爱丽丝是1934年底,当时正撰写《城市文化》第一稿,分手时这部杰作刚好完成。事情过后,他致信约·斯特龙金说:"……三个月悲剧,三个月欢喜,三个月苦难……三年喜怒哀乐如罩棺黑布,永久铺陈在我人生中旅途。"[10]

最初刘易斯是通过凯瑟琳认识爱丽丝的,当时她和她丈夫邓肯·弗格森(Duncan Ferguson)居住在纽约。相识数年中常在文学聚会上(有时周末会在阿尔弗雷德·斯蒂格利泽集工作室、画廊、和沙龙于一体的"美国场所"中)见到芒福德夫妇。爱丽丝当时三十多岁,是个很有前程的雕塑家。除专业创作外,有时参与本市社会公益事业,兼扶持自身专业工作。这女子聪颖、秀丽,短短褐色头发,臀围瘦小,男孩子般面容。论色相,显然不若凯瑟琳引人,却有极抓人的个性特征。刘易斯看出这女子情感丰富、领悟敏锐,无疑是个浪漫类型,对人生有期待,包括等候奇迹出现。

爱丽丝对自家婚姻不满意,热恋期消散后她苦盼孩子,终未如愿。她开始结交刘易斯,因为听凯瑟琳说此人极为风流,很懂女人。她丈夫认为她性冷淡,其实是不善启发女人动情。便想借个人恢复内心平静自信,她既不想破坏刘易斯的家庭又不想抛弃自家婚姻。或许她以为,借助外力可重燃自家婚姻火光,至少能让日子过得去。刘易斯很可能证实并强化了她心中这想法。因为他相信他的"家庭平衡"就靠了某种"男有情女有意的边缘关系,若非明目张胆搞性,也八九不离十了,且不止一个女人"[11]。

刘易斯开始约会爱丽丝时,与凯瑟琳关系还没全断。所以,爱丽丝对于他终结凯瑟琳功不可没。秘密约会爱丽丝数月后,笔记中记录说:"已经同爱丽丝如胶似漆,而同凯瑟琳只是知性的相恋了。"而整个过程中又同索菲亚维持着"家室之恋"[12]。

索菲亚谅解爱丽丝涉入丈夫生活,原因之一是她确定爱丽丝是硬挤进来的。索菲亚回忆说,他们在阳光花园的家中举办一次小型新年晚会时,爱丽丝不请自到,且打那之后便"开始主事了……我想索性就让她担了这些杂乱琐事。再说,我相信她不会把我丈夫搞到手,除非刘易斯默允。但我深信刘易斯当时不会这样做(索菲亚正有孕),不会是率先发动者"[13]。

索菲亚甚至边抱怨边赞赏这女人了,把她看作惦记丈夫情感却有益无害的情敌。1927年一段日记里说:"刘易斯的聪明从来用在大事上,这才让我赏识他,我讨厌为一点点小事生气发火。"[14]再说她觉得爱丽丝从不对她隐瞒真情,包括她对刘易斯的感觉。所以她和凯瑟琳便都到索菲亚这里来"找个乐儿(a fine sport)",觉得索菲亚能容许她们分享她的刘易斯,且不至"背上良心重负"。于是,常有这种情况,一些共享一个男子的女人们会形成一种奇特的情感联盟。生完爱丽森后索菲亚住院,爱丽丝和凯瑟琳带着花束一起去医院探望,还邀请她加入她们刚刚成立的"反战反法西斯反刘易斯大联盟"。事后索菲亚回笺,接受这荣誉会员称号,末尾添加附言:"刘易斯人还算不错。"[15]

爱丽丝是有夫之妇,丈夫护家护老婆,因此她想见刘易斯并不是易事。俩人很久无法享有他同凯瑟琳的那般热闹。只能相机行事,找机会见面吃个饭,参加朋友聚会聊上两句;还总担惊受怕,生怕被擒获。到了4月索菲亚生爱丽森时,爱丽丝的丈夫终于发现这两人有私情,气势汹汹不准爱丽丝再与刘易斯来往。迫于压力,她同意了。

爱丽森出生后短期内,刘易斯感觉把妻子、外遇关系处理得还算好。他爱索菲亚,爱新生的女儿,也爱爱丽丝,而且感觉有本事两者兼顾。他俩分手两周后,就在索菲亚生女儿的前一天,爱丽丝参加一个晚会,指望能见到刘易斯说说话,因她为分手感觉郁闷。见了面他便拉她离开晚会,一起在中央公园漫步数小时,两人都感觉"内心惨淡、走投无路,又极欢喜"。当时两人感到,不论前程有多少阻碍都必须继续相见。刘易斯后来致信亨利·莫瑞说:"喏,我又来了:生命甘霖从天而降,泻下两个女人痛苦血泪,生活中应有尽有,独无沉稳安静有节奏的工作状态。"5月底,准备离开纽约去里兹维尔,"去那里徘徊、思索、品味,开始写作"[16]。

但结局并不如此。整个5月同索菲亚关系的紧张升至顶点。6月初回纽约见过爱丽丝后,天终于塌了下来。首先是爱丽丝丈夫发现妻子继续与他来往,当然便强迫她停止。这回在刘易斯看来这关系将无望延续,因为爱丽丝告诉他,夏末她同丈夫邓肯将搬迁到路易斯安那州巴茹市(Baton Rouge)。还说爱他甚于爱邓肯,但又不愿离弃这场婚姻,至少在他决心离开索菲亚之先她无法下这决心,说着已涕泪涟涟。

刘易斯黑着个脸回到里兹维尔,心想"坚挺的老苏菲(staunch old Sophy,索菲亚简称)"正在家等着他呢,他也"准备包扎伤口,改邪归正,重新做人"。却不料发现自家关系已在崩溃边沿,婚姻陷入最严重危机。这场裂痕给两人造成的伤害从未彻底愈合。"[17]

直至爱丽森出生后,索菲亚都还不知道这个爱丽丝在她丈夫心目中的分量。那年春,他告诉她愿意同爱丽丝"仅做个朋友",她信以为真。其实他露过别的暗示,她却未及时领悟。比如,几次要她给女儿改名尤尼斯(Eunice),不叫爱丽森(Alison)。她后来日记中说:"如今一提女儿名字就联想到那个爱丽丝,让我很难接受他对这爱丽丝的感情。"她告诉他很后悔要这孩子,因为一想到爱丽丝,这一个又一个的爱丽丝,会成为他们婚姻中挥之不去的景观,就常想自杀。[18]

索菲亚再一次被丈夫的坦白直爽深深伤害。6月初他去纽约见爱丽丝时,曾告诉索菲亚爱丽丝在他心目中地位很重要。他如此牵挂这爱丽丝,因而料想妻子定很生气。其实索菲亚并不生气他说了实话,只是不想知道那么多细节。"这个笨瓜,告诉我这些干什么?难道对我说了真相,我会更高兴吗?"[19]

她理解他为什么喜欢爱丽丝,甚至能理解他俩同床共枕。但选这么不该当的时刻相好,就让她永远不能谅解。他口口声声说平生最为尊敬的女性就是她,却又屡次三番地出轨!那么他的诚意还能当真吗?莫非此人就会花言巧语,全没真话?她也弄糊涂了。她开始揣测,他们婚姻今后还得遭遇多少个凯瑟琳爱丽丝?"若此人总是得陇望蜀,喜新厌旧……那我得考虑我是否还要跟他过。"这是日记中的记录。不过,此刻念及两个孩子,她并不想离婚。她会选择凑合下去,一种无奈,而非健全的相守。她要"慢慢学会"变换一种情感对待他。眼下要隐忍,把委屈愤懑吞下去,她自己过自己日子,随便丈夫去爱他的爱丽丝。她只能等待时机,"静候希望"。眼前这局面中她可以是个"笑料",只要最终"对刘易斯的朝三暮四不要一辈子麻木不仁。"同时对丈夫这种不忠她也调整了自己态度,郑重告诉刘易斯,让步是有限度的,刘易斯清楚,她说得到做得到。[20]

在这种背景下,索菲亚决计再不要孩子了。"我已经不年轻,添个孩子就增添一份紧张和压力。若我不确定刘易斯在老实守候着我,日子是过不长的。而如今我已经不相信他会守候我了。"[21]

这年夏天爆发婚姻危机后,他们残破的家庭关系愈合很慢。冬季过得还算好,刘易斯回心转意开始写书。索菲亚很想彻底说说这回事,但担心影响他写作,暂且作罢。"最好三缄其口"[22]。

爱丽丝搬家离开了,这有助于他们关系缓和。虽说刘易斯照旧继续与她保持"友好通信",即使知道她丈夫会阅读这些信件(这是邓肯·弗格森允许爱丽丝保持通信的附加条件)。后来10月份,爱丽丝突然来纽约出差,刘易斯"一下子全乱了,不知所措,心乱如麻"。俩人见了面,但他小心谨慎,每次都安排在公共场合。不然他很难自控,怕旧情重燃,那会毁了她决心修复家庭关系的计划,无法再回到邓肯身边。他一方面窃望旧情重燃,另一方面又担心这会给他自己家庭和事业带来严重后果。后来写信给亨利·莫瑞说,纽约再次会见爱丽丝"是个严重错误"。她离开纽约回到巴茹市家中之后,他俩心都简直碎了。首先,爱丽丝心烦意乱,便写信告诉他说,想自杀。很想知道他能否为她离开索菲亚。而他迟迟未作回答。[23]

两个月后,爱丽丝和丈夫遭遇车祸受伤。丈夫只是擦伤些,而爱丽丝严重脑震荡,伴有严重出血,不省人事。凯瑟琳·博厄闻讯赶忙去慰问,并电告刘易斯。刘易斯得讯,当即快递一束鲜花到医院,随附名卡和签名,深表问候。即使他知道爱丽丝不省人事,也担心她万一短暂醒来,若发现他"连个简短问候的表示都没有",会伤痛欲绝。[24]不料这束鲜花惹恼了她丈夫,当即写了个便笺骂他"没头脑"不识相,是"孩童般想入非非的愚蠢举动"。郑重告诉刘易斯,这是他们家自己的事情,让他"躲开,少管闲事!"刘易斯将此便笺给索菲亚看,索菲亚却说人家邓肯说得对,她完全同意。索菲亚与邓肯显然同病相怜。"你送花举动欠考虑,爱丽丝还不省人事。给她送花,管个屁用?"而索菲亚有所不知,刘易斯听闻爱丽丝受伤,慌乱中几乎立即跑去路易斯安那州探望。[25]

随后几个月爱丽丝的康复过程,因事故前心理疾患收效甚慢(这些疾患表现为抑郁症、内疚、自杀倾向)。刘易斯通过与凯瑟琳·博厄信件来往,密切关注爱丽丝健康状况,甚至通过凯瑟琳向医生供献医疗建议,这些主意采自心理专家亨利·莫瑞。他一度还写信告诉纽约爱丽丝的心理医生,说爱丽丝事故前就曾有情感问题,这些背景无疑令恢复更为复杂艰难。

刘易斯还从凯瑟琳那里得知,邓肯·弗格森正认真努力帮爱丽丝康复,并拯救他们的婚姻家庭。于是刘易斯写信告诉亨利·莫瑞:"我诚恳待自己时,也会祝祷他和爱丽丝重归旧好。倒不是因我不那么爱她了,是因身处两种同等强烈爱情之间我全然不会把握自己生命。"(刘易斯认为,是爱丽丝按照自己理解决定再次和邓肯修复关系。)但他始终怀疑其成效,甚至窃望邓肯的努力失败。他认为邓肯太过跋扈、自恋,很难修复他们的婚姻。[26]

爱丽丝就是在这当口焚烧了他俩的全部通信,以示决绝。或许是才拿了医生的建议,因医生得知她同刘易斯有私情,劝她了断以往重建未来。且如果与邓肯开始修好，刘易斯当然就成为这修好道路上一道障碍。对此，刘易斯针对她烧信对亨利·莫瑞说，她以为"这就能抹掉我们之间关系客观证据，还能纠正我对此事的态度"。现在有了邓肯鼓励，无疑她认为"我很邪恶，自私，总想破坏他们的婚姻……我暂且被埋葬了，她们车祸前发生的事情，乃属于过往的'黑暗时代'……"[27]

他把此事情感写成一首散文诗，当然不能邮寄或发表出来给她看，至少窃望有朝一日她能见到。这首散文诗叫做"复活（resurrection）"，其中一节如下：

> 墓穴已挖好，你哟，大地，你哟，掘墓人，
> 待我睡入其中，不再喘气，你就可以覆盖
> 土石、瓦砾、草皮了……
> 我躺在深深地下，大地不会告诉
> 你的双脚，你曾领着他漫步；
> 你双脚践踏着的我脸……
> 我行若无事，安之若素
> 在你挖掘的墓穴里，
> 你狠狠跺脚，踩踏
> 生怕我的气息冒出来
> 扰动了你眉眼和脸庞。[28]

一周后他也烧了他保存的往来通信，"以便成全她这果敢行动，彻底结束这场大灾大难"。还告诉凯瑟琳·博厄，这样做是为了保护索菲亚。万一他死后她看到这些信件，"会对她产生极大危害"。而事实上，他深层意图是为了彻底忘却爱丽丝。[29]

但实际上很难将她从心魂中抹干净。虽然不敢再给她写信了，却通过凯瑟琳·博厄长期同她个人生活保持联系。5月末，他得知她已同丈夫完全"失和"，而且即将离开他，秋天再来纽约。[30] "10月份便重新见面，一起吃午饭。他来到曼哈顿很熟悉的饭店，一眼就看出，她面

容憔悴,精神萎靡,有明显的自杀倾向。怜香惜玉的刘易斯立即想起以往他们的情感。但她告诉他,不可能回复以往关系了。但却可能建立一种新关系,一种亲密纯正的友谊,而非心灵私情。就在她说这些话的当时,他看出她自己都不相信自己的话。但既然他愿重拾以往,所以意识到他第一责任就是帮她康复起来,唤醒她生活的热忱。

她便请他荐个纽约心理分析师,他却举荐亨利·莫瑞,待他下次再来纽约时为她问诊。数周后,莫瑞看完了爱丽丝写的信告诉刘易斯:"爱丽丝是个情种,一颦一笑映出心灵。"他不主张马上做心理分析,判断今后数月会她逐渐恢复,条件是每周见刘易斯一次,适度恢复工作。"整个美国没有第二个人能救她出水火。"同时郑告,切莫再同陷泥淖,不论为了她还是他!"那样,你今冬生活规律就会平安无事。跟你杰出的苏菲过好日子,同时给爱丽丝一块绿洲让她逐渐恢复。"她正为离弃丈夫羞愧难当,"你可任由她趴你身上痛哭,但一定把握自己,莫让自己走板!"[31]

历来良药苦口,刘易斯同样难以下咽。即使明知眼下要写书,与索菲亚关系又刚刚平稳,即使非常清楚莫瑞的话乃至理明言。

这年冬天,爱丽丝重新振作,开始工作了。居住在凯瑟琳·博厄一起的单元房(刘易斯同意负担一半房租),逐渐回到社会交往圈子。"脸上苍白惶惑消失不见了",刘易斯终于释然,写信告诉莫瑞,很感谢朋友创造了奇迹。"我同爱丽丝之间的交往从不像如今这般坚实明朗。我们重新复合帮我搬开了工作中一大阻碍。"于是他决计推掉《纽约客》杂志"艺术天地"专栏写作(除却天际线这板块),以便未来一年写完手中这书。[32]

自此,写作进行顺利。但是他与爱丽丝的关系却直线恶化。原因与先前他同凯瑟琳闹的一模一样:她之所求,非他所能给。每周看一次,她嫌不够;要求"all or nothing(要我就都要,不然你一点甭给)"。他觉得,虽然爱丽丝爱他,但她心中仍有一部分填满怨恨:"对这学者和谨小慎微的人充满愤怒,此人胆小如鼠,一年前当她怯生生求他留下她在身边,他却放手让她回丈夫那里。"他能理解她的愤懑,但是,他不愿为爱丽丝离弃索菲亚则并非如爱丽丝指责的,因惧怕责任,不敢冒险重开新生活。他就是不愿意失去索菲亚。每次压力都让他更清楚看出,索菲亚无可替代,不论新恋女人如何如何……[33] 为此,爱丽丝常同他争吵,包括两人性关系已很有节奏很强烈时期。他写信明白告诉她:"为何相逢见面反倒让我们觉得比相隔相念更加遥远? ……我不像你……我主张 Ultimatum total renunciations(最后通牒,彻底清算罪过)之类。"[34]

数月后他对朋友叙说,同爱丽丝相处不像同凯瑟琳那样直截了当,"我们之间似乎从来不可能那么简单直白,包括在她事故后遗症已经完全消退之后。与她做爱永远不可能很顺利享受。相反,她的折磨人可与日俱增,你越是爱她,她越折磨你。往往快乐到极点之后,她会马上跌入绝望的深渊。"[35]

最终他再受不了她没完没了指责他没"骨气"离开索菲亚。1937年12月他俩私情算告终结。此时他又一巨著《城市文化》也刚好完成。[36]

但她却并未完全离开他的生活。同邓肯离婚后又嫁了个男人,搬家到夏伦(Sharon)附近一古老农庄居住。乔迁后和新婚丈夫修缮破败农舍,索菲亚提议,与刘易斯一起赶来出谋划策,还带来菜苗花秧,一大罐蜂蜜,叮嘱他们农村生活的好处和难处。刘易斯信中向凯瑟琳·博厄介绍说:"这地方舒适,可以像保罗和弗郎采思嘉那班放浪逍遥①了。"[37]

刘易斯很难割舍这爱丽丝,这一点他自己都不否认。此刻感觉仿佛"刚刚逃脱一条美女蟒蛇缠绕,这蟒蛇又迷人又魅力,又真要人命! 幸好我还活着!"[38]

与爱丽丝分手这个月,他完成了《城市文化》全书。随即感到筋疲力尽,且极度抑郁。但这次危机袭来,他仅用几天就战胜了梅尔维尔的

---

① 保罗和弗郎采思嘉是一对恋人,但丁神曲中人物。弗郎采思嘉因乱伦受罚,1289年被处死。——译注

鬼影,迅即恢复健康和工作状态,给《城市文化》插图释文做完最后润饰。新年元月初,全部书稿寄交哈科特-布瑞斯出版社在曼哈顿的办事处。

两个月后,新书付印出版。好评如潮,引起轰动。时代杂志封面刊载了他的照片。这是他作家生涯的顶峰时刻!

城市文化

> 城市依照音乐而建造,故永远都建造不成,因此永远得建造下去。
>
> ——阿尔弗雷德·洛德·丁尼生

1935年9月刘易斯·芒福德开始撰写《城市文化》,此后一连两年聚精会神,不让索菲亚或爱丽丝琐事干扰这呕心沥血大业。万般动荡纷乱,这事业是唯一能倚靠的碇锚。及至大作付梓,才觉得写成了平生最优秀作品。虽对凯瑟琳·博厄承认过担心其篇幅过长,"青年时代我毛病是潦草、肤浅;如今人到中年又换成了另一种毛病,总嫌不完整,不细致……能有几章还不错,恐怕我就得知足了。[其叙述之详]难让人耐着性子从头到尾读卒。正如大作《资本论》,真给人留下深刻印象的也就其中一两章。"[1]

3月初他寄样书给冯·维克·布鲁克斯,几周后这位好友写信欢庆该书大获成功,说《城市文化》"是极了不起的"成就,"其中那么多丰富而深刻思想,你这盛宴的残羹剩饭也够后人享用一辈子了"[2]。此后一连数月评论几乎一致积极正面。几位著名评论家认为该书是城市研究文献里程碑,或许,还是城市研究领域里迄今最经典的论著。[3]

自结识帕特里克·格迪斯,领悟了其研究领域和作品后,他心中就开始酝酿这部著作了。以往著作不算,这部书能写成,恐怕最该感谢的就是他的这位苏格兰导师格迪斯,其次应是奥斯瓦尔德·斯宾格勒。这些作家对人类文化周期发展规律的论述始终引领着他的思考。《城市文化》如同他建筑研究著作一样,也大量采用他长期积累、广泛搜集的第一手资料。这些城市资料和知识来自以往二十多年在欧美各地城市旅行参观考察积累的大宗笔记。实际上，该书本身就像一座大都市，浓缩了它叙写的大量城市景观、特色、生命力和创造性。此书诚然是一部史学论著，但这部史论考据严谨、持论缜密，行文极具穿透力。全书结构巧妙，编列成一场雄辩演说，详细论证芒福德 RPAA 工作时期反复倡导的城市建设理想。该书范围宽广，内涵丰富又配图极多。透过他倡导的区域城市这块三棱镜，芒福德展现了城市发展的全部历史，包括它的起源、发展、变迁以及现状，然后在此基础上讨论城市未来。

该书总括主题完全符合芒福德迄今为止论述的每一个重要题目。还探讨了城市的败落：最初那种配置均衡、共容共适的城市和社会文明，如何被一点点蚕食侵害，逐渐蜕变为压抑、大而无当的都市区，集权制的大本营，权力、人口、文化，无不高度密集。全书论述以中世纪城镇作为起点，并有意将其描绘为田园城镇的早期（中世纪）版本。这种城镇特点是布局紧凑、规模有度、周边紧邻开阔乡村。接着，他叙写了城市变迁，如何一步步铅华褪尽，过程虽迟缓漫长，最终难逃混乱混不堪与道德沦丧。但是，芒福德以充满希望的调式结束全书，呼吁为文明人类量身定制，建造新型城镇，要比法国哲学家阿伯拉德（Abelard）时代的都市更符合人性需求。他认为，建造这种城镇先要设想其新形象，但若看不到古代历史城市全部精华，看不懂古代规划师的错误，又如何能设想出这种新形象呢？

芒福德叙写的城市史，确乎即文明史自身。证据就是，他论证了，任何一代文明的权威和文化皆依托城市聚合而成。历代文化遗产在城市中得以完好保全、巩固、流传后世。城市的建筑以及物质空间布局，穹顶、尖塔、轩敞街道、幽静院落，无不讲述着"人类命运中各种不同含义的"故事。[4] 该书虽以大量建筑和艺术造型渲染城市文明发展成就（例如书中有 150 帧配详尽说明的图片），但作者的首位关注却是，城市首先是人类生活的社区，是上演人类生存进步大戏的舞台。因此他把社会问题，而非美学问题，摆在首位！这态度与他的建筑评论本出一辙！这座城镇是否辜负了人类？解决人类基本需求，它是否力不胜任？

它提供的设计环境,能否养成日常徒步出行,面对面交谈、分享的生活习惯？这些都列入了他最关注的范围。

但读者若想搜索全书,找出作者梦想的美好城镇详尽规划蓝图,却是枉然。因为芒福德并非专业规划师,而是道德治世的学者。他纵论天下,意在给规划实践厘定社会标准和指导原则。芒福德认为,规划科学首先是解决价值理念问题。他忠告我们,若不首先直接解决这些问题,且慢邀请规划师和建筑师入场工作。

许久以来芒福德都鼓吹、倡导一种有机社区(organic community)模式。最终他发现,中世纪城镇几近完美地体现他这梦想。中世纪,即他《技术与文明》所描绘的"原始技术(eotechnic)"时代。那时的城镇拥抱大地,植根皇天后土,偶见教堂尖塔耸入天空,全然融入大地不规则轮廓和特征,规模范围长期保持在步行距离以内。每一座建筑物都可以步行到达。城内有丰富的开放空间绿地,便于举行公共集会,各种仪式,信仰、观景、聚会、交易、筹备竞选拉选票等。四周围着城墙,城市不仅因此有了坚实厚重形象,还有明确边界。城镇在水平和垂直方向均衡而协调,加上内外分界清晰的城墙,低矮平展连片的住房,映衬大小教堂高耸的尖塔,这景象便成为中世纪城镇最著名的视觉盛宴之一。

城镇的主要市场坐落在距大小教堂不远处,这里也是仪仗队游行和戏剧演出的场所,届时市民会积极参与其中。重要公共空间广场与各主要居住区之间有街道相连。此类公共空间既有半圆形剧场也有卫城广场,街巷和通道基本上是步行街,狭窄,弯曲,不仅从视觉上抵消了开阔广场的宏大空旷,且为小街两侧商铺遮风挡雨,意大利城镇锡耶纳就是这种典型。芒福德继续描述,联想对比新近完工的瑞德班及他们的阳光花园新村实例,说中世纪时这类自成一统的大房子很少采用,因为它既浪费用地又不避风雨。虽然中世纪城镇住房大多盖得很粗劣,却大多成排建造,围绕着后院菜园花圃构成一大圈。

这种紧凑的规划设计有助于居民社会交往,有助于形成热闹、亲睦的市井生活。且中世纪城镇也没忽略给居民准备退身独处所必要的空间场所,如住宅后面有密闭的花园,游廊回廊,私人小院儿等等。当今住宅建筑注重改进采光,联合室外空间,弗兰克·劳埃德·赖特就是这样设计的。他提醒我们切莫忘记,除此外人们也需要幽静、独处、私密空间。而如今的家居环境中,"唯一能逃脱干扰的地方就只有卫生间了"[5]。

中世纪城镇对当今规划师的最重要教训,莫过它们对城市发展增长的谨慎与节制。中世纪城镇规模,从城中心到周边距离都不超过一英里(约1.61公里)。11—14世纪期间,若城镇人口增长,解决办法是另辟新城。法国这类新城镇密度维持在互相半日步行可达的距离。"中世纪城镇不会突破城墙界限,侵入周边农村,形成乱七八糟的摊大饼(amorphous blob)。"他们会同新型田园城镇一样,与城墙外面农村保持密切联系。芒福德强调(或已不厌其烦),中世纪城镇这种浓郁的乡村特色大大抵消了当时到处流行的偏见看法,认为中世纪城镇拥挤不堪,很危险,不卫生,云云。他说,中世纪城镇实际上大多如英国的Stow-on-the Wold①,它更近似乡镇、集镇(country town),而非都市(city)。即使大些的都市,人口也很少超过四万,14世纪中世纪伦敦即一例。无数住宅后院菜园果园里香气随风飘入城市。公共市场上五光十色各种瓜果菜肴,美不胜收。[6]

中世纪城镇的布局规划、物质构造,都清楚映出该城的世俗生活情趣及精神世界追求。这种城镇结构外观的整体和谐,也反映出它内在传统的协调一致。芒福德对中世纪城镇井然有序和谐统一的鲜明特点,可谓情有独钟,屡次赞赏它的集中体现——大小教堂和行业公会,认为这是当地城市生活大厦的顶梁柱。他认为,一个社区的成员应有共同价值观,指导人类生存的意义。对于中世纪城镇,这种普适的社会纽带就是积德行善和救赎灵魂,也是当时人们对理想人生的理解。

所以中世纪城市生活,不论社团(corporate,就生产而言)抑或社会(communal,就生存而言),都非常吸引芒福德。从思想倾向和风格上

---

① Stow-on-the-Wold系英国格洛斯特郡一处小型商贸集市和居民教区(civil parish),坐落在244米高的山丘顶部,恰好位于多条干道交汇点。最初是法国诺曼底人领主利用道路交汇点之便规划建造的专用集市。皇室于1330年颁发特许状,便开始了长期的集市贸易,至今还有每年一度的马匹交易在此举办。——译注

看,他与拉斯金、威廉·莫里斯同属有共产主义倾向的思想家,都激昂慷慨抨击资产阶级个人主义。认为"人要生存,必须纳入某种组织结构,不论某个农户、某个田庄庄园、某个修道院,或某行业公会。没有组织联系绝无安全可言。世间自由都须承担义务,享受自由就须在相关法人团体中履行义务"。芒福德描述的中世纪城镇由教堂掌控,避免为非作歹,最忠实反映了亚里士多德定义的社区特性:"共同维护社会公正,追求共同的目标和理想生活。"[7]

芒福德对中世纪城镇的描写可谓煽情,颇有田园牧歌般意味。但《城市文化》中最慑人心魂的章节还是其中巴洛克城市或称皇权城镇。巴洛克城市,严整、规矩、某阶级专享的特权! 芒福德选"巴洛克"一词来表述它,取其兼备该文化时代两种互相矛盾的特质:一方面追求数学精准的空间秩序,如,整齐严格的街道体系,威严有序的城市布局,景观设计体现几何学韵律。此外,是它的包容性,它的绘画、雕塑、服饰、性放纵、国家机构、心绪、情感……这类东西都不讲秩序,不受约束。这是芒福德中世纪研究收获的第一串好葡萄,最能品味出这个时代的特质。他吸收奥斯瓦尔德·斯宾格勒著作精华,从15—18世纪城市三百年演变中洞察到一个根本变异,从中世纪的包罗万象(universality)演变为巴洛克城市的千篇一律(uniformity),从中世纪分散的各自为政,演变为巴洛克的中央集权。从中世纪敬畏上帝,演变为巴洛克敬畏世俗皇权和新型民族国家。最能体现这一变迁的,便是法国皇宫凡尔赛。芒福德称之为"娇惯坏了的孩子的玩具"。[8]

芒福德这暗喻可谓入木三分,且不说它略显偏颇,其对巴洛克城市的批判值得我们深思。证据就是芒福德从诞生巴洛克城市的母文化中发现诸多严重问题的总根源,这些问题至今还在危害20世纪城市和人类文明。

在巴洛克时代,强权国王开始中央集权,建立永久官僚机构、法庭、铸币厂财政部、常备军,现代国家随即形成。中央集权制度需要建造首都,这些堂皇首都城市,伦敦、罗马、那不勒斯、米兰、莫斯科、柏林,一个个掠夺地方权力,将其送上停滞不前的道路。巴洛克城市设计极力体现王公大臣们新权势和新世代提倡的价值观念。通衢大道成为城市新景观中最显赫标志,又长又直而且很宽,径直穿越中世纪大小广场,为各色车辆交通和军队通行大开方便。这些宽阔场所原先举行盛大游行,如今独裁者军队经常列队通行,意在恫吓普通民众。今日民众在城市新豪华行列面前已沦为单纯的看客。在芒福德看来,仅此一点就足以表明城市文化开始衰落败退。巴洛克晚期建筑物设计的对称风格,新资产阶级成长排的住宅和商铺,渲染新城市气派和阶级统治。"大街两旁的建筑楼房,僵硬死板,如同军阵肃立。戎装士兵列队沿街阔步行进,雄赳赳气昂昂,整齐划一不断重复,俨然行进中的精彩建筑物!观众看呆了:城市生活在眼前列队行进!"这种城市设计绝非偶然,以高压治国之道就需要"相应的城市舞台!"[9]

芒福德写这一章时心中也想到自己国家的首都,即华盛顿哥伦比亚特区(Washington D. C.)。他曾多次观览过这座都城,见证它为追求景观效果无聊地重复着巴洛克规划的错误理念,为照顾车辆交通,不惜损害邻里住区利益和人文标准。初次看过后他评论说:"假如城市都只为政府部门而建,那么这种布局真无可挑剔了!"[10]

芒福德叙写中世纪向巴洛克文明的历史过渡,忽略了文艺复兴对城市设计的重要贡献。25年后他在《城市发展史》中专门补叙。在后来这部大作中他称赞15—16世纪城市规划师们的巨大贡献:到处开辟广场和绿地,开辟通衢大道,为闭塞的中世纪晚期城市打开呼吸空间。只不过此类改进措施被某些巴洛克规划师们用滥了,改造后不见开阔徒觉空洞。《城市文化》一书中作者认为,中世纪至今唯一成功的城市设计案例,非阿姆斯特丹莫属。芒福德首次参观这座城市是在1932年,并在建筑评论文集《棍棒与石头》中盛赞那里的清教徒村镇。阿姆斯特丹有非常整齐的街区立面,搭配当地河网纵横,联结城乡各地,把早年重商文化时代各种市民精神习俗,以及中世纪城镇特有的种种人文标准悉数保全至今。如此可爱的阿姆斯特丹竟是资本主义创造的唯一"城镇成就的杰出代表"[11]。

进入工业时代,绝大多数大都市都免不了脏乱差的基本相貌。典型表现便是狄更斯小说《艰难时世》的"Coketown（曾译焦炭城，或译为红砖城。——译者按）"形象。但最令芒福德震骇的还不是焦炭城的油腻污秽，而是资本主义的贪婪无耻。因而他想有朝一日写书指出方向，建立一个同舟共济的合作型社会。当时是所谓"煤加铁（carboniferous，也作石炭纪）资本主义"时代，一切向钱看的时代。城镇扩展快得出奇，无基本规划，无控制目标和办法，唯有千方百计刺激资本家的利润收益。焦炭城，就是他们家的城镇，想怎么建就怎么建，想在哪儿建就在哪儿建，公共社会对他们的活动毫无制约手段。他们工厂选址占地最好，然后几乎毗连着工厂兴建工人宿舍、住宅，往往就选址在煤矸石堆或者矿渣堆顶上。胡乱建造些棚户，算是工人住宅了。芒福德著作将焦点从这类低劣城镇形成过程中移开，直接对准其最终形成的丑陋罪恶全貌。以素描般的笔触淋漓尽致描绘了无以复加的城市丑陋污滥。这些文字可以说是对工业时代城镇诸种罪恶的义正词严的起诉书，而且从未有人写过。

焦炭城时代的资本主义把生产集中在蒸汽动力的工厂，19世纪末出现的金融城市，又聚齐了经济生活其他方面，银行、经济人代办，此外还有广告、销售、传媒连带的一切附属机构。如今条条大道通大都会，那里钢筋水泥的大楼林立，银行家和掮客们设计社会的未来。"当权力集中到这种程度，最恰当的词语就是：impotence（阳痿）！"[12]

芒福德1937年写完《城市文化》一书时，心里一直惦记着世界性危机。超大都市发展至这步田地，他推测，下一步就是沦落为Tyrannopolis（暴政城市）。此时文明迅速土崩瓦解，会有一伙流氓恶棍独裁者出面，在中产阶级默允（若不能取其合作）下，把钢铁秩序强加给四分五裂的社会。最终，暴政城市则会蜕变为Nekropolis（死亡城市），被战争、瘟疫、饥荒变为大坟场。种种迹象表明专制主义时代正步步紧逼，而芒福德仍然充满信心，认为区域主义文化会重新出现。此处无须再次叙述他的新技术文明（neotechnic civilization）主张。该书最后一章就叙写该理念。其实这理念他已宣讲了整十年。书写至此早已是强弩之末，人困马乏，琐务缠身，他倡导以田园城市为核心，重建均衡完备的社会文明，号召未来一代政治家以此为核心任务继续奋斗。[13]

可见,该书既是城市史论,又是一篇政治宣言。而其弱点与作者以往探索理想社会著作如出一辙:解决方案是区域性共和国,但靠什么政治战略来实现它? 却未能解答。《城市文化》开列了任务书,列出紧迫变革项目:基本思路是从精神转变最终走向全盘社会改造,但未具体说明如此浩大的社会文化变革如何实现。即使是爱默生式的先锋,能预先营造些社会影响,但随后怎样发动、集合民众去实施他们的思想路线,建立良好社会? 此类涉及政权和阶级行动的重大政治问题,作者都回避了,很令人费解。如何解释? 只能说,一是因为芒福德师承格迪斯,习惯以生物学有机论方法分析社会;另一个原因,是深受爱默生思想影响,而爱默生的主张却同样消极避世。

芒福德没采用阶级理论分析社会,把社会看作生产关系和经济利益构成的组织结构。而把社会比作生物机体,其健全生命状态完全依赖体内各部合作,和谐统一。所以,和谐、均衡、内部合作、共同目标,才是决定机体健康的要素,也是社会健全运转的前提。照芒福德对中世纪太过理想化的观察理解,此类要素在中世纪城镇里应有尽有。所以他认为,中世纪城镇一切阶级和社会团体都能携手合作,共同追求大家普遍接受的价值理想。[14]

其实芒福德的有机论,与其说是分析法,毋宁说只是一种态度。他对西方世界城市发展进步的描绘和解释,特别其中技术进步的解析,简直无与伦比;却未指出其中动力机制(dynamics)和因果关系(causative factors)。经济学意义上的阶级和权力分配并不导致变革,变革只是一种潜在可能。这并不足奇,因为持有机论观点,当然会强调渐变同化和整合效应实现变革,不支持采取阶级行动。大规模社会变迁果真发生,必是历史长过程中的事实,且表现为有机进化的形式。芒福德坚执有机论,且因此以革命者自命。虽然实际上他始终在耐心宣讲按部就班、有条不紊的和平变革。

芒福德的有机论还涉嫌掩盖社会阶级对立的实质。从他对中世纪晚期文化津津乐道中,这点已洞若观火。因而他屡屡推荐重建有机模式区域文明,就不足为奇了。其实,他赞扬备至的中世纪文化的社会凝聚力和社会共识,究其根由并非当时社会生活有普遍的教化效应,而是宗教规范效应,社会等级结构等等,都牢牢固化了社会流动和紧张阶级关系。所以,芒福德有机论作为政治战略显然不够充分;不仅因它掩盖阶级剥削的重要内容,更因为,某些阶级上升掌权,原因何在?途径何在?它丝毫不能提供线索。不论《技术与文明》或《城市文化》,每当叙述一代文明退出历史给另一代让路时,总用一种神秘兮兮宇宙决定论来做解释。用一种捉摸不定、松散宽泛的理论来解释文化变迁,沦为浅陋的末世论（eschatology）,诚然是理论的倒退。芒福德的著作,如同他《棍棒与石头》一书抨击的一战前大批改革家的著作一样,都"未能带领大家走出泥淖!"[15]

一位马克思流派评论家梅厄·夏皮罗（Meyer Shapiro）的书评言辞尖锐:"该书持论气势汹汹,其实是唬人;根据就是它对阶级实力对比的冷酷现实视而不见!"还有评论家进一步指出,芒福德的社会改造计划失之过简,仅基于信念和奇迹,相信社会变革始于人心改变,特别始于某些良知者内心改变。[16]虽然芒福德的确未充分注重阶级实力,但却并未仅站在讲台后面指手画脚,呼唤奇迹。他为 RPAA 撰写的大量作品中提供的数十种具体建议,对重建现代社会都切实可行。他不仅倡导新社区,更具体指导了至少两个社区规划项目,大抵算他区域思想主张的范例。实际上直至 30 年代末,他都写作兼当实干家。即使从未应召进入华盛顿（如他 RPAA 几位同僚那样）,大萧条早期,RPAA 的财政支柱城市住宅开发集团破产,一些同僚进入罗斯福政府任职,芒福德联手亨利·莱特、亨利·丘吉尔（Henry Churchill）、阿尔伯特·梅厄（Albert Mayer）、凯洛尔·阿伦诺维奇（Carol Aronovici）组建了住宅研究会（Housing Study Guild）,培训建筑师,参与联邦政府住宅开发新项目。罗斯福总统及其阁僚们设想新政时,芒福德他们也作为院外集团积极游说,推动更宏大住宅项目和新城镇规划。芒福德并不指望新政能够建成新社会,但他不像那些正统共产主义者持对立立场,他更愿意献力,推动该计划实现更多进步。

埃列娜·罗斯福也曾是 RPAA 执委会成员。富兰克林·罗斯福担任纽约州州长时曾对区域性聚落开发计划很感兴趣。1931 年还曾参加 RPAA 在弗吉尼亚大学组织的研讨会。一份未留记录的评论表明，他支持参照田纳西河流域开发总署项目发展区域性水电项目。当选总统后更委任数名 RPAA 成员担任阁僚，包括凯瑟琳·博厄、罗伯特·科恩。而亨利·莱特和克拉伦斯·斯坦因，则应召担任总统顾问，为建设委员会（Resettlement Administration）的绿色住宅计划出谋划策。但是 RPAA 任何成员都不曾在新政中担任决策要职。后来罗斯福总统未延续他这积极态度，包括联邦住宅计划、区域规划、新城开发等项目，可能他担心因此疏远了党内保守派。因为这些保守分子始终喋喋不休，指责这些计划的社会主义味道太浓。[17]

芒福德很看好田纳西河流域开发总署项目（TVA），但很可惜该计划未发展成大规模区域开发和新城镇建设，而始终维持在半官方水电开发利用和肥料生产销售水平上迟迟不进。瑞佛德·塔克威尔（Rexford Tugwell）治下的建设委员会，起初曾雄心勃勃宣布要建设 50 个试验性社区，后真正建成的只有三处。芒福德认为责任者就是入主白宫那个人！罗斯福总统未给予足够行政支持，坐失良机，与大规模区域开发失之交臂。[18]

克拉伦斯·斯坦因、沃尔特·克特·贝伦特和
莉迪娅·贝伦特（1936 年）

整个30年代芒福德不断施加压力,敦促担任白宫罗斯福总统顾问的同僚们大声讲话,特别对住宅问题要果断行动。通过一系列措词犀利的文章、演讲、书信直接间接致信总统办公室成员,他和他的住宅研究会同仁们大力推动一项"城乡规划、开发、建设的庞大计划",积极推进经济复苏以及更长远目标。[19]

芒福德深信,只要资本主义现状不改变,住宅建设和城乡发展基本决策就不会有根本改观。他从阳光花园和瑞德班建成得出经验,以私人市场方式运作住宅开发会有很大局限和弊端。住宅领域若无政府大力干预,诸如直接补贴购房者、联邦政府担保的低息贷款、稳定收入政策等,广大低收入美国人永将无望在像样子的社区内拥有自家住房。可见,成功解决住宅问题,关键不是设计和规划,而是财政方针。因此RPAA整个30年代始终不渝推动低收入群体住宅成为不容许投机的(nonspeculative)产业。后来芒福德许多RPAA战友愿意退让,接受联邦政府监理这个最缺乏社会主义特征的住宅领域,芒福德仍坚执不让。

怕啥啥来,罗斯福总统住宅计划果真干出了芒福德最忧心的事:把政府推到前台成了投机商的挡箭牌,通过政府担保的分期付款计划保护投资者利益,宛如给"战后郊区发展大爆炸备好火药桶"[20]。他们这住宅计划目的是要挽救美国岌岌可危的建筑业(1933年建筑工人失业率已高达30%),另一目的就是让中产阶级买得起住房,而不是给最困难最急需的阶层提供设计合理、建造精良的廉价住宅。自罗斯福总统后一连几届总统都继承这条路线,在地价昂贵城区用地——而非RPAA建议的价格低廉的郊区——开发公共住宅。这种决策把已很紧缺的住宅资金大部浪费在地价上。结果只是建造成一排排兵营般丑陋的住房,与周边存量住宅风格毫不协调,令郊区发展愈发零乱。

RPAA对这种趋势毫无办法。芒福德的余年始终坚信,若30年代初RPAA成员能团结一致,"拎着罗斯福的耳朵令其就范,美国住宅和城乡规划的全部历史就完全是另一幅景象,会好得多"[21]。后来芒福德还揣想,若RPAA最优秀成员,如凯瑟琳·博厄,不曾应召进入白宫,自身拧成一股绳,作为院外团体积极游说,RPAA也会更有影响力。[22]但这完全不可能,因为尽管 RPAA 曾自力建成两个试验性田园社区开发项目,很可能成为罗斯福新政时期新城镇发展的样板,让 RPAA 发挥更大影响,但是大萧条时期很难筹措到私人资金投入社区开发。RPAA 只得依靠罗斯福,而要想"拎着罗斯福的耳朵令其就范"就得首先进入白宫。凯瑟琳·博厄以及 RPAA 其他成员先后发现,罗斯福总统并不大热衷他们推荐的宏伟远大改革构想,且国民当时同样只顾眼前,这就令事情很难办。因为罗斯福从不远远超前于民意。

美国区域规划学会(RPAA)同样难逃大萧条这场浩劫。1934 年,亨利·莱特与克拉伦斯·斯坦因因住宅设计问题意见不一,失和分手。此后两人再未言归于好。分裂后两年亨利·莱特死于动脉硬化,时年 58 岁。几乎同时,克拉伦斯·斯坦因体力脑力严重衰退,余年再难发挥余热。1947 年曾短期恢复体力和精神,在芒福德、凯瑟琳·博厄、本顿·麦克凯耶以及阿尔伯特·梅厄等人协助下,一度曾想扶持 RPAA 重建当年雄风,恢复其美国区域开发委员会(RRCA)时期的主导地位。此事芒福德在纽约见过一位朋友后回述:"20 年代我们个个英姿勃发,如今年老力衰,雄风不再。"而且也很难找到同样有担当有抱负的青年一代建筑师规划师,愿意继承他们的事业。"我们这才意识到,原来无往不胜的魔环彻底散碎了。唯余一点点遗痕与遗恨。"[23] 这话芒福德 1947 年致信麦克凯耶说的。50 年代早期,美国区域规划委员会也悄无声响地解散了。

RPAA 解体后芒福德继续为区域改革事业工作,但从此单枪匹马,孤军奋战,效果自然大相径庭。失去往年互相激励互相鼓舞的伙伴团队,他也渐渐远离城市设计规划领域的新思潮,接着便失掉了以往热忱,不再关注如何将一些伟大构想付诸具体实践。注意力便聚集到人类价值理想和社会走向中的宏观变迁。如果说他后来一些活动仍然联系城市设计某些具体实践,那只表明他雄风未尽,余音缭绕,而非思想领域中又曾有过任何重大变化。他一度很伤感,说"其实自从 RPAA 解体,我们任何一个都不像当初大家在一起时那么英姿勃发,所向披靡了"[24]。

他这话简直像预言。1938 年写完《城市文化》,作为城市理论家,他声誉已如日中天。辛辛那提、密尔沃基及华盛顿哥伦比亚特区附近许多绿色走廊城镇规划师们,纷纷开始试验他的城市理论构想。美国城市规划师协会邀他撰写一部影视节目,就叫做"*The City*",后来该节目成为1939年纽约万国博览会上最受欢迎的节目之一。① (有位评论家看后说:"这是电影事业从未有过的伟大作品。")[25]从此,邀请信雪片般飞来,芒福德不断应邀做客各地,为城市和区域规划出谋划策。1938年夏,他接受了两桩邀请,因为这两件事情可能给他提供良机施展抱负,在美国极富潜力的地带试行他的区域规划构想方案。一个是夏威夷,另一个是太平洋西北地区(美国属 Pacific Northwest)。此前他从未应聘担任规划顾问,这是期盼已久的良机,终可一展才华直接参与规划设计向往已久的区域性城市决策过程。这光景与帕特里克·格迪斯当年事业顶峰在印度、巴勒斯坦担任规划主管,几乎一模一样。

芒福德为檀香山(Honolulu)制定的规划提供给该市公园建设委员会,堪称《城市文化》的附录。作者将该书思想理念倾囊交付给了这座真实城市。该规划设想可谓大胆周密,虽大部分遭当地官员否定,但这份规划说明书却可视为他平生最详尽的城市有机规划思想的总结。从这份规划说明中,我们可以看到非常务实的刘易斯·芒福德,严格遵照恩师格迪斯的训导:规划师要努力追求"在每块土地规划建设到最大限度,出最好效果。"而非"空想些尽善尽美却完全不可能实现的东西"[26]。

芒福德初到檀香山是1938年初夏,出席一次国际教师联合会发表演讲。当时刚刚完成《城市文化》,加之与爱丽丝掰裂,身心俱疲。本巴望在这次旅途中彻底放松,恢复体力。况且他对夏威夷多少心存疑虑,远赏它"仿佛一部罗曼蒂克影片。却不料只待了九天就让我刮目相看,到处花团锦簇美不胜收,印象如此强烈,丰富审美享受连同精神思想的大丰收,快乐难以言表! 我不记得平生何时何地有过类似体验"[27]。

---

① 该片由美国纪录电影公司摄制,由美国城市规划师协会赞助,提供给博览会宣传美国住宅建设方面的巨大成就。该片由爱伦·考普兰配音。——原注

抵达檀香山当晚致信索菲亚:"若我俩来世再生仍有幸同床共枕,咱就来这儿度蜜月。"他下榻在一所小平房,距瓦其奇海滩仅一箭之遥。卧室多片大窗,远近惊涛拍岸,声声入耳。附近旅店草坪处,土著歌舞女人低吟浅唱。这天他饱尝"连续不断的美景、美色、香气、友爱表示,种种熔铸一体的联奏大狂欢!"整个一下午该市公园建设委员会主任赖斯特·马考(Lester McCoy)陪同他观览檀香山市容。这位主人身强力壮,带领他东西上下,从简陋贫民窟到最豪华种植园主精英住宅,跑遍全岛。芒福德看到,整个岛屿美得无与伦比。旷野地里到处兰花盛开,黄蝴蝶属乔木枝干挺拔,柑橘类果木红花满树,道路两旁栽满各种花木。从周围山坡俯瞰全城,恍惚感到主人招待他有幸一睹天堂真容。这才明白当年梅尔维尔何以如此眷恋这块宝地。[28]

马考主任和他的建筑师助手,哈里·西姆斯·本特(Harry Sims Bent)都读过《城市文化》,得知芒福德要来开会,便征询他能否拨冗一谈,指导本地城乡规划工作。还安排芒福德拜会了本地富商名流以及市政府官员。然后邀请他8月份再来,专就城市绿地建设和贫民窟改造出谋划策。答应为此行三周工作支付两千美元。这一慷慨让他们全家都能来过个长假。小女爱丽森得知妈妈要携她前往,特别兴奋,整天屋里屋外跑跳不停,口中念念有词;"光荣啊,光荣;檀香山啊,无比光荣!"[29]

这年格迪斯·芒福德刚满13岁,夏威夷之行居然替他圆了一梦。因为这孩子天性热爱旷野大自然,体形像个优秀运动员,又是个钓鱼高手,所以很快像本地人一样爱上了夏威夷。及至将返家,他已能光脚爬上高高弯弯的棕榈树,速度不逊于当地任何同龄伙伴。还学会滑水冲浪,常离开父母免费住的大房子,到不远处海湾劈波斩浪。向晚时分,又拿起梭镖,同伙伴一起去插鱼。来到宝石岩和瓦其奇海滩之间一片尖锐利珊瑚礁水域,穿上橡胶底统裤保护双脚,手持火炬夜间照明,开始插鱼……

檀香山几周驻留,让格迪斯与父亲关系空前紧密,虽起因是遭遇事故。他们一家抵檀香山一周后,索菲亚染病毒性支气管炎,入院治疗三周,甚至一度病危。这场家庭危机把这爷俩关系拉近了。平素索菲亚为他们做的事情,此时爷俩得合作互助共同完成。每天清晨六点半起床,翻越防波堤去浅滩游泳,波平浪静,海水温暖。然后回家吃早饭。日裔全职服务生早在凉廊摆好了海岛产各种新鲜果蔬。吃完早餐,刘易斯工作日就开始,内容包括城市走访考察调研、记录构思。爱丽森交给护士,格迪斯就交给他自己照顾自己了。晚间,刘易斯来医院看索菲亚(一日三次的第三次)前,嘱格迪斯哄小妹妹入睡。回家后,见格迪斯也已入睡,便独坐书房(与他寝室毗邻),给朋友写信,这是他每晚雷打不动的习惯。

从许多情况看,这五周对这家人都是艰难考验。但及至离开檀香山返家那天,一个个竟都难舍难离。最难受的是格迪斯。他说这地方是他"最适合的家园",央求父母准许他留下。这孩子上学吊儿郎当,念书不务正业。如今一反常态,立誓痛改前非努力学习,只要父母许可他留下……海轮驶离檀香山了,格迪斯凭栏眺望,投下一个个花冠,看着串串鲜花入水,默念这招灵验……行前有人告诉他,花卉投入水中会形成长链,把海轮拴在栈桥上。[30]

驻扎檀香山的五周里,刘易斯不舍昼夜考察全城,或乘车或步行,会晤城市规划师、政客、普通劳动者,偶或还拜会"经管菠萝和甘蔗种植园的……光鲜无比的怪物们"。随他一起考察的是公园建设委员会主任赖斯特·马考。此人后来与刘易斯交谊很深。刘易斯得知,马考是个铁杆保皇党(保守派),不喜欢刘易斯某些主张。所以,刘易斯动笔撰写最终报告前,先问明他的意愿:要哪些题目,不要哪些题目……因为考虑到,五周后刘易斯回家了,他得出面实施这计划,还得面对各种反对者!不料,这马考冷冷回答说:"我聘您这专家来此,就为听听您的高见。您甭问我喜欢什么,不喜欢什么。"后来证明,马考这人说到做到。他全盘支持芒福德规划方案,却遭到思想保守同僚们激烈反对,推荐内容无一通过。他索性辞职拂袖而去,不干这主任。[31]

芒福德文笔优雅的考察报告,开篇叙写本地自然环境资源,包括景观和人口状况。檀香山当时只有18万人,而且尚未陷入摩天楼酒店大发展狂潮。虽然遍地都是简陋破败贫民窟,而海滩一线仍"精光如野,啥都没有"。整个城市尚未脱离自然环抱,天空,大海,群山环抱。只要告诉这座城市懂得珍惜自家珍贵自然遗产,妥善利用,包括天空、海滩、温润气候,按时按季的降雨,一定成为地球上最美好的地方。

芒福德着重指出,该方案着意不去触动本地现有天赋资源,更无须渲染它。但比如,现状是行人走在路上很少意识到身处海岛。因为只有市中心少数几条路直达海滨。从城里通道,包括步行街,很少能得见港湾、外海、辽阔太平洋,连偶或掠影也难得一见。芒福德认为,该城市"街道设计如此忽略本地海景、水景,乃规划之一大败笔!"

远离海滨的街道,走向、布局却随意而古怪。两旁房屋都紧密凑成一团。这种紧凑聚集的街道房屋布局适合寒冷、潮湿的北欧中世纪城市。热带城市这样布局就很不妥。整个道路网布局未能巧妙利用本地东北方吹来的习习海风,这种信风提神醒脑,是很好的天然、廉价制冷系统。芒福德依据夏威夷自然条件以及当地人喜爱露天活动的特点,倡议本地采用开方式规划,这就充分利用了本地海景和贸易风资源,同时减轻市中心因交通路网芜杂零乱带来拥挤混乱。具体措施,他解释说,包括修建步行长廊,建造几条美观整齐的林荫大道,直通海滨。

但仅凭城市商业中心做些肤浅改造,还不足以让檀香山建成康复养生之城。中心周边一大圈破烂贫民窟须彻底清除,消除这些癌变组织般的地区,代之以整洁、优美、廉价住宅,严格依照大型街区①技术标准建造,改进采光和通风,确保也能享受丰富热带植物的长绿景观。芒福德这超级街区规划还另有深意,他意识到将来这里同样难免大量汽车交通,巨型街区规划就预先防止了汽车侵扰城市居民生活。檀香山亟需一条交通大干道,疏解人口和车辆,缓解城市中心拥挤压力。他提议环城周边铺设两条三车道交通干线,一条走向沿海岸线,另一条沿山脚延伸。这构想胜过大干道直插城市中心。它避免为车辆交通拆毁现

---

① supper-block,类似中国内地大城市一些相对封闭的小区、大院等综合型生活居住区,其中甚至包括零售店、俱乐部、托儿所、体育馆、办公楼、小学等。也译超级街区。——译注

有建筑,最终还在市中心造成塞车,拥塞通道。

新修干道还联结城市与海滨,城市与乡村。不过芒福德该规划真意乃在于将大海和乡村元素引入都市生活。从中不难看出,阿姆斯特丹城市规划给他的启发。檀香山有较完备排水管网,足以下泄雨季洪涝。芒福德提议在此基础上扩建河网体系,将公园、造景、绿地建设都融入现有河网,连成一气,建设水道、绿地、公园,直接联系现有公园,建成类似纽约中央公园的大型城市绿带。它内涵丰富却空间宽阔,涵盖城市每个角落。芒福德极力主张,这一构想一定要结合住宅周边安排统筹规划,同时并举。将住宅区周边绿地和停车场一并纳入规划建设。这样,各住宅区的分散绿地呼应配合城市河网绿带,令城市景观优美有序、连贯一致。长远看,还能防止土地投机和城市周边恣意扩张,避免城区摊大饼发展失控。

为确保规划从制定到实施不走样,芒福德建议,市规划局重组新班子,任命强人当首脑。他说,此人须能"掌管全局,兼备指挥管理和规划设计才干"。照纽约公园建设局长罗伯特·摩西的样板选荐良才。"大凡我们忽然发现规划设计的精良之作,接着常常发现其中必有奇才,其主创者绝非平庸之辈,不是吗?"紧接着芒福德建议,创造条件让广大市民有话语权,积极参与规划决策过程,具体途径是吸收各界别利益团体参加,组建都市规划咨询委员会。[32] 请注意,芒福德提出这些倡议时,罗伯特·摩西还远未掌权更未出名呢! 数年后芒福德才着手修订他对规划界大腕们的评论文章,特别评说了摩西。[33]

《檀香山走向何方?》(*Whither Honolulu?*)是芒福德的城市规划杰作。该文在1938年12月正式发表,檀香山报纸《广告人》(*Advertiser*)"同时在头版刊发社论予以盛赞。但是,该规划方案的内容大都遭市政官员漠视、否定。其中一人甚至说:"六十七页篇幅尽是些胡言乱语。"[34] 即使如此,真正熟悉檀香山具体情况的规划师则称赞该方案,认为它切合当地实际。有位专家1980年述及芒福德该规划报告书仍然说:"当年芒福德发现的问题至今犹在,他提的对策本来可以让问题更容易解决。"[35]

华盛顿州斯波坎市负责城市规划的官员,本·基泽(Ben H. Kizer),首次前往檀香山参观访问,出发前致信芒福德说:"您的《城市文化》一书激发全美国的青年一代重燃理想热情,让老年一代旧梦重温。"信中还邀请芒福德7月到他们那里来小住几周,看看这块"长满冷杉和雪松的土地",同时指导当地负责区域发展规划的主要部门,即美国太平洋西北区域发展管理局(PNRPC)。管理局为他几周工作支付500美元。对芒福德来说,这也是天赐良机,因为他可边工作边等候索菲亚和孩子们,聚齐后同去檀香山。[36]

7月末,在洛杉矶探望过杰瑞·拉亨布鲁克后,芒福德乘火车北上,来到华盛顿州斯波坎市与基泽汇合。随即开始旋风般乘车观览考察俄勒冈州广大乡村地区。基泽驾车从波特兰出发,带着他长途来往穿梭,穿越威拉米特河流域(Willamette Valley),经西雅图、爱达荷州首府博伊西(Boise)、蟒河盆地,抵达海岛王国(Island Empire)后再折返斯波坎市。平均每天行程250英里,沿途考察城市、森林、哥伦比亚河峡谷奇大无比的水电站工程。行程和考察间隙,芒福德还会见各地区域规划管理官员,出席午餐会发表演讲,与商界人士、银行家、城市官员等共进晚餐。他很想放慢速度,各地仔细看看,尽情品赏美国这块著名风水宝地,风景秀丽地区,但又得屈从基泽心急火燎一站紧接一站的行程安排,一路上他不断抱怨。终于,两周末尾晚上,商议第二天风驰电掣赶路400英里去看熔岩流峡谷大坝;路上中午午餐时在基泽家乡发表演讲……听完这紧张安排,芒福德说什么也不干了,告诉基泽,他一步也不想走了。基泽劝他重新考虑,因为约有三百名听众等着听他演讲呢。他却回答"我已经跑散架了",这次是寸步不让。后来致信约·斯特龙金时他说:"我真不知道,这位基泽行房做爱是否也这般心急火燎……这架式把我整得一路上痛苦不堪。"[37]实际情况是芒福德根本不适应长途旅行。"旅行这事儿很奇妙,走走逛逛,视觉激活了,精神活跃了,但我心中所想总跟不上趟儿!"他比喻说,他很像"一种好酒,换个地方香气就全变味儿了!"[38]

其实芒福德极爱这次西部旅行,华盛顿州,加利福尼亚州,檀香山,都令他如痴如醉。还品足了作为"著名权威"接受招待的心里美,也意识到早该撇开写作出来逛逛了。但这种解脱感好景不长,不久就感到他这新名望简直如"进补药",提神却非家常饭,随意而滋养。于是巴不得立即回家,回到自家阿美尼亚小村。那里他可以踏踏实实干些"实事儿",过上自家"实实在在"的日子。[39]

入秋,美国东北太平洋地区规划备忘录在阿美尼亚村撰写完毕。其中论证,为确保该地得天独厚自然资源不受侵扰,保障最好生活质量,"我们必须抵制城市恣意扩展的荒唐主张"。西雅图和波特兰两市已经超限扩展。芒福德呼吁,区域规划工作者必须立即想方设法节制城市扩张。把新增人口疏散到该地区新城镇,新开发城镇互相间隔松散、星罗棋布分布的广大地段。该地区新开发的水电事业为此前景提供了可能,会促进人口和生产力规则有序分布,从而保护哥伦比亚河流域无与伦比的秀美风光,免受工业和城市开发侵扰。为此他建议成立类似 TVA(田纳西河流管理局)的跨流域权威机构,统管整片流域规划建设。还建议授权该机构着手区划工作(zoning),购买土地并安排用地,包括规划新城镇。[40]

基泽邀请芒福德来年再回来做更详尽勘察研究,准备更详尽规划报告书。但此后世界危局一天天加剧,芒福德注意力便移开了城市和区域规划,开始考虑如何告诉国人做好准备,应对法西斯甚嚣尘上的威胁。已有两本著述给他带来国际声望,现在他开始准备进入新时期,迎接新考验。而一场粉碎性灾祸正等待他,继续检验、锤炼他的人格力量。

从花花公子到苦行僧

　　年轻时我们常问自己,倾毕生之力能征服什么?如今年老了却只能问,我们还能拯救什么?岂有豪情似旧时,非年岁使然,是时代变了。

——刘易斯·芒福德给冯·维克·布鲁克斯的信
1936 年 7 月 24 日

　　"人一生居住生活在自家小溪谷,如花瓣舒卧花萼,若橡子安睡子被(cup),自在悠闲。这里有你全部所爱,你的梦,乃至你全部生命。"[1]亨利·戴维·梭罗这话最贴切描述了刘易斯·芒福德自己的王国:纽约州达其郡里兹维尔一处椭圆形谷地,向南通往伯克郡(Berkshire)的门户。1936 年夏芒福德举家迁入这环境幽僻绿树茵茵的峡谷地带常年居住。这决定是一生最重要转捩点之一。乡间生活,以及此后十年所历一连串国家大事和私人琐事,全然改变了他对人生看法态度。要了解此后的刘易斯·芒福德,不能不先看这十年里发生的事。这十年经历,自传中很少提及,因为重新回忆太伤心。这段艰难全靠了朴素、单纯的乡村生活方式,家人亲情以及不倦的工作和劳动,支撑过来了。

　　芒福德在里兹维尔第一冬非如他所想那样惬意、舒心。当时他刚接受委任做了纽约市高等教育委员会成员,每周得去城里三四天办好委员会的委托。此外还得给《纽约客》杂志撰稿,写艺术和建筑评论。他致信布鲁克斯说:"这就把一切都搅乱了:家庭生活、健康、平静以及事业……全毁了。取舍就是,要么辞职放弃《纽约客》,要么放弃阿米尼亚的家。答案当然是放弃《纽约客》。"

芒福德(右二)向纽约市长菲奥雷洛·拉瓜迪亚宣誓
成为纽约市高等教育委员会成员(1935年)

但实行起来又不那么简单,因为实际上他两者都难割爱,虽说都是些"操心费神的鬼差事"。当然,此外他也想每周多少在城里住住,会会朋友[2],包括当年城市学院时代老教师和同事,因此得以与大学时期旧交重叙友谊,如约翰·T.弗林(John T. Flynn)。碰巧,这弗林也是该委员会成员。不过此人虽笨嘴拙舌,穿着却如银行老总,饮威士忌像个爱尔兰狱卒。每逢委员会开会,刘易斯不禁爱逗弄这些衣着光鲜的共和党律师以及那些油嘴滑舌"坦慕尼协会(纽约市民主党组织)"成员们。这些人恭维他,以"教授"相称!他则猜想,"可能因为称呼他教授,要比与作家为伍(令他们感觉)要稍为舒服一点!"渐渐,芒福德发觉自己很有些掌管委员会的才能,那年冬写信给索菲亚说,"我干这类事情也很顺手,且很快上了瘾!得赶紧辞职,不然我就想竞选纽约州州长了!"[3]

纽约也让他付出了代价。委员会一开会常拖到凌晨,人困马乏。不开会时,马上投入撰写,完成《纽约客》双月刊栏目艺术评论约稿,还有月刊"天际线"的建筑评论约稿。收入颇丰,每篇150美元,加上他特别喜爱观览美术馆、博物馆,还有,像年轻时那样闲逛曼哈顿大街小巷。写笔记,录观感。接触三教九流,比写书交游广泛多了。《纽约客》编辑们待他毕恭毕敬,特别是哈罗德·罗斯和凯瑟琳·怀特(Katherine White)。允许他随意选题,想写啥就写啥。而且来稿照登,一字不改。芒福德虽很喜爱这份工作,却又觉得耗时太多,误了他"正事儿"。他每周一清晨乘火车自阿米尼亚到纽约后,入住市中心一家酒店,为专栏写作数日,邻近周末赶回家,已身心俱疲,第二天再难打起精神做正经事儿。

在纽约还要花时间陪爱丽丝,因为担心她自杀,要他经常陪同。一年前,友人,青年作曲家马克·布里兹坦因(Marc Blitzstein)的妻子伊娃·高尔德别克,就自杀身亡。生前,他曾多次探望。她最危困时,刘易斯还陪同亨利·莫瑞前去做心理援助治疗,仍未避免其慢性绝食而死。如今又与亨利·莫瑞一起援助爱丽丝,怕她寻短见。

这年春,爱丽丝稍好,眼看痊愈,刘易斯便辞掉教育委员会职务,又告知哈罗德·罗斯,他须暂且离开《纽约客》。罗斯为人粗鲁,不好打交道,一心想把他的《纽约客》办成全国顶级杂志,芒福德是他看好的最佳人选之一,不准他离职。经商讨,最终同意芒福德继续担任"天际线"专栏主笔,不定期供稿,题材自选。但刘易斯说,艺术评论专栏他就无法兼任了。尽管允诺更高报酬,但芒福德此时最大关注已不是钱多钱少。这年他四十一岁,渴望回归见习作家时代那种从容不迫的生活节奏,何况深信自己是奇才,奇才就要奇用。既然各方面(性爱和情感)都日渐成熟,这奇才也该开花结果了。首先他想写完他未竟的小说《胜利者》(Victor),再写一两个剧本,画些素描和水彩或油画。婚姻家庭也需要修修补补。这都需要他有连贯时间住在家中。如今有了《纽约客》挣的钱,人生到此方觉得有财力可享受"归隐"生活了。再者,他感觉若仍不能与纽约一刀两断,自己未免"怯懦又愚蠢。"[4]

去年夏天他和索菲亚最初决定搬迁到里兹维尔,本无意永久离开城市。只想在乡村小住几年。所以答应过朋友,说两人都与纽约魂牵梦绕,不会永久分离。但仍果断离开了阳光花园住所,原因之一是那里房间已经太小,不够四口之家居住。但若听索菲亚意见,他们或许就继续住在纽约,把里兹维尔住所作度夏暂隐之地。但是刘易斯想法很有点像瓦尔特·惠特曼,感觉日益喧闹的纽约是"出售收获物的好集市",却非"辛勤耕作的好处所。"[5]他受不了城市没结没完占他时间和精力,尤其如今已声名远扬。给瓦尔多·弗兰克信中说:"我无比怀念青年时代做学徒作家时期那种慢节奏生活。怎样才能既不归隐又能多少找回那种感觉呢,好想知道。"唯一办法只能常年居住里兹维尔:既有他钟爱的静心独处,又能跳上火车两个钟头便到纽约,只要"养足精神饥渴难耐,想进城去……"[6]

但是,乡村生活毕竟在改变他,在气质观念上逐渐把他悄悄变成乡下人而非城里人了。让他更像农村哲学家赫西奥德,而不像彻头彻尾的雅典城市哲学家柏拉图。他在乡村过上了可心合意的生活,井然有序、节奏缓慢、均衡完备。虽然笔下偶或也表达渴望嘈杂热闹、出乎意料的乱事,但他还是喜欢严格规矩的生活方式。爱子格迪斯曾对他说:"你若能像我那样观棋不语,我若也像你生活里那样临危不乱,那咱爷俩可就天生绝配了!"[7]

此后一连六年芒福德都与家人同住里兹维尔,其间只有两年冬季住在纽约。他和索菲亚一生东转西转,偶或暂居他处,最终总要会回到这里,回到他们的"伟大风水宝地(Great Good Place)①";这是他们给这所旧居和周围环境取得好名字。常年居住,日夜相伴,修缮养护,让这老房子无形中也变成家庭一员,成为挚友,越熟悉便越亲密,越亲密便越离不开。每块园地,每片草坪,草木,观景,都记载着生活中多少辛劳耕作,多少幸福时光。[8]

若说这房子这土地如今秀美惬意,那是他俩双手长年不辍营造出来的。而且经他们成百上千处修整改善,万变不离其宗者乃是这房屋的敦厚纯朴。见过之后,有些人或许觉得这种居家环境太过 spare(节俭、清寒)。其实,他们酒窖总存着大批葡萄佳酿款待嘉宾好友。宽大客厅天花板系厚木梁构筑,客厅四壁围满书架,珍藏各种首版图书。刘

---

① *The Great Good Place* 系亨利·詹姆斯的短篇小说,1900年首次发表在《出版商》杂志。小说描写了一位心神不宁的作家乔治·丹尼,幻想逃跑到个好地方休息,恢复体力,然后再回来迎接生活的重压。丹尼后来至少在梦幻中找到了这个伟大的风水宝地。——译注

易斯坐拥书城读书的木椅上方,挂着玛琳(Marin)和奥基佛(O'keeffe)的油画名作,还有阿尔弗雷德·斯蒂格利泽赠送的礼品。家具陈设则简单质朴,甚略显老旧。从不用很多现代化家具电器。刚搬来时曾有一台小型收音机,不久购置了唱盘留声机,装了电话,也就这些了。1936年在索菲亚力促下,买过一辆二手车,但刘易斯坚拒学习驾车。便给索菲亚沉重家务中又增添一桩新活儿。

芒福德在里兹维尔的房子(纽约,1941年)

其实刘易斯也有过自己的"小美人儿",一辆1932年款的雪佛莱。一天下午,刚买了车不久,在索菲亚劝说之下,他试着学驾驶车。刚坐进去,小心翼翼发动了引擎,离合器却松放太快,车辆猛地窜出,险些撞倒房前一株壮美的大枫树。刘易斯惊跳出来,发誓再不碰汽车了。[9]

阿米尼亚小村与周邻农户是个凝聚力较强的农业社区,成员有农夫、工匠、小店主和农业劳动力。从社会构成看,以自给自足的共和党家族为主导。刘易斯和索菲亚搬来居住后并未立即融入本地社区,保持经常来往的有斯平格夫妇,还有他家常客,而且始终非常亲睦,尤其是达菲一家(the Duffys),还让格迪斯和爱丽森认了干亲。达菲夫妇是爱尔兰一个大家族。这家人以及里兹维尔大道上下周围邻居,对新邻居芒福德夫妇下乡居住很帮忙,借给工具和设备,修缮房屋出谋划策,若长久外出他们还委托邻居照管田园房舍……总之，里兹维尔农村生活令芒福德更确信，要想把城市建成真正可居之地，"必须向城市邻里生活输入乡村生活许多宝贵的东西"[10]。

久住这里，刘易斯也像邻居一样，渐渐操起园艺，这种活动成为他用脑后一种有效调剂。虽从九岁十岁他就在纽约自家后院种过花木，而真正体验园艺活动则是在阳光花园，当时试验种过灌木、萝卜、鸡冠花等。搬入里兹维尔夏季别墅，1931年开始在房前屋后种植自家第一块园地。刘易斯这项爱好是逐渐养成的，直至把里兹维尔当作常年居住地之后，才真正爱上这门手艺。且从此一发不可收，园艺占了他越来越多精力和想象；最终园艺成为他内心世界非常重要的一部分。后来，每年都要离开阿米尼亚外出，春季归来，首先"收拾园子"成了日常生活安排的"基本内容之一"。

他们家吃的蔬菜都是自家一英亩园子里种的，这园子管得可谓精心。园艺管理每道程序，从鉴别说明书（他常找斯平格和邻居对比商议），到春季供货单选购籽种、松土，直至最终采收，他都很仔细，无不亲手而为，同时收获大快乐。园艺劳动让他密切接触生命世界和农事生产全程。动手操作深化了书本知识，包括塞缪尔·巴特勒和帕特里克·格迪斯书中讲的大道理：唯有与自然界适度相处，不远不近不紧不松，而非一把蛮力死捏着不放，这样，我们才能创建一个真正可居的人间。不过，操持园子最令他心满意足者，乃其中心悟："真正从头到尾体会生命过程，如母亲伴随孩子生命之孕育，受胎、怀孕、分娩、授乳……"他有大量笔记叙写其中奥妙和快乐，其中写道："这过程令人感悟生命过程之完备与伟大，是当今生存方式中其他任何活动都无法替代的。"此外，身为作家，他更感悟到，构思到成书过程中有些东西是（作家）根本无法驾驭甚至意识不到的。因而，他尤其重视最终摘收蔬菜这道工序。"这事儿……是全过程最宝贵阶段，让我日复一日特别期盼。"笔记还继续说，进入老年，八十多岁了，芒福德已弯腰勾背，春季晴朗天气，时不时，还颤颤巍巍跨出后门，进园子干些力所能及的农活儿！[11]

他说,园艺活动赋予他"类似宗教体验的宁和",与司自然万物造化之功和谐共适。久之,他叙写人生核心一幕的大作——《生命的更新》系列集——便在心中酝酿成型。此书不仅植根基督教精神,同时也植根他持之以恒的田园耕作。园艺劳动如乡村环境一样,有养生康复之效。每逢遭遇不测心烦意乱,情绪低落,最佳"处方"往往是出门走向田园,动手拾掇泥土花木。他很快发现,园艺活动与写作居然联手而行。它既能让你有心绪写作,又能引你离开写作。因而大大改善写作产品质量。整个上午噼啪打字工作后,到菜园干干体力活,很快能消除疲劳,头晕眼花筋骨酸痛,为之一扫。精神顷刻焕然一新,迎接余下的工作任务。他常对朋友们说,他不喜欢"做书呆子",而且办法很多,园田劳动仅只其一。[12]

居住乡村还锻炼了他的观察力,散文笔锋也因此更为活泼生动,充满想象和比喻,许多都得益于自然。这样他不仅更加热爱自然,还逐渐拓展为以自然为主题的一流作家。此类佳作当属《常青的记忆:爱子格迪斯轶事》,其中以诗意文笔叙写许多快乐的户外活动和享受。还有些优秀论文介绍一些优秀、明敏的自然观察家和作家,包括美国著名鸟类学家、画家和博物学者约翰·詹姆斯·奥杜邦(John James Audubon)。自从搬迁到阿米尼亚,他重新喜爱上了这位作家的作品。不论到田间或缓步走向巢佩克庄小路,他总随时记下新想法,为这些论文积累资料。还很爱田野写生,素描,格迪斯则静坐一旁,手持竹竿钓鳟鱼和鲑鱼。有时他独自前往,在铺满金盏菊和草莓山坡前大草地上绘画、写生。他许多优秀水彩画和油画作品,都惟妙惟肖记载了阿米尼亚至今仍在的山川风物。

他给朋友无数信笺(平均每日写信10封)都详细描述本地风物随季节发生变化。每周都不一样,每个月更有重大的物候变化,细节如建筑物、植物花卉颜色、各种野生动植物生命活动,诸如火蜥蜴、雨蛙、土拨鼠,还有驯鹿……还有天空的变化,气候、天气、远近景色以及日月星辰。总之,什么都逃不过他的锐眼。周围自然世界丰富多彩,让他五官大开,即使在室内也能感知远近变化。在城里走访调查他早已练就一副锐眼,来到乡下眼光愈发敏锐,要远超过在五光十色的纽约城里。城市环境让人感觉迟钝,遗忘天气和物候变化,除了广播新闻和报纸的天气预报,此外一无所知。一次野外行走后他记写:"开阔田野上任何时候都天高地阔,你总能发现许多变化。"他像阿尔弗雷德·斯蒂格利泽一样,也爱观察天空云彩。"一天任何时刻,任何情绪下,常常观看云彩。"有时候他发现天空云朵形状奇特,便招呼全家出来观看。有时候,他会像古罗马人那样由云朵变幻来测算某些事情结局。一天下午,他坐在室外观望天空,忽见云朵形状特异,极似自己头像。便兴奋地高呼索菲亚快来看,还得告诉他看见了什么。索菲亚看后,指着右前方天空笑了,说:"哟,怎么跟你秃头一模一样啊?"他更兴奋地告诉她说:"哈,这可是个吉兆!"[13]

全家人中小格迪斯最喜爱户外活动。还很小时,父母就赠给绰号"采蘑犬(mushroomhound)"。他俩常带孩子到屋子南边玩耍,到大草地先指出方向,随即大喊一声。这孩子便飞奔向前,不久就找回个大蘑菇。七岁,格迪斯有了自己菜园,也像老格迪斯一样热爱园艺和大自然,自家庄稼、植物、动物、昆虫,无所不爱。九岁开始有了"男子汉"爱好,钓鱼、打猎、挖陷阱捕兽。父亲笔记的描叙说:"六岁扑蝴蝶,九岁开始挖陷阱捉土拨鼠,抓到之后三下两下结果了他们,活干得干净麻利,父母看得啧啧咧嘴摇头。"寒冬清晨,格迪斯五点起床出去看他冰下兜篓,带回鱼虾交给索菲亚做菜。

不过格迪斯的最爱还是打猎。刘易斯为了更接近儿子,也操起这一运动。本来他少年时代佛蒙特度假曾学过猎枪。但真正打猎还是搬到里兹维尔之后。为此还专门买了支0.22英寸口径的单发猎枪,教格迪斯去树林行猎。狩猎季节过后,爷俩傍晚常在屋外靶场练习射击。靶场射击成绩爷俩难分上下,而到猎场则格迪斯成绩领先。这其中有爷俩很多故事。

格迪斯十三四岁时,像其他孩子一样,开始避开父母去找自己天地和朋友。这时,达菲家的男孩子们成了他密友,一起游逛,打猎。格迪斯有印第安人的灵觉,对附近水塘草场树林之熟悉,超过刘易斯熟悉自己藏书。就像是故事书中的莱瑟是托金①。"扛起猎枪走进树林,就是他逍遥自在的世界了。"14

搬迁到乡村让刘易斯有更多时间陪同孩子。冬季他和索菲亚常带孩子上山坡去滑雪橇,或去塔柯尼滑雪,偶尔也去巢佩克湖面滑冰。秋季,带孩子进入树林打猎。爷俩狩猎,收获物有雉鸡、松鼠之类,带给索菲亚烹调餐桌美味。索菲亚早作好甜面包圈和鲜果酒等候他们了。

夏日傍晚,格迪斯还小时,晚餐后他们会绕到房后,草地上三角形坐好玩传球。不然就是刘易斯与格迪斯还有邻家孩子打打闹闹。刘易斯觉得很有必要通过这些活动保持自己阳刚之气(masculinity),担心孩子觉得他仅是个柔弱书生。他的记录清楚反映了爷俩关系:"他眼中我这父亲无疑很溺爱孩子,但他还是畏我一身蛮力。我俩练中国式贯跤,我始终都不会让他。互相紧抓肩头对峙雄视中,从他眼神中我看出我们父与子至亲至爱的关系,那是我终生难忘的印象。"15

每天晚饭后一家人常久坐餐桌说笑,随即刘易斯会取出《牛津名诗宝典》开始吟诵。母亲回忆说:"格迪斯非常爱听,即使很小,也安静坐着。这逐渐成了我家一景,一种规矩习俗。直到爱丽森出生进入童年,也学会跟爸爸安安静静一起坐着读书。"索菲亚做晚饭时,爱丽森会搬个小板凳,舒展地坐到爸爸大靠椅旁,也一起"念书"。爸爸念的是《牛津名诗宝典》,她则念儿歌之类。当然是在背,却愿让爸爸相信她也会念书了。索菲亚说,"那半小时,实在可爱啊!"16

待格迪斯大一些了,有时候下午他会出去自己玩了。刘易斯绕到自家谷仓后面,走上小山坡与爱丽森玩过家家儿。两个孩子他虽然都爱,但与爱丽森一起的时间(与格迪斯小时候相比)还是少一些。爱丽森小时候性格倔强,有时感觉爸爸不关注她。早饭过后,有时刘易斯会立即返回书房,关上门开始写作,一写就是一上午。这时爱丽森会很不高兴。还有的时候即使刘易斯很关注她(以他自己的方式),但她感觉不到,她也会难过。12岁那年,有一天她放学回家兴高采烈叫嚷着,美

---

① Leatherstocking,也译皮袜子的故事。——译注

术课上她有重要发现。厨房门口一把抓住爸爸,飞快讲述学校的事情和她的想法。爸爸一声不吭,始终凝神远望。听完,几秒钟一言不发,随后迅疾转身进入书房。爱丽森简直要崩溃了,这爸爸怎么对她成绩什么都没兴趣呢!数日后她才明白,她在校发现让爸爸欣喜若狂,就想趁记忆清楚赶快到书桌前记载下来,而且想记下女儿的兴奋心情以及自己作为父亲的骄傲。[17]

爱丽森·芒福德

丈夫八十三岁生日前夕,索菲亚笔记中记载说:"村里孩子都特喜欢刘易斯。一直到今天,孩子和动物都是他的头等关注。屋子里有大人,可以暂且不问。得先让孩子们、动物们知道,他关注他们,需要他们。但从不溺爱,他尊重孩子,孩子也尊重他。"其实索菲亚还可以写写丈夫早年与孩子们的亲热关系。[18]

刘易斯与爱丽丝·德克一刀两断之后,乡村生活日复一日吃喝作息居家度日,也有助于他和索菲亚慢慢修复破损的婚姻家庭。那段私情与紧张危害了他,更痛苦地折磨了索菲亚。事情过后他更相信,不论他的家庭或婚姻都再也经不起"两极"式恋爱试验了。索菲亚已斩钉截铁,说一不二,她受够了。刘易斯也明白其全部含义。他不可以再次惹个女人上身;因为每开始一段恋情,他总要把这女人折腾到不仅爱上他,还誓死非嫁他不可时……他才罢休!所以如今,若想保留索菲亚,就得一字一句严格遵守自己婚礼誓约。与爱丽丝分手后数月,似乎他革新洗面重新做人了,打算开始"从花花公子到苦行僧"的脱胎换骨。"我的婚姻家庭是块巨岩。以往,这块巨岩是柔弱胆小鬼的避难所。如今,这巨岩是块坚实基地,供坚定者继续建设创造,因为他懂得这基础和上层建筑——不论以往多么松散脆弱——如今已连成一体。"[19]

这些文雅语言是他婉拒约瑟芬·斯特龙金时写的。这位约瑟芬已婚,住弗吉尼亚州里士满市,当时正朝刘易斯婚姻家庭这块"巨岩"一头猛撞过来。此时正是刘易斯决计痛改前非之际。

他与约瑟芬 1925 年初识于日内瓦,此后保持通信联系。直至 1937 年刘易斯到里士满出差,两人才首度重聚。见约瑟芬仍花容月貌,姑娘般鲜润,情绪却非常痛苦脆弱。她与丈夫家庭生活有问题,虽仍爱丈夫,但她脸红着告诉刘易斯,丈夫不能在情感上完全满足她。当时刘易斯也随意说起他与凯瑟琳、爱丽丝等关系,无意中提到即将分手之类。约瑟芬无疑感觉时机已到。便告诉他,其实从日内瓦初见就悄悄爱上了他。只因年轻不敢追求。随后则怕破坏双方家庭,始终压抑自己。此刻心理准备成熟,想冒险与他一试恋情。而当时刘易斯无疑可以在不离开索菲亚的前提下再恋上这女人;约瑟芬也得知,她丈夫刚另觅新欢而不舍弃自己妻子。所以,她想在不损害双方家庭婚姻前提下与他相恋。若能与索菲亚共享刘易斯她很满足,因为她很敬重索菲亚。而且相信,这不会严重伤害她。理由是索菲亚先前不是已经容让过别的女人吗?[20]

事后约瑟芬对丈夫坦白,说爱上了刘易斯·芒福德,想完成自己一段恋情。丈夫闻讯勃然,醋意大发,要求她停止通信来往,任何情况下都不准再见这个芒福德。但要阻挡她已不可能。芒福德在给爱丽丝(此时已另有所爱并待嫁)信中说,约瑟芬爱她"形同疯狂,我这副模样让她又爱又恨又摆脱不掉"。她求刘易斯替她向索菲亚求情,容许她分享刘易斯,哪怕只一夜。刘易斯当然不干,她竟敢冒天下之大不韪致信索菲亚直抒胸臆,请她理解,即使不谅解她这行为。[21]

约瑟芬真心追爱,但来得太不是时候!刘易斯此刻完全无心恋爱。他需要挚友(约瑟芬始终是这角色)而非情侣。他甚至比她更懂她要追求的东西,她要他掏出全副的爱而非一小部分。他告诉她,与爱丽丝的私情已让他家庭婚姻大受摧残,因而"经不起又一场折腾"。且多次对她说,他不是那种玩过就忘的人。"既下手就不会随便松手:于是生活又成为要么全都要,要么都不要!及至发现一切不可能,双方大受伤害后一场空空,何苦?"[22]

但这其中他并没全说实话(或许怕伤害她),以至让她相信他不愿朝她多迈一步是害怕真爱上她。真实情况是他感觉还不够来电。他的确认为,她来爱他可能再次摧毁他刚修复的家庭婚姻。其次,里士满重逢后,一连几个月他内心对她性味索然。可是,若约瑟芬是另一种女人呢?对此他私人笔记有一段话很透彻:"若这事以另一种方式降临……我不会装假正经。若她不那么单薄脆弱,若她身量成熟丰满,若她很性感,一个丰乳肥臀美少妇,体魄健硕、精力无穷,引逗示爱,只要几个月玩乐,不要求终生相守,假如顷刻间她就是凯瑟琳第二,我又将如何?这种情况下我很怀疑我能逃脱。"[23]

其实他很难抵挡她进攻。因为他从精神上眷恋她,与她同在他周身轻松愉快。约瑟芬虽害羞,却也调皮,而且打定主意要活出极致!虽刘易斯已有言在先,你若燃情,我愧无以报!但1938年春,他俩纽约相见不久就上床了。刘易斯紧张异常,满心惭愧,进退不得,好事难成,约瑟芬也松弛下来。刘易斯还是无力做爱。这种阳痿,可能已用身体语言说清,他做不出背叛索菲亚的事。次年两人重会,情形与前次曼哈顿酒店一模一样。所以后来他写信告诉她:"我当前生活是个整体:工作事业、婚姻家庭、浑然一体。"刘易斯和索菲亚修复了两人关系中许多裂痕,已经重新言归于好。为此他绝不能对索菲亚泄漏他同约瑟芬的事。且对好友,包括亨利·莫瑞也只字不提。因为懂得这种愚蠢的诚实可能断送他俩一生。再说,有什么值得忏悔的呢?"不是什么都没发生吗?"[24]

约瑟芬可不这么简单,她把刘易斯的抵制看成一种挑战。他越拒绝,便越撩拨她欲火。她真爱便示爱,便直截了当求爱。无疑这是最佳途径,岂有他哉?所以俩人第二次尝试失败后他索性避免见她,即使她来纽约,虽然还保持通信联系。这些线索有助我们理解《为人之道》(The Condition of Man,或可译为"人的标准")一书里一个奇异现象:何以书中最强烈章节会是论述"修道院生活满足感:追求宁和与坚定。对上帝之爱超乎男女之爱,云云"[25]。刘易斯人生这时期仿佛已几次在举目翘盼修道院的大门了。

他毕竟难以割舍约瑟芬,不仅因为喜欢这女人,她更是此时他唯一的"其他女人",何况对自家女其实守不住心。因而处于矛盾心态,既想有情妇又不愿再冒险。这样,约瑟芬便成了他可望而不可及的情人。他写给她的信也翻来覆去,忽而说他"到处吃野食"的时光已经过去,忽而又说如果可能他真乐意同她做爱。还告诉她,这状态真很蹊跷:每逢拥她入怀便"忐忑不安,周身不自在";每逢一想到她,便"开始发抖"。"该有激情我却谨小慎微;唯感很安全时我才会充满激情"[26]。

这些挑逗性书信来往似乎有某种规律。仿佛,每当他写作进行不下去时,大多会写这类信笺。《为人之道》将完稿时他信中说:"劳动对我的写书有良好作用。"当时他大肚腩消退,面容重又清俊,还有能清楚感觉到"生理性反射重新出现……思想上想放浪,虽然未行动。因此只有回忆以往羞辱,才能制止我对你想入非非,蠢蠢欲动"[27]。

他致信她谈情说爱,徒惹得她越发想投怀送抱。但只要她一有所表示,他却立即缩回。还解释说,只要他"性爱生活分裂为婚内婚外两块阵地",就无法专心致志工作。[28]这说法当然殊异于早先他说的与凯瑟琳·博厄的私情巩固了他婚姻家庭,促进了他的工作云云。可是,毕竟他非昨日之刘易斯;约瑟芬也不是凯瑟琳。

与此同时约瑟芬满怀崇敬观望他一举一动,察言观色,见证了他对她一步步心态变化。最终发现他面容日益严肃。纽约一次见面后,对他说,他那对铜铃般大眼里有某种坚毅,乃前所未见……他已不再同她调情玩闹,谈话只说家庭、婚姻、工作。在她眼中,俨然一个陌生人。[29]

至此,约瑟芬终于明白,得到芒福德已永无希望。唯一让她快慰的,就是她没进入他生活反倒确保他毕生难忘她,两人因此永远不离不弃。恰如英国诗人济慈古雅骨灰罐镌刻的人像,"凝固其上,不言不动"[30]。1944年后,约瑟芬结识了一位里士满的外科医生,即她后来第二任丈夫。随即同刘易斯中断通讯联系,但仍保持密切关系,直至1969年去世。

即使结识这第二任丈夫前,约瑟芬也曾给芒福德一信,可视为分手道别的表示。信中不乏劝告,担心芒福德过早衰老,告诫他放弃青年时代热情与爱好意味着不成熟不健康。因为他在给她信中一再说,人生至此他最需要踏实宁静之类。"这样才能不走神,砺志炼心投入创建新世界。不创建新世界,大家都活不下去。"她还是告诫他,苦行还为时过早。作为作家,他全盛时期还在前头。[31]这是1943年的事,此时他刚完结五年艰苦卓绝奋斗,冒险断送健康和事业,不遗余力发动美国强大社会力量与法西斯疯狂扩张决一死战。最终说服美国领导人不要选择无条件向敌人投降,要为正义而战,为更高尚目的而战。所以,诸多卿卿我我恩怨离散过后,他更清楚领悟人类真正为人之道。但随着逐步意识到自身回天无力,悲观主义情绪也逐渐加重。在投入这场抗击法西斯搏战中,芒福德成长为一个全新的人。

野性大爆发

听闻这多人欢呼雀跃,迎接世界性科学成就全人类大进步,似新世代又开始,我不禁哑然失笑。天外不仅有曙色,更有阵阵雷鸣。

——约翰·拉斯金

反战反法西斯构成芒福德30年代后期著作的最重要主题。迟至1939年许多美国人仍然相信,可以通过妥协姑息安抚希特勒,避免战争。芒福德的观点是,法西斯存在就是对民主制度宣战。中立是背叛,它将牺牲欧洲盟国乃至美国自身利益。因为这些民主国家一旦被法西斯灭亡,接着美国便彻底孤立,届时我们将没有和平只有恐慌,最终恐怕只有投降。这就是芒福德竭力传达给自己同胞的明确信息。同时他热忱而坚决地到处游说,力促美国政府承担义务对抗德国法西斯。用笔也用口,他把自己变成了"单枪匹马的国家宣传部"[1]。

可是芒福德直至1938年3月以前并未投身运动,积极争取美国军事卷入欧洲战事。当时希特勒正威胁要攻占舍德兰半岛。对此,芒福德后来一生都很惭愧。当时他也像多数同胞一样并未很快采取行动。所以,后来他大量文字中那种白热化仇恨,同法西斯不共戴天的决心,至少间接归因于他曾经反应过迟。

1932年芒福德访问德国,为撰写《技术与文明》搜集资料,其间已经看出德国社会危机四伏,但因忙于研究写作未予充分注意。而且如当时许多外国人一样,相信大多数德国人不会支持"希特勒这么个声嘶力竭的战争狂人"。到慕尼黑采访卡尔·沃斯勒时,注意到街头书店陈列大量希特勒著作《我的奋斗》,从一些民主流派报纸也读到希特勒纳粹权势日益上升的报道。可是当他问沃斯勒教授,希特勒的主张是否已对共和制度构成直接威胁,这位可敬的古典主义教授浅浅一笑,挡开了这提问。然后轻描淡写地回答:"纳粹主张?那是一种童子病,就像出疹子,我们巴伐利亚就很容易闹这种病。然后就过去了,传给了北方;然后再过一年,我们就都痊愈了。亲爱的芒福德,您怎能设想,一口粗话的领导人,能够统治受过良好教育的德意志民族,这怎么可能呢?"[2]

这些话当然还不能让芒福德完全放心。一周后他随索菲亚重返吕贝克——即托马斯·曼的小说《布登勃洛克家族》中港口城市,他们发现原先对穿纳粹制服的禁令已解除,满街都是褐衫党。参加招待会出席餐会,他俩发现一些很有教养的德国人(不知道在场的索菲亚就是犹太人),发言公开支持希特勒反犹计划。尽管目睹这一切,芒福德印象最深的仍是先进科技体现的德国,包括它的建筑、城镇规划;如沃尔特·格罗皮乌斯、路德维希·密斯·凡德罗(Ludwig Mies van der Rohe)、恩斯特·梅等著名城镇规划师和他们的规划作品。那年夏季他就是慕名来德国访问的。由于全神贯注于业务技术,未能完成已经开笔谈政治局势观感的文章。虽然事后也说过,1933年元月希特勒登台让他感到非常震惊。

这时他就意识到,民主国家若想逃脱法西斯魔掌,最终将难免一战。虽然这样的话多年未见报端,但同索菲亚的谈话中他多次说服自家这位和平主义者幻想者,爱好和平的国家人民不得不用战争保卫和平,这种时刻已经不远。1935年他两次公开宣布改变了看法。

这年春他应邀参加达特茅斯大学生和平集会,会上连篇累牍发言反对战争,反对美国政府军事卷入欧洲事端。学生们以为他也支持和平主义观点,大会将近结束请他演讲。只见他稳步走向讲坛,简短对学生们说,这一天正迅速邻近,当我们每个人不得不用生命代价证明自己维护自由事业。在希特勒、希姆莱之流当政的世界,靠不住的和平幻想只能导致向野蛮势力投降。他的讲话简短有力,三言两句讲完之后,走下台来,台下一片寂静,半晌竟无一人鼓掌。[3]

后来1935年在卡尔沃顿办的《现代月刊杂志》(Modern Monthly)专辑中,只有芒福德著文反对希特勒,文章呼吁美国政府宣布支持任何遭受法西斯侵略的民主国家,与之结盟抵抗侵略。呼吁政府立即行动,实行对德全面禁运。[4]封锁海路交通线,断绝一切战略物资进入德国。但这一年全部时间他都在撰写《城市文化》,无暇旁骛。一度仅以签名反战宣言,参加反法西斯组织(如美国作家协会、美国作家联合会),聊以自慰。及至希特勒开始对邻国实行法西斯改造,芒福德才感觉到,仅仅签名已远远不够。1938年初《城市文化》清样审校完毕,当时距内维尔·张伯伦慕尼黑签订妥协条约还有几个月,他在《新共和》杂志发表文章,敦促罗斯福政府和国会作出决议,与一切法西斯国家断绝关系。断绝通商往来,中止旅游访问。同时开始建设两大洋海军,准备与法西斯狭路相逢,决一死战。他对同胞大声疾呼:"对法西斯必须先发制人,而且要狠打,再恨打!"战后芒福德说,这篇备受自由党人士指责的文章是"他的身份证",证明自己与那些血溅疆场的反法西斯志士仁人同仇敌忾!虽然曾被自由党指责为"小题大做,战争贩子",他唯独后悔该文写晚了三年![5]

芒福德撰文《拿起武器》时,他意识到自己是在用声望打赌,以一个负责任的文人的名誉,预言希特勒一定上台而且君临欧洲,让邻国称臣纳贡,这样的狂人只能靠武力来制止。但他还没意识到,此预言会让他毁了许多同胞对他的信任,其中有不少密友。如同南北战争前那些废奴主义者们,芒福德不仅反对腐朽制度,也反对拒绝反对的人。这场斗争中他把自己放在许多好友对立面上,包括冯·维克·布鲁克斯、弗兰克·劳埃德·赖特、司徒华特·查斯、约翰·T.弗林、查尔斯·比尔德,还有他乡下好邻居马尔科姆·考利和马修·约瑟夫森,他同其中一些人的交情从此未能恢复。

1935年10月,墨索里尼突袭埃塞俄比亚,为期十年的法西斯掠夺、外交危机和世界大战从此开始。当时美国多数进步人士仍持观望态度,主张对外严守中立。他们相信接受一战教训,美国应该小心翼翼避开国际战争漩涡,专心处理国内社会公正问题。甚至到弗朗西斯科·佛朗哥1936年7月在纳粹支持下胁迫西班牙民主政府参战,也未唤醒许多自由主义者,看到美国须不失时机直接干预欧洲事务。而到1938年,主张美国不该卷入的牢固共识开始分裂。左翼人士分裂为两派互仇阵营,在美国如何妥善对待法西斯扩张问题上形成不可调和的对立。一派是独立进步人士,其有芒福德、瓦尔多·弗兰克、神学家莱因霍尔德·尼布尔(Reinhold Niebuhr)、诗人阿齐巴尔德·麦克利什,还有美国共产党及其追随者,要求政府采取强有力的集体安全措施对抗德意日法西斯。他们敦促美国政府联合法国、英国、苏联,而主张不干预政策的人士,包括弗林、查斯、比尔德、阿尔弗雷德·秉哈姆(Alfred Bingham)、希尔顿·罗德曼(Selden Rodman)。《常识》杂志编辑们则认为,建立这种联盟去作战,那不会是自由与专制之间一场界限分明的战争。因为某些入盟国家也有法西斯的通病。如斯大林的苏维埃国家就同希特勒法西斯国家一样野蛮。而法国和英国则又统治着海外殖民地,不依赖种族剥削就难以存活。欧洲若发生战争,英法间会首先开战,维护各自实力,而非保卫民主自由。主张不卷入的人士认为,美国民主制度的威胁并非来自法西斯,而是战争本身。战争临近结束,大后方会形成浩大联盟,裁撤民主自由,产生庞大的国内官僚机构。这将扼杀大有希望的社会公正运动。从中不难看出一战的后遗症仍积重难返。

芒福德也担心战争可能导致大后方出现后患。但他确信,仅凭绥靖外交决不足以制止希特勒的猖獗。他与弗林、比尔德和其他反对卷入欧战的自由主义者的分歧点主要就在这里。他们认为,法西斯侵略真意在于掠夺经济资源,满足寡头政治(或如其自称自力更生)急需的自然资源。德国和意大利一旦夺得地中海和中欧资源,其征服欲就基本满足。当西班牙落入佛朗哥之手,希特勒强迫德奥合并,1938年9月希特勒又侵占捷克斯洛伐克的苏台德地区,这时候弗林、比尔德、秉哈姆,以及其他反对卷入欧战的主要人士,仍然坚持继续实行让步妥协,要确保轴心国对领土和经济资源的基本要求,维持其生存。他们相信,这是唯一可能避免战争的途径。[6]

芒福德认为他这些进步人士好友们的看法做法,简直莫名其妙!一个有良知的正常人怎能这样看问题呢?他们对法西斯猖獗反应却如此懦弱,该怎么解释?为了搞清楚其思想根源,他开始研究分析自由主义思潮的整个传统。最终找出,这种自由主义思想根源即"实用自由主义"。它行动懦弱,缺乏道德。芒福德全面予以抨击。

1940年5月,整个法国即将在希特勒的进犯中沦陷,阿齐巴尔德·麦克利什在《民族》杂志发表文章"不负责任的人(*The Irresponsibles*)",义正词严抨击不卷入欧战的自由主义言论。麦克利什批评他某些同胞面对强敌气势汹汹要毁灭"全部西方文明",还在高唱保持中立的论调!而芒福德和瓦尔多·弗兰克则比该文更进一步,对自由主义的实用主义总根口诛笔伐,攻势凌厉。他们说,作为哲学根底,实用主义要对自由主义者们面对法西斯强敌不敢果断行动负担全责。[7]

芒福德和弗朗克自20年代就是《新共和》杂志撰稿人,此前两人已是好友。1939—1940年冬他俩以及神学家莱因霍尔德·尼布尔(弗兰克的密友)常定期聚会,商讨国际危机恶化应对办法。战争已爆发,而《新共和》杂志三位主编,布鲁斯·布利文(Bruce Bliven)、乔治·苏尔(George Soule)、马尔科姆·考利,仍拒不支持立即援助同盟国的立场。这让芒福德他们深为忧虑。编辑会上双方分歧发展成激辩。芒福德和弗兰克斥责编辑们政治幼稚、道德怯懦。编辑们则反唇相讥,说他们被法西斯的征服能力和行为吓破了胆。至此芒福德和弗兰克都明白,同这样的杂志已不能为伍。随即两人都撰文抨击《新共和》的外交政策主张,芒福德文章题为"自由主义的堕落(*Corruption of Liberalism*)",弗兰克文题为"法西斯(猖獗)我等难辞其咎(*Our Guilt in Fascism*)"。然后两人辞去编辑部工作。[8](第二年芒福德、弗兰克、莱因霍尔德·尼布尔计划出版自己的杂志《西方世界》,旨在声援"制止野蛮势力,为一代有机的……人类文化奠定坚实基础"。但因筹不到款该计划终未实施。)[9]

《自由主义的堕落》一文是作者怒不可遏一气呵成的,它记述了芒福德与一位支持美国采取中立的自由派朋友的对话。这位朋友远道而来,找芒福德专门解释他们的立场和依据。这位朋友说,若支持一场大开杀戒的战争,他感觉从道德上说不过去。芒福德反驳说,当今国际形势下若不及时决策,会"同样让这一批六个月或六岁大的人类生命死去,且更无意义"。而这位朋友坦言,他觉得"享受人生,不论多久,都很值得"。辩论不欢而散。此人离去时,芒福德望着他背影心想,此人"已不关心生命的价值含义。实际上,丧失未来的世界乃是最无意义的世界。人类未来远超出人类个体的有限人生。因此,该牺牲时就牺牲的人,其生命就活得最有价值。相反,有些生命保养得无微不至……却实在糟蹋资源!"这才是芒福德与自由主义绥靖主张分歧的核心所在。自由主义者们理论信仰是,无论付出多大代价,命都得保住。芒福德追根寻源挖出这"保命心态"——正如克里斯托弗·拉什(Christopher Lasch)对某些反核武器运动派系的批评——的思想根源就是"实用自由主义"哲学。实际上20年代初以来芒福德始终同这种思想做斗争,只是从未如此不遗余力。[10]

　　紧随杂文《自由主义的堕落》,芒福德又写成一本小书,《生存的信念》。书中芒福德讲述了两种自由主义,一种是"理想自由主义",另一种是"实用自由主义"。前者指一切普适价值的总和,它系于犹太教与基督教共有的(Judeo-Christian)文化传统,亦即西方人文主义传统。后者即所谓"实用自由主义",是17—18世纪科技经济大变革之后形成的思想主张。表面看,实用自由主义也认同理想自由主义某些核心价值观;比如,也遵从民主自由、种族平等、"社会公正"、"客观真理"之类。但不幸,它将这些核心价值理念与一些天真幻想揉杂到一起:如天真信仰人性本善;又比如,它相信世间诸多问题——战争和法西斯——主要起因是社会经济秩序发生畸变和混乱。像秉哈姆和比尔德这样的自由主义者就认为,邪恶源于缺乏善良。而芒福德认为,邪恶是一种活跃而可怕的社会势力,它能破坏、能腐蚀、能不断在世界到处做虐。读赫尔曼·梅尔维尔的小说坚定了他这信念,人类恶根、非理性之根本是天生的,花多大社会功效也不足以制服它。他从神学家莱因霍尔德·尼布尔著作中为这种观点找到依据。并且相信有些人满心邪恶,病态般敌视人类,已无可疗救。仅靠绥靖妥协外交或经济利益调整,决不能制止他们的破坏行动。绥靖决策的理论基础认为,人类经济社会和国际秩序出了错才导致法西斯出现。经济萧条和凡尔赛不平等条约导致了法西斯报复心理。其实,法西斯根源不在于签订凡尔赛条约,也不在于德国魏玛政治家经济无能,而在于某个乖戾德国人执迷不悟,死硬到底。此乖戾个性至少可上溯到马丁·路德。"请看他《我的奋斗》每一页歇斯底里狂叫和仇恨,处处回震着路德对农民起义的诋毁之声。路德和希特勒之间还横陈着一系列哲学家,费希特、尼采、瓦格纳……这条直线联系任何熟知德国文化史的人都不会迷失。"仅凭经济分析和阶级理论不足以解释道德和心理源头淌出的巨变。法西斯根源在哪里?答案不能向李嘉图、马克思、列宁去要;该去找但丁、莎士比亚、陀思妥耶夫斯基,他们把事情叙述得最清楚。[11]

　　清晰剖析过法西斯本质后,芒福德便理直气壮为开战大造舆论了!既然法西斯主义不听理性规劝,唯彻底歼灭这一战争手段——芒福德称之为被迫以牙还牙——才能挽救民主国家免于法西斯无度的疯狂战火。他致信布鲁克斯说:"我们可以自视清高不去欧洲(杀人),这却如一名医生自家有难而不去救助。"[12]芒福德承认,战争是以暴易暴的危险手段。战斗中人往往沦为自己本很憎恶的形象。但有时候面对仇视人类社会的狂人,被迫抵抗是唯一的自卫。芒福德《生存的信念》结论说:"我们当今无疑就面临这样的抉择了!"

　　可是,当前局势要求毫不迟疑果敢行动,自由主义论者们却要求小心谨慎,戒急用忍,妥协绥靖。芒福德将这种论调归咎于实用自由主义的另外两种毛病:苍白无力的价值相对论,以及,低估行为者的情感根源。实用自由主义者价值观缺乏一个明确标准,因而陷入前后矛盾的逻辑关系。他们认为,在苏联共产主义和民族社会主义实验的成与败尚未作出结论之前,暂无法评价其所作所为的压迫性质。尤突出的是,实用自由主义评价标准往往就看经济进步。从它暧昧不清的衡量标准就不难理解,实用自由主义何以对法西斯如此"心慈手软",因为(他们认为法西斯)这种动向也表现出相当可观的经济增长能力呀!所以实用自由主义这种脚踩两只船的价值相对论,甚至已经让它看不明白什么是野蛮,什么是文明。芒福德更愤怒地斥责道,一些人面对法西斯匪徒凶残暴虐,以及英法联军以牙还牙的武力手段,竟分不清两者的道德差异;这样的人"岂不就是道德色盲吗?"

芒福德认为,不必对实用自由主义者这种论调大惊小怪。他们对战争现实不能明判其中伦理价值界限,是因为他们认识方法中情感和知觉从属于理性推论。实用主义者认同的准确判断都有这特点——即判断不可沾带浓厚情感色彩(以前芒福德就解析过他们这种思维特点)。将理性判断与感性认识截然分割的做法不仅很难做到,且实行起来会很危险。芒福德在《自由主义的堕落》中论证说:"比如,我们遭遇毒蛇,合理反应首先是立即感到害怕,因为害怕会刺激肾上腺释放肾上腺素,让我们紧张警惕,以便采取行动逃跑或抗击。若仅抽象看待这毒蛇……势必让它步步逼近,最终遭蛇咬。"实用主义者毛病就在这里,他们不相信情感,缺乏适时的"危机感",因而无法评判法西斯潜在危险和破坏性。[13]

芒福德很清楚同法西斯开可能导致的各种后果,比如这种战争若不同时暂时搁置民权、限制公民自由,就无法取胜。所以美国尚未宣布参战,芒福德就号召依法限制同情法西斯的人享有自由权利。他主张至少须剥夺这些"毒害分子"的言论自由集会自由,不许他们自由使用联邦邮政;对查实的通敌分子依据新法判其信仰为叛国,并予监禁或流放。他满怀激情地说:"假如国家垮台了,至少民主还有决心保证自己生存。否则宪法、人权法案、美国传统都将不复存在。"[14]

阿尔波特·杰拉德(Albert Guérard)评论《生存的信念》,指控作者在限制言论自由问题上走得太远:"若照他主张,会把我投入监狱,以驳斥他论点为由把我枪毙。"芒福德写文答辩:"我并非要镇压您或任何美国公民,而是要镇压法西斯分子。他们利用言论自由信仰自由传播谬论,妄图颠覆我们言论自由和信仰自由的根本制度。"为何坐视这些法西斯"saboteurs(破坏分子)"利用美国报刊媒体散布谎言、迷惑视听呢？[15]

战争可能给公民造成更大的牺牲，芒福德这预断很无奈。但为了战胜希特勒，全国生产能力必须集中起来服务于最后取胜。这势必要限制高消费和奢侈消费。一句话，势必要求把消费经济转变为"以生命为中心"的经济模式。这是他在《技术与文明》中早就论述过的。

为培养全民共赴国难的必胜信念且持之以恒，他号召大家回归广大区域田园，去享受一种"新快乐"和"心头滋养"。为最终战胜法西斯，美国不惜变成"村民国家"。大家通过乡村生活，阖家团聚亲密无间，享受亲情，与田园土地亲密接触增强社会凝聚力，会极大补偿全国动员那种斯巴达兵团式的严苛枯燥。这样，区域、村庄、家庭，会作为核心逐步发展成一种"传导生命（life-forwarding）"的文化，确保国家渡过难关，更便于获胜后开展更大规模文化创新。[16]

但是美国当前首要任务还是打仗，而非改革。如今法西斯当道，任何改善生活的要求都是无稽之谈。至于美国对同盟国的责任，芒福德索性什么也没说。他与密友弗兰克·劳埃德·赖特（一位铁杆孤立主义者）的失和，就最看出他有多么关注民主国家的生死存亡。[17]

1941年春某日，芒福德正读他一份评论校样（评的就是赖特建筑设计作品），同时发现下午邮件中又有一位孤立主义者在大放厥词。作者姓名赖特赫然在目。读后他简直气坏了，当晚就写了便条递给作者："您这本小册子我读了不止一遍，越读越是惊诧！诧异您竟如此粗俗鲁莽，不敢相信您如此瞎眼怀疑一切，震怒你无耻的投降论，蔑视你这厚颜无耻小人，毫无道德良心！这高谈阔论究竟出自您手笔，还是出自你最凶恶的敌人？"芒福德如此震怒，因为整个自由世界望眼欲穿盼望大手笔提供精神鼓舞，密友赖特却写出这般软骨头妥协文章，要大家"俯首贴耳，接受可怕命运：被征服、被践踏、被羞辱、无尽苦难、彻底无助……一句话：你已经成为行尸走肉，散布速朽的气味。白糟蹋了您一世英名！闭嘴吧，不然快去死！免得丢大人、现大眼！"[18]

赖特立即作答："听好，年轻朋友：有时我拜访你们那大城喜欢这样称呼你,与你交谈。不过,我发现你也有病,古代最有名的灵魂之疾,脸都绿了。这病穿越一代代历史文明留传下来,主张以暴易暴。难道除了以暴易暴,您就看不到别的解决方案?真若那样,对不起,您来谈论文化,真还太嫩!"[19]

这赖特也非等闲之辈,也很会唇枪舌剑!双方就这样恶言相加,一场牢固友情就永远断送了。接下来一个月,芒福德又与另一老友约翰·弗林掰了。也是盛怒之下致信弗林:"你那样迫不及待催促美国万勿卷入战争,跟盖世太保和他们的集中营配合得简直有板有眼。用你自己方式支援美国是你的责任……不要在孤立主义与'和平'外衣掩盖下当柏林野蛮人的传声筒!"弗林当然也震怒了,芒福德火冒三丈谴责他本着良心和原则讲出的话。一怒之下从此不搭理芒福德了,芒福德也未花心思修补两人友好关系。[20]

芒福德坚执美国卷入战争不让分毫,这态度还导致他与历史学家查尔斯·比尔德分裂。最早赞扬推介他书籍者,就有这位比尔德。后来,布鲁克斯维护比尔德30年代的立场观点,芒福德又险些与这位尊长失和。事情是这样:1947年美国国家文艺工作者协会召开表彰大会,布鲁克斯任协会主席,给比尔德颁发金质奖章,表彰他对历史科学的杰出贡献。芒福德闻讯当日便投书布鲁克斯,声言比尔德在工作中"曾为背叛者和法西斯分子的目的服务……他已不是我朋友,也无资格与任何自尊的人为友"[21]。而且,不出一周,芒福德宣布退会,以示抗议。该组织成立五十年来,这还首度有人退会。布鲁克斯立场不变,而且亲自给比尔德颁奖。但作为好友,布鲁克斯很克制,不因意见不合就与芒福德绝交。芒福德也未如此决绝,因而他们友情克服了30年代末两人对外政策意见不一而得以延续。他后来致信布鲁克斯:"或许只有时间才能愈合我两皆有的伤痛。但为加速这愈合过程,我向您伸出手,表达我们长久的友谊与至爱。"[22]他曾对病中的布鲁克斯施压让他与比尔德绝交……这些好话算是表达了最低限度的歉意。

即将辩论美国应否卷入欧战。芒福德参加辩论前,尽人皆知他是个旗帜鲜明有主见的人。但作为作家,他不鲁莽,未缜密思索决不乱下断语。如今自由派和激进派报纸以及他的一些朋友,诸如马尔科姆·考利私下里都指责他是"疯子",更有甚者称他法西斯或"反法西斯的元首","得了精神病","病态喜怒无常,你用的都是敌人常用的语调和手法"。1940年他的康涅狄格州邻居马修·约瑟夫森给他信中如是说。《新民众》(*The New Masses*)发表社论,题为"刘易斯·芒福德之'我的奋斗'",抨击其《生存的信念》是开战以来自由派声讨法西斯言论之最荒唐者。《新共和》杂志则发表正式回应,同意《自由主义的堕落》一文的论点,也主张坚决以其人之道还治其人之身,以"放任情感冲动乃健康安全之道"的原则对付纳粹特有的残暴。总之,法西斯之为法西斯,首先因为"他们以原始(野蛮凶残恣意妄为)情感冲动替代理性……且两相对照来尊奉前者(原始冲动)为光荣之举,难道不是吗?"小说家詹姆斯·法瑞尔(James T. Farrell)在《南方评论》发文,说芒福德"对经验主义大加挞伐","已到最糟糕地步,纯属恣意谩骂"。还说,其实芒福德无法细说自己《生存的信念》的内涵。其论述理想自由主义无非表达他哲学见解,或能过滤有价值人文遗产效用。由于拿不出自圆其说的完整框架,芒福德并无"有价值论点可反驳,他武库中只是些含混不清又很武断的说辞而已",云云。[23]

这种唇枪舌战中,双方皆曾倒退至"恶意谩骂"的地步。但诗人弗莱明·麦克利什(Fleming MacLiesh)在《常识》杂志上发表的一篇批评芒福德的文章却很有见地。说芒福德《自由主义的堕落》中伤实用自由主义者,指责他们何不早十年讲话抨击苏俄斯大林暴政。以此为证据谴责他们"消极抵抗"、"撤退"等主张为道德堕落。麦克利什评论说,其实主张不卷入欧战的大多数自由主义者并未曾支持亲斯大林路线,"虽然芒福德先生本人令人惊奇地支持过!"[24]

麦克利什此论并不完全正确。芒福德从未公开支持苏俄斯大林,但当那么多人对苏俄暴政口诛笔伐时(包括秉哈姆、杜威、比尔德以及其他实用自由主义者们),他却对俄国自由的前途命运一声不吭。这就很难让人认真看待他给"实用主义"与"理想主义"两种自由主义画定的清楚界限。这界限充其量只是他自己用来鉴别同类或异己的一个标准。真相是芒福德曾经私下对布鲁克斯承认（虽从未形诸文字公开发表），他本人确曾拒绝公开批判斯大林，并且今天认为这种噤声是耻辱、不道德。正因如此他声讨希特勒才分外义愤填膺慷慨激昂，同时对反对他的人也一样声色俱厉。1940年致信布鲁克斯说："可能我如今[对参战问题]的激烈态度是出于理性，因我以往二十年消极避世；当时虽然非常怀疑俄国日益成型的专制暴政，我却无所作为，未努力制止它。感觉俄国人有其途径救赎自己，无须外人恶意评断。为此，我很愧疚。"[25]

芒福德此信告诉布鲁克斯，我们目标是立即动员起来消灭法西斯，建立一个"普适（价值）社会，追求人类共同理想目标"。如今，我们已经无从质疑芒福德这一抱负之诚意。但（当年同样）一场大是大非当前，他思想方法如此不严肃，就与上述内容背道而驰了。连他最亲密朋友亨利·莫瑞也曾批评他，说"你强辩你主张已经有点'专制气味'了。你不能用语言机关枪强使别人同意你的论点吧？"[26]

此外在推动舆论发动圣战制服法西斯过程中，芒福德、弗兰克、尼布尔几位作家言论做法，也给战后舆论界留下危险先例。如，尼布尔就认为力胜于理，要以此手段解决国际争端。冷战"新现实主义者"也用同样理论支持另一次新的思想论战。广大民众愤怒声讨希特勒，芒福德便顺势要求搁置人权法案，限制涉嫌偷运法西斯主义的人，这可以理解。但到50年代一些民主狂热者（不包括芒福德）藐视宪法，发动同样狂热来对付亲共分子；尤在拒斥共产主义时代后期，借自由名义实行压迫，已经屡见不鲜。

但是，不能因此否定芒福德30年代晚期思想主张的积极意义。其核心内容是：不动用军事力量不足以制止希特勒气焰。1940年6月法国沦陷后，芒福德这一主张更有了根据。这年冬他加入威廉·爱伦·怀特（William Allen White）组建的支援同盟国保卫美国委员会，1941年怀特委员会不主张美国立即宣战，他又转而加入了赫伯特·阿格（Herbert Agar）组建的为自由而战委员会，力主参战。这当中索菲亚是他最密切同盟军,她也担任了保卫美国委员会的阿米尼亚本地支部领导工作,写信给达其郡数百位亲友邻居,号召出钱出力推动抗击法西斯。1939—1940年冬世界局势迅速恶化,芒福德夫妇搬回纽约居住,一则让怠惰的格迪斯能就读布朗克斯理科高中,二则便于刘易斯更积极有效抗击法西斯。这年冬他们出席或者主办的晚会餐会上,话题一牵涉美国当否参加欧战,争论立即紧张起来。因为当时多数邻居朋友都还希望美国不要卷入,宜持观望态度。芒福德夫妇便逐渐不再接待这些客人,转向那些志同道合者。如瓦尔多·弗兰克、尼布尔夫妇、保尔·罗森菲尔德、李·西蒙森(Lee Simonson),还有作家托马斯·比尔,以及来纽约随时约见的女士康士坦斯·鲁尔克。

不久,门可罗雀,婚后两人从未如此孤立。于是索性闭门谢客,每天晚饭后,布里克街上这家人便围餐桌听收音机,主要听爱德华·莫罗(Edward R. Morrow)、威廉·西罗(William L. Shirer)以及哥伦比亚广播公司其他著名记者自欧洲传回的时讯报道。是当时首次推出的跨大西洋新闻广播,主要报道欧洲战事。他们聚精会神,心情紧张,当莫罗自维也纳报道,德军列队正步走,行进在该城市宽阔的巴洛克大道上。一群群法西斯匪徒飞奔在大街小巷,高叫"Ein Reich, ein Volk, ein Fuhrer(一个帝国,一个民族,一个领袖)!"芒福德一家人就是从这小型收音机上首次听到阿尔道夫·希特勒声嘶力竭、沙哑刺耳的叫嚷。那天晚上,这位元首正对纽伦堡纳粹大型集会发表演说。他们清楚听到这狂人用拳头狠捶桌子,也能清楚听到背景声音,无数纳粹匪徒高喊"Heil Hitler, Seig Heil(希特勒万岁,万万岁)"许多邻居也都听到了!他们原以为芒福德墙上画鬼吓唬人,原来这鬼怪"确确乎在人间作乱!"就在此前后,芒福德购置一支.30 -.30来福枪,觉得不久要扛枪打仗了。他将作为美国地下军一员抗击来犯之敌。[27]

他俩热忱投身反法西斯事业占用大量本可用于家务和孩子的宝贵时间精力。索菲亚常对朋友说:"孩子是孩子,危机是危机,很难掺合到一块儿!我不觉得认真听格迪斯表决心,或告诉爱丽森她洋娃娃有多好看……是浪费时间。"但确是没时间收拾菜园了,更甭提野餐和周日山野散步。而且,有时候孩子急需照料,"我们却不在家"。孩子在这种家庭环境中成长很不容易,特别是格迪斯。他是个高调的青春期男孩儿,正值成长关键时期。不远不近处,死亡威胁,战云密布。他很清楚,假如美国参战,少不了他要应征入伍。格迪斯已多少遍听父母说过,美国必须参战。[28]

格迪斯支持父母在国际事务上的立场。1941 年某日芒福德与国会议员汉米尔顿·费舍(Hamilton Fish)辩论,这位议员同情德国人。辩论地点就在阿米尼亚村高中礼堂。罗斯福总统夫人埃列娜·罗斯福和亨利·摩尔根瑟(Henry Morgenthau)太太都到场旁听。格迪斯也在听众席给爸爸助阵。会场内挤满约五百多人,会场外又围了三四百人,通过大喇叭听辩论。还有数百人坐自家车内打开车窗旁听。整个辩论过程中格迪斯坐在椅子边沿,双手托腮,双肘支在膝盖,"眼里时常淌出激动热泪,全神贯注,生怕漏掉一个字"。当芒福德愤怒已极,双眼冒火,高声喊费舍是个纳粹帮凶,"滚出国会,滚出军队!立刻滚蛋,不然我把你扔出会场!"[29]这时格迪斯生怕这身强力壮的费舍会蹿上来对父亲大打出手。

政治斗争的确把刘易斯和索菲亚在精神上拉近了,但他们也为此付出了另一代价,即双方关系的亲密感。刘易斯日记记述感受如下:"我们很亲密,灵魂彼此贴近,虽然身体互爱少了。一到晚上都感觉情感已耗尽。"[30] 1940 年春索菲亚开始担心刘易斯健康恶化,他白天焦虑,晚间失眠,常做噩梦。梦见自己"被钉在板子上",拼命想逃回美国却力不从心。忽而又梦见德国进犯英伦三岛,忽而梦见自己同希特勒面对面打斗……血压升高,心动过速。最终,医生建议他回里兹维尔乡下小住一两周,把自己关起来,充耳不闻窗外事。

这样,刘易斯与索菲亚便于 5 月 10 日回乡居住,这天德军攻占领了荷兰。里兹维尔休养期间芒福德不看报不听收音机,除读点书,照看园田,其余便不做什么了。有时候到自家房后山坡上春意盎然的树林去走走。于是健康迅速恢复。休养将结束,一日与索菲亚驾车去阿米尼亚村里,刘易斯始终未下车,但从人们神色就能看出,一定发生了可怕的事。及至入夏两人回到纽约才证实,德军大举攻入荷兰,丘吉尔被任命为英国首相。那年6月法国沦陷后,芒福德完成《生存的信念》第一稿,333页书稿十天完成,6月24日付梓。是日,童年时代奶娘奈莉·阿亨在斯塔顿岛休养所去世。[31]

芒福德用三周完成文稿校订,义愤填膺兼满怀悲愤,每天早晨八点工作到晚七点。该书第一年即售2万册,创下他写作生涯以来最好的经济收益。英国销售收益更好,即使有一版印刷期间遭轰炸全部被毁。

这年夏季的暗淡日子,芒福德为纽约现代艺术博物馆即将展出的大型展览撰文,向人们展示被法西斯占领的世界是一番什么景象。该展览后因董事会撤资未能如期举办。刘易斯还多次会见尼布尔、赫伯特·阿格以及其他著名主战派人士,联手起草《捍卫世界民主宣言》,谴责法西斯和实用主义,号召对德开战。他们这团体的主脑人物是老派文人勃基斯(G. A. Borgese),此人因拒绝向法西斯宣誓被逐出意大利,是焦耳·斯平格的好友,随夫人伊丽莎白侨居阿米尼亚村附近。他岳丈是小说家托马斯·曼。老人新近也抵达美国避难,且偶来拜访勃基斯一群。这样他们便一起协助芒福德开展工作,说服罗斯福总统和国会赶快援助危在旦夕的英国。是年6月芒福德致电罗斯福总统:"举国仰赖总统才干能力,以总统决断马首是瞻。当今局势譬若当年美国内战,总统名垂青史或遗臭万年取决于未来数周总统能否决策参战。"[32]

罗斯福总统虽采取行动援助英国,却未如芒福德期望的那般坚决果断。至此,原先主张退缩妥协的大批自由派人士,包括《常识》、《新共和》等杂志的编辑们,纷纷敦促政府援助同盟国,但"仍不主张参战"。他们曾认为英法等国没有美国援助也能战胜法西斯,而且无论如何,西半球都不会受到军事打击。没料到纳粹分子闪电战成效可怖,彻底粉碎了他们如意算盘,也一次而永远地摧毁了美国坚不可摧的迷信。同时希特勒集中营变本加厉残杀犹太人,更令欧战不伤及道德的高论不攻自破。德国绝非因"资源匮乏"才侵略他国夺取寡头政治急需的战略资源。他野心大得很,军力很可怕,且仍在扩充。美国人如今看清,一旦英国沦陷,希特勒下一个目标就是美国了。1937 年 10 月《财富》杂志民调结果显示,62% 美国人主张对德严守中立,不宜为解英国之围冒险参战。而到 1941 年元月盖洛普民调显示,68% 美国民众支持全力援助英国,即使冒险参战。美国国会尚未准备宣战,但在决心已下的总统催促下,于 1940 年夏公开表态,美国决意全面调整改造,"变成个巨大武库保卫民主理念。"[33]

纳粹攻占了巴黎,芒福德许多好友赶来道歉,说以前不该攻击他预言法西斯极度张狂是"歇斯底里小题大做"。他们虽改变立场主张援助岌岌可危的英国以及 1941 年 6 月遭德入侵的苏联,但当芒福德将他们的呼吁书升格为(立即)开战书,却又遭他们新的反对或退缩,有些则尴尬不语。实际上,芒福德对 1941 年夏世界局势更不乐观,当时英国苏联已卷入战争对德作战。而一年前 1940 年夏,当英国岌岌可危时,芒福德笔记曾忧心忡忡记载:"当时至少我还希望,危险的出现能唤醒我们昏昧的同胞。"[34]

听闻日本偷袭珍珠港的那个周日晚上,芒福德正在达特茅斯大学。当天下午格迪斯一路搭便车从就读的格达学院(Goddard College)赶来与父亲会合。爷俩在汉诺威旅馆共进午餐,然后刘易斯一位同事驾车送格迪斯回校走一程,刘易斯也随同前往。当他很晚回到汉诺威旅馆自己房间,电话铃响了。拿起听筒刚凑近耳朵,那边便不假思索告诉他:"你说,你怎么说这帮日本鬼子对我们干的这些事儿?啊?……"美国到底未能躲过战争。照理,他该轻松,因为他的预言应验了!但一想到这儿,他立即又想起两年来一直努力压下的担忧:这场战争不会马上结束。那么,他儿子,这年 16 岁的儿子,势必要应征入伍。刘易斯·芒福德这天晚上也想到自己:这是一场浩大无边的全球战争,我的角色是什么?我的岗位在哪里?[35]

人之至善

> 当社会彻底腐朽，无法改进其任何职能机构，这种情况下要首先拯救个人。拯救方式是先让他不深陷这社会的泥潭污淖，而成为新社会的良种。
>
> ——刘易斯·芒福德

芒福德自审年岁太老无法参军打仗；参与后方战备，自身又未受过专门培训，很难效力。但他很快认定，自己对战胜法西斯能做出最大贡献的岗位和方式是作为人类良心的代言人，为民主国家厘清战斗目标与目的，清楚自己为何而战。美国面对世界危机一连数年迟迟不动，这让他确信大多数同胞早已迷失了美国建国理想和优良文化遗产。因而有必要重申这些价值理念。因为，如想拯救民主世界免于战火，"仅靠机关枪大炮是拯救不了的。这任务要靠能造就更高层级新人类的大本领"。他常说，大机器若交给小人物操持，基本无用。[1]

战争坚定了芒福德一个信念：社会文明的更新只能从"人的再造"开始。这就是他又一本新书的主题：《为人之道》，即《生命的更新》系列集的第三卷。也正是这信念中，1942年他同意到斯坦福大学新成立的人文学院担任院长。去加利福尼亚赴任前夕他告诉布鲁克斯，他去斯坦福的使命就是告诉青年，"须具备何种眼光和素养才不至于陷身浅薄轻浮的老辈人营造的泥淖与乱局"。[2]

斯坦福大学聘芒福德任教，是因1941年夏他曾应邀出席该校建校五十周年纪念会，发表过一篇热情雄辩的演讲。该演讲核心内容是加强人文学科，应使其成为美国教育规划日程表的首要任务。这样，校方即聘他做教学领导。那篇演讲中他一个基本论点是：美国未及时应对法西斯猖獗进攻，其来势汹汹不是要推翻这个或那个民主国家政府，而是要掀翻西方文化赖以建立的基本理念和整套原则。这样的迟迟不动就让我们这一代人愧对自己对广大人类社会应尽的职责。[3]

他希望斯坦福大学和更多学院通过强化人文学科造就出更多优秀青年男女，将来能积极应对战后世界同样会出现的危机。芒福德把未来人类希望寄托给人文学科的强化与更新。

这个主题与斯坦福许多教师的追求不谋而合。因为他们也正重新编订本校人文学科纲目。于是不到一年，他们就提供给芒福德全职教授职位兼新成立的人文学院院长，年薪7500美元。以前斯坦福人文学科只是各种科目的大杂烩，许多授课很缺乏想象。创立人文学院的意图是改造原有课程使之增添活力，与自然科学社会科学挂钩。芒福德到任给这一设想增添新动力。他一到校，欢迎仪式上就被告知："你是我们这里入主白宫的人。"[4]

芒福德对教育早有设想，因而把斯坦福工作看作施展多年抱负的大好时机。赴任前回答《时代》杂志一位记者采访，他说："多年来我都认为，人文学科和自然科学历来不是一对本质上对立的领域。只是到了20世纪才开始分道扬镳。"这种看法后来通过 C. P. 斯诺很著名的《两种文化与科学革命》大为普及。[5]但是，虽然芒福德满怀欣喜企盼用新方法重塑人文学科，他对斯坦福环境却很难适应这在某种程度上与他到来的时间和当地情况有关。

来加州前那夏天，他想赶完一部书稿，未果；虽然此书已写了四百多页。这样余下备课秋季教学的时间就很有限了。所以抵达加州不仅舟车劳顿，心中还着急教课的事，因为他从不喜欢讲课。斯坦福行政官员们破例款待他们，在校园辟出宽敞住宅供他们使用，前有玫瑰园，后有石南花和夏威夷姜花（Hawaiian ginger）。可刘易斯嫌这房子，乃至整个帕拉托①都太土气，不对他胃口。加之无车，周末出行不便，无法

---

① Palo Alto，加州西部一小型卧城，核心产业是电子工业。——译注

去海滩和加州纵深地带。

加州开始几周的生活窘迫而狼狈,因为索菲亚病了,患子宫肌瘤伴出血症(后来手术摘除)。体质衰弱,却找不到家务帮工,所以刘易斯一度成了"炒菜教授,洗碗教授,打扫地毯教授",大量杂务占用宝贵备课时间。[6]即使如此头几节课仍很成功。开学第一课他讲古希腊文化,课结束学生听众长时间鼓掌,其中还有二三十位慕名来旁听的教师。他讲课并不总那么自如,但仍属人文项目最受欢迎的教师之一。非正式讨论与同学互动相处都很好,还打破常规将人文学科教学与学生日常关注的问题联系起来。

芒福德善于从生活汲取经验丰富教学内容,介绍大思想家成长道路。最后一节课讲授人类个性的本质。他现身说法,讲自己实践古雅典均衡人生主张,坦诚介绍经历的斗争和挫折。讲课结束,学生们鼓掌之长久热烈令他热泪盈眶。第二天笔记记载:"我很感动,因为全班95名学生至少20人有所悟:领悟到道德修炼与课业长进须联手而行。"[7]

这主张颇显老旧,因他本身就是个老派人物。他认为人文学科应让普通男女懂得他们生活的世界,学会有目的的生活态度,这在战争年代尤为重要。他认为如果讲授得当,人文学科能让"战斗的一代"懂得"世间有些事情值得享受,有些值得奋斗争取,有些值得去捍卫,还有些值得为之献身,如若必要"[8]。

第一学期将尽,有个学生走进他办公室,一个怀孕待产的女生,来分享学习心得。她说,来斯坦福读书之前本很消沉,不解战争,人生迷惘,后悔怀孕。因丈夫是海军中尉,战争期间吉凶未卜,不久要出海,不知能否归来见到她和孩子……听了课,"我不再这么想,我开始懂得我们为何而战,我生命终于有了意义。您会听到我在驻地与其他军官和家属辩论此类问题,我想与他们分享我在您这课上的收获。不过,这还不是我最重要的收获,"即将离开时她补充说:"不管丈夫能否凯旋荣归,我都高高兴兴生下这孩子。若我男人战死,他死得值得,死得其所。"[9]

若每个学生都收效如斯,芒福德会在斯坦福干得更久。但毕竟这类极佳教学收获少之又少。相反,他发觉多数学生干巴巴,他们对学问也没兴趣。"这些一勺勺喂大的中产阶级孩子"最重分数。此外很意外的是,他觉得那些女生竟也索然无趣。打趣地对约·斯特龙金说:"15年前我做梦都不会想到有朝一日我会对18—20岁的女孩子没兴趣。"与她们同室讨论问题,他只以"父亲般的超然物外"倾听她们谈话。[10]

唯一最感兴趣的"学生"就是儿子格迪斯了。此时格迪斯刚在华盛顿州畜牧场过完暑假,等着与父母会合一同去阿尔瓦拉多住宅区(Alvarado Row)的新家。父母发现这孩子又长大了,生活有目的,特意外又高兴的是,还爱学习了。可能因交了个聪颖女友学绩特好,生怕自愧弗如。格迪斯生性刚烈,十几岁时尚在叛逆,同父亲关系不纯是紧张,因这爷俩禀赋相反,观点满拧。如今爷俩却谈得很投契,从生物进化到当今世界局势无所不谈,往往夜深人静还在推心置腹,久之就在新高度上互相更敬重了。格迪斯说:"这年底我定会更了解他讲授述的文明史和那些攻读人文学科的学生……我不懂他怎么积累了这么多东西,但都值得探索,也正是我努力求索的东西。"其实他最好说,是平生首次想到应该深入探索。[11]

加州生活使得芒福德一家更团结,但这并不足以留刘易斯久住。在斯坦福居住不到两月他就想回阿米尼亚了,心里惦记战争,惦记那本未写完的书。他致信巢佩克邻居艾米·斯平格说:"离开写作这一行我就浑身难受,从来如此。"[12]再有,他很不适应战争期间置身局外的感觉,一想到自己的书会对战局有特殊贡献,在加州就更坐立不安。尤其1942年末听闻军方将暂借校园一大块地做军训,会影响人文学院的建设,他简直整天就只想回纽约了。另一原因是他的学生几乎清一色女生,这有违他的初衷,原来同意来斯坦福的,是想专门培训即将开赴前线参战的小伙子。校方不想完全失去芒福德,便想了个变通办法,给他半年假期。1943年6月到来年元月休假后归来,一半时间用于人文学院教学,另一半时间协助新校长唐纳德·特里西德(Donald Tresidder)改组全校。斯坦福准备采纳他的建议,增设城市与区域规划学院。这个新项目以及他本人同特里西德校长很谈得来,说服了芒福德再回加州,至少再干一年。

夏季回到里兹维尔,驾轻就熟的日常生活规律,时不时老友蹩进门来聊几句,常来者有凯瑟琳·博厄和她丈夫威廉·沃斯特、亨利·莫瑞等人。芒福德虽爱同他们谈话,却无耐心等他们离开再来写书。所以还是索菲亚出面处理来访和往来电话,将来客减到最低限度。刘易斯完成《为人之道》最后润饰,随即全家又赴斯坦福。

即使书稿写完,他似仍无心赴任。斯坦福教师们抵制特里西德校长的改革课程计划,所以芒福德支持该委员会工作倾注大量心血,遭遇激烈反对,事倍功半,心脏毛病又犯了。医生嘱咐他卧床,但却又说不出心脏有何问题。芒福德很清楚,脏器没问题,是机理有障碍:疲劳兼拼命想摆脱新职务压力。他曾目睹好友们类似情况下一个个忍让退缩,因而决不让这种事情发生在自己身上。他告诉校长到年底就离职,且打定主意再也不回斯坦福了(这话当时没告诉校长)。他到加州不是仅为当教授点化几名学生,他来是为了改造"大学教育目标和方法,斯坦福人文学院只是这意图中一个核心支点"。但很快发现,这种设想需多年才能见分晓,而他年近半百,已无力担这大任。唯一收获是清清楚楚看到,大学已经是有望实现生命更新的最后阵地。[13]①

《为人之道》出版于 1944 年 5 月,芒福德觉得这日期既富含信念又蕴藏诸多不祥音。他认为此书也可算自己的《莫比·狄克》了,一部杰作!但他感觉,该书的重要性和影响不会立即显现,因为其主题与格调与当时主旋律格调不合拍。所以,他这个作者当然很快会被遗忘。[14]

在斯坦福以及回归里兹维尔,对于战局他始终在冷眼旁观,且殊感寂寥落寞。许多好友当朝高官,竟无一人提携他,也无人前来讨教对策;包括他专业最擅长的住宅问题,也无人问津。没人理他,他揣测,系

---

① 该人文学院 1948 年解散,改换成人文学科与自然科学院。这也是依照芒福德主张设立的。——原注

因先前他曾抨击罗斯福总统不迅速行动对德宣战。这短处别人虽无直接证据，却记忆犹新。他代表主战派开展的一场场论战及其后果让他看到，他这种思想方法连同呼吁投入热情、不惜牺牲、艰苦卓绝之类，早已不受欢迎。别人认为他观点太极端，过于强调精神道义；尤张口闭口警惕混乱、毁灭，仿佛唯他头脑清醒；嫌他调子太悲观，而美国历来是个充满希望的国度。但是，这种评断有欠公允，是对他观点的极大误解歪曲。他向朋友们解释："若我对人类不抱希望，我索性什么都不写。"[15]

战争爆发初期芒福德阅读德国哲学家费希特（Fichte）向德国人民的演讲，虽听众民族沙文主义声声嚎叫令他不安，费希特对德意志民族疾患的诊断以及他开出的治疗方案，他却印象深刻。这良方就是"整个教育理念必须彻底更新"。芒福德理解，这意味着必须重申人类全部价值理想，这也是他最推崇的济世良方。他便以天启录、警世恒言思想家般的方式，相信某种灾祸能加速他呼唤的变革。如果经济大萧条仍未唤醒同胞更新头脑，抛弃该抛弃的，关注该关注的，那么这次大战会教训他们彻底醒悟。但无论怎样都需有精神旗帜，"我愿意做这个费希特，不单为美国，更为整个民主世界"。这是芒福德《为人之道》一书封笔时致信沃尔特·克特·贝伦特写下的话。[16]

芒福德这时期的作品向两个方向同时拓展——历史与未来。回顾历史进入久远过去，展望未来揣想战后世界。两个方向都超越他作品已有探索，试图影响未来。他坚持明史可知兴替，理解过去有利重塑人类未来。像同时代几位领域宽广的思想家一样，他垦拓历史以新锐见解诠释当今大事，温故知新从中获得行动指南。《生命的更新》系列集前两卷均以中世纪为开端。若论述机械文明和现代城市的演进，这属实至名归。而如今，学术探索要从人类的创造使用工具起源论，从人类之为建造城市的动物等视角拓展开去，逐步深入考察到人性本身的发展历程，甚至深入到人类作为象征符号体系的创造者是怎样一步步成长演进的。如此浩瀚的进化变迁，就要求他远溯至古典希腊罗马文明，即现代西方人类最早的发祥地。所以，《为人之道》以古希腊苏格拉底和索福克勒斯开篇后，接着重点章节就集中讨论古典文化的没落和基督教兴起。而且从基督教缓慢扩散却几近全部覆盖罗马疆土的历史过程中,芒福德引出历史教训,以古鉴今。

芒福德撰写这部视野宏阔的巨著,是想说清楚西方文明的起源、演变以及现状。其中探索了人类历次伟大突破,在艺术、哲学、科学、宗教等方面突飞猛进发展。所以《为人之道》是一部精炼总结,囊括了芒福德探索过的全部人类史,它凝练深刻、持论精辟、深入浅出;时而细密描述不厌其烦,评论尖锐毫不留情,时而义正词严,评断完全替代缜密分析。作者旁征博引,从大量思想家研究著述提取精华,从古代柏拉图直至当今阿尔弗雷德·诺斯·怀特海,尽量不遗漏,精心把分散零碎观点主张集合整理成新的哲学体系,即他所谓之有机人文主义。可是,此书虽竭尽全力,终究未能如愿。

再有,《为人之道》一书涉猎范围毕竟不如所言那样宽广。主要内容,应当说,讲述了人类精神的孕育史;是一部深刻、精挑细选各家观点的诠释。此前,芒福德已写过多部有关其信仰的作品,此书却是他首部深入论述宗教史的著作。该书锋芒所向是该书创作时代的基本特征确定的:战争与集权制度,人类制度文明与道德文化的解体。芒福德在友人莱因霍尔德·尼布尔和阿诺尔德·汤因比引领下,洞察世界危机蕴含的精神实质,用汤因比的话说,"灵魂四分五裂",芒福德则表述为"稳定行为方式全盘溃散"。芒福德显然在用精神分析视角剖析这场世界性危机的实质,认为人类若要光复旧物回归安宁,先要直面历史,"像精神病人求医那样袒露自己生命全部奥秘"。他认为,古代基督徒苦心实践的重要意义即在于此。"要看清我们当今现实,先要弄懂是什么核心因素造就了最早的基督徒。不是说我们可以回归,按照古代精神范式生活,而是只有那样我们才能透彻理解当今人类难题的实质,致力于更积极的生命创新。"[17]

1939—1940年冬居住在纽约时,芒福德开始探索古代基督教精神。时值他为美国参战支援欧洲盟国,两派争斗正激烈展开。这场斗争连同其他两项相关思想辩论都深刻影响了《为人之道》一书写作。他同瓦尔多·弗兰克以及莱因霍尔德·尼布尔长期交谈,深入理解了宗教及宗教价值理念在文明史中的重要作用。这时期他阅读了弗兰克几部，以及尼布尔全部重要著作。随即在尼布尔指导下开始阅读基督教神甫的著述，包括居普梁（Cyprian）、德尔图良（Tertullian）、奥古斯汀（Augustine）、杰罗姆（Jerome）等著名神甫。除周末外每天清晨9时离家，经第五大道抵42街图书馆，连续阅读五六小时，有时连午饭都忽略。一千多年前多次道德大论战重新浮现眼前，这些论战动摇了西方世界。而且不久他就看出，当时的世界局面酷似当前他面对的世界。那年冬他与朋友分享感受说，"专制独裁统治下人类灵魂是一副什么惨象，看看关于塞内卡族（Seneca）的描述就都清楚了"，这里的专制他是影射德国纳粹。古罗马那些统治者拒不相信帝国正在四分五裂，坚持认为罗马帝国永生不死，他从中看出同时代那些孤立主义者朋友们的形象，英国激战正酣他们却口口声声说放心，英国永在。芒福德阅读了塞内卡全部著作以及马尔库斯·奥利鲁（Marcus Aurelius）的大部分著作。真正引他兴趣的还是那些基督教神甫思想大师们。他们曾面对严重社会危机，与他当前关注的问题几乎一样，都涉及罪恶与邪恶、死亡与再造，涉及人生中出世、悔改、求新、转变等诸多议题。[18]

　　塞缪尔·迪尔（Samuel Dill）对古罗马帝国全方位的研究论述，芒福德读后更看清这古老帝国陨灭的真相。而现有研究甚至无一接近这真相。古罗马帝国并非毁于政治、经济颓败，亦非北方蛮族入侵，系毁于"壮志消残、信念损散"。芒福德研究古罗马时，他精神情感全然浸没在阿诺尔德·汤因比巨著《历史研究》浓烈影响中。从汤因比那里他承袭一个基本观点，即任何文明都由一种思想理念作为整合要素或原则凝聚社会成员。这思想或原则即使只可意会不可言传，却始终作为要素在每个重要组织形态中发挥整合作用。这种思想原则起初只体现在某些个人身上，诸如耶稣、佛陀、孔夫子。随后通过某种生活实践——汤因比称之为 *Mimesis* ①——逐步为更多人所接受，形成惯例和

---

　　① 可译拟态、姿态，实则为苦行、修炼之类行为准则和生活方式，譬如甘地寒食薄衫街头摇纺车，践行不以恶抗恶，实为以柔克刚。——译注

组织形态,最终成为一种社会生活方式,乃至成为世界新文化的组合形态。而当这种起源性思想逐步萎缩、枯竭,该文化遗子们又不能及时修复岌岌可危的母文化,举例来说,中古基督教未采纳圣方济各的忠告回归耶稣·基督早先教导的纯朴生活方式和道德操守,这种情况下,古文明势必逐步消残。同时又有新思想主张逐渐上升成为主导因素,重新整合社会。[19]

芒福德顿悟(汤因比这宏论)是一日读精彩的基督教辩护词《米努休斯·菲利克斯的渥大维》(*The Octavius of Minucius Felix*)。其中记述3世纪异教徒与基督徒之间一场辩论。读之,豁然贯通。该辩护词录讲异教徒与基督徒同路,自罗马城出发前往港口城市奥斯提亚(Ostia),沿途两人边走边辩,异教徒宣扬罗马城市生活,对方则万死不辞坚守自家基督徒清贫寒苦。书中记述,双方各执一端争执不下。芒福德却从中看出基督教教义战胜古罗马秩序关键因素何在。无论聪明或才干,骄横的罗马人都远胜一筹,轻松赢得这场辩论。罗马人文采、哲学素养皆有造诣,何况是训练有素的雄辩家。而偏巧渥大维笔下这基督徒观点主张,都赤裸裸反叛常规知性,直呼其名称苏格拉底是条棍棒,且蔑视一切世俗哲学家。"我们从不说大话,我们只践行真理。"最终,是渥大维不屈不挠的信仰,而非卡西利乌斯的冷静逻辑推理,使辩论获胜。及至二人来到港口城市奥斯提亚,这罗马人索性决意改换门庭,皈依基督教了。而他这种飞跃,从理论(reason)向信念(faith)的飞跃,其中隐喻了真实的历史巨变。[20]古罗马人宣讲(信奉)健全的路线,而基督徒践行健康生活方式。芒福德读完此书兴奋地致信约·斯特龙金,告诉她"我打算通过古罗马的教训来理解我们当今面临的问题。然后我再证明……当初罗马人或基督徒都无从知晓的途径,我们当今能否拥有"[21]。

芒福德理解,是因罗马骄横顽固拒不检讨全部生存方式并与更新改造,在基督教义面前才不堪一击。罗马生存方式的基础,是烧杀劫掠坑蒙拐骗;基督教理想,是在坚定明确生存目的基础上笃行朴素的人生信念。可见,罗马垮台源于"自内而外的野蛮",是它本相大暴露。最佳证据就是那些盛大排场展露其虐待狂与凶残野蛮。而基督徒则意识到,唯有抽身退出这样的社会,到尊重其价值理想的群体中生存,才能拯救自己。所以依照芒福德解释,归根结底是基督徒们的最高追求(superego,直译超我。——译者按)让他们在与罗马人的对垒中明显更胜一筹;这最高追求体现在他们敢于离群索居,敢于牺牲眼前利益。[22]

而芒福德《为人之道》一书并非号召人们回归早期基督教信仰,虽然汤因比这样号召。照圣杰罗姆及圣本笃①等笃行终生的基督徒主张,不彻底抽身退出尘世生活就不足以自我救赎。而芒福德解释,这"尘世生活"系指不负道德责任的生活方式。而后来,这种朴素信仰随时光推移在官方说教中逐渐僵化为程序性的东西了。基督教义原来因地制宜的灵活理解主张,被转换为一套死板的正统教条。这时,原先基督教整套学说被偷换。找芒福德看法,新信仰不如原先新教伦理更开放,不过是最初基督教义的改良主义变种。这就是一种新宗教,它集中体现为科学技术以及物质大增长。而且,芒福德认为,从中世纪陨落开始,这种新宗教便逐步成为操控西方世界的新信仰。

以此观之,《为人之道》算是芒福德对现代科技世界一以贯之的批判态度的集大成,是一篇组织缜密的檄文。他批判现代科技世界低估人类情感价值和主观精神生活。唯一点与以往有重要差别,即此书锋芒集中,且深入到芒福德一个非常尖锐的论点:他批判现代文化理念误以为理性是正确行为的唯一向导。同时,认为法西斯的出现与笛卡尔式的压迫人类想象和情感能力直接有关。

* * *

芒福德在《为人之道》中写道:"纯粹的知识,若想去扮演专制统治的角色,便不再是社会生活的有益向导。"用心理学家语言说就是,假如超我(主观意志)无情压抑本我(id),就会创造条件酿成本我的"爆炸性喷发"。因此,一个过分理性化、规则化的社会面对这种情况非但

---

① Benedict of Nursia,也译作圣本尼迪克特,480—547年,意大利人,被英国公理会尊为基督教圣徒。天主教尊奉其为西欧基督教教元祖。——译注

不能消解野蛮,有时候还会产生出"更可怕的野蛮;因为它会给人皆有之的动物本性(破坏)能力武装更强大技术和社会手段,这些手段都是文明社会早已具备的"。芒福德此处所指,当然是纳粹法西斯。[23]

芒福德的论述强有力地应和了18世纪意大利哲学家乔万尼·巴蒂斯塔·维科①的论点。芒福德1937年首次阅读维科研究文化进化的著作。维科把观察研究世界的方法分为两种:想象归纳(imaginative universal)与知性归纳(intelligible universal)。其中知性归纳属于一种视野狭窄、客观为主的认识方法,靠认知而非想象领悟现实世界。而想象归纳则属于整体论的认识方法,它要靠感官印象把握客观世界。两种认识方法,一种重视神话、诗文、舞蹈、唱歌、仪式、法术;另一种则注重逻辑、推理、精确测量、精确计算。一种认识的表述可以比兴隐喻;另一种则须冷峻精准、毫无灵性。人类认知从想象归纳转变为知性归纳,标志着当今科学时代兴起,也为物质生产发展大开方便之门。维科还说,这却也为"抽象化多种弊端"铺平道路,似乎单凭推理和智力就能获得知识和经验。[24]

《为人之道》一书将维科这一观点拓展为一篇檄文,全方位声讨当今的科技时代。当代科学家,包括牛顿,为理解和操控自然,不惮将其简单化乃至裂解为一系列抽象形式:公式、法则、规律、数字。仿佛真义非量化不可,首先是时间,紧接着是空间和运动。现实世界被抽象化的过程中最革命性的突破(revolutionary breakthrough,一语双关,还可译"这种团团转突破"。——译者按)当属钟表问世。钟表"把时间从人类事件实践进程中分离出来,同时创造一种信仰:相信有一种自在的独立世界,由一系列数学测度构成:即所谓科学世界"[25]。这是芒福德在《技术与文明》一书中论述过的。

要科学成立、发展,这一切就不可避免。芒福德并不与科学为敌;问题在于,科学一方面以其狭小世界观方法论获得巨大效能掌控了世

---

① Giovanni Battista Vico,1668—1744,意大利哲学家、历史学家、法学家,他批判现代理性主义,维护古典主义秩序,被尊奉为现代历史哲学研究开创者。——译注

界,而同时却不见道德意识人文关怀相应增长。芒福德有个比喻很贴切,科学世界宛如骷髅:"坚实、明确、清晰。一目了然,代价是不留丝毫生命。"伽利略和牛顿构想、描绘的世界就是这样:整齐、有序,却抽空道德价值,毫无意义,没有记忆,没有意识,更没有觉悟,"全由稀薄的抽象概念构成",因而是个半残的世界。[26]许多自然科学家以及追随他们的社会科学家,在追求"纯客观"这条窄路上看不到人类经验整体性。何以然? 因为科学一味研究复杂繁难实证知识,无法把握领悟人类整体经验。虽然其中还有世界极重要的组成部分,却因无法测度又无法减缩为冰冷抽象概念,因而为科学所不受。可见这块领域有魔幻般的二重性、模糊性。为此,文学艺术以及传统人文学科就成为我们真正的向导,引领我们去解读人类经验中这更生动的层面。

抨击科学营造的世界景象,芒福德同时结合先前实用自由主义论题一起批判。有些人按照现代自由主义科学精神,要求人们做判断勿带感情色彩,要以冷静超脱态度研究问题。芒福德担心这种冷静会把人们变成机器,即使必要也不会发怒。[27]有个现象芒福德百思不解,即数百万青年战场英勇作战却无情感表现。没有什么理想抱负,诸如为自由正义而战等等,都没有。战争结束后芒福德读到乔治·巴顿将军一篇回忆录,其中记载一事令他联想起《自由主义的堕落》一文中提到的道德冷漠。认为此事即该病的表现。巴顿记述,一德军士兵受派潜入敌后爆破美军运兵桥梁。任务完成出色,正在过桥的美军有几名步兵被炸身亡。硝烟散尽,该德军士兵向活下来的美军士兵走去,双手高举示意投降。美军没当即毙了他,而将其俘获。芒福德同意巴顿随后的评论:若出于对蒙难战友的忠诚和复仇情感,该一枪崩了这小子。芒福德想:"别以为(美军)这表现是基督徒对获罪者宽大为怀,其实是一种道德冷漠,人性冷漠。这种情感实则更低劣,并不比盛怒之下一枪崩了他更符合道德标准。"[28]

还有一件事也表达了芒福德同样的观点和情感。罗马光复后几个月,街头发生暴民惩处墨索里尼法西斯一名重要余党,私刑将其吊死街头之事。美国记者赫伯特·马修斯(Herbert Matthews)等报道此事表示抗议。芒福德1944年9月致信《纽约时报》回应此事说："任何文明人都不会认同这种行为。但同样,任何文明人也不会谴责这种行为,因为从道德层面讲,这比起法庭那些繁文缛节明察秋毫冷静公允的判决,要更为罪有应得。马修斯等自由派记者们这种浅薄的敏感,其实掩盖着更深的道德冷漠,同样邪恶。"应当让法西斯统治下备受侵凌的同胞们来表达意见,包括如何惩处那些施虐者,以及若从长远考虑,出于良心是否可以隐忍愤怒不予复仇,唯他们有资格决定。"[29]

芒福德撰写《为人之道》一书鼓励某些美国人,要培养热忱的道德担当,勿姑息马修斯之流对惩处法西斯余孽那种不当反应。随即以谨慎的乐观结束此书。观察1944年世界局势,他不确定世界走向何方,毁灭抑或新生。尽管很不确定,有一点他则非常肯定:若世界开始走向新生,那首先会从许多个人身上开始。会像基督教那样经许多世纪历练逐步扩大其影响。会有一些均衡完备的人格典型,如帕特里克·格迪斯、阿尔贝特·史怀哲(芒福德毫无疑问也把自己算在其内),这样的人,就成为先行者和领路人。他们将是这有机新文明时代的培根和达·芬奇。他们倡导的信仰的理论,一代人之后,千百万人会逐步接受,成为自己的信仰和理论。

可是,这种理想境界究竟是什么样子? 当其发展进程一旦达到汤因比所说的"物化成型(materialization)"阶段,当新文明理念开始形成社会组织制度乃至国家形态,将是一番何等景象?芒福德则无法回答,全然不知他这"优托邦(eutopia,可译好地方,不同于乌托邦。——译者按)"如何一步步成型,恰如他全然不知该通过哪些步骤到达那里。

芒福德猜对了一半,社会对《为人之道》毁誉参半。有些褒奖则可不算数,如莱因霍尔德·尼布尔等人评论。但无论如何,第一年销量超过了《技术与文明》和《城市文化》。评论普遍认为该书不如芒福德历来作品。芒福德私下对朋友抱怨说,这些评论家看书大多不认真细致,不然就是不愿接受书中的严峻行动计划。[30]但其实,令评论家们不舒服的,不是书中思想而是其表达方式:它用了旧约先知般的愤怒口吻,或说,以一个名不见经传的小先知的口吻道出这些现实。该书受众多是他的忠实读者。

就连他最信任的保罗·罗森菲尔德也向他指出这一点。同样,凯瑟琳·博厄也对他说,他对反应迟钝的政治缺乏信心,总想有个救世主发动一场精神变革。这一点被凯瑟琳几乎点破,难怪他反应如此激烈。致信凯瑟琳他解释,自己从不相信所谓"救世主"。作品中呼吁的"精神"权威在文学艺术作品乃至宗教中随处可见,大家都能接受。这样说却也不十分中肯,因早年迷醉尼采和萧伯纳,深信新时代会首先体现在少数优秀者身上。价值观转变是社会改造的一部分,无法替代通盘政治行动,这一点他《为人之道》中未讲清楚,确也属实。整个书中都在呼吁信念而非行动。

虽如此,他仍抱怨批评家"误解"了他,连凯瑟琳也未读懂他。说今后新书出版,一定征询她丈夫同意把她锁进单间,不仔细读完全书不放她出来。同一封信中他引格迪斯话说,好渔夫从不怪怨鱼儿不咬钩。总之他清楚,无法指望朋友为该书辩护了,即使急需有这种朋友,因为他担心从此名誉扫地。[31]

芒福德向朋友李·西蒙森说起想给《为人之道》写一部续集,西蒙森劝他切勿"小题大做",因为西蒙森已经听到许多不利反响,何况反响者大多是以往喜爱芒福德的读者。他告诉芒福德,他们不赞许,不是因为内容而是因为其风格,因为他存心难为读者。有太多的耶利米书(Jeremiah)的味道……总爱预断某些暗淡前景,至少有些人认为如此。后来他自己也写道,此书"有点像雷鸣作响的管风琴变奏一些适合小提琴的主题",特别是对比以往作品《棍棒与石头》、《黄金时代》中那种"莫扎特式的流畅、优美、清晰"[32]。西蒙森和其他非常接近芒福德的朋友们,诸如约·斯特龙金等都发现,以往十年芒福德变了个人,变成个完全不同的作家。作品观点看人类状况愈加黯淡,对异见者很不宽容。这种明显变化大家都很关切,但他自己却未予充分注意。

一个有良心的人活在一个"发了疯"的世界,他进退如何抉择?此人素以革命者自诩,今对革命已意兴阑珊。"革命,自1789年以来总不断流产。如此革命岂不就是一代衰老文明的自杀形式？历史地看,身处这局面唯一建设性出路是出世自立；并非良久若此,权宜之计耳,为人类未来铺垫新基。"[33]

但芒福德本人对人间世则难忘情,虽常痛感非出世不可。从1945年8月广岛原子弹爆炸开始,他意识到法西斯毒素已浸染到其民主对手了。此后四分之一个世纪,芒福德始终致力唤醒民众,启迪同胞看清人类面临危局。年复一年他悲观加剧但从不绝望。从他晚年写给意大利友人布鲁诺·泽维(Bruno Zevi)一封信里,我们可洞察他内心对人类未来怀有一种细弱却韧长的希望："我不想告诉人们我对人类未来的想法,除非有近乎奇迹的事情发生。"接着他给泽维讲了20年代在柏林听说的故事：街头有位看相术士很有名,引来大批作家、艺术家找他算命测字看手相。他就一一道出他们性格命运,都凭直觉脱口而出,比如预测出某人早死夭折,某某离婚、破产、遭灾等,却都一一应验,句句准得吓人。久之,他的测算便成了不祥之兆,渐渐地人们不来找他算命了。此人最终抑郁而亡。芒福德对泽维吐露心声："我同情此人窘境,但我不会自杀,因为我仍然相信,一定会有奇迹。"[34]

厄运时代

> 疯子给盲人带路,这世道准是病了。
>
> ——威廉·莎士比亚《李尔王》

1944年是芒福德一生最萧条惨淡、心痛欲碎的时期。在加利福尼亚健康恶化,冬季学期末便决定离加州回到里兹维尔。一回家正好看到《为人之道》的大量负面书评。来年夏天心情郁郁,《生命的更新》系列集新卷迟迟未能动笔。但这几个月让他忧心忡忡的不是健康或文坛名望,而是一年前入伍的儿子格迪斯如今在意大利阿诺尔河北部作战。这年8月格迪斯所在步兵连开进蒙特塞利(Monticelli)山区,准备首攻防御坚固的德军防线。格迪斯是连队侦察兵,进攻开始面对敌人火力,他们首当其冲。他士气高涨,自告奋勇参加突袭行动,却并不想当英雄。给父母信中说:"我无心摘那紫心勋章,若运气好,下个生日就能回家了。"告诉父母不要担忧。这是那年8、9月间他们之间全部通信内容。[1]

后来格迪斯还写过一信,是突袭成功后从敌后寄出的,随后即杳无音讯。10月第一周父母感觉事情不妙,尽管一个月未收到来信,他们却几乎天天给他写信。夫妻二人相对,都绝口不言各自心中深深的担心害怕。索菲亚生日过后两天,政府部门电报寄来了,内称格迪斯自9月13日行动失踪迄今无音讯。多日后听闻有失踪士兵归来,他们又生一线希望。或许儿子战地被俘,也未可知。为此还专门制备了红十字包,以便有被俘消息立即寄给他。但到了10月17日,最后消息来了。当时两人正就座餐桌,刘易斯起身去厨房,听到有人敲门。火车站站长弗拉纳根先生立在门口,手中一纸电文。刘易斯当即明白其中含义。接过电文,他一语不发。关好门走回餐室时,他决计暂不告诉家人,要等他有时间与索菲亚单独在一起。

晚餐后,送爱丽森回房就寝,给孩子讲了平素讲过的故事,还在这小房间亍亍一小时许,爱丽森迟迟难以入睡,似察觉发生了不测。然后下楼,把事情告诉妻子。索菲亚早已泣不成声:"亲爱的,我们早猜到了,不是吗?"笔记中记载:"随后我们之间的事,别人无须知晓了。"[2]

第二前清晨,索菲亚把爱丽森喊到自己床前告诉她,她永远失去了哥哥。爱丽森起初沉默不语,几秒钟后猛地抱住母亲,低声而无表情地说出大家共同的感受:"我们的日子再不会像原来一样了。"[3]

大悲大恸,刘易斯排遣悲情唯一办法就是诉诸笔端。每天清晨都到小书房写作。这年11月、12月,每天抽时间整理格迪斯遗物:照片、信札等。当时他已搜集以往文章想集成《城市发展》(*City Development*)文集,却难专心致志完成。他想写本书专门回忆儿子的一生,却也难起笔。笔记中承认:"而回想格迪斯一生种种,设想他本可实现的未来,撕心裂肺的紧张疼痛,超乎忍耐。"他索性推迟此事,考虑当时更迫切的问题:战争以及即将到来的和平时代。原因之一,是儿子生前写信曾说,这场战争不可能真正取胜,除非参加战斗的每个人都清楚为何而战。所以,此书也将专门为格迪斯而写。但起笔多次后终于发现,以他当时的绝望心绪,什么也写不成。[4]

这年冬始终难以顺利工作,但仍不断努力,无奈常有阵发性心肌痉挛和晕眩,这却也消减了悲痛压抑。索菲亚就更难梳理日常生活残破的千头万绪。她对丈夫说,他好在还能面对格迪斯照片,她则根本做不到。的确,刘易斯至少可以通过写作再造一个新世界,证明儿子死得其所。而她能做什么呢?[5]

同时他俩暗自害怕听到有士兵凯旋,怕见到胜利游行和演说场面。刘易斯始终竭力控制情感,尽量不流泪。但那天晚上,总统宣布日本投降,战争已经结束,里兹维尔大道上一队队汽车按响喇叭表达欢欣,他再也抑制不住,热烈的广播喇叭声中他悄悄独自离开房屋,来到河边大沙坑。他与格迪斯曾常在这里打靶试枪。如今此地已成格迪斯许多快乐时光的见证。今独自面对沙坑,始而啜泣,继而痛哭失声。

格迪斯阵亡后的第一冬,刘易斯和索菲亚倍感萧索凄凉,孤独寂寞。阿米尼亚已多年没这么冷,12月后几乎每周降雪,寒风吹雪堆成12英尺高雪堆。木结构农舍并不结实,寒风呼啸灌进大小缝隙门窗。室温很少不跌破华式零度。2月刘易斯有记录:"内心悲苦加剧了室外严寒。"[6]

每天七点前起床,自己准备早餐,吸过烟,即全副装备仿佛要外出踏上严寒征程,其实是要进入四面透风的书房开始工作。但实际上除了笔记书信,只收获几首小诗怀念孩子。十一点从书桌起身,取信,刮脸,下午便写回信,然后读书。他和索菲亚偶或也外出散步,严寒难耐,最多走出几百码便不得不折返。晚饭后一家人坐在起居室听音乐,多是莫扎特、贝多芬、巴赫。然后刘易斯哄女儿就寝,不到一小时他和索菲亚也随即就寝。有时,睡前刘易斯会走进格迪斯房间矗立良久,同时奇怪,房内空空,怎会到处都是格迪斯音容笑貌……

日子一天天过去,每天都一样。那年冬他们门庭冷落,少有客人来访,活跃气氛打破常规。一天晚上刘易斯写道:"我们蜷缩在家里,孤独寂寞,凄凉寒冷。不记得一辈子何曾如此寒苦。"[7]

最后,终于承受不住了。新罕布什尔州汉诺威一位友人,达特茅斯大学教授阿蒂默斯·帕卡德(Artemus Packard)和他妻子玛乔丽(Marjory),邀他们过去同住。因玛乔丽父亲过世,留有空房。2月中他们决定搬迁,尽管爱丽森因此得转学。因为他们感到必须有人陪伴了,何况汉诺威刚好有非常要好的朋友。实际上自30年代开始刘易斯在那里做访问教授,汉诺威已成他第二故乡。1945年初他们迁入新居。房间很大,居住舒适,贝克图书馆又近在咫尺。尤佳者,"出来进去到处是友善面孔"。此语见刘易斯抵汉诺威当晚写给布鲁克斯的信笺。[8]

芒福德初涉达特茅斯大学是在1929年秋,当时赴任讲课一周,讲题即他《黑褐色的三十年》中艺术与建筑评论。邀请他来的正是当时新委任的青年教授帕卡德。校长欧内斯特·马丁·霍普金斯(Ernest Martin Hopkins)聘帕卡德担任艺术系主任,寄望于这位精力无穷的青年才俊培养学生艺术兴趣。帕卡德很欣赏芒福德思想见解,两人一相识便很投契。更在校长鼓励支持下邀芒福德作为游走教授(roving professor)定期来校继续工作,无固定职责与日程,地位与教授完全一样。因而芒福德有时教课有时组织学生开展非正式研讨,题目非常广泛,故学生会问他,您专业领域是什么。他笑答,他是 *Professor der Allerlei Wissenschaftem*(全科教授,或称万事通教授。——译者按)。[9]

芒福德很喜爱30年代的达特茅斯大学,时任校长欧内斯特·马丁·霍普金斯正奋力改造该校,"使之从青年野人的乡村俱乐部变成事业人生的严肃场所",此语见芒福德初访达特茅斯后致帕特里克·格迪斯的信。[10]霍普金斯平易近人,谦谦君子,尤爱(实则渴望)创新。作为改善学校教育环境措施之一,他明言不看好日耳曼式的"恋物癖博士(Ph.D. fetish)",为此特聘一批青年教授,趁其尚未陷入专业狭小天地明告之,其今后前程取决于教学及校园服务绩效。他还打破专业科系界别,邀请一批校外著名学者艺术家来校授课。其中两位后来与芒福德成为好友,即诗人罗伯特·福罗斯特(Robert Frost)和哈佛毕业的律师小阿德尔伯特·埃姆斯(Adelbert Ames, Jr.)。福罗斯特曾两次改换专业,第一次(从法学)改为绘画和雕塑,二次又改为光学和心理。[11]所以芒福德在达特茅斯时常走进他的眼原理科研究所观看埃姆斯驰名世界的光学实验。也常常与诗人弗罗斯特一起喝下午茶畅谈。虽然尽人皆知这位老诗人脾气大、不饶人,与芒福德相处却温文尔雅和蔼可亲。他也喜爱刘易斯直爽,重大关注直抒胸臆。曾悄悄告诉索菲亚:"知道吗,刘易斯是我崇拜的英雄之一。"这两人都不迷信学者,视博士头衔为"平庸之辈标记",还爱闲言碎语戏说其他"教授们"那些心胸狭窄苟且窝囊的笑话。[12]

正是他这友好小圈子——包括埃姆斯、弗罗斯特、帕卡德,还有英语系的斯特恩斯·莫尔斯(Stearns Morse)和西德尼·考克斯(Sidney Cox)——把他年复一年吸引回达特茅斯大学,同这些朋友结成终生友谊。还作为中间人,把他的好友沃尔特·克特·贝伦特,建筑师和规划师,介绍给学校。沃尔特在魏玛共和国时代负责柏林城市规划。贝伦特和他妻子莉迪娅,著名音乐会钢琴家,都于希特勒上台后被迫离开德国(贝伦特是不做仪式的犹太教徒,妻子是基督教徒)。芒福德很重交情,曾集资帮这对夫妇来美国定居。接着说服帕卡德和校长霍普金斯给他们安排教学工作,还把他们推介给自己的出版商哈科特-布雷斯,接洽出版贝伦特的著作《现代建筑》,此书后来成为现代建筑发展史最早的论著之一。不久达特茅斯也给莉迪娅·豪夫曼-贝伦特(Lydia Hoffman-Behrendt)安排了工作,她也成为索菲亚·芒福德的好友之一。[13]

芒福德夫妇搬迁入汉诺威当月,沃尔特·克特·贝伦特却病卧在床。因心脏病久病在家,终日遥望窗外康涅狄格流域宽广平原。刘易斯和索菲亚几乎天天来看望、守候他。因莉迪娅去学校教课,他害怕孤独。这年4月,贝伦特久病缠身后去世,令芒福德到达汉诺威第一季心情暗淡。贝伦特死后他每天早晨都直奔贝克图书馆,在书堆中忘却尘间事。图书馆幽暗的地下读书室里,他时不时看到墙上绘画,那画面刚好映出他1945年初心境和当时世态。那是一幅大型壁画,作者是墨西哥画家约瑟·克莱门特·奥罗斯科(Jose Clemente Orozco)。

此画他乍一见就摄入心魂,并占据重要地位。实际上他目睹了该绘画缓慢诞生全过程,并深为其中野性真实所震骇。在达特茅斯大学为奥罗斯科举办的午餐会上他评论说:"谁若看完此画仍行若无事,依然故我,那定是个死人。"[14]

奥罗斯科是30年代初经阿蒂默斯·帕卡德引荐来达特茅斯大学的。到校不久即在贝克图书馆宽敞地下室开辟教学场地,利用室内占整幢图书馆建筑长度的一面墙壁,向学生展示壁画艺术。画题是北美开发史,从前哥伦布时代到现代全程描绘。一定意义上看,此画大可争议。这是一幅(潮)湿壁画(fresco),即在新涂灰泥墙壁趁潮湿用水彩绘成。许多观众,包括总统夫人埃列娜·罗斯福,看过都说其纯属宣传。就连帕卡德对画家惨不忍睹的诠释也殊不快。画家说这奇特画面影射当今学界孕育知识死胎①。画面中一架人形骷髅骨因难产躺在解剖手术台上,接受助产士处理死胎。产出的胎儿头戴学位帽,几位鬼怪式尸骨身披学衔服装,矗立一旁观看。帕卡德告诉画家,这种画谁看了谁想吐。奥罗斯科一听就火了,说:"我就要这效果。"帕卡德也反唇相讥:"那你何不脱下裤子就地大便?"后来奥罗斯科对画面略作修改,但其毛骨悚然萧森效果分毫未减。[15]

课前课后芒福德总要到贝克图书馆观览这身材瘦小戴小眼镜的墨西哥画家作画。只见他神采奕奕走笔如飞,残缺左膀带动空袖笼随意摆荡。两人因母语不通从未深谈,但这幅壁画强有力地影响了芒福德当时正写的著作《技术与文明》。

芒福德对奥罗斯科此画第一反响实录于他给凯瑟琳·博厄的信中,当时《技术与文明》刚封笔。"作为绘画和象征作品,美国任何地方也找不到如此佳作……才干之神与生命之神在墨西哥施展绝佳。一面是可怖兽性,另一面是强大玉蜀黍文化和石雕杰作,科学时代也从这里破晓,人类闭起眼睛向黑沉沉未知宇宙伸出双臂。羽蛇神②代表智灵生命下界来找墨西哥人,且允诺回返……他这预言终于滑稽可笑地应验了:西班牙鬼子兵身着玄色铠甲入侵墨西哥,随即机器(时代)开始——我这书恰好就探讨这东西——机器,整齐划一,轰鸣强大,所向披靡,来到人间赶尽杀绝。

"大厅另一端,叙写人类精神归宿,只见一群秃鹫偷得天堂钥匙,随即腾起烈焰……基督现世,手持利斧砍断十字架,抽身出来粉碎天庭神庙,把宙斯、佛陀、穆罕默德的殿堂统统击碎,将那些死气沉沉信条,毫无生意的生活方式,统统一笔勾销!"[16]

好,那么,问题来了:芒福德此处写的究竟是谁的思想?可不可以说,既是他的又是画家奥罗斯科的?何况他常自视基督下凡拯救人间,

---

① 刘易斯·芒福德1971年出版的另一部著作《破除机械论神话》之下卷《权力五行》中附有该壁画照片和长篇说明文字。——译注
② Quetzalcoatl,古代墨西哥阿兹特克人崇奉的守护神。——译注

扯着嗓子高叫拨乱反正,正本清源?可以说,1945年他回来再次见到奥罗斯科此画,这种心态便上升至空前高度。因为这年一群科学家在西部沙漠地带绝密环境研发出杀伤力难以置信的特殊武器,交到军方领导手中。芒福德又一次感到肩担重任,必须仗义执言,指出这种武器威胁到人类在地球上的生存。

* * *

1945年8月6日晚,芒福德正坐在里兹维尔自家起居室,忽听广播中播音员昆西·豪(Quincy Howe)宣布,一枚原子弹在广岛上空爆炸,夷平整座城市。这是芒福德首次,几乎也是所有其他人首次听说这种骇人听闻的武器已研制成功。他第一反应即所谓"几乎生理性作呕"。这武器让人类掌握的"力量太大了,因而交给他们无法放心。我们使用了这武器,本身就是证据"。杜鲁门总统为自己决定使用这一武器作辩护,说可缩短战争。"他显然未稍微考虑一下,这是否也会缩短人类生存?"[17]

芒福德并不反对研发原子弹,因为德国人也在干这事情。他反对不宣而战使用这武器。尤悲惨的是,日本还来不及宣布投降,长崎又二次被原子弹轰炸。以他之见,没必要如此慌忙滥炸,因为进军日本至1946年春才确定日程。此前很早苏联已对日宣战,此举无疑促使日本早日投降。

芒福德对热核时代到来的第一个公开反应是他怒不可遏的杂文《先生们,你们疯了!》1946年初发表在《周六文学评论》。"当今我们美国生活在一群疯子当中,这群疯子以安全和秩序名义管理我国公共事务。他们疯了,确凿可靠病症就是他们推行一系列举动最终足以导致人类毁灭。而且一本正经地说他们是很负责的人,神志健全,致力于合理目的。"我们为什么容许这些狂人继续猖獗而不大声疾呼制止他们?"为什么我们面对全球毁灭的巨大威胁缄默不语?只有一个原因,就是我们也都疯了……我们迟迟不动,就是证据!"[18]

真正觉悟且奋起抗议者很少很少,芒福德即其一。1946年初他们从汉诺威开始组织请愿,要求政府停止核武器试验,拆解全部存量炸弹,宣布愿服从联合国机构核查与控制原子弹和核能发展。这种可怕的武器既已发明问世,拯救世界免于毁灭唯一有效手段就是成立世界性组织管理此类事务,权威要超过新成立的联合国。芒福德请愿书中呼吁国会采取的单边行动(被许多人斥为政治幼稚)即走向这目标的第一步。既然美国发明了这种武器,"我们就义不容辞必须开辟安全之路"[19]。

考虑到苏联的恐慌以至不信任西方,芒福德没有把握苏联领导人会不会积极响应这一倡议,即使美国率先"树立良好榜样"。但他认为此方案值得一试。因此他在附信申明收到呼吁书的人立即召集公共集会,声援其中政策建议。他个人也致信杜鲁门总统,随后还致信艾森豪威尔,吁请他运用其影响,说服总统不要继续进行原子武器试验。[20]

多年彷徨后芒福德感到又找到重要公益目标,终身为之奋斗。心中感到,此梦不圆无以面对同盟国凯旋和儿子献身,决不让那么多人生命代价虚掷。但如此大量紧张公益活动(约从 1938 年开始),确也减损了他作家生涯总产量。写作减少,而所务却非其所长,大声疾呼却常感觉鲜有人听。他常说,写作"犹如谈情说爱,须得(对方)响应互动,才有更多话语"。[21]公众的冷漠加深他的挫折和孤独感,曲高和寡,茕茕孑立。致信亨利·莫瑞说:"这人世间如此不友好,如此冰冷(若尚非有意敌视我)。反过来我会怎样?怕也会报以同物?"但这么多年他始终给自己担起的重任添煤加水日夜兼程,动力源于他强烈的义务感,对孩子负担的义务!"由于我对政治冷漠(20 年代和 30 年代早期),对儿子那代人的痛苦牺牲我难逃干系。如今我不能对女儿再犯同样的良心罪。"[22]

美国发明和使用原子弹对芒福德思想观点产生了强烈、长期影响。这让他看到,"希特勒实际上……已征服多数民主国家政府首脑"[23]。但战后他一系列激昂慷慨主张核裁军的文章演说都认为,美国滑入"道德野蛮"非自今日始,战争中期即已开始。当时空军不顾千百年不滥杀无辜之禁忌,对德国城市德累斯顿、科隆进行全歼式轰炸。芒福德最关注的是这种"不讲基本道德的倒行逆施",因为这大大扩充了热核武器破坏能力。芒福德同意亨利·亚当斯的观点,巨大爆炸力联手道德虚无主义,确乎致命组合。[24]

汉诺威行动后来四分五裂了。此后芒福德通过一系列掷地有声的演讲、杂文、书籍长期继续战斗,强烈要求实现核裁军。[25]当年美国按兵不动时,他力主参战。如今他又力主美国回归理性,敦促政府单方面停止生产一切核武器。他为何如此急切?因他深忧,政府既然掌握这种武器,就有可能使用之;更担心政府通过宣传游说争取公众支持,开展更大规模热核、生化、放射性武器试验。但是芒福德不赞成单方面裁减军备。事实上,他支持扩充常备军力,认为美国因为过分倚重热核武器,轻视常备军、削弱空军力量和战术地位,才导致朝鲜战争失利。这道理同样适用于未来。

芒福德同样很早,而且持续不断反对所谓和平利用原子能。理由是我们还找不到万无一失的办法处置热核裂变的危险副产品。他警告说,人类在玩火,一种新的大火。此火一旦燃起,谁也不知如何扑灭。[26]

对政府和军方领导人的直接呼吁接二连三都未能影响官方决策。芒福德于是转向科学技术界。40年代末,他呼吁在联合国主导下召开世界科学家大会,旨在发表正式报告陈述事实,唤醒人类警觉原子战争带来的生存危险和生态危机。"通过科学家力量制止危险后果,避免千百万人类毁于战火,避免因病害伤残、因各类物种畸形胎儿慢性死亡、毁灭。避免林草植被退化殆尽,避免人类的生态伙伴全部覆没、水源污染、土壤大气被永久毒化。"这是他在美国哲学协会演讲中向他的同胞提出的警告和呼吁。还说"这是一场精神世界的彩排",能够推动美国人民要求中止美苏军备竞赛。"大胆说出真相,这是唯一办法扶住将倾之天堂。"

有良心的科学家,如莱纳斯·波林(Linus Pauling)、利奥·齐拉德(Leo Szilard)、哈罗德·尤里(Harold Urey),都公开讲话反对继续研发核武器。但科技界大多数仍沉默不语。芒福德努力想把他们从"梦游状态"惊醒。告诫说,他们有责任评价自己活动给人类带来的后果,预言可能的破坏性应用。而这一历史责任迄今遭到漠视。"[27]

芒福德不遗余力开展反对核武器斗争时,正值美国历史上这类思想主张被贴上叛国标签之际。但他如同当年激烈反对麦卡锡主义一样照样激烈反对研发、使用原子武器。1950年他在《致美国人民的公开信》中号召"美国同胞抛弃恐惧,不要把一切异己都看作外部势力代理人……如今杯弓蛇影动辄怀疑无辜,这种坏习惯对美国安全和公正判断的危害,早已超过最卑劣的叛徒!"为此莫须有罪名遭受迫害的,就有他身边朋友 J. 罗伯特·奥本海默(J. Robert Oppenheimer)和亨利·莫瑞,两人都是 FBI 的调查对象。1952 年,芒福德本人则更受到传讯,因为密歇根州一位国会议员指控他曾于 30 年代组织共产主义组织。[28]

回顾以往五十年,芒福德记得只有一个真有创见的思想家团体,他们准确预言了人间即将喷发的暴力和非理性。他们是才华横溢的画家、雕塑家,如奥罗斯科、毕加索、达利(Dali,西班牙画家)、米罗(Joan Miro,西班牙画家、雕塑家、陶艺家、版画家,与毕加索齐名。——译者按)。他们的作品被许多批评家斥为疯狂,而芒福德从中获得巨大启发,帮他深刻理解当今文明处境,作用超过他读过的任何一部著作。1936 年他撰文说,"排斥超现实主义,斥其疯狂,实则很荒谬。事实上是我们文明发了疯",正如超现实主义大师们向我们展示的那样。[29]

1946 年春芒福德第二次尝试写书记述儿子一生,终因眼前政治局势,心潮难平,丧子之痛犹新,难成心中渴望之书——他想以此书为祭品献给格迪斯,祭奠他势薄云霓的英灵,大无畏的牺牲精神。因而只好再次搁置此事。而且在索菲亚一再催促下,他独自去英国度夏。此行竟是良好开端,他从此逐步能接受儿子厄运。他感觉不写成此书无法重新振作。这年夏天英国经历终于帮他找到了感觉。

儿子去世后不久刘易斯造访英国

他是应聘访英协助当地政府部门就战后大伦敦规划提供咨询服务,同时接受英国城乡规划学会颁发的爱比尼泽·霍华德奖章,表彰他对英国城镇规划做出的贡献。当时英国政府雄心勃勃,正推进一项庞大的田园城镇建设计划,而他的《城市文化》——约是 20 世纪最有影响的城市理论著作——有助于该计划获得公众支持。弗里德里克·J.奥斯本(Frederic J. Osborn),当时接替埃比尼泽·霍华德担任田园城镇运动的领军人物,1938 年就曾细读过《城市文化》,随即推荐给英国城镇规划界的主要人物。鉴于以往该运动主要由一些外行人或社会工作者在推动,芒福德此书以及应奥斯本之邀撰写的一系列小册子,开导他们聘请到数十名卓有威望的专业人士,包括经济学家、社会学家、建筑师、规划师。[30]

英国紧锣密鼓的两个月对他的精神产生了奇异疗效。众议院举行餐会欢迎他,同时把他引介给英国建筑和规划界的名流同行。会后他到英格兰、苏格兰各地旅行参观,拜会大臣、市长、规划师和建筑师,参观牛津大学、伯明翰、曼彻斯特,最后参观了他最钟爱的城市爱丁堡。会晤过几位内阁大臣之后,写信给索菲亚欣喜地说:"你能想象美国会有类似场景吗,美国国会议员来求见我?咨询类似问题?"芒福德也利用驻留伦敦期间与老友重聚,如雷蒙·昂温、威廉·霍耳福德(William Holford)、弗里德里克·沃勃格(Frederic Warburg,芒福德的英国出版商),还在这位出版商住所(位于摄政王广场旁边)首次见到吕贝卡·维斯特(Rebecca West)。还随同奥斯本用几天时间参观了田园城镇韦林。奥斯本这年六十岁出头,红脸庞,待人热忱。芒福德 1932 年与凯瑟琳访英曾与他短暂会面,随后十年通信不断,两位都是各自国家田园城镇运动的主要倡导者。如今会面,轻松愉快,自由交谈,由此奠定基础,友情终生未断。至于韦林城,芒福德认为它"就城镇规划而言未必尽善尽美",总体用地规划太过松散开放,因而更像郊区而不像名副其实的城镇。"但其园圃则几近完美"[31]。

芒福德急不可耐要返回柏林观看战后变化。欢迎会上对听众讲,因为"这座城市正处在工业化以来巨变的门槛。你们准备把 19 世纪黑烟滚滚的城镇改造成绿化带城镇"。城镇改造方案已在绘图板上。芒福德会见规划师,嘱咐他们切勿按照简单公式建造城市(这话确乎没必要)。还建议不要把新城镇建得"太完备太满太挤",要给未来预留空间。按他看法,这才是牛津和林肯等古典城镇精妙所在。这些城镇是数百年在与环境变迁互动过程中逐步生长完善的,因而融入丰富的建筑风格和规划方案。所以许多新城镇其实可以按照斯坦因和赖特的瑞德班城方案那样,一个(邻里)住区一个住区地逐步建造。这样便于及时纠正某些错误,原先未曾预料的各种需求可在后来方案中逐步补充。还便于居民动手参与本地社区建设发展过程。[32]

重访柏林激活了芒福德对城镇规划的浓厚兴趣,一回到里兹维尔他就制定大纲准备撰写《城市文化》,而且准备把着眼点放在现代城市。他想完成一部总结性大作,让它"真正警钟长鸣"。但及至坐到书桌旁要开笔了,才发现满脑子都是另一部书稿:格迪斯的传记。[33]

原来,一年前芒福德即想将战时文章辑录成册,题名《生存的价值》(*Values of Survival*),献给格迪斯。这部言辞激烈的文集将夺去儿子生命的战争责任,一部分追究到美国同胞身上,而将其大部分怒火保留给德国。芒福德的祖先和许多好友都是德国人,但他相信这德意志民族性格里遗传着固有缺点:生性好斗,酷爱专制,以及对民族首领的奴性愚忠。这种民族简直必然产生法西斯。如今法西斯被打败了,纳粹战犯正在纽伦堡受审。芒福德提醒同盟国不要轻易放过这个德意志民族。纳粹战犯简直不配享受合法听证会待遇,1946年芒福德在另一场合坚决主张,本应该在战争即将结束时命令士兵"就地开枪,以战争行动击毙这些头目",不给他们机会公开辩护其惨无人道野蛮罪行。但即使审判过程中,同盟国一大错误就是将战争责任纳粹暴行都一古脑儿归结到纳粹首脑身上;"事实上,假如不得到整个德意志民族同意、合谋与纵容,希特勒及其死党就不会掌权。如今审判战犯,就为德意志民族开脱罪责,免除其道义责任。这岂不是给纳粹最高目的做帮凶吗?"芒福德也承认自己有错,他未及时行动抵制法西斯上台,如今他希望德意志民族也为此承担责任,承认错误。这位当代圣保罗相信,不诚恳打扫灵魂,不会有真正重生。他警告说,他并非号召让德意志民族以血还血,"但是,仓促草率饶恕大罪的做法……绝不可取"。因而他敦促对德意志民族处以不定期"监禁(confinement),视其良好表现,酌减刑期,以观后效"。他这政策建议,连神学家莱因霍尔德·尼布尔都感觉太走极端。[34]

怒气消了,芒福德现在感觉能静静坐下来写格迪斯这本书了。写此书的想法由来已久,此书主要写儿子格迪斯,而非写他自己。及至1947年《常青的记忆》全书告罄,他真正感到大功告成。这是讲述格迪斯的书,不讲述他自己。但若不涉及他自己,刘易斯·芒福德则几乎一字也写不成。就此而言,他把此书作为祭品献给一个牺牲的儿子,却感觉自己愧为其父。

格迪斯·芒福德

这是本深索内心的书,幽远细腻,荡气回肠。即使身为名作家,此书对他也是严峻检验①。撰写过程中芒福德总想挖出个原因,究竟为什么他精神情感总迟迟难以重新走入格迪斯人生历程?他知道,仅言悲痛,远不尽其意。比如,他全然被格迪斯一生厄运击倒了,这孩子一

---

① 《长青的记忆:爱子格迪斯轶事》一书叙述这样开始:"本书记写格迪斯·芒福德生平,讲述他的短促人生和他的突然陨落。我想记写他,不为他有什么建树,只因为在我心中他永远那么生动鲜活……若他真有什么功劳业绩值得记载、称颂,那也是别人的事。若可以用一阙乐曲来叙述本书内容,有两种调式可选。第一种谱出的总谱,情绪就像18世纪英国作家和诗人威廉·布莱克(William Blake,1757—1827)的作品《天真之歌》(Glad Day,也译朗朗的天)里欢快而明朗格调。从中可以看见,格迪斯的生命之光如春汛中的维布塔克河(Webutuck River),滔滔急流打着漩儿流过黑沉沉池塘,浸润长长泥岸,白花花翻身滚过巨石,任何阻障都挡它不住,河流两岸慵懒平静的水草塘永远留不住它。在此意境中你随它倘佯,漫步浏览,只见大片平静河水在阳光下闪闪发光;水面转暗处,河底水草参差,岸柳婀娜。转瞬柳暗花明,水面又映出朗朗青天。从孩提到成年,他生命之流如春汛一泻千里。因为格迪斯的生命本同自然浑然一体,蕴含了大自然每一种特质。他充沛的生命力至终都不离弃他。这生命之流难以调驯,也无法调驯。大坝阻拦不住,也无法把它全部导入狭小渠道任人支配。他遵从自己的法则主张,在天地间划开一道河床奔腾涌流,一心一意奔向自己的前程。"——译注

辈子不走运：多次生病、出事故、在校不断惹事、与家长老师关系紧张、性情暴烈等等……刘易斯为此内心纠结，此仅其一。他得承认，更主要原因在于"他未履行做父亲的全部职责，未尽责用爱心、谅解帮他弥补人生中被剥夺的东西"。诚然，他同格迪斯一起曾有许多快乐时光。但"我从未调整我的计划和安排以便能兼容他的计划和安排，一起追求共同目的"。回想起来，他同索菲亚相处许多问题的根源（或许还可联系他作为成功作家的根源），同样也是他与儿子相处种种问题的根源，即他太自我中心，总强调自己角色重要。《常青的记忆》中他几乎承认了这种悔愧，但心头之痛有多深重，只能从他珍藏的笔记中窥见一斑。[35]

这期间芒福德曾做过一次罗夏墨迹测验①，测验结果揭示出，他有抑郁症导致自杀倾向。医生当即要求他实施治疗。但芒福德只认一种镇痛剂，即他得找到充足理由解释他同格迪斯这种关系，以便通过回忆向他讲述当面未曾讲、也无法讲述的思想和情感。还有一层含义，撰写此书能偿还情感债，把欠格迪斯的生前每一天每个月逐一归奉还给他。"我们敬谒死者无非一个愿望：希望他能生还。"这是日记里写的。[36]

芒福德写过许多书，还没一本如此费劲，没一本如此煞费苦心；同样，也没有一本如此事关重大。因为格迪斯之死彻底改变了他一生。这本书让他的人生找到新方向。

芒福德把写此书想法告诉亨利·莫瑞，说想撰写这本责无旁贷的著作，阐释格迪斯一生。莫瑞坚决阻止他，理由是写这书太痛苦，他会难以承受。再说，读者会以为"你自己背上沉重十字架，无非是要减轻……心头重负"。每个父母在孩子死后都有段难以解脱的自责，"但是当众忏悔……未免失当。别人从中又能到什么呢？这纯属你如何面对良心。"[37]莫瑞说的可能在理，但芒福德最终写成的并非这种书籍。《常青的记忆》如其题名，重点是格迪斯一生阳光灿烂的时光，以此叙写父子

---

① Rorschach test，一种心理测验，通过让人判断一片墨水点分布可能构成的各种图形，以断其性格特征。——译注

俩关系与生活。文中虽未明言，读者却能理解，格迪斯若战后能凯旋荣归，生活将一如既往继续下去。因为虽有以往种种，爷俩最终仍有难忘的快乐相处。列兵格迪斯短假回家期间，虽仍一副谁都不让的架式，活脱脱梅尔维尔笔下的亚哈，却已有几分自信与沉稳。热忱洋溢之余也添了几分成熟老练。那次度假家人团聚非常快乐。及至分手时刻，父亲记得儿子一再要求不许泪眼汪汪的道别，不许啰嗦唠叨……所以握了手，直视他眼睛之后，只简单叮嘱："祝你走运，当兵的！"但是，格迪斯死后他笔记中回忆："那天分别，我未抓住一闪而过却迅即被压抑的冲动，没去拥抱他、亲吻他……"记下这些文字对芒福德说来已不轻松，可想而知，撰写《常青的记忆》整整一本书，又有多难！[38]

同样令人心痛的，是格迪斯同父亲的交往通讯也未能如其所愿那样顺利进行。对别人谈话提起父亲，他会吹嘘不已，张口闭口"我家老头儿的书"、"我家老头儿那身肌肉"、"我家老头儿的胆量"，但他自己对父亲的爱却很少形诸语言文字，好像很羞惭，难以启齿。[39]而做父亲的却很善于文字表达，且连篇累牍忠实记载儿子风驰电掣的人生，记载他对孩子心心相印的理解和深挚父爱。但格迪斯从未见到这些文字，也永远见不到了。

格迪斯返回部队前夕，父亲最后努力想告诉这孩子，爸爸有多爱他、赞赏他。那个星期笔记中记载："我像只飞虫绕他上下翻飞，等机会重温旧好。心中千言万语要倾诉，生怕没有机会了。但总困于理智冷静，终未启齿。"[40]但送行时，他们乘车驶向火车站，一路上他一手挽着索菲亚，一手揽住格迪斯肩膀，感觉他们从未如此亲密，他感觉格迪斯同样也感觉到了。回到里兹维尔芒福德致信沃尔特·克特·贝伦特："这一刻永志难忘，是一生中一个间歇，一次大快乐，总结、验证了我的一生。"[41]

《常青的记忆》写了格迪斯暗沉沉的一面，但主要叙写他自我修养。当然也写了他的缺点，如杂乱无章、沉默寡言、任性、暴躁、性格阴沉，等等。所以索菲亚觉得此书把格迪斯，乃至一家人，都写得太负面了。以至亨利·莫瑞读过前几章文稿，当即写信质疑这样做是否明智：

"做父亲的,得天独厚窥见孩子成长诸多细节。今将其写出来公之于众,这对孩子有好处吗? 我还是相信卢梭名言:解剖自己。甚至,如必要可效法比埃尔做法,去解剖自己父母。但解剖自家孩子这做法,绝不可取。"[42]芒福德却不为所动,他不这样理解这本书。无论如何他不想洗白自己,不想对格迪斯不良行为逃避责任,这都在理。但是,书中重点讨论格迪斯教养过程和方式,就未免令人费解,甚至失当;何况其中大量显露芒福德本人形象。

芒福德在《常青的记忆》中质疑他和索菲亚对格迪斯教养方式是否正确。是不是因为他们想有利他独立成长,而对孩子管教不严? 但从芒福德私人笔记看,他始终担心他们对格迪斯太严格了。格迪斯独来独往桀骜不驯,不受别人操控。或许这叛逆个性系因父母严格管教而激烈反弹? 比如,父母要求他晚间不许出门,要早睡、定时就寝;严格要求父亲工作时不得高声喧哗,不许听广播、不许接待朋友……此类约束或许太长久了。笔记中还看出,他和索菲亚都曾忧虑对孩子是否有些溺爱,过度操心他健康吃穿用度,让他享受不到"慈爱父母容许的些许放任及人之常情(的缺点弱点)"[43]。格迪斯经常造反,违反这些规矩,不要父母无时无刻的关注。芒福德曾对莫瑞讲,即使格迪斯在睡梦中都会对父母这种管教表现愤怒和反抗,且攻击对象首先是爸爸(莫瑞倒是从未对他这么解释过)。[44]其实这些表现对青春期男孩子,尤其格迪斯这种特殊秉性,并不稀奇。再说,谁会那么事后诸葛,对这慈爱又丧亲的父母说三道四呢? 谁会那么不懂事,出来指点本该如何教育这孩子? 问题在于,为什么芒福德《常青的记忆》对这问题自己不予以解释? 因为这不大符合他一贯生活态度,是吗? 或者,不大符合他一贯强调直接表达情感? 那就更显露他自身弱点——过分关注自身健康、我行我素、过分讲求职业活动规律性,以至很死板。每当涉及他自己,往往很难面对面表达情感,喜怒哀乐不形于色。全然不像他写作那样流畅表达情感,其最典型代表就是《常青的记忆》。

《常青的记忆》结尾处芒福德暗示了这一情况,说格迪斯完全可能成为比他更优秀的人物:他更富冒险精神,更乐于助人,感情更成熟,十八岁已像父亲三十岁般成熟。芒福德自己青春期封闭内向,格迪斯青春期则如青年小种马无拘无束。正当格迪斯开始约束情感和旺盛精力之际,战死疆场!他已是个一流战士,准备为信仰殉难,一言一行符合英雄标准,他率领巡逻分队突袭敌后进入虎口;他为信念,生死如一。"所以,尚未履职之先,他已是个成熟父亲,我则是那儿子。"[45]

芒福德引以为豪者即在于此。这不像帕特里克·格迪斯那儿子,他的儿子并未三番五次证明自己继承父亲事业。他认为格迪斯是当作家的材料,只是深藏不露。但他从不强迫他选择自己的职业。他或索菲亚,都不曾施压要他大学毕业,虽很希望他读大学。他认为,格迪斯的路要靠他自己走,而且得容他挑战父亲的主张和想法,否则他就不成其为格迪斯了。刘易斯有位朋友本·基泽,1942年格迪斯曾去他们家度夏。这家人经一段共处后对格迪斯有敏锐观察和了解,写来信说:"格迪斯特别聪明,但似不屑表露才华。仿佛从他的位置敬畏父亲名望个性之余,自忖'既然我绝不会如父亲那般言辞隽永,索性我另辟蹊径,远远躲开他的特长,免得相形见绌。'"[46]当然,父母并不乐闻此言。索菲亚常对刘易斯说,格迪斯应该生在缅因州树林里,给猎兽取皮的猎户当儿子。索菲亚认为,真若那样儿子准能成为一流作家。这么说是出于格迪斯本人信条,因这孩子曾对朋友说,作家的儿子永远得隐姓埋名。[47]

可见格迪斯从未遭受父母任何压力去当这当那,他想做什么就去做什么。就此大义而言,他享有充分自由。就人生追求而言,他践行了父亲每本书中竭力宣扬的生活态度,虽然格迪斯仅读过父亲一本书,即14岁读的《赫尔曼·梅尔维尔》。写完《常青的记忆》不久芒福德做了个梦,清楚梦见儿子。他记写道:"那仿佛是一次长时间探访,格迪斯进来,我赶忙拿出一本书,急切想让他明白,内心深处我多爱他。但不等我递过书去,格迪斯仿佛早已明白,还报以同样深切的爱。后来我们计划一起去爬山,互相陪伴着度过了整整一天。他心情特好,仿佛能回来重聚感到特别高兴、安心!"[48]后来刘易斯和索菲亚免不了对自家住房做些修缮改造,唯一全然不改动的,就是格迪斯的卧室。一切一如既往,这样他们才能更感知孩子存在,即使房间空空。

　　写好《常青的记忆》是芒福德心中头等大事,但此书煞费苦心耗尽精力却迟迟写不出来。其间他几次心脏病发作被扶上床,一连数日卧床不起。及至好不容易写完出版了,初步反响却让他心痛欲碎:评论家大多不予理睬,尽管收到的评论反响都很好。[49]此书出版多年后,芒福德仍不断收到读者来信,大多来自儿子的父亲,与他分享读后感,告诉他此书对他们产生了多么重要的影响。但社会的一般反响却令芒福德心寒甚至愤怒。以往任何一本书的销售量都超过这本书!芒福德视此为"对格迪斯又一次不应有的重创!"[50]

　　此书让他付出的代价不止这些,比如他与最亲密朋友莫瑞几乎失和。因为莫瑞力主不要写此书。他俩虽仍保持频繁书信往来,彼此关系紧张却都心照不宣。莫瑞并不知其中缘由(芒福德从未明言),因而猜想两人关系不若以前是因对《城市文化》之后芒福德写作风格和基调看法不一。[51]祸不单行,撰写《常青的记忆》还重新割开了夫妇两人情感旧创,因为此书从很大意义上说是一部合作产品。写作过程中芒福德大量依靠索菲亚对爱子的叙述。母子间更为亲密,气质观点更为相投,都热情洋溢又极善言辞,脾气来得快去得也快,愤怒过后开怀大笑便朗朗青天。为叙写格迪斯往事,两人不得不追踪多年前的一切一切,这样,早已深埋的情感纠葛婚姻旧账便再次浮出水面。1943年索菲亚子宫摘除后正历艰难时日,却得不到刘易斯理解、关爱。她曾质问他,爱丽丝·德克有病时,你是怎么待她的?可曾同样待我?当时家庭问题又因刘易斯母亲过来同住更加复杂,老太太1944到1945年两年夏天都来里兹维尔与他们同住。艾尔维娜年老力衰,离不开照顾,且已大部失忆。索菲亚做家务同时,还像照顾自己母亲一样照看着她,因为老人待孙儿孙女都很慈爱。但到垂暮之年,老人已不成样子。索菲亚渐渐受不了她爱发脾气,喜怒无常,发号施令,有时又小孩般胡闹……到1946年刘易斯将从英国归来时,艾尔维娜已不能自理,前言不搭后语(可能已有脑溢血),索菲亚实在难以应付,刘易斯也知道得采取措施了。此前他曾提议要母亲来与他们常年同住。如今已难于应付,万般无奈只好送母亲住进汉诺威一私家养老院,在那里度过晚年。[52]

1947年夏,《常青的记忆》正式出版,刘易斯健康、心绪都大有好转,强于十年以前。于是劲头十足准备开始《生命的更新》系列集最后一部书。为此书过去六七年他都在阅读准备,虽时断时续。如梅尔维尔所说:"不历艰难困苦,不识英雄本色。"格迪斯健在,芒福德以为自己尝尽千难万苦,丧亲之痛才"把他抛入地狱深渊,深得让一般意义的地狱皆似天堂"。芒福德觉得这是他"精神历练"的最后一步,唯望这成长能育出硕果。[53]

但该书却是系列集中最难产的一本。仅举一例,要写书了却发现百事缠身,1947年他重任《纽约客》杂志"天际线"栏目主笔。第二年又受聘担任北卡罗来纳州立大学新设立的建筑与景观设计学院的访问教授。这一职务让他每个学年要三次来州府城市罗利(Raleigh),每次讲课十天。他喜爱这里的教学和学生,他们热忱、明敏。教师队伍中亦不乏好友,如荷兰建筑师亨利克·维德威尔德(Herik Wijdeveld)、俄罗斯雕塑家诺姆·加伯(Naum Gabo),还有马修·诺维茨基(Matthew Novicki),一位才华横溢的青年波兰建筑师,是芒福德慧眼识才引荐到罗利市来担任该学院院长的。芒福德还在这里与一些老友重温旧好,有该校教授美国著名区域规划师之一霍华德·奥顿(Howard Odum),奥顿还安排芒福德到学校城市与区域规划学系开系列课。这些经历都扩大了他与该校建筑设计和规划界学术联系和人际友情。喜爱北卡工作之外他也确需挣这笔钱(年俸六千美元)养家糊口,因而一干数年。此时他家已于1948年迁回纽约城。[54]

全家迁回纽约市居住在西上区一所双层公寓,是为爱丽森求学,便于她就读美术与音乐学校。因为他们发现爱丽森酷爱绘画。从他自己来说,尽管很爱汉诺威生活环境,那里毕竟天地狭小,思想封闭,信息闭塞,非久留之地。迁回纽约距阿米尼亚并不远。回到纽约平日比在昏昏欲睡的汉诺威忙了许多。要给"天际线"专栏撰文,还要接待几乎川流不息的来访,因为他们来自世界各地,许多是访问建筑师和规划师专诚求教。有些慕名而来拜会《城市文化》一书作者一睹风采。该书在战争期间已很响名,未来一代理想主义规划师们,其中包括马修·诺维茨基,战火未熄就阅读此书。他和朋友首次拜访芒福德,就对他说此书是他们的"圣经"。会谈结束时,马修的太太夏霞告诉芒福德说,当时每逢讨论战后华沙重建,大家总这样问:"这种任务,芒福德会怎么操办?"[55]

芒福德也有机会见到社会名流,诸如英国陆军元帅蒙哥马利、印度首相尼赫鲁,在《纽约客》袭击过罗伯特·摩西关于司徒文森规划主张之后,他本人也成了媒体红人。感觉到重回社会生活中心,一度感觉这里格外来神,赚钱也容易。收入升至空前水平,年俸一万三千美元。因哈罗德·罗斯任《纽约客》掌门人,给他的酬金(比他前次辞职时)上升一倍。罗斯写信让他回来任职,说"找不到别的人,新一代垮掉了,产生不出像样子的人才"。如他不应此任,《纽约客》"天际线"栏目就只有关闭,云云。[56]他当时名望可谓如日中天,但是无论金钱地位乃至大出风头,都不足以令他非常高兴,因为他真正重要的任务进行不利。日程排得太满了,夜间不戴耳塞就无法入眠,因为街头车辆噪声恼人,还有破败住宅区包括年久失修富户住宅里夜深人静传来穷鬼醉汉阵阵嘶叫。

即使回到阿米尼亚他也难以进入写作状态,一度以为健康作怪,尽管已健壮得无以复加。他新近添了个毛病:每日小酌,虽从不过量。便减少饮酒,从原来每日两杯红葡萄酒、一杯味美思、一杯威士忌睡前酒……缩减到每日一杯红葡萄酒,晚间一量杯威士忌酒。这办法持续数月,似很有效。写作渐入佳境,但不久又觉疲沓了。他很担心索菲亚健康,她身体不好已数年。又担心母亲愈加年迈,颠三倒四。母亲安置到汉诺威陌生人手中,心头常很愧疚。凡此种种无不影响心绪和写作。可话说回来,系列集以往三卷岂不也是身陷不顺乃至巨大危机状态下完成的吗?文思泉涌状态莫非到五十三岁便枯竭?或者,这本属平常,作家每临大作莫不如此?他既不解,又担忧。[57]

最终弄明白,问题出在着笔路数不对。原来他想驾轻就熟照《为人之道》(是他最悲观之作)的写法从阅读笔记逐次展开。但撰写这部书时世界局势比《为人之道》时代更加黑沉沉。这种时代需要一部很有新意的书。在给凯瑟琳·博厄的信中他说:"如今我须重新规划该书写作方案,像智者面对救生筏共同患难者展开对话那样。"这救生筏距离登岸数千海里,"我无须讲述令人胆寒的现实,要给自己也给共患难者构想出逃生的途径和结局。让他们有希望有胆量战胜眼前这残酷较量"。唯有给患难者提供持久不灭信念,坚持不懈,这救生筏才有望抵达彼岸。因此,此书要写的"并非那些实然,而要写应然,要写必然!"也就是人类之理想人性以及理想社会。[58]

这样,该书才找到明确方向,但还不等于写作就此能顺利展开。终于写完《生命的行动》他感到"大功告成",实则并非如此。[59]他大量删节其篇幅,删掉其中有关婚姻家庭、教育和政治等篇章;集中阐述伦理道德、哲学、宗教等项,行文也更精炼,持论更尖锐更集中;但仍算不上他佳作之一。1950年12月交付哈科特-布雷斯出版社。当时母亲刚刚去世一个月,他是个孝子,埋葬母亲之后才感觉母亲垂暮之年他未能充分尽孝。一心求事业带来的罪恶感,做丈夫、做父亲、做儿子,皆不合格。数周后笔记记载:"爱子英年早逝,老母则灯残不灭。内容殊异,效果相同。桩桩件件都显露我对妻子、儿子和母亲的深深愧疚。一定意义上说,这歉疚永远抹不掉。"[60]

那么,《生命的行动》到底是本什么样的书呢? 倒转回1944年,芒福德致信斯坦福一位友人讲过他对局势的预断和打算,曾这样描述说:"我下一部书主题是要解剖人类社会文明,剥皮见瓤……效果要像《新约》那样开宗明义重申主旨。意在表明人类文化须通盘改造,其深刻、巨大不亚于古典时代进入基督教文化那次重大转折。"[61]他的《生命的行动》一书宣告,"如今人类形同无力自救的机械傀儡,当代主要任务首先是改造人类自身,成为清醒、主动的创造者。他此处重申的人类自身创造,就成为他此后长期社会改造更新工程之第一步。乍看之下并无新意,但芒福德《生命的行动》已开始对人类精神世界自我完善给出了非常清晰的药方,这是以往著作所未见。这是部完全针对个人的书,书中密轧轧尽是修身规劝,如何自我救赎之类。可看作芒福德社会主张很不得志后的作品。

如早年的《乌托邦的故事》一样,此书主要抨击当今各种社会主张,至于如何创建新主张则着墨不多。该书核心篇章"制度迷津(The fallacy of Systems)"批驳那种天真想法,以为靠某个包打天下的意识形态就能合理操作错综复杂生命现象,处理复杂人间世界。芒福德认为实则大谬,生命世界不可能简缩为任何一种体系、制度。他提出以"开放性综合体(open synthesis)"的概念替代单一体系概念,包括马克思主义、弗洛伊德主义、资本主义等体系。该主张支持者最大特征就是"不贴标签"。所以,质疑系统理论即本书核心论题。

芒福德认为这种开放的目的论(open-ended philosophy)的最佳体现者,当属米开朗基罗、威廉·莫里斯、沃尔特·惠特曼、阿尔弗雷德·诺斯·怀特海等人,当然还有帕特里克·格迪斯。这些优良人格在其人生目标与生活实践中都熔铸了"人类群体大变迁呼之欲出"的思想。这种艺术家英雄主义从来是芒福德作品主题思想,但却从未如此生动有力地展现过。从中能看出,芒福德此作已彻底抛弃了斯宾格勒文明循环论,生老病死循环往复。他另辟蹊径以戏剧隐喻文明,类比诠释人类社会。他的城市研究书籍也多次成功使用这种类比,但唯独此书中英雄担当着尤为重要角色。

"每种文化都产生一种戏剧,且本身就是戏剧。它诠释生命,自身亦即是生命。"人类作为象征符号的创造者和诠释者,既"是剧作家、戏剧经理人和布景设计"。但只有宗教思想在该群体戏剧中占据绝对重要地位。因为宗教不仅决定主题,还规定任何民族文化戏剧的大致情节。不过芒福德这里所说的宗教,乃最宽泛意义的宗教。他本人从未信奉任何宗教,且不相信人生有来世。他所说之宗教,即其他史家口中的时代精神,亦即一个时代的主导价值理念。又是"什么力量能推动人从自然人角色转变为戏剧角色,进入戏剧行为和状态呢? 唯有宗教,或随你怎么称呼它。由此看,古罗马人实际意义的宗教并非神灵崇拜,而是他们罗马的建国大业。人,是为此类精神意识、价值理念去斗争去牺牲去殉难的"。最初,英雄人物率先形成这价值观念,身体力行倡导它,团结大众普行之。随后全社会成员逐步被吸引进来,接受它,参与行动,担当角色。让这种行动从最初核心人物行为发展成社会全体成员规范活动。届时一切要素,环境条件、场景设置、戏剧情节,都会按照这些普遍价值理念信仰铺陈开来,演变为全社会生活方式。基督和基督教,穆罕默德与佛教,莫不如此。

《生命的行动》一书描绘的这种巨变,芒福德解读为大革命。而革命这一用语有双重含义:一个指价值观变革,"另一个就是核心变迁会带动周围事物随之改变",他所说的奇迹主要含义就是这个。只不过这部书里才给奇迹提出了科学模式,即詹姆斯·克拉克·麦克斯韦(James Clerk Maxwell)所说之"singular points(特定时间特定地点的特定事件)"。这既是实质理论又能解释历史变迁中人性的定型效应。这一理论很贴近帕特里克·格迪斯的"insurgence(造反、暴动)"思想理论。

物理学家詹姆斯·克拉克·麦克斯韦尔指出,人们组织科学活动是为了研究事物之延续与稳定。但即使物质世界也存在难以预测的情况,如某细小因素可能导致产生巨大效应。所谓"星星之火可以燎原,小小一句话或许掀起世界大乱"。芒福德认为,人类历史同样如此,虽然很少,比如危急时刻少数个人通过及时参与和对时代本质准确理解把握,能产生大超其人数比率的伟大成效。少数志士仁人,以及大义凛然的人格类型,会在这种特定时刻改变历史。这种情况以前发生过,今后也可能再次发生。而这所谓"特定时刻和场合,其实可能就在身边"。若这种情况发生,就看我们是否有所准备,像古代基督徒那样果断采取行动,"作为火星去点燃荒原林莽"。

多数人感知世界即将发生巨变时,会选择结党宣誓之类举动。芒福德劝诫读者把自己雪藏起来,迎接一场严苛无情的自我审判、自苦历练。儿子死后他本人就曾经历过这种自洁自修,《生命的行动》又引荐这疗法作为社会工程。"这种新人类诚实直面自己人生命运,消化挫折失败,从认识错误过失中汲取营养,获得新动力调整人生目的和途径。"而如何培养这种自我认知能力?他还推荐了具体做法,建议大家每日至少匀出半小时静坐(他自己就这样做),同时回忆、反思、自省。比如,撰写《生命的行动》时他又阅读了(已是第四遍)《卡拉马佐夫兄弟》,其中佐斯玛神甫这个建议,他也转手推荐给读者:"每日每时每分钟,围绕自己转转,看看自己行为举止仪容外貌是否妥当。"跳出"时间牢笼",放慢人生节奏,尽量避开无谓的俗务,诸如电视、广播、"鸡尾酒会"、"驾车兜风"、盛况比赛之类,过勤俭节约简单朴素的生活。剿灭"毫无意义物质享受每个细小因子",这些都是芒福德的"布道"内容。如何恢复人的"精神自主"?这就是他开出的药方。

其基本依据在于,社会变革须得精神先行。出世静修之理,无非"重新唤醒自己生活热忱";如他忍痛撰写《常青的记忆》就为了这个,也获得这效果。但是"我们一旦做完这些准备步骤,就要回到群体融入同样实现了生命再生觉醒的同类,结成一体"。这一过程要多久芒福德没说,显然他认为或许需要几个世纪。他从来认为,不该强求社会哲学给人类大变革提出时间表;相反,社会生活大戏要交给全体演员去编排上演。[62]

《生命的行动》或许算不上芒福德最独特的佳作。它浓墨重彩,乃至正襟危坐,讲述伦理道德;可看作《为人之道》一书的精编版,内容也更丰富。但前书缺点新书尽有,很少修正克服。它不像《生命的更新》系列集前两部,它少了点盐味儿以及人生体验的实质内容。许多论点下面缺乏坚实逻辑基础,仿佛只是内心深处的信念。芒福德未能将此书写成他想要的开启民智的大作。书中号召向新领域进军,但给不出新领域的向导和依据,只模糊描绘了最终目的。因而它更像个修身宣言,更像芒福德自身生活方式的描述与解说,而非集体行动指南。但是请你注意,芒福德此后一部接一部见解独特的鸿篇巨制,若胚胎期幼儿此刻已露端倪。这时期芒福德深入观察思考了人类本性,思考宗教作用和贡献,以及二者在人类走向文明过程中的塑形作用和效果。若无这时期的深入观察思考,后来他那些更重要的实质性著作便一本也写不成。

芒福德给凯瑟琳·博厄寄去一本《生命的行动》文稿,她之敏锐发现该书弱点,超过后来所有评论家。她回信说,我们美国社会"文化恐怕在其'常识层面'无可挑剔。若升至宗教精神情感高度来审视,则要么高不可攀,要么简直疯狂……因此可以说,美国文化最成熟的价值形态,是它的 rationalistic(理性主义的、讲求理性的特点)"。还说她本人"素来害怕宗教运动。因为,纳粹主义,归根结蒂,就是诉诸人类'主观精神和本能特性'的"。博厄之所以如此不看好芒福德寄望于人类这一信念,实际上是因为芒福德对人类本性分析中还埋藏了太深的非理性内容。[63]

芒福德任何一部著作都不曾遭遇如此冷落,或许评论界对《常青的记忆》的报道还不及此书。图书出版受攻击是一回事,全然不理不睬则是另一回事。芒福德感觉"自己仿佛被活埋了"。[64]该书出版恰遭当时不利政治气候影响,诚然情有可原,因为参议员约瑟夫·麦卡锡及其破坏性思想影响当时正如日中天。此外,美国开始进入一段空前未有的经济繁荣期。这都令芒福德看出自己落后于时代的真正原因,他的主张挑战了绝大多数美国人认同的幸福生活标准。但芒福德著作权威知音莫如亨利·莫瑞,莫瑞就认为(遭遇冷落)其中还有个"策略和战略"的问题。他说,你芒福德思想建议或许对绝大多数徘徊歧路的美国人关系重大而意义深远,但你绝不可因此操一口专制暴君口吻同他们讲话,还希望他们言听计从地皈依你。"令我深深不安的,是你话里话外对受众那种难以掩抑的道德睥睨。别忘了,这个民族对民主的基本理解是'你好,是吗?我比你也不差!'"[65]

若文章出口不这么先知(Ezekiel)味道十足,他这作品便很接近他赞扬备至的民主箴言录了,尤接近拉尔夫·瓦尔多·爱默生。但爱默生的时代已一去不返,再说芒福德道德热忱有过之而无不及,选定立场便不再动摇。莫瑞读过《生命的行动》对他说,你这种超等自信,这种老子天下第一心态,大约可解释为什么"你在危机最深重时代宣扬了优秀思想……却未能唤起千百万人追随你前行"。[66]

1952年初几日,芒福德照例坐在书房回顾前一年事业人生收获,筹划新年设想。"过去这一年开端就生病,终年疲于奔命,直至年终困顿受挫。"的确这年冬不断感冒,入春虽然稍好却未能康复到以往最佳状态。他认为这都与《生命的行动》遭受冷遇有关。就连出版商哈科特-布雷斯也不看好此书,因而促销不力。逼得他不得不扬言要与他们断交。[67]与出版商正打得不可开交时,得闻友人哈罗德·罗斯病逝。这罗斯虽尚非密友,但他的去世却令芒福德突感衰老、孤独。"年复一年我们这一代人如秋风落叶,日渐稀少。我这人又不善结交新朋友,老年病种种表现便愈发显著。这景况我在母亲身上都已见到:苍老、孤独、凄凉。青年时代密友如今只剩两位。"另外还有,马修·诺维茨基一年前飞机失事身亡,系因赴印度参与城市规划工作归来,飞临撒哈拉大沙漠上空飞机失事……芒福德评价这位青年,说是他见过的"最优美良善的灵魂",而且是他们这一代里最优秀的建筑师。此人是他相识并且爱之如子的青年才俊,如今也永久远去了。[68]

这是他人生一段低落时期。回顾流年,以往著述仿佛与己无关。所有这些书,他猜想,《常青的记忆》除外,大约没人爱读,除了一些 Ph.D 们。"若只有博士们才研读你的书,岂不是可以付之一炬了?"静坐沉思良久,回顾以往十年,再展望未来,吉凶未卜,心中不由忆起 H. G. 威尔斯描述这种历史时代所用的词语:"Age of Frustration(厄运时代)。"今套用于自己,真再恰当不过![69]

人间城镇

> 他游遍那里大小城镇,也由此洞悉民众的内心。
>
> ——荷马史诗《奥德赛》

1960年夏一个金灿灿的早晨,芒福德乘坐伊丽莎白皇后号远洋轮,窄小舱房里就座书桌旁,开始回顾以往15年人生历程。从欧洲首次返美那年算起已近40年了。那次是访问英国在伦敦帕特里克·格迪斯的勒普拉公寓度过五个月。1920年从英国返美标志着他作家生涯的真正开端。如今已是第九次急匆匆返回纽约,且感到人生再次来到十字路口,面对重大抉择。笔记中写道:"我感觉以往15年其实成效甚微。或许可以说除却回忆格迪斯一书,其余作品不会传世或不值得传世。"最后总结道,他把许多宝贵时间耗费在教学上,每年担任客座教授到处讲学。而与其讲学莫如写完一部小说或戏剧。乃至年近65岁仍然念念不忘少年壮志的作家梦,即使35岁已曾放下了这梦想,1939年开笔而未完的韵文体小说 Victor,放下后30年从未重新拾起。这把年纪了,还能重立大志吗?这问题无论答案为何,有一点很清楚:要么马上开始,要么永远别想。这样写着他也暗下决心:手头城市史新作完成最后润饰后,紧接着用六个月时间"闭门谢客读书思索,沉潜深幽探索精神源头……准备写一部很富想象力的杜撰作品"[1]。

这种虚构的杜撰性大作,他一辈子没写出来;因而至终未能回归"文学领域"。但是,从另一种意义上说,他成功了。此后十年陆续发表的三部里程碑大作论述技术史、城市史,也是他作家生涯最多产时期。这时期作品雄辩证明他的作家才华,也见证了伟大 literature(文学、文献,一语双关)作品应有的深厚含义。这些作品纵论古今,评点文明,无愧为托尔斯泰式的史论。1960年确乎是他创作生涯重大方向性调整的一年,未来这十年意义重大、影响深远。这含义在远洋轮舱房里总结人生的一刻他已预见到了。但逝去的50年代也并非如他总结所说,就那么"坐失良机"。这十年是孕育、准备期,且饶富成果。他最重要作品《城市发展史》大部成书于50年代。该书的独特发现还为后来两卷本《破除机械论神话》奠定了基础。这部两卷本著述登峰造极,陈述了他对技术文明以及人文标准的全部探索。教学或许占用他本该用于写作的宝贵时间,但他先后受聘宾大、麻省理工、布兰戴斯大学(Brandeis Uni.)担任访问教授,很有助他深入研究、开拓眼界、增益写作,效果超过他的想象。因为他一生对学界、对专业分工怀有成见,看不起专业圈子的怯懦心态。再说报酬丰厚,教学负担又不重,完全有时间研究、写作。从一定意义上说,大学校园任教——虽然他视之为挣钱养家的上班而非事业——给他提供了独立知识分子身份,让他成了个masterless man(没人敢管的人)。这在美国当时作家自立糊口生涯难以为继的时代实属难能可贵。校园生活还增添机会接触到各界思想家,这对他确立新方向很有帮助。

1952年,芒福德准备完全放弃教学工作。这年9月他已开始给宾大美术设计学院讲授第二学年的城镇设计。却发觉自己对该专业很快丧失了兴趣。这年秋抵达宾州前刚做完手术摘除前列腺,是他经历的第一次重要外科手术,手术后体力恢复很快,事前莫瑞曾建议他练习瑜伽增进抵抗力。因而抵达宾州上第一堂课,红光满面神采奕奕。但他发现体力不耐久,终日萎靡不振;牙齿也出现问题,这次是因口香糖感染。加之不喜欢费城这地方。他常说若一定要居住在大城市,愿选个更刺激的地方。祸不单行,他和索菲亚在德雷克酒店的两居室单元房,起居环境不利创作。因而这时期文字产量很低,"系格迪斯死后经历的最糟糕的年份"。这是笔记中1953年元旦的记载。[2]

但随后一年居然是平生最辉煌一年,也是他人生一个新起点。讲授城市课程让他又想重新修订《城市文化》一书,这想法早就有过,不过如今想法更新奇。原来想增强书中当代城镇的论述,但与该校教师新秀马丁·迈耶森(Martin Meyerson,时任城镇规划师,后成为宾大校长)多次切磋古代城市历史起源,加之他很想深究当代文明诸多问题的深层渊源,于是就想追踪城市最早的起源。他希望从古希腊文明以前文化中找到当代问题的线索,解释诸如战争之类的卑劣行径,包括法西斯以及狂轰滥炸。他设想,该书作为史论就不仅涉及城市,而是覆盖文明全景。这样,因主题宏大,开笔便感到很难毕其功于一役。[3]不知不觉,他为自己作家生涯的余年制订了一个日程表。

1954年8月笔记中写道:"我刚结束了人生历程中非常愉快的六个月。"索菲亚健康刚刚好转,爱丽森录取于瑞德克利夫学院(Radcliffe),学业顺利,他自己也全身心投入写作。夫妻俩也因这一切愈加情投意合,情感生活渐入佳境,笔记描述为"若温暖宁静盛夏季节,超过色彩斑斓的春天"。这期间索菲亚连续做梦,总梦见同一场景:梦见自家老房子平添许多新房间,前所未见,这让她非常高兴。刘易斯闻后记写道:"是啊,亲切老房有了新屋,且出现在自以为已透彻探索过的走廊尽头……蕴义隽永。"[4]

1954年夏,他开始撰写系列集的一本小书,介绍各种世界观(World Perspectives)。该书其实是为一部论述城市与文明的大部头做铺垫,本来想写宗教与民主,开笔不久便写成了一部 *Discours sur l'histoire universelle*(通史简论)。他花了三个星期完成了初稿《人类的改变》。如此轻松便利且愉快兴奋,令他猜想这是自身无意识领域涌出的厚礼。他一直在阅读汤因比所著世界通史最后一卷,联想到自己写的书大约可算汤因比书的"袖珍卷"。定稿前夕他致信 F. J. 奥斯本说,该书"是迄今最清晰、大约也是我或任何人对人类史最精湛、最优秀的总结"[5]。但不久就意识到还欠缺许多工作。例如书中论点质疑许多有关生物进化文化进化的定见,持论大胆,但唯缺少坚实可靠的文化人类学和史学证据。若就这样交稿,无异于大胆猜测。1955年7月致信本顿·麦克凯耶自责道:"我觉得这简直是很糟糕的东拼西凑,简直不用别人提醒自己就想将其丢入字纸篓。"[6]

其实,该书既不那么好,也不那么糟。诚然不算是芒福德最成功的综合性史论,但也非全都"东拼西凑"。《人类的改变》一书系由两卷构成,是芒福德以往作品基础上一部很庞杂的总结性作品,其好处是预兆了他今后想完成的任务。该书简要罗列的论点,令他想到需要继续深入细致研究技术史和城市史,最终导致《生命的更新》系列集全部重写。因此该书价值不在于已有内容,而在于其前导效用,亦即此后产生了三部意义久远的更伟大作品:《城市发展史》和两卷本的《破除机械论神话》。这三部著作从精神实质和撰写风格看,是以往更新系列重要内容的集大成。他在《技术与文明》一书中曾预言旧技术时代(或称之为工业时代)将给人类和生态环境带来毁灭性灾难,但会迅即让路给"新技术文明时代,让给这新文明的水电技术、科学规划、产业疏散、区域性城镇等等重大进步"[7]。二十年后他感觉这一预断太过乐观,证据就是战争和法西斯把现代化和机械化蕴涵的大量非理性力量都表面化了。芒福德在探索这些变化根由过程中,追根寻源一步步走向遥远古代,发现了人类文化幽暗的源头。以此为开端,沿循人类犹豫不决却持续不断努力认识自己的进步历程,芒福德对人类起源和发展作出大胆而独特的解释,有力挑战各种已有假说,从根本上改变了人类对自身形象的解读。

其实该新理论的种子已撒播在《人类的改变》一书中了(甚至在更早著作《生命的行动》中也有所见)。虽然最好是原汁原味呈现其成熟形式,但若能梳理《人类的改变》一书中核心论点,就不难看出该书如何为此后一系列阐述文化进化而肌理更丰满的大作开辟了道路。

芒福德有关人类起源的理论着重强调以下三个要素的作用和贡献:梦境、语言、宗教。他认为人类主要并不是 homo faber,不是所谓制造工具的动物。相反,人类这种生物"尤善创造形象、奉行礼制、追随神灵"。人类是梦想家、艺术家,他最高成就是重塑了自身生命、创造了人性——一种殊异于其原来生物自我的人类特征。人类首先成功创造了自我,然后才有可能成功创造出他第一件精致工具。[8]

芒福德认为,语言,讲话表达能力,是人类奇迹,是人类一切发明中最神奇的发明。语言与做梦,都是人类最重要活动,都在创造象征符号。它们无限放大了人类潜能,让人类最终突破自身动物性局限,创造出神奇而独特的人类文化。这种主观精神活动在人类自身进化发展过程中的重要意义,远超过了他借助工具、武器掌控自然环境的能力。

人类存世的漫长过程中,其本性的两个侧面,即技术本性与艺术本性,很久都维持相对均衡。只是到中世纪结束,西方人类才逐步让位给机器(的掌控)。这是芒福德以往著作中一再重申的观点。此后,人类过度研发技术,付出的代价是丧失人类情感和精神源泉的种种活性。如果想重建这种均衡,芒福德竭力主张,就必须创建一种新神话替代普罗米修斯偷天火给人间从而开创人类文明史的旧神话。他倡导采用七弦琴演奏者俄耳甫斯(Orpheus the lyre player)的神话①,因为这位神灵体现了普罗米修斯尽管千般万般热爱人类,终究未能充分体现的人类另一种本性,即其艺术才华。这就是1951年芒福德给哥伦比亚大学多次演讲中一再强调的观点。这些演讲集中成册就是其《艺术与技术》一书。其中强调"人类第一个老师和赞助者不是普罗米修斯而是俄耳甫斯。人类进化成人类,不是因为他驾驭了火为自己服务,而是因为他发现可以借助形象符号来传达同类之爱,能借助以往历史的丰富记忆和他们憧憬未来的激情,极大地丰富他的现世人生,同时又极大地拓展、强化生命中那些最有价值最有意义的内容。"

可见芒福德认为,人类未来的希望在于自身,俄耳甫斯神话的真义即在于此。因此他立志以余生精力搜索确凿证据,证明人类有"自我救赎"的本能。[9]人类诠释宇宙过程,发明象征符号,创造生存意义与价值,这才是人类之真义,这种人类概念才是芒福德文明史观的核心基础。他这种人类起源与发展学说最能解释他自身为何选择作家生涯,

---

① 俄耳甫斯(Orpheus the lyre player)系古希腊神话传说中的人物,原型是色雷斯地区一位诗人与歌手,据信是 Oeagrus 与 Calliope 的儿子,一说阿波罗之子。能以音乐的力量撼天动地,擅长弹奏竖琴,演奏时兽跪听,岩石点头。更有凄美动人的爱情故事。传说其妻死后他悲痛欲绝追寻至地狱,哀号与悲乐之声感动冥府之神 Pluto,遂答应把妻子归还给他,条件是返还人间之前不得回头。——译注

以探索创造人类理想为己任。照芒福德这种非常个性化的文明史观，历史上真正有价值的东西只有两样：语言与符号，自然连带的还有作家与艺术家，而且艺术要占据生命世界核心地位。这一主题他在20年代著作中已有大量论述，此后著作更是一发而不可收，洋洋大观发挥得淋漓尽致。

芒福德本想着《人类的改变》一书，既然那样简明扼要，又是新近著作中最受欢迎的一本，会有很大的读者群体。但从销售量和初步评论反馈看，与以往书籍毫无二致，同样令人心寒，"失败得很彻底，简直无法接受"。这是他听到首批书讯和评语后的记录。[10]

但这次他不让这种冷若冰霜的反馈击倒自己长期一蹶不振。1955—1956年冬完成自传第一稿后他马上校订《城市文化》。他很有把握，确信还没有任何史家、社会学家、文化人类学家敢冒身败名裂之险讲出他书中这样的论点。即使公众反应降至冰点，即使被世界彻底遗忘，他刻意振作一往无前。虽然时不时会停笔思索、怀疑、绝望，不知他主要作品还能否带领他重回社会中心。

吊诡的是，在读者公众下降到最低点（若仅就他著作而言）的同时，他本人却收到毕生从未有过的如此频繁的聘请演讲、委任，讲课费用之高亦从来未有。邀他任课光临盛况等，都有助于他增强自信。他致信朋友说："演说场合与听众面对面时，他们欢迎我的观点，响应我的倡议。但是离开后回家重读书中同样的语言，他们仍会予以苛评。"[11]其实他本不难理解，新近出版书籍都又厚又重，细节太多，立论繁复；连最要好的朋友也感觉啃着费劲。如宾州大学一位好友，著名建筑师、规划师伊恩·麦克哈格①就向他讲述了第一次阅读《城市发展史》的经过。说那本书是从他朋友处借的，650页的书用了几个月好不容易才读完。到最后一页长舒一口气，只见末尾处该书主人早也用粗笔写下了"Thank God！（老天爷，可读完了！）"[12]

---

① Ian McHarg，此人即著名的《设计结合自然》的作者。——译注

芒福德在大学圈子很受欢迎,因为他演讲很抓人,又是很有造诣的授课老师。他讲起课来喷发一种热忱情感,传出心底那种奥林匹亚山神般的泰然。演讲时那种至高无上镇定自若语调让许多听众折服,当场暗自佩服。有教师同仁评论说他讲课能抓住全班学生,控制全场听众,"气势逼人","很有气场"。[13]

在宾州大学讲授宗教、美国文学、城市设计,现场从来座无虚席。他还主持制定人文学科课程修订,重点放在哲学、宗教、文学、社会科学原典阅读上,还改造建筑学院课程设置。但他感觉若投入重大写作任务,便很难同时保持教学兴趣。所以1957年开始他只接受麻省理工学院委任的Bemis教授(美国大学常以名人设名衔教授职位。——译者按),每年担任一个学期,且几乎没有实质性教学任务,因此有时间完成1958年开笔的《城市发展史》初稿。这年之前他曾旅欧且知识积累收获巨大,不亚于开始写作《生命的更新》系列集之前1932年那次旅欧访问。

刘易斯和索菲亚(1957年)

这年夏天充满了难忘记忆:有时连续观览从未见过的城镇美景,有时又连续会见客人。总之欧洲对他"从未如此彻底敞开心怀"。在比利时与荷兰,一踏上这片领地迎接他的就是著名工程雕塑家诺姆·加伯,还有荷兰建筑师亨利克·维德威尔德。加博立即带领他去看他的尺度庞大的新作,该雕塑位于鹿特丹重建的造船厂内,厂区曾被纳粹闪电战彻底摧毁。抵达布鲁日,应邀到欧洲学院就热核时代举办演讲和研讨。随即抵达巴黎与索菲亚汇合,南下取道阿维尼翁(Avignon)和马赛港赴意大利。随行朝觐参拜法国博斯省首府城市夏尔特(Chartres)。驻留佛罗伦萨期间他们到其别墅拜望了伯纳德·贝伦森(Bernard Berenson),还前往图斯坎尼山麓拜谒孩子墓地。随后南下取道威尼斯抵达罗马,随即便进入此行凯歌高奏的高潮阶段。在罗马,热忱的东道主建筑师布鲁诺·泽维首先告诉芒福德,阅读《城市文化》改变了他的一生。泽维是位举止高贵典雅的美男子,他夫人系著名奥利维蒂皇族成员。作为东道主,他们为芒福德夫妇举办了豪华的罗马式欢迎招待会。会场选在修葺一新的别墅花园,由他亲自主持,二百多位贵宾光临盛会。来拜望芒福德夫妇的大多是作家、建筑师、画家、规划师、城镇官员以及主人的亲朋好友。晚会期间多次叫停歌舞,因不断有走上前来向芒福德夫妇献词致敬。[14]

芒福德夫妇下榻于别墅酒店著名的西班牙台阶顶层。奥利维蒂特意为他们准备汽车还配备司机,随时听候差遣,可以离开城市外出访问周边地带。他俩首先选择访问奥斯提亚(Ostia),到那里漫步流连于古代废墟间大发思古幽情,随即折返;沿途在小小鱼香饭店用餐后返回罗马。数日后沿著名阿庇安大道(Appian Way)抵达一处荒凉凄楚的纪念碑,碑身朴素高大,追悼三百余名被纳粹屠杀的罗马市民。两人感叹唏嘘,刘易斯专门给《纽约客》杂志撰写了评论。[15]

意大利最后一站是都灵,前往参拜家族老族长阿德里亚诺·奥利维蒂(Adriano Olivetti),因这位德高望重的族长曾表示愿意一见大名鼎鼎的芒福德。他们欧洲之行最后三个星期大部分在伦敦及其周边度过。下榻在芒福德的英国好友,建筑师威廉·霍耳福德住所顶层房屋。随后在西敏寺利文斯通大厅举行了大型聚会,由霍特福德任首席发起人,为芒福德颁发城镇规划学院金质奖章,这是该奖项首次颁发给一位非英籍人士。随后在英国上院(House of Lords)举办正式餐会,礼遇芒福德夫妇。刘易斯对索菲亚说,整个行程让他不断联想到名演员的告别巡游,但对他来说,此行只是个新的开端。[16]

芒福德的城市史研究始于马萨诸塞州坎布里奇市(Cambridge),这里可以直接联系哈佛大学维登纳图书馆,那里的古文化考古发现丰富藏书是芒福德新的最爱。这是他首次能在无经济压力、无外界干扰情况下撰写著述。整个写作过程中身体健康、心情愉快、状态良好。如今年近六十三却觉得比五十岁时更健康。虽然也感到老境将至,比如他说目前写作如蜗行,大不如前之大步流星。但他所说大不如前仍大超旁人,比如每天上午产出量是四五千字汇。[17] 1955 年给宾州大学讲授古代宗教课时他曾大量援引古埃及和美索不达米亚文献,其中各种器皿——包括盆、罐、锅、花瓶、牲口食槽、蓄水池、谷仓——令他联想到容器在古代城镇化过程中发挥的作用。沿此思路不懈探索,至 1958 年终于在芝加哥大学东方研究所举行的"古代东方的城镇化与文化发展研讨会"上发表开幕式和闭幕式讲话,向最挑剔的听众首次发表这些著名论点,受到出席大会的最著名考古学者、哲学家、古典文化研究学者的热烈赞赏,令他大受鼓舞,信心大增,从而快速完成此书。[18]

新书写作完全支配了芒福德,常年研究将他推向知识新边疆,同时提出更多问题,涉及城市乃至文明本身的起源与本质。这些问题都是青年时代产生过而小心翼翼避开的。如今仅开篇前四章就让他绞尽脑汁,要讲清楚文明以及最早的城镇如何出现;同时打定主意对现代城市不作结论性叙写。1960 年夏,正待结束古希腊罗马的章节,他与索菲亚一起前往参观意大利坎帕尼亚城镇帕埃斯图姆(Paestum)、庞贝、雅典和德尔斐,这是他对这些历史名城的首次朝觐。在雅典他们夫妇作客当地城镇规划师和未来学家康斯坦丁诺斯·多西亚迪(Constantinos Doxiades)家中。其间一周之中刘易斯每天前往雅典卫城反复详察细看。有时日落黄昏,有时下午骄阳似火,有时满月当空。当感觉看够了要看的一切决定提前一周返回,不顾索菲亚游览心切意犹未尽,因而索菲亚笔记中也记述:"他吸足了这里芬芳的空气,饱览名胜古迹,如愿以偿后便要离去,完全不顾我。"[19] 这年 9 月,她丈夫写完了《城市发展史》。

　　每次交稿至审读清样前这段时间他都最为煎熬。情绪波动可想而知,忽而信心百倍,忽而预感不祥深陷谷底。一方面他相信自己写出了就重要性来说是颠覆性的城市理论著作;另一方面他又担心其中异见太多太密、"学究气细节繁琐"。[20]他有封朋友通信最能表露他创作的心态变化:"年轻时我特别善于浓缩史实,更有甚者常不忌讳自己知识贫乏。遇到知识空白常大胆一跃而过,不然就用自己瞎猜乱想去填满它。所以内行人看了会冒火,但至少他们不会感到乏味。如今我发觉我自己写作风也成了我曾发誓至死不愿当的那种畜生:专家! 每走一步每出一言,必得计较我这观点在论敌那里能否通得过! 这就致命地伤害了学术创作的乐趣。"此外他还担心,这部最为独特的大作,是否也会遭遇那句最无聊透顶的"So what?(是啊,那又怎样?)"他新近著作无不遭此厄运。[21]

　　但让芒福德很惊讶,哈科特-布雷斯出版社编辑们说起他这本新作使用了与他相同的形容词最高级。于是芒福德不无夸耀地告诉亨利·莫瑞,美国图书界只有三本书在书架上能与他的《城市发展史》摆在一起:威廉·詹姆斯的《心理学》,亨利·亚当斯的《圣米歇尔山和沙特尔》和乔治·帕金斯·马什的《人类与自然》[22]。此言当然未免武断,但此书确乎经典,应当说是城市研究领域最经典作品。因而威廉·怀特(William H. Whyte)称之为城市研究界迄今为止的瑰宝之作。[23]

　　连芒福德都感觉评语好得无以复加。荣誉随即涌来,《城市发展史》先后获得国家图书奖,头八个月销量就达15000册,前三年销量达到55000册。聘任芒福德任课的大学邀请函、荣誉证书雪片般飞来,加拿大电影局(Canadian Film Board)将此书改编成六集的电影版,题名为"刘易斯·芒福德讲述城镇(Lewis Mumford on the City)"。于是,多年孤独寂寞后,他又以"辉煌老人"的姿态横空出世。这位饱学之士、熟读密尔顿十四行诗的老人重生了,而且享受其新生命的每分每秒。[24]

　　这年夏他同索菲亚又一次远航英国,此行是去接受不列颠皇家建筑师学会颁发的金奖。颁奖仪式前一周他俩北上威尔士看望老朋友,建筑师克拉夫·威廉姆斯-埃利斯(Clough Williams-Ellis)和他妻子安娜贝尔(Anabel)。其间下榻于主人重新修建的16世纪豪宅中。名邸建在深黛色丘陵间,靠近意大利古风村庄Portmeirion,一个深入海湾(Cardigan Bay)遗世独立的半岛上建起的小村落,是威廉姆斯-埃利斯得意的建筑设计作品。刘易斯至此方获得完成巨著后首次宽松休息。一日下午茶后,他和索菲亚拜访了主人的朋友伯特兰·罗素(Bertrand Russell)。这位罗素时年九十二岁,与美籍妻子住在附近的彭林(Plas Penrhyn),本来应由他在芒福德接受金奖仪式前致词,但因偶发带状疱疹无法行走,此安排临时取消。这是芒福德首次拜会罗素,礼貌备至恭敬有加,告诉拉塞尔说1913年出版的《哲学问题》是他最早研读的哲学书籍。虽然出于客套未说他对书中内容毫无印象,而且对其"斯多葛禁欲主义以及随后的伊壁鸠鲁式的放浪形骸"都毫无兴趣。[25]

第二天夫妇两人乘火车去爱丁堡。在那里大学停留一周,然后返回伦敦参加获奖仪式以及数日的会议、讲学和电视访谈。[26]这周最后活动是行业公会大厅举办的盛大招待会。二百多贵宾出席,有爵位身份的市长身穿全套礼服佩戴徽志,由整队红色军服佩戴盔甲的持矛手陪同,走向会场主持仪式。芒福德与五十名贵宾端坐大厅最高位置,胸前佩戴金质奖章。他一度饮香槟酒过量,与索菲亚狂欢跳舞,只记得自40年代参加哈罗德·罗斯举办的《纽约客》舞会以来还从未如此欢愉。"群贤毕至,贵宾如林,盛况空前,患难伉俪……令人心醉。更有乐队指挥操一口纯正伦敦古腔配上他喜剧演员般的扮相……简直美不胜收!"[27]

总之,此行内容丰富收获颇多,[28]然而疲劳之至。幸而归途远洋海轮毛里塔尼亚号七天七夜阴雨天气提供了喘息恢复机会。写书让他精力耗尽,加之已答应秋季要给加利福尼亚大学伯克利分校教课,回到纽约便迫不及待元月份要回阿米尼亚,彻底休整好好隐居,回顾人生准备再战,首先写完50年代即已开始的自传。

刚竣工的著作是一部杰作,而且值得从头审视和评价。因为其中蕴含刘易斯·芒福德本人太多的思想与人格。《城市发展史》是他毕生城市观察研究心血之作,同时最能体现他成熟哲学思想的核心内容。

芒福德这部史诗般城市孕育发展的戏剧是这样开笔的:史前时代熹微晨光中,"城市尚未出现时,大地上只有村舍、先祠、村庄聚落"。随后他从旧石器时代埋葬圣贤的茔冢、先祖祠堂、神灵家园以及祖先英灵祭拜地点中看出人类丰富多彩、活跃异常的文明生活最早的蛛丝马迹。得出结论说:"死者的城市就是活人城市最早的起源,甚至就是其核心。"这些安乐窝、避难所、保护地、坟茔墓地、举行礼制活动的中心场所,曾发挥了磁石般吸引聚合作用,把逐水草而居的游牧民族逐渐聚拢,形成永久性人类聚落。这过程犹如各路香客满怀虔诚崇敬之心从四面八方聚拢到中心地。

而礼制活动、精神情感交流、家庭生活等元素则时时刻刻丰富、强化着人类生活内容,并适时留传给新石器文化时代的村落——最早的、名副其实的定居式社会生活单元。新石器时代村落中,女人由于担当作物种植、供给食品等职能成为聚落生活的主导力量;而且当时主要技术也都带有女性形态。"男性筋骨强壮,则掌管着他们特有的技术手段,投枪、锤、斧、刀等。女人则不同,女人柔软的内脏器官是她生命的核心,甚至她的双臂双腿,其运动功能也不如搂抱和挟持功能更有意义,无论是拥抱一个爱侣还是怀抱一个婴儿。而且女人特有的性活动是从身体各种窍口和液囊开始:如从口唇、阴户、阴道、乳房、子宫等处开始激活。"新石器文化能够诞生,首先因为人类成功驯化了动植物,创造了畜牧业和籽实作物栽培。芒福德还认为,"新石器文化最重要的革新乃是发明了各种容器,特别是储存粮食和水的容器(他也因此修正了文化人类学理论中相当大一块内容)。这些容器包括石器和陶器的瓶、罐、瓮、桶、钵、箱、水池、谷囤、谷仓、住房,乃至集团型大容器,诸如灌溉沟渠和村庄"。掌握了储存物品的能力,接着是生命因之得以延续,经年累月,村落作为承载人类生活的大容器,逐步获得稳定和安全可靠的特性。

在芒福德看来,这简直是一段田园牧歌般的安宁时代。男耕女织,来往种作,朝夕相处,和谐亲睦。终年农牧业劳作随定期游乐、说笑、宗教礼仪、性爱活动等分节明显,可圈可点。社会平等是比较普遍的景象。[29]所以,芒福德津津乐道的城市始终带有这种村庄生活价值特点:规模适度、结构均衡,有紧凑的城市文化中心、有生动亲睦的邻里生活。从这个意义上说,城中村才是他最理想的社区模式。这种思想主张在《城市发展史》中阐述得最为透彻。很有象征意义的是,此书开笔于马萨诸塞州的坎布里奇市,"这地方本身就富有村落许多亲切可爱的特色",1956年他和索菲亚搬迁到这里后写信对朋友说,"同时又略带大都市意趣。"[30]

芒福德同意大多数考古学者的看法,城市真正出现的时间应当在五千年前犁耕文化诞生的时代,当时有了大规模灌溉工程。都市生活方式的许多元素原本分散存在于东亚地区和北非广大地面上。农业革命期间,这些要素开始聚拢、熔铸到一起,这过程芒福德称之为 urban implosion(都市生活诸要素逐步聚拢、融合的漫长过程),最后由圆环形巨石阵之类的墙垣将其稳固下来。与此同时,文化中男性贡献部分开始抬头,表现为一种征服欲,很想控制自然同时"对人类其他群体实施掠夺权威"。这种情况下,以繁殖生育、滋养生命、播种收获为特征和力量表现的新石器村庄文化,便逐步让位给了男性武士和僧侣统治的城镇社会。因为这些人主导了城市一系列革新,其中主要包括弓箭、制陶旋床、精准天文观测、历法、文字。

从女性为主的乡村社会发展、过渡到男性为主的城市社会,芒福德就是沿循这条主路一点点追寻出战争、现代国家制度的起源,甚至包括最早劳动大军组成的社会机器的起源。他也是从这里找到了所谓"文明创伤"的源头。这些是他最独特的,或如某些批评家所说,很难找到根据的论点。①

芒福德咨询过许多考古学者,他们都认为城市与文明的起源要归功于耕犁、开阔田野上大规模谷物栽植等技术手段的发明使用,认为这

---

① 芒福德文中多处未加脚注标明其发现来源,令许多学者很恼火。——原注

些进步是文明的根本原因。芒福德承认这类进步的重要性,但还看出其背后隐藏的巨大驱动力量,即一种新型社会组织此时已开始给社会生活各个方面带来巨大变化,这就是王权制度。

城市出现在时间上恰好吻合旧石器时代酋长地位上升为神化的国王。芒福德依据亨利·佛兰克福特(Henri Frankfort)等人的文化人类学研究成果(虽然还存在争议)推论出,国王角色作为催化剂加快了最早的城市形成过程(urban implosion)。国王不遗余力谋求最高权力,他须争得新生僧侣阶层的支持拥护,因为唯有这个阶层能用宗教敬神活动赋予他天大的权威。同时通过朝臣、武人、宫廷官僚机构组成的统治机器,进一步扩张帝业、增强皇天后土。王权神授的统治权威还要靠体量巨大的纪念体建筑物来体现和夸大,一系列金字塔、大宝塔、宫殿、寺院、庙宇就是这样建成的,不仅体量庞大,还装点各种面目狰狞的禽兽形象,神狮、公牛、双头鹰。这类装饰核心目的就为了给臣民心中灌输敬畏心理。国王权威有时候也表现为光明的一面,所谓公平正义,设法通过普行法律建立社会秩序。但古代城市的臣民几乎一律都是城市戏的看客,而非积极参与者。在城市生活的大戏中充当观众和后备兵员。其中数以千计的人会被招募去担当劳动大军,替国王建造他的豪华宫室。

有关城市起源的可靠证据稀疏而单薄,芒福德却予以惊人新解。他能推导出那些古代建筑群及其监理人员就是人类复杂组织机器的原型,在中央协调下配以强制手段运行极其精准。而这些遗址隐藏的机械效应长期为考古工作者所不察,因为它全部以人类材料构成,早已灰飞烟灭。这块内容就是芒福德下一部大作的核心论题:《破除机械论神话:技术与人类发展》。而在目前《城市发展史》中的主要关注仍集注于这种新出现的机械军事作风和秩序对人类生命的影响。他认为过度强调纪律和秩序对人类文明进化会极端危险。从早期城镇遗迹可看出,城市作为控制中心,而非市场或者制造业中心,劳动分工日益精密,专业化程度和规范运作水平提高,这些都严重摧残人类,造成心理和生理后果。弗洛伊德所说压力系文明伴生物,而依芒福德看,压力不仅表现在性活动受限,还延及人类大部分行为能力和情感表达。其实这也是卡尔·马克思所说之历史文明异化,芒福德认为(虽未透彻阅读马克思著作)当和谐亲睦的乡村社会被以强权为核心的都市社会吸收兼并时,这种异化就已开始。[31]

可见,是宗教和世俗权力逐步扩张而非贸易扩大,构成了城市形成与发展的原动力。芒福德通过研究一旦看破这一奥秘,战争起源问题就迎刃而解。实在可以说,战争与城市是同卵双胞胎,现代战争就扎根于这一古老渊源。从此,芒福德此书以他超凡综合才智继续深入,终于看出群体焦虑、人殉供奉、组织化战争以及城市形成和发展……这些要素之间存在着千丝万缕的联系。而他头脑中构想出的这综合图景却长时间找不到过硬的证据支持。因为战争和城市出现时还未形成有文字记载的历史。但是缺少证据历来挡不住他探索和发表论点。所以这一结论或许会在城市学界永远争论下去;虽然他这论点非常卓越,且用流畅散文与僧侣般自信心公布于众。

简言之,这就是他的立论。古老新石器文化村落社会普及开来并形成互相关联的社会组织形态,便愈发担忧诸多困难危险。为安抚神灵消除精神紧张,原始人类开始供奉人牺牲。起初使用俘虏或其他族群成员。王权制建立后此类做法趋于组织化,采用有组织行动控制、消灭其他部族。又因害怕报复,担忧心理更为严重。于是逐渐酿成真正意义上的战争行为。每座古城都离不开战争,不战胜他人便被人战胜,不打人便挨打。最早的城邦国家中民众对统治者的仇恨被疏导到所谓同仇敌忾,一致对外。结果,压迫者与被压迫者非但不互相打斗,还会联手制服外敌,且往往针对某敌对城市。这样,战争就成为文明进程中消解压迫的安全阀。

所以根据芒福德大胆推论和解释,战争根源同样藏在这"mythicconstellation(神奇组合)"中。这种"神奇组合"曾诞生出城市与最初的军事国家机器。总之,战争根源不是生物学本质的争强好斗,也不是单纯为争城夺地,掠夺财富、战利品和俘虏。此外,这一立论方式对芒福德还有特殊意义。因为,若战争与人类固有的好斗本性无关,若战争根源深藏于人类自身的组织形态——最早的强权国家之中……那么他面对的这个时代就有希望了。虽然芒福德演讲几乎每次都说人类有灭顶之灾大难临头,但他每根芦苇都紧抓不放。书中还透出他深信人类会从历史中获得道德教益。还以民间智者口吻警告,古人许多破坏性胡思乱想毁坏过多少城镇,如今这种恶念会再次喷发,并彻底毁坏城市首先造就且延续如此悠久的人类文明。他还说,若人类及时行动就能以乡村和广大区域促进健康生活方式,抵制大都市和权力复合体。并在《城市发展史》中绘出路线图逐步恢复文明正常秩序,以巨匠般手笔捡起城市历史进程中的散碎依存,拼合成区域性城市网络的构想。[32]

从书中对古希腊城邦国家的叙写,特别能看出他这心态。与中世纪城市并立的古希腊城邦,都是芒福德最钟爱的都市生活方式。爱琴海地区在公元前8至前6世纪间,"社会权力从城防要塞转移到民间民主村落社会"。古希腊人的乡村习俗受不了中央集权王权制。他们不神化自家领袖,因而领导必须依靠民众拥护,必须遵守大众规章。连这种文化塑成的神灵样子也颇可笑,也不免人间打情骂俏争风吃醋各种毛病。[33]

最能代表这种文明的城市莫过雅典。就建筑而言,雅典不算上乘。但如每座大城市一样,"该容器容纳的生活比这容器本身更有意义"。掌管希腊雅典文明的主人公是一群很有才干的非专业人员,他们鄙视专家和胆小如鼠的官吏。古希腊人最赞扬多面手(芒福德同样如此)。所有人当中,芒福德显然更领会亚里士多德名言之妙:绅士得会吹长笛,但无须吹得太好。[34]

芒福德认为,希腊文明的精华集中体现在城邦和广场,即民众集会兼贸易的场所。这两处都提炼爱琴海乡村文化优点作为自身城市文化的基本出发点。这是希腊史学家赫西奥德在其《工作与时日》中详尽描述过的。芒福德最推崇这位古希腊学者,还用他这书名作自己一本回忆录的题目。爱琴海西部山区村落在赫西俄德的时代曾实行过芒福德所说"基本共产主义"的初级形式。即使丰年他们也没有足够余粮。

接着芒福德描述这些古希腊人宛若讲述自己体验一般,说"他们却有充足时光、足够余暇从事交流对话、谈情说爱、思考知识、审美享受"[35]。《城市发展史》这部书仿佛是献给《工作与时日》那时代的赞歌。芒福德将其优点美德与当今大都市各种弊端陈列在一起,形成鲜明对照。

对雅典的衰落芒福德有详尽介绍,因内容繁复无法在这里细说。但若择要介绍或许可以说,芒福德认为从雅典发展成大都市不再像个乡村集镇之时,就开始一步步走向衰落了:成为非常拥挤而富裕的城市中心,商贸范围越来越广,演变为到处建立殖民地的大帝国。每场城市戏剧都有其最后一幕。雅典因不愿给藩邦城市自由权利而爆发战争。这场战争"把城邦社会拽回到更富侵略性的古代城市社会,当时由国王实行寡头统治"。

接替培里克利斯时代城邦出现的希腊化城市非常繁荣,在建筑风格上也更和谐完整。但芒福德坚决认为,这种城市在文化创新能力上大为逊色。但是,注重几何学精准及整齐完备特点的米利都城市规划风格,在罗马这样的大都市发挥到了极致。它还融合亚州和北非都城建造和规划手法,形成了芒福德所说有文字记载以来最低劣、最堕落的城市文明。恐怕可以说,翻遍全部城市文献也找不到更厉害的批判文字,像《城市发展史》那样毫不留情鞭挞着古罗马城市文化。

但是芒福德不得不承认,古罗马民族是至纯至正的城市建造者。他们的城市大多庄严雄伟、气度恢宏,堪称奇迹。到奥古斯丁的时代,罗马人已建起了数百座新城镇,布局简洁、符合人类需求。这类城镇芒福德刚刚参观过的就有帕维亚、维罗纳、都灵、佛罗伦萨。它们都有设计华美、尺度适中的广场、集市、凉廊、草坪。罗马城除设计此类设施,还大量增建炫耀皇权威望的建筑,让整座城市喧闹、拥挤、肮脏、建设过度而又彻底地道德沦丧。整座城市一切皆为炫耀和赚钱。[36]

从皇都罗马芒福德思绪直接跃到中世纪城镇,而且从此开始他这书重新拾《城市文化》思路回溯城市发展历程,巴洛克城市、焦炭城、现代化大都会一一贯串其后。而其主旨、其组织结构,乃至行文素材皆多采自前著《城市文化》。直至最后一章,芒福德才显露这两本立基之作相隔四分之一个世纪里发生了多大变化。他在此对文明未来发布了最为令人生畏的预言,沉重言辞振聋发聩,仿佛振响着奥斯瓦尔德·斯宾格勒的回声。

《城市文化》中他曾提议普遍推行城市设计,而《城市发展史》中则强调把控制和纪律作为"生存的价值理念",这恰好是他战后一本论文集的题名。芒福德该书沉潜探查了 T. S. 艾略特所说无意识世界的"黑暗胚胎(dark embryo)",想弄清楚这一干扰因素是什么,在哪里。因为他深忧此因素会把城市和整个文明带入绝境。他认为,只有深刻理解这种侵略强迫症,我们才能掌控它、制服它。"这种觉悟,就像精神病人要从其婴儿期心理创伤开始回忆、分析,才能逐步建立。唯有这样才能搬开长期阻碍他正常生长发育的种种障碍。"这也就是他撰写《城市发展史》一书的指导思想。该书陈述方式就说明,按照弗洛伊德理论,该把查验、确诊放在首位,因为这是通向健康和均衡的第一步。[37]

芒福德在《城市发展史》的结尾部分不厌其烦地强调田园城镇的重要性,但言语中已没了早年那种信心百倍的腔调。无疑因为今日之芒福德早已非昔日之芒福德。《城市发展史》开笔前他曾参观了英国人战后刚开工的新城镇项目。而他所见,远不达他所望。

我们不要忘记,芒福德非常推崇埃比尼泽·霍华德倡导的那种田园城镇概念,而非如今已有的任何 garden city。战前他曾短暂参观了正在施工的两座试验性田园城镇,莱奇沃思和韦林。但实际上到 50 年代他才有机会近距离观察霍华德思想的真正实践。来英国观览时英政府正紧张兴建伦敦郊外一系列新城。这些实验性新城镇令他大失所望。这心情体现在他给朋友通信中,即克拉伦斯·斯坦因和 F. J. 奥斯本,因为这两位都是田园城市概念的支持者。选择同他俩谨慎交流意见,无疑担心若公开发表他的批评意见可能伤及田园城市概念本身。实际情况是,英国规划师呈现出的田园城镇虽苍白无力,但并不表明这概念本身无生命力。即使是公开发表的批评意见中,芒福德也难掩饰这种失望。这些评论表明他仍然钟爱历史名城,如威尼斯、锡耶纳、阿姆斯特丹。这种城市富含厚重历史文化、生活感、美轮美奂建筑风格，在新建城镇中都找不到。更有甚者，这些新"城镇"样子完全不像城镇：宽阔街道两旁整整齐齐排列房屋，房前屋后是修剪整齐的草坪、花园；都令他想起纽约和新泽西郊外那些管理良好的宿舍区，连建筑密度也贴近郊区标准：每英亩建造12—14幢住宅。这种安排可以理解，规划师们刻意避免英国工业中心特有的拥挤狭窄等弊端。但获得了私密性和开放空间，却失掉了城市好处：亲密往来和交往便利。非常讽刺的是，这些规划师许多都是芒福德的门徒。如此建成的田园城镇，田园取代了城镇。[38]

许多人以为芒福德是田园城镇无条件的辩护士，实际上他首先而且最尖锐地批评了英国新城镇计划。一些评论家批评他的著作，如同样论述当代城市很有影响的作家简·雅各布斯（Jane Jacobs，代表作是《美国大城市的生与死》），说芒福德是个力主田园城镇概念却又首先跳出来唱反调的人。而一些眼光明敏的作家如保罗·古德曼（Paul Goodman）书评中也诘问芒福德：你曾主张把城市各种活动严格分开：居住、工作、商贸……你却又在该书谴责这种严格区划手段为敌视城市职能，进而提出每个大型分区、明确的区段，都应当尽可能建成袖珍城镇。[39]

还有人认为，（当时英国）田园城镇建筑物规则整齐，像军队营房，皆统一编制味道，极乏味。[40]这同样也是芒福德的看法，而且要先于他们发现这类问题。芒福德与好友著名景观设计师伊恩·麦克哈格见解一致，主张新城镇规划设计宜依从地貌特征，即所谓设计结合自然。此后一座新城镇科本诺德（Cumbernauld）就是这样处理的：住宅单元房都在陡峭苏格兰丘陵地段依山而建，颇有地中海沿岸村落风味。科本诺德居住密度也大超以往新城。后来芒福德还见到赫尔辛基附近新城泰皮欧拉（Tapiola），建筑风格丰富多彩，活泼跳跃，很聚人气。可见居住新城镇并不一定意味着住进死板单调的房地产环境。泰皮欧拉设计师们海基·冯·赫尔岑（Heikki von Hertzen）的实践已完全证实了这一点。[41]

芒福德对英国新城镇规划还有很多批评,无法在这里一一列举。须强调的是,对田园城镇这一根本概念他从未丧失信心,其主要概念是在一大片公共政策保障的地面安排农用和娱乐空间,同时安排一组中等规模社区,形成有机结合的城镇。瑞典、法国、芬兰以及欧洲其他工业国家,都先后试验此规划。但芒福德从已有范例中找不到一件符合他设想的社会和美学标准。当然对60年代美国由私人力量出资到处建立的数十座新城镇,他除了批评简直就乏善可陈。数年后,美国住宅和城市建设部才针对新城镇概念作了不温不火的支持肯定。就连这类新项目中的佼佼者,如弗吉尼亚州的瑞斯顿(Reston)和马里兰州的哥伦比亚,他也认为或许比郊外宿舍区稍好一点点,勉强装点冒充城镇罢了。他看过瑞斯顿规划草案后,写信对奥斯本说:"瑞斯顿纯粹是给上中产阶级准备的新城……活脱脱泉城巴思的20世纪版本。"该城建造者,开明商人罗伯特·E.西蒙(Robert E. Simon)曾邀请芒福德审核规划图,被芒福德婉言谢绝。因为他觉得为时过晚,西蒙很难得到他理想的效果。芒福德还对西蒙说,他不相信如此规模的健全城镇社区能靠私人资本建成。这就有些奇谈了,因为纽约皇后区的阳光花园和瑞德班不都是成功的同类案例吗?这其中更可能因为,他,或类似他的人,未直接参与设计定型的项目,他都不看好?[42]

进入60年代芒福德感觉自己已太老,二三十年代雄风不再,已无力领导美国的田园城镇运动。但他继续宣扬按照RPAA理念解决城市问题,不怕这些理念直接顶撞当时美国喜欢单家独户住宅的潮流,探索通过市场手段开发住宅建设和社区设计等等。在政府建设部门工作的朋友提醒他忽略了一点:他提倡的区域城市方案会遭遇复杂政治因素和管理体系现状障碍,很难突破。他的回答永远是那句话:我职责不是提供随时可行的实践方案,而是提供人类最需要、最乐见的东西。[43]他此话不无道理,从中可看出他至终是个梦想家,而他的梦想往往通向大变革。在死硬派现实主义者叫嚷"完全不可能"时,这些梦想往往实现了!

古氏二人,保罗·古德曼和珀西瓦尔·古德曼(Percival Goodman),

在其颇有影响的著作《共同体》(Communitas)中说知识分子鲜有入住 garden city(田园城镇)者。[44] 连芒福德本人住进新城能否心满意足也颇可疑——即使是他自己的新城作品。证据就是他毕生绝大部分时间，两个世界里他都如鱼得水：城与乡；而且这两极相对的世界还难分高下。一年中大城市里住住，然后下乡回归他的里兹维尔小世界。但他认识到绝大多数人没钱这么奢侈。因而他心目中的 garden city 就是一种折中，一种明智的妥协：既有大都市活力与便利又不脱离自然，这就是他梦想中的田园城镇。因为，几乎没有一座田园城镇能够发挥真正的城市功能，其重要原因之一恐怕就是居住密度太低。

虽然芒福德认为新城住宅密度宜高一些，但不能高到批评家怀特和雅各布斯喜欢的高密度。这两个人都苛评花园城镇概念。芒福德主张新城镇，或所有城镇，居住密度宜取中庸，即每英亩 100—125 人。这种密度就不被这两人看好，他们认为这种密度不足以营造都市活力，也不利搞活经济。

雅各布斯和怀特代表一股重要势力反对芒福德城市理念。且非常吊诡，该势力在 60 年代芒福德影响到达顶峰时开始逐渐聚集抬头。雅各布斯和怀特喜欢标准棋盘格城市布局规划，不看好封闭式大街区理念。认为城市离不开街道，密密麻麻路网人流如织，能营造安全环境。雅各布斯认为熙熙攘攘的街道较为安全，因为一举一动随时有人会看见；而死胡同和封闭大街区往往惹祸，招引犯罪。雅各布斯和怀特认为，低密度居住区往往是犯罪率高的地区，比如纽约的东布朗克斯。而居住密度极高地区往往是最安全、最健康，如纽约布鲁克林高地和费城的 Rettinhouse 广场周边。问题在于，他俩以及高密度支持者，抓住密度高低对田园城镇概念攻其一点不及其余，予以全盘否定；将其辱蔑为乡巴佬的歪招儿。雅各布斯更攻击说，芒福德和霍华德开出的拯救城市的药方，"把城市完全扼杀了！"[45]

怀特批评虽较有分寸，但仍在其颇有影响的著作《最后的景观》(The Last Landscape)中措词苛刻，说把田园城镇运动作为拯救城市的手段拿出来无异于把情妇领进家以便改进婚姻。人们不可能逃离大都市,在周边地带整齐小城镇重建大都市的各种成功要素,这根本办不到。都市生活的全部特征是无法"lacquered on(涂抹亮漆或者喷发胶那样轻而易举)的。它是一种品质,是各种功能高度汇聚而成的,还需要由市场体系的支撑"。城市若要大就必须成为地区中心;因而它不可能不大,而且,还无法不拥挤。音乐厅、剧场、美术馆、体育赛事以及其他娱乐项目都会吸引人到纽约这样的地方来。这种地方离开人口高密度就不成其为大都市,当然还要有快捷便利的大规模交通系统。这些观点,怀特与雅各布斯如出一辙。[46]

60年代最走红的城市作家当属简·雅各布斯。而且对芒福德很不利的是,她的书与他的《城市发展史》几乎同年问世。更糟的是,一些评论家不合时宜地把他这风尘仆仆城市老骑士的思想同这极速上升的"新秀"主张放到一起做对比。这让芒福德非常恼火,即使国家图书评奖选推荐名单中芒福德著作领先于雅各布斯的。最令芒福德不能容忍的,是雅各布斯对他和霍华德田园城镇概念的粗暴歪曲、诬蔑。芒福德认为,她对田园城镇思想的分析文不对题(inaccuracy),"滑稽可笑(comical)"。芒福德阅读完雅各布斯的书,当天下午决定全面开火。他运用自己在《纽约客》的背景争取到编辑合作,决定当即发表一篇评论,全方位予以批驳。[47]

这篇评论写完即致信友人说:"我怒火中烧,已隐忍一年多了,但当我落坐准备写作,感觉我信纸灼热欲燃,尽管天气久已很凉。"[48]他原本写了三篇,编辑请他缩短为一篇,而且火气放小一点。他都照办了,但此文仍然炽烈、滚烫。因为他深信这个雅各布斯来者不善,学术交流她心中充满仇恨。本来这两人在对阵罗伯特·摩西城市更新计划期间是并肩而战的盟友;针对此问题以及城市不宜发展高速路等问题,两人看法完全一致。但当两个人想法非常接近,又特别在意自己的影响力时,便会强调一些细小差别,甚至夸张到可笑地步。因而这场芒福德-雅各布斯辩论便非常非常有意思,因为思想水平如此高超,主旨如此切中要害,精准针对当今城市弊端。或许还可加一句:两人又如此擅长恶语相加:雅各布斯声嘶力竭、抡圆胳膊的城市架式;芒福德则以奥林匹亚山神的炸雷爆发力,开仗了!尘埃落定,俩人又礼貌地写信互致问候,都承认对对方深怀崇敬。雅各布斯告诉芒福德,读到芒福德对她著作的评论,她觉得特受抬举。芒福德私下对朋友说,其实他对她的书"毁誉参半"。[49]

这两位可能要算当代最有影响的城市理论作家,他俩的分歧远不止城市居住密度和邻里设计风格这一点点。综其要可概括为:有序与无序、有良好规划的城市发展与随意的、hit-or-miss(瞎蒙乱撞)的发展。雅各布斯主张,我们应当容许城市自由发展,城市社会生活的中心和重点不是公园、人行步道,而是街道;且此说常有超常之理。她也很关注给城市增加活力,而且是根据她自己在格灵威治小村居住地段的生活体验。但是我们从芒福德著作同样论述格灵威治的文字中读到的却是他强调乡村生活的稳定有序特征。不过雅各布斯和芒福德都认同,城市规划首先是良好社区邻里的规划。只不过雅各布斯的"都市型乡村"的构想,因为融入更多人口和活动,路灯也通宵达旦,道路两旁还布满商铺、酒吧间。这种设想肯定很受规划师欢迎……因而比芒福德设想的社区要更加活跃。

《美国大城市的生与死》一书陈述方式也令读者以为作者似乎比芒福德要更"urban(都市气派十足)"、更喜爱街头生活。这就让满胸佩戴城市文明亮闪闪勋章的芒福德怒不可遏了。芒福德在《纽约客》杂志上著文迎战:一个宾州斯克兰顿(Scranton)乡下来的小妇人,出来教训居住纽约半个世纪之久的他,说他小家子气十足!他住过纽约布鲁克林高地两居室单元房,"裁缝、洗衣店、花店、杂货铺、饭店,就在周边,举步就到。这些就是雅各布斯太太津津乐道的都市生活设施的大荟萃!"这些他都享受过了,但他最向往的仍然是浓荫覆盖的西克斯大街上那所小平房,有安谧的后花园,俯瞰不远处的石头小教堂。这些要远超过"20年代克林顿大街那些脏臭杂乱的活跃热闹景象"。雅各布斯一再声称,街道完全具有均衡良好邻里社区的全部功能,究竟她意欲何为呢?芒福德说,其用心简直路人皆知,"她的理想城市就简单化为防止犯罪的组织"。接着芒福德质疑她的理论:热闹街道就能防止犯罪。

他质问,假若行人如织的街道能够防止犯罪,那么为何历来熙来攘往的哈莱姆如此不安全? 还有,同样道理,18 世纪的伦敦成为暴力和罪犯的渊薮,尽管居住密度早就达到了雅各布斯开列的水平?

随后芒福德直入主题,得出数十年来一个很不愿意看到的结论:少小时代他就早已走遍了纽约中央公园每个角落,而且可以在每天任何时间,包括夜间。这中央公园就是雅各布斯所说的空旷地带,很容聚集犯罪活动。而如今他再不敢自由穿行了。为何变得如此不安全了呢? 不是因为纽约城市设计规划发生了改变,"而是因为大都市社会整个生活方式日益恶化的病态。这种病态根源系于规模过大、一味追求物质享受、拥挤、混乱无序……"而这些特征不都是雅各布斯极为推崇的都市活力指征和要素吗? 就此而言,芒福德后面还有更多话要讲。

他最后批驳雅各布斯提出主张:城市规划与美无关。因为雅各布斯直截了当地宣称:"城市不可能成为艺术品。"这一论断直接冲撞芒福德对于城市设计的基本信仰。他并不认为建筑决定一切;但他每一句建筑评论文字,无不叙说着一个论点:建筑事关重大!欧洲那么多历史名城数百年美名远扬,不就因为城市中心高低错落、美不胜收的教堂、宫殿、公园贡献的审美享受吗? 对比来看,一些设计丑陋,如死板僵硬的高层楼大板块且绵延无际,往往酝酿着深刻病灶。[50]

雅各布斯和芒福德在居住拥挤等问题上继续争论不休,但有一类城市拥挤,两人见解却高度一致:即汽车造成的拥挤。他俩都认为,私家车是威胁现代都市健康的为首的大祸患。而酿成这一祸患的罪魁祸首,引大量汽车流进城首开恶例者,就是罗伯特·摩西。

芒福德写完《城市发展史》本想再写续篇,着重论述现代城市,解析问题,预断前景。却因其他任务缠身难以分神未能如愿。但 40—60 年代积累的有关现代都市、抨击摩西、联邦政府以及大开发商们城市决策的大量论文,配合当时美国许多一流建筑师一致意见,就是这本未曾问世著作的主要内容。芒福德与摩西的论战是 20 世纪城市决策思想领域最重要事件之一。该论战主要内容都体现在这些未能成册的论著之中。

城镇危局

> 建造城市不是为了川流不息的车辆,而是为了关怀人、陶冶人。
> ——刘易斯·芒福德

罗伯特·摩西不仅制定了纽约城综合规划,且拥有空前庞大权威推行它。许多批评家则据理力争阻止其全部实施,芒福德即其一。从1940—1960年代初的二十多年里几乎摩西每个发展公路和城市复兴计划都遭到芒福德激烈反对。这种对垒中,输家几乎无一例外都是芒福德,但他的收获在于提高了人们思想认识,如何看待公路、大批量运输,以及何为城市更新。这么多年来我们的盲目实践摧毁多少城市,芒福德的声音代表了美国城市的道德良心。

他们称罗伯特·摩西为建筑大师。实际上他既不是专业建筑师,又不是规划师也非政治家。而摩西却通过长期控制各地城市委员会、纽约州委员会以及其他公共权力机构,获得了沙皇般权威,在近四十年里控制大量公共工程,全盘改变了纽约城。他可以算作美国最大的筑路者,或许是人类亘古未有的最伟大筑路者,纽约每条主要大道都是他建的,还包括1931年后纽约全部桥梁,包括当时世界上最长的悬索梁,亦即横跨纽约湾海峡(Verrazano Narrows)的宏大跨拱桥。他完成了罗马帝国时代以来人类史上最宏伟的道路桥梁工程。而且也像古代帝王一样,罗伯特·摩西也建造了大量公园、公共广场,如林肯中心、纽约大体育馆、联合国总部、露天运动场(Shea Stadium)、琼斯海滨公园。他还改造了年久失修破败不堪的中央公园,以及数百座小运动场、小型公园、游泳池,让体育游乐设施遍布整座城市,可以说到处都有,唯独没有进入黑人和西班牙语系的社区。他还建造了美国第一处现代parkway①,总长400多英里。这种道路融入自然,景观优美,屏蔽大型车辆和商业交通。50年代他主管纽约城的消除贫民窟计划,摩西着手实施美国最大规模的城市更新计划。

但是这位建筑大师的威风越出了纽约城市边界,已在纽约州乃至全美国享有声望,尤其公路建设。1956年美国国会通过了州际公路体系建设法案。该法案其实是在他推动之下形成并通过的。后来雇用了大批道路工程建筑师,都是摩西自己的人。此人建造了美国全国的重要州际公路,但他本人除1926年学习驾驶期间简短开车上路之外,以后便一辈子就未再驾驶过车辆。[1]

他手下的筑路工程师向他学到的不仅有筑路知识,更学会了怎样才能让公路贯通城市中心,这就是效法摩西的结果。就连以往声名显赫的两位建筑大王,墨索里尼和希特勒也望尘莫及,因为他俩都只能让公路绕城而过。摩西却敢让双向多车道(50年代末已达六车道)高速路直接穿过人口拥挤的纽约城市中心。

罗伯特·摩西不仅是建筑师(builder),依照芒福德看法,他更是个反其道而行的建筑师(un-builder,或译破坏大师)。为贯彻他的庞大快速路工程,他不惮拆毁搬迁25万人,涉及数十个邻里社区。其中许多都生意盎然、民风古朴、结构紧密,比如东特里蒙(East Tremont)。试想,若在人口密集大都市建造高速公路,"唯一操作手法就是大刀阔斧快刀斩乱麻"。这就是摩西亲口说的原话。[2]他诚然也为穷人和拆迁户盖了房子,但那是阴森可怖的停尸台般的高层楼,成百上千连成片。这类高楼在曼哈顿迤东像监狱高墙般绵延无际。

刘易斯·芒福德对摩西传记作家罗伯特·卡罗(Robert Caro)讲述自己的观察结论说:"20世纪美国城市发展历史上,罗伯特·摩西产生的影响要大大超过其他任何人。"但他认为,摩西这种影响具有太大的破坏性。[3]

---

① 主要为小型客车通行的景区干道,即园道。——译注

芒福德曾支持摩西早期许多城市工程项目，尤其是公园和景区游览公路（parkway），这些工程设计融合了当时最优秀建筑师人才。摩西的景区公园道建设实践提供优良范例，最接近本顿·麦克凯耶为美国远离城镇地带设想的公路模式。所以每逢友人从纽约驾车来里兹维尔拜访他们，芒福德总建议他们走摩西开发设计的塔科尼克州大道（Taconic State Parkway），这条道路很长，像条丝绦蜿蜒穿行在哈得逊河流域。

30年代美国极缺道路疏散日益增长的汽车流。芒福德认为摩西当时的景区公园道路是个好办法，可有针对性地解决这种交通问题。但到40年代逐渐看出，摩西除了这种办法外再无别的招数，尤其他在市中心也开始建设这种高速路，这时芒福德及其同事就不能容忍，便集中火力抨击他。发现和抨击摩西错误做法者中，芒福德是第一个，最顽强的一个，也是最有成效的一个。

芒福德这方面的观点简单归纳就是：不论建造多少公路也不足以疏解交通阻塞；因为道路越多就越能吸引车辆上路，大车小车公共汽车。事实证明，摩西为缓解旧路阻塞开发新道路还未完工，立刻便塞满车辆。结果纽约人日常出行变为常规性难产。驾车者很快发现了这一效应，但他们仍然聒噪着要开更多快速路。摩西开发的长岛快速路（expressway，意为迅速便捷公路）上的通勤者，人人称该路名称为"弥天大谎"。公共权力领域内几乎无人有意反对摩西决策。为何如此？1946年芒福德有段论述这样解释："造桥修路的美差谁不爱干？又风光又时髦，还能赚钱，无人会反对建造高速路。"[4]汽车崇拜成了美国新宗教，区域规划新目标更为大都市每个角落打开通道，让驾车者享受"神圣权利想走就走、想停就停、想住多久就住多久"。如此迷醉汽车，芒福德担心我们会因此把城市都改造成超一流的汽车之城底特律。[5]

芒福德还看出这类问题不限于美国一地。他对《纽约客》的朋友说荷兰阿姆斯特丹也车满为患，有些滨海道路停满密密麻麻车辆如一堵墙垣，阻断视线不见海天。去佛罗伦萨和罗马参观访问时芒福德因临街大小车辆噪声震耳夜里难以入眠。但有人认为这是为"进步"必须付出的代价。旅欧期间一有机会见到市长、政府官员、规划师,他们总会向芒福德炫耀刚规划好的市中心占地许多英亩的大型车库、主干道、过街天桥、地下通道等等。"我们知道你们有个罗伯特·摩西。但我们与他相差无几。"这是一位意大利官员向芒福德说的话。[6]

1955年摩西得意之作长岛快速路正待开工兴建之际,芒福德在《纽约客》连续发表了一系列文章抨击该项目,题为"鼓噪喧天的交通狂潮";总结了他与这位建筑大师及其总体规划的长期论战。文中请读者在表态支持下一个宏大项目之前好好冷静想一个问题:摩西过去几十年对纽约城究竟干了些什么:摩西一手操持下,"纽约这座城市,流连其中越来越没有趣味,做生意成本越来越高,生儿育女也越来越艰难,节假日想出城去乡下游玩,也越来越困难"。摩西开发的道路、桥梁、隧道,本意是在疏导人口转移到更远的地方,非但未能阻止城市拥挤且加剧了都市混乱嘈杂。[7]

芒福德的抨击不限于罗伯特·摩西一人,锋芒所向直指1957年国会批准的联邦政府公路建设计划。该计划将其看作美国重大国防举措之一予以批准,立法拨款260亿美元专项资金。芒福德著文批驳说:"评价此举最宽容仁和的方式,就是说他们做决定时根本就不明白自己在做什么。"不过十五年他们就会发现他们给广大城乡带来的巨大祸害。但到时想要纠正已来不及了。[8]

像摩西一样,芒福德本人也不开车。虽然他并非坚决排斥汽车(这是摩西对他的指控)。他出行首选火车,但有时间他愿意随索菲亚乘车在阿米尼亚附近山野间巡游,他也认为汽车是现代文明生活一个组成部分。问题是美国过分迷恋汽车,导致为车辆交通牺牲许多其他资源。飞机成为汽车之外长途交通的唯一变通办法。他以远见卓识预言纽约将成为美国未来的样本。纽约今貌将逐步普及到全美国。而纽约如今不能妥善维护现有铁路线,增设新线通达新地点,将迫使越来越多的人驾车出行。因而会有灾难性后果,而且不久就会感觉到。他1950年代非常不乐观地预言说,导致城市拥挤的产业和商业将因城市拥挤而放弃城市,"身后一片荒芜大坟场,满是水泥路面、大小高低凌乱不堪的景象,俨然城市的死尸"。[9]

40至50年代芒福德提供数十项建议,倡议纽约以及其他地方建设更均衡的城市交通体系。他懂得,他倡导的区域性疏散构想若离开完备有效的大批量运输系统,只会促使居民出行愈加依赖私家车。但是这想法很难融入公共决策,他便退而求其次开始对新一代城市学家和规划师宣讲这思想。一位著名城市理论家凯文·林奇(Kevin Lynch)评论芒福德说:"对城市规划思想理论界影响之深远,无人能出其右。"俄勒冈州波特兰市前市长,尼尔·戈尔德施密特(Neil Goldschmidt)曾在吉米·卡特总统任职期间任总统交通事务助理。他非常崇拜芒福德,曾在他思想影响下在波特兰倡导过一系列革新办法。"波特兰城市如今能大有改善,很大程度上得益于刘易斯·芒福德的远见和智慧。"[10]如今波特兰仍基本上是个依靠步行街的都市,它成功抵制了汽车和水泥路面侵入市中心。芒福德认为,这样的目标应当用来指导各地的公共交通决策。"任何地方若否认最便捷最重要交通手段是行人本身,那么它的交通问题和困难永远都解决不了。"[11]

那么,莫非美国人就那么不愿走路吗?这位长期都市暴走族在1958年宣称:"不论底特律购物中心或纽约第五大道,美国人都愿意选择步行。"但要城市行走其间赏心悦目心旷神怡,光种树建公园设街头咖啡厅还远远不够。规划师还要重新构想整个城市,彻底摈弃僵硬死板的区划手法,不要把一片片广大地区改造成功能单一的地段:或购物、或制造业、或商业贸易,那样将过于单调、荒凉。[12]

摩西反唇相讥,说芒福德只是个坐而论道的圣贤。事实并非如此。他曾多次参与具体行动,挽救城市免遭汽车潮流水淹没。这种民众自发的有组织行动有两次非常成功。其中一次调动民意直指罗伯特·摩西;还有一次导致一项交通规划被否决,用以保护一处世界级著名城市文化中心免遭过境交通和车辆带来的灭顶之灾。

1958年摩西想开发四车道快速路直接穿越位于格灵威治村中心的华盛顿广场,芒福德率众顽强反击。他认为这种规划行为无异于文化劫掠。他们举行一系列民众情愿、示威游行,要求广场不许汽车通过。芒福德在专门行动委员会举办的媒体发布会上说:"这个华盛顿广场最初是为贫寒乞丐提供就业的制陶场地。如今用来埋葬摩西先生贫穷、垂死都市思量和规划理念,真恰如其分!"虽然摩西思想理念好久未被埋葬,但这广场连同周边重要地段得以保全。当时市长爱德华·科赫(Edward Koch)是个青年城市官员,他就住在该村,被居民推举为行动主脑,对抗摩西和市政厅。他回忆说这场斗争获胜芒福德有决定性贡献,他说:"如今政府重大决定都须有本地民众参与已成为美国政治生活常态。为这一成就,当今这代城市规划师、市长、活动家和建设者极大程度上要感谢芒福德当年领导的那次保卫华盛顿广场的民众运动。"[13]

如果说纽约城只偶尔征询芒福德的意见,那么英国牛津每逢重大具体城市规划问题总要征询刘易斯·芒福德。牛津大学一所最古老、最负盛名的学院 Christ Church(基督学院),俗称"the House",来向他求援。因当地规划部门在中央政府支持下想占用该学院一处草地开辟"relief road(缓解主路交通压力的支路)"。而这草地位于学院后花园和爱西里斯河之间,是一片可爱的草地,至今有牛羊彳亍吃草。

二战以来不断有提案要求改造这区段作为通道。还振振有词讲道理,说此举可缓解高街(High Street)交通压力。这可是整个欧洲最著名也最繁华的闹市要冲,云云。进入 60 年代后这些提案遭学校坚决抵制接二连三被否决。但到 1964 年校方感觉有些顶不住了。因为这次该法案背后有校方大人物撑腰。他们拼命要保护高街一侧古色古香的哥特式立面,双方争执不下。无奈该院财务总监 F. 安东尼·格雷"突发灵感",据他说是洗澡时突发奇想[14],本来该校已聘请英国最著名城市交通问题权威 C. D. 布坎南(C. D. Buchanan)教授代理在诉讼中与政府交锋,但感觉还需更强大盟友,此人须足以震慑政府规划部门又能压住校方那些大佬。这人选非芒福德莫属。这位格雷青年时代读过芒福德著作,非常佩服,认为芒福德是城市问题最有权威的学者。寻访芒福德在牛津大学的朋友后得知,他正忙于新著恐难答应邀请。但这格雷也非等闲之辈,他曾在外交部门服务多年,深谙邀人之道须投其所好。对芒福德,他对准了他的名望说话。便写信相邀,说"面对此讼诉我校急需一位力搏群雄无可替代的最权威人士,这种权威非您莫属!"[15]这种措辞下,芒福德即使很忙,又岂能辞却?

其实更重要的原因是牛津大学乃芒福德心中圣地:环境典雅紧凑,建筑物和谐,到处能感受生命律动。小镇周边围绕花园、草场、河流、池水,到处安谧惬意。芒福德初访牛津是 1920 年,此后每来英国都要回访牛津。一次同索菲亚一起度过一个愉快下午。两人小河荡舟,草地野餐,位置恰在这 Christ Church 学院草地近旁。事后芒福德还仿照莫奈风格画了一幅水彩画。种种因素加在一起,格雷盛情邀他"制止向历史名胜牛津大学机体野蛮砍来的一刀",他焉能辞却?[16]

但芒福德仍未允诺亲自出庭作证,尽管格雷答应支付非常可观酬金。原因是他的确放不下写作。他回信说将起草一份简短报告作为书证,完全可被法庭采信。但未对格雷完全说明,其中原因还有他也曾拒绝政府方面邀请,因而不便公开露面。新近一次访英过程中他目睹政府部门一位出庭律师,伶牙俐齿把对方一位专家见证人挤到"张口结舌,毫无招架之功"的惨状。所以收到格雷邀请信,他当即就对戴维·利伯维兹讲述了这段见闻。所以回信说:"至为感谢,恕不能从命。"[17]

他答应提供的这篇简短报告(格雷专程来到里兹维尔小住几日协助提供基础资料),后来成为牛津大学城的整套改建方案。根据格雷后来描述,这篇报告令诉方"无还手之力",不仅制服了试图入侵 Christ Church 草地的公路当局,还痛斥当今滥用汽车的城市文化。芒福德文中认为,开辟新路缓解拥挤只能奏效一时,却给牛津大学核心光荣传统造成永久损害。所以,与其增建一条辅助路,莫如制定强硬政策大力发展公共交通,同时限制私人汽车在公务时段进入市中心。写完报告他心满意足,因为他特喜欢别人请他出主意,再加上特擅长写作。但自己也闹不明白,为啥给牛津下力气办好事,却不给他更透彻知情的美国几十座同样城市当辩护人?[18]

格雷拿到那备忘录秘而不宣,直等法庭判决关键时刻才亮出这杀手铐,英国媒体对此广泛予以报道。公众知道这位芒福德前不久刚荣膺女王皇家金质奖章,表彰其对建筑思想理论的杰出贡献。而且,大家都知道在英国获得城市规划师职业资格,必须读过芒福德主要著作。如英国《金融时报》所说:"就规划问题请教芒福德无异让摩西(犹太人先祖)来指导以色列民族首脑……"这位堂而皇之的老者,不仅文词隽永,还颇为狡猾。因为他选中牛津作为案例,足以给全世界城市当作示范!"[19]

果不其然,芒福德的报告一呈交法官作为证据,住宅建设部长和地方政府立即收回成命,不敢占用草地。环境保护部部长,理查德·格罗斯曼(Richard Crossman)事后告诉格雷,芒福德的报告最终发挥了决定性作用:就是那个 ace of trumps(牌局中最终制胜的一点)。还说,他从未见过如此雄辩的报告书,把那规划方案驳斥得体无完肤。[20]

而芒福德拯救城市的斗争主战场还是纽约。随着年岁日老,他接受采访或公开场合露面常自我介绍是"大都市人(Big City Man)",表里如一的纽约客,即使如今家住里兹维尔乡下。而且这事儿他还特别认真,甚至高于一切。有件小事言简意赅最反映这心态:1973年电视记者比尔·莫耶斯(Bill Moyers)来里兹维尔采访他,访谈地点在他家起居室。落座后,导演请他穿红色苏格兰彩格衬衫,认为这种效果最符合节目要求,遭芒福德坚决拒绝,而且无商量余地。但他并不给出理由,摄制组却完全理解个中缘由。他感觉,很多人因他退守田园便不认他是作家了,红色苏格兰彩格衬衫恰好为这种论调提供证据。他有自己想法,私下他对索菲亚说,我偏要呈现自己真正的城市形象,为此专门穿了夹克衫佩戴领带,面对记者和导演。于是,比尔·莫耶斯只好脱下高领毛衣,也穿上西装和领带。端坐之后,采访开始。[21]

到1960年这位"大都市人"无事便不再登纽约这三宝殿了。而且即使进城办事,逗留也从不超过一天。有时是去看女儿爱丽森,当时她已嫁给舞台编导切斯特·莫斯(Chester Morss),住在布鲁克林高地。芒福德言明,他宁愿女儿和丈夫多来阿米尼亚。置身如今混乱不堪、吵闹拥挤、犯罪猖獗的纽约,他便浑身不舒服。这座大城已远非他年轻时代的纽约。如青年作家斯哥特·菲茨杰拉德(F. Scott Fitzgerald)所说"全世界光怪陆离五光十色,都首先从这里显现"[22]。

在他看来,那个纽约已被彻底断送,不仅断送给密密麻麻的车流和高犯罪率,更断送给望不断的高层楼房。他认为,高层楼简直算不上一种建筑,而是"一种大批圈人、提高地价、大把搂钱的普遍做法"[23]。《纽约客》仍刊载他的文章,继续20年代初就开火的高层楼批判,用好友斯坦因的话说,高层楼系"纽约的头号敌人"[24]。

这些年芒福德写出一大批有远见卓识的建筑评论,即使对建筑已经没了当年浓厚兴趣;如他所说,对建筑已开始厌腻。因为建筑毕竟无法改变世界;它只反照出社会主流价值走向。所以,要创造一个美好新世界,先得改造价值体系;随即当然也会有更美好建筑。当然"天际线"专栏文章,可为他支付食宿账单和欧行差旅费。许多证据都表明,即使他已不在乎是否还有建筑评论家的名分,他仍热爱这门写作。且这时期大量作品字句锐利,那激昂、睿智绝非忘情人世万念俱灰退隐田园的老者之作。更何况早在1936年主笔"天际线"专栏之前,他已是本世纪公认的最伟大建筑评论家了。

芒福德的建筑思想主张终身前后一致,实在少有。进入60年代,他仍然按照青年时代选定的社会信念和道德原则来评论建筑,虽然后来的评论重点有些细微变化,表现在他已不像二三十年代那样注重单体建筑美学效果,而转移到建筑的总体走向及其对城市总体文化环境的影响。从他后期建筑评论可看出,他对二战后现代建筑选择的新方向非常失望。

20年代从欧洲兴起的现代建筑,注重功能明确、形态简洁。主要倡导者先后有沃尔特·格罗皮乌斯、阿道尔夫·鲁斯、雅格布斯·奥德(Jacobus Oud)、路德维希·密斯·凡德罗、勒·柯布西耶,以及其他前卫建筑师和设计师。这一流派二战后开始席卷全球。这种几乎一致看好的建筑风格主要特征是:表面光洁、屋顶平坦、开窗极多、墙壁白亮。且极重对称,重容积而非体量,向工程要灵感而摈弃自然。芒福德本人就是最早欢迎这种国际风格者,因而他1932年协助纽约现代艺术博物馆建立了展示国际风格住宅建筑的展区。数年后该运动先锋建筑师之一,表现主义流派的埃瑞许·门德尔松还虔敬邀芒福德给自己立传;如此者还有协办国际风格住宅展览的一位合作者菲利普·约翰逊。另一位不愿透露姓名的现代建筑师也半开玩笑地说,若非早年阅读芒福德著作终生受惠,如今他恐怕只是个"街头鞋匠"。[25]

1932年芒福德首次见到简洁抽象派(minimalist)新建筑样式,非常喜爱其外观。当时是参观鹿特丹、斯图加特、苏黎世、德诏(Dessau,德国东部城市,鲍豪斯流派发祥地。——译者按)。从风格特征看,这种建筑简洁明快、明确对准社会诉求——注重采光通风,大量用于学校、工厂、单元房屋和城市中心建筑。但芒福德在最早一篇评述该风格论文中就提出,该流派不重装饰、寓职(能)于形(体)等明确主张"无疑都是现代建筑鲜明特色,非常好……然而似乎还缺了些东西"。这个"缺了的东西",其中就包括"情感、感觉"、装饰以及最重要的,对人类需求更全面综合的理解与把握。[26]有时我们很需要阳光和新鲜空气,有时我们又痛感缺少私密空间。我们无疑需要设备完善的厨房,样样物件唾手可得;但在起居环境我们会乐见乐感的、诗意的……种种不可名状的意趣。喜爱、追求欧氏几何学之精准无可厚非,却不可令此道渗入整个建筑物之神髓。

无论西欧或北美,芒福德都是先行者之一,最先觉察现代建筑萌芽状态就潜伏着的苗头:因着迷形式而刻意追求、过度追求纯粹的形式。而且他预言,此风迟早会传遍全球。他鄙之为一种肤浅审美,这种风格总在力求让新建筑外形隐喻对机器的崇敬,不管这些建筑是怎么建造的。勒·柯布西耶就公然宣称,我们生活在机器的时代。因而人类的建筑物也就是居住用的机器。但是芒福德警告,从建筑之为 *machine a habiter*(居住用机器),到毫无人性含义的空调盒子,只一步之遥。而这一小步战后短短几年间就轻易跨出去了。芒福德认为,这一巨变的主要责任者,就是格鲁皮乌斯的论敌米斯。此人30年代移民美国,其思想主张很快抓住了战后建筑界主要流派。[27]他在纽约和芝加哥设计建造的大量高层玻璃盒子建筑,凝聚着现代建筑的灵魂,赢得建筑界满堂喝彩,其中不乏曾苛评摩天大楼设计的建筑评论家。所以评论家阿达·路易斯·赫克斯特布尔(Ada Louis Huxtable)说:"米氏摩天楼可谓给最优秀本土建筑流派立基,而且可能开创乔治王时代以来建筑风格最优美、最适用的一套新思路。"[28]

而赫克斯特布尔等建筑评论家们流津津乐道的现代建筑美,芒福德却不以为然。他诚然坚持,建筑是一种艺术;但建筑不同于绘画诗歌之类的艺术门类。它需经塑造才能符合人类需求,为人类目的服务。建筑与其他门类艺术的主要区别就在这里;这也是他认为被米斯等人忘掉的建筑要素。芒福德在其著名论文"声讨现代建筑"中指出,虽然米斯设计的玻璃钢盒子高楼具有"水晶般纯净的形体","但它们都孤立存在于建筑师凭空想象的柏拉图式抽象世界里,隔绝周围场所、气候、物理环境、功能效应或内部活动。"[29]

但芒福德认为米斯的透明高楼佳作,比如青铜与玻璃的 Seagram 大楼,至少还耐看。不像纽约曼哈顿中心区50年代接二连三窜入空中的拙劣仿品。这是一种全然商业化建筑,60年代之后已铺天盖地无所不在。芒福德30年代笔记中初期曾经写道:"建筑,要么是尚未定型社会的呼唤者,要么就是已经定型社会的掘墓人。"[30]至于他把这新兴摩天楼建筑定位在哪一个,我们就不费猜想了。

即使摩天楼非造不可,也无须那样丑陋、千篇一律。芒福德给出了公园街上的利华大厦(Lever House)作为实例证据。这作品是戈登·邦沙福特(Gordon Bunshaft)一件很富表现力的作品,虽系"玻璃盒子",是芒福德最看好的战后高层楼房设计作品。而且不难理解他为何如此喜爱。这建筑横平竖直静卧街边台地,虽高却不张扬跋扈,里里外外光亮宽敞,实用又美观,因而不同于大量同类高层办公楼,此中凝聚设计者匠心。1952年该建筑开门迎客之日芒福德便进去参观,随即写下这些评语:"其设计宗旨不在追求最大限度租用效果,而求办公业务效能之最大化。"对于现代派建筑师关注的外表面效果,利华大厦给出的解决方案是让它(外表面)与建筑物内部活动互相呼应。比如,利华大厦就不像联合国总部大厦把内部办公室分割为三六九等,把朝外办公室留给高官。利华大厦许多层的办公房间不分秘书主管之别,一律都有良好工作环境,采光等设施条件一律平等。芒福德一连数年观看曼哈顿的开发商争先恐后互相攀比,楼房越建越高。他给《纽约客》的评论说,或许利华大厦能开辟新思路,"开创一种新竞赛,比比谁能提供开放空间,回归人文标准!"[31]但私下里,他担心类似利华大厦这样的建筑恐怕不久就会落伍。就因为其高度无法满足背后商业赞助人的利润要求,甚或无法满足主创建筑设计师一味求高度的虚荣心。当今世界越高越有品位,何乐不为?

芒福德对利华大厦的评论表明,他并非抽象地反对高层楼房,而是认为,高层建筑是针对某些特殊用场的项目。1961 年他在伦敦接受采访回答格兰姆·尚克兰(Graeme Shankland)说:"如果你要造一幢高层建筑,你得有充分理由证明,其特殊效用唯有高层结构才能具备。"美国摩天大楼的问题在于,它是增加地价的手段,以牺牲城市本身为代价,换取最大限度的开发商利润。[32]

那年夏天他还警告伦敦人:你们的城市不久也会步纽约之后尘。这预言 50 年代初期他就说过,曾劝告伦敦维持当时景观低矮姿态。著文给"天际线"讲述伦敦说:伦敦建筑和教区保持低姿态会凸现其教堂尖顶、塔尖、穹顶,城市景观会优雅有魅力、历史厚重感。相反,若高层楼互相攀比难分高下,"高度便失去了意义。审美效果互相抵消,最终视觉结果是高高在上一大团平庸之作淹没了下面的佼佼者"[33]。何况高楼一层叠盖一层,如此建筑已失去建筑本来的含义。

芒福德还从柯布西耶一个最受吹捧的现代主义建筑设计作品中看出其中社会性错误。这建筑是马赛港郊外的 Unity House(团结之家,Unite d'habitation)。芒福德初识该建筑是 1957 年他自巴黎取道马赛赴罗马途中。芒福德历来对港口情有独钟,矗立在马赛港观看喧闹繁忙码头活动简直欲罢不能,但据说附近有幢建筑号称解决了当代高层建筑最大难题,他很想一见。便乘出租车穿越码头离开港口,一路上许多渔民露天摆摊出售新鲜渔获。走完浓荫覆盖的密歇尔大道,地势逐渐低平。穿过一片树林就到了城市边沿地带。但见突然间，眼前突兀耸起"一堵人工山峦"，一幢硕大无比矩形建筑凸现眼前，粗劣，僵硬，17层高，却如禽鸟般栖在一根根 pilotis（裸露支柱）上。只见这建筑物在周围一大片公园和果园环境中兀自独立。柯布西耶美其名曰离开地面"彻底解放的建筑物"。这景象很震骇，昏暗厚重的大块头，比芒福德所见柯布西耶以往任何"纸盒"建筑都更沉甸甸压向心头。后退稍远再看，将此建筑还给背景上那一连串灰蓝色群山，总体视觉效果便更震骇。此刻芒福德才看明白，这就是柯布西耶所谓的创造一件室外高浮雕景观作品。仅就视觉体验而言，该建筑无疑很成功。芒福德围绕这建筑走了几圈，边看边记笔记。不过当随行向导建筑师领他进入内部环境，他最担心的景象便——出现了：

设计这团结之家意在构建一小型城区，为1600人提供居住地，配备充足娱乐购物等生活附属设施。芒福德一进来就要求先看单元住宅房，因为这是建筑质量的真谛。一居室二居室看过数套后心中证实，柯布西耶为求建筑外形宏大雕塑效果，毁掉、牺牲了内部生活空间。单元房除起居室外其他房间层间距低矮，"矮得压抑"；室内三分之一区域很暗，见不到外景，更不露天。单元房令人感觉封闭、狭小局促。稍大的单元房，主卧设计为夹层包厢式，不高不低俯临起居室，下面一切声响气息皆长驱直入。柯布西耶从来视私密要求为资产阶级心理病。及至出来再看建筑外表，芒福德又走了一圈发现其外观设计也很勉强。由于设计把建筑摆放高跷上，停车场便宏大轩敞，建筑师又未交代建筑与环境之间的任何关系，两者便互不相干。于是整个建筑"无论对自然环境做了哪些积极利用，终归让这幢建筑突兀耸立，就像沙漠里的金字塔"。芒福德在马赛酒店用铅笔记录了这些观感。看过团结之家他执意要再访 Neübuhl，亦即1932年他在苏黎世近郊参观过的一处设计精美的低层住宅区。而且，即使是个细雨霏霏的天气，再次拜访也令他心明眼亮。该建筑群坐落山地丘陵地带，距苏黎世湖不远，布局是平行成排房舍，房舍一侧是美丽的果园和梯田。从室内可以尽情欣赏外部景观，湖水、山坡、田园，尽收眼底。房屋有良好私密空间。根本无需设计装饰性隔间或开放式夹层主卧。看过 Neubühl,芒福德就更明白团结之家设计之愚蠢可笑。这种大败笔凸显出现代建筑本身的愚蠢可笑,尤体现在它强求一律的普罗克汝斯特斯的习气(Procrustean habit)。参观过团结之家,芒福德心中更有底了,他确认不仅现代建筑有问题,现代建筑评论也大有问题。透过评论家们对"这幢放纵奢华却空洞无物的舞台布景式"[34]建筑密麻麻的吹捧,芒福德看出建筑评论界自身的空洞无能。

但是,最吸引芒福德抨击火力的还是作为城镇规划师的柯布西耶。尽管柯布西耶晚年稍稍摈弃了早年某些教条主义陈腐套路,芒福德认准此人即现代建筑百般恶行猖獗泛滥之源头祸首。柯布西耶在其流毒甚广的1922—1925年"瓦赞规划(Voisin Plan)"中,就要夷平巴黎塞纳河右岸名胜区,仅留市中心历史性纪念物。代之以亮闪闪的高层建筑群,但每座高楼之间相隔甚远,周围是广阔绿地,营造开阔美丽视野。这些自成一统的高楼之间再以快速地下通道配以升降机紧密相连。

这种纯粹讲求形式的城市方案只适用一座城市,就是巴西未来的首都巴西利亚。但在50年代却成为美国城市发展重新配置人口的样板模式,部分原因当然是柯布西耶对世界顶级建筑与规划学派的影响力,当然更主要的原因是他这种东拼西凑、强拉硬拽的规划手法迎合了房地产投机商和商业业主们牟取利润的胃口。因而这样的方案,后来便成为组织化人类(Organized Man)的庞大建筑学。[35]

一大片高楼,开阔公园绿地,加上高速路,这就是柯布西耶创作的 the Radiant City(最美城市)。而在芒福德看来,这也是罗伯特·摩西给纽约制定的宏伟未来。因而1962年芒福德文章中说"柯布西耶的想象就像一台蹑轧机在城市更新方案上轰然前行",生怕不能将根深蒂固的历史性邻里社区连根拔除,"以便在停车场上建造新城"。这些话无疑同时也在影射罗伯特·摩西。[36]

罗伯特·摩西声势浩大开展重振纽约的城市更新方案时,芒福德等人首先起来质问他,如此庞大资金支持的建设项目,究竟如何如其所说的那样造福人民?1949年在城市更新法案支持下,准备推平老旧贫民窟,在政府补贴新开发的住宅区重新安置拆迁人口。芒福德早就警觉,很留意这些准备重新安置的居民,究竟如何被安置。该城市更新计划开工前两年,他曾亲往东区观看司徒文森新镇,这是个居民住宅项目,由大都会人寿保险公司承建,罗伯特·摩西则予以资金支持,计划安置 24000 人租住。来势汹汹,仿佛民主国家雄心勃勃的办法彻底解决贫民居住难题。在芒福德看来,这才是"警察国家的建筑学"。一大片灰蒙蒙形态一致的高楼楼群,有自己专用巡逻保安队,"控制"二字活生生写入建筑设计。即使如此这司徒文森新镇也非为穷人所建,而是安置中产阶级的青年退伍老兵的住宅。芒福德就更猜不出摩西为穷人开发的住宅又当如何了。

芒福德担心,这种以摩西为后盾的开发项目还有个问题会给城市未来住宅问题笼罩更黑暗阴影。对于司徒文森新镇计划实施中被置换出的居民,无论城市政府或大都市人寿保险公司均未作出承诺重新安置他们。因为这些人要么太穷,要么不够"理想(desirable)",无法成为新项目租住户。对此芒福德在《纽约客》文章中说:"只有在刘易斯·凯洛尔(Lewis Carroll)的魔镜中才会有这种事情。"[37]

随后十年摩西开发了数百个类似这种针对穷人安置的城市更新发展建设项目。不可否认这些项目大大改进数十万穷人的居住状况,从肮脏、鼠害成灾的租住房中迁移到清洁、光亮的住区。但是芒福德看不出道理,为何这种地区要搞得如此荒凉凋敝,其规划方式似乎从不考虑居家以及邻里生活沟通需要。检视过几个此类开发项目后,他著文评论说:"这些建筑本身无可指责,但必须说,若从人文标准评论,简直臭气熏天。"[38]何况此类建筑项目基于一个含混不清的建筑理念:认为高层居民楼可以代替邻里生活。因而造完之后这些楼房发现自己没有任何群体生活设施,该新建城区"只是把小贫民窟换成了大型超级贫民窟"。芒福德对记者说,这种建筑物或许不像原来贫民窟老房子那么破败,但是,"不出五十年一切照旧"[39]。

芒福德还预言,更糟的是,这种高层超级贫民窟与其置换的两三层无电梯的住宅相比,更易招引犯罪;其建筑环境决定了这一点。这些电梯楼房租住户失掉邻居行人视野监护,封闭电梯、长长走廊过道,都是滋生犯罪的场所。1958年芒福德致信F. J. 奥斯本说,撇开其设计低劣不说,该城市更新整套项目最悲惨含义是有人用它赚了大钱。房地产开发商获得至高无上权力,用联邦政府资助腾地兴建豪宅。"促进富人区社会化的同时大批驱赶掉穷人!"这让"urban renewal(城市更新)"这个词汇(该词汇芒福德认为是他发明的)"变得十分肮脏"[40]。

那么,芒福德能提出什么方案代替这种摩西式城市更新吗?若授与他(与摩西)同样权力,他又能创造出怎么样的城市?这问题答案隐藏在他毕生撰写的上百种建议和方案中,目的都为推动现代大都市社会改善。有人试图从芒福德著作中寻找理想城市的答案,找到符合芒福德定义的The Radiant City(美轮美奂的都市),结果都是枉然。1961年格兰姆·尚克兰采访芒福德时提问:"世界任何地方,有没有您说的那种理想城市或大都市地区,具有您描述的那种丰富的都市生活品质?"芒福德爽快回答:"这样的城市当今还不存在。"随后还补一句,也很难设想何时能建成。但为何我们却孜孜以求?"谁愿意生活在乌托邦?"[41]就此而言,芒福德对未来城市发展的影响,或许建筑师哈里·M. 威斯(Harry M. Weese)的话为我们提供了最好解读。他说:"……芒福德讲到了价值观念,讲到了创造理想家园,讲到了人类与自然和谐共处,讲到了家庭生活,也讲到人类自律。""他不同于创造理想国的各种规划师,他提出了问题和看法,但未给出答案,而为我们阐明人性化城市的优良生活应有的美好品格。"[42]

有一种城市规划芒福德津津乐道,他称之为"有机规划"。老实说,这个术语很狡猾,让人捉摸不定。可是这又是他能找到的最准确词语。实际上他所想的可能几乎完全无法界定,因为"有机规划"这概念给未来留下太多的内容和任务。

他认为,无论建造新城还是改造老城,我们都不可不慎重考虑一个要素——时间;而时间这个因素正是独断专行的建筑师和手握滑尺的规划师常常忘记的。任何一座历史名城都集中了许多集体艺术作品;

是许许多多个世纪的细小变化经过积累和继承,让这座城市逐渐丰富,激励人心。可见,真正能够激励人心的城市,建筑学上极富表现力、文化内涵又如此丰富的城市,无一在一个世代建成,无一由某一位建筑师建成,或在某一种建筑理念指导之下建成的;没有,一座也没有。真实情况往往是,一座城市之美与城市内涵之丰富都是由时间——而不是规划师——创造出来的。[43]

虽如此,芒福德仍强调城市规划须有深思熟虑的原则作指导,这些原则包含社会学的、生物学的以及美学的丰富内容。他本人对这些原则的详尽阐述就是他对城市设计规划的特殊贡献。然而他还提醒,城市规划必须灵活、终端不封死(open-ended),为将来发展变化改善留出足够空间。优良城市非始于周详备至的构想设计,用他的话说,"其需求不断发展变化,发展机遇也不断出现,通过一系列变迁适应,逐步明确且形成章绪,最终获得综合设计形态,毫不亚于事先制订的几何学规划模式"。[44]

威尼斯圣马可广场令芒福德流连忘返,可算体现他倡导的有机规划思想的样板。该广场周围建筑无疑完全符合其诞生时代的价值理念和风格要求;奇妙的是,历经数百年越来越形成一个和谐整体。统一精神指导下的丰富多彩,恐怕是威尼斯都市文化最突出的特色。当今20世纪若也想规划构思同样精彩的建筑环境,恐怕要缜密研究城市文化,反复体察社会要求,还需要细心体会老建筑与周边邻里社区的整体性。[45]

芒福德长期关注城市建筑遗产保护,当今一些都市文化保护主义者便尊他为该运动精神领袖。不错,芒福德确曾领导过多次类似民众运动,保全有历史意义的建筑,例如纽约市的宾夕法尼亚车站。但他很不乐见别人称他为 preservationist(文物保护主义者)。因为这字眼通常传达出"gentrification(暴发户升迁,圈地盖房……)"的含义。新贵们搬进来,置换掉贫穷却久居于此的人家。有些情况下,大量旧建筑并不值得保留。有人猜想,假如芒福德担任规划师,他会照罗伯特·莫里斯的内装修主张行事:"凡你认为不美、无用的,室内一律不留。"[46] 1954

年阿图罗·托法内里（Arturo Tofanelli）前来请教芒福德,若威尼斯重新规划,该如何操作。芒福德向他提供一份备忘录。这份文件连同后来两份补充说明,可看作都市规划师和文保主义者专业经典。其中他建议托法内里,想方设法拆掉衰朽且无历史价值和艺术价值的建筑物。用新建筑代替它们;只要符合当前需要就不会损害威尼斯的风格,而且会维护它。重要的是,且莫模仿维多利亚时代的人,投机取巧,以新仿旧,不伦不类。那是一种"false piety（假冒虔诚）,真正虔诚就要尊重古代文化神髓,从而创新也依照当今风格,公平对待当今社会需要及自身理想。因为形式创新本质上就是一种活的传统"。如果城市变成纯粹的博物院,"那就变成一处大坟场了"[47]。

这就是帕特里克·格迪斯倡导的所谓抢救性手术:拆除破旧,扶植新生,同时不破坏运作实体及其机能。芒福德提出了升级版的抢救性手术,用以替代两种当时风行的都市创新做法:其一是所谓"touch-me-nots（一点不许碰）",任坏死组织不入侵、弥散也不准动手术;另一主张则如梅尔维尔笔下的塔克提克尔医生,鲁莽操刀,不分健部病部,一律剜掉!结果把病人也断送掉了。[48]

芒福德就波士顿法尼尔大厅（Faneuil Hall）项目发表的一篇评论,最能体现他对文物保护问题的主张,尤其针对文物保护指导思想。首先他说很高兴看到该大厅和周边建筑得以保全、复生。但是他喜爱波士顿老市场中心,"主要还不是因为这些复原的建筑,而是这地方的市中心功能,它重现了古代 agora（古希腊雅典时代的市场兼广场）,让各阶层百姓能聚合交流,共享精神情感,各得其乐"[49]。

类似较成功的改造项目还有巴尔的摩的内湾复原（Inner Harbour Reclamation）,都令晚年芒福德欢欣鼓舞。但他说这还远远不够,因为任何单打一的都市决策都无法透彻解决城市问题。都市起死回生还须配套国家的能源保护计划、控制污染、工业疏散,甚至包括本地农业重新安排。而这些计划都需要压缩军费开支,转移到这些方面促其实现。更重要的还有,若不全面检修当今人类生活方式,这些设想将全部落空。芒福德在接近事业终点和顶端时仍以爱默生式的笔调反复提出,社会变革取决于先行一步的道德变革和价值观变革。仅靠规划和建筑,甚至加上金钱,来解决城市问题,宛若"膏药敷癌,聊胜于无"罢了。[50]

1967年4月芒福德在华盛顿D.C.向参议员亚伯拉罕·比科夫(Abraham Ribicoff)主持的改造执行委员会提交的证词最能体现他这一立场观点。该证词以及两篇补叙可作为他对城市未来看法的总括说明。[51]

亚伯拉罕·比科夫参议员召集这次听证会,是要调查审核当时提交给参议院的样板城市法案(Model City Legislation)。那天清晨芒福德进入会场时大厅已挤得满满,还有长长一排报刊和电视记者和摄影师。听证开始,主席台只有芒福德单独面对参议员比科夫。对话开始不久其他参议员也一点点凑近主席台。其中有罗伯特·肯尼迪①,他边靠近前边微笑表示相认。芒福德一时有些紧张,电视播映灯光又很碍眼,但镇定自若。同意出面作证非他本意,此次特意前来亲自发表证词,因为他深知他的城市问题理论和观点在首都地区不大受欢迎。所以公开说明:我并没有轻而易举的解决办法,也没有深思熟虑的建议。而且我有言在先,这里提出的结论性看法要求必须推行大量、长期变革。

他向该委员会报告,美国当今迫在眉睫的城市问题早在20年代就已经显化。正因担忧城市质量每况愈下他才逐步接近美国区域规划学会(RPAA)的组织和事业。此后这一组织经大量工作已把诸多城市问题提请公众注意,同时提出富有远见的分析和倡议,为此他感到自豪。但是很不幸,RPAA提出的每项重大创意,要么被政府冷落,要么被业界误解,要么被肢解为"讽刺画式的永久性残缺形象。参与歪曲我们的势力,有技术领域、官僚领域、财政领域,且尤其是这个财政领域……

---

① 共和党政治家,纽约州议员,民权活动家。已故总统约翰·肯尼迪的弟弟。——译注

这些阻力我们美国人至今尚未认真思考、充分领悟、严肃对待"。稍作停顿后加重语气继续说,然而,即使RPAA各项重大创意和举措都功德圆满大获成功,它也远战胜不了当今严重威胁美国城市社会的重重邪恶势力。英国建设了田园城市,而英国今天城市问题比二战刚结束时更加恶化。可见,城市规划不足以对抗普遍贫穷。他着重强调——然而,作为他今天证词中最有争议的内容,贫穷,贫困化却不是城市社会每况愈下日益混乱的主因。美国当今最迫切的城市问题可以溯源至大众文明行为的裂解崩坍,包括全社会纪律性、家庭凝聚力、邻里团结互助等优良传统的全盘崩解。贫困化和种族主义诚然加剧了这些问题,但是在他年轻时,纽约城即使最缺衣少食、倍受种族迫害侵凌的早期移民人家,也始终坚守着生活中这些最基本的价值信念。最后,芒福德用斯宾格勒式先知先觉语调警告说,当今城市社会裂解,预示着整体社会文明大厦之将倾。

此次芒福德作证比科夫委员会这听证会时,恰逢联邦政府将要表决批准五百亿美元,实施一项为期十年的城市建设计划。他专门劝告参议员们投票前三思而行,对偌大一项专项拨款必须慎之再慎。胆敢出言警告参议院,想必令这些大佬们暗自吃惊。其理由是,偌大一笔款项无异美妙"钓饵",引得有钱有势垂涎欲滴的房地产大鳄前来争抢,他们会带着自己的系统专家和电脑,"飞快设计出比当今牢房更像监狱的所谓单元住宅"。所以宜从小规模试验开始逐步摸索,逐步定型,再通过社会组织逐步推广。他建议当前放缓脚步。这必定让保守派参议员们非常高兴,本来他们就误会了他这项立意深远根本变革的本意。[52]

这是1967年春季的事,当时美国城市社会已被头年夏季如火如荼的种族主义运动、暴乱、纵火等激烈行动搞得四分五裂(芒福德致信杰瑞·拉亨布鲁克,称这种行动为"犯罪、作乱、破坏、癫狂弱智的拙劣表演")。预计来年夏天还会出现更多烧打砸抢之类的事件。[53]在这种危难氛围中,芒福德当然不会阻碍联邦政府采取措施解决问题,消弭暴乱。为此他专门在随后的质询中澄清这一立场。后来还在出版物中解释说，一些迫在眉睫的短期措施——诸如增加就业、改善住房等——能否奏效，还是取决于当今城市诸多更新改造措施的根本指导思想和目标设计。

其实听证会上他本想说 start slow（逐次展开）而非 go slow（放缓脚步）。显然他心中早有更宏伟、更大胆城市创新设想，追求更高目标，当然也包含更大挑战和代价。这些思想在当时的华盛顿无人能透彻理解，更料想不到。这宏伟计划意在重建家庭价值以及恢复邻里生活秩序，因为这些元素有稳定大局的作用，却又遭联邦政府不相宜的政策连续破坏。罗伯特·摩西给纽约穷人带来无尽祸患，令芒福德不相信联邦政府的任何拨款项目。所以当很多城市专家眼巴巴盼望华盛顿拿出办法解决城市问题时，芒福德却认为，这个华盛顿本身就是个问题，需要解决。

听过或读过他证言的人几乎无人领悟，他的证言不是着眼于少数人种问题甚至也不就城市论城市。他认为人类价值观败坏是全国普遍的社会问题。由于这问题根深源远，绝非改善城市规划或立法就能解决的。在这个意义上，也正如他所说，并非什么黑人、波多黎各人之类的种族问题，我们面临的是个"人类问题（human problem）"。他的证言是这样结尾的："采取行动的时间尚未到来。但就全盘问题更新思想的时间却早就到了。"这种新思维集中体现在他此次出席该委员会，亲自作证展示问题的观点和方式。

因而写完《城市发展史》，芒福德又开始一项耗时整十年的研究写作计划，试图回答他自己这次听证会上以修辞设问方式提出的问题：为什么他未能影响自己的时代？为什么他提出的大量城市问题解决方案，要么遭冷落，要么被歪曲被篡改成不三不四的东西，究竟为什么？为解答这些疑难，他沿着古代城市起源的思路线索继续回溯五千年历史。得出的解释和结论，又需要两本巨著才能透彻讲清楚。这是一场领域极广的搜索、思考；它提出了许多质问和批评，其中许多咨询建议，他认为，都是他"进入未来的护照"[54]。

收获季节

> 庄稼已经成熟（发白），可以收割了。
>
> ——《新约·约翰福音》

《城市发展史》告罄，芒福德盼有一段时间清静、自省，更窃盼一个"丰收时节"来临。他不想重播新种，得先收打晚秋庄稼，分门别类颗粒归仓，做完早已开笔的几项。如今已近 66 岁，虽感矍铄依旧，但已担心自认为的最后这本自传无法完成，所以在抢时间赶进度。1961 年夏结束那次难忘的英国之行返美途中，他逐年回顾平生活动，列出提纲，一天整理一个 decade（十年），用新练会的刚健华美而流畅文案斜体字，写出详尽提纲。最后落笔写着："一生这么多毛茬利刺，该好好收拾了。"[1]

但首先得履约去加州大学伯克利分校任课一学期。这是早先答应的，虽然如今有些后悔。这年 9 月他同索菲亚搬进新居，一处很宽敞的红木结构豪宅，位于校园后方约一英里山坡上，周围是红松林。邻居有凯瑟琳·博厄·沃斯特和她丈夫威廉·沃斯特。新住所就是凯瑟琳为他们找好的。不远转角处还有老朋友亚历山大和海伦·米克尔约翰夫妇（Alexander and Helen Meiklejohn）。房子两侧都开有大窗，可眺望远近树林，索菲亚简直乐透了。她更喜欢左邻右舍"各自都有事做，不会互相找麻烦。又有余暇与亲睦互相走动，嘘寒问暖，增进友情……这才是我盼望已久的生活"。这是她住进这里不久日记中写的。刘易斯很快也同索菲亚一样喜爱这地方了。但这年他日子排得很满，所以在享受邻居友好往来这一层他远不如索菲亚丰富。[2]

芒福德几乎一到就给整个校园留下深刻印象。伯克利分校例行的开学大会上芒福德发表了热情洋溢演说,反对囤积核武及防辐射运动——他称之为"先顾逃命的运动(save me first movement)",当时这种运动在加州正在升温。他演讲主题句采自莎士比亚悲剧《李尔王》:

> 我们只能肩起这悲伤时代的重轭,畅所欲言,而不是按照某种要求来讲话。[3]

大厅座无虚席,听众起立长时间热烈鼓掌欢迎他。演讲会后,很多听众索要文本,校园居然开用油印机刻写蜡版印他的讲话在全校发行。仅当地一政治活动团体就增印五千份。这份演讲以及后来在学校一次大型集会上的另一次演说(抨击高校科技界与政界国防系统互相勾结),让他霎时媒体走红,成为校园激进派新宠。大型集会那次演讲题目是"向亨利·亚当斯道歉"[①],演讲被制成录影带在电视台全国教育频道播映。随即再次名声大振,各种邀请雪片般飞来,伯克利分校也敦促他再延长一学期教学。一心想永住的索菲亚乐见其成。但到12月他已归心似箭,渴望阿米尼亚小村宁静生活。致信斯特恩斯·莫尔斯说,他决无心思成为激进学生运动领袖。他们投射给世界的"存在主义奇装异服、垮掉的一代"形象令他心寒。何况反复演说和政治活动很耗费精力,已经开始影响健康。[4]

无论如何这是他人生一个有趣插曲。元月离开伯克利时唯一遗憾是未抓住时机与凯瑟琳重归旧好——并非再续前缘而是重作好友。此次在加州他俩只有一次机会在一起,当时是凯瑟琳·博厄安排他去另一学校参加一次城市规划研讨会。回来路上饭店进餐,谈话间竟无只言片语轻松愉快回味前缘。而且发现,凯瑟琳如今面对他稍显不自在。事后他在杂记中记载道:"如今我俩间已不再有来电感觉,而且我不认

[①] 亨利·亚当斯,Henry Adams,1838—1918,著名亚当斯政治世家家族成员,出生于波士顿,美国著名新闻记者、史学家、学者、小说家。主要代表作有《亨利·亚当斯受教育历程》、《杰佛逊政府时代美国史》等。——译注。

为这仅因为我们已经年老。"⁵

回到阿米尼亚,在索菲亚敦促下刘易斯决定发布"免战牌":政治论题写作至少暂停一年。从禀赋和天性说,他与政治活动本来无缘,加之索菲亚开始担心他健康。近几个月来已多次因报纸上读的东西震怒不已,几乎病倒。本来他投票选举了约翰·肯尼迪,因他痛斥好战的理查德·尼克松。可后来这个肯尼迪当政第一年就在与苏联制造的古巴危机中把美国拖到危险的战争边沿。⁶他很明白,若继续关注公共议题,自传就无法撰写。所以他保证不谈国事,即使通信中也告诉朋友,政治问题暂且绝口不提。但这种保证,他知道很难兑现。就连老友间随意通信,庆贺生日、感恩节、圣诞节之类,也常夹杂对肯尼迪外交政策的苛评。比如给斯特恩斯一封信中他说:"如今谁也不敢担保对古巴这种灭绝人性的行动,皆出自 Central Unintelligence Agency(此处作者诙谐之至:只对 CIA '中央情报局'增添一个前缀 Un-整个意思就倒转为中央傻瓜局。——译者按)之手……哦,不是说过不谈国事吗?"随即半道歉口吻说:"瞧见没,有多难!我们活在一群疯子当中……快让地球停下,我要下车!"⁷

不谈国事自我节制毕竟有些效用,心情放松,健康有所改善。此外他回到阿米尼亚的熟悉环境也大有裨益。因为这里一切安排都服从于工作事业。索菲亚还喜欢接待偶尔来访的熟客,刘易斯则主张不邀请留宿客人,包括索菲亚家人。仿佛他越是年老就越需要独处,以利聚精会神。为此他们辞掉了家务帮工,只偶尔有小时女工过来打扫卫生。索菲亚写信给侄女伊芙琳说,刘易斯感觉家里有任何多余的人都会打搅他。很温和地解释说,原谅她们暂且无法作为家人接待她,虽然非常喜欢她过来相伴。⁸

这一冬一春,刘易斯全部时间便投入几项"丰收时节"作品:一件是给母校纽约城市学院提供的系列演讲稿:核心论题是技术与文化。还有答应朋友为他们新书写的序或导言。再给他的再版梅尔维尔传记撰写新序。于是上午写作下午读书,照此惯常做事,偶或也随同索菲亚外出散步，或者守着自家老式乡村厨房壁炉烤肉、土豆片和玉米糊卷。晚餐后流连餐桌，聊天，下棋。有时刘易斯会给索菲亚高声朗诵爱默生杂记簿中的诗文。所以索菲亚曾说："我家三口人：爱默生，刘易斯，还有我。"[9]

立春后，芒福德每天下午到园圃劳动。这年大工程是在房后坚硬地面凿出一条路面，以备更老不能远行时能就近散步。7月工程竣工，笔记和通信录也都归置好之后，重拾自传继续写，这次开头一章题目就是"扎根乡村"。

这时节写的自传，早已不是1956年开笔那味道了。写完的手稿都交给出版商（还是哈科特-布瑞斯）存入保险柜。新编辑詹尼特·霍普金斯（Jeannette Hopkins）1961年初读过文稿后，增添更多个人信息。她相信这会是一部很温馨隽永的作品。但希望芒福德更多写写索菲亚和他俩共同生活的内容。她还希望芒福德也讲讲自己父母。书中没有提到父母和自己早年成长经历，只把自己描绘为"城市之子"。比如开篇第一章这样写道："纽约这座城市对我影响之强大频繁远超过家人和父母。"这可能都是事实，但这位编辑认为，不能因此完全舍弃家人描述。芒福德简直不搭她这个茬儿。自传怎么写，他主意已定：就是要写出个充分、坦然的自我。他对朋友们说，这本书在悔悟认罪方面超过圣贤奥古斯汀以及卢梭的著名《忏悔录》。[10]

他心中掩藏着重大秘密，从来不宣示外人，哪怕密友家人。如今决心都抖搂开来，尽管自己也怀疑如此坦荡是否有生之年，甚或死后数年，此书都不宜出版。30年代纠缠的两个女人都还健在，而且家庭和睦，仍与他家保持友好往来。且最放心不下的还是女儿爱丽森对此书作何反应，理由还不仅担心自己那些不法性关系。他还至今未对女儿讲过自己身世。虽然爱丽森和索菲亚都一再要求他赶紧说明。所以这些内容可能会很震骇爱丽森，她早就等候良久，准备洗耳恭听她一无所知的这位"爷爷"的事情。刚过十八岁有一次，对这问题父亲几乎就要开口了。那天他要她一起去巢佩克湖边。刚走出房屋不远却突然止步，转身对她说，要告诉她一些私密也痛苦的事。爱丽森回忆说："我以为父亲终于要讲爷爷奶奶了。"不料,父亲出口却说,"很久以前,我同凯瑟琳·博厄,有过一段恋情……"说完继续向前走,神情凝重,便再无言了。[11]

芒福德为后代子孙留下了自己人生全套文献资料,包括大宗往来信札、笔记、记录、记述、手稿,逐年逐月逐日,承载着他流变的灵魂。然而时至今日他仍未刊发出版过任何个人生活资料。已出版作品远不能代表他解剖自己行为动机那种探心搜魂的至诚。因而不论私人笔记或者日常生活里,他几乎无人推心置腹。他又不是那种坐进酒馆三两杯下肚便五脏六腑掏个干净的人,就连最要好朋友也觉得这芒福德简直是个谜。

如今他决心卸包袱了,或如他说,会因此得以解脱。写作前他阅读了哈维洛克·艾利斯(Havelock Ellis)的自传,不无担心。一生那么多著作都证明他毕生顽强追寻理想而生活。如今自传之诚实,岂不要毁掉这一世英名?另外,他着手自传前在读一本有关保罗·田立克(Paul Tillich)的书,其中有这位神学家性爱越轨记载。他便对朋友说他不想步其后尘,"让别人来挖自己隐私"败坏他学术主张。[12]

这毕竟不是本写起来轻松愉快的书,尤因时刻需要索菲亚的理解与合作。因为他想把事事写得真实可靠,他俩就得共同回顾婚后生活各种方面。因而他让索菲亚首先读了手稿中那些"真实得可怕的部分"以及大量早年情书。[13]一次索菲亚阅读他与凯瑟琳·博厄的通信,他问她这是否令她太难受。她的回答令他惊讶:"这类事情于我很平常。"且语调淡然,的确早把它丢到脑后了。然后笑笑说让他放心,一个无瑕疵的人生不是她理解的完美人生。[14]

这其中还有些因素在起作用,索菲亚历来愿意积极参与他的工作事业。身为训练有素的编辑和作者,她为他打印手稿校对清样,还常作为试验性读者听他朗读初拟稿,再说出感觉。如今这项目她须进入创作过程,两人琴瑟和鸣,配合极佳。[15]

芒福德需靠笔记资料等回忆、重现以往,但真写起来便抛开眼前纸片资料,力求该书写成一本神形兼备的小说。边写边回忆起帕特里克·格迪斯的话,所谓完美人生是"青年梦想,老年实现"。依照这一标准,他的一生可谓功德圆满。四处写信求助请朋友帮忙回忆当年种种细节,不久温馨鼓励援助陆续传回。其中格洛伊德·罗宾逊(Geroid Robinson)回信说:"我相信,面对人生高险召唤不躲不避,披荆斩棘一往无前者,公系我所仅见!……而你所搏击之问题困扰着我们每一个!"肯塔基州 Abbey of Gethsemane(也速蒙难敌修道院)托马斯·莫顿(Thomas Morton)寄信来告诉他说:你的书籍有助于莫顿神甫整肃其"精神目标",明确一个"思想动机,不可太过沉迷'现世生活'"[16]。这类精神援军般的来信在他人生这阶段产生非常重要效果。更因近年来陆续痛失多位密友,且似乎马上又有一位即将离去。就在他专心致志撰写自传之际,阿米尼亚漫山遍野漆树由金红而紫红,渲染着又一个绚烂秋天,冯·维克·布鲁克斯独卧在床奄奄一息,家在不远康涅狄格州境内布里奇沃特(Bridgewater),病入膏肓经一系列抢救仍康复无望,仅靠各种紧急手术维持生命。

面对命若游丝的布鲁克斯,芒福德感到很难接受一个事实,两人相识相交42年却未结为至友。虽然两人互敬互爱,芒福德一方如仰慕尊

刘易斯·芒福德和冯·维克·布鲁克斯夫妇(**1951 年**)

长,敬而远之;布鲁克斯一方常不把芒福德看作血肉之躯,只一袭精灵不停翩翔于史书间,因而一度将其称为"文明再造时代"的先知。[17]布鲁克斯为人矜持不苟言笑,很少与芒福德轻松交谈。芒福德也很难与他如同亨利·莫瑞那样推心置腹。他始终对布鲁克斯多卷本美国文学史持有异议,主要感觉它太过浅显和理想化,但不便直言,生怕言重了会导致布鲁克斯脆弱神经崩溃,因为当时他从20年代末精神崩溃中刚复苏不久。所以,两人交谊后期谈话虽也涉及文学,但从未坦诚交换意见。1963年5月,布鲁克斯去世不久,芒福德致信斯特恩斯说:"这种结局我很难过,我们虽互敬互爱却从未交心。假如透彻交换意见,我们又会因太多分歧而失和。"[18]此言不虚,不过芒福德自说自话添加的注脚就不大切题。因为若坦诚交换意见,即使发生争论或许可以化解分歧建立牢固友情。所以芒福德痛惜布鲁克斯,实际上也痛惜未能建立的友情。

布鲁克斯久病之后走了,这让芒福德不禁也顾影自怜。首先,他不想死得如布鲁克斯那般悲戚,一连数月形容枯槁,生命游离于生死间,这便是所谓现代医学创造的奇迹。临终前他和索菲亚曾赶去告别,"见他只剩薄薄躯体,游魂般孱弱松散,浑身收不拢来,像集中营刚放出的虐囚,令他俩不胜唏嘘"。布鲁克斯老年只靠羊奶和蜂蜜维持生命,虽每日还能到书房工作一小时许,芒福德此次拜会后记写道:"但他的精神已如伤兽,切盼归回自己生命最深之岩穴,且因伤势严重已喊不出声。"芒福德认为,如此生命已无延长之理由了。布鲁克斯后来的医疗费每周五百美元。不仅给家庭造成沉重负担,还最终难逃"丧家犬般的一死"。目睹布鲁克斯最终景象,索菲亚和他都决意请教律师,后来他们写下委托书:一旦确诊我们患病无法治愈,请医生切勿用介入手段延长生命。[19]

布鲁克斯病逝还激起芒福德内心一个埋藏很深的感触。他很歉疚,未曾答应布鲁克斯自愿为他立传,而且声言决心要把(芒福德)这位当代思想家推上圣贤高度的要求。纵使芒福德千般推辞,布鲁克斯还是开笔了,只因生病到最后不得不放手。芒福德自传中对这段故事解释说,他当时主要担心布鲁克斯并不掌握充足材料,无法撰写出令人信服的芒福德形象。言下之意唯他自己才能写出自己真实形象,不劳布鲁克斯代庖。[20]

布鲁克斯未能写完芒福德传记,芒福德也未按计划当年完成自传。撰写此书时布鲁克斯形象总萦绕眼前,挥之不去。加之其他因素干扰不得不又一次放下这计划。另一原因是自传写作来到一处浅滩,即他与爱丽丝·德克的恋情和儿子格迪斯阵亡之间这几年的人生经历。心情反差如此巨大,这年春他又一次陷入严重抑郁。他本无意重温这段经历,而编辑詹尼特·霍普金斯执意要他写出完整自传,他不得不一头扎进这丰富的情感矿脉,但随即发现难以为继。"由此引起的紧张和痛苦超乎想象"[21]。

他对瓦尔多·弗兰克说,年轻时遭遇那么多挫折悲催未曾严重影响他,因这种挫折常随新希望和计划而消弭。"甚至就连最悲苦受罪和过错都会随岁月流散"。而如今面对以往人生经历中难以解脱之种种,既无法弥补也无法撇掉。因而面对这种以往仿佛就面对一种死亡。[22]

前文交代过,他确曾设法描写并且解释同凯瑟琳·博厄的恋情。原因是这段关系心中难以忘怀。与布鲁克斯最后道别后他把这几章文字交给了凯瑟琳阅读。她阅后不同意公开发表,且说从来没有真爱过他,这几乎将他击倒。因为这将意味着,他发誓要写成的那种忠诚老实不差分毫的自传将永远写不成。即使有生之年能够出版,许多重要"秘密"情节,例如他自己身世,会不得不略掉。透彻诚实也并非一定要搞得那么悲催,此处显然他得考虑女儿爱丽森的感受。笔记中写道:"对不起啦,圣奥古斯汀,对不起啦,卢梭!如今我懂你们难处了,也原谅你们那些省略。"[23]

这年春他又一次扪心自问,相信就连索菲亚也并非完全理解、支持他。她告诉他说,能理解凯瑟琳阅读这些恋情章节的感受。因为她就有类似体验,从他对婚后生活那些描述可以看出,他常把自己猜想当作别人真实想法,其实常常不然。[24]

种种不顺利又因他突然意识到老之将至而倍觉艰难。如今他也当姥爷了:女儿爱丽森1962年10月生了女儿。一则以喜一则以忧。高兴自己也有了外孙女。忧愁的是自己老态龙钟,日渐衰老。最后几颗门牙已经拔掉,膝盖出现肿胀,时不时腰疼;最糟心的是左眼开始丧失视力。起初他以为只消配一副新眼镜,但不久意识到,视野中心开始消失。这就不仅影响阅读,还影响打字机上写作协调性。看过眼科医生,说他有个小囊肿,开方服药,效果不大。他怕完全丧失视力,不告诉索菲亚,但骗不了自己。"牙掉了,头秃了,行动不便,视力减退,这就叫老了。虽然眼睁睁见他人渐入老境,自己倍加自珍,千方百计防患未然,及至面对年老仍觉猝不及防!"[25]他笔记中写下这些句子,可能当时以为,他豪情满怀的创新时代,已经一去不返了。

然而就在那年春天眼疾好转,视力恢复,心情一下子轻松了。最后,是一本新书写作让他重振旗鼓:论述技术与文化;这是1962年夏作为"丰收行动"一个组成部分开始的新项目。此后因自传写作而时断时续,现在可以全力以赴了。至7月已经全速前进。读得疯狂,写得飞速。感觉自己重又新生。

该书之独特主题许久以来早已是他的专属。30年代中期写完《技术与文明》后他意识到,自己曾绕过一个重大疑难:他叙写了当代文明严重高估了技术,但这种"the myth of the machine(机械论神话)"根源何在,他则未予定位。这个所谓"机械论神话",是一种非常非常普遍的观点:认为技术进步和各种形态的弄权,包括军事、财经、政治等……就是人类各种重大行动的主要目标。其实在《城市发展史》的城市起源各篇章,这一观点已有所交待,特别是讲述古埃及和美索不达米亚古代城市形成时这种权力体系已开始萌芽。目前这本新书,如他先前许多著作一样,也是重申以前论点,将其发展为更重要的拷问,而非重审以往结论。从人类都市生活最早的时代里他就发现并相信,以往五千年文明历史中一切大型技术的驱动力和目标,一切最伟大若非最仁慈的技术丰功伟绩,无非想方设法要控制人类社会和自然环境,此乃其所谓之巨型机器论（mega-machine theory）。1963年发表的一篇论文《专制技术与民主技术》(*Authoritarian and Democratic Technics*)中他强调指出,当今的大型政治军事体制机器,与古代以人力操作和畜力为基础的小型技术之间,存在着根本的对抗(fundamental antagonism)。后者虽不如前者强大,但资源丰富,可塑性极强。以此观之,当今美国苏联那些大型国家机器,都表现为凶神恶煞般庞然大物,代表着已经古老却并不高明的官僚军事模式。但有一点须注意,古代权威体制核心往往是个真人,当然是那专制统治者本人;而当代巨型权威体制核心已变为这体制本身。"这可不是约伯的上帝,越难越信,历久弥坚。这种现代新神既无法对话,更无法供起来膜拜。"[26]

这就是拟议中这部新书的主体思想。结论他已成竹在胸,只消予以逻辑展现和事实论证,但仅此一点也举步维艰。心中该书最初设想可在早先论点基础上一挥而就,于他绝非难事。但1963年夏几乎刚开始认真阅读思考,新问题新主题便源源涌来。当时他认真重新阅读了查尔斯·辛格(Charles Singer)、E. J.霍姆亚德(E. J. Holmyard)、霍尔(A. R. Hall)、特雷弗·I.威廉(Trevor I. Williams)等人编订的多卷本技术史及古埃及相关文献;思绪开始寻熟悉路径编织各种知识板块,构造新领域,不知不觉已上路开始担当一部大作,且是他曾发誓再不轻易涉猎的领域。[27]

思维活跃异常,新想法泉涌。但其概念性总框架却是以往著作简略陈述过的理论:即,精神活动及其主要产品——语言和礼制——之发展历程对人类自身进化的贡献,远超过原始工具创生和使用过程。换言之,如他原文所述,"minding（用心、用情）"远比"making（动手、制作）"更重要。如此边读边想重读文明史,他意识到该把要点从人类物质生存转移到人类文化和精神发展历程上来。何况他这活动中还掺杂强烈私念:若这理论成立,他致信麦克凯耶说,那么人类岂不就有足够资源修改当今技术文明的错误方向,拯救自己吗？换言之,人类并不像雅克·埃吕尔(Jacques Ellul)所说,无非是技术社会文明俯首贴耳的牺牲品。我们姑且将此假说称为"the primacy of the mind（精神第一性)",而为证实其正确,芒福德得重新阐述人类起源的历史。为此他给麦克凯耶的信里说,待该书写成之日,"恐怕史上各种死去思想的僵尸会在思想界舞台上乱飞。简直就像哈姆雷特那最后一幕"。而与此同时,人类一个更清晰未来前景也会同时显现。[28]

这年秋,他作为康涅狄格州米德尔顿城维斯利大学高级研究所研究员继续撰写此书。和索菲亚住在学校提供的豪宅,经过一冬孤独寂寞都需要好好休整调剂一番。且刘易斯在校事务有限,仅每周组织一次非正式讨论会;还享受秘书服务,配专车兼有司机,随叫随到。校园环境优美,多片山毛榉树林状貌极美,刘易斯全然未见过。这里该是很适宜工作的地方了,但他离开阿米尼亚自家书桌简直写不出东西。于是工作时间便去图书馆查阅该研究已提出的问题,主要涉及文化人类学、语言学。到 12 月已归心似箭,打定主意取消已应下的第二年赴任讲学,一心想全神贯注几个月写好这本突如其来攫获他全部身心的书。

第二年是他平生最多产的一年,首先写完这部学术要求最严又最难著作之大部,因为它大大超出以往熟悉领域。这年状态极佳,感觉强壮而灵活,有时对镜端详,只见一老人与他对视,里外两人却有云泥之别。走在街上偶见橱窗映象会产生幻觉,仿佛威廉·蒲(William Poe)笔下某怪异人物始终尾随他。他"早就觉察这家伙,且时刻准备突然回身猛掐住他脖子,唯如此才能摆脱它"[29]。老年岁月还有件事很难接受,周围那么多熟悉亲切地景地标都接二连三消失不见。这些外部景物长期以来呼应内心活动,唤出启发、警示、指南……而如今里兹维尔大道两旁铝合金边框的大牧场风格建筑物拔地而起,巨大水泥罐车整天轰鸣着在他窗外往来穿梭。就连大自然也诡计多端跟他作对,历来舒缓散步的草场地不知何年窜出密密札札红松林,遮蔽远近秀美景色。青年时代熟悉的一切都不见了。随同消失的美景还有远行的亲人。芒福德一一数着这些年离他而去的人们。

1964 年 9 月,索菲亚的爸爸,全家亲切称呼他"威廉老爹",在九十四岁高龄去世。老人习以为常每年夏天来阿米尼亚小住一阵,与女婿结成深厚情谊。女婿也特爱听他讲早年俄罗斯风土人情和色彩绚丽的民间故事,以及19—20世纪之交的纽约世相。老人临终,夫妻两人前去拜见,刘易斯为威廉老爹展示刚从林登·约翰逊总统手中荣膺的自由勋章。这是当时美国给自己公民授予的最高荣誉。威廉见了很感动,但因衰弱无力起身,示意刘易斯靠到近前,对他说:"别泄气,刘易斯,你是在为将来操心。"老人第二天就走了。刘易斯将他骨灰葬在花园里经常落座的长椅下,他历来喜欢坐在这里观景、寻梦。[30]

两个月后凯瑟琳·博厄也去世了。刘易斯的反应前文已有交代。索菲亚反应没那么复杂,日记里写着:"我很难过,凯瑟琳是我一位很真诚的朋友。"[31]

这年冬芒福德在里兹维尔全力以赴撰写《破除机械论神话》,拒绝一切邀请,不论讲课或演说。他就像个被追赶的逃犯,决心彻底逃脱公众注意,直至全书完稿。一年年老了,曾抱怨说,觉得自己仿佛自动烤面包机飞速弹出热面包片。正是这种抢时间赶进度的意识让他放弃了许多应该看的国度和地区:日本、中国、以色列、墨西哥。元月他甚至拒绝了总统林登·约翰逊的个人邀请,邀他出席就职典礼。白宫为此再次打回电话请他重新考虑,他再一次客气谢绝。尽管索菲亚力主他前往参加,劝他道:"多年修炼,智者出山,此其时矣!"他却未听从。他甚至不愿分身参加元月份老朋友亚历山大·米克尔约翰的纪念弥撒仪式,只托索菲亚去电慰问他妻子海伦说:我们两个都很爱你和你丈夫,可他的写作目前真令他难以分身,只得暂以工作为先。[32]

但第二个月他却不得不撇开《破除机械论神话》的写作,因为约翰逊总统悍然宣布美国大规模卷入越战。身为刚从约翰逊手中荣膺自由勋章的人,芒福德觉得有义务就政府决策公开表态,一度甚至考虑退回这勋章,幸有索菲亚劝阻了他。他致信斯特恩斯·莫尔斯说:"这岂不是整个猪湾危机的重演吗?结局只能是又一个奠边府!"还说他有生之年有幸见过三种民主国家总统:"A New Dealer, a Fair Dealer, and a Double Dealer(分别代表提出新政的罗斯福,公平执政的杜鲁门,以及言行不一的约翰逊。——译注)[33]

美国知识分子中芒福德是最先公开表态反战者之一,当时只有三名参议员反对总统决定。虽然后来他著文不赞成街头纵火之类激烈抗议行为,但最初确是他的掷地有声的激烈陈词燃起了这股激烈抗议浪潮。

经过与索菲亚反复讨论,他们致电抗议罗伯特·肯尼迪和雅各布·贾维茨(Jacob Javits)两位参议员和总统本人。随后写了三页言辞激烈的信笺寄交约翰逊总统,并将数十封副本寄各大报刊。先前还有一封给总统的信在索菲亚阻拦下未寄出,她的理由是口气太愤怒于事无补。但寄出的那封信已超级义愤,激烈谴责总统把美国拖入一场毫无胜利把握的战争;因而很难设想他还能写出更愤慨的信。令他火冒三丈的是约翰逊总统这种"伪善",坚持说这场战争是为美国民主自由思想制度之类。"你振振有词的目标在你那些专制主义行动和灭绝生命的战略中显得空无一物。你这行动让我们感到羞耻,为你肮脏借口感到厌恶。"总统助理比尔·莫耶斯后来告诉芒福德,总统宣布轰炸河内,立刻收到两封公众人物信件,一是参议员乔治·麦克格文(George McGovern),另一个就是刘易斯·芒福德。约翰逊总统给麦克格文写了回信,没给芒福德回信。[34]

只有两家报纸刊载了他致总统的公开信,即《圣路易斯邮报》(*St. Louis Post-Dispatch*)和《旧金山纪事报》(*San Francisco Chronicle*)。此外他还收到大量声援和邀请,希望他来校参加"teach-ins(大学师生就争议问题召开的宣讲会)",皆被他一一拒绝,一因体力不支,二因若参与其中便与此种激烈行动难逃干系。而此类活动效果,他认为,取决于其一致性和当地民众支援。因而当朋友敦请他积极介入民众运动,他坚持不渝的立场是"超然者不鸣则已一鸣惊人,一旦怒吼往往传播更远更有效应"。为此他继续保持他的"超然"。[35]

但就像梅尔维尔笔下人物比利·巴德,他感觉也必要用果断行动表达抗议。这年5月,机会来了。月初他又荣膺美国文艺与科学工作者协会颁发的爱默生-梭罗文学奖。颁奖餐会在波士顿举行,这对芒福德来说本是个吉庆日子。他获得全部荣耀奖项中此奖含义最丰,因为是表彰他文学贡献；坎布里奇的好友都到场庆贺。然而到了晚上芒福德终于打破晚会气氛，愤怒抨击约翰逊总统对越政策。两周后他回到纽约，筋疲力尽，还患严重感冒，但还要出席会议主持美国文学学会年度颁奖大会。他是这组织的主席，是美国文学艺术界推举五十名委员选举出的主脑人物。身居这一要职，他深谙春季庆典仪式场合要竭力避免政治话题。但他同样更清楚，约有一千名政要、名流到场庆贺，还有数十名媒体记者。

会前午餐会上与老朋友们谈笑风生，其中有著名记者沃尔特·李普曼，神学家莱因霍尔德·尼布尔，他那轻松愉快样子无任何迹象要发生大事。事前对谁都只字未提，唯索菲亚心知肚明。待他走上讲台请大家安静，只见他面色发白，神情严肃，但语调无丝毫紧张犹豫。开始演讲了，而且充分意识到，这通常是个吉庆快乐场合。但是，"我无法故作安详为今天场面增添祥和。因为，今天这礼节庆典祥和表象之下，当我们认真思考我国政府引导美国承担的道德责任，一个声音在讲话，它代表日益高涨的公众羞耻，裹携着多少民众个人愤怒，声音洪亮完全淹没了今日这里的庆典欢悦"。他强调，他今日之讲话仅代表个人意见，是作为"普通公民"而非作为协会主席在讲话。"或许有人说，今日时间场合都不适宜谈论这些问题。但我更感觉，若不公开发表这些感想和看法，我有愧自己作家身份。"[36]

掌声四起，但也夹杂零星起哄。接着他右前方传来尖叫声，很愤怒很刺耳。喊叫者是画家托马斯·哈特·本顿（Thomas Hart Benton），是当天另一名获奖人。他呼喊让芒福德住嘴，"我不想听你这些胡言乱语"。周围人制止这画家，让他安静。而他猛地蹿起，怒气冲天离开大厅。芒福德继续演讲，讲完之后将主持任务交给研究所主任乔治·坎南（George Kennan），自己离开会场，乘火车直接回到阿米尼亚家中，高烧到华氏101度。[37]

事前与索菲亚谋划好，她将继续留在会场听反应。看看"会众对这场暴风般讲话作何反应"。几位朋友走上前来为刘易斯道贺，但有个怒火冲天的约翰·赫尔希（John Hersey）对她说，刘易斯把这讲坛当作他恣意妄为的地方了。事后芒福德得知,乔治·布坎南等几位认为他滥用职权,表达自己政治观点,违反这种学术场合应有的精神和程序。[38]

第二天,托马斯·哈特·本顿(此人与芒福德交往已四十多年),声明退会。理由是"该组织内有人……同情共产主义思想见解"[39]。

后来芒福德写信向布坎南解释,为给学会和研究所造成不应有局面表示遗憾,但是不准备为他"Breach of etiquette(破例违规)"道歉。他说他充分尊重本组织正常状态下通行规则,而当今并非正常状态,"若仍继续常规将形同面对暴虐处之泰然,强盗来砸大门了照样进剧场看戏,有违文明准则。"[40]且不说这一比喻和语言多么极端,这一书信诚恳说明了他的动机和愤怒。他本痛恨大庭广众高谈阔论,而良心使然!后来他对约翰·赫尔希说,再说,我当场讲话符合我数十年一贯的立场观点,此举"意在打破我同代人死沉沉习以为常安之若素的'梦游生存状态',提醒他们认清世界现状",何错之有?芒福德在公共场合的举止文雅得俨然牛津(大学)学究,矜持外表之下是颗炽烈如火的心灵。此人的正义法庭,永远开庭。①[41]

学会公开场合演讲过后,芒福德殷切期望回归退隐写完那本书。因而1965年2月,他在很孤独状态下起草了挞伐约翰逊总统战争政策的第一封信稿。如今这种抗议浪潮已扩展成波澜壮阔的社会运动,其最初发动者有他一份。如今他一心一意想写完这本书,却又无法全然与世隔绝,即使很愿意。因而一面通过报纸(那时他家还无电视)密切跟踪战争势态,同时越南这议题,便常难以置信地现身笔下文稿,因为他是在撰写远古历史。比如《破除机械论神话》最后部分,他说阿叔尔巴尼拔夸耀权力的话语:"听起来很像五角大楼公开散发的听众导读。"[42]芒福德很清楚,古代历史著作中不断提及当今议题,读者会感到很不舒服。为此,他的英国出版社编辑弗里德里克·沃勃格甚至警告

---

① 1968年芒福德辞掉文艺科学工作者协会主席职务,抗议该组织在未收到其道歉也不事先告知他的情况下重新容留托马斯·哈特·本顿的会员资格。因为本顿曾当众辱蔑他同情共产主义主张。他辞去主席职务,仍保留会员身份。——原注

他，这会影响该书在美国的销路。但他仍无法把这内容从笔下彻底撇开。给友人信中说："要一部作品能传世，多少得给它施点儿它那个时代的粪肥。"[43]就连他寄出的圣诞贺卡也难免这样开头："当今时日，读过美国空军在越南对平民村庄开火之所作所为，神智正常者谁还有心思为今年说[圣诞快乐]？"[44]

1968年芒福德参加过几次埃瑞克·弗洛姆（Erich Fromm）召集的独立知识分子集会。还很早支持过参议员尤金·麦卡锡（Eugene McMarthy）关于撤销林登·约翰逊共和党总统候选人资格，包括撤销其在他家乡提供给国会的反战候选人身份的议案。他本人反对战争的组织活动可以说以此为限。[45]后来青年人歇斯底里一反正统的行为方式为他所不能接受，且与这种蓬头垢面语无伦次造反派为伍，他浑身不自在。虽然公开说过他不反感长发，但在更多场合谈及这些不修边幅的激进派，他也论证说，互相梳理毛发这一习惯曾经为人类哺乳类先祖提供了攀援上升之路。不过最令他不安的，是青年人中日益高涨的冤冤相报思潮。黑人争取人权问题以及研究越战目的思考中，他更倾向马丁·路德·金的策略主张。因而芒福德也多次参与实际行动，包括在坎布里奇市上街和平游行请愿，但他坚决反对校园激进分子针对学校的暴力行动。在与朋友的通信中，他也表达说："我同样非常反对当今自由派矫枉过正，为克服以往错误却更荒唐屈从于暴力。"他目睹校方为消弭SDS（学生争取民主社会运动）激烈情绪采取姑息纵容态度。这个新实例"反映了自由派的堕落"，是他30年代就曾描述过的情形，当时"自由派曾表示宁愿屈从于纳粹也不愿以武装与之战斗到底"[46]。

他相信，少数青年义无反顾的坚定立场代表了一种道义担当，是他们长辈一代愧不能及的。他们出力帮助恢复公民权利，促进大学民主化管理，挑战不道德的战争，且不避艰险，难能可贵。针对当地警察武力弹压伯克利学院学生和平示威游行，芒福德通过一篇书面发言表达了这样的态度："你们用行动唤醒了这个国家，但是我很关切你们对暴力的反应程度。"这篇书面发言未在大会宣读，原因很清楚，这篇发言最能代表他的态度立场。他主张以德服人，主张自律；号召学生改变方式,调整目标,开始一场道德自检自律的过程。"勿怪叫,勿百般威胁,勿耍孩子气以死相要挟……更勿以毒品戕害自己头脑!"[47]这些话最清楚不过地解答了为何他决不愿(像赫伯特·马尔库塞那样)成为青年领袖。他的见解很有道理,问题是如何让这种忠告取得显著外在效果。正如芒福德本人常说,这些忠告只针对头等大事。那么,一旦青年们实现了自身道德提升,获得芒福德号召的觉悟和自律,接下来他们该干什么?他们抗议活动该采取哪些形式?这些战略和策略问题,芒福德自己也很模糊,恐怕他自己也未曾想好答案。

1965年夏,学会发表演讲后不久,刘易斯和索菲亚离开美国赴英格兰和苏格兰短期度假。此行是去接受爱丁堡大学颁发的荣誉法学博士称号。他很向往这一殊荣及其颁奖场合。此类荣誉奖项,芒福德已辞却八九个了。唯这次他爽快接受,且十分高兴。因为爱丁堡是帕特里克·格迪斯的故乡,是他毕生城市文化研究事业的发祥地。但除了爱丁堡非常风光的两天,此行真是多灾多难。先是索菲亚生病,数日卧床不起,后来刘易斯也患重感冒,于是他告诉索菲亚想终止这次旅行,但索菲亚执意照计划继续,因为许多地方都该看看。他勉强答应了,但后来行程非常艰难,他情绪很坏,直至从英格兰回到里兹维尔才彻底改善。[48]

这年10月他就70岁了。两年前,美国文学教授谢尔曼·保罗(Sherman Paul,芒福德已与他保持通信联系数年)曾发倡议刊发一个Festschrift(纪念文集),征集芒福德好友撰写的见证和回忆录,汇集成册,庆贺他七十寿辰。但这主意后来被芒福德叫停,因为他决心让自己撰写的传记先于任何讲述他个人生活的出版物出版。及至这天到来,芒福德不晓得保罗两年前邀请的人中有多少人还记得他的生日,会因有所感而写信来。生日这天,伯克利的马丁·迈耶森打来电话,还有为数不多几个友人致信问候,庆贺生日。稀稀拉拉几个庆贺对这老人是个沉重打击,因为从很小年纪他对过生日就很重视,很受用。[49]

同年稍晚,有感而发笔记中写下老年有感。70岁了,他仍然矍铄,健朗,目光清澈,精力充沛。但是原先那个倔强、威风男子,已无力阻挡日益逼近的老态。性幻想与女性反应,除针对索菲亚,已全然消退。就连夜梦也没了"床笫好事"。很熟的名字、事件常想不起来,打字连连出错。睡眠只有五六个小时,不再是原来稳定的八小时。看书、标的射击都离不开眼镜。而最令他难过的老讯,还是"深深明白,人活得越长只能见世道越坏而非越好"。这才透彻明白索福克勒斯名言是何含义:"阖眼之前,谁也算不上幸福!"[50]

这天早晨,乃至那整个一周,他都费劲慢慢写那愁惨笔记,撰写这《破除机械论神话》令他感觉这绝非"写作中最一般的挫折困难,而是一种特殊情况,它显露强弩之末,后备不足……而且我感觉这是最后一次操持这种庞大、复杂、耗尽心神的主题了"。[51]

这些文句写于马萨诸塞州坎布里奇市,当时他在哈佛大学任访问学者。第二天就越战问题在师生大会上发表演讲。大厅里座无虚席,门口都挤得满满。当时地冻天寒,室外还有学生翘首以待,屏息静听。芒福德走上讲坛才发现,两天来准备好的讲稿却忘带了。这倒不碍事,他对资料之娴熟,掌控听众的能力,绝对一流!整个演讲过程中无人打扰,无人插言。整整讲了一个半钟头。对一个已经担心自己开始失去吸引力的老人来说,这要算绝佳表现了!第二年该书写作在坎布里奇全部完成。

破除机械论神话

> 人类自我毁灭已编入程序。能救人类脱此厄运的上帝机器是造不出来的,只能再一次从他灵魂中诞生。
>
> ——刘易斯·芒福德

《破除机械论神话:技术与人类发展》一书诞生于芒福德对自身时代的冷峻思考。① 此书任务是回答芒福德认为的 20 世纪一个核心问题:为什么巨大的技术进步给人类带来毁灭性灾难?这也是奥斯瓦尔德·斯宾格勒在其《西方的没落》一书中提出的同样问题。斯宾格勒这书的标题就讲清了芒福德对近代历史的基本看法。芒福德见证了人类历史最糟糕的这二十年,亦即从希特勒上台到广岛轰炸。历史究竟哪里出了毛病?权势、生产同大规模野蛮暴力破坏紧密勾连在一起,仅仅是偶然的吗?他想找到个答案。[1]

该书把技术的滥用放在最广阔历史范畴来予以考察:认为现代技术"宗教"赖以建立之基础,是对人类起源和人类本性的彻底误解。还有,当今所谓进步,连同技术发展和人类发展,无非是"用科学技术语言包装的各种理由"为法老时代以来各种统治阶级惯用伎俩做的辩护。[2]

最后这一见解引领芒福德的技术研究分析进入一个全新方向。此前他的主要关注始终集注于技术对文化产生的影响和效果;但自《破

---

① 芒福德1970年出版了该书第二卷《破除机械论神话:权力五行》。本书下称《权力五行》。——原注

除机械论神话》开始,他的分析上升为对技术复合结构进行结构性解剖,探究其起源、内在机理、历史后果。这就使他的论述更为厚重、广阔,也富启迪。当然,为此也损失了他历来的行文流畅优美。

前文简要介绍过芒福德巨型机器(megamachine)概念及其理论核心。接下来我们无妨看看,他这构想从理论和论述上如何予以逻辑展示。写作此书,他一如既往,更像个挥洒自如的艺术家而非谨严躬行的史论者。而且,他并不刻意追求史论之客观标准,却竭力撰写出一部用得上的历史著作,真正以史为鉴,指引生命世界。

50年代中期他给麻省理工学院举办过一次讲座讨论古代技术起源的历史。当时芒福德就称,古埃及人精湛技能令人叹为观止:他们能在无任何机械设备的环境中创造出大机械才能办到的丰功伟绩。能把巨岩切割成吉萨金字塔光学精准的建筑石材,还能穿越阳光刺目的沙漠,将巨大石材一点点运到工地,准确安放到位。当时无轮式车辆、滑轮,也没有辘轳或绞盘。这些都是机械工程,令芒福德难以置信的是,一座座金字塔就是靠机械建造而成的!这一观察结论迄今为考古工作者所不察或不认,理由是(他所谓机器)皆由人体部件组成:即一个高度集中管理支配的劳动制度,该制度主要装配介质以及原动力,就是王权神授的国王。芒福德深信,深入考察理解这种巨型机器的起源、内在机理以及一代代传袭至今的奥秘,破解围绕这一切形成的神话迷信,能开辟一条新路帮我们重新破解为何当代文化如此强调机械,以及人类当今命运的由来和走向。但是,相关文字记载却少得可怜,关于巨型机器的构想他不得不东拼西凑,从最零碎史料和遗迹中编织出一篇宏论,证明该机器确曾存在。为了证实它,证实这种最大胆也最独特的历史假说,他不得不单枪匹马进入最勇敢的考古学者也谨慎避开的领域。而他的学术发现却进一步提出更宏大的问题,尝试更有风险的结论。

如今我们能以芒福德本人笔记和通信集为佐证,来推敲该书结构特点,我们真得天独厚看出他全部思路的发展历程。仿佛在他引领下穿越千万年历史,一起探索古人类最早的行为活动以及证据。[3]

这是一桩重构文明史的大工程,芒福德大量依靠戈登·蔡尔德

(V. Gordon Childe)的杰出考古学著作。不同的是,蔡尔德强调工具发明,诸如耕犁、双轮军用战车之类对文明社会和最早军事国家形成的贡献。芒福德则认为,真正导致巨型机器装配成功的关键性工具发明,首先是人脑智慧的创造:包括数学、天文观测、文字,以及最为重要的,宗教观念。这观念和信仰来自天文观测中发现的有序宇宙,这也是君权神授思想的来源。当宇宙绝对规则有序、凛然不可侵犯这种思想意识,经御用天文观测僧侣炮制与人间秩序相融合,让人间最高统治者获得天神般品格时,这种巨型机器就打造成功了。国王的御用僧侣把王权与超自然天体有序性相联系,便极大地膨胀了国王政治权威。这种情况下,天神,特别是太阳神 Ra[①] 地位就变得特别显赫。芒福德这项研究开展第一个月末尾,他就深信,这巨型机器构造就是太阳神崇拜与政治专制联姻的产儿。同时他也意识到,一部书已经不足以讲清楚当代科学技术(实则又一种新式天文观测)与政治专制的联系,需要两部著作才能逐步展示这种历史变迁和联系。[4]

《破除机械论神话:技术与人类发展》是一部精深著作,但其组织结构欠佳,全书充满精彩思想和不厌其烦的道德训示。芒福德学富五车,以此推想出一系列新见解。但全书之大部分内容都是旧茶加新水。由于作者在古今浩大时空框架里来回腾挪,不断绘出离奇甚或太过牵强的古今类比,其核心论点读者很难立即把握。但其中有个论点,读者和评论界都感觉很新颖,当然,也颇有争议:芒福德认为,现代国家权力就是先古时代巨型机器的当代翻版。他坚持说,古、今巨型机器皆须依靠两种基本设备维持其运转:整套专业科学技术知识以及精微致密官僚组织机构。巨型机器不论古今,都需要将其科学技术专业知识维持在保密状态,古代由僧侣阶层维持保密,秘密知识就成为一切专制控制体制之关键要素。古代城市里,国王口头指令由效忠他的层层机构传达实施,其间包括枢密顾问、书记官、信使、总管、监工、大小头目等等机

[①] 瑞,古埃及人崇奉的主神太阳神,其造型为头顶一轮太阳的男性形象。——译注

构，这就是古代最早官僚体制。以僧侣阶层和军队作横向联结，构成互相配合的权力体制，听从国王统一指挥调配。这些机构发挥着大脑中枢和神经系统功能，指挥调配着整个体系，确保操控分散的民众，将其组合成规模空前的劳动大军。

芒福德认为，这种"隐形大机器"是一种原型，后世一切机械化组织庞大体系都依据它组合而成，只不过后来运作重点由人体元素转变为更可靠的机械部件。古代巨型机器昭示了现代机械化生产的核心特点：部件可互换，运作针对外部需要，科学技术知识集中管理控制，劳动力严密组织编制。如此看，当今机械化时代的起源不是18世纪的工业革命，也不是芒福德在其《技术与文明》中主张的中世纪，而是产生于有文字记载的历史发端的时代。就在古代那些由人力构成的机械般巨大的强制劳动大军中，在那些循环往复消磨智慧情感的简单作业中，这种机械般的组织形态诞生了，目的就是要保障一小撮凶悍显贵们的权力、荣耀和物质享乐。[5]

由于迷信这种机器"绝对不可抗御"——然而假若不反抗，最终多少可以获益——芒福德便称之为"机器的神话"。"其魔咒般威慑力至今掌控着当今大机器下的广大奴婢，也掌控着掌控它的人"。但芒福德最想向读者传达的思想，是这大机器提供的重要教训（该书中充满了这种警世通言般的警语）：宗教在最初凝聚国家形态过程中发挥的首要作用；这里当然主要指民众对国王的崇拜。国王的极端权势一旦开始衰减，这种独特巨型机器便告终结。芒福德在其《人类的转变》中就曾提出，在这种情况下，公元前900—前600年之间爆发了大规模造反行动，反抗王权强加的种种严酷做法。"这时出现了很多新思想家，如阿摩斯①、赫西俄德（Hesiod）、老子等。他们嘲笑王权崇拜"，同时宣示一套截然相反的价值理念与权威体制分庭抗礼。这些导师的正义声音雷霆般震响，鞭挞着"纪念塔、大雕像、饕餮、性乱、人殉"之类的丑恶，号召人们出世独立、斋戒苦行、静思默祷。他们培育的这些价值理

---

① Amos，公元前8世纪的希伯来先知。——译注

想又由一系列先知人物继承,包括耶稣、佛陀、穆罕默德。这些真理的先知口中自有雄兵百万,最终打破这巨型机器魔怪宗教的符咒。此刻,由于巨型机器建立在人类信仰的堡垒上,当人们普遍抵制这种信仰致使这堡垒坍陷,这巨型机器也随之崩塌。至少芒福德是这样解读漫长而复杂的人类历史的。他的解释无疑代表了他的精神思想,特别是道德观念,也特别反映他对当代的理解。

世界主要宗教主导的造反运动之后数百年里,巨型机器被管制起来,只存在于军事领域。但临近中世纪结束,它开始沿现代路线迅速重新装配。资本主义,因其重视计算和记账,专制主义政治重新抬头,钟表的发明和使用,这一切便为巨型机器重新登台扫平了障碍。继之而来的便是规模空前的大回潮,其猛烈程度就连基奥普斯①也未曾料到。此时,只差一个要素就能最终完备这巨型机器将其推向前台了:新的太阳神。恰好 16、17 世纪新的宇宙观测进步当中,哥白尼和开普勒充当男助产士,适时协助新太阳神降生人世。芒福德《破除机械论神话》第一卷就在这历史性突破点上收笔。第二卷《权力五行》拾起这线索接着讲述现代巨型机器怎样勃兴。[6]

芒福德《破除机械论神话》第一卷交付出版时,第二卷《权力五行》已写得差不多了。这是一部呕心沥血之作,又是掀起巨大争议之作。它对当今科学技术倒行逆施展开全方位讨伐,可称为一篇檄文,针针见血酣畅淋漓,以至偏离了作者孜孜以求的主旨:主张纠正偏移的人类本性使之回归自主,反对屈从任何形式的技术控制。许多评论家认为,比较而言第二卷更好些;这或因第二卷较易处理,许多历史事件大家都熟悉。其实第一卷《技术与人类发展》更重要,观点更富创新。当然主旨仍然讨论巨型机器的发育进化过程,但该书提出一种很微妙的论点,更有创新意义。而且若不阐明这观点,就无法理解芒福德对技术史的全

---

① Cheops,公元前 26 世纪古埃及第四王国第二个国王胡夫(*Khufu*)的希腊文名称。——译注

部研究和结论。

芒福德的《破除机械论神话》意在釜底抽薪，瓦解 homo faber 理论，即"人类主要是制造工具的动物"。他认为这论点已成一种神话，支撑当代文明一古脑儿投身技术手段。芒福德硬说，大批社会理论家，从托马斯·卡莱尔到卡尔·马克思再到托斯坦·范伯伦无不严重歪曲了人类进化实际历程，直接沦为现代大机器的辩护士。前文这"硬说（assertion）"一词恰如其分，因为，这里芒福德与古代僧侣硬说宇宙存在三一律类似，他自己上述假说并无法找到物质证据。可见，他在挑战别人神话的同时编造了自己的神话。而且认为这神话要比当代文化人类学更贴近人类发展进化的事实。

芒福德引《生命的行动》一书论点，强调语言对人类进化发展的贡献。致信亨利·莫瑞说："甚至语言尚未产生时，人类曾先以躯体作为表达手段为语言问世铺垫了基础。可见，若从根本定义人类，那么人类主要是善于舞蹈、善于表演、善于模仿、擅长礼制活动的动物。"[7]因此，是游戏而非劳动，首先创造了我们人类。芒福德得出这一结论，并依据荷兰史学家约翰·赫伊哈著作《游戏者人类》（Homo Ludens）得出此结论，认为人类进化的这一阶段里，睡梦梦境及胡思乱想，古人类魔幻仪式、礼制活动、图腾、禁忌等等，对其创造能力有特殊贡献，毫不逊于原始工具。从一开始古人类这种动物就为梦所困扰（dream-haunted animal），而且是梦境中丰富内容帮他一步步超越了纯粹动物性生存状态的局限。梦境，连同性压力和性冲动，孕育了人类的创造性，当然也诞生了人类许多破坏行为。

芒福德《破除机械论神话》那些举步维艰却引人入胜的篇章展示出，原始人类就是一种爱做梦的动物，且被梦境景象搅得终日惶惶。他这种很没有道理的恐惧，源于他自身那个超发达的大脑。芒福德根据阿尔弗雷德·拉塞尔·华莱世（Alfred Russel Wallace）的观点指出，人类超发达的大脑受无节制性活动刺激，把人长时间置于无意识躁动支配之下，这些躁动许多都是破坏性的，有些甚至有自杀倾向。这种情况下人类要前行，先得找到路径或办法降服内在的心魔。礼制活动就为此担当了先锋。人类从事礼制活动——互相陪伴长时间重复同一种动作——首先创造出一种韵律,后来这韵律感逐步进入语言和人类文化的其他形态。这两位学者不同处在于,托斯坦·范伯伦认为,从事礼制活动纯属浪费时间和资源,耽误生产活动;而芒福德认为,礼制活动是猿转变为人的关键要素。[8]

30年代初期,亨利·莫瑞致信芒福德提供一个线索,供他研究思考礼制在人类进化发展中的作用。信中写道:"有种现象我好久搞不明白,这种现象很广泛,而且是自发而为:为什么很多人会长时间、很有规律地重复同一动作。例如,小孩子,特别是男孩子,常常连续轻轻敲打某物,上楼时则会数楼梯踏级,或者会不断重复某一词语,口中念念或手指不停地划它写它……这到底为什么?若是成年人,这表现往往就被解释为某种不自觉的负罪感或愧疚。这种表现通常与魔法或宗教礼仪相联系,但比其中任何一个都更原始。你也发现,以小孩子为例,他们喜欢听重复的故事,而且须用同种方式不断重复,不得有丝毫差异变换。这岂不就是机械化作业的原始模本吗?它与心血来潮突发奇想的创新恰成对照。"[9]芒福德《破除机械论神话》就捋着这一思路逐步展开,提出一个论点:人类古代礼制活动的机械韵律很可能有助于古人类避免走入极端疯狂。

礼制活动还在空无一物的世界里创建了秩序与意义。后来还在秩序和意义消失的地方帮它们恢复重建,还给人类提供些微能力掌控自然,更掌控自身的非理性躁闹。写作中芒福德还致信莫瑞说,即使人类后来才有的机械癖好也从古人类早期爱好重复同一动作的癖性衍生而来,包括"总爱嚎叫同一种吼声,直至赋予它某种含义"[10]。这思路引领芒福德得出一个看法:机械化本身就起源于礼制活动,证据即礼制活动最大特征是重复,是韵律,是确定不变。这看法无疑认为,艺术与技术之间最早本无严格界限。

大量重复释放心理压力,获得平静与满足,进而为语言和礼制活动创生奠定基础。芒福德清楚他这项研究最缺少语言学依据和资源,但仍构建出一个假说模型,描述语言诞生和发展。主要采信莱斯利·怀特(Leslie White)论点:古人类形成象征表达能力,是人类进化最了不起的成就。此后人类一切进步,包括工具制造,都须以语言和象征艺术之进步为基础。①

所以,依照芒福德论述,如果说用火和武器对人类进化有重大贡献,那么更重要的贡献,当属社会遗产的逐步进化,包括礼制、语言、宗教、艺术、社会组织,以及,尤其是语言。从远古的穴居时代人类就掌握了一种万能工具,其重要性远超其他一切——他特别发达的大脑。古人类就靠他这大脑异乎寻常的智能功效实现了自身人化,同时人化了世界。人类凭借能够超越自身这种特殊天赋,在文化进化大潮中始终站在潮头,又给未来留足各种选择。甚至就连巨型机器本身,在很大程度上也是智能活动的产儿。[11]

但在芒福德看来,这位潮头主宰既是理性掌控者,又是很不理性的being(生物)。(这启发和结论恐怕是来自二战。纳粹启发他看到这种截然相反特性会同时存在于同一人、同一民族。)从弗洛伊德理论芒福德看到,灵魂是两种势力永远冲突的战场——一种势力是建设性的、扶助生命的;另一种是破坏性的、否定生命的。自他给梅尔维尔立传后,芒福德就认为这两种相克本性是人类最重要的难题。人类必须先驯化自身,才能驯化和驾驭技术手段。而要驯化自身,先得降服心魔。

历史即人类的集体记忆,历史能帮我们实现上述目标,这也是《破除机械论神话》坚持的主要论点之一。文化史学者可以算作此类灵魂助产士,他能帮助人类把那些可怕非理性行为中蕴藏的深深根源追查出来,再消解掉。解决难题先得认清它。要摆脱机械论神话,首要一步是全面审视他,揭露掩盖它的各种迷幻、误解和盲从。但芒福德的《破除机械论神话》贡献远不止于此。他还提供了治疗方案,指导病

---

① 诺姆·乔姆斯基(Noam Chomsky)为该论点提供了学术证据:语言进化脱开工具制作而独立形成,而且要更为重要。芒福德有些不耐心,因急于推翻马克思所谓"人类是制造工具的动物"这一论点,过多采信马克思、恩格斯追随者和宣传者们的观点,而未能直接研究马克思和恩格斯的原著。例如在《家庭、私有制和国家的起源》一书中恩格斯认为,语言出现是史前历史最重要的事件。正如埃瑞克·弗洛姆读过《破除机械论神话》向芒福德指出的那样,马克思很受维科(Vico)影响。马克思认为,劳动概念要比工具制造概念——他称之为本杰明·弗兰克林的美国佬思想——更为重要。——原注

人——人类文明——走上康复之路。可见,芒福德不仅是助产士,还想作未来人类的精神导师。

那么,又是什么保证人类在漫长历史中没有疯掉呢?礼制活动加上其他具有稳定功效的要素,诸如家庭、土地、劳作以及劳作报偿——即芒福德所说之乡村美德(village virtues);这是 30 年代初刚刚对战法西斯时他就反复强调过的东西。当今世界面临更严重无序和非理性状态,原有的稳定要素就具有更重要的作用,包括历史和历史研究,同样有效。芒福德曾经说,躲避历史,或以进步名义躲进入莫名其妙的未来,都是"把人类送进疯人院的最妙处方"[12]。

明白这一点,就不难理解芒福德为何老了反倒很着迷卡尔·古斯塔夫·荣格——弗洛伊德的追随者和首席论敌。芒福德从荣格生平活动和思想主张中给自己理论(强调礼制活动和传统永恒重要性)找到了重要支撑。研究和撰写《破除机械论神话》过程中,他至少两遍阅读了荣格自传《记忆、梦想、回忆》,还同时读了厄尼斯特·琼斯撰写的弗洛伊德传记。他发现,荣格和弗洛伊德都发现了人类心魔埋伏在哪里,但照芒福德评价,荣格提供了更可靠办法去降服它。[13]

芒福德只一次见过荣格,是 30 年代他来美国访问和讲学,但印象深刻难忘。"他讲述题目很普通,但展示方式很有气场,仿佛一位足智多谋的农夫,如他自己的原型智慧老人。你会深入农乡深处进入谷仓向他请教办法,而无需去诊疗所。"但阅读荣格自传,芒福德却看到一个全然不同的个性:脆弱、经不住打击,中年曾罹严重精神疾患。令芒福德念念不忘的,并非荣格坦率的生病自述,而是救他出苦海的那种"古老疗法"。这方法全然不同他和弗洛伊德给自己病人实施的疗法。荣格对他那场精神危机及其治愈过程的描述,对芒福德有重要意义。从一定意义上说,这叫做同病相怜。[14]

荣格自传中写道,他研究妄想和梦想学术史时,"需要'现世'为他提供一个支点,应当说我的家庭和事业就是这个支点。工作之余,我须回到真实世界寻找一种抗衡,用以脱敏神奇古怪的精神世界研究。就此而言,我家人和事业提供了强大基础,让我随时可以回归,让我充分感到我是真实的,是个很普通的人。无意识世界里千奇百怪很可能逼我发疯。但我的家庭,我的常识,我有瑞士大学颁发的毕业证书,我得帮扶病人,我有妻子孩子要照顾。我住在库兹奈西特西街228号——这就是我的真实世界,都要求我有所作为,都一次次向我证明我的确存活人世,而非回旋精灵世界的一张白纸。"[15]

弗洛伊德人生中家庭事业对他也有同种功效。芒福德撰写该书时有篇文章论述弗洛伊德和荣格,其实是在自我解剖。文中说,两位医生都很顾家,工作是他们的人生血肉。弗洛伊德十六年如一日保持这种严格纪律,与病魔(上颚癌症)顽强斗争,直至八十三岁去世。"至于原始人类,劳动操作对他们一方面是个人职责(经济需求之必须),另一方面又是必须完成的集体礼制活动。通过大量重复动作降低焦虑水平,其功效犹如虔诚信徒做祷告。这种养护生命的规律性活动,首先作为一种手段控制自身过旺的破坏性狂躁;否则,任其自由放任,听任无意识世界魔幻般好奇心指使,很可能完全失控。"[16]简单说,家庭和事业能让他们牢牢把握现实世界。芒福德更可以接着说,家庭事业对他也有同样效果。因为芒福德也是个villager(喜爱乡村生活的人)、很顾家的人。他牢记古希腊诗人、史学家赫西奥德的旷世名言:"无论你命运是什么,辛勤劳动都是最好的。"[17]芒福德必定很认同荣格关于婚姻家庭的忠告,感觉此类教训千真万确。因荣格本人也曾自由试验性爱关系的疗效。有位沃尔夫女士,也是个精神病学家,荣格以前的病人。据信,曾在现家属要求下,荣格与她维持长期恋情。但其自传对这段恋情未予详述,芒福德好恨这省略!他结束与凯瑟琳·博厄恋情后,欣喜发现荣格曾对弗洛伊德说过这样的话:"良好婚姻的前提……是颁发不忠特许状。"[18]

解读荣格人生经历芒福德提炼出一个教训:变迁太快可能带来灾祸。荣格人生中维持均衡的各种支点和要素——比如,清楚并认同价值理想、环境中须有熟悉人物和地景地标、稳定的专业职责等——芒福德眼见这些要素在现代文明中一个个被求快速增长的时代威胁、淘汰着。那么该如何坚守传统价值理想?这个问题上,芒福德发现荣格比弗洛伊德更有价值。荣格认为,无意识状态并非只是"窝藏魔鬼的地方,它还能诞生天使及洁行牧师"[19]。这些天使和牧师形象荣格称之为原型,并作为原动力曾在数千年历史进程中促进健康快乐、团结友爱、道德伦理、价值理想及其社会实践。试图逃避人类历史,试图否认这些价值理想和经验积累,等于错将堕落当作进步。所以,芒福德《破除机械论神话》留给我们的最终任务,是把我们丧失给机器的人类自治自主、有序不紊程序仪式以及坚强稳固社会组织,统统夺回来,予以恢复重建。①

1964年春,《破除机械论神话》正式出版前一周,芒福德夫妇乘船赴意大利去接受罗马大学颁发的建筑学荣誉称号。著名建筑师布鲁诺·泽维邀请信中对刘易斯说:"我们知道您不缺少这份荣耀,只是(若不颁发)意大利无法交代。"[20]此行芒福德还将赴苏黎世荣格学院讲学,因他对荣格研究有独特见解,荣格以前同事贾兰德·雅可比博士(Dr. Jolande Jacobi)在邀请信中说,我们研究所许多同事都想知道您是否体验过荣格精神分析疗法。[21]夫妇俩登上"米开朗基罗"海轮之前,芒福德告诉索菲亚,他急不可耐希望新书大获成功。此时他心身俱疲,亟需一针兴奋剂,以便继续完成下卷《权力五行》。他非常关心公众对该书反响,因而准备打破他新书出版不到一年不理睬书评的常规,及时详尽阅读各种书评。[22]

欧洲归来后,新书消息不大好。首度销售过万册,但到仲夏销售量急速下降。按说新书已经获得很高赞颂。埃瑞克·弗洛姆信中称之为他以往从未读过的"人类进化发展的最重要分析"。[23]但芒福德最关注的是否有全盘否定意见,因而全神贯注阅读了《时代》杂志的一篇评论,说他的技术研究"有些歇斯底里",还鼓动他倒转回到新石器文化生活方式,说"芒福德想用编织、制陶、茅草屋、乡巴佬乱七八糟生活方

---

① 荣格像芒福德一样,对宗教能帮人们掌控焦虑的作用也很感兴趣。而弗洛伊德则将宗教等同于庶民的迷信,认为宗教情怀无非是内心恐惧与愧疚透射出来的心理反应。——原注

式来优化人类"[24]。

如此浅薄评论,让自尊而敏锐的芒福德不能置之不理。他真正愤怒了,这些评论家"歹毒"、"敌意",因知识素养太低全然读不懂他的论点。有人憎恨他的主张,因为他们认为他的方案纯粹跟他们作对!但他打定主意聚精会神立即开始《权力五行》。笔记中说,他写书是因享受写作这劳动,而非坚信自己意见能改变世界的方圆。本着这一精神,他清扫战场,筹备下一战役。[25]

于是一秋一冬,一面撰写《权力五行》,一面阴沉难过,又感到自己成了"隐身人"。10月生日来临仅收到几封贺信和电话,他因此联想到自己社会影响江河日下。越战讯息每天每夜萦绕心头,让他很难振作投入写作。致信奥斯本说:"今日我能感受到希特勒治下正派德国人心态,而我如他们一样,同样一筹莫展。"眼见当今社会文化景象愈加抑愤,音乐会常有,唯不闻耳熟能详旋律;电影很多,故事情节毫无疑义;顺口溜韵文语不达意,简直有辱语言。[26]20世纪初达达派虚无主义艺术(Dadaism)如今又让位当今"空泛浅陋愚不可及"的通俗艺术或如他所说"疯人院艺术"。"我那些书存继这种癫狂世界,有何意义?"如今看清,五十年呕心沥血未能力挽狂澜,未能阻挡浊流逆浪席卷全球。"[27]

芒福德认为,当今世界这种病态表征,同样证明他作为文化更新倡导者的苍白无力。但世界当今现状不也证明他当年预断十分准确吗?虽然他不想跟谁秋后算账。[28]

有一位偶然见过芒福德的精神病理学家,曾在聚会场合对索菲亚说,他从未见过像刘易斯·芒福德这般无羁于内心焦虑(内在自我)的人。而如今这种淡定有些懈怠。最不乐见此情景者,莫过索菲亚。尤其目睹丈夫越苦越思索,越思索越难过,常忧心忡忡。而此时刘易斯判定,"当今之疏失"有他自己责任,因"他人生态度有跟自己打赌成分,他想判定:不涉世间功名利禄,全凭个人才干天分,能否自立人世?"若这就是他所谓打赌的全部含义,那么他赢了。而令人啼笑皆非的结局却是,他不高兴被遗忘,且是在作品大受欢迎、获奖、邀请、荣誉雪片般飞来时,当在建筑学、规划科学、文学、技术史多种学术领域获得殊荣时,被遗忘! 而且在每个获奖领域里,他都有证据证明该领域不理睬他思想主张,不是很荒诞吗?《破除机械论神话》出版一年许,他越发感觉全世界到处愁云惨淡。他感受很奇特,比如,得知他的《破除机械论神话》被提名当年国家图书奖,他非但不兴奋鼓舞反倒垂头丧气;虽然此奖后来颁给了另一本书。[29]

他愤慨自己如此不为世人喜闻乐见,最终决心主动出击。尽管身负几重重任,件件都比巴克敏斯特·弗勒(Buckminster Fuller)和马歇尔·麦克卢汉(Mashall McLuhan)之流一窍不通信口开河重要多倍,他仍决心走到聚光灯下公开说出心里话,[30]很想看看如今他在市面是什么行情。

这年9月计划将以往论述现代城市的杂文杂论结集出版,就在其付印前,他借机到电视节目中多次亮相,包括作为片花在"今日"栏目以及麦克·华莱世(Mike Wallace)节目中播映。还替哈科特-布瑞斯出版详细出谋划策推介这本《城市的未来》论文集,还协助撰写平装本套封以及推销散发用单篇广告。他对威廉·伊万诺维奇(William Jovanovich)说,若头半年销售不过两万册,此次抛头露面战略设计,自认全输。[31]

结果,应当说销售量相当不错,头两三个月就达八千册。但芒福德不尽满意,感觉新书评论很一般。他归罪于自己电视台亮相基调失宜,虽然别人评说他四平八稳,运筹帷幄,胜算全盘。他自己感觉像个古板圣贤,自以为是。笔记中写道:"这一切让我重新审视评价我的整个位置。"一个月闭门思过,诞生了即将开笔的这部《权力五行》中那种特有的调式与风貌。[32]

从前两部书(《神话》《前景》)时效反响,让芒福德最终明白了全部症结:他生活的这个时代已全然摈弃了他倡导和体现的价值理念和生活原则。6月致信斯特恩斯说,如今把持知识舞台的是一批"喜爱空虚规则以及故意胡闹"的人,[33]他指那些左翼作家和艺术家而非赞同维持现状的人。这年夏天便开始撰写新书,当然集中火力反击这种文化,他认为是这种文化在他和社会大众之间筑起高墙鸿沟。所以《权力五行》全书火气腾腾,锋芒毕露。诠释解析常常突然变为武断结论,以批评论断扫荡一切。笔锋所向是科学技术的滥用——并无新内容。但他结论是:这种科学技术所诞生的文化,助长各种腐败现象,从电视蔓延到毒品致幻剂 LSD(麦角酸二乙胺),诸如"流行艺术、垃圾雕塑、组织化虐待狂、色情文学"及青年激进主义者装点门面的所谓马克思主义,将矛头对准此类现象猛烈开火。《权力五行》中芒福德说,这自封的马克思主义者拒绝所谓巨型机器复合体,但自己却与该体系产品和服务直接挂钩,风驰电掣开车奔向摇滚乐场,通过电视抛头露面自我膨胀,用毒品"以及毒品般电子放大音乐"麻醉理智。芒福德深信,是他与千百万直接间接依附巨型机器的美国人之间巨大的意识形态裂隙——而不是他自己不愿意在公众面前抛头露面——让他沦为大家看不见的人。[34]

1970 年 2 月,即荣膺技术史研究会颁发的达芬奇奖两个月后,芒福德将《权力五行》书稿交付出版商,以往任何一部著作都不曾诞生得这样艰难困苦。即使他克服了短期信念危机,日子仍然多灾多难,先是感染引起牙疼,还曾严重摔倒,从图书馆楼梯台倒栽葱跌下一段楼梯;眼疾也卷土重来,阅读和写作打字都很吃力。所以能理解他说能完成此书简直奇迹。但刚写完他便怀疑其价值和优点。交回校过清样后的两个月里,每天黎明即起仔细审阅该书稿,仔细挑错,以备分页终校时最终予以纠正。无疑他也在搜索任何足以令他自信的证据,让他确信这是一部优秀的、站得住脚的论著。审读完毕他确信这是平生最好的书。[35]

出版前夕收到一些肯定意见。"本月优秀图书俱乐部"编辑们选中它作为近期重点推介书刊,确定此书首销必定很好。《纽约客》编辑威廉·萧恩(William Shawn)打电话到阿米尼亚告诉芒福德:"这是一部辉煌著作,很了不起,肯定传世。"还说他们杂志想分四节连载该书大部内容,答应支付总酬金四万美元。[36]芒福德还得知,哈佛大学物理学家、科技史专家杰拉尔德·霍尔登（Gerald Holton），要在《纽约时报》专栏发表书评。霍尔登夫妇是芒福德夫妇的坎布里奇密友之一。而且这个霍尔登是一位严谨评论家，他严审一些不负社会责任的科学著作。芒福德心想，此人担当书评者，再好不过。

书评发表前几个星期，霍尔登在哈佛校园见到芒福德，亲自交给他一个大信封，内有书评文稿及一份解释。这是一篇非常尖锐的批评，芒福德几乎为之崩溃，感觉霍尔登出卖了他，是在摧毁该书。事后他满眼委曲对索菲亚说，若无署名，他会以为此件出自于一位敌手。[37]

霍尔登解释说，他同意撰写《权力五行》书评，是以为自己必定同意芒福德的思想。一读，竟"吓了一大跳"，发觉自己根本不认同该书大部分论点。此书肯定覆盖很大读者群体，他担心此书"被许多正愁无武器的人匆忙拿来用作武器反对人类想象活动的理性内容（及与之最相关的科学活动）。这位霍尔登说，他发现当今青年运动已有这种严重造反倾向——背离理性转向感情。"书评说："当今思潮已在追赶（芒福德）了，这会让他觉得自己站在潮头，走在民众游行示威队伍最前列，这行列会用他这新书作为自己的旗帜！"[38]

霍尔登告诉芒福德，他意识到这书评会危及他们之间友情。但相信芒福德能理解，他必须表达自己真实信仰和主张，所以还是决定发表。[39]

而芒福德还真不认为他是在发表其信仰和主张。相反，他认为霍尔登书评表明，他严重曲解该书核心论点。于是，无比愤激，第二次他破戒（他始终严守定则：不回应任何书评）致信《纽约时报》说："抨击的书只存在于他自己头脑中。"《权力五行》并非霍尔登所说是抨击科学技术，"相反，它抨击权力复合体（Power Complex）对人类价值理想和目标的严重威胁，也包括受它威胁的科学自身"。芒福德与哈佛和麻省理工学院不少科学家多年交往让他深信，即使暂无可靠证据，霍尔登写出如此评论，是他和他一个同事担心，当前民众大肆反对科学的浪潮，再经世界级大学者新著火上浇油，可能导致大量削减科技经费投入。这种敌意最明白无误体现在一次谈话中：美国哲学家学会在费城举办的一次餐会上,坐在索菲亚身旁的一位物理学家凑近说,您丈夫如此恶毒诋毁科学技术,真该把他从人类社会扔出去。[40]

霍尔登交给芒福德那包信笺当天上午,索菲亚打电话给尼娜·霍尔登,邀他们夫妇吃饭。不消说,双方话不投机,即使还只字未提书评之事。他们答复,宁愿"推迟"吃饭。圣诞节来了,尼娜·霍尔登确曾邀他们夫妇一起贺新年,索菲亚日记中说:"我俩谁也不信其真意。"[41]

芒福德光明磊落,特别听编辑说此书好评如潮且销售特别好。致信威廉·伊万诺维奇说:"面对贫困、孤绝、挫折、贬损,我都曾铁壁般屹立。但面对成功,我身无铠甲顽强抵御。不知哪个倒霉岗哨打盹了,我便悄悄溜进了这'权力五行'(The Pentagon of Power)①,他们根本未查验我的可疑通行证。"[42]

《权力五行》是心血之作、创新之作、学养之作,大气磅礴总结芒福德数十年探索心得。熟悉芒福德著作的人也会发现此书不无缺憾——结构松散、行文啰嗦、大量重复、大量费力不讨好的道德说教等。不过,对于首次了解芒福德的读者,这是一本最基本读物,有助于了解他对科学、技术以及现代政治国家的成熟思想见解。②

该书开篇以精美笔触展现大探索时代(Age of Exploration),人类史上无与伦比的科学创造力连同地理大发现种种奇迹,由此便喷薄而出,这都是15—19世纪之间的事情。这大探索一个重要方面指向星空,另一个指向地球上人迹罕至的荒僻地带。开篇不久作者兴味明显偏向前者:众多星体的规则运行、计时手段以及大量物理学事件与定律。芒福德先小结他撰述过的人类与科学技术关系史全部要点,从科技史学理

---

① 书名"权力五行"核心一词与美国国防部五角大楼同名。——译注
② 译者于2010年将《权力五行》翻译完毕,但因出版社的原因未能按时出版。此书是芒福德最后一部大作。翻译过程中有两个感觉,一是芒福德曲高和寡,仿佛行至高远处遗世独立,自说自话。被远远抛在后面的我们很难听清,很难听懂。这种风格是《城市发展史》最后一章的放大。他不仅使用自家的主题,还因论述时代又须尽量避免直接冲突时代,更使用了自己的风格,自己的语汇。仿佛座谈会上长篇发言,不容旁人插话,别人也很难插上话。第二个感觉,行文中能感觉出作者日渐年老,因语重心长而不厌其烦,大量重复,以至絮絮叨叨。仿佛边叙述边沉思,担心与信心交织,殷望未来,万语千言不尽其意……——译注

角度为展开论点做好铺垫。说此书并没有攻击科学,绝对正确。证据之一就是,书中主角英雄都是大科学家,如查尔斯·达尔文、克劳德·伯纳德(Claude Bernard)、克拉克·麦克斯韦尔(Clerk Maxwell)、罗伦斯·亨德森(Lawrence J. Henderson)、沃尔特·加农(Walter Cannon)、尼尔斯·波尔(Niels Bohr),还有麦克尔·波兰伊(Michael Polanyi)。但是,此书确属英语世界最激烈尖刻之作,毁灭性抨击自然科学的方法和运作,从神髓到气质,堪称人文主义大师拉伯雷式(Rabelais)的杰作:拉伯雷说:"科学若无良心,等于灵魂毁灭。"

16世纪人类面对一个崭新世界图景。芒福德认为,当时的划时代变迁本质上属宗教性质——古代天神纷纷回归,尤其是太阳神Atum-Re,一种自封自造的太阳神。哥白尼帮忙把这尊神再次扶上高位,位居宇宙中央。接着,此大发现中功劳最大的科学便荣登高位,成为真正知识的唯一可靠来源。科学家从天体运行中发现的规则运动形式,特别是行星绕太阳有规则旋转,随之成为人寰新的理想追求。说来可笑而糊涂,但天文学和地球物理学确实奠定一个思想基础,迎来新型专制政治以及类似金字塔时代的生产劳动的严酷管理制度。但还要再过四百年,古代金字塔时代的专利发明,巨型机器,才得以在现代世界重新装配成功。芒福德此书接下来便细致回溯这一缓慢的重装过程。并在此回溯过程中直接且空前激烈抨击了现代科学的宗旨及其创始者:哥白尼、开普勒、伽利略,捎带着鞭笞了他们的同盟军,机械主义思想家,如笛卡尔、洛克、莱布尼茨。[43](显然这就是《权力五行》中令杰拉德·霍尔登之流如此痛心疾首的内容)。

人类世界曾长期辗转于迷信、神学谬说,无法摆脱大量的宗教迫害。伽利略和开普勒一心想给这样的人类世界一个清晰可见一目了然的解释。所以从这个意义上说,芒福德认同他们两个都是最充分意义上的人文主义者。问题在于他们不曾意识到,他们的贡献会导致低估人格地位,导致艺术与技术分家。其"最大的罪过"是omission(不作为),而非commission(作为)。就其人格来说,这些科学家脱离自己专业领域,都是健全的人,均衡、完备。一旦进入所谓科学"真理"追求,就为那一点点可怜的、能用数学观察和表述的东西出卖了人类生命体验的完整性。芒福德决不同意伽利略关于第一性第二性有根本差别之说，也不同意他关于可验证经验与感官经验毫无共同之处的观点。伽利略丢弃（宇宙的）主体性，把客观性光环套在他们的研究成果上，他和他的追随者就这样轻易丢弃了人类。随同这种片面性，诞生一种否定人类地位的人世概念；正是这种片面的世界概念，而非机械发明这一件事营造了历史上第二次巨型机器，且多次导致现代科学自身流产。[44]

芒福德最终决心公布这一论点，并非毫无顾忌，亦非毫无疑虑。坎布里奇密友中不乏诺奖获得者，诸如乔治·瓦尔德（George Wald）、卡尔·克利（Carl Cori）等，他们都兴趣广泛，饱读诗书、温文尔雅、有浓浓人情味儿。不过他们的问题在于——芒福德在一次电视采访中回答说——很难把自身优良素养带进科研活动。于是，"为确保生命中这些好东西充分融合延续，他们得消减专业活动"[45]。所以芒福德相信，有必要创建一种科学伦理新主张，倡导科学自身的主体性。

芒福德回溯科学发展及巨型机器第二次诞生的过程中，蕴含他深深的、近乎无政府流派的忧惧，深忧当今社会生活这种高度组织化状态。他认为，巨型机器式社会组织起初只限于专制统治者——如彼得大帝和路易十四皇帝——的军队，但逐渐得寸进尺，在两百多年里蚕食人类社会生活整个领域。首先缴械投降的就是生产领域，因为 1750 年以后威权体制系统占领了工厂作坊。芒福德敏锐揭露，工业化的本质并非生产领域大规模使用机器，而是少数科技精英专家垄断科技知识，以及在此基础上组建的严密劳动大军和社会生活。这些发展又巧合了资本主义成熟与新型人格普遍化，亦即马克斯·韦伯所谓之组织化人类。死心塌地效忠统治者的官僚乐意将灵魂出卖给这体制。[46]芒福德强调技术进步与其引发的价值理念社会关系变化两者间的互动，并且认为后者往往是大型机械化的前提而非后果。这是芒福德同许多技术史家的根本区别。这里能清楚看出芒福德超乎常人的智慧和胆识，能看出更宏阔领域的文化变迁，确乎是他才智超群之处。

他还认为，巨型机器的大部分配件，其实 12 世纪初就已齐备，唯缺少两样：一是"专制体制的象征形象，且最好体现于一位活人统治者、大财团或某种超级机器"；另一个是需要一场足够热闹的危机，足以引发一场聚合反应（implosion），把全部配件集中组装起来。"此聚合之前，古老巨型机器粗略模型首先出现，即虎视眈眈的纳粹德国。正是针对希特勒野蛮凶残的军事机器，美国和苏俄才创建了现代国家大机器，并把其中效率低下的人类部件替换成高效的机械电子部件；而且如亨利·亚当斯所预言的，它以训练有素、手持"宇宙爆炸当量的炸弹"的军队作为坚强后盾。原子弹发明成功，让科学技术登上威权结构的华堂，从此科技精英与军事精英结成永久姻缘，"在内部堡垒［又是个五角大楼］中巩固自身地位和安全，与世外完全隔绝，不受社会检查监督，更不受其操控。"这种控制中心因不具备民主机制，无权利义务制衡，这个组织化人类就成为全世界人类生存的大威胁。显然——芒福德在另一处说——当今每个核武器发射中心都有艾希曼（Eichmann）①式战争罪犯时刻准备服从命令发射火箭，无论这命令多么恐怖。[47]

　　超级大国巨型机器不断制造事端、制造敌人，维持永久战争状态，煞有介事称之为"冷战"。他们以新兴决策层为首领，挥舞着毁灭人类的威权大棒，自身便成为永久性组织体制，因而可称之为最新式巨型机器。或如芒福德另一措词，the Pentagon of Power（权力五行，或译五P）：因为五要素首字母都是 P：Power（权能）即能源实力；Productivity（生产）为利润而生产，包括 Profit（利润），Political control（政治控制），Publicity（公信力）。不过芒福德从这种好战技术国家机器中看出，它对不久的将来构成一个大威胁，远比其单纯扩张更为严重。他预言，鉴于当今局势，技术控制中心的精英不久可能被改换成即无人体部件又无人性特征的超级统治者：一个终极决策者——中央计算机：太阳神名副其实的人间代理。

　　芒福德早期著作曾认为电力是促进社会进步的巨大潜力，可以开

---

① Adolf Eichmann，1906—1962，德国战犯，在第二次世界大战中参与杀害和灭绝大量犹太人的犯罪活动，战后逃亡阿根廷，后来被以色列人逮捕，并处以绞刑。——译注。

辟新途径,促进疏散产业与人口,振兴小型工业。而《权力五行》则强调电子计算机对个人隐私和社会自治的不良效果。在他看来,计算机无非又一种超效工具,大大逊色于人脑。而且在不合格的操作者手中会成为极危险的东西。他认为计算机充当了再生太阳神的眼睛,给巨型机器精英集团充当私人眼线,他们企望全社会都顺服它,因为普天下无有能逃脱者。将来任何行动、思想甚或梦境,都无法逃脱全能眼的监视,或许还连同自治概念本身一起消灭:"实际上意味着人类灵魂的消解。"

芒福德书中还有许多阴森可怖的历史对照:比如他认为美国阿波罗载人太空舱,"恰似古埃及金字塔陵墓深处密室,那里存放法老木乃伊干尸,四周摆满登天路上所需各种用品(都制成小模型)。"[48] 所以 1969 年 6 月《新闻周刊》记者问他对人类登月感想,他几乎不假思索直接回答:"三百亿美元就换回一小捧破石头,值吗?"[49] 细读过芒福德著作的读者,对此都不会惊讶。

尽管芒福德在书中警告了可能发生大乱大灾,他在《权力五行》全书结尾仍提醒世人:至少在美国这巨型机器存在的基础,无非是些小恩小惠的"私礼贿赂"。换言之,假如某人应允会向这个制度提供无条件支持合作,应允无论什么情况下都同这个制度保持一致,他就有机会享受到这种大技术繁荣(megatechnic affluence)所带来的特权与好处。而且反过来,这种小恩小惠私礼贿赂的基础则又是另一个神话,这神话欺骗说,政治权力和经济增长是人类生活主要目的。芒福德预言,一旦人们普遍摈弃这种小恩小惠私礼贿赂,同时摈弃这神话,现代文明巨型机器就将瘫痪瓦解,沦为它声言要效忠的那些大人物们可鄙的牺牲品。"只要我们彻底抛弃这个机械论神话,下一步就是我们的关键步骤:只要我们选择走出,技术国家监狱的大门就会自动开启,尽管它古老的轴枢已经生锈、糟朽。"

芒福德以这一结论再次陈明:人类要有个底线。于是他又回到了他的一贯主张:出世独立,改变信仰。这也是僧侣先知人物历来推崇的办法。他认为,从历史上看,那些最具成效的革命运动都是某些个人或小团体发动的社会变革,其主持者往往从旧政权制度边缘入手,一点点蚕食进击,"打破常规,藐视定则"。[49]如此长期连续推进,目的不是要夺取权力核心,反而是力图从中解脱出来,从而使这制度瘫痪。由此观之,反倒是梭罗而非卡尔·马克思,才是最具威胁的革命者;因为梭罗主张,不服从是走向自治的第一步。[50]

所以芒福德不希望人们把他恭维成人类命运的先知,而希望人们把他作为新纪元代言人,当作当代以赛亚不要忘记。而《权力五行》的乐观主义似乎缺乏可信度,既然连篇累牍灰黑色绘制"巨型技术制造的废墟",又突如其来出现一个乐观主义,仿佛这芒福德在收笔处稍作点染,又仿佛转念一想又补了几句。可能他对有条件出现好结局(possibilities)保持乐观心态,而对当今时代可能出现坏结局(probabilities,或然性)几乎肯定是个悲观主义者,所以才会一而再再而三地声言,人类可以获救,但要靠奇迹。即使芒福德相信有奇迹,他更有足够历史知识相信,人间奇迹确乎不常有。

他对奇迹的信念微弱而顽强,这可作为线索去探寻他政治信仰的深度和广度。历史地看,或许可说,一切推动大众觉醒、教育民众革新的人,几乎都不善启迪信众,不能告诉人们如何顺利抵达新的耶路撒冷圣城福地。芒福德年老曾对友人说(此人正写书论证为何不可能控制技术):"配备智能的电脑永远不可能战胜人类生命。我承认有这种可能,但我更相信,人类会在其得逞以前,炕蹶子踢翻役使他的辕杠。"但思想深处这种事情究竟如何发生,却很茫然;因而谈不上制定挑战技术国家的行动纲领。他只能贡献信念和希望,加上他自己以及一切坚持原则者的生活实践样本。这些并非无用,因为这些人就是"新时代的圣贤、先知"[51]。

那么,芒福德作为作家,晚年如何看待未来?这问题需谨慎小心。一是因为他容易受情绪波动影响,时而热情奔放,时而低沉忧郁;忽而谈论上天启示,忽而又讨论希望之乡(Eutopia)。作为思想家,他常把危机看作机遇,因而会在最浓的暗夜呼唤黎明。如同最黑暗年代先知人物一样,他也得表演悲观,以期追随者起而证明他预断并不正确。我相信芒福德深谙此道,所以在一封给他的朋友社会评论家罗德里克·塞登伯格的信中写下对未来最真实的想法:"鉴于半个世纪以来发生的种种,我认为这艘大船很可能会下沉。"[52]

可是我们仍然要记住,梅尔维尔《莫比·狄克》里那艘下沉的捕鲸船上,最后一笔描写塔什蒂格伸出膀臂,把一面旗帜钉在桅杆上。这就是 75 岁的刘易斯·芒福德!他老年乐观主义与其说是信念,毋宁说是反叛的怒吼:没完,我不认输!人类也不认输,无论力量对比多悬殊!他说,只有依照这种精神,人才能保卫自己的种类,而且可能像大先知伊斯麦伊尔一样,度过危难,给后代讲故事。

阿米尼亚岁月

> 这艘船或许已不胜任太多远航,但她旗帜仍在桅杆高扬,我也没离开舵手位置。
>
> ——沃尔特·惠特曼

芒福德曾耿耿该来没来的关注喝彩之类,随着《权力五行》的出版都接踵而至。但正当他若新星当顶升空,却突然功成身退,谢绝几乎一切邀请不再公开露面。1973—1975年间除每年一段时间任教麻省理工学院,大多留住阿米尼亚,因索菲亚很害怕冬日孤独。他便把余年创造力倾注到自传写作。宛若一位精疲力竭的登山者,召唤最后力气准备最终顶峰冲刺。

除了自传,他还想出版一本文选,萃选五十年来重要文章,取名《芒福德文萃》(Mumford Miscellany),包括笔记、书信等尚未出版过的重要文字。该计划1971年提交出版商哈科特·布瑞斯·伊万诺维奇后,他预期会获得他们全力支持。可是威廉·伊万诺维奇虽然很想出版他的自传,却明言不甚乐意出版其他回顾性质的《文萃》之类。这是个开端,由此芒福德与这位出版商经历一场长期激烈争斗,最终让他结束了这场1928年开始的联谊,并把自传交给另一家出版社。芒福德与这位威廉·伊万诺维奇的十年争斗,加上耗尽心血的自传写作,给健康和家庭婚姻都带来严重影响,让晚年岁月不如原来期望的那样令人满意。

首先,他同索菲亚的问题起因是余年时光如何度过两人想法不一。索菲亚认为,既然你最后一部重要著作已告罄,就该好好享受生活了。

所以虽然患有关节炎,她还是想多看看没看过的地方,如以色列、中国,或许还能看看野生动物保留地非洲大草原;此外她也希望有更多社交,就像在伯克利分校短暂体验过的那样。而刘易斯则已不像以往那么喜欢走动。至于朋友社交,他最喜欢通过书信往来交流思想。他历来向往类似中世纪修道院生活方式,规则、有序、精神训导与体力劳动相结合那种健康有益的人生。所以晚年虽几乎寸步不离阿米尼亚小村,尽量"远远躲开吵闹嘈杂拥挤尘世",但精神世界里他经常扬帆远航。[1]

《权力五行》出版后这年夏,他和索菲亚确曾赴英国和爱尔兰旅行度假数周。且平生首次乘飞机,从伦敦飞往都伯林。他意外发现飞行让人如此开心!但此行本身却很恼人,因为天气不好,在英国期间一直下雨,而且发现已不如以往那样善于应对旅行中种种不便。另外发现朋友也不像以往那么多了。以往年轻时,若在外旅行感觉不爽,会立刻回酒店住房开始卿卿我我,而如今"就连走路,索菲亚都感觉费劲了",刘易斯信中对莫瑞说,"我就更甭跟您说我的麻烦了"[2]。

他这人历来工作第一,到了晚年更是难有其他爱好。除栽花种菜,其他爱好基本没有。思考和读书就是他的休闲放松。索菲亚日记里写道:"我们经常面对面坐着,各自读书。每读到有兴味段落,从他眼神里就看得出,他满脸放光,整个人会同其中内容、思想融为一体。"一些新奇思想常会令他产生感官快乐。他的世界最棒的冒险,是精神思想上猎奇。而索菲亚需要的却是,"人际间的、直接而亲近的交流往来……至少得有点儿人间气息,否则我不知怎么融入其中"。这就很难融入丈夫一方主张的出世,无论这主张多符合他不倦追求的古代雅典式人生:全面、有为,均衡,积极。[3]

索菲亚曾对他讲,她没见过一个像他这样不需要旁人的人。所以,她,最了解他的人,称他为"是一只总陪伴自己走路的猫"。这就不难理解:写完《权力五行》后索菲亚千方百计劝他一改旧章,他为何岿然不动。1973年她日记中记载着,"我很难放弃一个很久的梦想,期望我们能过得轻松愉快一些,多些社交和旅行",其实此刻她早已没这种梦想了。她说她从不抱怨,"我明白刘易斯的需要比我的需要更加重要而紧迫"。但事实上,她确因为他不能好好理解她的建议,不配合她提议的更合理更有利双方的生活方式而感到受伤害。此外,年老了,眼睁睁看着他卷入与出版商的长期激烈争执,而这个出版商曾经出版过几乎他的全部著作,这不能不更令她心痛。[4]

芒福德多年来与哈科特·布瑞斯·伊万诺维奇出版公司结成了亲密友好的工作关系。[①] 最初是焦耳·斯平格于 1928 年给芒福德介绍的,当时斯平格担任公司出版部副主任。十年里芒福德就与一系列美国一流名家齐名,包括辛克莱·刘易斯、卡尔·桑伯格、T. S. 艾略特、弗吉尼亚·沃尔夫、约翰·马纳德·凯恩斯。自兹,他与两位合伙人阿尔弗雷德·哈科特以及唐纳德·C. 布瑞斯(Donald C. Brace)关系良好,也喜欢他们麦斯逊街 383 号办公场所那种无拘无束的氛围。每月至少几次不请自到去同他的编辑闲聊,当时是查尔斯·A. 珀斯(Charles A. Pearce)。此人后来成为《纽约客》诗刊编辑。有时候索性直入公堂拜访哈科特或布瑞斯本人,他们的大门总为他敞开。30 年代作家与出版商的工作会议常在朗产普酒店或由出手阔绰的芒福德坐庄请客吃便饭,顺便谈好出版项目。芒福德既无文字代理又无律师,不知多少项目都是口头说好,最后握手便成交。出版社对他的来稿从来照刊,还特准他进入出版业务每一道工序共同商讨,包括装订和版面设计。更优厚者,是他的作品历来最少编辑,而且他坚持不准任何人改动他的文风,哪怕是最有经验、最理解其思想的编辑。

30 年代末他与阿尔弗雷德·哈科特的关系曾一度变冷,当时是因哈科特——查尔斯·林伯格(Charles Lindbergh)的一位朋友——对芒福德要求美国军事干预欧洲的强硬立场不大赞同,甚至一度想索性剔除这位作家。此事芒福德许久一无所知,直至出版社大权落到布瑞斯手中,双方关系才又重新改善,原因之一是布瑞斯思想开放,为人谦和。

当然,这其中难免作家与出版商双方一些常见的问题和争议。其

---

① 该出版商原来名称是哈科特-布瑞斯公司,下称哈科特。——原注

中最常见者就是,芒福德抱怨出版社方面对他作品销售缺乏信心。还有就是出版社方面宣传推销每逢涉及花销总是手紧,舍不得投入,让芒福德很生气。但作为补偿是他绝无压力,无须一本接一本出优秀作品,也不强求作者签名售书,搞个什么广播电视露面,大做宣传之类,竭力调动他的名人效应。唐纳德·布瑞斯退休后,1954年接手当主任的是科罗拉多州矿山小城来的威廉·伊万诺维奇。此人当年34岁,他带领出版社扩大领域,搞多种经营,投资电视、酒店、保险、学校后勤供给,还有三处海洋主题公园,真正成为商业巨子。

芒福德很可惜这种重点转移,撇开原来关注作品质量去关注销售和利润。因而1964年,他认为这个伊万诺维奇利用他在谈判签约方面的"天真无知",诱他上套儿,削减他的版税份额。从首批一万册收取总码洋15%降到10%。这当时确实是出版界新的标准,但当芒福德从其他同行处得知,其他名作家因坚持要求维持原来的15%版税,因而他们稿费份额在哈科特这里分毫未减。芒福德便要求出版社重审合同,修改成章,维持原来15%不变。伊万诺维奇虽咕咕哝哝,却也勉强同意了。[5]

到1970年芒福德与伊万诺维奇的纠葛升级。因《权力五行》销售很好,芒福德向编辑威廉·古德曼(William Goodman)抱怨伊万诺维奇未予该书足够高的推介地位,言语中暗示若照此下去,下一本书就另找门路了。此话亦非很严重威胁,但下一年他与伊万诺维奇发生的激烈争吵永远结束了作家和出版商之间这场长期合作。

1971年夏,芒福德把一卷书稿交给威廉·古德曼,是选以往五十年论述文学、历史、技术文章编成的《芒福德一卷集》,作为从业五十年纪念文集。先前已签订过合同,但该书容量稍大,约25万字词,超过伊万诺维奇答应过的规模。古德曼不放心,电话通知芒福德来纽约与伊万诺维奇面商。会面中出版社方面解释,这种容量将抬高书价影响销售,很难超过两千册……说罢,伊万诺维奇突然话题一转,仿佛想弱化此冲击,主动向芒福德提起先前的《文萃》项目……芒福德很诧异这突如其来的拒绝,一时答不上话。这天回到阿米尼亚回过味来立马怒火万丈。他认为,四十年交道,他的书无论如何不该单凭盈亏简单决定取舍,而且很有把握文萃新书销售可望过万册。[6]

暴怒中的几次书信,都被索菲亚劝阻,未寄出。后来致信给索菲亚的哥哥菲利普·维腾伯格,纽约一位律师,询问如何结束与该出版社长期合作关系,同时不给合同有效期内书刊造成损失。然后写给伊万诺维奇一封长信,尽吐胸中愤懑。最后声言,若不获应有待遇,将永远离开该出版社:"一位作家四十年如一日忠实于他唯一的出版商,其中不言而喻出版社方面也负有同样道德义务,应表现同样忠实和负责精神。"索菲亚哥哥受托拜访伊万诺维奇,随后出版社方面重新考虑以往决定,给芒福德邮去一份合同书,商定出版《诠释与预测,1922—1972》。芒福德将合同书退回,反向出版社提议:若伊万诺维奇按照精装本前18个月销售一万册来定价,作者承诺不取稿酬,直至销量达到上述要求。若18个月到期且销量达到预定指标,作者要求全额给付总码洋15%版税稿酬。令芒福德很意外,伊万诺维奇居然答应这一办法。此外,应当公允地说,芒福德同样感到解脱与轻松,因为与哈科特解除关系,毕竟有如辞别多年婚姻,而此婚配曾产生一大家子人和繁荣兴旺的生活。[7]

《诠释与预测》销量果然过万,富兰克林图书馆将其列入《美国文献名著》丛书系列。芒福德与伊万诺维奇之争战中,芒福德告捷。但他却付出了健康和安宁的代价。整个一冬终日紧张易怒,经常失眠。每天下午写完定额稿件,须饮威士忌酒两杯才能放松。一日清晨醒来刚五点钟,突觉头晕,心搏飞快,踉踉跄跄去卫生间,想扶床头立稳,不料向前重重栽倒。至天亮,慢慢起身,跌跌撞撞下了楼,对索菲亚一字不提,但这天未冲澡,担心再次栽倒在浴缸。[8]

更糟的是,他发现写作几乎难以为继。满脑子都是这威廉·伊万诺维奇,仿佛见他千方百计压低这书销量。原因之一是该书有段文字批驳了伊万诺维奇喜爱的作家,如马歇尔·麦克卢汉(Marshall Mcluhan)、亚瑟·克拉克(Arthur Clarke),卡拉克等。这件事后芒福德出于自尊,给该出版商的每部书稿都照此模式办理。索菲亚同意丈夫看法,伊万诺维奇的确不仗义。但她也不喜欢刘易斯为此变了个人,与这伊万诺维奇死扛硬干,一斗到底。"主张自己利益,无可厚非。但若主张过程中丢失自我,赢了又何益之有?"她对丈夫直截了当地说。[9]

文萃完稿,芒福德题名《发现与保存:自传资料》(*Findings and Keepings:analects for an Autography*),而且将文稿分几次交给哈科特出版公司,希望能在他八十岁生日(1975年10月)前出版此书。但出版社方面因故多次耽搁,至晚秋终于出版时出版商促销手段又甚微弱。至此伊万诺维奇一举一动芒福德已很难信任,怪怨出版社故意拖延,意在为先前《诠释与预测》一书找后账,证明他们正确。于是芒福德又一次扬言要退出合作,而且言之凿凿,伊万诺维奇则又一次在最后时刻妥协,应允改善合作。[10]

对此次分歧,芒福德通过朱利安·穆勒(Julian Muller)出面斡旋。此人系该出版公司副主任,一位威严、强硬人物,且很欣赏芒福德著作和思想,两人关系甚好。很快,他俩商议出一个办法,取消先前芒福德已经签订的未来著作三个合同,包括出版自传的合同;今后著作出版一律单独操作,不涉先例。这就先给哈科特第一个下马威。穆勒还答应全力支持芒福德书籍的出版和促销。这种背景下,伊万诺维奇回了封长信为出版公司疏失道歉,答应为芒福德出版一部更大文萃。并且承诺他亲自卯劲促销。接着他解释,以往失误系因出版事项决策总要经过中间人,难免耽搁与误会云云。一周后,芒福德回信,冷冷拒绝了伊万诺维奇的建议。[11]

这回芒福德推测,伊万诺维奇会担心他在自传中对双方关系说三道四。其实假如他作为出版商与作者关系良好,他完全可以说服芒福德删去那些伤害性文字,如果确有其事。但其实芒福德并无真凭实据证明伊万诺维奇搞阴谋耍花招。伊万诺维奇更可能是依据当时大出版商通例处理双方关系。而这所谓通例,即甄选一部著作首先考虑销路,直言不讳认为,销得好就有价值。就此而言,芒福德近来著作销售创收很一般。但从整个出版事业来看,这本无关宏旨。芒福德曾听一位出版商说,好书就是卖得好的书。[12]伊万诺维奇其实也很欣赏芒福德的著作,而且自青年时代就深受《城市文化》一书影响,称之为自己启蒙入门著作。如今从业能亲自出版芒福德著作令他引以为豪,因而决不希望出版公司失掉这位作者资源。但当今潮流注重出版物经济效益,芒福德著作影响和威望已远非以往"黄金时代",远不像他自传描绘得那般可爱动人了。[13]

至此,芒福德已打定主意退出与哈科特·布瑞斯·伊万诺维奇出版公司的合作。当得知他们并未给他第二部著作《我的工作与岁月:个人编年史》足够的促销力度,他便开始寻找新出版人,商洽自传出版事宜。可巧当时有位朋友,希尔达·林德利(Hilda Lindley),也是哈科特的前雇员,正在草创她自己的出版公司,芒福德念及旧交,乐意以此书帮扶这位新秀在出版界稳稳立住脚。[14]

芒福德积极给他自传邀集出版商的同时,却很难认真开始撰写这书。写信对朱利安·穆勒说:"有时,这些书文像梦魇般压在胸口,令我喘息不得,仿佛时刻要夺我性命。"[15]俗话说,人发达了倚重财富,但更惜原有一切和本真自我。随着情感希望逐渐破灭,会拼命护住生命所余的一点点。对芒福德来说,他已发表和尚未发表的全部文字,就是他巨大的生命体;此外除了家庭再无更重要者。法国作家司汤达说:"生命意味着感知,意味着体验浓情。"芒福德生命正是这样度过的,他积累的大量著作,包括笔记、书录、信笺等都可作证,证明他愿意世人保存这样的记忆:这是位作家,而且是与莱昂纳多·达·芬奇齐名的作家;而绝非仅是个建筑评论家,"城市学者"。他还希望人们记住,这人一生活得潇洒、独特、激越、深刻,兼备至爱狂情与大智大勇。1970 年后撰写的几部传记性作品,部部章绪致密结构恭谨,唯恐人们忽略了他一生这些最基本特征。到此,年老力衰,穷其所来所是,尽付与几册薄卷,更言之谆谆令出版商竭诚支持……个中心迹,应不难解悟了。

芒福德为这些自传性作品花费偌大功夫还有另一原因:他绝对不信将来任何人能担此重任为他立传。所以,《我的工作与岁月》中才密密麻麻给未来传记作家提供那么多线索、建议。其中有些宝贵,有些玩笑,有些则故弄玄虚。这些卷册里作者给各节都撰写有导言,仿佛作者目不转睛监护着自己历史记录,提醒给他立传者,哪些内容重要哪些不重要;哪些应当认真哪些则不必。它如一阕豪壮嘹亮交响乐,从头至尾响彻一个声音,唯他能写出最权威的刘易斯·芒福德传记。凑集这部书卷时,他也开始怀疑自己是否还有余年余力完成一部完整传记。因此《我的工作与岁月》就成为比其自传更具指导意义的自我写真;更何况还比此后任何书卷都更完整概括了他的一生。

文萃组织结构提供了丰富样本,证明他范围极广的生活情趣和学问修养。我们从中可以看出,这是个哲学家、传记作家、史学家、文学批评家、诗人、剧作家。总之,是个非常全面的文化人。但非常有趣的是,其中见不到他说自己是城市评论家、建筑评论家;真很不幸,因为像许多作家一样,最熟悉的当然写得最出色。就芒福德而言,他最熟悉者莫过城市与建筑,当然,还有他自己。因而这些主题下的大量文论,特别是他极富感染力的自传作品,永远是他作为优秀作家的最雄辩证据。

若不同意说《我的工作与岁月》是理解芒福德作家生涯的最佳向导,那么,至少它提供了许多窗口供我们观望他个人生活:友情、家庭以及与凯瑟琳·博厄改变其一生的恋情。当然,只一瞥而已。比如,其中我们找不到凯瑟琳·博厄一方的陈述,也无索菲亚对该事件的反响。对其余恋情书中几乎一字未提。唯一节文字提到了约瑟芬·斯特龙金,但芒福德又遮遮掩掩,只暗示这关系全属柏拉图式精神相恋。所以,虽然书中交代了不久将有自传问世,我们仍能从中得知,芒福德对花前月下之类兴味之浓之广,若仍很有限却已远超过他的自传。

更重要的内容是芒福德写了他作为思想家和男子汉成长过程中学识与情感的成熟经过。这才是该书——以及随后自传中——最有价值也最有兴味的部分。这些文字清晰显露此人缓慢的成长历程,但一点点一步步接近他最成功最令人叹服的作品——即他本人。

这些传记性作品对他有如生命般亲切,却几乎要了他的真性命。1972 年正赶写《发现与保存》,突然发现尿中带血,随后发现肾脏有肿块。医生建议立即手术检查,但他怕耽误手下工作进度未采纳医生建议。七年后刚阅完《我的工作与岁月》校样,上述症状重新出现,并伴有上腹部剧痛。急诊检查后针对肾脏和前列腺进行手术治疗,术后恢复很快。即使未能痊愈,他说也满足于以《我的工作与岁月》作为最后交代了。晚年作品常有老人特有的直率,不想掩饰什么。但假如你想发现芒福德内心世界,从一本本厚重著作中寻找作者的灵魂,那么最佳者当属《我的工作与岁月》。但是阅读此书,还别忘了爱默生对其他作家的话,言下之意也包括他自己:"你们仅知其所言,我则还知其所不言。"人们从芒福德一些很私密文字中,常能听到他赞赏这一论点。[16]

撰写这些传记性质书籍,给他婚姻再次带来重负。他和索菲亚不得不又一次重新构建以往,也就是重新回味两人关系中那些非常严峻的事件与岁月。并且难免再次感到都在加害对方,因而曾多次叫停这种没完没了的回忆、分析。如今安度余年,感情已非常融洽时,挖出过去伤心事,岂不自讨苦吃?索菲亚回忆说,可是,往往一些偶然事件,一场电影,或随意提及某个熟悉的人或事,"就会把我们再次拖进这种回顾分析。而且搜索枯肠,坦陈内心……我相信任何心理医生也没我们掘得这么坚决深刻。"及至芒福德终于写下最后一字,结束传记中有关他与凯瑟琳这段叙述——虽不若先前他对这段故事半杜撰叙写那么出神入化——他俩都感到极大解脱。索菲亚欣喜地写道:"可完了,我们走出来了,我可以大哭一场了!"[17]最终,两人都承认,他们获得了美满婚姻。这婚姻从紧张激烈中获得高倍补偿,弥补了宁静安适生活所缺憾的东西。更令人欣喜的是,这种重新再造过程把他与索菲亚更密切拉近。进入老年,他俩形同一人。

人生进入这阶段,有件事情让索菲亚特别感谢,就是她终于成为丈夫事业中一个好帮手。十年前这种感觉也有,只觉短促匆匆,那是帮助丈夫完善自传第二稿时。芒福德每部著作、每句话、每个词都出自他手。索菲亚只帮他选拣文萃素材,回忆生活琐事结构成章。原因之一是至此不仅她记忆力已远胜于他,精力较他也好得多。日记中写她道:"假若刘易斯不曾在别的女人身上找刺激耽误工夫,他会从我身上唤出他最喜爱的品质。我们最后这些年互相心心相印。这令我相信,若我俩都意识到这一点,曾稍微努力,这种状态本该更早实现。每想到此就不免心痛。好在如今快乐的一面大大抵消了这哀愁。"他们领略过人生的高度与深度,但如今是从这新高度上总览人生全貌。这正是芒福德《我的工作与岁月》这部献给索菲亚的书的主题思想。[18]

1975 年结束作为访问教授在麻省理工学院春季学年教学之后,芒福德就不再担任教学任务了,遂开始终年居住在阿米尼亚。他们当然怀念坎布里奇热闹有趣的日子,那里亲朋好友一大堆,加之阿米尼亚严冬仍然凛冽逼人,好在如今已不再像以往那么孤单,女儿爱丽森一家已经搬过来居住,就在靠近里兹维尔大道边上原有的红枫树茅屋式公寓,是她同丈夫 1973 年置办的产业。索菲亚则购置了电视机,孩子们来时便于招待玩耍游乐。每周五晚餐时分爱丽森会过来把孩子们整晚上撂给爷爷奶奶照看,自己过来探望父母。芒福德还有位老友,诗人兼律师梅尔维尔·凯恩(M. Cane),也是哈科特出版公司的,就住在附近,每周也来聚餐一次。坎布里奇老朋友有时候也开车过来聊一下午。刘易斯和索菲亚还结交了女作家桑塔·罗摩·骆(Santha Rama Rau)和她丈夫格尔登·瓦特尔斯(Gurden Wattles),他们驻地距芒福德家不远。此外,雕塑家诺姆·加伯也从康涅狄格州米德尔别里开车带妻子一起定期来访,他是刘易斯老年最要好的男性朋友。这位加伯是个爱热闹的俄罗斯人,嗓音洪亮,常激评当今艺术、政治、文学。尽管两人气质相反,芒福德仍喜欢他来相伴,并欣赏他火冒三丈的愤慨,听他讥诮当代艺术可笑的演变过程。加伯一次雷鸣般怒吼,抨击安迪·沃霍尔(Andy Warhol)煞有介事讲解一只肉汤罐头说:"若这就算现代艺术,我永不稀罕当这种现代艺术家!"[19]加伯 1977 年去世,芒福德撰写回忆录,在悼词中将他与毕加索并列为 20 世纪最伟大两位艺术家。同年又有两位好友相继谢世,克拉伦斯·斯坦因和本顿·麦克凯耶。高风落叶,催迫刘易斯·芒福德与马尔科姆·考利讲和。这两位好友 30 年代因美国中立问题激烈争吵,长期失和。如今年高来日无多,不宜永久结怨。

这些年是芒福德一家最宁和的岁月,虽偶尔离开阿米尼亚,往往是去接受他认为特别重要的授奖。1976 年飞往巴黎接受他终生努力对文学事业杰出贡献荣膺的德尔杜卡世界奖(Prix Mondial del Duca)。更早,1975 年 11 月还荣膺大不列颠王国授予的荣誉爵士称号,颁奖仪式在华盛顿特区英国驻美大使馆举行。同年 10 月过生日,贺信与贺电从世界各地蜂拥而至,下午《建筑名著丛书》青年编辑马丁·菲勒(Martin Filler)带着花束贺礼不期而至,他将芒福德终生建筑文论辑录成册,作为芒福德八十寿辰的献礼。向晚时分芒福德筋疲力尽。正待就寝,电话铃再次响起。"喂,这里是奥尔巴尼西联①。有信息要递交给刘易斯·芒福德先生。您是芒福德吗?""是的,我是芒福德。"芒福德回答道。"您很有名吗?我怎么没听说过?"芒福德心想,这可称得上最完美一天的点睛之笔了。[20]

芒福德作家生涯最后岁月几乎全部投入自传写作,该书最终于 1981 年完成。至此,既然已经较详尽叙写过他与凯瑟琳·博厄的恋情,此书透露的唯一"秘密"就是他的身世及其多年秘而不宣的缘由。身世问题是多年来的难言之隐,包括对自己都始终默然,对女儿更三缄其口。可是后来 1967 年女儿爱丽森从大姨妈麦瑞安那里知道了些许线索,多年后讲出来与父亲对证,这时刘易斯感觉,他规定生前不准出版自传之要求已无必要。没啥可避讳爱丽森的,前已对女儿讲过自己与凯瑟琳·博厄、爱丽丝·德克以及约瑟芬·斯特龙金的事,因为准备让女儿担任他的著作执行人。

自传将完稿,芒福德意外获知一件重要讯息,家世问题就更明朗

---

① Albany,纽约州府城市,距离阿米尼亚约三小时车程,西联为国际快速转款机构。——译注

了。这故事就连他妈妈也未曾听闻。透露这消息的,是艾米·斯平格(Amy Spingarn),一位九十多岁的女人,衰老瘦小,每年还来里兹维尔小住。因难以适应巢佩克家园日益扩展,索性住在世纪家园的茅屋式公寓。老人晚年,刘易斯和索菲亚至少每周一次前去拜望,刘易斯有时候还为老人朗读自传书稿。老人对芒福德身世很感兴趣。这老人一次与爱丽森聊天后很好奇:这个刘易斯的父亲是谁?某周日下午,刘易斯正给她朗读母亲艾尔维娜生活琐事,艾米老人突然打断他,问起他爸爸的名字。刘易斯顿住了,不情愿又不得不顺答道:"Mack(麦克)。"老人高兴起来,嚷道:"哟,我有个姑父也叫 Mack 呀!"此人娶了她爸的妹(或姐)特里萨·爱因斯坦(Therese Einstein)。后来还替她爸爸经营掌管新泽西一家大企业纺织厂。这麦克有俩孩子,一个艾利克·沃尔夫冈,另一个——这时她语调极缓慢几乎顿住不说——就是刘易斯·查尔斯(Lewis Charles)。"那就是我爸。"刘易斯淡淡回答。

所以,纯属巧合他又与这位五十年邻居和朋友老太太攀了亲戚。芒福德简直猜不出,焦耳·斯平格若听说此事该作何感想。这意外发现却令他俩稍感怅然,因为,如今水落石出了,"那种亲睦可爱的糊里糊涂也随之消陨……"索菲亚记载感想说,"刘易斯从来走自己的路,从来靠坚忍自苦,不接受他人恩惠,他有今日全靠自己。"而今发现自己竟身系一巨富爱因斯坦家族,且声名赫赫财富累累,遥念以往种种,喜耶?悲耶?[21]

1979 年之后,衰老沉重袭来:先是记忆减退,左手手指略微瘫痪,开始丧失平衡感,接二连三又暴发疾病,带状疱疹带来周身疼痛,严重耗损健康。所以,的确是用了最大勇气和毅力才得以最精练形式完成最后著作。但希尔达·林德利却将自传出版权转卖给了哈珀-饶(Harper & Row),允诺该文稿涵盖刘易斯毕生经历,尽管芒福德曾警示过该文稿仅述他定型年代。所以希尔达又敦促芒福德增写几章内容——无奈芒福德很喜欢这女孩子,又希望她在出版界立住脚担任他作品代理人——便突破了原书 30 年代的限定范围。但如大多数老者一样，都感觉中年时代经历最难回顾。因而完成战争年代两个章节的二稿后便暂且放下了。毕竟健康不若以前，又缺少动力，很难继续写完这部书，它后来取名《岁月随笔》。还有更重要的事情等着他，包括搜集建筑和城市研究文论成册，以及一部书信集。这批文字遗产他如此珍视，曾建议哈珀-饶出版社责编安·哈里斯（Ann Harris）毋宁推迟他"未完成的"自传至他死后，先抓紧出版这些更重要书籍。[22]

刘易斯·芒福德（1980 年）

但哈里斯还是坚决要出版他的全套自传，这也是芒福德答应过她的。但到 1980 年 9 月，希尔达·林德利终于意识到，她将永远无法让芒福德写完她以为他答应过的全套自传，便经谈判取消了与哈珀-饶的出版合同，将已支付给刘易斯的 88000 美元预付款退还。这年稍晚，她将该书文稿卖给了刻度盘出版社（Dial Press），该社编辑朱利斯·卓哲维克斯（Juris Jurjevics）又是个芒福德粉丝。刘易斯又收到一大笔预付款，这是他们夫妇养老时代非同小可的依靠。他引述西塞罗说："老年切不可一贫如洗，即使是个哲学家。"[23]

1981 年芒福德自传终于完稿，很大程度上得益于索菲亚编辑加工和秘书支援，协助芒福德形成终稿。此时他又开始酝酿另一桩工作，索菲亚承担起沉重的谈判，与刻度盘出版社长期协商反复交涉。她坚持那些在许多人看来都是微不足道的文风句法之类细节，因为在刘易斯这里就是生死攸关的大事。索菲亚对编辑说："文风一致（conformity）关系重大……是刘易斯的 anathema（大忌）。他认为书籍反映作者人品风格，即使不符合当今用法，他也清楚为何一定要如此遣词造句，这是他的规矩，所以出版社得认可他这判断。何况文坛上他以文辞优雅久负盛誉，岂能毁他一世英名？"[24] 所以最终还是芒福德大胜出版商，以其固执顽强极要面子大获全胜。毕竟这是一部他写自己的书，不同于以往那些著作。

《岁月随笔》完全可以题名为"刘易斯·芒福德的受教育过程",理由是此书专讲"教育方式方法、目的……以及终生教育的好处"。书中芒福德不无骄傲地叙述自己紧随帕特里克·格迪斯教导,"向生活学习,活到老学到老"。开卷语说,依照这种精神,一生进步中最具决定意义的影响就是纽约城,即"我的瓦尔登湖"。芒福德童年时代纽约描写是该书最精彩篇章。为了重现旧时纽约,芒福德像考古学者那样为我们详尽描述早已永久消失的旧城。通过他流畅优美又极富情感色彩的散文,配以自己画的细致入微的铅笔素描写生,把很久以前的纽约重现我们眼前,正是他想向我们证明的那个样子,也就是某日行走在布鲁克林大桥木栈道上所见到的纽约城。"……是的,这就是我的城市:雄奇浩大,蔚为壮观,万家灯火,生机勃勃……那一刻兴奋得意,那种奇妙,犹如心爱者体内生命现象的美妙一瞬……"[25]

这是一座喧腾的大都市,也是青年芒福德心目中的友好城市。芒福德在这里不仅获得教益,还在此从急流漩涡般纷纭复杂政治思潮和事业中甄选出自己的人生目标。如今人生顶点回顾往事,若有任何自豪,就是在这世界上他自力前行,前六部著作问世不曾受过任何赞助,并在科系专业划分森严的大学之林,始终独树一帜。

他一生行为自检,对自身不足很诚实。当然也从不怀疑自己思想的重要作用,不怀疑自己的思考力。《岁月随笔》特殊之处是生动描述了他怎么动脑筋研究问题。他观察吸收周围一切大小事物,经头脑加工组合成他独特构想与图景。从中能看出他独特的认知路径。所以此书不是简单描写纽约,而是写芒福德心目中的纽约。对待生活其他内容同样如此:妻子、孩子、朋友、亲爱者,一切皆符合他所理解之意义,个个宛若群星绕太阳旋转,中心就是刘易斯·芒福德。

《岁月随笔》是芒福德最后一部也是最受热烈追捧的著作,此书被提名有很高声望的国家图书奖。但在此书尚未写完时,他已开始运笔另一项目：对人类进化整个历史的"野史诠释（heretical interpretation）"。[26]每天清晨一瘸一拐走进书房，视野便缩至最小（书房是客厅旁一邻窗跨间，很狭小。——译者按），工作一小时。此书统管一切的主题是人类之目的，人类顽强不屈，拒绝向大自然缴械投降。说来奇特，此主题恰似此情此景之写照：九十岁，弯腰勾背，老态龙钟，操起这书锲而不舍，顽强工作。

刘易斯·芒福德的书房

此项研究进行中致信莫瑞说，"若得一切能重新开始，我想我会全力以赴研究生物学"。会把机遇、目的、因果论之类问题统统改写，而且"比他们任何人都写得更好"[27]。他非常钦佩、敬重查尔斯·达尔文，但不接受达尔文的机遇论思想，即所谓自然选择是随后一系列发展进化的关键因素。他认为，自然界必有某种更高远更宏伟的终极目的或者设计。这一点，本格森、格迪斯、塞缪尔·巴特勒等人都猜到了。他则想努力去发现和证实它。

芒福德此处所说的目的或者设计，不是指某种定义清晰的终点目标，从一开始就明明白白，整个有机世界一切便朝这目标逐步转变，非也。那是一种过于简单化的神学观念，他坚决拒绝。他相信，还有一种设计则无须全能设计师,即使其运行规律为科学所不察,乃至该目的或许永远是个谜团。芒福德致信朋友罗德里克·塞登伯格说,自然界显然有其目的,这目的表现为方向性、累进性;每前进一步,每接近一种局部成就,这动机目的便愈发清晰明显。[28]

芒福德认为语言的产生过程就是最佳证据,证明宇宙的确存在某种设计或者目的。所以,即使年老力衰无法执笔写作了,他继续在心中思考语言以及象征艺术是怎么出现的,准备有朝一日落笔书中。他对塞登伯格详细讲解,一些动物起初能发出一些有含义声响,当时他们谁也不曾意识到大家在群策群力创造语言。起初这些声响只有简单含义和目的,逐渐才获得了成熟的语言功能。但是从始至终,语言的原始使用者创造者们都不曾意识到,他们是在创造"一种复杂、含义明确的构造。这构造若回顾起来会很神奇,以至若无大手笔专门设计绝对无法成功问世。"这些古生物摸索前行不倦努力的同时,谁能意识到自己是为后来莎士比亚和雪莱著作问世铺平了道路?[29]

有机物种当然不像计算机那样编入了程序,但每个物种却有自己的目的。有其绝不放弃的生命特征,芒福德感觉这种理论入情入理,显然因这理论也符合他自己发展路径,如其自传所描绘。

垂暮之年,芒福德对人类未来的希望虽已微弱但仍顽强。从上面这颇有亚里士多德气息的经验主义理念中,我们可以窥见他这希望的理论基础。依据芒福德的目的论,未来永远是不确定的,难以预测。因为他所说的目的或潜势之根源实在是奇妙莫名,直至其引发的生物体行为方式甚或外形特征改变已很明显。所以,很可能在不太遥远的未来,会有某种难以预料的生物转变让人类"重新回归宇宙的中心。"[30]

当生命进入第十个十年之际,芒福德仍然引述他钟爱的诗人丁尼生《尤利西斯》(*Ulysses*)中诗句:"来吧,我的朋友!创造一个新世界,为时犹未晚!"这其中无疑表明他相信这种理论:进化有其目的。

芒福德一面撰写最后这部著作,一面重新布置房间准备安度余年。

他和索菲亚先把卧室搬到楼下,把自家老屋一层改成五居室单元房,虽狭小却还舒适。刘易斯把一些不太重要的书籍卖掉了,还把大宗信笺、文件交给了宾大冯·佩尔特图书馆(Van Pelt Library),那里已经储存了他的老朋友冯·维克·布鲁克斯以及瓦尔多·弗兰克大量文件及资料。1981年《岁月随笔》正待出版之际他思维之清晰敏捷,同龄人鲜有能及者。但是过了这年,脑力体力均迅速下降。这时他才承认,的确不能写作了。这是自从儿子阵亡后平生遭受的第二次最严重打击。若写不出东西,他就不想活了。

但度日依旧,每天庄严体面如常。他和索菲亚继续款待客人,大多是家人亲朋好友,还有成群结队而来的学者、作家、电影制片人、艺术家;他们有些是准备研究或叙写芒福德生平某阶段或者某部作品专来求教;有些就是慕名而来想参拜他。刘易斯接待客人温婉友善又颇具智慧。给客人斟酒让酒,举杯敬酒,即使自己迈步都不利索了,还讲述老年间的纽约故事。但这种活动顶多一小时就把他累得支撑不住了。客人离开后,他会长久坐在客厅椅子上凝望窗外大树和天空,不说不动,仿佛进入迷幻状态。就这样久坐不动,等候天黑。可能自觉是个老兵,未能有幸战死沙场。

这时节自己所有作品中真令他高兴的,是他旧时绘画和水彩画。好友艺术家文森特·迪·马迪欧(Vincent Di Mattio)已经帮他装裱好挂在墙上。他特爱观赏自己画的阿米尼亚田园景色,那都是年轻力壮时常去漫步探索的地方。这块山间平原沃土他如此熟悉亲切,熟知它万种出产与四季风物,只觉得"这块厚土上的人生体验无物可比,除了历久弥坚的婚姻家庭。"[31] 他也喜欢观看自己最早时期的画像,索菲亚索性把这些肖像画摆放在客厅显眼处,他便与画像长时间详察对视,有时一看就几个小时,仿佛想搞清每个细节怎么一步步走到如今。迪马迪欧还把这些绘画与肖像送到距纽约和波士顿不远的美术馆展出过。于是90岁了,人们又发现这芒福德还是个艺术家。有位评论家将他的作品与威廉·特纳的河流景色、蔡尔德·哈萨姆的街景以及图卢斯·鲁特的铅笔素描相提并论。只是芒福德本人对这些称赞相当谦逊。他

刘易斯·芒福德(1987年)

只是很高兴"养成了这种喜欢作画的好习惯,且常于不经意间绘制成功。"如今观看这些绘画不禁记起少年时代曾立志要当诗人或艺术家。但很高兴青年时代及时认识到,"即使当个二流诗人或艺术家,似远不尽吾意。"[32]

可是别人尊他为艺术家,他却很自豪。1986年得知多年城市研究和都市设计写作巨大贡献荣膺国家艺术奖章,他默默强忍热泪。而这都是些小快乐,都不足以弥补他不能再写,面对冉冉老境无法更哲意超然之无奈。有时候面对镜子观望自己,不禁记起阿尔弗雷德·诺斯·怀特海临终前对他说过的话,"芒福德先生,人常说越老越聪明,千万别信他们。老了,就是一块块散了,掉了。"这种松散掉落,他已早体会到了。而且模仿爱默生榜样,潇洒优雅迎之候之!但有时候又气恼自己不中用,再不能给世界做任何有益的事了。致信朋友说,"要打道回府,轻而易举!只要整个世界都那么让人放心!"[33]

他从不隶属于任何宗教组织,但越到晚年,每天先于索菲亚就寝走向卧室,索菲亚会偶尔听见他口中念念有词,似在祷告。他不信上帝,无论精神的或真实的上帝。他坚不可摧信仰中的"上帝",就是大自然本身蕴含的伟大目的;以及,"无论人类知识、友爱、善良缔造了多么伟大成就……都不可能终结,都能继续提高到更宏远未来"。刘易斯·芒福德老人念诵祷告词,是提醒自己坚守这一信念,"坚信生命世界至高无上的合理性"[34]。

他曾努力沿循深刻道德目标度过一生;也懂得,大师往往不留书卷,而以身垂范。他更明白,毕生努力改造自身改造世界,均远未成正果。但是,人总有个终了差事,打道回府的时刻。这时如同基督教祷告词所言:"汝可了断。""如若竭尽全力则尽善矣。"这些话是格迪斯临终前不久他写给孩子的。"'汝可了断'即其最后的话。"

打道回府,归期临近,归宿反倒不再可怕。他也不担心害怕前路茫茫隐伏着什么。唯放心不下的,是索菲亚又将如何?

相信死后有来生吗?垂暮之年,有人这么问他。"我不盼望人有来世,也不想说这全不可能。我不想把什么事情都看得那么绝对。"[35]

1990年元月26日,刘易斯·芒福德在阿米尼亚家里睡眠中去世,享年94岁。这结局刚好如其所愿,毫无痛苦,在自家床上,妻子索菲亚守候身旁。

注　释

注释中的缩略语

芒福德著述缩写：

- AAS　*America and Alfred Stieglitz: A Collective Portrait.* Edited by Waldo Frank, Lewis Mumford, Dorothy Norman, Paul Rosenfeld, and Harold Rugg. Garden City, N. Y.: Doubleday, Doran, 1934.
- AT　*Art and Technics.* New York: Columbia University Press, 1952.
- BD　*The Brown Decades: A Study of the Arts in America, 1865 – 1895.* New York: Harcourt, Brace, 1931.
- BD-D　*The Brown Decades: A Study of the Arts in America, 1865 – 1895.* New York: Dover, 1955.
- CC　*The Culture of Cities.* New York, Harcourt, Brace, 1938.
- CD　*City Development: Studies in Urban Disintegration and Renewal.* New York: Harcourt, Brace, 1945.
- CH　*The City in History: Its Origins, Its Transformations, and Its Prospects.* New York: Harcourt, Brace and World, 1961.
- CL　*The Conduct of Life.* New York: Harcourt, Brace, 1951.
- CM　*The Condition of Man.* New York: Harcourt, Brace, 1944.
- FFL　*Faith for Living.* New York: Harcourt, Brace, 1940.
- FK　*Findings and Keepings: Analects for an Autobiography.* New York: Harcourt Brace Jovanovich, 1975.
- GD　*The Golden Day: A Study in American Experience and Culture.* New York: Boni and Liveright, 1926.
- GD-D　*The Golden Day: A Study in American Literature and Culture.* New York:

Dover, 1968.
GM	*Green Memories: The Story of Geddes Mumford.* New York: Harcourt, Brace, 1947.
HMel	*Herman Melville.* New York: Harcourt, Brace, 1929.
MM-I	*The Myth of the Machine: I. Technics and Human Development.* New York: Harcourt, Brace and World, 1967.
MM-II	*The Myth of the Machine: II. The Pentagon of Power.* New York: Harcourt Brace jovanovich, 1970.
PLC	*The Plan of London County.* Rebuilding Britain Series, No. 12. London: Faber and Faber, 1945.
RP	*Regional Planning in the Pacific Northwest: A Memorandum.* Portland, Oreg.: Northwest Regional Councl, 1939.
S	*Sketches from Life: The Autobiography of Lewis Mumford.* New York: Dial, 1982.
SF	*The Social Foundations of Post-War Building.* Rebuilding Britain Series, No. 9. London: Faber and Faber, 1943.
SS	*Sticks and Stones: A Study of American Architecture and Civilization.* New York: Boni and Liveright, 1924.
SS-D	*Sticks and Stones: A Study of American Architecture and Civilization.* New York: Dover, 1955.
SU	*The Story of Utopias.* New York: Boni and Liveright, 1922.
SU-D	*The Story of Utopias.* New York: Viking, 1962.
TC	*Technics and Civilization.* New York: Harcourt, Brace, 1934.
TOM	*The Transformations of Man.* New York: Harper & Brothers, 1956.
TOM-H	*The Transformations of Man.* New York: Harper & Row, Torchbook edition, 1972.
UP	*The Urban Prospect.* New York: Harcourt, Brace and World, 1968.
VFS	*Values for Survival: Essays, Addresses, and Letters on Politics and Education.* New York: Harcourt, Brace, 1946.
WD	*My Works and Days: A Personal Chronicle.* New York: Harcourt Brace Jovanovich, 1979.

WH *Whither Honolulu? A Memorandum Report on Park and City Planning.* prepared by Lewis Mumford for City and County of Honolulu Pstk Board. Honolulu, T. H. : The Autnor, 1938.

手稿收藏:

AGP   Albert Leon Guérard Papers, Manuscript Division, Cecil H. Green Library, Stanford University, Stanford, California.

AJNP   Albert lav Nock Papers, Yale University Library, Manuscripts and Archives, New Haven, Connecticut.

CCCA   Christ Church College Archives, Christ Church College, Oxford University, Oxford, England.

CSP   Clarence Stein Papers, Cornell University Libraries, Department of Manuscripts and University Archives, Ithaca, New York.

FJOC   Frederic J. Osborn Correspondence, Mid-Hertfordshire Division Library, Welwyn Garden City, England.

GRP   Geroid T. Robinson Papers, Columbia University, Butler Library, Rare Book and Manuscript Library, New York City.

HMC   Henry A. Murray Collection, Harvard University Archives, Cambridge, Massachusetts.

JGFP   John Gould Fletcher Papers, University of Arkansas Library, Fayetteville, Arkansas.

JSP   Joel Elias Spingarn Papers, Columbia University, Butler Library, Rare Book and Manuscript Library, New York City.

LMC   Lewis Mumford Collection, University of Pennsylvania, Charles Patterson Van Pelt Library, Department of Special Collections, Philadelphia.

LMC-C   Lewis Mumford Collection (the confidential portion of the Mumford Collection), University of Pennsylvania, Charles Patterson Van Pelt Library, Department of Special Collections, Philadelphia.

MCP   Malcolm Cowley Papers, Newberry Library, Chicago.

MFP   Mumford Family Papers, in the possession of Lewis and Sophia Mumford, Leedsville, New York.

MJP Matthew Josephson Papers, in the possession of Eric Josephson, Sher-man, Connecticut.

MKFP MacKaye Family Papers, Dartmouth College Library, Hanover, New Hampshire (contains the papers of Benton MacKaye).

MLP Max Lerner Papers, Yale University Library, Manuscripts and Archives, New Haven, Connecticut.

NAP Newton Arvin Papers, Smith College Library, Rare Book Room, Northampton, Massachusetts.

PGC Patrick Geddes Correspondence, National Library of Scotland, Edinburgh.

SMP Stearns Morse Papers, Dartmouth College Library, Hanover, New Hampshire.

VWBP Van Wyck Brooks Papers, University of Pennsylvania, Charles Patterson Van Pelt Library, Department of Special Collections, Philadelphia.

WFP Waldo Frank Papers, University of Pennsylvania, Charles Patterson Van Pelt Library, Department of Special Collections, Philadelphia.

WLP Walter Lippmann Papers, Yale University Library, Manuscripts and Archives Division, New Haven, Connecticut.

WOCP William Van O'Connor Papers, Syracuse University, George Arendts Research Library, Syracuse, New York.

芒福德笔记：

P Personalia. Mumford kept several distinct species of notes, one of which he labeled Personalia. These are intensely personal notes. In the Lewis Mumford Collection, University of Pennsylvania, Charles Patterson Van Pelt Library, Department of Special Collections, Philadelphia.

P-C Personalia, in the confidential portion of the Lewis Mumford Collection.

RN Random Notes. A species of notes, the most common in the Mumford Collection. In the Lewis Mumlord Collection, University of Pennsyivania, Charles Patterson Van Pelt Library, Department of Special Collections, Philadelphia.

RN-C Random Notes, in the confidential portion of the Lewis Mumford Collection.

注 释

人名：

BMK	Benton MacKaye
CB	Catherine Bauer (Wurster)
CS	Clarence Stein
DCL	Dorothy Cecilia Loch
FJO	Frederic J. Osborn
HM	Henry A. Murray
JL	Jerome Lachenbruch
JS	Josephine Strongin
LM	Lewis Mumford
PG	Patrick Geddes
SM	Sophia Mumford (Wittenberg)
VB	Victor Branford
VWB	Van Wyck Brooks

访谈：

IAMM	Interview with Alison Mumford Morss, in Leedsville, New York.
IHM	Interview with Henry A. Murray, in Cambridge, Massachusetts.
ILM	Interview with Lewis Mumford, in Leedsville, New York.
ISM	Interview with Sophia Mumford, in Leedsville, New York.

前言

1. Van Doren quote in Harcourt Brace Jovanovich publicity pamphlet, no date, LMC.
2. Mumford, "Call Me Jonah!" address delivered December 13, 1972, and published in Mumford, WD, PP. 527–31; Ralph Waldo Emerson, "War," *The Works of Ralph Waldo Emerson*, vol. II (Boston, MA: The Jefferson Press, 1883), P. 550.
3. Malcolm Cowley to Julian Muller, October 1978, LMC.
4. ILM, May 6, 1986; Emerson, "The American Scholar," August 31, 1937, in Ralph Waldo Emerson, *Essays and Lectures* (New York: The Library of America, 1983), pp. 70–71.

一株孤独的大树

1. S, PP. 3, 25.

2. RN, 1919.
3. ISM, May 6, 1986, May 22, 1985; ILM, July 6, 1983.
4. S, p. 57.
5. LM, "Inscription for a Gravestone" (autobiographical fragment), March 28, 1952, p. 5, MFP; ILM, July 6, 1983.
6. S, p. 57.
7. LM, "Radcliffe Commencement Address," June 3, 1956, LMC.
8. Ibid.
9. Ibid.; S, pp. 42-43.
10. LM, "Inscription for a Gravestone," p. 6.
11. Ibid., pp. 7-10; S, pp. 68-70; ISM, May 6, 1986; ILM, July 8, 1984.
12. S, pp. 25-26; SM, statement, January 1, 1968, MFP.
13. Elvina Mumford, "Autograph Album," February 1891, MFP; S, p. 28.
14. S, pp. 28-29; LM, "Inscription for a Gravestone," pp. 10-18.
15. Quoted in S, p. 30; SM, statement, December 3, 1967, MFP.
16. S, pp. 30-34; ILM, July 8, 1984, May 22, 1985.
17. S, pp. 30-35; ISM, May 6, 1986.
18. ILM, May 6, 1986; LM, "Inscription for a Gravestone," pp. 10-19; LM-Alison Mumford Morss, April 14, 1967, LMC-C.
19. S, p. 32; LM-CB, August 20, 1930, LMC-C; JL-LM, February 16, 1963, LMC.
20. S, pp. 32-33; ILM, July 8, 1984.
21. LM, "The Little Testament of Bernard Martin, Aet. 30," LMC, pp. 1-10; ILM, July 8, 1984; S, pp. 3-4.
22. LM, "Memorandum," 1962, LMC.
23. S, R 43; ISM, April 2, 1988.
24. LM, "Inscription for a Gravestone," p. 26; S, pp. 40-49; ILM, July 6, 1983.
25. S, p. 41.
26. ILM, July 8, 1984.
27. Elvina Mumford-LM, 1921, MFP; ISM, May 6, 1986.
28. LM, "Inscription for a Gravestone," p. 1.
29. Ibid., pp. 34-35.

30. S, p. 44.
31. Ibid., p. 45.
32. William Manchester, *The Last Lion: Winston Spencer Churchill; Visions of Glory, 1874–1932* (Boston: Little, Brown, 1983), p. 118.
33. S, p. 47.
34. LM, "Inscription for a Gravestone," p. 23.
35. RN, 1915.
36. LM-Stearns Morse, November 15, 1950, SMC (copy in LMC); JL-LM, February 16, 1913, LMC.
37. LM-Alison Mumford Morss, April 14, 1967, LMC-C.
38. LM, "My Boyhood Fiction" (unpublished chapter fragment of LM's autobiography), April 17, 1968, LMC.
39. S, p. 44.
40. LM-Stearns Morse, November 15, 1950. SMC (cony in LMC).
41. LM, untitled fragment of his autobiography, written aboard the S.S. *Mauretania* in July 1961, p. 7, LMC (hereatter referred to as "S.S. Mauretania").
42. RN, November 28, 1963.
43. S, pp. 49–53; ILM, June 28, 1977.
44. ILM, June 28, 1977.
45. S, pp. 50–52.
46. Ibid., p. 55.

纽约度过的童年

1. S, pp. 13, 61.
2. Ibid., pp. 14–17; LM, "A New York Childhood: Ta-Ra-Ra-Boom-De-Ay," *The New Yorker*, December 22, 1934, p. 21.
3. ILM, July 8, 1984; S, pp. 16–17; LM, "The Metropolitan Milieu," AAS, pp. 33–38.
4. ILM, July 8, 1984; S, p. 18.
5. S, pp. 6–7.
6. lbid.

7. Quoted in Gunther Barth, *City People: The Rise of Modern City Culture in Nineteenth Century America* (New York: Oxford University Press, 1980), p. 210.
8. LM, July 8, 1984; S, pp. 121-22.
9. S, p. 8.
10. RN, 1915.
11. S, p. 89.
12. Ibid., p. 86.
13. Ibid., pp. 87-89.
14. Quoted in S, pp. 18-19; ILM, June 28, 1977.
15. S, p. 64; LM, "New York Childhood," pp. 18-23.
16. S, p. 66.
17. James Schleicher-LM, October 26,1916, MFP.
18. S, pp. 76-77; ILM, June 28, 1977.
19. S, p. 85; LM, "A New York Adolescence: Tennis, Quadratic Equations, and Love," *The New Yorker*, December 4,1937, pp. 86-89; LM did not start school until he was seven years old.
20. Quoted in S, p. 98.
21. MM-II, p. 304.
22. LM, "My Technical Background" (autobiographical fragment), February 8, 1979, LMC.
23. LM, "New York Adolescence," pp. 86-89.
24. S, p. 84.
25. LM, "New York Adolescence," pp. 86-89; S, p. 21.
26. Thomas S. Bates-LM, October 23, 1912, LMC.
27. LM-FJO, December 25, 1948, FJOC.
28. LM-David Liebovitz, November 16, 1963, LMC.
29. Mumford's school records and his writings for the *Caliper* are in the LMC.
30. S, p. 177; LM, "S. S. Mauretania," p. 7, LMC.
31. LM, "The History of a Prodigy," *Smart Set*, August 1921, pp. 49-52; "S. S. Mauretania," pp. 7-10, LMC.
32. LM, "The York Adolescence," pp. 86-94; LM, "New York Childhood" (mane.

scrim. no date), LMC.
33. Mumford's correspondence with Beryl Morse is in the LMC.
34. S, p. 104.
35. LM, "The Growing Age" (manuscript, no date), LMC.
36. LM-CB, April 30, 1931, LMC-C; S, p. 104.
37. RN, June 20, 1915.
38. S, p. 108.
39. LM, "Prodigy," p. 50.
40. Beryl Morse-LM, no date, LMC; S, pp. 97, 107.
41. S, pp. 105, 109; LM, untitled verse, September 5, 1914, LMC.
42. LM, "None But the Brave," 1916, LMC.
43. LM, untitled manuscript, no date, LMC; ILM, June 28, 1977.
44. S, p. 114.
45. Ibid., p. 115.
46. LM, "Eros in Central Park" (manuscript, no date), LMC.
47. Quoted in S, p. 113; ILM, June 28, 1977; LM, "Eros in Central Park," LMC.

精神之父

1. S, pp. 34-35.
2. LM, "A New York Adolescence: Tennis, Quadratic Equations, and Love," *The New Yorker*, December 4, 1937, pp. 86-94.
3. S, pp. 160-61.
4. Ibid., pp. 131-32.
5. S. Willis Rudy, *The College of the City of New York: A History, 1847-1947* (New York: The City College Press, 1949), pp. 266, 304.
6. S, p. 132.
7. Ibid., P. 133; LM, "Fruit: A Story," *The Forum*, December 1914, pp. 889-92.
8. WD, p. 51.
9. LM, autobiographical fragment, July 15, 1961, LMC.
10. JL-Sherman Paul, February 23, 1964, Sherman Paul's Lewis Mumford Collec-tion,

in the possession of Sherman Paul, University of Iowa, Iowa City.
11. FK, pp. 38 – 39.
12. RN, 1915.
13. Quoted in S, p. 101.
14. S, pp. 135 – 36; LM, "My Literary and Intellectual Lineage," August 20, 1963, LMC.
15. LM, in George Schreiber, *Portraits and Self-Portraits* (Boston: Houghton Mifflin, 1936), p. 119.
16. Quoted in LM, "Patrick Geddes, Insurgent," *The New Republic*, October 30, 1929, p. 295; PG, "Huxley as Teacher," *Nature*, May 9, 1925, pp. 740 – 43.
17. See, especially, PG, *Cities in Evolution: An Introduction to the Town Planning Move-ment and to the Study of Civics* (London: Williams and Norgate, 1915). There are four collections of Geddes's papers, each of which contains materials from, by, or pertaining to Mumford: Sir Patrick Geddes Publications, Cornell University Libraries, Department of Manuscripts and University Archives, Ithaca, New York; Patrick Geddes Correspondence, National Library of Scotland, Edinburgh (this contains his correspondence with Mumford); Patrick Geddes Papers, Univer-sity of Strathclyde, University Archives, Glasgow, Scotland; and Patrick Geddes Papers and Miscellaneous Materials, Patrick Geddes Centre for Planning Studies, Outlook Tower, Edinburgh, Scotland.

Philip Boardman has the complete bibliography of Geddes's publications in *The Worlds of Patrick Geddes: Biologist, Town Planner, Re-educator, Peace-Warrior* (London: Rutledge and Kegan Paul, 1978); see also Boardman's *Patrick Geddes, Maker of the Future* (Chapel Hill: University of North Carolina Press, 1944).
18. Quoted in Park Dixon Goist, "Patrick Geddes and the City," *American Institute of Planners, Journal*, January 1974, p. 34. Some of Geddes's ideas on Le Play are described in the notes he made for a sociology course he gave in 1891. They are in the Geddes papers at the University of Strathclyde.
19. PG, *Cities in Evolution* (New York: Harper Torchbooks, 1971), pp. 13 – 15. Mum-ford wrote an interesting unpublished essay in 1974 on Geddes called "The

Geddesian Gambit," LMC.

20. See, especially, PG, *City Development: A Study of Parks, Gardens, and Culture-Institutes: A Report to the Carnegie Dunfermline Trust* (Edinburgh: Geddes and Col-leagues, 1904).

21. Quoted in Marshall Stalley, ed., *Patrick Geddes: Spokesman for Man and the Environ-ment* (New Brunswick, NJ: Rutgers University Press,1972), p. 75.

22. S, p. 152.

23. For a recent study of Geddes's work at the Outlook Tower, see Michael Cuthbert, "The Concept of the Outlook Tower in the Work of Patrick Geddes," Thesis, Department of Scottish History, University of St. Andrews, 1987.

24. Paddy Kitchen, *A Most Unsettling Person: The Life and Ideas of Patrick Geddes, Founding Father of City Planning and Environmentalism* (New York: Saturday Review Press,1975), p. 131.

25. PG, "The Third Talk: The Valley Plan of Civilization," in "Talks from the Outlook Tower" in Stalley,*Geddes*, pp. 321 – 33.

26. PG, *The Masque of Learning and Its Many Meanings: A Pageant of Education Through the Ages* (Edinburgh: Geddes and Colleagues, 1912); Philip Mairet discusses Geddes as a sociologist in *Pioneers of Sociology: The Life and Letters of Patrick Geddes* (London:Lund Humphries,1957).

27. LM. "Bernard Martin," republished in FK, p. 117.

28. At this age, Mumford fits, rather well, the psychological profile of alienated college students of the early 1960s that Kenneth Keniston draws in his book *The Uncommitted*; see Kenneth Keniston, *The Uncommitted: Alienated Youth in American Society* (New York: Dell, paperback ed., 1965), pp. 78, 80 – 89.

29. RN, January 9,1916.

30. Ibid.

31. LM, "The Invalids, "LMC.

32. CC, p. 3.

大任者之路

1. LM, "A Disciple's Rebellion: A Memoir of Patrick Geddes," *Encounter*,

September 1966, pp. 11 – 21.
2. RN, 1916.
3. S, PP. 183 – 84.
4. S, pp. 140 – 41.
5. Ibid. , p. 141.
6. LM-Stearns Morse, November 3, 1968, SMP.
7. S, pp. 123 – 24.
8. All quotes on Johnson and Dickens from John Wain, *Samuel Johnson* (New York: Viking,1975), p. 58.
9. In his studies of alienated youth, Kenneth Keniston observed this same habit of walking as therapy. See Kenneth Keniston, *The Uncommitted: Alienated Youth in American Society* (New York: Dell, paperback ed. , 1965), pp. 80 – 81.
10. RN, June 20,1915; LM, "Who is Regius Storm?" 1917, LMC.
11. LM, "Memorandum for LM, " 1962, LMC.
12. SU, p. 38.
13. Quoted in S, P. 143.
14. RN, 1915.
15. Ibid. 1914.
16. Ibid. 1918.
17. See Samuel Butler, *Notebooks*, edited by Geoffrey Keynes and Brian Hill (New York: Dutton, 1951), p. 5 for Butler's advice to a writer to keep a small notebook in his waistcoat.
18. RN, no date.
19. LM, autobiographical note, August 29, 1980, LMC; LM, "The Marriage of Museums," *Scientific Monthly*, 7 (September 1918), pp. 252 – 60.
20. LM, "Reflections: Prologue to Our Time," *The New Yorker*, March 10,1975, pp. 56 – 57.
21. PG and J. Arthur Thomson, *The Evolution of Sex* (New York: Humboldt,1890), pp. 246,251 – 52; PG and Thomson later collaborated on a more extensive volume, *Life: Outlines of General Biology* (London: Williams and Norgate, 1931).
22. LM, review of *Life: Outlines of General Biology*, 2 vols. , by PG and J. Arthur

Thomson, *The New Republic*, September 16, 1931, pp. 130–31; LM, "Geddes, Insurgent," *The New Republic*, October 30, 1929, pp. 295–96.
23. LM, "Patrick Geddes, Victor Branford and Applied Sociology in England: The Urban Survey, Regionalism, and Urban Planning," in *An Introduction to the History of Sociology*, edited by Harry Elmer Barnes (Chicago: University of Chicago Press, 1948), pp. 689–90.
24. Butler, *Notebooks*, pp. 194, 2, 4.
25. Ibid., pp. 115, 116, 73.
26. LM, "The Gorgon's Head," 1917, LMC.
27. LM, autobiographical fragment, July 28, 1980, LMC.
28. LM, "My Literary and Intellectual Lineage," August 20, 1963, LMC.
29. RN, 1915.
30. PG, *Cities in Evolution: An Introduction to the Town Planning Movement and to the Study of Civics* (London: Williams and Norgate, 1915), p. 210.
31. RN, 1919.

曼哈顿之子

1. Quoted in Joseph Jay Rubin and Charles H. Brown, *Walt Whitman of the New York Aurora* (State College, PA: Bald Eagle Press, 1950), p. 18.
2. Michael Gold, *Jews Without Money* (New York: Liveright, 1930), pp. 13–14.
3. RN, January 1916.
4. HMel, p. 194.
5. RN, January 1916, August 21, 1916.
6. LM, "Architecture as a Home for Man," *Architectural Record*, February 1968, p. 113.
7. RN, August 21, 1916.
8. Ibid., 1917.
9. Ibid.
10. Quoted in Justin Kaplan, *Walt Whitman: A Life* (New York: Simon & Schuster, 1980), pp. 109–10.
11. S, pp. 125–26.

12. RN, no date.
13. Ibid. , 1916.
14. LM, "Garden Civilizations," 1917, MFP; later published as "Garden Civilizations: Preparing for a New Epoch,"*Town and Country Planning*, March 1955, pp. 138－42.
15. RN, 1916.
16. LM, "The Geographic Distribution of the Garment Industry,"1916, LMC.
17. LM, "Counter-Tendencies: An Outline of a Regional Policy for Manhattan,"1916, LMC.
18. ILM, July 7, 1983.
19. LM, "Geography as a Basis for Social Reform," no date, LMC; LM, "Regionalism:A Bibliographic Note,"no date, LMC.
20. S, p. 169.
21. "Nineteen-Seventeen, "LMC.
22. LM, "The Pittsburgh District," August 1917, LMC; LM, "Methods of Civic Research: A Hint from Pittsburgh Experience,"1917, LMC.
23. S, p. 176.
24. LM, "Memorandum: Plan for a Civic Background Series," no date, LMC.
25. Ebenezer Howard, *Garden Cities of Tomorrow*, edited by Frederic J. Osborn (Cam-bridge, MA: MIT Press, 1965), p. 48; originally titled *To-Morrow: A Peaceful Path to Real Reform*. For more on Howard and his ideas, see Stanley Buder, "Ebenezer Howard: The Genesis of a Town Planning Movement," *American Institute of Planners*, *Journal*, November 1969, pp. 380－98; and Walter R. Creese, *The Search for Environment* (New Haven, CT: Yale University Press, 1966). Howard's papers are in the Hertfordshire County Archive, Hertfordshire, England.
26. LM, "Garden Civilizations," p.139.
27. S, pp. 167－68.
28. LM, "Nineteen-Seventeen, "LMC.
29. Emory Holloway, ed. , *The Uncollected Poetry and Prose of Walt Whitman*, 2 vols. (Garden City, NY: Doubleday, Page, 1921), pp. 66－76.

30. Quoted in LM, "The Metropolitan Milieu," AAS, P. 43; Holloway, *Uncollected Poetry and Prose*.
31. LM, "Nineteen-Seventeen," LMC.
32. LM, "Cities in Evolution," 1916, LMC.
33. LM, "Autobiographical Essay," no date, pp. 11-22, LMC.
34. Samuel Butler, *Notebooks*, edited by Geoffrey Keynes and Brian Hill (New York: Dutton, 1951), p. 93.
35. RN, no date.
36. LM, "The Brownstone Front," 1917, LMC; LM later changed the title of the play to "Asters and Goldenrod."
37. Quoted in Erik H. Erikson, *Identity: Youth and Crisis* (New York: Norton, paperback ed., 1968), p. 19.
38. LM, "Thoughts: Pleasant and Unpleasant," 1915, LMC.
39. S, PP. 128-30.
40. Walt Whitman, "City of Ships," in *Leaves of Grass: Comprehensive Reader's Edition*, edited by Harold W. Blodgett and Sculley Bradley (New York: New York Univer-sity Press, 1965), p. 294.

文丐式学徒岁月

1. LM, "A New York Apprenticeship," p. 1, LMC.
2. See Edward Shils, "Lewis Mumford: On the Way to the New Jerusalem," *The New Criterion*, May 1983, p. 38.
3. S, P. 180; LM's first three published essays were "Jones and I," *Metropolitan: the Liveliest Magazine in America*, February 1914, p. 13; "Community Cooking," *The Forum*, July 1914, pp. 95-99; and "Fruit," *The Forum*, December 1914, pp. 889-91.
4. S, p. 181.
5. JL-Sherman Paul, February 23, 1964, Sherman Paul's Lewis Mumford Collection, in the possession of Sherman Paul, University of Iowa, Iowa City.
6. S, PP. 182-83.
7. RN, August 29, 1916.

8. LM, "New York Apprenticeship," pp. 8 – 9; LM, autobiographical fragment, 1956, P. 46, MFP.
9. S, pp. 179 – 80.
10. LM-Daniel Aaron, January 17, 1959, LMC.
11. Quoted in Allen Churchill, *The Improper Bohemians: A Re-creation of Greenwich Village in Its Heyday* (New York: Dutton, 1959), pp. 34 – 35.
12. Quoted in Ibid., p. 11.
13. Daniel Aaron, *Writers on the Left: Episodes in American Literary Communism* (New York: Harcourt, Brace and World, 1961), pp. 85 – 87.
14. Michael Gold-LM, September 2, 1954, LMC.
15. RN, 1918.
16. LM, "A Study in Success," 1923, LMC.
17. LM, "S. S. Mauretania," p. 19B.
18. Michael Gold-LM, September 2, 1954, LMC.
19. LM-Daniel Aaron, January 17, 1959, LMC.
20. S, p. 71.
21. LM, "Nineteen-Seventeen," LMC.
22. Quoted in S, P. 195.
23. John Reed, "One Solid Month of Liberty," *The Masses*, September 1917, pp. 5 – 6.
24. LM-Michael Gold, no date, LMC.
25. RN, 1917.
26. S, p. 195.
27. LM, "1918," LMC; S, pp. 196 – 97.
28. David Liebovitz, "Lewis Mumford: A Memoir," in *The Lewis Mumford-David Liebovitz Letters, 1923 – 1968*, edited by Bettina Liebovitz Knapp (Troy, NY: Whit-ston, 1983), pp. 237 – 38.
29. Ibid., pp. 241 – 42.
30. JL-LM, February 2, 1918, LMC.
31. S, p. 199.
32. BD, p. 51.

33. S, pp. 201 - 10.
34. LM,"1919," LMC.
35. S, p. 209.
36. Ibid. , p. 199.
37. Robert Morss Lovett, *All Our Years* (New York: Viking, 1948), pp. , 53 - 56 RN, August 16, 1919.
38. Nicholas Joost, *Scofield Thayer and The Dial: An Illustrated History* (Carbondale, IL: Southern Illinois University Press,1964), pp. 3 - 6; see also Joost, *Years of Transition:The Dial, 1912 - 1920* (Barre, MA: Barre Publishers,1967).
39. S, p. 184.
40. Ibid. , pp. 214 - 16.
41 . LM, "My Literary and Intellectual Lineage," August 20, 1963, LMC, p. 8.
42. S, p. 220.
43. LM, "My Literary and Intellectual Lineage," p. 9; S, pp. 220 - 21.
44. Quoted in Sidney Lens, *Radicalism in America* (New York: Crowell,1969 ed.), p. 257.
45. S, p. 219.
46. LM, review of *The World War and Its Consequences* by William H. Hobbs, The Dial, April 19, 1919, pp. 406 - 407.
47. S, p. 251.
48. Joost, *Years*, pp. 238 - 42.
49. Quoted in William Wasserstrom, ed. , *A Dial Miscellany* (Syracuse, NY: Syracuse University Press,1963), P. xv.
50. P, November 11, 1919.
51. LM-Michael Gold, October 2, 1919, LMC.
52. S, P. 253.

钻研索菲亚

1. "Bernard Martin,"in FK, p. 125; P, February 4,1920; LM-VB, July 9,1919, September 20, 1919, LMC.
2. LM-VB, July 9,1919, November 29,1919, LMC.

3. VB-LM, December 10, 1919, LMC.
4. LM-VB, January 11, 1920, LMC.
5. LM-VB, February 13, March 19,1920; P, February 4, 1920, LMC.
6. P, June 1, 1921.
7. S, p. 224.
8. Ibid., pp. 227-28.
9. GM, pp. 192-93.
10. ISM, July 6, 1983; P, February 4, 1920.
11. SM, account of her family background, November 20, 1952, MFP.
12. SM, "A Few Remembered Anecdotes about Grandfather William, 1869-1964," no date, MFP.
13. RN, June 16, 1947; GM, pp. 10-11.
14. S, p. 228.
15. Ibid., p. 230.
16. P, February 4, February 22, April 3, May 21, 1920.
17. Ibid., December 23, 1919.
18. LM-Elvina Mumford, October 4, 1918, LMC.
19. P, April 3, 1920.
20. WD, pp. 69-70.
21. S, pp. 254-55; Loch was Branford's private secretary when Mumford first met her. In 1921 she was made secretary of the Sociological Society, serving in that position through 1923.
22. S, p. 260.
23. LM-PG, PGC; S, pp. 261-63.
24. LM, "Victor Branford," *The New Republic*, August 27, 1930, p. 43; S, p. 259.
25. LM, "Branford," p. 43.
26. S, p. 262.
27. LM, "Branford," p. 44.
28. Ibid.
29. S, p. 255.
30. LM-PG, July 31, 1921.

31. P, June 7, 1920.
32. LM, "S. S. Mauretania," p. 7.
33. S, P. 235.
34. LM-SM, September 10, 1920, LMC.
35. LM-DCL, May 1921, LMC.
36. LM-JL, August 5, 1920, LMC.
37. LM-SM, no date, LMC.
38. S, p. 280.
39. Ibid., pp. 257–58.
40. LM, "The Year 1920: Retrospect," LMC.
41. LM-PG, May 12, 1921, PGC.
42. LM-DCL, January 29, 1921, LMC.
43. LM-Sarita Lifschitz, July 18, 1920, LMC.
44. S, p. 283.
45. LM-SM, July 4, 1920, LMC.
46. Quoted in LM-SM, August 18, 1920, LMC.
47. S, P. 277.
48. LM-SM, August 18, 1920, LMC.

重返纽约

1. P, October 25, November 3, November 8, 1920.
2. Nicholas Joost, *Years of Transition: The Dial, 1912–1920* (Barre, MA: Barre Publishers, 1967), pp. 157, 182; Alyse Gregory, *The Day Is Gone* (New York: Dutton, 1948), pp. 136, 175–76.
3. Gregory, *The Day Is Gone*, pp. 136, 175–79, 209; Llewelyn Powys, *The Verdict of Bridelgoose* (London: Jonathan Cape, 1927), p. 115.
4. Gregory, *The Day Is Gone*, pp. 210–11.
5. Quoted in Joost, *Scofield Thayer and The Dial: An Illustrated History* (Carbondale, IL: Southern Illinois University Press, 1964), p. 81.
6. ILM, July 6, 1983; P, November 3, 1920, LMC.
7. S, p. 288.

8. LM, "Nineteen-Twenty,"LMC.
9. P, January 27, 1921
10. Ibid., February 26, 1921.
11. ILM, July 6, 1983.
12. LM-Beryl Morse, November 15, 1949, LMC.
13. LM-DCL, July 9, 1921, LMC; S, p. 289.
14. S, p. 291; LM-SM, July 5, 1921, LMC.
15. S, p. 290; P, June 6,1921.
16. LM-SM, July 25, 1921, LMC; S, P. 293.
17. Quoted in S, pp. 292-93; SM-LM, August 20, 1921, LMC-C.
18. P, July 31, 1921.
19. LM-SM, August 18, 1921, LMC-C.
20. P, June 2, 1921.
21. JL-LM, July 7, 1921, LMC; see also JL-LM, August 17, 1920, LMC.
22. LM-JL, June 27, 1920, LMC.
23. P, February 26, 1921.
24. LM-Stearns Morse, November 15, 1949, SMP.
25. Ibid.
26. ISM, July 6,1983.
27. LM-DCL, September 23, 1921, LMC.
28. SM-LM, July 26, 1921, LMC-C.
29. SM-LM, July 20, 1921, LMC-C.
30. Quoted in S, p. 294.
31. P, October 27, 1921.
32. ISM, July 6, 1983; S, p. 296.
33. LM-Stearns Morse, November 15, 1947, SMP; S, pp 300-301.
34. LM-PG, January 15, 1922, PGC.
35. S, p. 298.
36. P, January 23, 1922.
37. LM, autobiographical fragment, April 8, 1979, LMC.
38. SM. Personalia, November 1, 1955, LMC-C.

39. SM-JS, June 11, 1938, LMC-C.
40. SM-LM, August 20, 1921, LMC-C.
41. P, January 23, 1922.
42. SM-JS, June 11, 1938, LMC-C.
43. ISM, July 6, 1983.
44. LM-Stearns Morse, November 15 1949, SMP.

超越理想国

1. Frederick J. Hoffman, *The Twenties: American Writing in the Postwar Decade* (New York: Free Press, rev. ed., 1962), p. 33.
2. RN, 1963 – 1973, LMC.
3. LM-DCL, September 23, 1921, LMC.
4. LM, "The Beginnings of a Literary Friendship," in *The Van Wyck Brooks-Lewis Mumford Letters: The Record of a Literary Friendship, 1921 – 1963*, edited by Robert E. Spiller (New York: Dutton, 1970), p. 1.
5. VWB-LM July 12 1922, VWBP; LM-JL, August 5, 1920, LMC.
6. Susan J. Turner, *A History of The Freeman: Literary Landmark of the Early Twenties* (New York: Columbia University Press, 1963), pp. 2, 8, 19 – 22, 27 – 29, 45 – 47; Franz Oppenheimer, *The State*, translated by John M. Gitterman (New Youk: Vanguard,1926).
7. Turner, *Freeman*, pp. 12 – 13; VWB, *Days of the Phoenix* (New York: Dutton, 1957), PP. 52 – 65; LM-Robert Crunden, July 20,1961, AJNP.
8. VWB, *Phoenix*, p. 57; Raymond Nelson, *Van Wyck Brooks: A Writer's Life* (New York: Dutton, 1981), p. 153.
9. Quoted in VWB, *Phoenix*, p. 56.
10. Quoted in Turner, *Freeman*, p. 28.
11. S, p. 362; James Hoopes, *Van Wyck Brooks: In Search of American Cullure* (Amherst, MA: University of Massachusetts Press, 1977), p. 152.
12. LM-VWB, February 14, 1959, VWBP.
13. VWB, "A Reviewer's Notebook," *The Freeman*, May 5, 1920, P. 191.
14. S, pp. 366 – 67; Harold Stearns, ed., *Civilization in the United States: An Inquiry*

by *Thirty Americans* (New York: Harcourt, Brace,1922).

15. Quoted in Allen Churchill, *The Improper Bohemians: A Re-Creation of Greenwich Village in Its Heyday* (New York: Dutton, 1959), pp. 240-41.
16. Churchill, p. 243; VWB, *Phoenix*, pp. 159-69.
17. S, p. 368; LM-DCL, September 23, 1921, LMC.
18. P, March 23, April 1, 1921.
19. RN, December 19, 1921.
20. JL-LM, July 15, 1921, LMC; see also letter of JL to LM reprinted in letter from LM to Ruth Lachenbruch,1971, LMC.
21. LM, autobiographical fragment, October 1971, LMC.
22. Geroid Robinson-LM, February 26, 1921, LMC.
23. LM-DCL, March 11, 1922, LMC; LM-Horace Liveright, February 20, 1922, LMC.
24. LM-Joel Spingarn, February, 5 March1, 1923, JSP.
25. S, pp. 368-69; LM-DCL,1922, LMC.
26. LM-DCL, 1922, LMC; LM-VWB, August 1, 1922, VWBP.
27. S, pp. 303-304.
28. LM, "S. S. Mauretania,"LMC.
29. Quoted in S, p. 306.
30. LM, "Bernard Martin,"in FK, p. 137.
31. S, P. 314.
32. Ibid., pp. 310-14.
33. RN, June 1923, LMC.
34. LM-JL, December 19, 1922, LMC.
35. S, p. 316.
36. See, for example, Alfred Zimmern, "Post-War Utopianism," *The Literary Review*, January 20, 1923, p. 387.
37. VWB, *Phoenix*, p. 154.
38. Quoted in Justin Kaplan, *Walt Whitman: A Life* (New York: Simon & Schuster, 1980), pp. 168-69.
39. LM, "Abandoned Roads," *The Freeman*, April 12, 1922, pp. 101-102

40. LM, "The Collapse of Tomorrow," *The Freeman*, July 13, 1921, pp. 414 – 15.
41. LM, "Contemporary Disillusion: A Dialogue,"*The Nation*, December 10, 1924, pp. 636 – 37.
42. LM, "The Adolescence of Reform," *The Freeman*, December 1, 1920, pp. 272 – 73.
43. SU, pp. 164 – 67.
44. LM, "Toward a Humanist Synthesis, "*The Freeman*, March 2, 1921, pp. 583 – 85; SU, p. 247; LM, "A Modern Synthesis,"*The Saturday Review of Literature*, April, 12, 1930, pp. 920 – 21; May 10, 1930, pp. 1028 – 29.
45. LM-PG, July 31, 1921, PGC; SU, p. 281.
46. SU, pp. 290, 302 – 303.
47. Ibid, p. 307.

建筑:人类家园

1. SS-D, p. vi.
2. Frank Lloyd Wright-LM, January 7, 1929, in *Letters to Architects: Frank Lloyd Wright*, edited by Bruce Brooks Pfeiffer (Fresno, CA: The Press at California State University, 1984), p. 143.
3. S, p. 426.
4. LM, "Houses, Machines, Cities,"June 9, 1931, LMC.
5. S, p. 333.
6. LM-PG, November 26, 1929, PGC.
7. HMel, p. 71; LM, *Architecture: Reading with a Purpose*, no. 23 (Chicago: American Library Association, 1926), p. 34.
8. LM, "The Modern City," in Talbot Hamlin, ed., *Forms and Functions of Twentieth-Century Architecture*, vol. 4, *Building Types* (New York: Columbia University Press, 1952), p. 802.
9. LM, *Architecture*, pp. 1 – 18.
10. LM, "Architecture and History, "*Journal of the American Institute of Architects*, April 1924, p. 192.
11. LM, *Architecture*, pp. 12 – 13; LM, "American Architecture Today: Part I, "

Architecture, April 1928, pp. 181 – 88.

12. Quoted in Christopher Tunnard and Henry Hope Reed, *Skyline: The Growth and Form of Our American Cities and Towns* (New York: New American Library, Mentor ed., 1956), p. 155.

13. LM, "The Metropolitan Milieu,"AAS, p. 40.

14. LM, "Our Modern Style,"*Journal of the American Institute of Architects*, January 1924, pp. 26 – 27.

15. Col. W. A. Starratt, "The Mountains of Manhattan,"*Saturday Evening Post*, May 12, 1928, pp. 24 – 25, 72.

16. Quoted in Bayard Still, *Mirror for Gotham: New York as Seen by Contemporaries from Dutch Days to the Present* (New York: New York University Press, 1956), pp. 261 – 62; for an excellent recent study of the skyscraper, see Paul Goldberger, *The Skyscraper* (New York: Knopf,1981).

17. S, pp. 428 – 29.

18. See, especially, LM, "New York vs. Chicago in Architecture,"*Architecture*, November 1927, pp. 241 – 44.

19. LM, "The Arts,"in *Whither Mankind?: A Panorama of Modern Civilization*, edited by Charles A. Beard (New York: Longman's, Green, 1928), pp. 296 – 98.

20. LM, BD-D, pp. 49 – 82.

21. LM, *Architecture*, p. 27.

22. BD-D, pp. 59 – 75.

23. Robert Fishman, *Urban Utopias in the Twentieth Century: Ebenezer Howard, Frank Lloyd Wright and Le Corbusier* (New York: Basic Books, 1977); Siegfried Giedion, *Space, Time and Architecture: The Growth of a New Tradition* (Cambridge, MA: Harvard University Press, 1941); Le Corbusier, *Vers une architecture* (Paris, 1923).

24. S, PP. 11 – 12.

25. LM, "Function and Expression in Architecture," *Architectural Record*, November 1951, pp. 106 – 17.

26. Philip Johnson-LM, January 3, 1931, LMC.

27. Quoted in Pfeiffer, ed., *Letters to Architects*, p. 145.

28. Frank Lloyd Wright-LM, 1930, in Pfeiffer, ibid.
29. LM,"The Sky Line: A Phoenix Too Infrequent-I,"*The New Yorker*, November 28, 1953, pp. 133-39.
30. Frank Lloyd Wright-LM, January, 1952, in Pfeiffer, p. 149.
31. S, pp. 431-33.
32. Frank Lloyd Wright, *An Autobiography*(New York: Longman's, Green, 1932), pp. 168-70; for Wright's life and ideas, see Robert C. Twombly, *Frank Lloyd Wright: His Life and His Architecture* (New York: Wiley, 1979); and a more recent biography' by Brendan Gill, *Many Masks: A Life of Frank Lloyd Wright* (New York: G. P. Putnam's Sons, 1987).
33. S, p. 433.
34. Frank Lloyd Wright-LM, January 1952, in Pfeiffer, p. 149.
35. Louis Sullivan, "An Unaffected School of Modern Architecture," in Louis Sullivan, *Kindergarten Chats and Other Writings*, edited by Isabella Athey (New York: Wittenborn, Schultz, 1947), p. 30.
36. Henry-Russell Hitchcock, Jr., *In the Nature of Materials* (New York: Duell, Sloan, Pearce, 1942), p. 6.
37. BD-D, p. 76.
38. Henry-Russell Hitchcock, Jr., and Philip Johnson, *The International Style: Architecture Since 1922*(New York: Museum of Modern Art, 1932).
39. S, p. 346.
40. LM,"Phoenix-I"; LM,"A Phoenix Too Infrequent-II,"*The New Yorker*, December 12, 1953, pp. 116-20.
41. S, P. 438.
42. Ibid.
43. First part of quote in Frank Lloyd Wright-LM, June 4, 1958; second part in Wright-LM, May 22, 1958; both in Pfeiffer, pp. 151-52.
44. Frank Lloyd Wright-LM, June 4, 1958, in Pfeiffer, p. 152.
45. LM,"Phoenix-I,"PP. 133-39; LM,"Phoenix-II," pp. 116-20.
46. BD-D, p. 79.
47. Quoted in Edgar Kaufmann and Ben Raeburn, *Frank Lloyd Wright; Writings and*

Buildings(Cleveland: World,1960), pp. 92 – 93.
48. LM,"Our Modern Style," *Journal of the American Institute of Architects*, January 1924, p. 27.

美国的新城镇运动

1. For a history of the RPAA, see Roy Lubove, *Community Planning in the 1920s: The Contributions of the Regional Planning Association of America* (Pittsburgh: University of Pittsburgh Press,1963). For an excellent assessment of the RPAA's contributions to regional planning, see Carl Sussman, ed., *Planning the Fourth Migration: The Neglected Vision of the Regional Planning Association of America* (Cambridge, MA: MIT Press,1976); the minutes of the RPAA meetings are in the LMC.
2. LM, introduction to CS, *Toward New Towns for America* (Cambridge, MA: MIT Press,1966 ed.), p. 13.
3. LM,"A Modest Man's Enduring Contributions to Urban and Regional Planning," *Journal of the American Institute of Architects*, December,1976, pp. 19 – 29.
4. Lubove, *Community Planning*, pp. 31 – 48.
5. Quoted in CS,"Henry Wright:1878 – 1936," *American Architect and Architecture*, August 1936, pp. 22 – 24.
6. LM, autobiographical fragment, August 5,1975,LMC.
7. LM, "The Theory and Practice of Regionalism," *Sociological Review*, XX, January 1928,pp. 18 – 19; LM, CC, p. 342. For a superb essay on this theme, see Thomas P. Hughes, "The Industrial Revolution That Never Came," *American Heritage of Invention and Technology*, Winter 1988,pp. 59 – 64.
8. PG, The *Masque of Learning and Its Many Meanings* (Edinburgh: Patrick Geddes and Colleagues,1912).
9. LM,"The Culture of the City," *Journal of the American Institute of Architects*, June 1961,pp. 54 – 60.
10. LM,"The Intolerable City: Must It Keep Growing?" *Harper's Magazine*, February 1926,pp. 286 – 87.
11. LM, "Theory and Practice," p. 24; see also CS, "Dinosaur Cities," *The Survey*

Graphic, May 1925, pp., 134 – 38.
12. LM, CC, pp. 397 – 99, 484 – 89.
13. Ibid.; LM, "The Social Function of Open Spaces," *Landscape*, Winter, 1960 – 61, pp. 1 – 6.
14. Jane Jacobs, *The Death and Life of Great American Cities* (New York: Random House, 1961), p. 19.
15. E. B. White, "You Can't Resettle Me!" *Saturday Evening Post*, October 10, 1936, pp. 8 – 9, 91 – 92.
16. Quoted in Robert A. M. Stern, Gregory Gilmartin, and Thomas Mellins, *New York 1930* (New York: Rizzoli, 1987), p. 38. This is the most complete account of New York's architecture in the interwar years, a splendid study.
17. LM, "Regional Planning and the Small Town," *Journal of the American Institute of Architects*, August 1950, p. 84.
18. LM, "Regionalism and Irregionalism," *Sociological Review*, XIX, October 1927, pp. 277 – 88; LM, "Cities Fit to Live In," *The Nation*, May 15, 1948, pp. 530 – 33. LM, "The Social Functions of Open Space," in *Space for Living*, (ed) Sylvia Crowe (Amsterdam: Djambatan, 1961), pp. 22 – 40.
19. LM, "Cities Fit to Live In," pp. 530 – 33.
20. Quoted in Mel Scott, *American City Planning Since 1890* (Berkeley, CA: University of California Press, 1971 ed.), pp. 250 – 51.
21. Scott, *City Planning*, pp. 248 – 52.
22. CS, *New Towns*, p. 24.
23. GM, p. 13.
24. For a history of the Radburn experiment, see Daniel Schaffer, *Garden Cities for America: The Radburn Experience* (Philadelphia: Temple University Press, 1982).
25. CH, plate 51.
26. CS, *New Towns*, pp. 37 – 73.
27. LM and BMK, "Townless Highways for the Motorist," *Harper's Magazine*, August 1931, pp. 347 – 56.
28. ILM, July 12, 1982.
29. LM, "Social Function," pp. 1 – 6.

30. LM, "The Neighborhood and the Neighborhood Unit," *Town Planning Review*, January 1954, pp. 256 – 70.
31. LM, "The Fate of Garden Cities," *Journal of the American Institute of Architects*, February 1927, pp. 37 – 39.
32. LM-PG, December 4, 1924, PGC.
33. LM review of Harold J. Laski, *Autbority in the Modern State*, *The Dial*, July 26, 1919. pp. 59 – 61; LM, "What I Believe," *The Forum*, November 1930, pp. 263 – 68.
34. S, P. 340; LM, introduction to BMK, *The New Exploration: A Philosophy of Regional Planning* (Urbana, IL: University of Illinois Press, 1962), p. xvi. This was first published in 1928.
35. LM, "Benton MacKaye as Regional Planner," *The Living Wilderness*, January 1976, p. 14.
36. LM-BMK, March 1, 1971, MKFP; for MacKaye's ideas on regional planning and conservation, see also BMK, *From Geography to Geotechnics* (Urbana, IL: University of Illinois Press, 1968); BMK, "The Geotechnics of North America," 1969, MKFP; and Paul T. Bryant, "The Quality of the Day: The Achievements of Benton MacKaye" (Ann Arbor, MI: University Microfilms International, 1965).
37. BMK, "An Appalachian Trail: A Project in Regional Planning," *Journal of the American Institute of Architects*, October 1921, pp. 3 – 8.
38. LM introduction to BMK, *New Exploration*, 1962 ed., p. viii.
39. "Report of the Commission of Housing and Regional Planning to Governor Alfred E. Smith" (Albany: J. B. Lyon, May 7, 1926).
40. LM, "Regions—To Live In," *The Survey Graphic*, May 1, 1925, pp. 151 – 52; LM, "The Fourth Migration," *The Survey Graphic*, May 1, 1925, pp. 130 – 33.
41. LM-PG, October 17, 1925, PGC.

天秤座照运

1. LM-DCL, February 14, 1925, LMC.
2. LM-CB, August 3, 1930, LMC-C; LM-FJO, October 17. 1963, FJOC.
3. LM-PG, July 6, 1923, PGC.

4. VWB, *Days of the Phoenix* (New York: Dutton, 1957), p. 67.
5. JL-LM, July 20,1924, May 26,1924, LMC.
6. ISM, May 22,1985.
7. LM-JL, December 19, 1922, LMC.
8. LM-DCL, March 11,1922, LMC.
9. S, pp. 383-85.
10. Quoted in Alan Trachtenberg, *Brooklyn Bridge: Fact and Symbol* (Chicago: University of Chicago Press, Phoenix ed., 1979), p. 144.
11. S, p. 386.
12. LM-JL, December 13,1924, LMC.
13. RN, December 31, 1923; Albert Jay Nock-LM, December 18, 1923, LMC; LM-VWB, June 17, 1922, VWBP; VWB-LM, July 12, 1922, LMC.
14. LM, "The Disciple's Rebellion: A Memoir of Patrick Geddes," *Encounter*, September 1966, pp. 11-22.
15. LM-DCL, May 12,1923, LMC.
16. Quoted in S, p. 319.
17. Ouoted in Paddy Kitchen. *A Most Unsettling Person: The Life and Ideas of Patrick Geddes, Founding Father of City Planning and Environmentalism* (New York: Saturday Review Press, 1975), p. 247.
18. S, pp. 322-25.
19. LM-PG, January 7, February 5,1923, PGC.
20. RN, July 7,1923.
21. Ibid., 1963.
22. LM-PG, July 6,1923, PGC.
23. Ibid.
24. ILM, June l2,1978; LM, "Disciple's Rebellion," pp. 11-21.
25. RN, September 11,1925.
26. For a description of Geddes's Edinburgh, see Kitchen, *Unsettling Person*, pp. 112-42.
27. PG, "What to Do," reprinted in Kitchen, *Unsettling Person*, p. 331; LM, "Geddesian Gambit," LMC; for Geddes as an urban sociologist, see, especially,

Philip Mairet, *Pioneer of Sociology*: *The Life and Letters of Patrick Geddes* (London: Lund Humphries, 1957); and H. E. Meller, "Patrick Geddes: An Analysis of His Theory of Civics, 1880 – 1904," *Victorian Studies*, no. 3, XVI (March 1973), pp. 291 – 313.

28. S, pp. 399 – 400; RN, September 11, 1925.
29. S, pp. 400 – 401.
30. RN, September 11, 1925.
31. PG-LM, August 26, 1926, LMC.
32. LM-PG, May 3, 1931, PGC; S, p. 404.
33. Kitchen, *Unsettling Person*, p. 319.
34. LM-HM, September 10, 1959, HMC.
35. LM, autobiographical fragment, 1956, LMC.
36. RN, March 24, 1935.
37. LM-DCL, December 8, 1925, LMC.
38. LM-PG, December 5, 1920, PGC.
39. LM-Albert Leon Guérard, November 19, 1929, AGP.
40. LM, SU-V, p. 6.
41. Caesar Finn-LM, September 21, 1947, LMC; LM-FJO, October 17, 1963, FJOC; Evangeline Adams-LM, July 16, 1930, LMC.
42. LM-DCL, December 8, 1925, LMC.
43. Ibid.

黄金时代

1. LM-PG, May 5, 1924, PGC.
2. LM-Joel Spingarn, February 5, 1923, JSP.
3. P, June 9, 1925.
4. Quoted in S, pp. 348 – 51.
5. P, June 9, 1925.
6. S, pp. 387 – 89.
7. LM-DCL, July 8, 1925, LMC.
8. S, p. 390; GM, pp. 5 – 6.

9. SM-LM, August 23,1925, LMC-C.
10. WD, p. 96; S, pp. 381 - 83.
11. WD, p. 320.
12. LM, GD-D, pp. 1 - 38.
13. LM-SM, August I5, 1925, LMC.
14. ILM, July 13, 1982.
15. Quoted in Justin Kaplan, *Walt Whitman: A Life* (New York: Simon & Schuster, 1980), pp. ;165 - 69.
16. LM-DCL, February 14, 1925, LMC; ILM, June 28, 1977.
17. WD, p. 510.
18. Joel Elias Spingarn, *Poems* (New York: Harcourt, Brace, 1924), pp. 39 - 40.
19. For a review of Spingarn's life and ideas, see Marshall Van Deusen, *J. E. Spingarn* (New York: Twayne, 1971).
20. LM, untitled manuscript, no date, LMC.
21. LM-Joel Spingarn, June 7, 1926, JSP; LM, GD-D, p. xvi.
22. Whitman quoted in Kaplan, *Whitman*, p. 318; LM-Joel Spingarn, December 22, 1926, JSP.
23. Sinclair Lewis quoted in LM, "The Story of Troutbeck," February 1953, LMC.
24. LM-JS, June 1, 1941, LMC.
25. GD-D, pp. 1 - 3, 140; LM, review of VWB, *The Ordeal of Mark Twain*, *The Saturday Review of Literature*, May 6, 1933, pp. 473 - 75.
26. SS-D, pp. 1 - 2; LM, "Life by Rule of Thumb," *The Freeman*, April 12, 1922, pp. 102 - 103.
27. GD-D, pp. 78 - 79, 83, 100 - 17, 124 - 25; SU-D, p. 243; BD-D, pp. 27 - 29.
28. BD-D, pp. 2 - 3.
29. Ibid., pp. vi, 4 - 8.
30. VWB, "On Creating a Usable Past," *The Dial*, April 11, 1918, p. 338.
31. LM, "Regionalism and Irregionalism," *Sociological Review*, XIX, October 1927, p. 135.
32. Norman Foerster, "The Literary Prophets," *The Bookman*, September 1930, pp. 35 - 44; on this theme, see Alan Trachtenberg, "Mumford in the Twenties: The

Historian as Artist," *Salmagundi: A Quarterly of the Humanities and Social Sciences*, Summer 1980, pp. 29 – 42; Frank G. Novak, Jr. , " Lewis Mumford and the Reclamation of Human History," *CLIO*, February 1987, pp. 159 – 81; John L. Thomas, " Lewis Mumford: Regionalist Historian," *Reviews in American History*, March 1988, pp. 158 – 72.

33. Quoted in Trachtenberg, "Mumford in the Twenties," pp. 29 – 42.
34. HMel, p. 155.
35. VWB-LM, July 26, 1926, LMC; on this theme of American rediscovery, see especially Richard Ruland, *The Rediscovery of American Literature* (Cambridge, MA: Harvard University Press, 1967) ; and F. O. Matthiessen's *American Renaissance: Art and Expression in the Age of Emerson and Whitman* (New York, Oxford University Press, 1941). *The Golden Day* had a strong influence on Matthiessen's classic work.
36. VWB, *The Wine of Puritans: A Study of Present-Day America* (London: Sisley, 1908), pp. 14 – 18.
37. VWB-LM, September 13, 1925, LMC; James Hoopes, *Van Wyck Brooks: In Search of American Culture* (Amherst, MA: University of Massachusetts Press, 1977), p. 173.
38. Brooks quote in Hoopes, *Brooks*, p. 277; MacLeish quote in RN, October 7, 1948, LMC.
39. George Santayana-LM, December 16, 1926, LMC; for other assessments of *The Golden Day*, see John Macy-LM, December 30, 1926, LMC; Sherwood Anderson-LM, no date, LMC; C. H. S. , *The Cambridge Review*, March 2, 1928, p. 305; Gilbert Seldes, "The Golden Day," *The Dial*, June 27, 1927, pp. 519 – 21; Waldo Frank, "A Golden Dusk," *The New Republic*, December 8, 1926, p. 72; John Dewey, whom Mumford attacked rather unfairly in *The Golden Day*, replied in "The PragmaticAcquiescence," *The New Republic*, January 5, 1927, pp. 186 – 89; for LM's reply to Dewey, see " The Pragmatic Acquiescence: A Reply," *The New Republic*, January 19, 1927, pp. 250 – 51.
40. LM-VWB, November 1925, VWBP.
41. VWB-LM, September 13, 1925, LMC.

42. LM, "Myrtle and Forget-me-nots," May 31,1977, LMC.

炼狱时期

1. Rosenfeld signed the announcement, dated July 1, 1926, LMC; Alfred Kreymborg, "The *Caravan* Adventure," in Jerome Mellquist and Lucie Weise, eds. , *Paul Rosenfeld*: *Voyager in the Arts* (New York: Creative Age Press, 1948), pp. 26 - 29; LM, "Lyric Wisdom," in Mellquist and Weise, ibid. , pp. 56 - 57.
2. Alan Tate, "Anomaly in Literary New York," in ibid. , P. 141; Copland quoted in Kreymborg, "*Caravan*," ibid. , p. 35.
3. Alyse Gregory, "Dial Days," in ibid. , p. 20.
4. S, p. 373.
5. Ibid. , p. 371.
6. Kreymborg, "*Caravan*," pp. 31 - 32.
7. Rosenfeld quoted in LM, "Lyric Wisdom," p. 63; Gregory, "Dial," P. 21; LM quoted in "Lyric Wisdom," p. 64; for LM on Rosenfeld, see also "Paul Rosenfeld," February 12, 1929, LMC.
8. Paul Rosenfeld-LM, October 18, May 8, 1937, LMC.
9. LM, "Lyric Wisdom," pp. 72 - 73; S, p. 381.
10. LM-Walter Lippmann, January 1, 1928, WLP.
11. P-C, July 1929.
12. S, p. 454.
13. Ibid. , p. 453.
14. LM, "The Builders of the Bridge," in FK, pp. 222, 283 - 86; LM-JS, October 30, 1938, April 19, 1942, LMC-C; S, p. 128.
15. LM, "Builders of the Bridge," p. 312.
16. HMel, p. 5.
17. P-C, July 1929.
18. LM-HM, August 14, 1928, HMC.
19. LM-JL, August 19, 1928, LMC.
20. Quoted in *Publishers Weekly*, October 7, 1933, pp. 1229 - 30; see also Wallace Gilmer, *Horace Liveright*: *Publishers of the Twenties* (New York: David Lewis,

1970).

21. S, pp. 191 – 92; LM, "Projected Books," 1928, LMC.
22. Thomas Beer, "Good Friday Spell," *New York Herald Tribune Books*, March 10, 1929, pp. 1 – 2; Raymond Weaver, "Mumford Sees New Cultural Synthesis," New York *Evening Post*, March 9, 1929; see also Archibald MacLeish, "A New Life of Melville," *The Bookman*, April 1929, pp. 183 – 85; William Plomer, "Herman Melville," *The Nation & A thenaeum*, July 27, 1929, p. 570.
23. Frank Jewett Mather, Jr., "Herman Melville," *The Saturday Review of Literature*, April 27, 1929. p. 946.
24. For reviews of Melville criticism, see Hersthell Parker, ed., *The Recognition of Herman Melville: Selected Criticism Since 1946* (Ann Arbor, MI: University of Michigan Press, 1967); and Watson C. Branch, ed., *Melville: The Critical Heritage* (London: Routledge & Kegan Paul, 1974); see also Mather, "Herman Melville," *Rewivw*, August 1919, pp. 276 – 301; John Freeman, *Herman Melville* (New York: Macmillan, 1926); a good study of the Melville revival in the 1920s is Michael P. Zimmerman, "Herman Melville in the 1920s: A Study in the Origins of the Melville Revival," Ph. D. thesis, Columbia University, 1963.
25. HMel, p. 5.
26. LM-JS, January 29, 1928, LMC.
27. HMel, pp. vi, 141, 184 – 87, 193.
28. WD, p. 276.
29. See, for example, Leon Howard, *Herman Melville: A Biograpby* (Berkeley: University of California Press, 1951), p. ix; Charles R. Anderson, *Melville in the South Seas* (New York: Columbia University Press, 1939) pp. 409 – 17; William H. Gilman, *Melville's Early Life and Radburn* (New York: New York University Press, 1951).
30. Mumford removed most of these errors from the revised edition, *Herman Melville: A Study of His Life and Vision* (New York: Harcourt, Brace and World, 1962); for critical reviews of Mumford's *Melville*, see R. S. Forsythe, "Mr. Lewis Mumtord and Melville's *Pierre*," *American Literature*, Vol. 2, November 1930, pp. 286 – 89; A. H . Starke, "A Note on Lewis Mumford's *life of Herman Melville*," *American*

Literature, vol. 1, November 1929, pp. 304-305.

31. Stanley T. Williams, "Victorian Americans," *The Yale Review*, vol. 19, September 1929, pp. 191-93.
32. Eva Goldbeck-LM, June 11, 1929, LMC.
33. Newton Arvin, *Herman Melville: A Critical Biography* (New York: Viking, Compass Books, 1957), p. 29.
34. HMel, pp. 37, 19, 35.
35. ILM, June 28, 1977.
36. HMel, p. 351.
37. Mather, "Herman Melville," p. 946.
38. Josenh Wood Krutch. "Taming Leviathan," *The Nation*, May 8, 1929, P. 561.
39. Henry A. Murray, review of HMel, in *The New England Quarterly*, vol. 2, July 1929, pp. 523-27.
40. LM-HM, May 16, 1929, HMC.
41. HM, "In Nomine Diaboli," in Edwin S. Shneidman, ed., *Endeavors in Psychology: Selections from the Personology of Henry A. Murray* (New York: Harper & Row, 1981), pp. 83, 85.
42. Melville quote in Shneidman, *Endeavors*, p. 3; Robert W. White, ed., *The Study of Lives: Essays on Personality in Honor of Henry A. Murray* (New York: Atherton, 1963), p. xiii.
43. HM, "In Nomine Diaboli," pp. 84-85; HM, "Vicissitudes of Creativity," in H. H. Anderson, ed., *Creativity and Its Cultivation* (New York: Harper & Brothers, 1959), pp. 96-118; WD, p. 300; interview with Henry A. Murray, July 16, 1979, Cambridge, MA; I am grateful to Dr. Murray for allowing me to read his correspondence with Mumford.
44. LM-HM, July 7, 1929, HMC; WD, pp. 300-302.
45. WD, pp. 300-302; HMel, p. 196.
46. S, p. 457.
47. P, July 19, 1929.
48. LM-JL, April 5, 1929, LMC; P, July 19, 1929; GM, pp. 35-36.
49. P, 1927-1929; LM-PG, August 26, 1929, PGC.

50. HMel, pp. 225-76.
51. Ibid. ,pp. 275-76.
52. LM-HM, September 9, 1973,HMC.
53. Quoted in WD, p. 301.
54. LM-Eleanor Brooks, July 21, 1928, VWBP; LM-JS, July 30, 1928, JSP; LM-Robert Spiller, September 21,1968,LMC.
55. P, July 1929.
56. Raymond Nelson, *Van Wyck Brooks: A Writer's Life* (New York: Dutton,1981), pp. 174-95; James Hoopes, *Van Wyck Brooks: In Search of American Culture* (Amherst,MA: University of Massachusetts Press, 1977), pp. 170-93; LM-Robert Spiller,September 21,1968,LMC.
57. P, July 1929.
58. HMel, pp. 219-20.
59. Ibib. ,pp. 288,90;RN,May 30,1980;S, p. 456; Emerson quoted in John Updike, "Books:Eemrsonianism," *The New Yorker*,June 4,1984,pp. 120-21.
60. P,July 1929.
61. LM-JS,December 19,1937,LMC-C;LM-CB,August 14,1931. LMC-C.
62. LM-SAM,May 5,1930,LMC-C.
63. S,p. 459.
64. Ibid. ,p. 460.
65. LM-JS,no date, LMC-C.
66. WD, pp. 302-303.
67. Dante quoted in Justin Kaplan, *Walt Whitman: A Life* (New York: Simon & Schuster. 1980). p. 186;WD,pp. 298-99.
68. LM-CB, July 1930, LMC.
69. "Lewis Mumford, Amenia," *Hudson Valley Sunday Courier*, September 14,1941, p. 13.
70. LM-CB, July 1930, LMC.
71. WD, p. 299; HMel, p. 279.
72. ISM,July 13, 1982.

危险与机遇

1. LM-VB, February 22,1928,LMC.

2. Quoted in Selden Rodman, "Two Cities of Fortune," in Alfred M. Bingham and Selden Rodman, eds., *Challenges to the New Deal* (New York: Falcon, 1934), p. 27.

3. Quoted in William Manchester, *The Glory and the Dream* (Boston: Little, Brown, 1974), P. 31.

4. S, pp. 476 - 77.

5. LM-BMK, September 1933, MKFP.

6. LM-Malcolm Cowley and Edmund Wilson, August 17, 1932, MCP.

7. LM, autobiographical fragment, 1956, LMC.

8. LM-Malcolm Cowley and Edmund Wilson, August 17, 1932, MCP.

9. LM-Llewelyn Powys, August 18, 1932, copy in LMC.

10. LM, "If I Were a Dictator," *The Nation*, December 9, 1931, p. 631; LM, "Manifesto," March 21, 1932, LMC.

11. TC, pp. 280 - 83, 364 - 435.

12. CM, pp. 391 - 423; TC, pp. 364 - 433.

13. LM, "A Challenge to American Intellectuals: A Controversy. The Evolutionary Approach," *Modern Quarterly*, Winter 1930 - 31, PP. 407 - 408.

14. LM, "Preface to Action," 1931, LMC.

15. LM, "Evolutionary Approach," pp. 409 - 10.

16. LM-Waldo Frank, March 8, 1934, WFP.

17. LM-Malcolm Cowley and Edmund Wilson, August 17, 1932, MCP.

18. LM, review of *Medieval Culture: An Introduction to Dante and His Times*, 2 vols., by Karl Vossler, translated by William Cranston Lawton, *New York Herald Tribune Books*, April 7, 1929, p. 1 ff.

19. RN, November 21, 1931.

20. Alfred Harcourt-LM, March 22, 1932, LMC; LM, "Form and Personality," 1930, LMC.

21. LM-JS, March 27, 1929, LMC; RN, March 22, 1930.

22. LM-VWB, October 30, 1931, VWBP.

23. HMel, p. 151.

24. LM, review of Oswald Spengler's *The Decline of the West; Volume I: Form and*

Actuality, The New Republic, May 12,1926, pp. 367 – 69; LM,"Spengler's 'The Decline of the West,'" in *Books That Changed Our Minds*, edited by Malcolm Cowley and Bernard Smith (New York: Doubleday, Doran,1939), pp. 217 – 35.

25. LM, "The Decline," *The New Republic*, pp. 167 – 69; LM, "Spengler's 'The Decline,'" in Cowley and Smith, pp. 217 – 35; LM, "Cities Old and New—The Culture Cycle and City Planning," *Journal of the American Institute of Architects*, June 1926, pp. 291 – 93.
26. W. H. Auden-LM, 1938,LMC.
27. RN, 1975.
28. CB-LM,no date,LMC-C.

生命的更新

1. George Bernard Shaw, *Man and Superman*: A *Comedy and a Philosophy* (New York:Brentano's, 1903).
2. LM-JS,no date,LMC-C.
3. LM, May 12,1976.
4. CB-LM,March 31,1930, LMC-C; P, April 6,1930.
5. P-C, April 6,1930; LM-CB,June 27,1930, LMC-C.
6. LM-CB, June 27,1930, LMC-C.
7. P -C, April 6, 1930.
8. LM-JS,April 30,1930, LMC-C; LM-HM,February 10,1930, HMC.
9. SM, note, March 5,1930, LMC-C.
10. SM-LM,May 1930, LMC-C.
11. SM-LM,September 4, 1945,LMC-C.
12. SM,Personalia,November 1,1955,LMC-C.
13. Ibid. ;ISM,September 21,1984.
14. GM, pp. 42 – 47.
15. S,p. 461.
16. LM-CB, July 23,June 23,27,August 13,1930, LMC-C.
17. LM-CB, June 9,1930, LMC-C.
18. P-C, May 6, 1940.

19. LM-CB, June 11,1930, LMC-C.
20. LM-JS, September 1,1942,LMC.
21. LM-HM, June 26,1932,HMC.
22. LM-CB, August 3,1930, LMC-C; RN-C, June 10, 24,1933.
23. LM-CB, July 23, August 3,13,1930, LMC-C.
24. LM-HM, May 9, 1931,HMC.
25. LM-CB, August 9, 1930, LMC-C.
26. Ibid.
27. LM-CB, November 25,1933,LMC-C.
28. RN-C, July 1930; LM-CB, July 27,1930, LMC-C.
29. LM-JS, no date, LMC-C.
30. P-C, September 9, 1933.
31. LM-CB, September 11,1930, LMC-C.
32. P-C, January 24,1932; LM-JS, no date, LMC-C.
33. LM-CB, no date, LMC-C.
34. S, p. 463.
35. LM-CB, August 9,1930, July 25,1931,LMC-C.
36. RN-C, December 28,1930.
37. LM-CB, August 29, 1930, August 31,1931,LMC-C.
38. CB-LM, no date, LMC-C; LM-CB, August 31,1931, LMC-C.
39. P-C, January 24,1932.
40. LM-CB, July 25,1931, LMC-C.
41. LM-CB, March 9, 1935, LMC-C.
42. LM-CB, July 25,1931, LMC-C.
43. P, January 24,1932.
44. RN-C, August 2,1965.

爱情与事业

1. LM, autobiographical fragment, 1956, LMC.
2. S, pp. 467-68.
3. LM, autobiographical fragment, 1956, LMC; ILM, September 30, October

20,1984.
4. SM-LM, June 22, 1932, LMC-C.
5. RN-C, July 2, 1932.
6. CB-LM, 1932, LMC-C.
7. CB-LM, July 22,1934, LMC-C; LM-CB, July19,1934,LMC-C.
8. S, p. 465;LM-CB, July 19,1934, LMC-C.
9. LM-HM, April 23, 1933, HMC.
10. LM-HM, June 26, 1932, HMC.
11. CB-LM, November 6, 1932, LMC-C; P-C, 1932.
12. CB-LM, September 1, 1932, LMC-C.
13. P-C, 1933; LM-HM, December 10, 1932, HMC.
14. LM-John Gould Fletcher, February 14, 1935, JGFP.
15. LM-Waldo Frank, February 25, 1934, WFP; LM-VWB, March 3, 1934, V WBP.
16. TC, pp. 3-5, 107-12, 139,142-50.
17. CC, p. 91.
18. TC, pp. 23-28, 151-215, 265-67.
19. Arthur P. Molella, "Inventing the History of Invention," *American Heritage of Science and Technology*, Spring/Summer 1988, pp. 22-30; LM, "An Appraisal of Lewis Mumford's *Technics and Civilization*(1934)," *Daedalus*, vol. 88, Summer 1959, pp. 527-36; LM, "The Drama of Machines, " *Scribner's Magazine*, August 1930, pp. 150-61; for a list of the books Mumford consulted in writing *Technics and Civiliza-tion*, see the vast bibliography he prepared for its first edition; throughout the writing of *Technics and Civilization* Mumford conducted an interesting correspon dence with his friend James Henderson, whom he had met in 1920 on his way to England. This correspondence has been analyzed by Rosalind Williams in her perceptive paper "Lewis Mumford as an Historian of Technology," which she presented at the International Symposium on Lewis Mumford at the University of Pennsylvania, November 5-7, 1987.
20. TC, pp. 3, 12-16.
21. Ibid. , pp. 3-7, 435.

22. VWB-LM, March 1934, VWBP.
23. RN-C, June 7, 1934.
24. LM-SM, May 2, 1932, LMC-C.
25. LM-CB, March 11, 1933, LMC-C; a pastiche of letters from LM to CB in 1933, LMC-C.
26. CB-LM, 1933, LMC-C.
27. P-C, May 20, 1933.
28. CB-LM, June 7, 1933, LMC-C; ILM, September 30,1984.
29. ILM, September 30, 1984.
30. CB-LM, September 1, 1932, LMC-C.
31. LM-CB, June 7, 1933; LM, pastiche of letters written between 1931 and 1934, September 2, 1976, LMC-C.
32. CB-LM, September 2, 1934 LMC-C.
33. CB, "Note for LM," no date, LMC-C.
34. RN-C, July 28, 1931.
35. LM-CB, June 19, 1934, LMC-C.
36. RN-C, July 3, 1936; CB-LM, May 28, 1934, LMC-C.
37. LM-CB, May 29,1934, LMC-C; RN-C, June 7, July 3, 1934.
38. LM-HM, July 20,1934, HMC.
39. LM-SM, September 18, 1945, LMC-C.
40. LM-JS, March 3, 1939, LMC-C.
41. RN-C, July 9, June 11, 1934.
42. LM-CB, July 25, 1934, LMC-C.
43. Ibid., September 26,1934, March 9, 1935.
44. CB-LM, March 7, 1935, LMC-C.
45. CB-LM, September 29, 1934, LMC-C.
46. CB-LM, March 7, 1935, LMC-C; RN-C, February 9, 1935.
47. CB-LM, September 29, 1934, LMC-C.
48. LM-CB, March 9, 1935, January 29, March18, 1936, LMC-C.
49. CB-LM, April 22, 1937, LMC-C.
50. CB-LM, October 29, 1961, LMC-C.

51. RN-C, July 31, 1963.
52. CB-LM, April 27, 1963, LMC-C.
53. RN-C, July 31, 1963.
54. LM-HM, January 31, 1965, HMC.
55. LM-CB, March 20, 1938, LMC-C; RN-C, July 31, 1965.
56. LM-CB, May 1, 1963, LMC-C.

又一场恋情

1. LM-VWB, July 30, 1934, VWBP.
2. LM-CB, July 25, 1934, LMC-C.
3. Ibid.; LM-CB, July 19, 1934, LMC-C.
4. LM-HM, February 2, 1935, HMC.
5. LM-CB, February 8, March 8, 1935, LMC-C.
6. LM-HM, February 2, 1935, HMP.
7. CB-LM, April 27, 1963, LMC-C; LM-Babette Deutsch, September 16, 1962, LMC-C.
8. LM-Stearns Morse, March 27, 1967, SMP.
9. LM-SM, September 18, 1945, LMC-C.
10. LM-JS, February 13, 1938, LMC-C.
11. LM-JS, December 11, 1938, LMC-C.
12. LM-HM, July 8, 1935, HMC.
13. LM-Donald L. Miller, November 29, 1982, in Miller's possession.
14. SM, Personalia, August 8, 1972, MFP.
15. LM-HM, July 8, 1935, HMC; SM-Donald L. Miller, November 29, 1982, in Miller's possession.
16. LM-HM, May 3, 1935, HMC; LM-SM, May 17, 1935, LMC-C; P-C, April 2, 1935.
17. LM-CB, June 25, 1935, LMC-C; LM-HM, June 23, 25, 1935, HMC.
18. SM, RN, June 23, 1935, MFP; LM-HM, June 23, 193, HMC.
19. SM, RN, August 19, 1935, MFP.
20. Ibid., August 1945.

21. Ibid., January 8, 1936.
22. Ibid.
23. LM-HM, November 9, 1935, HMC; LM-JS, August 17, 1939, LMC-C.
24. LM-HM, January 10, 1936, HMC.
25. SM, RN, January 8, 1936, MFP.
26. LM-HM, January 10, March 5, 1936, HMC.
27. LM-HM, March 5, 1936, HMC.
28. LM, "Resurrection," LMC-C.
29. LM-CB, March 18, 1936, LMC-C.
30. RN-C, May 24, 1936.
31. HM-LM, December 15, 1936, LMC-C.
32. LM-HM, December 11, 1936, HMC; LM-CB, July 22, 1937, LMC-C.
33. LM-Alice Decker, December 28, 1936, LMC-C; LM-JS, December 11, 1938, LMC-C.
34. LM-Alice Decker, March 5, 1937, LMC-C.
35. LM-JS, December 11, 1938, LMC-C.
36. LM-JS, February 13, 1938, LMC-C.
37. LM-CB, August 3, 1939, LMC-C.
38. LM-JS, August 12, 1939, LMC-C.

城市文化

1. LM-CB, July 22, 1937, LMC; LM-VWB, October 5, 1937, VWBP.
2. VWB-LM, March 30, 1938, LMC.
3. C. E. Ayres, *Southern Review*, vol. 4, no. 2, 1938–1939, pp. 227–29; William Holford, "A Philosophy of Planning," *Journal of the Royal Institute of British Architects*, vol. 46, November 21, 1938, p. 92; *Time*, April 18, 1938, pp. 40–43; to Mumford's disappointment, the book sold only 7,500 copies in the first year of publication.
4. CC, pp. 5–31.
5. Ibid., p. 29.
6. Ibid., pp. 58–59, 42–44, 50–51.

7. Ibid., pp. 29, 17.
8. Ibid., pp. 22, 142; CH, pp. 247, 345.
9. CC, pp. 94 – 97.
10. SS-D, p. 67.
11. CH, p. 439; CC, pp. 139 – 47.
12. CC, pp. 223 – 29, 192 – 95, 163.
13. Ibid., pp. 300 – 493.
14. See James T. Farrell, "The Faith of Lewis Mumford," *Southern Review*, vol 6, Winter 1941, pp. 417 – 38.
15. GD-D, p. 125.
16. Meyer Shapiro, "Looking Forward to Looking Backward," *Partisan Review*, July, 1938, pp. 14 – 24; see J. B. Coates, "Inspiration Is Not Enough," *The Fortnightly Review*, February 1953, pp. 112 – 18.
17. S, p. 478; LM John Gallery, February 8, 1980, LMC.
18. LM-Carl Sussman, December 14, 1974, quoted in Carl Sussman, ed., *Planning the Fourth Migration: The Neglected Vision of the Regional Planning Association of America* (Cambridge, MA: MIT Press, 1926), p. 43; CC, pp. 400 – 401.
19. LM, Henry Wright, Sr., and Albert Mayer, "New Homes for a New Deal: A Concrete Program," *The New Republic*, March 7, 1934, pp. 91 – 94.
20. Daniel Schaffer, *Garden Cities for America: The Radburn Experience* (Philadelphia: Temple University Press, 1982), p. 224.
21. LM-CS, July 5, 1949. CSP.
22. ILM, September 30, 1984.
23. LM-FJO, June 12, 1951, FJOC; LM-BMK, July 27, 1947, MKFP.
24. LM-Carl Sussman, December 14, 1974, quoted in Sussman, *Fourth Migration*, p. 43.
25. Archer Winsten, "Movie Talk," New York *Post*, June 23, 1939.
26. CD, pp. 84, 1; PG, *City Development: A Study of Parks, Gardens, and Culture-Institutes: A Report to the Carnegie Dumfermline Trust* (Edinburgh: Geddes and Colleagues, 1904), pp. 1 – 10.
27. CD, p. 84.
28. LM-SM, June 15, 25, 1938, LMC.

29. GM, pp. 147-48.
30. Ibid., pp. 147-55.
31. CD, p. 85; LM-JS, August 8, 1938, LMC.
32. WH, pp. 1-67.
33. CD, pp. 139-40, 147.
34. "Portrait from the Period," no date, LMC.
35. Gerald Hodge, "Lewis Mumford's Unfinished Vision of Honolulu," *Honolulu*, December 1980, pp. 90-94.
36. Ben H. Kizer-LM, May 17, 1938, LMC; CD, p. 86; the Pacific Northwest Regional Planning Commission had been set up four years earlier by the National Resources Committee to develop natural resource planning and conservation.
37. LM-JS, July 27, 1938, LMC.
38. LM-SM, July 3, 1938, LMC-C.
39. LM-JS, July 3, 1938, and no date, LMC.
40. RP, pp. 1-20; see also Carl Abbot, "Oregon Came Around to Mumford's Ideas, but 40 Years Late," *The Oregon Forum*, February 1, 1979, copy in LMC.

从花花公子到苦行僧

1. Bradford Torry, ed., *The Writings of Henry David Thoreau*, 20 vols. (Boston: Houghton Mifflin, 1906), 17:275, 2:34.
2. LM-VWB, January 8, 1937, VWBP.
3. RN, 1936; LM-FJO, March 23, 1936, FJOC.
4. LM-HM, September 12, 1935, April 18, 19, May 27, 1936, HMC; LM-Waldo Frank, December 12, 1936, WFP; LM-VWB, January 8, 1937, VWBP; P, November 27, 1936; Harold Ross-LM, March 26, 1936, LMC.
5. Quoted in VWB, *The Times of Melville and Whitman* (New York: Dutton, 1947), p. 324.
6. LM-Waldo Frank, March 13, 1927, WFP; LM-CB, August 6, 1945, LMC.
7. Quoted in GM, p. 106.
8. RN, December 22, 1953; LM-JS, April 30, 1942, LMC-C.
9. ISM, September 30, 1984; LM-CB, May 20, 1937, LMC-C.

10. LM-BMK, September 21, 1955, MKFP.
11. RN, August 21, 1958.
12. LM, "Countryside," August 24, 1963, LMC; RN, September 6, 1973; LM-Tsutomu Ikuta, April 18, 1950, LMC.
13. RN, August 1, 1933, June 26, 1967, August 24, 1963.
14. GM, pp. 42 – 98.
15. Ibid., pp. 52, 105, 112.
16. SM, RN, no date, MFP; SM, RN, October 3, 1978, LMC.
17. IAMM, March 15, 1985.
18. SM, RN, October 3, 1978, LMC-C.
19. LM-JS, July 15, 1939, LMC-C; RN, June 12, 1938.
20. ILM, July 6, 1983.
21. LM-Alice Decker, no date, LMC-C; LM -JS, December 14, 1935, LMC-C; ILM, July 6, 1983.
22. LM-JS, March 23, December 13, January 3, 1938, LMC-C.
23. P-C, December 1, 1941.
24. LM-JS, March 24, December 11, 1939, LMC-C.
25. P-C, April 28, 1940; LM-Alice Decker, no date, LMC-C.
26. LM-JS, August 25, March 6, April 9, May13, November 8, 1942, LMC-C.
27. LM-JS, June 8, 1942, LMC-C.
28. LM-JS, April 9,1942, LMC-C.
29. ILM, July 6, 1983.
30. LM-JS, 1938, LMC-C.
31. LM-JS, March 24,1939, LMC-C; ILM, July 6, 1983.

野性大爆发

1. LM-VWB, July14,1940, VWBP.
2. LM, "The Barbarian Eruption,"1957, pp. 251 – 67, LMC.
3. Ibid., pp. 269 – 73.
4. LM, "When America Goes to War,"*Modern Monthly*, June 1935, pp. 203 – 204.
5. LM, "Call to Arms," *The New Republic*, May 18, 1938, pp. 39 – 42; LM,

"Preface," September 1945, LMC; LM, "Barbarian," p. 274, LMC.
6. Alfred M. Bingham, "War Mongering on the Left (II)," *Common Sense*, June, 1937, pp. 15 – 18; Bingham, "War Mongering on the Left (III)," *Common Sense*, July 1937, pp. 11 – 14; Bingham, "Why Commit Suicide?" *Common Sense*, May 1938, pp. 3 – 5; see Donald L. Miller, *The New American Radicalism: Alfred Bingham and Non-Marxian Radicalism in the New Deal Era* (Port Washington, NY: Kennikat, 1979), pp. 161 – 89.
7. Archibald MacLeish, "The Irresponsibles," *The Nation*, May 18, 1940, pp. 618 – 23; Waldo Frank, "Our Guilt in Fascism," *The New Republic*, May 6, 1940, p. 603; LM, "The Corruption of Liberalism," *The New Republic*, April 29, 1940, pp. 568 – 73.
8. George Soule-LM, April 1, 1938, LMC; LM-Bruce Bliven, May 27, 1940, LMC.
9. LM, Waldo Frank, and Reinhold Niebuhr, "The Western World, "LMC; see also Richard Wrightman Fox, *Reinhold Niebuhr: A Biography* (New York: Pantheon, 1985).
10. LM, "Corruption," pp. 568 – 73; Christopher Lasch, *The Minimal Self: Self-Psychic Survival in Troubled Times* (New York: Norton, 1984), pp. 73 – 81.
11. LM, "Corruption," pp. 568 – 73; FFL, pp. 90 – 93.
12. LM-VWB, February 1, 1940, VWBP.
13. LM, "Corruption," pp. 568 – 73; FFL, pp. 88 – 89, 104 – 105, 116 – 17.
14. FFL, pp. 106 – 107, 194, 310 – 21.
15. LM-Albert Guérard, October 25, 1940, AGP.
16. FFL, pp. 185 – 217, 283 – 84, 312 – 20; LM, "A Long-Term View of the War," *Progressive Education*, November 1942, pp. 358 – 60; LM, "Corruption," p. 573.
17. LM-VWB, July14, 1940, VWBP.
18. LM-Frank Lloyd Wright, May 20, 1941, LMC.
19. Frank Lloyd Wright-LM, June 3, 1945, in Bruce Brooks Pfeiffer, ed., *Letters to Architects: Frank Lloyd Wright* (Fresno, CA: The Press at California State University, 1984), pp. 147 – 48.
20. LM-John Flynn, June 8, 1941, LMC.

21. LM-VWB, November 26, December 3, 1947, VWBP.
22. LM-VWB, December 22, 1947, VWBP.
23. Letter to the editors, signed by Selden Rodman, Michael Bodkin, and Nathan Alexander, *The New Republic*, May 13, 1940, pp. 643 – 44; Matthew josephson-LM, September 17, 1940, MJP; "Lewis Mumford's 'Mein Kampf,'", *The New Masses*, October 15, 1940, pp. 8 – 19; "Mr. Mumford and the Liberals," *The New Republic*, April 29, 1940, vol. 102 pp. 562 – 64; Farrell, "The Faith," pp. 417 – 38.
24. A. Fleming MacLiesh, "The Assault on Liberalism," *Common Sense*, June 9, 1940, pp. 10 – 13.
25. LM-VWB, February 10, 1940, VWBP; see also LM-VWB, November 3, 1939, VWBP.
26. LM-VWB, February 10, 1940, VWBP; HM-LM, 1939, HMC.
27. LM, "Preface," September 1945, LMC; GM, p. 256.
28. GM, pp. 256 – 57.
29. Ibid., pp. 256 – 70; LM-Stearns Morse, September 9, 1941, SMP.
30. P-C, December 17, 1940.
31. LM, "Barbarian," p. 284.
32. LM-President Franklin Delano Roosevelt, June 1940, LMC; Herbert Agar et al., *The City of Man: A Declaration on World Democracy* (New York: Viking, 1940), pp. 14 – 19; LM, "Barbarian," p. 287.
33. Miller, *American Radicalism*, pp. 196 – 97.
34. RN, July 15, 1941.
35. LM-JS, December 10, 1941, LMC-C; GM, pp. 257 – 58; LM, "Barbarian," p. 294.

人之至善

1. LM, "The School of Humanities at Stanford," in *The School of Humanities: A Description* (Stanford, CA: Stanford University), pp. 1 – 2.
2. LM-VWB, July 12, 1942, VWBP.
3. VFS, pp. 187 – 88.

4. John Dodds-LM, August 15, 1979, LMC; RN, June 9,1943; P, no date.
5. *Time*, June 8, 1942, pp. 61 – 62.
6. LM-Walter Curt Behrendt, October 4, 1942, LMC.
7. RN, December 11, 1942.
8. VFS, pp. 217 – 39.
9. Ibid., pp. 232 – 33.
10. LM-JS, February 19,1943, October 25, 1942, LMC; RN, 1942.
11. Quoted in GM, p. 230.
12. LM-Amy Spingarn, April 11, 1943, LMC.
13. RN, June 21, July 5, 1943.
14. RN, March 12, 1944 LM-Lee Simonson, September 11, 1945, LMC.
15. LM-William Wurster and CB, August 6,1945, LMC; LM-FJO, June, 12, 1951, FJOC.
16. LM-Walter Curt Behrendt, August 10, 1941, LMC.
17. CM, pp. 1 – 17.
18. LM-JS, February 28, 1940, LMC.
19. LM, "The Barbarian Eruption," 1957, p. 301, LMC; CM, p. 72.
20. CM, pp. 77 – 79; LM, "Barbarian,"pp. 301 – 303.
21. LM-JS, February 10, 1940, LMC.
22. CM, p. 40; LM, "Barbarian,"p. 3.
23. CM, pp. 365 – 66.
24. Giovanni Battista Vico, *Oeuvres choisies de Vico-précédés d'une introduction sur sa vie et ses ouvrages par M. Michelet*, 2 vols. (Paris, 1935).
25. TC, p. 15.
26. CM, p. 260.
27. For an updated and brilliant elaboration of this argument, see Joseph Weizenbaum, *Computer Power and Human Reason: From Judgement to Calculation* (New York: W. H. Freeman, 1926),p. 14. Weizenbaum and Mumford became friends at MIT in the 1970s, and Mumford's work influenced Weizenbaum's thinking.
28. LM, "Barbarian,"pp. 307 – 308.
29. LM to the Editor of *The New York Times*, September 28, 1944, in LMC.

30. RN, May 17, 1944; for reviews of *The Condition of Man*, see Howard Becker, *American Sociological Review*, vol. 9, October 1944, pp. 595 – 96; Phillips Russell, *Social Forces*, vol. 23, October 1944, pp. 100 – 101; David Cushman Coyle, *The New Statesman and Nation*, vol. 28, December 23, 1944, pp. 423 – 24; Daniel Bell, *The Atlantic Monthly*, July 1944, p. 131; Abram Kardiner, *The Nation*, July 29, 1944, pp. 132 – 34; Niebuhr's comments are on the cover of the paperback edition of *The Condition of Man*.
31. LM-CB, August 6, 1945, LMC; CB-LM, October 11, 1943, LMC; Paul Rosenfeld-LM, October 1, 1944, LMC.
32. Lee Simonson-LM, 1945, LMC; LM-Lee Simonson, September 11, 1945, LMC.
33. LM-Bruno Zevi, October 12, 1973, LMC.
34. Ibid.

厄运时代

1. Quoted in GM, pp. 326 – 29.
2. P-C, October 18, 1944 GM, pp. 332 – 37.
3. GM, pp. 335 – 36; IAMM, April 6, 1985.
4. RN, December 15, 1944.
5. SM-LM, May 8, 1945, LMC-C.
6. RN, February 13, 1945; P, January 1, 1945; GM, pp. 91 – 92.
7. RN, February 13, 1945.
8. LM-VWB, March 4, 1945, VWBP.
9. Artemus Packard-LM, September 21, 1933, LMC; LM, "Professor of Things in General," 1981, LMC.
10. LM-PG, January 27, 1930 PGC.
11. RN, February 7, 1945, LMC; S, pp. 323 – 24.
12. RN, May 6, 1948; LM-David Liebovitz, October 26, 1964, LMC; WD, p. 107.
13. Walter Curt Behrendt-LM, March 18, 1934; LM-Walter Curt Behrendt, October 23, 1936, LMC.
14. ILM, July 12, 1978.
15. Quoted in LM, "Professor of Things in General."

16. LM-CB, February 17, 1934, LMC.
17. RN, August 8, 1945.
18. LM, "Gentlemen: You Are Mad!" *The Saturday Review of Literature*, March 2, 1946, pp. 5-6.
19. LM, "Petition to the President and the Congress of the United States of America," 1946, LMC.
20. LM-FJO, April 5, 1946, FJOC; LM-BMK, March 17, 1946, MKFP; LM-Max Lerner, no date, MLP; LM-President Harry S Truman, 1946, no date; LM-General Dwight D. Eisenhower, 1946, LMC.
21. LM-SM, June 22, 1946, LMC-C.
22. LM-HM, no date, HMC; RN, July 2, 1960.
23. LM-Bruno Zevi, October 12, 1973, LMC.
24. LM, "The Morals of Extermination," *The Atlantic Monthly*, October, 1959, pp. 38-44; LM-Sherely Ewing, April 19, 1959, LMC; LM, "Anticipations and Social Consequences of Atomic Energy," American Philosophic Society, *Proceedings* (1954), no. 2, pp. 149-52.
25. See, especially, LM, "Apology to Henry Adams," *Virginia Quarterly Review*, vol. 38, Spring 1962, pp. 196-217.
26. LM, "Morals of Extermination," pp. 38-44; ILM, July 12, 1978; LM, "Alternatives to Catastrophe," *Air Affairs*, Spring1950, pp. 350-63; RN, September 16, 1947.
27. LM, "Anticipations, "pp. 149-52.
28. LM, "Open Letter to the American People," December 29, 1950, LMC; LM-Congressman George A. Dondero, July 16, 1952, LMC.
29. LM, "The Art Galleries: Surrealism and Civilization," *The New Yorker*, December 19, 1936, pp. 76-79; CM, P. 375;S, pp. 443-46.
30. "Presentation of Howard Memorial Medal, 27th June1946; Notes for remarks by F. J. Osborn, "LMC.
31. LM-SM, June 22, 1946, LMC.
32. LM, "Britain and Her Planning Schemes," *The Listener*, August 15, 1946, pp. 201-202; SF, pp. 1-40; PLC, pp. 10-34.

33. RN, January 21, 1948; LM-SM, June 4, 1946, LMC.
34. LM, review of *The Case Against the Nazi War Criminals*. Opening statement for the United States by Robert H. Jackson and other documents, *The Saturday Review of Literature*, March 16, 1946, pp. 13 – 14; VFS; Reinhold Niebuhr-LM, no date, LMC.
35. RN, December 21, 1945; GM, p. 85.
36. P-C, March 15, December 29, 1947.
37. HM-LM, no date, HMC.
38. LM-SM, September 10, 1946, LMC; RN-C, no date.
39. Desmond Powell-LM, April 29, 1945, LMC.
40. LM-JS, July 12, 1943, LMC-C.
41. LM-Walter Curt Behrendt, July 30, 1943, LMC.
42. LM-HM, November 25, 1946, HMC.
43. RN, August 1, 1942; GM, p. 37.
44. IHM, July 16, 1979.
45. LM, "At Parting," *The Saturday Review of Literature*, March 10, 1945, p. 18; GM, p. 294.
46. Ben Kizer-LM, September 15, 1942, LMC.
47. SM-LM, January 19, 1941, LMC; GM, p. 184.
48. P-C, February 2, 1948.
49. Emerson Hynes, review of *Green Memories*, *The Commonweal*, December 12, 1947, pp. 235 – 36.
50. P, January 1, 1947.
51. IHM, July 16, 1979.
52. P-C, September 3, 1945.
53. All quotes from LM-William Van O'Connor, January 1, 1945, WOCP.
54. LM-FJO, March 1, 1949, FJOC; Henry L. Kamphoefner-LM, February 19, 1948, LMC; RN, July 28, 1948; LM, "A Thought for the Growing South," *Southern Packet*, April 1949, pp. 1 – 5; Mumford also lectured at the Women's College of the State University at Greensboro, North Carolina.
55. Quoted in RN, February 1968.

56. Harold Ross-LM, January 13, 1947, LMC; P, January 22, 1948.
57. LM-Stearns Morse, August 26, 1949, LMC; P, January 1, September 5, 1959.
58. LM-CB, no date, LMC; P, August 20, 1947.
59. LM-JS, September 5, 1951, LMC-C.
60. P-C, January 1, 1949; RN, February 2, 1950.
61. LM-John Dodds, December 26, 1955, LMC.
62. CL, pp. 5, 175-80, 205, 219, 226 – 28, 257, 268 – 74, 292.
63. CB-LM, January 15, 1950, LMC-C; see also Waldo Frank, "Views on Human Nature," *The Saturday Review of Literature*, September 22, 1951, pp. 11 – 12.
64. LM-HM, July 9, 1950, HMC.
65. HM-LM, March 16, 1948, LMC.
66. HM-LM, January 31, 1952, LMC.
67. P, January 2, 1952.
68. LM-FJO, December 8, 1951, FJOC; LM-Stearns Morse, September 3, 1950, SMP; LM-CS, September 5, 1950, CSP.
69. LM-FJO, May 6, 1948, FJOC; P, January 22, 1948.

人间城镇

1. RN, July 2, 1960.
2. Ibid., January 1, 1953.
3. Interview with Martin Meyerson, April 8, 1988, Albany, New York; ILM, May 4, 1980.
4. RN, August 15, 1956.
5. LM-FJO, February 20, 1955, FJOC; LM-HM, August 25, 1954, HMC; LM-CB, November 28, 1956, LMC.
6. LM-BMK, July 22, 1955, MKFP.
7. WD, p. 474.
8. Ibid., p. 469 – 471; TOM-H, p. 2.
9. AT, pp. 57, 35; TOM-H, p. 25.
10. RN, August 9, 1956.
11. LM-FJO, July 27, 1956, FJOC.

12. Interview with Ian McHarg, April 12, 1985, Philadelphia, Pennsylvania.
13. Telephone interview with Martin Meyerson, February 18, 1987.
14. RN, June 2, 1957.
15. SM, "Day Book," 1957, MFP; LM, "The Sky Line: The Cave, the City, and the Flower," *The New Yorker*, November 2, 1957, pp. 93-94.
16. SM, "Day Book," 1957, MFP; RN, June 29, 1960.
17. RN, August 30, 1958; P, October 19, 1958.
18. P, December 10, 1958.
19. SM, "Day Book," 1960, MFP; LM-FJO, August 10, 1958, FJOC.
20. LM-HM, November 21, 1959, HMC; LM-FJO, August 10, 1958, FJOC.
21. LM-FJO, September 2, 1959, August 10, 1958, FJOC.
22. LM-HM, December 3, 1960, HMC.
23. *A Tribute to Lewis Mumford* (Cambridge, MA: Lincoln Institute of Land Policy, 1982), p. 31.
24. LM-Stearns Morse, April 16, 1961, SMP; for reviews of *The City in History*, see, especially, John Friedman, "The City in History," *The Town Planning Review*, April 1962, p. 73; Gideon Sjöberg, *Annals of the American Academy*, vol. 337, September 1961, pp. 214-15; and Paul Goodman, "The Pragmatism of His Boyhood,", *Hudson Review*, vol. 14, Autumn 1961, pp. 444-47.
25. SM, "Day Book," 1961, MFP; LM, "The Sky Line: From Crotchet Castle to Arthur's Seat," *The New Yorker*, January 13, 1962, pp. 82 ff; LM-Stearns Morse, August 13, 1961, SMP.
26. SM, "Day Book," 1961, MFP.
27. LM-Stearns Morse, August 3, 1961, SMP.
28. Ibid.
29. CH, pp. 1-16.
30. LM-Stearns Morse, February 26, 1956, SMP.
31. CH, pp. 21, 33-34, 65; TOM-H, p. 46.
32. CH, pp. 37-46; MM-I, pp. 185, 226.
33. CH, pp. 124, 129.
34. Ibid., p. 158; H. D. Kitto, *The Greeks* (Middlesex, England: Penguin, 1985

ed.).

35. CH, pp. 150-51.
36. Ibid., pp. 205-42.
37. Ibid., pp. 525-75; T. S. Eliot, *The Use of Poetry and the Use of Criticism* (London: Faber and Faber, 1933).
38. LM-CS,July 8,1954, CSP; LM-FJO, April 6,1964, August 25,1957. FJOC.
39. Goodman, "Pragmatism," pp. 444-47; Jane Jacobs, *The Death and Life of Great American Cities* (New York: Random House,1961).
40. See William H. Whyte, *The Last Landscape* (New York: Doubleday, 1968), p. 249.
41. ILM, July 6,1984; LM, "Opinions of the New Towns," *Town and Country Planning*, March 1956, pp. 161-64; LM, "The Sky Line: Old Forms for New Towns," *The New Yorker*, October 17,1953,pp. 138-46.
42. LM-FJO, August 6,1964, September 24,1968, FJOC; ILM,July 6,1984.
43. LM-CS, April 3,1964, CSP.
44. Paul and Percival Goodman, *Communitas: Means of Livelihood and Ways of Life* (New York: Random House, rev. ed.,1960), p. 35.
45. Jacobs, *Death and Life*, pp. 17-20,540.
46. Whyte, *Last Landscape*, pp, 234, 227-43.
47. LM-FJO, August 11,1967, FJOC.
48. LM-David Liebovitz, October 10,1962,LMC.
49. LM-FJO, October 19,1962,February 28,1963,FJOC.
50. LM,"The Sky Line: Mother Jacobs'Home Remedies," *The New Yorker*, December 1,1962,pp. 148 ff.

城镇危局

1. Robert Caro, *The Power Broker: Robert Moses and the Fall of New York* (New York:Random House,1974), pp. 1-21; Caro's brilliant biography has been my chief source of information on Robert Moses.
2. Quoted in ibid.,p. 849; ILM, July 12,1978.
3. Quoted in Caro, *The Power Broker*, pp. 12,20.

4. Quoted in Betty Moorstein, "City Can Be Beautiful: Ask Lewis Mumford", PM, May 12,1946, p. 11;LM, "The Sky Line: The Roaring Traffic's Boom-III," *The New Yorker*, April 16,1955, p. 78.
5. LM, "The Highway and the City,"*Arcbitectural Record*, April 1958,pp. 179 – 86.
6. ILM,January 6,1984.
7. LM,"The Sky Line: The Roaring Traffic's Boom-II,"*The New Yorker*, April 2, 1955,pp. 97,103;for Robert Moses's reaction to LM's criticism,see Robert Moses to Editor of *The New Yorker*, October 30, 1948, LMC; see also " Mr. Moses Dissects the 'Long-Haired Planners,' "*New York Times Magazine*, June 25,1944.
8. LM,"Highway and City," pp. 180 – 86.
9. Ibid.
10. Lynch and Goldschmidt quoted in *A Tribute to Lewis Mumford* (Cambridge, MA: Lincoln Institute of Land Policy, 1982), pp. 16, 21; interview with Perry L. Norton, February 26, 1988.
11. Mumford, "The Sky Line: London and the Laocoon," *The New Yorker*, November 4, 1961,pp. 193 – 94 ff.
12. LM,"Highway and City," p. 186.
13. Press Release of Joint Emergency Committee to Close Washington Square to Traffic, March 10,1958,LMC; Mayor Edward Koch quoted in *A Tribute to Lewis Mumford*, p. 20.
14. Interview with Sir F. Anthony Gray, December 26, 1985,Warminster, England.
15. Quoted in LM-Stearns Morse, October 22,1964, SMP.
16. LM, "A Memorandum on the City of Oxford Development Plan," January 1,1964, CCCA; see also Roland Newman, "The Road and Christ Church Meadow,"Oxford Polytechnic, Headington, Oxford, 1980.
17. LM-David Liebovitz, October 26, 1964, LMC.
18. Interview with Sir F. Anthony Gray, December 27,1985,Warminster, England; LM-David Liebovitz, October 26, 1964, LMC; another inquiry was made in 1970, but a final rejection of the plan for a Meadows road came from the Depart-ment of the Environment in 1971.
19. London *Financial Times*, February 4,1965.

20. Interview with Sir F Anthony Gray, July 24,1985,Warminster, England; London *Financial Times*, February 24,1965.
21. SM, "Day Book," January,11,1973,MFP.
22. F Scott Fitzgerald, "My Lost City," in Edmund Wilson, ed. ,*The Crack-Up* (New York: New Directions, 1945), p. 25.
23. LM, "Is the Skyscraper Tolerable?" *Architecture*, February 1927,pp. 67 – 69.
24. Quoted in Robert A. M. Stern, et al. , *New York* 1930 (New York: Rizzoli, 1987),p. 35.
25. Erich Mendelsohn-LM, April 21,1952,LMC; Philip Johnson quoted in *A Tribute to Lewis Mumford*, p. 19.
26. LM, "American Architecture Today,"*Architecture*, April 1928, pp. 181 – 88.
27. LM, "The Case Against 'Modern Architecture,'" *Architectural Record*, April 1962,pp. 155 – 62.
28. Ada Louise Huxtable, *The Tall Building Artistically Reconsidered: The Search for a Skyscraper Style* (New York: Pantheon,1984), pp. 52,56.
29. LM,"Case Against 'Modern Architecture,'"pp. 155 – 62.
30. RN, 1934; LM-Stearns Morse, December 13,1964, SMP.
31. LM, "The Sky Line: House of Glass," *The New Yorker*, August 9, 1952,pp. 48 – 54;in the 1980s there was pressure to tear down the Lever building for exactly the reasons Mumford predicted.
32. "The City as Both Heaven and Hell; A Conversation between Graeme Shankland and Lewis Mumford,"*Listener*, vol. 66, September 28,1961,PP. 463 – 65.
33. LM, "London and the Laocoon,"PP. 193 – 94.
34. LM, "The Sky Line: The Marseilles 'Folly,'"*The New Yorker*, October 5,1957, pp. 76 ff.
35. For the most recent thinking on Le Corbusier's work, see Martin Filler, "Thoroughly Modern Master," *The New York Review of Books*, December 17,1987,pp. 49 – 58.
36. LM, "The Future of the City: Part II: Yesterday's City of Tomorrow,"*Architectural Record*, November 1962,pp 139 – 44; LM,"On Guard! The City Is in Danger!" *University,A Princeton Quarterly*,no. 24, Spring 1965,pp. 10 – 13.

37. LM,"The Sky Line: Prefabricated Blight," *The New Yorker*, October 30,1948, pp. 49 – 50 ff; "The Sky Line: Stuyvesant Town Revisited," *The New Yorker*, November 27,1948, pp. 65 – 71.
38. LM,"The Sky Line: Mother Jacobs'Home Remedies," *The New Yorker*, December 1,1962,P. 148 ff.
39. LM,"The Sky Line: The Gentle Art of Overcrowding," *The New Yorker*, May 20, 1950, pp. 79 – 83;Moorstein, "City Can Be Beautiful,"p. 11.
40. LM-FJO, August 10,1958, FJOC.
41. "The City as Both Heaven and Hell," p. 465;ILM,July 12,1978.
42. Harry M. Weese, *A Tribute to Lewis Mumford*, p. 31.
43. LM,"The Life, the Teaching and the Architecture of Matthew Nowicki: Part IV: Nowicki's Work in India," *Architectural Record*, September 1954, pp. 153 – 59; LM,"Social Complexity and Urban Design," *Architectural Record*, February 1963, pp,119 – 26.
44. CH,p. 302.
45. LM,untitled note, no date, LMC.
46. LM,"The Sky Line: Historic Philadelphia-III," *The New Yorker*, April 6,1957, pp. 132 – 41.
47. LM, "Reflections on Venice," Memorandum to Arturo Tofanelli, March 22, 1954,LMC.
48. LM, "The Sky Line: From Crotchet Castle to Arthur's Seat," *The New Yorker*, January 13,1962,pp. 82 ff; LM, "The Sky Line: Historic Philadelphia-IV," *The New Yorker*, April 13,1957, pp. 155 – 62.
49. ILM,July 12,1978.
50. LM,"Mother Jacobs'Home Remedies," pp. 148 ff.
51. UP, p. x.;U.S. Congress, Senate Committee on Government Operations, "Federal Role in Urban Affairs,"Hearing before a Subcommittee on Practical Reorganization,90th Congress, 1st Session, April 20 – 21,1967,part 17,pp. 3595 – 3625.
52. Ibid. ,pp. 208 – 26; RN,April 26, 1967.
53. LM-JL,October 5,1967,LMC.
54. UP,pp. x,226, 242.

收获季节

1. RN, July 30,1965; LM, "S. S. Mauretania"; RN, March 9,1961, July 11,1963; LM-Stearns Morse, June 6,1962, SMP.
2. SM, "Day Book," December 14, 1961, MFP.
3. LM, "The Human Way Out," address given on September 28, 1961, LMC; LM-Stearns Morse, November 24,1961, SMP.
4. LM-Stearns Morse, December 15,1961, SMP.
5. RN-C, July 31,1965.
6. LM-FJO, November 13,1964, FJOC; LM-David Liebovitz, February 9,1961, LMC.
7. LM-Stearns Morse, October 14,1962, LMC.
8. SM-Evelyn Huber, August 10, 1959, LMC-C.
9. ISM, February 9,1988; SM, "Day Book," January 5,1965, MFP.
10. Jeannette Hopkins-LM, March 8,1961, LMC; S, PP. 3,25.
11. IAMM, April 17,1985; LM-Stearns Morse, August 29,1962, SMP.
12. LM-Grover Foley, December 22, 1973, LMC; LM-Stearns Morse, August 3, 1961, SMP.
13. SM-Author, November 10, 1985; P, January 8, 1965; LM-Babette Deutsch, September 16,1962, LMC.
14. P-C, August 31,1963.
15. SM-Author, November 10,1985.
16. RN, no date; Geroid Robinson-LM, February 8, 1963, LMC; Thomas Merton-LM, February 17,1962, LMC; LM-Stearns Morse, November 24, 1961, SMP.
17. VWB-LM, March 2,1946, VWBP.
18. LM-Stearns Morse, December 29, 1963, SMC. For a somewhat idealized picture of the Mumford-Brooks friendship, see Robert Spiller, *The Van Wyck Brooks-Lewis Mumford Letters: The Record of a Literary Friendship*, 1921 - 1963 (New York: Dutton,1970).
19. LM-Stearns Morse, December 29, 1962, SMC; LM-HM, January 17, 1963, HMC; SM-Author, June 29,1988.
20. LM-Stearns Morse, October 14, 1962, SMP; S, pp. 363 - 64. Brooks's uncom-

pleted biography of Mumford is in the Van Wyck Brooks papers at Van Pelt Library, the University of Pennsylvania. It is an unreliable account of Mumford's early life, filled with factual mistakes.

21. LM-Waldo Frank, December 29, 1963, LMC; RN, July 31, 1965.
22. LM-Waldo Frank, December 29, 1963, LMC.
23. RN, July 31, 1965.
24. SM, "Day Book," 1963, MFP.
25. RN, January 30, 1963.
26. LM, "Authoritarian and Democratic Technics", *Technology and Culture*, Winter 1964, pp. 1 – 8; this paper was Mumford's speech at the Fund for the Republic Tenth Anniversary Convocation, held in New York in January 1963.
27. SM, "Day Book," July 28, 1963, MFP; LM-BMK, October 25, 1963, MKFP; RN, September 11, 1963.
28. LM-BMK, May 31, 1964, MKFP.
29. LM-David Liebovitz, August 21, 1966, LMC.
30. SM, notes, September 28, 1964, LMC-C.
31. SM, "Day Book," November 23, 1964, MFP.
32. Ibid., January 10, 1965; LM-DCL, December 21, 1958, LMC.
33. LM-Stearns Morse, February 21, 1965, February 10, 1966, SMP.
34. LM-The President of the United States, February 28, 1965, LMC; SM, "Day Book," January 11, 1973, MFP.
35. LM-Stearns Morse, August 24, 1965, SMP.
36. LM, Speech before American Academy of Arts and Letters, May 19, 1965, LMC.
37. ILM, July 6, 1983.
38. SM, "Day Book," May 19, 1965, MFP.
39. *Kansas City Times*, May 20, 1965, pp. 1a, 2a.
40. LM-George Kennan, May 22, 1965, copy in LMC.
41. LM John Hersey, June 8, 1965, copy in LMC.
42. LM, Draft of *The Myth of the Machine*, vol. 1, LMC.
43. LM-FJO, August 10, 1967, FJOC.
44. LM-Stearns Morse, December 22, 1967, SMP.

45. LM-Erich Fromm, March 26, 1968, LMC; the candidate was Eric Lindbloom.
46. LM-Stearns Morse, November 5, 1967, June 3, 1969, SMP.
47. LM, untitled statement, May 26, 1969, LMC.
48. RN, July 24, 1965.
49. Ibid., December 7, 1965.
50. Ibid.; LM-David Liebovitz, August 21, 1966, LMC.
51. RN, December 7, 1965, July 11, 1967.

破除机械论神话

1. LM interview with Edwin Newman on *Speaking Freely*, WNBC, January, 10, 1971, transcript in LMC; WD, p. 475.
2. LM, "Prologue to Our Time," *The New Yorker*, March, 10, 1975, p. 45.
3. MM-I, pp. 189, 234.
4. LM, notes for MM-I, LMC; WD, p. 476.
5. MM-1, pp. 188, 199, 211, WD, p. 476; MM-II, p. 12.
6. MM-I, pp. 189, 224, 230, 258-60, 263, 293-94.
7. LM-HM, no date, HMC.
8. MM-I, pp. 49-52, 368-69.
9. Quoted in MM-1, p. 61.
10. LM-HM, August 4, 1963, HMC.
11. MM-1, p. 125; MM-11, PP-9-10, 430.
12. LM, review of Carl G. Jung's *Memories, Dreams, Reflections*, in *The New Yorker*, May 23, 1964, p. 185.
13. RN, June 26, 1963.
14. LM, review of Jung's *Memories*, pp. 176-77.
15. Quoted in ibid., pp. 177-78.
16. Ibid., p. 178.
17. Quoted in MM-I, p. 242.
18. William McGuire, ed., *The Freud/Jung Letters: The Correspondence Between Sigmund Freud and C. G. Jung* (Princeton, NJ: Princeton University Press, 1974), pp. 207, 289.

19. LM, review of Jung's *Memories*, p. 184.
20. Quoted in SM, "Day Book," March 16, 1967, MFP.
21. Jolande Jacobi-LM, July 4, 1964, LMC.
22. SM, "Day Book," February 1967, MFP.
23. Erich Fromm-LM, March 16, 1968, LMC.
24. "Back to the Luddites?" *Time*, June 9, 1967, pp. 62 – 63; for other views, see Theodore Roszak, "Mumford and the Megamachine," *Peace News*, December 29, 1967, pp. 4 – 6; and Edward T. Chase, "Man, Machines and Mumford," *Commonweal*, March 8, 1968, pp. 694 – 95.
25. RN, November 27, 1967.
26. LM-FJO, February 5, 1968, FJOC; RN, October 5, 20, 1967; P-C, February 3, 1969.
27. MM-11, PP. 364 – 65; RN, October 5, 1967.
28. WD, p. 528.
29. SM, "Day Book," April 1, 1962, MFP; RC, February 27, 1967; RN, February, 16, March 9, 1968.
30. LM-David Liebovitz, March 21, 1967, LMC.
31. LM-William jovanovich, April 27, 1968, LMC.
32. P-C, June 1, 1968; LM-FJO, May, 10, 1968, FJOC.
33. LM-Stearns Morse, June 2, 1968, SMP.
34. P, February 27, 1967; MM – 11, P. 367.
35. SM, "Day Book," October 1966; RN, September 16, 1970.
36. William Shawn-LM, October 5, 1970, LMC.
37. ILM, July 6, 1983.
38. Gerald Holton-LM, December 1, 1970, LMC; Gerald Holton, "The Pentagon of Power," *New York Times Book Review*, December 13, 1970, p. 1.
39. Gerald Holton-LM, December 1, 1970, LMC.
40. LM-*New York Times*, December 5, 1970, LMC; ILM, July 6, 1983; LM-Grover Foley, February 1, 1979, LMC; the colleague was Victor Weiskopf, who later became friends with Mumford.
41. SM, "Day Book," December 5, 1970, MFP.
42. Quoted in RN, September 16, 1970; Ren6 Dubos, "When Man Can Choose, Trend Is Not Destiny," *Business Week*, November 14, 1970, p. 6; for a thoughtful critical

review of *The Pentagon of Power*, see Victor C. Ferkis, "The Megamachine Reconsidered," *Commonweal*, February 1971, pp. 499 – 500.
43. MM-II, pp. 4 – 34, 51.
44. Ibid. , pp. 56 – 57.
45. LM, interview with Newman.
46. MM-II, p. 142.
47. Ibid. , 243, 250 – 53; WD, p. 15.
48. MM-II, pp. 274 – 75, 306.
49. LM statement for *Newsweek*, June 8, 1969, LMC.
50. MM-II, pp. 330 – 34, 408 – 409, 430 – 35.
51. LM-Roderick Seidenberg, February 18, 1969, LMC; LM-FJO, July 31, 1951, FJOC.
52. LM-Roderick Seidenberg, February 18, 1969, LMC.

阿米尼亚岁月

1. CM, pp. 94 – 95; SM, "Day Book," January 27, 1971, MFP.
2. LM-HM, October 30, 1971, HMC.
3. SM, RN, April 1, 1962, January 27, 1971, MFP.
4. Ibid. , January 27, 1971, August 6, 1973; LM-Catherine Roberts, January 23, 1965, LMC.
5. LM, Recollections of Harcourt, Brace & Co. , for Oral History Research Office, Columbia University, 1962, copy in LMC.
6. ILM, July 6, 1983.
7. LM-William jovanovich, January 17, 1972, LMC; LM-Philip Wittenberg, November 28, 1971, LMC; LM-Stearns Morse, October 18, 1975, SMP.
8. P, December 10, 1971.
9. SM-LM, December 1971, LMC-C; ILM, July 6, 1983.
10. LM Julian Muller, December 10, July 6, 1975, LMC.
11. William Jovanovich-LM, January 24, 1976, LMC; LM-William jovanovich, January 1, 30, 1976, LMC; SM, "Day Book," August 1975, MFP.
12. LM-Martin Filler, November 20, 1975, in the possession of Martin Filler; William Goodman-LM, March 21, 1976, LMC.
13. William Jovanovich-LM, January 24, 1976, LMC; S, p. 191.

14. LM Julian Muller, May 17,1977, LMC; ILM, July 6,1983.
15. LM Julian Muller, May 12,1977, LMC.
16. SM, "Day Book," May 21,1973, MFP; LM-Ann Harris, August 7,1980, LMC; LM-Hilda Lindley, May 20,1979, LMC.
17. SM, "Day Book," March 21,1978, MFP.
18. SM, RN, May 16,1978, LMC-C; ISM, April 16,1985; WD, p. 82.
19. Quoted in LM, "Gabo Tribute," November 22,1977; LMC.
20. LM-Stearns Morse, November 29,1975, SMP.
21. SM, "Day Book," September 17,1974, MFP; S, pp. 489-90; ILM, July 6,1983.
22. Ann Harris-LM, July 16,1980, LMC; LM-Hilda Lindley, May 20,1979, LMC; LM-Ann Harris, August 7,1980, LMC.
23. Ann Harris-Hilda Lindley, September 3,1980, LMC; ILM, July 6,1983.
24. SM-Carol Ryan, March 18,1981, LMC; my thanks to Rick Kott for allowing me to examine the Mumford file at the Dial Press, and for talking with me about his editorial relationship with Mumford.
25. S, pp. 1-5,130.
26. LM-Grover Foley, August 5,1979, LMC.
27. LM-HM, December 15,1979, HMC; LM's notes for this uncompleted project are in the LMC.
28. LM-Roderick Seidenberg, September 16,1951, LMC; LM, notes, no date, LMC.
29. LM-Roderick Seidenberg, September 26,1968, LMC.
30. RN, January 5,1947, October 5,1965; notes for uncompleted project on evolution, 1977-82, LMC.
31. RN, October 7,1965.
32. Martin Filler, "Journal,"*House and Garden*, April 1985, p. 214; LM-Grover Foley, February 1,1979, LMC; Mumford sent most of his drawings and watercolors to Monmouth College in West Long Branch, New Jersey, where Vincent DiMattio is a professor of art. They are part of a permanent collection, open to scholars.
33. Whitehead quoted in LM-Grover Foley, November 30,1976, LMC; LM-Grover Foley, September 22,1978, LMC.
34. LM-Geddes Mumford, September 9,1944, MFP.
35. Quoted in Cary Winfrey, "Even at 81, Lewis Mumford 'Wouldn't Be So Sure,'" *Washington Post*, July 8,1977, F 2, from the New York Times News Service.

索　引

（此处页码为本书边码）

A

Aaron, Damel 丹尼尔·艾伦 100

Ackerman, Frederick Lee 弗里德里克·李·阿克曼 171, 193n

Adams, Henry 亨利·亚当斯 173, 231, 247, 343, 433, 462, 501, 539

Adriatic, SS 亚得里亚海号 123, 134, 157–158, 220

Agar, Herbert 赫伯特·阿格 402, 405

Ahearn, Nellie (Nana) 奈利·阿亨（娜娜）22–25, 28, 142–143, 404

Alger, Horatio 霍瑞修·爱尔杰 20

Amenia, N.Y 阿美尼亚 xiv, 378–380, 543–562; see also Leedsville （另见 Leedsville）

Amenia High School, Mumford-Fish debate in 阿美尼亚村高中（芒福德—费舍辩论所在地）403–404

American Academy of Arts and Sciences 美国文艺与科学工作者协会 514–516

American Artists Congress 美国艺术家大会 295

American Book Award 美国国家图书奖 558

American Caravan, The《美国文化大篷车》256–263, 269

American Documentary Films 美国纪录电影公司 366n

American Federation of Full-Fashioned Hosiery Workers 美国针织业职工全国联盟 333

American Geographical Society 美国地理协会 81

American Institute of Planners 美国城市规划师协会 366

American Museum of Natural History 美国自然历史博物馆 68

American Philosophic Society 美国哲学协会 434

American Place, An 美国场所 344

American Writers Congress 美国作家协会 391

Ames, Adelbert, Jr. 小阿德尔伯特·埃姆斯 428

Amsterdam 阿姆斯特丹 359–360,

480-481

Anarchists 无政府主义者 97, 98, 150, 196

Anderson, Sherwood 舍伍德·安德森 248, 258, 260

anti-Semitism 反犹太主义 390, 405, 428

"Apology to Henry Adams, An"(Mumford)"向亨利·亚当斯道歉"(芒福德) 501

Appalachian Trail 阿巴拉契亚小径 209

appeasement, fascism and 法西斯主义和绥靖政策 xv, 389, 391, 395

Appleton, W. W. 阿普尔顿出版商 83-84

"Appraisal of Lewis Mumford's Technics and Civilization, An"(Mumford)"评述刘易斯·芒福德新作《技术与文明》"(芒福德) 326n

Aquitania, S. S. 阿奎塔尼亚号 237, 240

Archaeology 考古学 464, 465, 466; Myth of the Machine and《破除机械论神话》中有关考古的内容 521, 522

Architectural Record Books 建筑名著丛书 554

Architecture 建筑 64, 263, 301-302, 321, 444; in Boston 波士顿建筑 105; buildings vs. 与楼房比较 173; in Chicago 芝加哥建筑 176-180; of City College 城市学院建筑 49; Culture of Cities and《城市文化》与建筑 335-356; derivative historic styles of 历史建筑设计风格 173-174; fit of 建筑融入环境 76; of garden cities 花园城市的建筑 471; in Germany 德国的建筑 322 kingship and 建筑与王权 465; Mumford's views on, 芒福德的建筑观 76-77, 168-191, 218, 274, 288, 476, 486-492; of superslums 超级贫民窟建筑 493-494; Victorian 维多利亚时代建筑 181-182; see also housing, houses; specific buildings（另见 housing, houses 以及具体建筑）

Architecture《建筑学》176

aristocratic ideal 贵族理想范式 32-33

Aristotle 亚里士多德 4, 50, 54, 66, 67, 77, 132, 358, 468

Arnold, Matthew 马修·阿诺尔德 172, 327

Aronovici, Carol 凯洛尔·阿伦诺维奇 362

art 艺术 136, 177, 302, 356; Dadaism 达达主义艺术 531; Mumford's sketching and painting and 芒福德的素描和绘画与艺术 xiv, 4, 14, 41-42, 61, 76-77, 81, 105, 380, 560-561; of Orozco 奥罗斯科的绘画艺术 429-430; pop 流行艺术 531; Surrealism in 艺术中的超现实主义 434-435

Art and Technics (Mumford)《艺术与技术》(芒福德) 457

artists: Mumtord's emphasis on 芒福德强调艺术家的作用 167; as prophets and revolutionaries 作为先知和革命者的艺术家 163-164, 447

索 引 *621*

Ascher, Charles 查尔斯·阿斯彻 241, 263, 268
Ascher, Helen 海伦·阿斯彻 241, 263, 265 – 266, 268, 283, 286 – 289; Mumford's affair with 芒福德与之有染 287 – 288, 289, 306, 307, 309
"Asters and Goldenrod" (Mumford)《埃斯特和金棍》(芒福德) 234 – 235, 263
Athens 雅典 461, 468
atomic bomb, Mumford's views on 芒福德关于原子弹的观点 xv, 422, 430 – 434
Auden, W. H. W. H. 奥顿 302
Audubon, John James 约翰·詹姆斯·奥杜邦 380
Austria 奥地利 159 – 160
"Authoritarian and Democratic Technics" (Mumford)《专制技术与民主技术》(芒福德) 509 – 510
Autbority in the Modern State (Laski)《现代国家权威》(拉斯基) 207
automobiles 汽车 176, 196, 204 – 205, 322, 370, 409, 479 – 483, 485; Moses and 摩西和汽车 476, 479, 480 – 481, 483; Mumford's experience with 芒福德的"汽车经历" 378; see also highways; roads (另见 highways, roads)

B

Baker Library 贝克图书馆 427, 429 – 430
Barker, Mabel 梅珀尔·巴克 159 – 160, 226
Baron, Anna, *see* Graessel, Anna Maria Louise Hewel 安娜·拜伦, 见 Graessel, Anna Maria Louise Hewe
Baron, Elvina Conradina, *see* Mumford, Elvina Conradina Baron 艾尔维娜·康拉蒂娜·拜伦, 见 Mumford, Elvina Conradina Baron
baroque cities 巴洛克城市 358 – 359
Bates, Thomas 托马斯·贝茨 36 – 37, 38
Bauer (Wurster), Catherine 凯瑟琳 (沃斯特)·博厄 193n, 330 – 341, 343 – 347, 387, 412; appearance of 外貌 288, 305, 313; in California, 在加利福尼亚 500, 501 – 502; *Condition of Man* and 其与《为人之道》421; death of 死亡 338 – 339, 512; Decker's friendship with 其与德克的友谊 343, 344, 345, 349, 350, 351; in Europe 其在欧洲 307, 312, 316, 319, 320, 323 – 324, 330, 331; marriage of 婚姻 338; Mumford's affair with 与芒福德的私情 288 – 290, 303 – 321, 323 – 325, 330 – 337, 339 – 340, 384, 502, 504, 508, 529, 551, 553, 555; Mumford's breakup with 与芒福德分手 324 – 338, 341, 342; Mumford's correspondence with 与芒福德的通信 290, 305n – 306n, 307, 312, 314 – 315, 316, 318, 319, 324 – 325, 331 – 340, 342,

349，352，421，430，446，450，505；as Mumford's intellectual associate 芒福德事业上的伙伴 289，312，317，335，336，337，345，421；RPAA and 与 RPAA 193n，288，333-334，363，365；social activism of 社会行动 332-334，337-338；Stonorov and 与斯东诺罗夫 330-337

Beard, Charles 查尔斯·比尔德 109，151，299，392-393，395，399-400，401

Beer, Thomas 托马斯·比尔 252，270，402

behaviorism 行为主义 251，280

Behrendt, Walter Curt 沃尔特·克特·贝伦特 176，322，413，428-429，440

Behrens, Peter 彼得·贝瑞斯 182

Belgium 比利时 459

Bellamy, Edward 爱德华·贝拉米 165，247

"Bells, The"（Mumford）《警铃声》（芒福德）96

Benedict of Nursia 圣本笃 417

Bennett, James Gordon 詹姆斯·戈登·别尼特 47-48

Bent, Harry Sims 哈里·西姆斯·本特 367

Benton, Thomas Hart 托马斯·哈特·本顿 515，516n

Berenson, Bernard 伯纳德·贝伦森 459

Bergson, Henri 亨利·柏格森 68，250

Bethel, Vt., Mumford's summers in 芒福德在毕索尔农庄的夏天 29-31

Bigelow, William 威廉·比戈娄 105

Bigger, Frederick 弗里德里克·比格 193n

Bill of Rights, U. S. 美国人权法案 397，402

Billy Budd（Melville）《比利·巴德》（梅尔维尔）277

Bing, Alexander M. 亚历山大·M.秉 193n，201

Bingham, Alfred 阿尔弗雷德·秉哈姆 392-393，395，401

biology: Butler's views on 巴特勒生物学观点 67，68；Geddes's studies of 格迪斯对生物学的研究 52-53，69，228；see also evolution（另见 evolution）

bio-sociology 生物社会学 69

Blake, William 威廉·布莱克 285

Blitzstein, Marc 马克·布里兹坦因 376

Bliven, Bruce 布鲁斯·布利文 394

Bolshevik Revolution 布尔什维克革命 98，111，112

Boni and Liveright 邦尼和里福莱特出版社 269-270

Book of Jonah, Mumford's life compared with《约拿书》（芒福德将其与自己的人生比较）xiv-xvii

Book-of-the-Month Club 本月优秀图书俱乐部 534

Books That Changed Our Minds（Cowley

and Smith)《改变人类思想的大著作》(马尔科姆·考利和伯纳德·史密斯) 300

Borgese, G. A. G. A. 勃基斯 405

Boston, Mass. 波士顿(马萨诸塞州) 84, 86-87, 103, 105, 496

Bourne, Randolph 兰道夫·波恩 97, 108, 111, 240, 253

Boyd, Ernest 恩尼斯特·博伊德 153

Boynton, Percy H. 珀西·H. 波伊敦 271

Brace, Donald C. 唐纳德·C. 布瑞斯 545, 546

brain 大脑 527; unconscious and 无意识和大脑 525-526

Branford, Victor 维克多·布兰佛德 122-127, 129, 131-133, 161-163, 171, 207, 218, 220, 292, 303; Mumford's collaboration offer from 给芒福德的合作邀请 114, 115-116

Brasília 巴西利亚 492

bridges 桥梁 478; see also Brooklyn Bridge (另见 Brooklyn Bridge)

Britten, Clarence 克拉伦斯·布利登 108, 109, 112, 153

Broadway 百老汇 26, 28, 35

Bronx 布朗克斯区 473

Brooklyn 布鲁克林 26, 31

Brooklyn Bridge 布鲁克林大桥 90, 173-174, 217-218, 235; Mumford's play about 芒福德关于布鲁克林大桥的剧作 263-267

Brooklyn Heights 布鲁克林高地 175, 214, 217-218, 486

Brooks, Eleanor 埃列娜·布鲁克斯 151, 285, 286, 341, 342

Brooks, Van Wyck 冯·维克·布鲁克斯 94, 132, 149, 151-157, 163, 168, 213, 231, 233, 240, 249, 257, 271, 274, 300, 341, 392, 408, 412, 560; death of 去世 505-507; *Freeman* and 与《自由人》149, 151-154, 218; literary views of 文学观点 152, 245-246, 252-255; mental crisis of 精神危机 254-255, 285-286; Mumford biography started by 着手撰写芒福德传记 507; Mumtord's correspondence with 与芒福德通信 252, 254, 329, 341, 354, 374, 396, 399-400, 401; Mumford's disagreements with 与芒福德产生分歧 399-400; Mumford's introduction to 芒福德被介绍与其相识 140; *Technics and Civilization* and 与《技术与文明》325, 329

Brothers Karamazov, The (Dostoyevsky)《卡拉马佐夫兄弟》(陀思妥耶夫斯基) 449

Brown Decades, The (Mumford)《黑褐色的三十年》(芒福德) 177-179, 231-232, 248-249, 288

"Brownstone Front, The" (Mumford)《红岩立面》(芒福德) 89, 95, 234-235

brownstones 红砂岩楼房 13, 181-182, 217

Bruère, Robert 罗伯特·布鲁厄里 193n

Brun, Charles 查尔斯·布朗 81

Buchanan, C. D. C. D. 布坎南 484

"Builders of the Bridge, The"（Mumford）《大桥建设者》（芒福德）263－267

Burnham, Daniel H. 丹尼尔·伯哈姆 35，175，225

Butler, Nicholas Murray 尼古拉斯·莫瑞·巴特勒 242

Butler, Samuel 塞缪尔·巴特勒 66－72，89，92，379

Byrne, Barry 巴瑞·拜恩 177

C

California, Mumford in 芒福德在加利福尼亚州 408－412，424，500－502

California, University of（Berkeley）加州大学伯克利分校 463，500－501，517

Caliper《卡尺》37，38

"Call to Arms"（Mumford）《拿起武器》（芒福德）392

Calverton, V. F. V. F. 卡尔沃顿 391

Cambridge, Mass. 坎布里奇（马萨诸塞州）105，106，464，519，553

camera obscura 暗箱 55

Canadian Film Board 加拿大电影局 462

Cane, Melville 梅尔维尔·凯恩 554

capitalism 资本主义 97，245，294，296，297－298，360，524，538；Coketown 焦炭城的资本主义 360；in paleotechnic era 老旧技术时代的资本主义 327，328

Caro, Robert 罗伯特·卡罗 480

"Case Against 'Modern Architecture,' The"（Mumford）"声讨现代建筑"（芒福德）488－489

Catholicism, Roman 罗马天主教 23，24

Céline, Louis-Ferdinand 路易-费迪南·塞利纳 238

centralization, in baroque cities 巴洛克时代城市的中央集权 358－359

Central Park 中央公园 26，35，205，346，476

Cerf, Bennett 本尼特·瑟夫 269－270

Chamberlain, Neville 内维尔·张伯伦 391

change: organic view of 变迁的有机论观点 361－362；singular points and 特定时间特定地点的特定事件和变迁 448－449；values and 价值和变迁 88，166，167－168，191，206，295－296，298，329，366，421，448，496－497

Chappell, George Sheppard 乔治·舍帕德·柴帕尔 170

Chase, Stuart 司徒华特·查斯 208，392－393

Cheney, Mamah Borthwick 麻玛·波斯维克·陈妮 184

Chicago, Ill. 芝加哥（伊利诺伊州）176－180，225，248

Childe, V. Gordon 戈登·蔡尔德 522
Chomsky, Noam 诺姆·乔姆斯基 527n
Christ Church College (Oxford) 基督学院（牛津）483-484
Christ Church Meadow 基督学院草地 483-485
Christianity：in *Condition of Man*《为人之道》中的基督教 414-417；see also Catholicism, Roman（另见 Catholicism, Roman）
Churchill, Henry 亨利·丘吉尔 362
Churchill, Winston S. 温斯顿·S. 丘吉尔 3, 100, 111, 404
Cicero 西塞罗 557
cities：Appleton proposal and 阿普尔顿计划和城市 83-85；baroque or imperial 巴洛克/帝国城市 358-359；environment's relationship to 城市和环境的关系 84, 197-198；evolution of 城市的演变 4, 55, 463-470；garden, see garden cities 花园城市（另见 garden cities）；Geddes's views on 格迪斯的城市观 53-55, 72, 73；Greek 希腊城邦 467-468；medieval 中世纪城市 355-358；Mumford's interest in 芒福德对城市的兴趣 72, 83-85；Mumfords studies of 芒福德对城市的研究 73-74, 338；see also *City in History, The*; *Culture of Cities, The*（另见 *City in History, The*; *Culture of Cities, The*）；personal problems and 城市与个体的关系 129-130, 215-216；planning of, see urban planning 城市规划，见 urban planning；Roman 罗马城市 468-469；size of 城市规模 198；see also architecture; housing, houses; specific cities（另见 architecture; housing, houses 以及具体城市）
Cities in Evolution (Geddes)《城市进化》（格迪斯）72, 73
City, The (film)《城市》（电影）210, 366
City College 城市学院 375, 503；Day Session of 城市学院全日制班 57-59, 72；Evening Division of 城市学院夜校班 41, 46-52, 58, 73, 81, 95, 96
City Development (Geddes)《城市发展》（格迪斯）72, 80-81
City Development (Mumford)《城市发展》（芒福德）425
City Housing Corporation 城市住宅开发集团 201-202, 203, 362
City in History, The (Mumford)《城市发展史》73, 162, 359, 453, 455, 458-471, 509；Bauer's views on 博厄对于该书的看法 338；*Death and Life of Great American Cities* compared with 与《美国大城市的生与死》比较 474；research for 为写该书进行的调研 460-461, 466；reviews of 书评 462；success of 大获成功 462；summary of 概要 463-471

civilization：architecture and 建筑与文明 172；cities and 城市与文明 355－356，454，461；drama analogy and 文明与戏剧类比 447－448；Geddes's views on 格迪斯的文明观 72；Mumford's views on 芒福德的文明观 164，216，218，447－448，454，461

Civilization in the United States《美国文明》108，152－154，156，158，234

civil rights movement 民权运动 517

Civil War, U. S. 美国内战 234，247

Clarke, Arthur 亚瑟·克拉克 548

Clocks 钟表 328－329，418

Clurman, Harold 哈罗德·克勒曼 263

cluster housing 住宅群 106

cold war 冷战 401－402，539

Collège des Ecossais 苏格兰学院 228

colonialism 殖民主义 393，396

Colum, Mollie 茉莉·考勒姆 286

Colum, Padraic 帕德里克·考勒姆 138，286

Columbia, Md. 哥伦比亚（马里兰州）472

Columbia River gorge 哥伦比亚河峡谷 372，373

Columbia University 哥伦比亚大学 46，73，81，87，93，242，303

Commission of Housing and Regional Planning（CHRP）住宅开发与区域规划委员会 194，210－211

Committee to Close Washington Square to Traffic 华盛顿广场专门行动委员会 483

Committee to Defend America by Aiding the Allies 支援同盟国保卫美国委员会 402

Common Sense《常识》392，400－401，405

Communism 共产主义 99－100，294－298，396，515，516n；"basic," of Greeks 希腊的基本共产主义 468；McCarthyism and 麦卡锡主义和共产主义 434

Communist Party, U. S. 美国共产党 294，392

communitarianism 社群主义 357－358

Communitas（Goodman and Goodman）《共同体》（保罗·古德曼和珀西瓦尔·古德曼）472

Community 社区 356；architecture and 建筑和社区 172－173，190－191；Aristotle's definition of 亚里士多德对社区的定义 358；garden 花园社区 201－206

computers 计算机 539－540

Comte, Auguste 奥古斯特·孔德 219

Condition of Man, The（Mumford）《为人之道》（芒福德）302，386，407－408，409，412－422，446；*Conduct of Life* compared with 与《生命的行动》比较 449；research for 为写该书进行的调研 415－417；reviews of 书评 420－422；summary of 概要 417－420；weakness of 欠缺之处 414

索 引 *627*

Conduct of Life, The (Mumford)《生命的行动》51，302，443-451，456，525；summary of 概要 446-449；weakness of 欠缺之处 449-450

congestion, urban 城市拥堵 197，199，200；automobiles and 汽车和拥堵 204，476，480，481，482

Congress, U.S. 美国国会 111，391，405，406，432，479，481，497-499，516

conservation 保护 192，209

conservative surgery 保守性手术 225，496

Constitution, U.S. 美国宪法 397，402

containers, social role of 容器的社会作用 460，464

Co-operation and Nationality (Russell)《合作与民族》（拉塞尔）87

Copernicus, Nicolaus 哥白尼 537

Copland, Aaron 爱伦·考普兰 258，261，366n

Cori, Carl 卡尔·克利 538

"Corruption of Liberalism, The" (Mumford)《自由主义的堕落》（芒福德）394-397，400-401，419

Cotswold Hills 考茨沃尔丘陵 161-162

countryside: city's relationship with 城市与乡村的关系 54，85-87，197-198；Mumford's love of 芒福德对乡村的热爱 29，216-217，243-244，377-381

Cowley, Malcolm 马尔科姆·考利 xvii，112，151，154，294，295，300；fascism and 其与法西斯主义 392，394，400；Mumford's reconciliation with 芒福德与其讲和 554

Cox, Sidney 西德尼·考克斯 428

Craig, Robert 罗伯特·克雷格 224

Crane, Har 哈特·克莱因 217-218，259，261

creativity 创造力 37，211，212，216，281，305，326，525

crime 犯罪 486；deterrence of 防止犯罪 473，475-476

Croly, Herbert 赫伯特·克罗利 170，172

Crossman, Richard 理查德·格罗斯曼 485

cultural evolution 文化进化 455，456，525-527

cultural renewal, Mumford's interest in 芒福德对文化复兴的兴趣 163-167，256

culture: prosperity and 繁荣与文化 197；regionalism and 区域主义和文化 199-200；Spengler's views on 斯宾格勒的文化观 301-302

culture, American: European views on 欧洲人眼中的美国文化 239-240；Mumford's interest in 芒福德对文化的兴趣 82，152-154，156-157，158，168，214，231-234，239-240，245-255；renaissance in 文化的再生 240，246-247，248，256

Culture of Cities, The (Mumford)《城市文

化》(芒福德) 73, 83, 162, 293, 302, 352-362, 366, 367, 371, 391, 421, 435, 459, 550; *City in History* compared with 与《城市发展史》比较 469; Mumford's fears about 芒福德对该书的担忧 354; reviews of 书评 353, 354-355; revision of 修订 436-437, 454, 458; summary of 摘要 355-361; wartime readers of 战时该书的读者 444-445; weakness of 欠缺之处 361-362

Cumbernauld 科本诺德镇 471

cummings, e. e. 卡明斯 136, 261

D

Dadaism 达达派虚无主义艺术 531

Dali, Salvador 达利 434

Dante Alighieri 但丁 271, 289-290, 298-299

Dartmouth College 达特茅斯学院 406, 427-430; Mumford's lectures at 芒福德在该学院的讲座 248, 299, 427

Darwin, Charles 查尔斯·达尔文 53, 68, 69, 559

Davidson, Thomas 托马斯·戴维德森 66

Day, Sam 塞姆·戴 30-31

death, Mumford's views on 芒福德的死亡观 506-507

Death and Life of Great American Cities, The (Jacobs)《美国大城市的生与死》(简·雅各布斯) 471, 475-476

Decentralization 分散 196, 198-200, 207-208, 225-226; see also regionalism(另见 regionalism)

Decker (Sommers), Alice 艾丽丝·德克(萨默斯) 306n, 343-354, 367, 383, 384, 385, 443, 507; Mumford's correspondence with 芒福德与之通信 343, 348, 350, 352, 355; as Mumford's hidden love 作为芒福德的深藏不露的恋人 343; psychological problems of 其精神问题 344, 348-349, 351, 376

"Declaration on World Democracy"《捍卫世界民主宣言》405

Decline of the West, The (Spengler)《西方的没落》(斯宾格勒) 300-302, 520

Dell, Floyd 弗洛伊德·戴尔 101

de Menasce, Jean 让·德·蒙内斯 238, 240

democracy 民主 34, 101, 246, 395; Mumford's fight for 芒福德为民主而战 388, 389, 391, 396-398, 407, 432-433

Depression, Great 大萧条 203, 261, 292-298, 365

Descartes, René 笛卡尔 50, 537

Deutsch, Babette 巴比特·达赤 241

Deutsches Museum 德意志博物馆 321, 322

Dewey, John 约翰·杜威 51, 102, 108, 110, 111, 112, 297, 401

Dial《刻度盘》107-112, 117-118,

127, 135 – 136, 151, 257, 258; demise of 终刊 136n, 261; Sophia Mumford's job at 索菲亚·芒福德在该刊工作 112, 117, 118, 128, 135, 136n, 144, 158, 214, 215

dialectical method 辩证法 70

Dial Press 刻度盘出版社 557

Dickens, Charles 查尔斯·狄更斯 64

Dickinson, Emily 爱米丽·狄更生 248

Diderot, Denis 丹尼斯·狄德罗 153, 245

Dill, Samuel 塞缪尔·迪尔 416

Di Mattio, Vincent 文森特·迪·马迪欧 560, 561

disarmament, nuclear 核裁军 431 – 434

Divine Comedy (Dante)《神曲》(但丁) 289, 299

Dom-Ino houses 多米诺住宅 181

Dos Passos, John 约翰·多斯·帕索斯 111, 136, 151, 164

Doubleday, Doran 双日 – 多兰出版社 263, 269

Doxiades, Constantinos 康斯坦丁诺斯·多西亚迪 461

drama analogy, in *Conduct of Life*《为人之道》中的戏剧类比 447 – 448

dreams 梦,梦想 329, 440 – 441, 456, 525; Melville and 梅尔维尔和梦 274; of Mumford 芒福德的梦想 14, 145, 404, 519; of Sophia Mumford 索菲亚的梦想 145, 455

Dreiser, Theodore 西奥多·德莱塞 97

"Drift of Revolution, The" (Branford) "渐进式革命" (布兰佛德) 127

Dubos, René 勒内·杜博斯 xiv

Duffy family 达菲家 378, 381

Du Pont de Nemours Corporation 杜邦公司 262 – 263

Duyckinck, Evert 厄沃特·杜金克 268

E

Eakins, Thomas 托马斯·伊金斯 248

Eastman, Max 麦克斯·伊斯特曼 94, 97, 101

East Side (New York) 纽约东区 35, 75 – 78

Ebeling, Elvina 艾尔维娜·伊伯灵 8, 9, 32

ecological history 生态史 84

ecology 生态学 68, 197 – 198, 206, 274, 302; Geddes and 格迪斯和生态学 53, 55; nuclear power and 核能和生态学 433 – 434; social 社会生态学 328

economics 经济 176; fascism and 法西斯主义和经济 395, 396; Great Depression and 大萧条和经济 292 – 293, 294; Mumford's views on 芒福德的经济观 67, 110, 166, 295 – 296, 302, 395, 396, 398; utopias and 乌托邦和经济 165 – 166

ecosystem 生态系统 54

Edel, Leon 利昂·艾德勒 344
Edelman, John 约翰·爱德尔曼 333
Edinburgh 爱丁堡 435, 462 – 463, 518; Geddes in 格迪斯在爱丁堡 53 – 57, 166, 224 – 227, 240
Edison, Thomas 爱迪生 33
Edison Company 爱迪生公司 96
education: Fichte's views on 费希特的教育观 413; Geddes's views on 格迪斯的教育观 60, 73; Mumford's views on 芒福德的教育观 408 – 410, 412, 413; see also specific schools（另见具体学校）
Egyptians, ancient 古希腊 521
Einstein, Therese 特里萨·爱因斯坦 555
Eisenhower, Dwight D. 艾森豪威尔 432
Eliot, T. S. T. S. 艾略特 469
Ellis, Havelock 哈维洛克·艾利斯 504
Ellul, Jacques 雅克·埃吕尔 510
Emerson, Ralph Waldo 爱默生 xv, 49, 71, 207, 231, 246 – 247, 256, 503, 561; Brooks's biography of 布鲁克斯为之作传 252 – 253, 254, 285; Melville compared with 与梅尔维尔比较 272, 274; Mumford influenced by 芒福德受其影响 67, 166, 247, 287, 361, 450
Engels, Friedrich 恩格斯 83, 99, 110, 527n
engineering, engineers 工程和工程师 110, 479; Mumford's interest in 芒福德对工程的兴趣 33, 38, 177

Engineers and the Price System, The (Veblen)《工程师与价格体系》(范伯伦) 110, 297
environment: architecture and 建筑和环境 181, 190; city's relationship to 城市和环境的关系 84, 197 – 198; Geddes's views on 格迪斯的环境观 69 – 70
eotechnic era 原始技术阶段 326 – 327, 356
Erasmus, Desiderius 德西德里乌斯·伊拉斯谟 13
Erikson, Erik H. 埃瑞克·H. 埃瑞克森 61
Espionage Act (1917) 反谍法案 102
Eutopia 乌托邦 156, 167, 420
evil 恶 290, 395 – 396, 415, 420; in *Moby Dick*《莫比·狄克》中的恶 272 – 273
evolution 进化 68 – 70, 455, 558 – 559; Butler's views on 巴特勒的进化观 68 – 69; "creative" "创造性"进化 68 – 69; cultural 文化进化 455, 456, 525 – 527; Geddes's views on 格迪斯的进化观 69 – 70
Evolution, Old and New (Butler)《进化之旧与新》67, 68
Evolution of Sex, The (Geddes and Thomson)《性进化》(格迪斯和汤姆森) 55, 69 – 70
experience: Geddes and 格迪斯和经验 52; nonscientific 非科学的经验 419; pragmatism and 实用主义和经验 51
Explorations in Personality (Murray)《人格探索》(莫瑞) 280

F

Fair Lawn, N. J. 新泽西州美草地 202-206

Faith for Living（Mumford）《生存的信念》（芒福德）395-398, 400, 404-405

family 家庭 53, 83; Butler's views on 巴特勒的家庭观 71; Jung's views on 荣格的家庭观 528-529; Mumford's views on 芒福德的家庭观 6, 37, 43, 77, 121, 398

Farquharson, Alexander 亚历山大·法夸尔森 129-130, 160

Farrar, John 约翰·法瑞 263

Farrell, James T. 詹姆斯·法瑞尔 400

Fascism 法西斯主义 323, 373, 387-406, 422, 456; sources of 法西斯主义的来源 395-396; see also Nazism（另见 Nazism）

Fayaway 法雅维 284, 285

Feis, Herbert 赫伯特·费思 96, 102

Ferguson, Duncan 邓肯·弗格森 344-352

Ferrer Society 佛瑞协会 98

ferries 轮渡 50, 78, 174, 175

Fichte, Johann G. 费希特 413

Fields, Factories and Workshops（Kropotkin）《农田、工厂与作坊》（克鲁泡特金）196

Fifth Avenue 第五大道 26, 76

Fight for Freedom Committee 为自由而战委员会 402

Filler, Martin 马丁·菲勒 554

Financial Times（London）《金融时报》（伦敦）485

Findings and Keepings（Mumford）《发现与保存》（芒福德）306n, 549, 552

Finley, J. H. J. H. 芬利 49

Fish, Hamilton 汉米尔顿·费舍 403-404

Fitzgerald, F. Scott 斯哥特·菲茨杰拉德 486

Flatiron Building 熨斗大厦 35-36, 175

Fletcher, John Gould 约翰·古尔德·弗莱彻 325

Florence 佛罗伦萨 459, 481

Flowering of New England, The（Brooks）《新英格兰万花盛开的时代》（布鲁克斯）254

Flynn, John T. 约翰·T. 弗林 375, 392-393, 399

Ford, Henry 亨利·福特 204

form: absence of 型制缺失 299; architecture and 建筑和型制 173, 178-179, 488; functionalism and 功能主义和型制 152, 173, 179, 181, 182, 186, 187; literary 文学形式 152; Spengler and 斯宾格勒和形制 301

"Form and Personality"（Mumford）《形制与人格》（芒福德）299, 317

Fortune《财富》杂志 304, 323, 324, 406

Forum《论坛》杂志 92, 94

France 法国 392–393, 396, 490; fall of 法国的沦陷 402, 404; Geddes in 格迪斯在法国 226, 228, 229; in World War I 一战中的法国 101; see also Paris（另见 Paris）

Francis of Assisi, Saint 圣方济各 416

Franco, Francisco 弗朗西斯科·佛朗哥 392, 393

Frank, Waldo 瓦尔多·弗兰克 168, 240, 252, 258, 298, 377, 507, 560; antifascism and 弗兰克和反法西斯主义 392, 394, 401, 402; Mumford influenced by 芒福德受其影响 415

Frankfort, Henri 亨利·佛兰克福特 465

Franklin Library 富兰克林图书馆 548

free choice 自由选择 250, 326

Freeman《自由人》杂志 113, 116, 131, 149–154, 164, 168, 171, 218, 257

Freeman, John 约翰·弗里曼 271

French, Josephine 约瑟芬·福冉 29–31

Freud, Sigmund 西格蒙德·弗洛伊德 14, 22, 63, 135, 137, 186, 213, 269, 280, 447, 466, 470, 527–530

Friedman, Shep 舍普·弗里德曼 47

friendship, Mumford's views on 芒福德的友情观 279

Fromm, Erich 埃瑞克·弗洛姆 516, 527n, 531

Frost, Robert 罗伯特·福罗斯特 259, 260, 428

Fuller, Walter 沃尔特·富勒 123, 149, 156

function, functionalism: form and 功能，功能主义：形式和功能 152, 173, 179, 181, 182, 186, 187; machine and 机器和功能 182

G

Gabo, Naum 诺姆·加伯 444, 459, 554

Galileo, Galilei 伽利略 537

garden cities 田园城市 85–87, 131, 168, 186, 191, 196, 198–199, 295, 355, 435, 470–473, 498; in *City in History*《城市发展史》中提到的田园城市 470; density patterns of 田园城市的建筑密度 470, 473; Mumford's disappointment with 芒福德对田园城市的失望 470; in United States 美国的田园城市 194, 201–206; see also Radburn; Sunnyside Gardens（另见 Radburn; Sunnyside Gardens）

Garden Cities of Tomorrow (Howard)《明天的田园城市》（霍华德）85

gardening, Mumford's interest in 芒福德对园艺的兴趣 xiv, 203, 378–380, 503; Mumford's writing and 芒福德的写作和园艺 379–380

Geddes, Alasdair 阿拉斯戴尔·格迪斯 219, 220, 441

Geddes, Patrick 帕特里克·格迪斯 46,

51－57，82，89，109，127，140，148，162，219－231，240，274，420，421；biology career of 其生物学研究 52－53，69，228；Branford compared with 与布兰佛德比较 124，125；Butler compared with 与巴特勒比较 67，69；death of 去世 229；holism of 整体论 54，73；insurgency idea of "反叛"观 70，448；Mumford compared with 与芒福德比较 77，78，84，366；Mumford influenced by 芒福德受其影响 51－57，59，60，61，67，72－74，80－81，99，166－167，171，182，196－197，207，211，229－230，250，326，355，361，367，379，447，505，557；Mumford's collaboration offers from 提供芒福德合作邀请 114，116，218－219，220，224，226－229；Mumford's correspondence with 与芒福德通信 57，115，116，125，132，133，134，207，221，222，223，227－229，233，283，428；Murray compared with 与莫瑞比较 278，279；RPAA and 与 RPAA 192，196－197，221；survey method of 调研方式 54－55，56，73，166－167；U. S. visit of 造访美国 219－224；Frank Lloyd Wright compared with 其与弗兰克·劳埃德·赖特比较 185，186

generalists 通才 283；Murray as 通才莫瑞 280；specialists vs. 与专才比较 89，109，113，230－231，422

Geneva, Mumford as lecturer in 芒福德在日内瓦做讲座 231，233－234，236－240，283

"Gentlemen：You Are Mad！"（Mumford）《先生们，你们疯了！》（芒福德）431

"Geographic Distribution of the Garment Industry, The"（Mumford）《制衣业的地理分布与分析》（芒福德）80－81

geology and geography, Mumford's studies of 芒福德研究地质学和地理学 61，81

George, Henry 亨利·乔治 150，247

Germany：Mumford in 芒福德在德国 304，320－321，322－323，328，330，331；in World War I 一战中的德国 100，101；see also Nazism（另见 Nazism）

germ plasm theory 原生活质理论 69

Giedion, Siegfried 齐格弗里德·吉迪翁 323，328

Gilbert, Cass 卡斯·吉尔伯特 174

God, Mumford's views on 芒福德的神灵观 274，561

Goethe, Johann Wolfgang von 歌德 342

Gold, Michael（Irwin Granich）麦克尔·高尔德（厄文·格兰尼奇）49，75，76，84，86，109；Mumford's correspondence with 与芒福德通信 100，102，113；political views of 政治观 96－101

Goldbeck, Eva 伊娃·高尔德别克 286，376

Golden Day, The（Mumford）《黄金时代》（芒福德）29，231－232，235，240，242，245－254，256，283，290，301，303；Bauer's and 博厄和该书

288，318；summary of 概要 245－246

Goldman, Emma 爱玛·高尔德曼 97

Goldschmidt, Neil 尼尔·戈尔德施密特 482

Goodman, Paul 保罗·古德曼 471，472

Goodman, Percival 珀西瓦尔·古德曼 472

Goodman, William 威廉·古德曼 547

"Gorgon's Head, The"（Mumford）《女怪之首》（芒福德）71

Graessel, Anna Maria Louise Hewel (grandmother) 安娜·玛丽亚·路易斯·哈娃·格雷塞尔（外祖母）8，9，13

Graessel, Charles (grandfather) 查尔斯·格雷塞尔（继外祖父）13，14，18，25－27；death of 其之死 31

Grand Central Terminal 纽约中央车站 36

Granich, Irwin, see Gold, Michael 厄文·格兰尼奇（见 Gold, Michael）

graveyards 墓地 78，463，483

Gray, Sir F. Anthony F. 安东尼·格雷 484－485

Great Britain 英国 392－393，396，498，518，544；class prejudice in 英国的阶级偏见 130－131；in World War I 一战中的英国 101；in World War II 二战中的英国 405－406；see also specific cities（另见具体城市）

"Great Captain, The"（Mumford）《伟大的船长》（芒福德）101

Great Depression 大萧条 203，261，292－298，365

Greece, Mumford in 芒福德在希腊 461

Greek Commonwealth, The（Zimmern）《古希腊联邦》（齐默恩）66，233

Greeks, ancient 古希腊 65－66，67，251，467 468；in *Condition of Man*《为人之道》中的古希腊 414

Green Memories（Mumford）《常青的记忆》（芒福德）188，380，437－443，449，450，451；personal costs of 为此书付出的代价 442－443

Greenwich Village 格灵威治村 97－98，99，109，144，148－149，475－483

Gregory, Alyse 爱丽丝·格利高里 135，136n，258

Gropius, Walter 沃尔特·格罗皮乌斯 178，390，487

Guérard, Albert 阿尔波特·杰拉德 397

H

Hanover, N. H. 汉诺威（新罕布什尔州）427－430

Harcourt, Alfred 阿尔弗雷德·哈科特 210，270，299，330，545－546

Harcourt, Brace 哈科特－布瑞斯 270，299，353，429，446，451，461－462，503，532，543，545－550

Harper&Row 哈珀-饶 556－557

Harris, Ann 安·哈里斯 556

Harvard Psychological Clinic 哈佛心理诊所 279-280

Harvard University 哈佛大学 519, 535

Hastings, Thomas 托马斯·黑斯廷斯 64

Hawaii, see Honolulu 夏威夷（见 Honolulu）

Hawthorne, Nathaniel 霍桑 207, 246

Hazlett, Henry 亨利·海兹里特 96

Hellenistic cities 古希腊城邦 468

"Héloïse (A Modern Scholar to a Medieval Nun)" (Spingarn)《海洛伊斯（一位现代学者致中世纪修女）》（斯平格） 243

Hemingway, Ernest 厄尼斯特·海明威 154, 164, 257, 261

Henry, O. 欧·亨利 25

Herman Melville (Mumford)《赫尔曼·梅尔维尔》（芒福德） 106, 231-232, 263, 267-278, 280-285, 290, 503, 527; mistakes in 书中的错误 275; research for 为写该书进行的调研 268, 275; reviews and criticism of 评论和批评 270, 275, 277-278, 281; self-revelation in 自我揭示 268, 271-272, 273, 275-277

Herman Melville (Weaver)《赫尔曼·梅尔维尔》（维沃） 268, 271, 277

Hersey, John 约翰·赫尔希 515

Hesiod 赫西奥德 377, 468, 529

Hewel, Anna Maria Louise, see Graessel, Anna Maria Louise Hewel 安娜·玛丽亚·路易斯·哈娃（见 Graessel, Anna Maria Louise Hewel）

Hewel, Dora, see Siebrecht, Dora Hewel 朵拉·哈娃（见 Siebrecht, Dora Hewel）

highway planning 公路计划 370, 478, 479, 480-481, 483

High Wycombe 海维康 129-130

Hiroshima, atomic bombing of 广岛原子弹爆炸 422, 431

history: ecological 生态史 84; Mumford's views on 芒福德的历史观 249, 250-251, 273, 413-417, 453, 455-457, 459-471; personality and 个人和历史 448-449; Spengler's views on 斯宾格勒的历史观 300-302; of technology 技术史 520-524, 527-528, 538

History of Mechanical Inventions, A (Usher)《机械发明史》（乌舍尔） 328

Hitchcock, Henry-Russell 亨利-拉塞尔·希区柯克 183, 186, 187

Hitler, Adolf 阿道夫·希特勒 xv, 188, 389-393, 396, 398, 401-406, 428, 432-433, 437, 479, 539

Hoffman-Behrendt, Lydia 莉迪娅·豪夫曼-贝伦特 428-429

Holford, William 威廉·霍耳福德 436, 460

holism 整体论 54, 73, 418

Holland 荷兰 404, 459

Holmyard, E. J. E. J. 霍姆亚德 510

Holton, Gerald 杰拉尔德·霍尔登 534-537

Homer 荷马 452

Homo Ludens (Huizinga)《游戏者人类》

（赫伊津哈）525
Honolulu, Mumford's plan for 芒福德为檀香山制定的规划 366-371
Honolulu *Advertiser* 檀香山报纸《广告人》371
Hopkins, Ernest Martin 欧内斯特·马丁·霍普金斯 427, 428, 429
Hopkins, Jeannette 詹尼特·霍普金斯 503, 507
Horkheimer, Max 马克斯·霍克海默 251
horse racing 赛马 5, 16, 18, 42
housing, houses 住宅建筑 180, 190, 202, 323, 324; brownstones 红砂岩楼房 13, 181-182, 217; low income 低收入家庭住宅 194, 364; mass-produced 大批量生产的工人宿舍 181; medieval 中世纪住宅建筑 356-357; New Deal and 罗斯福新政和住宅 332-333, 362-365; prairie 草原住宅 179, 183, 186; urban renewal and 城市复兴h住宅 478, 479, 492-494; in World War I 一战中的住宅 192, 193
Housing and Urban Development Department, U.S. 美国住宅和城市建设部 471-472
Housing Labor Conference 劳工住宅大会 332-333
Housing Study Guild 住宅研究会 362-363, 364
Howard, Ebenezer 埃比尼泽·霍华德 85-88, 99, 131, 168, 170, 186, 295, 435, 470; Jacob's criticism of 雅各布斯对他的批评 473, 474; RPAA and 与 RPAA 191, 192, 196, 198, 200, 201
Howe, Quincy 昆西·豪 431
Howells, William Dean 威廉·迪恩·豪威尔斯 247
Hudson Guild Farm 哈得逊公会庄 209, 221
Huizinga, Johan 约翰·赫伊津哈 251, 525
humanism, "new" 新人文主义 166, 168
humanities 人文学科 419; Mumford's molding of 芒福德对人文学科的构建 408-410, 458-459
hunting 狩猎 29, 381
Huxley, Thomas Henry 托马斯·亨利·赫胥黎 52, 53
Huxtable, Ada Louise 阿达·路易斯·赫克斯特布尔 488

I

Ibsen, Henrik 易卜生 4, 289
ideal liberalism 理想自由主义 395, 400, 401
identity 自我意识 6, 89
imagination 想象力 256, 326, 417, 418; Civil War and 内战和想象力 247; of

Mumford 芒福德的想象力 155 – 156，172，303，313，379；perception vs. 想象相对理解 280
imaginative universal 想象归纳 418
imperialism 帝国主义 393
India, Geddes in 格迪斯在印度 57，115，116，132，133，221
industrial growth 工业增长 78，81，82，296，360，538
Industrial Revolution 工业革命 326，328，523
Industrial Workers of the World（Wobblies）世界产业工人联合会 49，96 – 97
influenza epidemic 流感 106
Innsbruck 因斯布鲁克 160
Insurgency 反叛 70，448
intelligible universal 知性归纳 418
Intercollegiate Socialist Society 纽约城校际社会主义联合会 99
International Fellowship for Education 国际教师联合会 367
International Ladies' Garment Workers' Union（ILGWU）女士服装从业工人联合会 80

International Style 国际风格 173，187，487
Interpretations and Forecasts（Branford）《诠释与预测》（布兰佛德）125
Interpretations and Forecasts（Mumford）《诠释与预测》（芒福德）125，548，549
Interstate Highway Act（1956）州际公路体系建设法案（1956）479
"Intolerable City, The"（Mumford）《难以忍受的城市》（芒福德）197
"Invalids, The"（Mumford）《一群废物》（芒福德）59，107，213，265
Ireland 爱尔兰 544
Irish Agricultural Organization Society 爱尔兰农业组织学会 87
"Irresponsibles, The"（MacLeish）《不负责任的人》（麦克莱什）393 – 394
isolationists, in World War II 二战中的孤立主义者 392 – 394，398 – 400，405，415
Italy: fascism in 意大利法西斯 392，393；Mumford in 芒福德在意大利 459 – 460，481，530

J

Jacobi, Jolande 贾兰德·雅可比 530
Jacobs, Jane 简·雅各布斯 471，473 – 476
James, Henry 亨利·詹姆斯 152，245，343 – 344

James, William 威廉·詹姆斯 50，51，89，93，253，462
Japan 日本 392，406，426；bombing of 原子弹在日本爆炸 422，431
Javits, Jacob 雅各布·贾维茨 513

Jerome, Saint 圣杰罗姆 417
Jerusalem 耶路撒冷 116
Jews 犹太人 75-76, 119-122; see also anti-Semitism（另见 anti-Semitism）
Jews Without Money（Gold）《没有钱的犹太人》（高尔德）49, 100
Johnson, Alvin 爱尔文·约翰逊 171-172, 221
Johnson, Arthur 亚瑟·约翰逊 138
Johnson, Joanne 乔安娜·约翰逊 138, 139
Johnson, Lyndon B. 林登·贝恩斯·约翰逊 512-514, 516
Johnson, Martyn 马丁·约翰逊 108, 109, 111, 112
Johnson, Philip 菲利普·约翰逊 182-183, 187, 487
Johnson, Samuel 塞缪尔·约翰逊 4, 64, 234

John XXIII, Pope 罗马教皇约翰二十三世 238
Joint Arbitration Board 联合仲裁委员会 79-80
Jonah, Mumford compared with 芒福德与约拿比较 xiv-xvii
Jones, Ernest 厄尼斯特·琼斯 22, 528
Josephson, Matthew 马修·约瑟夫森 151, 252, 392, 400
Journal of the American Institute of Architects《美国建筑师学会会刊》106, 170-171, 209
Jovanovich, William 威廉·伊万诺维奇 532, 536, 543, 546-550
Joyce, James 詹姆斯·乔伊斯 4, 136
Jung, Carl Gustav 卡尔·古斯塔夫·荣格 279, 319, 322, 528-530
Jurjevics, Juris 朱利斯·卓哲维克斯 557

K

Kellogg, Paul 保罗·科鲁格 82
Kennan, George 乔治·坎南 515
Kennedy, John F. 约翰·肯尼迪 502
Kennedy, Robert 罗伯特·肯尼迪 497, 513
Kennerley, Mitchell 米歇尔·肯耐利 92, 94
Kepler, Johannes 开普勒 537
Keynes, John Maynard 约翰·梅纳德·凯恩斯 293

Kimball, Fiske 菲斯克·金波尔 176
King, Martin Luther 马丁·路德·金 517
King Lear（Shakespeare）《李尔王》（莎士比亚）501
kingship 王权 465-466; megamachine and 巨型机器和王权 521-522, 523
Kizer, Ben H. 本·基泽 371-372, 373, 441-442
Klaber, Henry 亨利·克雷伯 193n
Knight, Charles Robert 查尔斯·罗伯

索 引 *639*

特·奈特 68
Koch, Edward 爱德华·科赫 483
Kohn, Robert D. 罗伯特·科恩 193n, 363
Kreymborg, Alfred 阿尔弗雷德·克雷伯格 256 – 261
Kropotkin, Peter 彼得·克鲁泡特金 98, 99, 130, 196, 207
Krutch, Joseph Wood 约瑟夫·伍德·克鲁奇 277 – 278

L

labor, division of 劳动分工 466
La Cava, Gregory 格里高里·拉·嘉瓦 44
Lachenbruch, Jerome (Jerry) 杰罗姆（杰瑞）·拉亨布鲁克 19, 50, 93, 96, 102, 104, 107, 371; Mumford's correspondence with 芒福德与之通信 130, 141 – 142, 155 – 156, 213 – 214, 215, 218, 269, 283, 498
Lamarck, Chevalier de 拉马克 70
land: communally owned 共有土地 85, 295; price of 共有土地价格 197, 200
language 语言 418, 456, 510, 525, 526 – 527, 559
Lardner, Ring 瑞恩·拉德纳 154
Lasch, Christopher 克里斯托弗·拉什 395
Laski, Harold J. 哈罗德·拉斯基 207
Last Landscape, The (Whyte)《最后的景观》(怀特) 473 – 474
Lawrence, D. H. D. H. 劳伦斯 94, 136, 252, 271
leadership: Bauer's views on 博厄关于领导的观点 334; Mumford's views on 芒福德关于领导的观点 297
"League Against War, Fascism and Lewis Mumford" "反战反法西斯反刘易斯大联盟" 346
League of American Writers 美国作家联合会 391
Leaves of Grass, The (Whitman)《草叶集》(惠特曼) 240
Le Corbusier 柯布西耶 180 – 182, 187, 190, 191, 323, 487, 488; Unity House of 其设计的"团结之家" 490 – 492; Voisin Plan of 其"瓦赞规划" 492
Leedsville, N. Y. 里兹维尔（纽约州）xiii – xiv, 86, 374 – 383, 404, 424 – 427, 486, 502 – 504, 511 – 512; summers in 里兹维尔的夏天 242 – 245, 269, 283 – 284, 311 – 312, 316, 346, 412, 461; see also Amenia（另见 Amenia）
Leonardo da Vinci 达芬奇 13, 71 – 72
Le Play, Frédéric 弗里德里克·勒普拉 53, 126
Le Play House 勒普拉公寓 116, 123 – 124, 126, 129, 130, 160, 211, 276

Letchworth 莱齐沃思 85-86, 131, 470
Lethaby, W. R. W. R. 李瑟比 172
Lever House 利华大厦 489
Lewis, Sinclair 辛克莱·路易斯 244, 545
Lewis Mumford on the City (film) "刘易斯·芒福德讲述城镇"（电影）462
"Lewis Mumford's 'Mein Kampf'" 《刘易斯·芒福德之'我的奋斗'》400
liberalism 自由主义 165-166; fascism and 法西斯主义和自由主义 391-397, 400-406; ideal, 395, 400, 401; pragmatic 实用主义和自由主义 394-397, 400-401, 419; Vietnam War and 越战和自由主义 517
Liberator 《自由人》杂志 98
Liebovitz, David 戴维·利伯维兹 103-104, 485
Life (Geddes and Thomson) 《声明》（格迪斯和汤姆森）228
Life of Emerson, The (Brooks) 《爱默生传》（布鲁克斯）252-253, 254, 285
Lindbergh, Charles 查尔斯·林伯格 546
Lindley, Hilda 希尔达·林德利 550, 556-557
Lippmann, Walter 沃尔特·李普曼 94, 261, 262, 514
Literary Guild 文学会 261, 283, 285
literature: Mumford's interest in 芒福德对文学的兴趣 167, 452-453; Mumford's work as 芒福德在文学领域工作 453
literature, American: Brooks's views on 布鲁克斯对美国文学的看法 152, 245-246, 252-255; Mumford's defense of 芒福德对美国文学的辩护 239; Mumford's interest in 芒福德对美国文学的兴趣 207, 231-232, 234, 245-247, 256-262; see also specific writers and books (另见具体作家作品)
Little Review 《小小丛刊》257
"Little Testament of Bernard Martin, The" (Mumford) 《伯纳德·马丁三十岁订立的小圣约》（芒福德）158-159, 263
Liveright, Horace 霍拉斯·里福赖特 157, 269-270
Lloyd, Anna 安娜·劳埃德 28
Lloyd George, David 戴维·劳埃德·乔治 111
Loch, Dorothy Cecilia (Delilah) 多萝西·塞西莉娅·罗齐 124, 129, 131, 157, 160, 240; Mumford's correspondence with 与芒福德通信 138, 143, 148-149, 216, 219, 232, 236
London 伦敦 85, 115-116, 122-133, 160-161, 435-437, 460, 463, 476, 484-485, 490
Long Island Expressway 长岛快速路 480, 481
Loos, Adolf 阿道尔夫·鲁斯 182, 487
Lovett, Robert Morss 罗伯特·莫斯·罗维特 107, 108, 112, 113
Lübeck 吕贝克 322, 323, 330, 390
Lusk Committee 非美活动调查委员会 111

索 引 *641*

Luther, Martin 马丁·路德 396

Lynch, Kevin 凯文·林奇 482

M

Macaulay Company 麦考利公司 257, 261
McCarthy, Eugene 尤金·麦卡锡 516
McCarthy, Joseph 约瑟夫·麦卡锡 xvi, 450
McCarthyism 麦卡锡主义 434
McCoy, Lester 赖斯特·马考 367, 369
McGovern, George 乔治·麦克格文 513
McHarg, Ian 伊恩·麦克哈格 458, 471
"Machinery and the Modern Style"（Mumford）《机械与现代风格》（芒福德）180
machines: architecture and 建筑和机械 180, 182, 187, 488; megamachine theory and 机械和巨型机器论 509–510, 521–525, 527, 537–541; people as 作为机器的人 328, 419, 466, 521, 523; see also technology（另见 technology）
MacIver, Robert 罗伯特·麦克尔 303
Mack, Alec Wolfgang 艾利克·沃尔夫冈·麦克 555
Mack, Jacob (J. W.) 雅各布·麦克 4, 10–12, 46
Mack, Lewis Charles (father) 刘易斯·查尔斯·麦克 10–13, 555; Mumford as illegitimate son of 芒福德为其私生子 4, 7, 10–13, 555–556
MacKaye, Benton 本顿·麦克凯耶 267, 269, 297, 455, 480; death of 去世 554; Mumford's correspondence with 与芒福德通信 94, 365, 510; RPAA and 与 RPAA 171, 192, 195, 205, 207–211, 221
MacKaye, Steele 斯蒂尔·麦克凯耶 208
Mack family 麦克家族 8
Carl Mackley Houses 卡尔·麦克雷住宅 333, 334
MacLeish, Archibald 阿齐巴尔德·麦克利什 253, 392, 393–394
MacLiesh, A. Fleming 弗莱明·麦克利什 400–401
McLuhan, Marshall 马歇尔·麦克卢汉 548
MacMahon, Aline 爱莲·麦科马洪 194, 235
MacSorley's 马科索里沙龙 96
Macy, John 约翰·梅西 252
magazines, little 名不见经传的期刊 256–257; see also specific magazines（另见具体杂志）
Magic Mountain, The（Mann）《魔山》（曼）323
Man and Nature（Marsh）《人类与自然》（马什）210, 462
Man and Superman（Shaw）《人与超人》（萧伯纳）37, 69, 305

Mann, Thomas 托马斯·曼 323, 405
Maples, The 枫树园 243-244
Marconi, Guglielmo 马可尼 33
Marcus Aurelius 马尔库斯·奥利鲁 415
Marcuse, Herbert 赫伯特·马尔库塞 251, 517
Marot, Helen 海伦·麦若特 108, 109, 111, 112
marriage: Butler's views on 巴特勒的婚姻观 71; Jung's views on 荣格的婚姻观 529; Mumford's views on 芒福德的婚姻观 37, 117, 119, 122, 123, 140-143, 215, 267, 286, 287, 311, 319-320, 323, 335; regionalism vs. metropolitanism and 区域主义相对大都市以及婚姻 215-216; Shaw's views on 萧伯纳的婚姻观 141; Sophia Mumford's views on 索菲亚·芒福德的婚姻观 128, 135, 140, 143-144, 146, 215
Marseilles 马赛 490
Marsh, George Perkins 乔治·帕金斯·马什 210, 248, 462
Martha's Vineyard, Mass. 马莎葡萄园（马萨诸塞州）263, 265, 267, 268, 283, 287
Marx, Karl 卡尔·马克思 99, 110, 167, 329, 466, 527n, 540
Marxism 马克思主义 99-100, 294-298, 533; Mumford's views on 芒福德对马克思主义的看法 44, 49, 100;

see also communism; socialism （另见 communism; socialism）
"Masque of Learning" (Geddes)《学界假面舞会》（格迪斯）197
Massachusetts Institute of Technology (MIT) 麻省理工学院 453, 459, 521, 535, 543, 553
Masses《民众》杂志 97, 98
materialism 物质主义 see money, materialism （见 money, materialism）
materialization 物化成型 420
Mather, Frank Jewett 弗朗克·朱维特·马瑟 271
Matthews, Herbert 赫伯特·马修斯 420
Mauretania, S.S. 毛里塔尼亚号远洋海轮 463
Maxwell, James Clerk 詹姆斯·克拉克·麦克斯韦 448
May, Ernst 恩斯特·梅 323, 390
Mayer, Albert 阿尔伯特·梅厄 362, 365
Mears, Frank 弗朗克·米尔斯 57
mechanism, Mumford's views on 芒福德的机械观 537-538
Mechanization Takes Command (Giedion)《机械化挂帅》（吉迪翁）328
meditation and reflection 反思 449
megalopolis 城市连绵区 198, 360
megamachine, theory of 巨型机器理论 509-510, 521-525, 527, 537-541
Meiklejohn, Alexander 亚历山大·米克尔约翰 500, 512

索引 643

Meiklejohn, Helen 海伦·米克尔约翰 510, 512
Mein Kampf (Hitler)《我的奋斗》(希特勒) 390, 396
Melville, Elizabeth 伊丽莎白·梅尔维尔 277, 287
Melville, Herman 赫尔曼·梅尔维尔 xv, xvi, 190, 231, 246, 251 - 252, 267 - 282, 367, 395, 443 - 444, 542; as "diver," 被比作"潜水鸟"271 - 272; Mumford compared with 芒福德与之比较 268, 271 - 272, 275 - 277, 281 - 282, 284 - 287, 291; Murray's views on 莫瑞对其看法 278 - 281; obscurity of 晦暗 270 - 271; resurrection of 复活 271
Memories, Dreams, Reflections (Jung)《记忆、梦想、回忆》(荣格) 528 - 529
Mencken, H. L. 门肯 151, 154, 252, 262
Mendel, Gregor 格利高尔·孟德尔 68
Mendelsohn, Erich 埃瑞许·孟德尔松 176, 182, 323, 487
Merton, Thomas 托马斯·莫顿 505
Metcalf, Eleanor Melville 埃列娜·梅尔维尔·美加福 268
Metropolitan Magazine《大都会杂志》92
Metropolitan Museum of Art 纽约大都会博物馆 63 - 64
Meyerson, Martin 马丁·迈耶森 454, 518
Middle Ages 中世纪 231, 245, 246, 414, 524; Culture of Cities and《城市文化》和中世纪 355 - 358, 361, 362; Technics and Civilization and《技术与文明》与中世纪 326, 327, 328, 356, 523
middle class 中产阶级 364, 493; revolution and 革命和中世纪 297 - 298
Mies van der Rohe, Ludwig 路德维希·密斯·凡德罗 390, 487, 488, 489
Milanoff, Oligvanna 奥尔吉瓦娜·米兰诺夫 184 - 185
mimesis 历练 416, 420
mind, primacy of 精神第一性 510
miracles, Mumford's views on 芒福德对于奇迹的看法 422 - 423, 448 - 449
Miró, Joan 米罗 434
Moby Dick (Melville)《莫比·狄克》(梅尔维尔) xv, 190, 270 - 274, 277, 413, 542; Murray's views on 莫瑞对该书的评价 278, 279, 281
Modern Building (Behrendt)《现代建筑》(贝伦特) 429
Modern Electrics《现代电学》34, 92
Modern Housing (Bauer)《当代住宅》(博厄) 337
modernism, in architecture 建筑中的现代主义 170 - 171, 173 - 174, 176 - 182, 187, 487 - 492
Modern Monthly《现代月刊杂志》391
Modern Painters (Ruskin)《当代画家》(拉斯金) 30
Monadnock Building 蒙纳德诺克大厦

177, 178

money, materialism: reduction of 物质削减 449; worship of 物质崇拜 21, 77 – 78, 239, 245, 326

Montgomery, Bernard L. 蒙哥马利 445

Montpellier, Geddes in 格迪斯在蒙彼利埃 226, 228, 229

Mont-Saint-Michel and Chartres (Adams) 《圣米歇尔山和沙特尔》（亚当斯）462

Moore, Marianne 马利安·摩尔 136, 260 – 261

morality: education and 教育和道德 409 – 410; indifference and 道德冷漠 419 – 420; Mumford's activism and 芒福德的行动主义和道德 xvxvi, 21, 168, 170, 191, 298, 387 – 423, 430 – 435, 512 –519, 562; science and 科学和道德 419; see also values (另见 values)

Morgan, Christiana D. 克里斯蒂安·摩尔根 280

Morgenthau, Mrs. Henry 亨利·摩尔瑟太太 403

Morris, William 威廉·莫里斯 99, 130, 162, 180, 205 – 206, 231, 244, 358, 447

Morrow, Edward R. 爱德华·莫罗 402

Morse, Beryl (Ted) 贝瑞尔·摩斯（泰德）38 – 45, 82, 92, 141, 142; marriages of 婚姻 43 – 44; Mumford's correspondence with 与芒福德通信 38,
40, 42, 44; Sophia Mumford compared with 与索非亚·芒福德比较 118, 122, 128, 137

Morse, Stearns 斯特恩斯·莫尔斯 428, 501, 502, 506, 513, 533

Morss, Alison Mumford (daughter) 爱丽森·芒福德·莫斯（女儿）5, 45, 378, 403, 425 – 427, 553 – 555; birth of 出生 346, 347; brother's death and 兄长之死 425; childbirth of 生孩子 508; education of 受教育 6, 444, 454; father's correspondence with 与父亲通信 20; father's relationship with 与父亲的关系 382 – 383, 504; Hawaii trip and 夏威夷之旅 367 – 368; marriage of 婚姻 486

Morss, Chester (son-in-law) 切斯特·莫斯（女婿）486

Morton, Thomas 托马斯·莫顿 505

Moses, Robert 罗伯特·摩西 189, 205, 371, 445, 474, 476 – 483, 499; urban renewal and 其与城市更新计划 492 – 494

Mt. Olive, N. J. 橄榄山（新泽西州）216 – 217

Moyers, Bill 比尔·莫耶斯 486, 513

Muller, Julian 朱利安·穆勒 549

Mumford, Alison, see Morss, Alison Mumford 爱丽森·芒福德，见 Morss, Alison Mumford

Mumford, Elvina Conradina Baron (moth-

索 引 645

er）艾尔维娜·康拉蒂娜·拜伦·芒福德（母亲）4-24，46，113；appearance of 外貌 7，9，14-15，19；Beryl Morse compared with 与贝瑞尔·摩斯比较 42；death of 去世 446；as grandmother 当祖母 443；invalidism of 病弱身躯 5，9，17，19，22-23，443，445；Lewis Mack's affair with 与刘易斯·麦克的情事 4，10-11；marriage of 婚姻 7，9-10；in nursing home 在养老院 443，445；sadness and disconsolation of 悲情 7-8，9，21；self-absorption of 自私 5-6，8，17-18，19；son's correspondence with 与儿子通信 123，158；son influenced by 对儿子的影响 14，15，20，21-22；son's marriage and 儿子的婚姻 141-144；son's relationship with 与儿子的关系 5-6，12，14-19，60，137，141-142，214，216，276，445；son's support of 受儿子资助 142，214，253；tombstone of 墓碑 15-16

Mumford, Geddes（son）格迪斯·芒福德（儿子）5，228，263，265，377，403-404，410-411；as athlete 像运动员 368；Bauer and 与博厄 303，311；birth of 诞生 236-237；death of 去世 188，282，424-427，435，444，446，459，507；education of 教育 241，402，406，411，438，441；father's memoir of, see Green Memories 父亲的纪念，见 Green Memories；father's relationship with 与父亲的关系 368，381，382，411，438-442；in Hawaii 在夏威夷 368；health problems of 健康问题 265，282-283，324，438，440；in Leedsville 在里兹维尔 242，283-284，311，312，378，380，381；military service of 服兵役 5，403，406，424-425，439，441

Mumford, John（Jack）约翰（杰克）·芒福德 7，9-10，12

Mumford, Lewis Charles: Age of Frustration of 刘易斯·查尔斯·芒福德:《生命的行动》451；aging of 衰老 460，508-509，511，518-519，550，556，560-562；American Caravan and 与《美国大篷车队》256-263，269；antifascist writings of 反法西斯著述 389-392，394-398，400，404-405，437；as anti-utopian 反对乌托邦 xvi，165，167，290，494；appearance of 外貌 xiv，4，33，35，39，41，64-65，104，213，288，342；Appleton proposal of 阿普尔顿计划 83-85；aristocratic ideal of 贵族理想 32-33；autobiography of, see Sketches from Life 自传，见 Sketches from Life；awards and honors of 荣誉 xiii-xvii，304，435，462，463，485，512-515，518，530，534，554，561；as "big city man,""大都市人"485-486；book reviews by 所撰

书评 107, 113, 149, 212-213, 298-299; career goals and ambitions of 事业目标和雄心 33, 38, 88-90, 230-231, 235, 267, 299-300, 324, 342, 374; childhood of 少年时代 36, 12-20, 22-33; conservatism of 保守主义 36, 77, 99; contests entered by 参加比赛 92, 106; contracts of 合约 96, 546-547, 548; cooking of 厨艺 15, 144, 241, 409, as copy boy 勤务工 47-48; countryside as love of 热爱乡村 29, 216-217, 243-244, 377-381; crisis of late adolescence of, 57-60; cultural criticism of 迟来的青春期危机 250-251; debate of 辩论 403-404; depressions of 压抑 21-22, 157, 213, 278, 281-285, 353, 426, 507-509, 531; *Dial* job of 在《刻度盘》的工作 107-109, 117, 127; divided self of 自我分裂 284-285; domesticity of 家务事 144, 145, 236, 282; doubts of 疑虑 57, 140-141, 264; drafting of 入伍 102; dreams of 梦想 14, 145, 404, 519; driving attempt of 尝试驾驶 378; early books planned by 早期著述计划 81-85; early jobs of 早年工作 47-48, 79-80, 82-83, 94; early writing of 早期著述 34, 37, 38, 58, 59-60, 91-96; education of 教育 4, 5, 14, 21, 33-38, 41, 46-52, 57-74, 81, 87, 102-106, 233; eightieth birthday of 八十寿辰 554-555; embarrassment and shame of 尴尬和羞愧 389-390, 401; emotional maturity of 情感成熟 288, 289, 313-314; emotional repression and reserve of 情感的压抑和克制 20, 62, 65, 104, 118, 122, 129, 141, 220, 276, 284, 285, 286, 516; engineering ambition of 工程师梦想 33, 38; eye problems of 眼疾 508-509, 519, 534, 558; family background of 家庭背景 4-13, 101; as father 作为父亲 18, 215, 236-237, 265, 286-287, 346, 368, 381-383, 410-411, 438; as forgotten man 被遗忘的人 413, 531-532; fortune told for 被算命 231, 342; freedom of 自由 93, 141, 262, 306; gardening of 园艺 xiv, 203, 378-380, 503; as grandfather 作为外祖父 508, 554; guilt of 内疚 141-143, 237, 276, 286-287, 288, 308, 337, 347, 385, 401, 438, 445, 446, 507; harvest time of 收获时节 500-519; health problems and hypochondria of 健康问题和忧郁症 14, 17, 58-59, 61, 62-63, 101-105, 113, 137, 144, 213, 282, 283-284, 289, 300, 404, 412, 424, 441, 442, 451, 454, 501, 502, 534, 544, 548, 552, 558, 560; holistic thinking of 整体性思维 54, 73; honesty of 诚实 308, 336, 347, 385, 386, 504-505, 508, 558; hun-

索引 647

ting of 狩猎 29, 381; identity of 自我意识 6, 89; illegitimate birth of 私生身份 4-5, 7, 10-13, 143, 317, 504, 555-556; imagination of 想象 155-156, 172, 303, 313, 379; income of 收入 62, 93-94, 214, 263, 268-269, 283, 367, 371, 375, 408, 444, 445; independence of 独立 104, 185-186, 220, 227, 229-230, 247, 453; inheritance of 遗产继承 62, 93-94, 214; jealousy of 嫉妒心 41, 42, 128-129, 144, 145, 146, 157, 159, 215, 308, 310, 316; Jewish blood of 犹太人血统 12, 13, 19, 143, 317; "Jovian father" of, see Geddes, Patrick 朱庇特父亲, 见 Geddes, Patrick; as lecturer 演讲者 98, 130, 171-172, 189, 200-201, 231, 233-234, 236-240, 248, 283, 299, 409, 427, 457, 458, 503, 519; loneliness of 孤寂 14, 78, 137, 312, 451; love affairs of 情事 44, 67, 147, 287-291, 342; see also Bauer (Wurster), Catherine; Decker (Sommers), Alice [另见 Bauer (Wurster), Catherine; Decker (Sommers), Alice]; as man of letters 作为作家 xiii, 91, 136, 392; marriage of 婚姻 see Mumford, Sophia Wittenberg (见 Mumford, Sophia Wittenberg); memory of 记忆 14, 340, 556; monkish withdrawal of 苦行僧般的退缩 386-387; moral activism of 道德实践 xv-xvi, 21, 168, 170, 191, 298, 387-423, 430-435, 512-519, 562; mother fixation of 亲情固着 137, 141-143; natural observations of 观测自然 380-381; in navy 海军服役 102-107; 1960 as turning point for 20 世纪 60 年代的转折点 453; note-taking of 记笔记 66-67, 81, 82, 102, 224, 227, 230, 264, 284, 325, 335, 340, 380, 431, 446, 454, 504, 505, 508, 509; see also Personalia (另见 Personalia); optimism of 乐观主义 302, 329, 355, 360, 420, 422-423, 541-542, 559-560; orderliness of 有序 20-21; pessimism of 悲观 302, 320, 338, 360, 388, 406, 413, 422, 446, 541; plays of 写剧本 59-60, 71-72, 89, 92, 94-95, 96, 101, 107, 234-235, 263-267, 270; poetry of 写诗歌 64, 92, 158-159, 263, 313, 350, 426; political views of 政治观点 36, 44, 49, 86, 98-102, 167, 294-298, 360-362, 389-406, 502, 512-517; positions turned down by 推辞的工作 262-263; post-Melville biography crisis of 撰写梅尔维尔传记后的危机 281-291; poverty of 穷困 5, 7, 15, 18-19, 20, 144, 214; pragmatism of 实用主义 366, 367; as prophet 预言者 xiv-xvii, 249-250, 253, 267,

298,430,481-482,540-542;publicity seeking of 寻求宣传 532-533;Purgatorio period of 炼狱时期 255-291;radio operator training of 学习无线电 102-106;rebelliousness of 叛逆 6,14,19,57-60,71,121;rejection slips of 被退稿 92-93,94;religious background of 宗教背景 21,23,24;role models and heroes of 榜样和英雄 30-33,66-72,109-110,233,536;routines of 日常生活 21,63-64,214-215,241,265,314,318,325,412,441;royalties of 版税 253,270,546;sales of books of 图书销售 253,293,329-330,420-421,442,457,462,516,530,532-533,534,547,548;second mother of, see Ahearn, Nellie 第二个母亲,见 Ahearn, Nellie;self-absorption of 专注 265,287,438,441,443,446,543-544;self-confidence of 自信 22,43,62,65,93,220,240,281,317,320,342,458,460,462,534;self-discipline of 自律 21,91-93,122;as self-enclosed 自我封闭 5,19;self-reliance of 自力更生 6,19;sense of balance of 平衡感 93,231,251,284,289,409,420;sense of purpose of 目标性 7,20-21,88-90,107,342;seventieth birthday of 七十寿辰 518;sketching and painting of 素描和绘画

xiv,4,14,41-42,61,76-77,81,105,380,560-561;social life of 社会生活 154-155,214,215-216,260-261,310;solitude requirements of 对独处的需求 502-503;speeches of 演讲 xiv-xvii,6,391,408,460,501,514-516;sports activities of 运动 35,37-38;as superego "超我" 42;surgery of 手术 454,552;surveys of 考察调研 75-79,83,169;synthesizing abilities of 整合能力 231,251-252,298-300,303,414,466;teaching of 教书 138,171-172,200,234,303,408-412,427,444,452,453-454,458-459,500-501,511,553;theater and spectacle as interest of 对戏剧和杂耍的兴趣 27-28,37;visions of 视觉景观 90,106-107,430;walking of 漫步 xiv,34,26-27,35-36,50,63,64,74-80,86,105,106,126,149,161-162,341,375,426,482;writing commitment of 书面承诺 18,46,73,92-93,98,107,161,237,265,266,286-287,308,319-320,324-326,330-331,411,512;writing problems of 写作问题 122,129,137,283,342-343,445-446,511,519,534,560;writing style of 写作风格 141,150,220,422;see also specific works (另见具体作品)

Mumford, Sophia Wittenberg (wife) 索菲

索 引

亚·维腾伯格·芒福德 44，117－123，132－149，154，175，203，213－218，239－243，291，435，439，511，532，534－536，543－545，551，561－562；antifascist efforts of 反法西斯努力 402，403，404；appearance of 外貌 117，213，307，309，313；background of 背景 119－121；Brooks's death and 受布鲁克斯去世的影响 506－507；"Builders of the Brooklyn Bridge" and 与《大桥建设者》263，266；in California 在加州 500－501；at *Dial* 在《刻度盘》工作 112，117，118，128，135，136n，144，158，214，215；diary of 日记 345，347－348，544－545，553；in Europe 在欧洲 157－163，312，315，320，390，459－463，518，530，544；experiment at marriage of 试婚 137－144；Geddes and 与格迪斯 220，226，228；*Green Memories* and 与《常青的记忆》440，443；Hawaii trip and 夏威夷之行 367，368；health problems of 健康问题 236，282，368，409，445，518，544；in Leedsville 在里兹维尔 242－243，269，283－284，311－312，316，347，376－379，381－383，412，425，426－427，502－503；Lewis's correspondence with 与刘易斯通信 115，128，129，130，132，133，139－140，146，236－237，239，309－310，315，323，367，436；Lewis's friendship with 与刘易斯的友谊 118，122；Lewis's illegitimacy and 追问芒福德的私生身世 5，13，504；Lewis's love for 刘易斯对她的爱 113－114，122－123，158，161，237，267，286，306，311，314－315；marriage of 婚姻 45，144－147，157，158，160－161，163，214，215－216，265－266，287，289，306，308－313，347－348，354，383，385，438，443，505，544，552－553；on Martha's Vineyard 在马莎葡萄园 263，265，283，287；as mother 作为母亲 16，236－237，265，283，403，440，441，443；pacifism of 反战主义 390；son's death and 儿子之死 425；Strongin's correspondence with 与斯特龙金通信 384；Thayer and 与塞耶 135－136，137，140，144，145，146，215

Mumford Miscellany《芒福德文萃》543，547，549；see also *Findings and Keepings；My Works and Days*（另见 *Findings and Keepings；My Works and Days*）

Murray, Henry A. 亨利·莫瑞 278－281，376，386，401，412，434，454，506，526，544，558；background of 背景 279－280；*Conduct of Life* and 与《为人之道》450，451，525；*Green Memories* and《与常青的记忆》438－443；Mumford-Bauer affair and 与芒福德和博厄的情事 313，314，324，335，340；Mumford Decker affair and 与芒

福德和德克的情事 346，348，349，350，351
Museum of Modern Art 纽约现代艺术博物馆 405，487
Mussolini, Benito 墨索里尼 392，420，479
myth：Melville and 梅尔维尔和神话 274，281；Mumford on need for 芒福德对神话的需要 457
Myth of the Machine, The (Mumford)《破除机械论神话》453，456，466，509－512，516，519－533；megamachine theory in 书中的巨型机器理论 521－524；research for 为写该书的调研 510，528；reviews of 该书评论 524，531；sales of 该书发行 530；second volume of, see Pentagon of Power, The 该书第二卷，见 Pentagon of Power；theme of 该书主题 509－510
My Works and Days (Mumford)《我的工作与岁月》(芒福德) 306n，550－553

N

Nagasaki, atomic bombing of 长崎原子弹爆炸 431
Nation《民族》杂志 271，393－394
National Book Award 美国国家图书奖 462，474，532
National Book Committee 全美图书委员会 xiv
National Institute of Arts and Letters 美国国家文艺工作者协会 399
National Medal for Arts 国家艺术奖章 561
National Medal for Literature 国家文学奖 xiii, xiv
national planning 国家规划 296，299
nation-state 民族国家 207，358
natural selection 自然选择 68，69
nature：man's relationship with 人与自然的关系 379；Mumford's love of 芒福德热爱自然 380－381；purpose or design in 自然的目的或设计 559
Nazism 纳粹主义 323，390－393，395－396，398，399，401－406，413，415，418，419，431，432－433，460，527；megamachine and 巨型机器和纳粹主义 539；Nuremberg trials and 纽伦堡审判 437；obliteration bombing and 全歼式轰炸 433
Nehru, Jawaharlal 尼赫鲁 445
Neilson, Francis 弗朗西斯·奈尔逊 150
Neilson, Helen Swift Morris 海伦·斯威福特·莫里斯·奈尔逊 150
Nekropolis 死亡之城 360
neo-Lamarckian theories 新拉马克进化论 68，69－70
Neolithic culture 新石器文化 464－467，531
neotechnic era 新兴技术阶段 326，327－328，360－361
Netherlands 荷兰 404，459

Neubühl 住宅名 491

neutrality 中立 389, 392 – 394, 398 – 400, 405

New Deal 罗斯福新政 294, 298, 332 – 333, 362 – 365

New Emile, The（Mumford）《爱米丽新版》（芒福德）92

New Exploration, The（MacKaye）《新的探险》（麦克凯耶）210, 269

New Machiavelli, The（Wells）《马其亚威利新版》（威尔斯）92

Newport, R. I. 纽珀特（罗得岛）102 – 107

New Republic《新共和》杂志 94, 102, 113, 171, 300, 391, 394, 400, 405

New School for Social Research 社会研究新学院 73, 109, 171 – 172, 220, 221, 223

Newsweek《新闻周刊》540

Newton, Sir Isaac 牛顿 418, 419, 537

new town movement 新城镇运动 85, 170, 192 – 211, 436; Mumford's criticism of 芒福德对该运动的批评 471 – 472; New Deal and 罗斯福新政和新城镇运动 363, 365

New York City: garden communities in 纽约城中的田园社区 194, 201 – 203; in Mumford's childhood 芒福德少年时代的纽约 34, 26 – 29, 174 – 175; Mumford's views on threats of 芒福德对纽约对其构成威胁的看法 215 – 216; physical change in 在纽约的身体变化 35 – 36, 75, 77 – 78, 79, 174 – 175; profit drive in 在纽约的利益驱使 77 – 78, 79; see also specific sites（另见具体地点）

New York City Board of Higher Education 纽约市高等教育委员会 374 – 375, 376

New Yorker: Mumford's writing for 芒福德为《纽约客》撰稿 31, 170, 188, 189 – 190, 261, 293, 351, 375 – 376, 444, 445, 460, 474, 475 – 476, 481, 486 – 487, 489, 490, 493, 534; Rosenfeld and 罗森菲尔德和《纽约客》261 – 262

New York Evening Telegram《纽约晚间电讯报》47 – 48, 93

New York Morning Telegraph《纽约黎明电讯报》47

New York Public Library 纽约公共图书馆 36, 64, 97, 268

New York Times《纽约时报》420, 535

New York Times Book Review《纽约时报书评》534

New York University 纽约大学 73

Niebuhr, Reinhold 莱因霍尔德·尼布尔 392, 394, 395, 401, 402, 405, 420, 437, 514; Mumford influenced by 芒福德受其影响 414, 415

Niebuhr, Ursula 厄休拉·尼布尔 402

Niedermeyer, Edwin 艾德文·尼德梅厄 14

Nietzsche, Friedrich 尼采 300, 396

Nixon, Richard M. 理查德·尼克松 502

Nock, Albert Jay 阿尔伯特·杰·诺克 149-151, 218
Noel, Miriam 米里亚姆·诺埃尔 184, 185
Nolen, John 约翰·诺伦 200
North Carolina State College 北卡罗来纳州立大学 444
W. W. Norton W. W. 诺顿出版社 261
Notebooks（Butler）《笔记》（巴特勒）66, 67, 70, 71
Nowicki, Matthew 马修·诺维茨基 444, 445, 451
Nowicki, Siassia 夏霞·诺维茨基 445
nuclear disarmament, Mumford's support of 芒福德支持核裁军 431-434
nuclear power, Mumford's opposition to peaceful use of 芒福德反对和平使用核能 433-434

O

objectivity, science and 科学和客观性 418-419, 537
Oblong Mountain 椭圆形山 244-245, 374
"Octavius of Minucius Felix, The"《米努休斯·菲利克斯的渥大维》416
Odum, Howard 霍华德·奥顿 444
Ogunquit, Maine 欧根奎特（缅因州）63
O'Keeffe, Georgia 乔治亚·奥基佛 136, 260, 377
Olivetti, Adriano 阿德里亚诺·奥利维蒂 460
Olivetti family 奥利维蒂家族 459
Olmstead, Frederick Law 弗里德里克·洛·奥姆斯特德 87, 186, 205, 248
O'Neill, Eugene 尤金·奥尼尔 97, 98, 259
Open Letter to the American People（Mumford）《致美国人民的公开信》434
Open synthesis, philosophy of 开放性综合体哲学 447
Oppenheimer, Franz 弗兰茨·奥本海默 150
Oppenheimer, J. Robert J. 罗伯特·奥本海默 434
Ordeal of Mark Twain, The（Brooks）《马克·吐温的苦难历程》（布鲁克斯）274
organic humanism 有机人文主义 414, 417-420
organicism: architecture and 建筑和有机主义 177, 182, 186-187, 189; *Culture of Cities* and《城市文化》和有机主义 356, 361-362; denial of 对有机主义的否定 329; *Moby Dick* and《莫比·狄克》和有机主义 274; in Spengler's work 斯宾格勒作品中的有机主义 301
organic planning 有机规划 494-495
organism 有机体 361; city compared with 城市和有机体作比 197, 225; envi-

ronment vs. 环境相对有机体 69－70, 250; history and 有机体和历史 250
Organization Man 组织化人类 538, 539
Oriental Institute 东方研究所 460
Origin of the Family, Private Property and the State, The（Engels）《家庭、私有制和国家的起源》（恩格斯）527n
Ornitz, Samuel 塞缪尔·奥尼兹 257
Ornstein, Leo 雷殴·奥因斯坦 258, 261
Orozco, Jos' Clemente 约瑟·克莱门特·奥罗斯科 429－430, 434
Orpheus, myth of 俄耳甫斯神话 457
Osborn, Frederic J. 弗里德里克·J. 奥斯本 435, 436, 455, 470, 472, 494, 531
Oud, Jacobus 雅格布斯·奥德 487
"*Our Guilt in Fascism*"（Frank）《法西斯（猖獗）我等难辞其咎》（弗朗克）394
Outlook Tower Observatory 瞭望塔 54－57, 78, 224－227
Oxford Book of Poetry, The《牛津名诗宝典》382
Oxford University 牛津大学 483－485
Ozenfant, Amédée 阿麦迪·奥森芳特 180

P

Pach, Walter 沃尔特·派克 269
Pacific Northwest, Mumford's planning work in 芒福德在太平洋西北地区的规划工作 366, 371－373
Pacific Northwest Regional Planning Commission 太平洋西北区域发展管理局 371
pacifism 和平主义 390－391; in World War I 一战中的和平主义 101, 102, 112
Packard, Artemus 阿蒂默斯·帕卡德 427－430
Packard, Marjory 玛乔丽·帕卡德 427
painting, see art 绘画，见 art
Paleotechnic era 老旧技术阶段 326, 327, 463
Palmer, Earle Fenton 厄尔·芬同·帕尔默 50－51, 65
Paris 巴黎 159, 225, 286, 323－324, 459
Parker, Barry 巴里·帕克 181
parks: in Honolulu 檀香山公园 370; see also Central Park（另见 Central Park）
parkways, see highways 车道（见 highways）
Parrington, Vernon 沃南·帕林顿 252
Parsons, Elsie Clews 爱尔茜·克鲁斯·帕森斯 154
Patton, George 乔治·巴顿 419
Paul, Sherman 谢尔曼·保罗 518
Pauling, Linus 莱纳斯·波林 434
Pearce, Charles A.（Cap）查尔斯·A. 珀斯 545

Pearl Harbor, Japanese attack on 日本偷袭珍珠港 406
Peck, Henry Thurston 亨利·托尔顿·佩克 242
Peirce, Charles Sanders 查尔斯·桑德斯·珀斯 248
Pennsylvania, University of 宾夕法尼亚大学 200, 453-454, 458-459, 460, 560
Pentagon of Power, The (Mumford)《权力五行》520n, 530, 531, 533-540, 543, 545, 548; reviews of 该书书评 524, 534-536; summary of 该书概要 536-540
Perkins, Maxwell 麦克斯韦尔·珀金斯 285
Personalia《私人趣闻轶事》67, 117, 142, 145, 146, 214, 282, 307, 313, 316, 320, 455; son in 书中描写儿子部分 439, 440, 446; Strongin in 书中描写斯特龙金部分 385
Personality: formation of 人格形成 280, 281; historical change and 历史变迁和人格 448-449
Peterboro, N.H. 彼得伯洛（新罕布什尔州）138-139
Philadelphia, Pa. 费城（宾夕法尼亚州）84, 453-454; Bauer in 博厄在费城 330, 332-334
philosophy 哲学 57-58, 93, 165, 299, 462, 463; in *Conduct of Lif*《为人之道》中的哲学 447; of Geddes 格迪斯的哲学 60, 61; pragmatist 实用主义哲学 51, 251
physics 物理 34
Picasso, Pablo 毕加索 434
Pierre (Melville)《比埃尔》（梅尔维尔）284
Pinchot, Gifford 吉佛德·宾查特 208
Pittsburgh, Pa. 匹兹堡 82-83, 84, 101
Pittsburgh Survey (Kellogg)《匹兹堡调查》（科鲁格）82
planning 规划 302; national 国家规划 296, 299; see also social planning; urban planning（另见 social planning; urban planning）
Plato 柏拉图 40, 50, 65-66, 67, 99, 166, 235, 295, 377
play, social role of 起社会作用 525
Plunkett, Sir Horace 霍拉斯·普朗克特爵士 87
poetry 诗歌 151, 218, 238, 260, 302, 382; of Melville 梅尔维尔的诗 285; of Mumford 芒福德的诗 64, 92, 158-159, 263, 313, 350, 426
polis, Greek 古希腊城邦 467-468
politics 政治 96-102, 108, 150; in *Culture of Cities*《城市文化》中的政治 360-362; Mumford's views on 芒福德的政治观 36, 44, 49, 86, 98-102, 167, 294-298, 360-362, 389-406, 502, 512-517; science and 科学和政治 522-524, 537, 538-539

Polly's 保拉饭店 97, 99, 149, 153
Portland, Ore. 波特兰（俄勒冈州）371, 372, 482
Port of New York（Rosenfeld）《纽约港》（罗森菲尔德）258
Pound, Ezra 埃兹拉·庞德 136, 260
poverty 贫困 296, 498, 499, 557; in London 伦敦的贫困现象 131; of Mumford 芒福德的贫困 5, 7, 15, 18–19, 20, 144, 214
power, Mumford's views on 芒福德的权力观 273, 361
Powys, John Cowper 约翰·库珀·鲍维斯 123
Powys, Llewelyn 勒维林·鲍维斯 136n, 295
pragmatic liberalism 自由主义的实用主义 394–397, 400–401, 419
prairie houses 草原住宅 179, 183, 186
"Preface to Action, A"（Mumford）《行动的序言》（芒福德）299
preservation 保留 225, 495–496
Presidential Medal of Freedom 总统自由勋章 512–513
privacy 私密 357, 539–540
Problems of Philosophy（Russell）《哲学问题》（罗素）462
progress 进步 327; Mumford's views on 芒福德的进步观 166, 197, 520–521, 528
Prometheus, myth of 普罗米修斯的神话 457
Protestantism 新教 417
Provincetown Players 普罗文斯顿剧团 98
psychoanalysis 精神分析 63, 137, 142, 213–214, 528; in *Condition of Man*《为人之道》中的精神分析 415, 417, 418
psychological biographies 心理传记 274–275
Psychological Types（Jung）《心理类型》（荣格）279
psychology 心理学 63; behavioral 行为心理学 251, 280; Murray's interest in 莫瑞对心理学的兴趣 279–280, 281
Public《共和》杂志 107
Puritans 清教徒 246, 271, 359
purpose: in *Moby Dick*《莫比·狄克》中的目的 273–274; Mumford's sense of 芒福德的目的感 7, 20–21, 88–90, 107, 342

Q

Queens 皇后区 78–79, 194, 202–203
Queensboro Bridge 皇后区大桥 79

R

racism 种族主义 498

Radburn 瑞德班 202 – 206, 364, 472

radicalism 激进主义 96 – 101, 108 – 112, 150, 163 – 165; in *Culture of Cities*《城市文化》中的激进主义 361; Great Depression and 大萧条和激进主义 292, 294 – 298; Vietnam War and 越战和激进主义 516 – 517; see also communism; Marxism; socialism（另见 communism; Marxism; socialism）

Radio Training School 无线电学院 105

rationalism：in *Condition of Man*《为人之道》中的理性主义 417 – 418; pragmatic liberals and 实用主义的自由主义者和激进主义 397

Rau, Santha Rama 桑塔·罗摩·骆 554

Reclus, Elisée 伊利希·瑞克勒斯 56

Re-Discovery of America, The（Frank）《重新发现美国》（弗兰克）252

Reed, John 约翰·理德 97, 101, 102, 153

regionalism：French 法国区域主义 81 – 82; garden cities and 花园城市和区域主义 85 – 87; marriage and 婚姻和区域主义 216; Mumford's interest in 芒福德对区域主义的兴趣 80 – 82, 87, 98, 166 – 167, 168, 192 – 211, 232, 248 – 250, 294 – 295, 302, 360, 472; New Deal and 罗斯福新政和区域主义 363; radicalism and 激进主义和区域主义 294 – 295

Régionalisme, Le（Brun）《论区域》（布朗）81

Regional Planning Association of America（RPAA）美国区域规划学会 168, 171, 191 – 198, 200 – 212, 221, 232, 234, 249, 297, 355, 362 – 366, 472; attempted revival of 试图恢复 RPAA 365; Bauer and 博厄和 RPAA 193n, 88, 333 – 334, 363, 365; breakup of RPAA 的解散 364 – 366; founding and members of RPAA 的简历和成员 192 – 193; urban problems and 城市问题和 RPAA 497 – 498

Regional Redevelopment Council of America 美国区域开发委员会 365

religion 宗教 530n; Branford's views on 布兰佛德的宗教观 125; megamachine and 巨型机器和宗教 522, 523 – 524; Mumford's course on, 460; Mumford's views on 芒福德的宗教观 238, 414 – 417, 447 – 448, 522, 523 – 524, 530n, 537, 561 – 562

Renaissance cities 文艺复兴时代的城市 359

Renewal of Life series《生命的更新》系列 255, 299 – 303, 321, 379, 424, 455; see also *Condition of Man, The*; *Conduct of Life, The*; *Culture of Cities*,

The; *Technics and Civilization*（另见 *Condition of Man, The*; *Conduct of Life, The*; *Culture of Cities, The*; *echnics and Civilization*）

Republic（Plato）《论共和》（柏拉图）65, 295

Resettlement Administration 建设委员会 363

responsibility: of architecture 建筑的责任 170, 171, 174, 189, 488; of artists 艺术家的责任 167; of scientists 科学家的责任 433-434; of writers 作家的责任 152, 156, 298

Reston, Va. 瑞斯顿（弗吉尼亚州）472

"Resurrection"（Mumford）《复活》（芒福德）350

revolution 革命 98-99, 110, 150, 292, 294, 295, 297-298, 361, 422; mental, technology and 精神、技术和革命 328-329; Mumford's fear of 芒福德对革命的担忧 86; values change as 革命实现价值观改变 166, 191

Ribicoff, Abraham 亚伯拉罕·比科夫 497

Richardson, Henry Hobson 亨利·霍布森·理查德森 105, 174, 177, 178, 179

riots 暴动 499

rituals, importance of 仪式的重要性 525-528

roads 道路 195-196, 205, 370, 478, 483-485; see also highways（另见 highways）

"Roaring Traffic's Boom, The"（Mumford）《鼓噪喧天的交通狂潮》（芒福德）481

Robinson, Geroid 格洛伊德·罗宾逊 108, 109, 112-113, 116, 149, 155, 156, 505

Robinson, James Harvey 詹姆斯·哈维·罗宾逊 50, 109

Rodman, Selden 希尔顿·罗德曼 392-393

Roebling, John A. 约翰·A.卢布林 174, 248

Roebling, Washington 华盛顿·卢布林 174, 217, 248, 266

Rome 罗马 459-460, 481

Rome, ancient 古罗马 448, 468-469; in *Condition of Man* 《为人之道》中的古罗马 414-417

Roosevelt, Eleanor 埃列娜·罗斯福 363, 403, 429

Roosevelt, Franklin D. 富兰克林·D.罗斯福 294, 298, 363-365, 413; World War II and 二战和罗斯福 391, 405, 406

Roosevelt, Theodore 西奥多·罗斯福 36, 47-48, 242

Root, John Wellborn 约翰·韦尔伯恩·茹特 176-179

Rorschach test 罗查克心理测验 231, 438

Rosenfeld, Paul 保罗·罗森菲尔德 138,

151, 152, 153, 168, 240, 252, 256 –
262, 286, 336, 402, 421
Ross, Harold 哈罗德·罗斯 170, 261,
375, 376, 445, 451
Rourke, Constance Mayfield 康斯坦斯·
梅斐尔德·鲁尔克 168, 252, 402
Royal Institute of Britisn Architects 不列
颠皇家建筑师学会 462
RPAA, see Regional planning Association
of America（RPAA，见 Regional plan-
ning Association of America）

Ruskin, John 约翰·拉斯金 22, 30, 72,
99, 126, 172 – 173, 180, 206, 231,
358, 389
Russell, Bertrand 伯特兰·罗素 151, 462
Russell, George,（A. E.）乔治·拉塞
尔 87, 88
Russell Sage Foundation 拉塞尔·塞琪基
金会 196
Russia, czarist 沙皇俄国 119, 120
Ryder, Albert Pinkham 阿尔伯特·平克
汉姆·瑞德 248

S

Sandburg, Carl 卡尔·桑德堡 136,
151, 261
Santayana, George 乔治·桑塔亚那 135,
247, 253, 280
Scantling（Mumford）《小人物》（芒福德）
141
Schiller, Johann Christoph Friedrich von
席勒 292
Schleicher, James（uncle）詹姆斯·施莱
彻（叔祖）9, 32 – 33, 101
Schuyler, Montgomery 蒙哥马利·舒勒
169 – 170
Schweitzer, Albert 阿尔贝特·史怀
哲 420
science 科学 33 – 34, 68, 153, 165,
231, 274, 389; American culture and
美国文化和科学 245, 246; in *Condi-
tion of Man*《为人之道》中的科学

417, 418 – 419; miracles and 科学和
奇迹 448 – 449; in *Pentagon of Power*
《权力五行》中的科学 535 – 540; po-
litical absolutism and 科学和政治专制
主义 522 – 524, 537, 538 – 539; in
Technics and Civilization《技术和文
明》中的科学 326 – 329; see also ma-
chines; technology（另见 machines;
technology）
Science and Sanctity（Branford）《科学与
圣义》（布兰佛德）125
scientific community, nuclear power and
科学界和原子能 433 – 434
Scientific Monthly《科学月刊》107
Scipian Pamphlets 西庇小型丛刊 156 –
157
Scotland 苏格兰 435; see also Edinburgh
（另见 Edinburgh）

Scott, Mel 梅尔·斯格特 201

Seattle, Wash. 西雅图(华盛顿州) 371, 372

Seidenberg, Roderick 罗德里克·塞登伯格 541, 559

self-reliance 自力更生 6, 19, 208

"Self-Reliance" (Emerson)《自力更生》(爱默生) 287

Senate, U. S., Subcommittee on Executive Reorganization of 美国参议院改造执行委员会 497–499

Seneca 塞内卡 415

Seven Arts《七种艺术》240, 253, 257, 258

Shakespeare, William 莎士比亚 32, 424, 501

Shaler, Nathaniel S. 纳森尼尔·S. 沙勒 208

Shankland, Graeme 格兰姆·尚克兰 490, 494

Shapiro, J. Salwyn 沙尔文·J. 夏皮罗 50–51

Shapiro, Meyer 梅厄·夏皮罗 362

Shaw, George Bernard 萧伯纳 37, 43, 69, 70, 92, 95, 121, 131, 141, 305

Shawn, William 威廉·萧恩 534

Shirer, William L. 威廉·西罗 402–403

Shirley Center, Mass. 雪莉中心(马萨诸塞州) 207–208, 210, 267

Siebrecht, Dora Hewel (great-aunt) 朵拉·哈娃·斯布里希特(姨奶奶) 31

Siebrecht, Louis (great-uncle) 路易斯·斯布里希特(叔祖) 31–32

Simon, Robert E. 罗伯特·E. 西蒙 472

Simonson, Lee 李·西蒙森 402, 421–422

Singer, Charles J. 查尔斯·辛格 510

singular points, theory of "特定时间特定地点的特定事件"理论 448–449

Sketches from Life (Mumford)《岁月随笔》(芒福德) xvii, 3–7, 16, 17, 30, 45, 62, 93, 458, 543, 555–558; marriage in 书中对婚姻的描述 140; Mumford-Bauer affair and 书中关于芒福德和博厄情事的描述 339–340, 343, 553, 555; Mumford-Decker affair and 书中关于芒福德和德克情事的描述 343, 344; Wittenbergs in 书中关于维腾伯格的描述 120, 121; writing of 撰写此书 503–505, 507–508

skyscrapers 摩天大楼 36, 173–179, 197, 301–302, 486, 488, 489–490

slums: in Honolulu 檀香山的贫民窟 367, 369, 370; urban renewal and 贫民窟和城市更新 492–494

Smith, Al 奥尔·史密斯 194

Smuts, Jan 简·斯马茨 54

Snow, C. P. C. P. 斯诺 408

social class 社会阶级 361, 362; see also middle class (另见 middle class)

socialism 社会主义 36, 86, 99, 102, 164, 165–166

Socialist Party, U. S. 美国社会主义党 102, 117, 294
social justice 社会公正 36, 295, 296
social organization 社会组织 465-466
social planning 社会规划 165; architecture and 建筑和社会规划 180-181
Society for the History of Technology 技术史研究会 534
Sociological Review《社会学评论》116, 131
Sociological Society 社会学学会 115, 116, 126, 127, 132
sociology 社会学 230; Geddes's views on 格迪斯的社会学观念 53, 56, 69, 116, 166-167
Socrates 苏格拉底 52, 66, 226, 416
Sommers, Alice Decker, see Decker (Sommers), Alice 爱丽丝·德克·萨莫斯，见 Decker (Sommers), Alice
Sophocles 索福克勒斯 192, 519
Soule, George 乔治·苏尔 394
Southern Review《南方评论》400
Soviet Union 苏联 295, 392-393, 401, 406, 432, 502, 510, 539
Spain, fascism in 西班牙的法西斯主义 392, 393
Spanish Civil War 西班牙内战 295
specialists, generalists vs. 专家对比通才 89, 109, 113, 230-231, 427
Spencer, Herbert 赫伯特·斯宾塞 219
Spengler, Oswald 奥斯瓦尔德·斯宾格勒 300-302, 326, 327, 355, 358, 520

Spiller, Robert 罗伯特·斯皮勒 253
Spingarn, Amy 艾米·斯平格 245, 378, 411, 554, 555-556
Spingarn, Joel 焦耳·斯平格 153, 155, 234, 405, 556; on Leedsville 在里兹维尔 242-245, 269, 284, 378, 379
Spirit of American Literature, The (Macy)《美国文学精神》(梅西) 252
sports 体育运动 35, 37-38
Stalin, Joseph 斯大林 401
Stanford University, Mumford at 芒福德在斯坦福大学 408-412
Stearns, Harold 哈罗德·斯特恩斯 108, 112, 151, 153-154, 156, 158, 159, 234, 243
Steffens, Lincoln 林肯·斯蒂芬斯 92, 97, 151
Stein, Clarence 克拉伦斯·斯坦因 171, 181, 192-196, 198, 200, 201-202, 204, 206, 209, 210, 211, 297, 330, 363, 412, 470, 486; background and personality of 其背景和个性 193-194; Bauer and 与博厄 288, 332, 333-334; death of 去世 554; Wright's falling out with 与赖特失和 365
Stein, Gertrude 格楚德·斯坦因 259
Stendhal 司汤达 550
Stevens, Wallace 华莱士·史蒂文斯 136, 261
Sticks and Stones (Mumford)《棍棒与石头》(芒福德) 162, 168, 172, 177-

178, 183, 191, 212, 218, 234, 240, 246, 359, 422
Stieglitz, Alfred 阿尔弗雷德·斯蒂格利泽 256, 260, 340, 344, 377, 380
Stonorov, Oskar 奥斯卡·斯东诺罗夫 330-337
Story of Utopias, The (Mumford)《乌托邦的故事》(芒福德) xiii, 127, 156, 157, 163-168, 232, 233, 362, 447
street life 街巷生活 76, 77, 176, 218, 473, 475; medieval 中世纪街巷生活 356-357
Strongin, Josephine 约瑟芬·斯特龙金 271, 288, 306, 422; Mumford's correspondence with 与芒福德通信 245, 289, 308, 316, 344, 372, 384-387, 410, 417, 555; Mumford's relationship with 与芒福德的关系 238, 266-267, 306n, 383-387, 551-552
Strunsky's 斯特朗斯基餐厅 76, 97
Study of History, A (Toynbee)《历史研究》(汤因比) 416
Stuyvesant High School 司徒文森高中 33-38
Stuyvesant Town 司徒文森镇 445, 493

subjectivity 主观性 417, 456, 537
suburban movement, suburbs 郊区建设运动 78-79, 181, 196, 198-199, 200, 364
Sullivan, Louis 路易斯·沙利文 152, 169, 174, 176-179, 186, 248
Sunnyside Gardens 阳光花园 194, 202-203, 205, 207, 237, 240-242, 265, 345, 364, 472; sale of Mumford house in 出售芒福德阳光花园的房子 376-377
Super, Sadie 塞迪·苏玻 306n, 339
superblocks 车辆禁行区 204-205, 370, 473
superslums 超大型贫民区 77, 493-494
Surrealism 超现实主义 434-435
Survey Graphic《勘测汇总》211, 234
survey method 调研方式 54-55, 56, 73, 166-167
survival mentality 保命心态 395
symbol-creating, Mumford on importance of 芒福德论象征符号创造的重要性 456-457, 525-527
Szilard, Leo 利奥·齐拉德 434

T

Taconic State Parkway 塔科尼克州大道 480
Taine, Hippolyte 丹纳 164-165
Taliesin "彩虹弯弓" 184, 185

Tapiola 泰皮欧拉 471
Tawney, R. H. R. H. 托尼 21
technics, use of term 借用"technics"这一词汇 326

Technics and Civilization（Mumford）《技术与文明》（芒福德）293，302，303，321，325－330，335，362，390，398，418，421，456；Middle Ages in 书中描写的中世纪 326，327，328，356，523；Orozco's influence on 该书受奥罗斯科的影响 430；questions avoided in 书中绕过的问题 509；summary of 该书概要 326－329

technology 技术 239，302；insurgency and 技术与反叛 70；mental revolution and 精神革命和技术 328－329；Mumford's interest in 芒福德对技术的兴趣 34，303，322，325－330，453，456－457，503；see also *Myth of the Machine*（另见 *Myth of the Machine*）；Neolithic 新石器时代技术 464；social organization vs. 社会组织比照技术 465；uopias and 乌托邦和技术 165－166；Veblen's views on 范伯伦的技术观 110；see also machines teleology（另见 machines teleology）559－560

tenements 出租房 75－76，77

Tennessee Valley Authority（TVA）田纳西河流域开发总署项目 363

Tennyson, Alfred Lord 阿尔弗雷德·洛德·丁尼生 354，560

Thayer, Scofield 斯科菲尔德·塞耶 108，112，118，135－136；background and personality of 背景和个性 135－136；Sophia Mumford and 其与索菲亚·芒福德 135－136，137，140，144，145，146，215

theater and spectacle, Mumford's interest in 芒福德对戏剧和杂耍的兴趣 27－28，37

Thematic Apperception Test 主题统觉投射测验 280

Theory of the Leisure Class, The（Veblen）《论有闲阶级》（范伯伦）110

Thomas, Dorothy Swaine 多萝茜·思维恩·托马斯 158－160

J. Walter Thompson advertising company 沃尔特·汤普逊广告公司 263

Thomson, J. Arthur J. 亚瑟·汤姆逊 55，69－70，228

Thoreau, Henry David 亨利·戴维·梭罗 29，71，163，208，210，243，246，274，374，540－541

Tillich, Paul 保罗·田立克 505

time 时间 328－329，418，449

Time《时代》杂志 353，408，531

Today show "今日"栏目 532

Tofanelli, Arturo 阿图罗·托法内里 496

toolmaking, Mumford's views on 芒福德对于工具制作的观点 525，527

Town and Country Planning Association 英国城乡规划学会 435

"Townless Highways for the Motorist"（Mumford）《开车族的无城镇公路》（芒福德）205

town planning, see urban planning 城镇规

索 引 663

划, 见 see urban planning
Town Planning Institute 城镇规划学院 460
Toynbee, Arnold J. 阿诺尔德·汤因比 414, 416, 417, 455
tragic sense of life 生命的悲剧意识 267-268, 272-274, 278, 291
trains, see railroads 火车, 见 railroads
Transformations of Man, The(Mumford)《人类的改变》(芒福德) 455-457, 523-524
transportation 交通 195-196, 199, 204-205; see also automobiles; ferries; railroads（另见 automobiles; ferries; railroads）
Tresidder, Donald 唐纳德·特里西德 411-412
trolleys 电车 204
Troutbeck 巢佩克 242-245, 285, 380

Troutbeck Lake 巢佩克湖 243, 244, 245, 504
Truman, Harry S. 杜鲁门 431, 432
tuberculosis 肺结核 59
Tucker, John 约翰·塔克 82, 83
Turin 都灵 460
Turner, John Pickett 约翰·皮吉特·特纳 50-51, 57, 58, 59, 65
Twain, Mark 马克·吐温 152, 245
Twelve Opossums Farm 十二负鼠农场 216-217
Two Cultures and the Scientific Revolution(Snow)《两种文化与科学革命》(斯诺) 408
Typee(Melville)《泰比》(梅尔维尔) 172, 275
Tyrannopolis 暴政城市 360

U

Ulysses(Tennyson)《尤利西斯》(丁尼生) 560
unconscious 无意识 455, 469, 525-526, 529; Melville and 梅尔维尔和无意识 278, 279, 281
unemployment 失业 292, 293
unions 工会 79-80, 333
United Nations 联合国 432, 433, 489
United States: European influence on 欧洲对美国的影响 239, 245; noninterventionists in 美国的不干涉主义 392-394, 398-400, 405; in World War I 一战中的美国 100-102, 111-112; in World War II 二战中的美国 387-388, 389, 402, 405-406, 419-420, 422, 431; see also culture, American; literature, American（另见 culture, American; literature, American）
Unity House(Unité d'habitation) 团结之家 490-492
Unwin, Raymond 雷蒙·昂温 181, 436
urban implosion 城市形成过程 464-466

urban planning 城市规划 162，170，181，191，192-212，321，322，362-373，435-436；Geddes's views on 格迪斯对城市规划的观点 53-57，225；Honolulu 夏威夷城市规划 366-371；organic 有机城市规划 494-495；in Pacific Northwest 美属太平洋西北地区城市规划 366，371-373；Roman 古罗马城市规划 469-470；values and 城市规划和价值观 356；see also specific topics（另见具体话题）

Urban Prospect, *The*（Mumford）《城市的未来》(芒福德) 532-533

urban renewal 城市更新 478，479，492-494；Mumford's alternative to 芒福德替代城市更新的方案 494-497

Urban Renewal Act（1949）城市更新法案 492

Urey, Harold 哈罗德·尤里 434

Usher, Abbott Payson 阿伯特·佩森·乌舍尔 328

utopias 乌托邦 xvi，33，35，148，156，163-168，290

V

values 价值观 247；architecture and 建筑和价值观 173；change and 价值观和变化 88，166，167-168，191，206，295-296，298，329，366，421，448，496-497；democratic 民主观念 388，393；Jung's views on 荣格的价值观 528-530；liberalism and 自由主义和价值观 395，396；medieval 中世纪价值观 357，361；megamachine 巨型机器和价值观 537-538；planning and 规划和价值观 356；technology and 技术和价值观 329；urban problems and 城市问题和价值观 498，499；village 乡村价值观 86，398，464，528

Values for Survival（Mumford）《生存的价值》(芒福德) 437

Van Doren, Carl 卡尔·冯·多伦 271，285

Van Doren, Mark, xiii 马克·冯·多伦 252，261

Van Pelt Library 冯·佩尔特图书馆 560

vaudeville 杂技表演 28-29

Vaux, Calvert 卡尔沃特·沃克斯 205

Veblen, Thorstein 托斯坦·范伯伦 21，108，109-110，112，151，193n，218，297，526

Veiller, Laurence 劳伦斯·维勒 194

Venice 威尼斯 495，496

Versailles, Treaty of 凡尔赛合约 111，164，395

Vico, Giovanni Battista 乔万尼·巴蒂斯塔·维科 418，527n

Victor（Mumford's unfinished novel）《胜利者》(芒福德未写完的小说) 376，452

索 引 *665*

Vietnam War 越战 xvi, 512-517, 519, 531
villages: in cities 城中村 464; Greek 古希腊的乡村 467-468; values of 乡村的价值 86, 398, 464, 528
vitalism 活力论 68, 69
Voisin Plan 瓦赞规划 492

von Haussmann, Baron 巴龙·冯·豪斯曼 225
von Miller, Oskar 奥斯卡·冯·米勒 322
Vossler, Karl 卡尔·沃斯勒 289-290, 298-299, 323, 390

W

Wald, George 乔治·瓦尔德 538
Wales 威尔士 462
Wallace, Alfred Russel 阿尔弗雷德·拉塞尔·华莱世 525
Wallace, Mik 麦克·华莱世 532
Warburg, Frederic 弗里德里克·沃勃格 436, 516
warfare, origins of 战争起源 465, 466-467
Warhol, Andy 安迪·沃霍尔 554
Washington, D. C. 华盛顿 359
Washington Square Park 华盛顿广场公园 483
Washington Square Players 华盛顿广场剧艺社 95
Watson, James Sibley 詹姆斯·斯布里·沃森 112, 136
Watson, John 约翰·沃森 251
Wattles, Gurden 格尔登·瓦特尔斯 554
Weaver, Raymond M. 雷蒙·M. 维沃 268, 271, 277
Weber, Max 马克斯·韦伯 538
Weese, Harry M. 哈里·M. 威斯 494

Weismann, August 奥古斯特·维斯曼 68, 69-70
Wells, H. G. H. G. 威尔斯 33, 35, 37, 92, 161, 451
Welwyn Garden City 韦林田园城市 85-86, 131, 436, 470
Wesleyan University 维斯利大学 511
West, Rebecca 吕贝卡·维斯特 436
Western World《西方世界》杂志 394
Westport, Conn. 韦斯特波特 (康涅狄格州) 341-342
Wheelock, John Hall 约翰·霍尔·惠洛克 151
Whitaker, Charles Harris 查尔斯·哈里斯·惠特克 170-171, 192, 193n, 208, 209, 216
Whitaker, Gene 吉恩·惠特克 216
White, E. B. E. B. 怀特 199
White, Katherine 凯瑟琳·怀特 375
White, William Allen 威廉·爱伦·怀特 402
Whitehead, Alfred North 阿尔弗雷德·诺斯·怀特海 69, 414, 447, 561

White Jacket（Melville）《白色夹克衫》
（梅尔维尔）106, 275

"Whither Honolulu?"（Mumford）《檀香山走向何方？》（芒福德）371

Whitman, Walt 沃尔特·惠特曼 51, 63, 72, 75, 91, 98, 152, 176, 231, 246, 447, 543; Mumford compared with 芒福德与之比较 77-78, 90, 253, 377; Mumford influenced by 芒福德受其影响 88, 163-164, 240

Whyte, William H. 威廉·怀特 462, 473

Wickes, Edward 爱德华·维克斯 95-96

Widener Library 哈佛大学维登纳图书馆 460

Wijdeveld, Henrik 亨利克·维德威尔德 444, 459

Williams, Talcott 塔尔科特·威廉姆斯 93, 94

Williams-Ellis, Clough 克拉夫·威廉姆斯-埃利斯 462

Wilson, Edmund 埃德蒙·威尔逊 136, 261, 294, 295, 298

Wilson, Woodrow 伍德罗·威尔逊 36, 100, 101-102, 111, 112

Wittenberg, Elizabeth 伊丽莎白·维腾伯格 119, 121, 122, 143

Wittenberg, Miriam（sister-in-law）麦瑞安·维腾伯格（妻姐妹）555

Wittenberg, Philip（brother-in-law）菲利普·维腾伯格（妻兄）143, 547, 548

Wittenberg, Sophia, see Mumford, Sophia

Wittenberg 索非亚·维腾伯格, 见 Mumford, Sophia Wittenberg

Wittenberg, William 威廉·维腾伯格 119-122, 511-512

Wobblies（Industrial Workers of the World）世界产业工人联合会 49, 96-97

Wolff, Antonia 安东尼娅·沃尔夫 529

women: in Neolithic villages 新石器时代村落中的妇女 464, 465; Shaw's views on 萧伯纳的妇女观 37, 305

Wood, Edith Elmer 艾迪斯·埃尔玛·伍德 193n

Woodlawn Cemetery 伍德隆墓园 27

Woolf, Virginia 弗吉尼亚·伍尔夫 333

Woolworth Building 沃尔沃斯大楼 174, 175

work 工作 342; importance of 工作的重要性 528-529; megamachine and 巨型机器和工作 538

Works and Days（Hesiod）《我的工作与岁月》（赫西奥德）468

World's Fair（1939）万国博览会（1939）366

World Perspectives 世界观 455

World War I 第一次世界大战 100-106, 111-112, 127, 159, 164, 165, 299, 393

World War II 第二次世界大战 188, 387-433, 437; bombing in 二战中的轰炸 422, 431, 433; noninterventionists in 二战中的不干涉主义 392-394, 398-400, 405, 415

Wright, Catherine 凯瑟琳・赖特 184

Wright, Frank Lloyd 弗兰克・劳埃德・赖特 169, 177, 179, 182-190, 249, 263, 274, 357; Mumford's breach with 芒福德与之失和 392, 398-399

Wright, Henry 亨利・莱特 171, 181, 192-196, 198, 200-204, 206, 210, 211, 234, 362, 363; Bauer's views on 博厄对其看法 333-334; death of 过世 365

Wright, Orville 奥维尔・莱特 33, 34

Wright, Wilbur 威尔伯・莱特 33, 34

Writer's Monthly《作家月刊》95

writing 写作 522; gardening and 园艺与写作 379-380; lovemaking compared with 写作与做爱比较 432; Mumford's commitment to 芒福德从事写作 18, 46, 73, 92-93, 98, 107, 161, 237, 265, 266, 286-287, 308, 319-320, 324-326, 330-331, 411, 512; Mumford's problems with 芒福德写作遇到的问题 122, 129, 137, 283, 342-343, 445-446, 511, 519, 534, 560; responsibility and 写作与责任 152, 156, 298; see also specific works（另见具体作品）

Wurster, Catherine Bauer, see Bauer (Wurster), Catherine 凯瑟琳・博厄・沃斯特, 见 Bauer (Wurster), Catherine

Wurster, William W. 威廉・W. 沃斯特 338, 339, 412, 421, 500

Y

Yarmolinsky, Avrahm 阿弗伦・阿莫棱茨基 241

Yeats, William Butler 叶芝 87, 95, 111, 136

Young, Art 阿特・扬 101

youth movement 青年运动 516-518, 535

Z

Zevi, Bruno 布鲁诺・泽维 422-423, 459, 530

Zimmern, Lucie 露西・齐默恩 238-239

Zimmern, Sir Alfred 阿尔弗雷德・齐默恩爵士 66, 233, 234, 235, 238-240, 283

Zionist Federation 锡安主义联盟 116

zoning 分区 471, 482

Zoological Philosophy (Lamarck)《动物哲学》(拉马克) 70

图书在版编目(CIP)数据

刘易斯·芒福德传／(美)唐纳德·L.米勒著；宋俊岭，宋一然译. — 北京：商务印书馆，2014
（城市与社会译丛）
ISBN 978-7-100-10821-8

Ⅰ.①刘…　Ⅱ.①米…　②宋…③宋…Ⅲ.①芒福德，L.－传记　Ⅳ.①K837.125.81

中国版本图书馆 CIP 数据核字(2014)第 250745 号

所有权利保留。
未经许可，不得以任何方式使用。

城市与社会译丛
刘易斯·芒福德传
〔美〕唐纳德·L.米勒　著　宋俊岭　宋一然　译

商 务 印 书 馆 出 版
（北京王府井大街36号　邮政编码100710）
商 务 印 书 馆 发 行
山东临沂新华印刷物流集团
有 限 责 任 公 司 印 刷
ISBN978-7-100-10821-8

2015年1月第1版　　开本 640×960　1/16
2015年1月第1次印刷　　印张 42.75
定价：88.00元